Die Biographie eines fanatischen NS-Karrieristen: In der »Kampfzeit« vertrat Hans Frank seinen »Führer« vor Gericht; 1933 wurde er bayerischer Justizminister und Reichskommissar für die Gleichschaltung der Justiz. Gnadenlos »säuberte« er seinen eigenen Berufsstand und machte als Reichsminister (ab 1934) und Präsident der von ihm gegründeten Akademie für Deutsches Recht das Unrecht zur Geschäftsgrundlage des NS-Staates. 1939 wurde er Generalgouverneur im besetzten Polen. Er war besessen von Prunk und Pomp und zählte zu den korruptesten Führern des Dritten Reiches. Weil er auch am millionenfachen Mord an Juden und anderen »Missliebigen« beteiligt war, wurde er 1946 in Nürnberg als Hauptkriegsverbrecher angeklagt und am 16.10.1946 hingerichtet.

Dieter Schenk, geboren 1937 in Frankfurt am Main; seit 1963 bei der Polizei, 1981–1989 Kriminaldirektor im Bundeskriminalamt, das er wegen unüberbrückbaren Gegensätzen verließ. Seit 1989 freier Autor, seit 1993 NS-Forschung mit Schwerpunkt Polen. 1998 wurde er Honorarprofessor in Łodz/Polen. Mehrere Auszeichnungen, u.a. Fritz-Bauer-Preis der Humanistischen Union und Ehrenbürgerschaft der Stadt Danzig. Zahlreiche Buchveröffentlichungen; u.a. »Auf dem rechten Auge blind. Die braunen Wurzeln des BKA«; (2001); Fischer Taschenbuch unter dem Titel »Die braunen Wurzeln des BKA« (2003; Bd. 15782) erschienen. 2007 erschien »Der Lemberger Professorenmord und der Holocaust in Ostgalizien«. www.publizist-schenk.de

Unsere Adressen im Internet: www.fischerverlage.de
www.hochschule.fischerverlage.de

Dieter Schenk

Hans Frank

Hitlers Kronjurist
und Generalgouverneur

Fischer Taschenbuch Verlag

Die Zeit des Nationalsozialismus
Eine Buchreihe
Herausgegeben von Walter H. Pehle

Veröffentlicht im Fischer Taschenbuch Verlag,
einem Unternehmen der S. Fischer Verlag GmbH,
Frankfurt am Main, Juni 2008

Lizenzausgabe mit freundlicher Genehmigung
der S. Fischer Verlag GmbH, Frankfurt am Main
© 2006 S. Fischer Verlag GmbH, Frankfurt am Main
Alle Rechte vorbehalten
Satz: H & G Herstellung, Hamburg
Druck und Bindung: CPI – Clausen und Bosse, Leck
Printed in Germany
ISBN 978-3-596-16731-9

Inhalt

Zweiter Abschnitt
Generalgouverneur

Zur besseren Lesbarkeit wurde auf polnische Sonderzeichen verzichtet.

Vorwort

von Witold Kulesza

Das Buch von Dieter Schenk erscheint sechzig Jahre nach dem Nürnberger Prozess und behandelt eine Schlüsselfigur unter den Angeklagten. Als in der Konferenz von London am 8. August 1945 beschlossen wurde, durch juristische Aufarbeitung das Naziunrecht fassbar zu machen, wurden neue Weg beschritten. Neue Begriffe wie »Verbrechen gegen die Menschlichkeit« waren wegen der beispiellosen Dimension der Nazi-Verbrechen, die sich einer traditionellen Behandlung entzogen, notwendig. Ob dieses Experiment gelungen war, die Idee einer supranationalen Gerechtigkeit zu verwirklichen, ist damals eine offene Frage gewesen. Das Buch von Dieter Schenk schafft eine Grundlage für jeden Leser, sich eine eigene Meinung zu bilden, ob das angestrebte Ziel erreicht wurde.

Das Werk von Dieter Schenk ist eine dimensionale Darstellung. Es zeigt die inneren und äußeren Zusammenhänge der Ereignisse auf, die dazu führten, dass Hans Frank in Nürnberg auf der Angeklagtenbank saß.

Dank dieser Methode kann jeder Leser als beisitzender Richter in Nürnberg fungieren und sich sein eigens Urteil bilden. Damit ist ein *votum separatum* nicht auszuschließen. Diese Methode von Dieter Schenk beobachte ich bereits seit acht Jahren bei Vorlesungen, die er als Honorarprofessor der Lodzer Universität vor Jurastudenten hält. Wenn ich bei mündlichen Prüfungen nach von Schenk vorgestellten juristischen und historischen Problemen frage, höre ich von unseren Studenten Formulierungen wie: »Nach dem, was Dieter Schenk berichtet hat, bin ich überzeugt, dass...« Ich bin sicher, dass jeder Leser nach der Lektüre des Buches gleichfalls zu eigenen Schlussfolgerungen kommt.

Mir persönlich hilft das Buch, die Prozesse gegen Nazitäter in Polen zu verstehen. Von 1817 durch die Alliierten nach Polen ausgelieferten NS-Verbrechern gehörten 34 Personen der Zivilverwaltung des Generalgouvernements an. So sagte zum Beispiel Josef Bühler vor dem Polnischen Nationalgericht, dass er keine wirklichen Leitungsfunktionen wahrnahm, sondern dass Generalgouverneur Hans Frank den Löwenanteil der Macht und Entscheidung für sich beanspruchte. Bühler verfügte als Staatssekretär und Franks Stellvertreter angeblich nur über partielles Wissen, obwohl er an der Wannseekonferenz teilgenommen hatte. Erst das Buch erschließt, was man sich unter dem Generalgouvernement vorstellen muss und entschlüsselt Widersprüche der Schutzbehauptungen des Generalgouverneurs und seiner Mittäter. Auch der dritte Mann in der Regierungsspitze, Ernst Boepple, seines Zeichens Doktor der Philosophie, argumentierte vor dem Gericht, dass wiederum die reale Macht von Bühler ausgeübt wurde. Während des Prozesses gegen Bühler und Boepple lebte Hans Frank nicht mehr. Die Argumentation beider Angeklagter zeigt die weit verbreitete Mentalität der Täter, ihre Verantwortung zu leugnen.

Bemerkenswert ist, dass Hans Frank von sich als Jurist eine hohe Meinung hatte. In Nürnberg trafen zwei Typen von Juristen und zwei Denkweisen aufeinander, was Recht bedeutet und wo ein gesetzliches Unrecht im Sinne von Gustav Radbruch beginnt. Das Buch von Dieter Schenk ist nicht nur für Juristen und Historiker geschrieben worden. Jeder Leser erkennt sehr schnell, dass sich Hans Frank trotz seines hohen juristischen Standards so in Nürnberg verhielt, als hätte er die Anklageschrift nicht verstanden, weil er sich als Vertreter eines »Rechtsstaates« sah.

Das Buch ist die erste Biografie Franks. Es stellt sich als Vorteil heraus, dass ein solches Werk nicht schon früher geschrieben wurde, weil Schenk seine Untersuchungsmethoden, die wir schon seit der Veröffentlichung von »Hitlers Mann in Danzig« kennen, weiter perfektionierte. Dank dessen kann der Leser heute verstehen, was für Richter in Nürnberg möglicherweise unverständlich geblieben ist. Dies möchte ich mit einem Beispiel begründen, das für mich als Staatsanwalt, der sich mit nicht verjährten Kriegsverbrechen und Verbrechen gegen die

Menschlichkeit befasst, typisch für die Mentalität Franks ist. In seinem Diensttagebuch unter dem Datum 13. April 1943 wurde festgehalten, dass der Herr Generalgouverneur mit der Idee voll einverstanden sei, die Entdeckung der Massengräber von Katyn mit den über 10 000 von den Sowjets ermordeten polnischen Offizieren propagandistisch auszunutzen, um die polnische Bevölkerung gegen Russen aufzuhetzen. Später zeigte er sich tief enttäuscht darüber, dass Polen im Generalgouvernement diese sowjetischen Verbrechen mit der deutschen Ermordung von Opfern in Konzentrationslagern auf eine Stufe setzten. In seiner Denkweise war ein solcher Vergleich ausgeschlossen.

Das Buch von Dieter Schenk empfinde ich wie eine Botschaft. Wir sind schon gewohnt, dass wir den Begriff des Rechtsstaates in heutigen Diskussionen wie ein Sprachornament benutzen, was eine konkrete Bedrohung schafft. Wenn wir den Begriff des Rechtsstaates benutzen, ohne den axiologischen Inhalt zu verstehen, können wir mit dieser Formulierung das Unrecht rechtfertigen.

Prof. Dr. Witold Kulesza leitet seit 1992 den Fachbereich für Materielles Strafrecht an der Universität Lodz. 1998 wurde er zum Direktor der Hauptkommission zur Untersuchung von Verbrechen gegen die Polnische Nation berufen, die heute eine Abteilung des Warschauer Instituts des Nationalen Gedenkens darstellt. Kulesza ist Stellvertretender Generalstaatsanwalt von Polen.

Prolog

Bin ich ein Popanz?

Am 9. Dezember 1944 fand in der Krakauer Burg, dem Dienstsitz des Generalgouverneurs, ein Gespräch zwischen Hans Frank und zwei Parteigenossen statt. Die Unterredung wurde wie folgt im Diensttagebuch protokolliert:

»**Pg Masur**: […] Allerdings sind Ausdrücke gefallen, von denen ich sagen muss […]

Generalgouverneur Dr. Frank: Welche Ausdrücke?

Pg Masur: […] Dass der Generalgouverneur abtreten wird, dass er fallen gelassen worden ist; und zweitens ist auch in einem Zusammenhang der Ausdruck »Popanz« gefallen.

Generalgouverneur Dr. Frank: Ich sei ein Popanz? – Was bedeutet das?

Pg Masur: Ich stelle mir darunter vor, dass ein Mann da oben sitzt, der nichts zu sagen hat.

Generalgouverneur Dr. Frank: Was noch?

Pg Masur: Das ist das Wesentliche, das mich dermaßen bedrückte.

Generalgouverneur Dr. Frank: Wer hat das alles gehört?

Pg Masur: Da war der Pg Schöneck dabei.

Generalgouverneur Dr. Frank: Sie waren also zu dreien. – Das haben Sie Gouverneur Kundt gemeldet?«

Pg Masur: Jawohl.

Generalgouverneur Dr. Frank: Haben Sie mit sonst jemanden über diese Sache gesprochen?

Pg Masur: Nein. Ganz zwischenzeitlich […]

Generalgouverneur Dr. Frank: Ist Alkohol getrunken worden?

Pg Masur: Jawohl.

Generalgouverneur Dr. Frank: Pg Schön, was sagen Sie dazu?

Pg Schön: Ich muss es ganz entschieden ablehnen. Das ist einfach unmöglich. Das Wort ›Popanz‹ ist für mich ein völlig neuer Begriff.

Generalgouverneur Dr. Frank: Haben Sie gesagt, dass ich vom Führer fallen gelassen worden bin?

Pg Schön: Unmöglich!

Generalgouverneur Dr. Frank: Ob Sie es gesagt haben?

Pg Schön: Nein, das habe ich nicht gesagt. Ich berufe mich auf den Zeugen Schöneck. Das ist ungeheuerlich.

Generalgouverneur Dr. Frank: Haben Sie in Anwesenheit der Parteigenossen Masur und Schöneck von mir behauptet, dass ich hier nur sozusagen ein Popanz wäre?

Pg Schön: Nein, nein, ausgeschlossen!

Generalgouverneur Dr. Frank: Haben Sie in Bezug auf meine Person gesagt: Der Generalgouverneur hat das Vertrauen des Führers sowieso verloren und wird demnächst fallen gelassen werden!

Pg Masur: Das war ziemlich klar und deutlich. Ich habe es wohl bedacht und schriftlich niedergelegt.

Generalgouverneur Dr. Frank: Wer hat das gesagt: Der Generalgouverneur ist sowieso schon beim Führer unten durch, er hat ihn restlos fallen gelassen, es wird sowieso eine Änderung eintreten?

Pg Schön: Ich muss das entschieden bestreiten.

Generalgouverneur Dr. Frank: Haben Sie es gesagt, Pg Schön?

Pg Schön: Nein, ich berufe mich auf den Parteigenossen Schöneck.

Generalgouverneur Dr. Frank: Wollen Sie Ihr Ehrenwort geben?

Pg Schön: Jawohl.

Generalgouverneur Dr. Frank: Sie geben Ihr Ehrenwort, dass Sie es nicht gesagt haben?

Pg Schön: Jederzeit.

Generalgouverneur Dr. Frank: Sie geben zu Protokoll [...]

Pg Schön: Ich gebe zu Protokoll, mein Ehrenwort, dass ich solche Dinge nicht gesagt habe.

Generalgouverneur Dr. Frank: Sie haben also nicht gesagt, dass ich ein Popanz sei und das Vertrauen des Führers nicht mehr habe?

Hans Frank, um 1938 (Archiv Niklas Frank)

Pg Schön: Im Gegenteil, ich habe davon gesprochen, dass Sie das Vertrauen des Führers haben. Das ist doch parteiamtlich bekannt.

Pg Masur: Herr Generalgouverneur, Sie wissen selbst, dass ich von Anfang an Treue gehalten habe. Es hat mich sehr erschüttert, als ich diese Worte vernommen habe. Es war leider Gottes schon so, dass man diese Dinge bereits unten bei der Bevölkerung bespricht. Ich habe jetzt wieder einen Fall erlebt, da hat sich auch ein Pg angemaßt, irgendwie abfällige Äußerungen zu tun. Da haben sogar zwei Offiziere gesagt: Was ist da eigentlich los? Man kennt sich nicht aus. Meine Sekretärin sagte auch zu dem Pg: Was wollen Sie? Solange offenbar der Generalgouverneur vom Führer geduldet ist, solange er nicht abgesetzt ist, können wir nicht reden. Es gab auch wiederholt noch andere Gespräche, die sich sonst noch entwickelten.«

[...]

Frank kündigt eine weitere Untersuchung der Angelegenheit an.[1]

Erster Abschnitt

Kronjurist des NS-Regimes

I. Mann der Bewegung

Kindheit und Jugend

Bis zum 12. Lebensjahr war die Welt des Hans Frank einigermaßen in Ordnung, er fühlte sich im Elternhaus geborgen und wuchs in einer freundlichen kleinen Familie auf. Der Vater war als Syndikus einer Firma der Lebensmittelbranche in Karlsruhe tätig, wo Hans Frank am 23. Mai 1900 geboren und bald danach altkatholisch getauft wurde. Die Eltern gaben ihm die Namen Hans Michael, den zweiten Vornamen hat er im Erwachsenenalter überwiegend ignoriert. Sein Bruder Karl junior war neun Jahre älter als er, die Schwester Elisabeth[1] drei Jahre jünger.

Vater Karl, 1869 in Edenkoben/Pfalz geboren[2], wählte den Beruf des Rechtsanwalts. Die Familie zog von Karlsruhe für kurze Zeit nach Ludwigshafen, dann nach München und schließlich 1903 in den Marktflecken Rotthalmünster bei Pfarrkirchen/Niederbayern, wo Karl Frank eine Anwaltspraxis eröffnete.[3] Hans Franks Mutter Magdalena, die Tochter eines Kolonialwarenhändlers, hatte sich in den zur Untermiete wohnenden und fünf Jahre älteren Jurastudenten Karl Frank verliebt und ihn 1892 geheiratet. Noch vor der Hochzeit kam Karl jr. zur Welt.

Die väterliche Familie war von rheinpfälzischer, die mütterliche von altbayerischer Prägung, die Vorfahren des Vaters waren protestantisch und bürgerlich, die der Mutter katholisch und Gebirgsbauern oder ländliche Geschäftsleute. Die Eltern passten in den Anfangsjahren gut zueinander. Der Vater hatte als Burschenschaftler der »Rhenania« Schmisse im Gesicht – ein Indiz für seine akademische Bildung –, er sah passabel aus, war nach damaligem Geschmack ein »gestandenes Mannsbild« mit Oberlippenbart und galt als humorvoll, gutmütig und auf Harmonie bedacht.[4] In späteren Jahren zeigte sich die ausgeprägte Stirnglatze, die er auf Sohn und Enkel vererbte. Karl Frank stammte aus einer wohlhabenden Familie und hatte nie gelernt, mit Geld umzugehen; den Lebensunterhalt zu verdienen empfand er als widerlich. Im Gegensatz hierzu war die durch eine Kaufmannsfamilie geprägte Mutter Magdalena willensstark und in ihren Entscheidungen konsequent.[5] Hans Frank verehrte seine Mutter zeitlebens: »Sie war die Sonne meiner Jugend, ich war als Bub ordentlich stolz auf meine schöne, gescheite Mutter.«[6] Mit fünf Jahren erkrankte er an Diphtherie und wäre beinahe daran gestorben.[7]

Frank, von den Eltern oft Hansi gerufen, bezeichnete sich später als Stubenhocker, als einen Jungen, der viel las und recht verschlossen war – ein Muttersöhnchen, das oft mit Papier und Bleistift in der Küche saß, während die Mutter kochte oder ihn zum Einkaufen mitnahm.[8] In Rotthalmünster kam Hans in die Schule. Bald wechselte die Familie allerdings nach München, wo sie 1908 in die Schnorrstr. 8 in Schwabing umzog. Dies war wohl ein erster Einschnitt im jungen Leben des Hans Frank, brachte ungewollte Veränderungen, aber auch neue Erfahrungen. Nach Besuch der dritten und vierten Volksschulklasse in der Herrnschule bestand er 1910 die Aufnahmeprüfung für das Wilhelm-Gymnasium und trat dann im September desselben Jahres in das Maximilian-Gymnasium ein. »Auch die paar Juden an der Schule fielen in keiner Weise aus dem Rahmen und wurden voll gleichwertig mitgelebt«, schrieb er später über seine Schule.[9]

Zieht man aus dem Verlauf der Kindheit erste vorsichtige Schlüsse, dann zeigte Hans Frank introvertierte Züge, was zumindest eine Erklärung für seine Kontaktschwierigkeiten auf dem Gymnasium und während des Studiums sein könnte. Gräbt man weiter in seiner Vita, dann stößt man auf Traumata, die den jungen Menschen ganz zwangsläufig beeinflusst haben müssen. Er, der sich eigentlich anderen Menschen nicht so leicht öffnen konnte, schloss eine enge kindliche Freundschaft mit Mimi, die wie er zu einer Theatergruppe der Altkatholischen Gemeinde gehörte. Beide verband eine innige Zuneigung, als das Mädchen mit dreizehn Jahren verstarb und den zwölfjährigen Hans in tiefe Trauer stürzte.

Hans Frank mit seiner Schwester Elisabeth, 1905 (Archiv Niklas Frank)

21

»Ich trug den schweren Kummer um Mimi in meinem Herzen herum. Allein ging ich in freien Stunden durch den Englischen Garten und konnte mit dem Schicksal nicht fertig werden, dass der liebe Gott einem so etwas antun kann auf dieser Erde, die er doch zum Glück der Menschen geschaffen hat. Es rumorte mächtig in meinem Herzen [...], insbesondere wenn ich der schlimmen Umstände gedachte und der furchtbaren Schmerzen, unter denen die arme Kleine hat sterben müssen. So gequält durch eine Blutvergiftung, dass zu ihrer Rettung im letzten Augenblick noch die Amputation des rechten Armes durchgeführt wurde. Aber selbst dieses schwere Opfer genügte nicht mehr.«[10]

Bereits seit dem achten Lebensjahr von Hans begann es in der Ehe der Eltern zu kriseln, was einen Schatten auf sein Leben warf. Immer öfter war die Mutter abwesend, Hans wurde zu Verwandten abgeschoben, die geliebte Mutter kümmerte sich nicht um ihn. Ihre wilden Affären, die auch ihm nicht verborgen blieben, erschreckten ihn. Monatelang sah er die Mutter nicht, die schließlich 1916 in die Arme eines Geliebten nach Prag entfloh – Tonda S., ein gutmütiger, derber und reicher tschechischer Kohlenhändler.[11] »Dadurch war meine Kindheit natürlich recht unglücklich.«[12] Zu seinem Vater hatte er nie ein gutes oder enges Verhältnis. »Man kann sagen, dass ich ab dem Alter von zehn Jahren kein Familienleben mehr hatte. An meine frühen Jahre habe ich nur wenige zärtliche Erinnerungen.«[13]

In diese Zeit fiel ein dritter schwerer Verlust. 1914 war sein Bruder, inzwischen 23 Jahre alt, jung verheiratet und Zahnarztpraktikant, eingezogen worden. Beim Abschied hatte er ahnungsvoll gesagt: »Hans, diesen Krieg überlebe ich nicht.« Mitte Juni 1916 kam er nach München zurück. Er besuchte seinen Vater, der die Frage, wo die Mutter sei, nicht zu beantworten wusste. Zwei Wochen später verstarb Karl jr. an einer Urämie.[14]

Aus Hansi war Hans geworden, seine schulischen Leistungen sanken rapide. Er hatte die Unschuld der Kindheit und drei wichtige Bezugspersonen verloren. Zwar blieb ihm die Mutter erhalten, doch hatte sie ihn in entscheidenden Entwicklungsjahren im Stich gelassen. Es war etwas zerbrochen, was er sich allerdings erst in der Nürnberger Haft, also kurz vor seinem Tode, eingestehen konnte. Seine Krise führte er aber vornehmlich auf die politischen Verhältnisse zurück: auf die

Karl Frank mit den Söhnen Karl jr. und Hans, 1912 (Archiv Niklas Frank)

verrauschende Kriegsbegeisterung, auf die vielen Toten, auf das Unglück, dass Bayern, dessen Staatsbürger er war, [15] auf Gedeih und Verderb an Preußen geschmiedet würde, auf die abstoßenden Kriegsverdiener und die Kriegsgewinnler. Im Nachhinein beurteilte Frank die Zeit vom Sommer 1914 bis Sommer 1916 als schwerste Epoche seiner ersten Jugendjahre: »Nach außen zeigte sich dieses in einem sich Abwenden von den anderen, in schwierigen Stimmungszuständen und merkwürdigen Eigenbröteleien. Ich übersteigerte den Schmerz und dämpfte jede Freude. Wurde zugleich leicht überheblich mit einer völlig ungesunden, eingebildeten Selbstsicherheit, die wiederum zu Enttäuschungen und damit zu neuem Stimmungsverfall führte.«[16]

Niklas Frank spürt der Frage nach, ob sein Vater pubertäre homosexuelle Neigungen besaß. Dieser Umstand ist an und für sich unerheblich und könnte allenfalls dann relevant sein, wenn eine homoerotische Latenz bei der fast abgöttischen Zuneigung Franks zu Hitler eine Rolle gespielt haben sollte – wie dies gelegentlich in das Verhältnis Hitlers zu Albert Speer hineininterpretiert wird. Erste Indizien sieht Niklas Frank im Verhältnis des Vaters zu dem Lehrer Ernst Sp., für den sich der Zehnjährige begeisterte. Sp. war ein Freigeist, ein Künstler und musischer Mensch. Er machte den Jungen bis zum Kriegsbeginn mit Museen und Galerien vertraut – und mit der Zucht von Zierfischen, ein Hobby, das auch Hans mit Begeisterung zu pflegen begann. Der Erste Weltkrieg trennte beider Wege.[17]

Zu angeblich neuen Ufern führte die Freundschaft mit Karl Sch., einem gleichaltrigen Freund, der – wie Niklas Frank behauptet – homosexuell war. Hans Frank hatte den düster blickenden Jungen auf dem Schulhof kennen gelernt. »Er spielte hinfort eine wichtige Rolle in meinem Leben.« Beide machten Rucksackausflüge in die Umgebung Münchens. »Die beiderseitigen Lebensprobleme wurden ausgesprochen und das starke Männerfreundschaftsbündnis aufgebaut.« Sie schrieben sich Briefe und ergötzten sich an Formulierungen, die sie für klug hielten. Für Hans Frank spielte möglicherweise eine Rolle, dass Karl Sch. getrennt von der Mutter aufwuchs, die ihm wesensfremd war.[18]

In der fünften und sechsten Gymnasialklasse entwickelten sich Franks Leistungen so negativ, dass eine Versetzung gefährdet war. Er befand sich in einer innerlichen Revolte und begehrte gegen antiquierte Unterrichtsmethoden auf.[19] Nach einem Streit mit dem Lateinlehrer verließ er spontan die Schule und reiste zu seiner Mutter nach Prag. Dort erhielt er von September 1916 bis Juni 1917 Privatunterricht und konnte dann ohne Mühe nach einer Aufnahmeprüfung den Schulbesuch in München in der achten Klasse fortsetzen.[20]

Eigentlich wäre er gerne in Prag geblieben, denn er wollte in die dortige Infanteriekadettenschule eintreten, was die Behörden jedoch ablehnten. Er schwärmte nicht nur von österreichischen Offizieren in schmucken blauen Uniformen, sondern vor allem von seinem Lehrer, einem Professor K., und weiteren Freunden und Bekannten; über Kontakte zu Frauen hat er nichts berichtet.[21] Von Frank selbst gibt es keine einzige ihn selbst betreffende Andeutung, was angesichts der Röhm-Affäre und der Verdammung der gleichgeschlechtlichen »Unzucht« zum Verbrechenstatbestand (§ 175 StGB) begreiflich ist, träfe die Vermutung zu. Frank schrieb in der Nürnberger Haft, dass Röhm dem »Laster verfallen« und in »widerlichster Weise« in peinlichste Verfahren als Homosexueller gerichtsnotorisch geworden sei.[22] Immerhin hat Gustave M. Gilbert, der amerikanische Gerichtspsychologe in Nürnberg, Frank eine latente Homosexualität bescheinigt.[23] Zwischen ihm und Frank kam es zu einem interessanten Gespräch in seiner Zelle; wir greifen der Entwicklung voraus und schreiben den 9. Februar 1946. Gilbert zitierte aus Goethes »Faust«: »Zwei Seelen wohnen, ach, in meiner Brust!« Hans Frank ergänzte das Zitat und ließ sich dann über das Thema der gespaltenen Persönlichkeit aus. »Ja, wir alle haben etwas Böses in uns. Doch vergessen Sie nicht, dass immer ein Mephisto da ist, der es zum Vorschein bringt. Er spricht: ›Siehe, die Welt ist weit und voller Verlockung! Siehe, ich werde dir die Welt zeigen! Nur eine Kleinigkeit musst du mir geben – deine Seele!‹ Frank wurde immer überschwänglicher und unterstrich seine Rede mit entsprechenden Gebärden; er schwenkte die Arme, als umfasste er die Welt und rieb sich die Hände wie ein Wucherer, der als Bezahlung die Nebensächlichkeit einer Seele verlangt. Und so war es. – Hitler war der Teufel. So verführte er uns alle.«

Diese Vorstellung einer Verführung muss etwas tief Verborgenes in ihm angerührt haben – analysierte Gilbert – sie kehrte ständig wieder, und er kam immer wieder darauf zurück.

»Wissen Sie, das Volk ist in Wirklichkeit feminin. In seiner Gesamtheit ist es weiblich. Man sollte nicht *das* Volk sagen, sondern *die* Volk. Es ist so gefühlsbetont, so abhängig von Stimmungen und Umgebung, so leicht zu beeinflussen; es erhebt Stärke zu seinem Idol, das ist es!« Interessant war, dass er bei der Beschreibung des Volkes dieselben Ausdrücke benutzte, mit denen er sich im vorhergehenden Gespräch selbst beschrieben hatte. »Und es ist so willig zu gehorchen!«, warf Gilbert ein. »Das ja!«, antwortete Frank, »aber nicht nur Gehorsam ... Hingabe wie eine Frau, begreifen Sie? Ist es nicht erstaunlich?« Er brach in einen hektischen Lachanfall aus, als sei er durch den übertragenen Sinn von einem unzüchtigen Witz gekitzelt. Der Vergleich war unmissverständlich.

»Und das war das Geheimnis von Hitlers Macht. Er stellte sich hin, ballte die Faust und schrie: ›Ich bin der Mann!‹ Und er brüllte von seiner Kraft und Entschlossenheit. Und so unterwarf sich die Allgemeinheit einfach mit hysterischer Begeisterung. Man darf nicht sagen, Hitler habe die Deutschen vergewaltigt – er verführte sie! Sie folgten ihm mit verrücktem Jubel, wie Sie es noch nie gesehen haben! Es ist schade, dass Sie diese fieberhaften Tage nicht miterlebten, Herr Doktor. Sie würden eine bessere Vorstellung von dem haben, was uns widerfuhr. Es war Wahnsinn – Trunkenheit!«

Gilbert resümierte: Dies war die aufschlussreichste Unterhaltung, die ich bisher mit Frank hatte. Unwillkürlich enthüllte er die verborgene Neigung zur Homosexualität, die ihn neben seinem rücksichtslosen Ehrgeiz und seiner Skrupellosigkeit dazu trieb, sich dem »Führer« anzuschließen und sich mit ihm in einer leidenschaftlichen Begeisterung zu identifizieren, die alle Vernunft, alle gesetzlichen und humanen Begriffe der Menschenrechte vernebelte. Als der böse Dämon, der seine Existenz rechtfertigte, in einer Orgie aus Blut, Zerstörung und Schande unterging, distanzierte er sich von diesem unerträglichen Bild seines Egos ebenso wie von der bösen Gestalt, die ihn verführt hatte.

Joachim C. Fest teilt diese Beurteilung nicht, sondern leitete – offensichtlich aus diesem Gespräch – einen stark feminin geprägten Charakter ab.[24]

Seit 1912 gehörte Hans Frank einem »Wehrkraftverein« an, einer Jugendorganisation, die zunächst der körperlichen Ertüchtigung durch Sport und Wandern diente. Nach Beginn des Krieges verpflichtete ihn der Verein zur Betreuung einer Soldatenbücherei.[25] Im März 1918 wurde er zum »Kriegsarbeitshilfsdienst« herangezogen und musste im Büro einer Braunkohlengesellschaft arbeiten, bis er am 25. Juni 1918 in das 1. Bayerische Infanterie-Regiment »König« eingezogen wurde und in die Marsfeldkaserne einrückte. Er kam aber nicht mehr an der Front zum Einsatz.[26] So konnte er am 15. September 1918 wieder an seine alte Schule zurückkehren und mit der neunten Klasse beginnen.

Es folgte nun eine Entwicklungsphase, in der der intelligente, altkluge junge Mann – mal himmelhoch jauchzend, noch öfter zu Tode betrübt – sich und die Welt beurteilte. Doch zeigten sich schon jetzt Ansätze von Eigenschaften, die nicht nur pubertär waren, sondern später manifest werden sollten: sein unstetes Verhalten, seine schwankenden Gemütszustände, der Hang zu schwülstigen Formulierungen, ausgeprägtes Interesse für klassische Musik und Literatur, deutsch-nationale Gesinnung, Überschätzen seiner Fähigkeiten, bestehende Verhältnisse ändern zu können. »Ich glühe vor Drang, Lotse zu sein auf diesem Schiff. Wann aber und wie?« Oder: »Soll ich einmal den Sklavenaufstand leiten? Bei Gott, ich werde es tun!«[27] Er begeisterte sich für Napoleon, der ihn »immer wieder aufs Tiefste berührt«, er könne sich sein Verlangen nicht erklären, diesem Mann nachzueifern. Später sollten Hitler und Mussolini die Reihe der Vorbilder ergänzen. Seinem Tatendrang stellte sich allerdings seine Lethargie in den Weg: »Ich habe Tage, an denen ich nichts leiste, es ist traurig.«

Am 4. Dezember 1918 notierte Frank: »Vor meinem geistigen Auge entstehen Bilder und vergehen, deren traurige Wahrheit mir wenigstens die Gewissheit gibt, dass das deutsche Bewusstsein noch in mir vorhanden ist.« Er zitierte Kant und Goethe, begeisterte sich für Shakespeare, der seiner Meinung nach eigentlich ein Deutscher sein müsse, und bezeichnete deutsche Wissenschaft als das Wissen der Welt und deutsche

Musik als einzigartig. Aber was nutzte das alles: »Die Zeiten sind widerwärtig.« Frank schildert eine von ihm in einem Café beobachtete Szene, als ein Franzose mit deutschen Mädchen flirtet. »Ist das nicht ein Hohn auf unser Volk, auf unsere Nation?«, fragt er sich.[28]

Sein Tagesablauf in den Dezembertagen des Jahres 1918: Früh Unterricht, nachmittags Gang durch die Stadt und abends ins Konzert (»wundervoller, göttlicher Wagner!«). Oder er spielte Billard – ein ganz netter Abend – doch: »Gott, was bin ich für ein schlechter Gesellschafter, soll ich mich wirklich daran zugrunde richten? Ich bin so furchtbar verbittert, gegen alles, alle Freude ist mir genommen.«[29]

In seiner Schule, dem Münchner »Max-Gymnasium« (Maximilian-Gymnasium) hatte er einen schweren Stand, denn er war in der Klasse unbeliebt. »Ich sei Revolutionär«, schrie man mir entgegen, »ich sei Bauer, Arbeiter, Soldat.« Frank strafte solche »Dummeriane« mit Verachtung, die nach seinem Urteil alten Idealen, vergangenen Institutionen und der Monarchie anhängen, und verachtete nicht ohne Arroganz den Schülerrat, mit dem er nichts zu schaffen haben wollte. Ihm konnte es niemand recht machen, den Schulrat hielt er gar für einen Tölpel.[30] Lediglich in der Herausgabe einer Schülerzeitung fand er eine gewisse Befriedigung; auch verfasste er eine sechs Seiten umfassende Aquarien- und Terrarien-Zeitung. »Ich trieb viel Musik und las und las.«[31]

Am 16. Dezember 1918 meldete er sich zum »Kriegssonderkurs« zur Vorbereitung auf das Abitur an, der am 15. Januar 1919 beginnen sollte. Das bedeutete Abschied zu nehmen vom Max-Gymnasium, denn der Vorbereitungskurs auf die »Kriegsreifeprüfung« fand an einer anderen Schule, dem Ludwigs-Gymnasium, statt.[32] Der Schulwechsel fiel ihm nicht schwer, denn selten gab er sich mit Mitschülern näher ab. Er fühlte sich isoliert, allein und verachtet, »weil ich mich ihren kleinlichen Ideen nicht fügte«.[33] Er zweifelte: »Bin ich begabt, habe ich Charakter?« In realistischer Selbsterkenntnisse meinte er, dass er »nervig« sei, was er bekämpfen müsse.

Seine angespannten Nerven beruhigte er mit Skiausflügen in die Berge, mit Klavierstunden und beim Stöbern im Buchantiquariat.[34] Später erlernte er auch das Orgelspiel; seine Lieblingskomponisten waren Brahms, Bach und Reger.[35] Dann das Weihnachtsfest 1918: »Wie entsetzlich traurig, die ersten Weihnachten nach dem Krieg habe ich mir wie die Mehrzahl des Volks anders vorgestellt!«[36]

Der zweiflerische junge Mann setzte sich in dieser Zeit auch mit Religion auseinander und konstatierte: »Wie müßig ist die Frage, ob es einen Gott gibt, da es doch eine Seele ist, die uns leitet, eine Flamme aus dem ewigen Feuer. Wer aber kann die Frage beantworten, wo dieser Gott ist?« Er rief den Herrgott an, die Verblendung und die Verzweiflung zu entwirren, die über die geplagten Menschen gekommen sei.[37] War Hans Frank gläubig? Man muss es bezweifeln, zwar führten er und seine Frau Brigitte den Herrgott oft auf den Lippen, ihre Handlungen waren aber alles andere als fromm.

Franks Bilanz zum Jahreswechsel 1918/1919 fiel pessimistisch aus. »Stolzes Deutschland, wohin ist deine Größe entschwunden? Zerstreut ist deine Macht. Wir werden die Sklaven der Welt sein.« Und er fordert: »Auf den Kopf kommt es an. Jetzt ein Mann, d e r Mann. Noch aber ist die Lage nicht reif.«[38] Er schrieb Artikel für die »Mannheimer Zeitung« und das »Prager Tageblatt«,[39] unternahm den dritten Versuch, selbst eine Zeitung zu gründen, den »Liberator«. Außerdem wollte er eine »Jugendpartei« ins Leben rufen, um die deutschgesinnte Jugend zu motivieren, »gleich einem Mann zu wirken in dem Strom von gewissenlosester Bolschewikenhetze«.[40]

Franks Liebe zur klassischen Musik zog sich wie ein roter Faden durch seinen Alltag: »Abends 8. Symphonie. Göttlicher Beethoven, du Genius, wie erhebst du die Menschen von ihrer irdischen Niedrigkeit hinaus in die Sphären des Ewigen.«[41]

Alsbald kritisierte er auch die neue Schule: »Schrecklich dieses Gymnasium für freiheitsdurstende Geister.«[42] Seine Passion war Französisch, und auch Englisch machte ihm große Freude. Am 21. Januar 1919 notierte er: »Heute werde ich wieder mal als der beste Schüler bezeichnet.« Er litt darunter, keinen Kontakt zu Mitschülern zu finden, stellt aber zufrieden fest, dass sich seine Noten zwischen »Sehr Gut« und »Gut« halten.[43]

Öfter mal beschäftigten sich seine Gedanken mit seiner Jugendliebe Lilly, ohne dass er wissen ließ, woran eigentlich das Verhältnis zerbrochen war. Er streifte durch München, suchte die Nähe ihres Hauses.

»Was macht sie? Denkt sie auch ab und zu an mich? Ich brauche, glaube ich, jemanden, die mir den Reiz einer frischen, gesunden und reinen Jugendliebe vorzaubert. L. ist das Ideal eines Weibes für mich.«[44] Erst 1942 wird sich diese Liebe erfüllen und beide in emotionale Erschütterungen stürzen.

In den ersten Monaten des Jahres 1919 blickte Hans Frank düster in die Zukunft, er erwartete in Kürze den Staatsbankrott und den Feind im Land. Er sah Deutschland vor dem Untergang, zermartete und quälte sich wegen der politischen Wirren, die er als Reflex auf die Demütigung des verlorenen Krieges sah. Mal verlangte er nach dem »Erdenstaat«, der die Völker vereint,[45] dann aber konstatierte er: »Deutschland ist das Herz und Hirn der Welt.« Erstmals tauchte bei ihm der Satz auf: »Erst der Staat, dann das Volk.«[46] Aber noch erklärte Frank den Bolschewismus zum Hauptfeind und erwähnte mit keinem Wort die Juden. Doch rief er erneut nach dem starken Mann, der kommen müsse, prophezeite ein Auseinanderfallen des Staatswesens und plädierte für die Diktatur – allerdings nicht die des Proletariats –, denn nur durch einen Diktator, der über den Massen stehe, würde Deutschland gerettet werden.[47]

Franks Vorstellungen bewegten sich bereits in die Richtung Nationalsozialismus: »Ja, auch ich bin Sozialist durch und durch«, rief er aus, meinte aber nicht den »Sozialismus des schreienden Pöbels auf der Straße«, den er verachtete. Gleichzeitig verlangte er die Abschaffung des Bürgertums, und ganz diffus schwebte ihm eine Vereinigung beider Lager vor. Dahinter verbarg sich die Vorstellung, die Millionenmassen der deutschen Arbeiter dem Bolschewismus zu entziehen und sie zu nationalem Denken zu bewegen.

»Woher kommen diese Gedanken, woher kommt der Trieb, der mich mitten in der Arbeit auffahren lässt und mich durch das Zimmer jagt? Die ganze unselige Unruhe der gegenwärtigen Zeit spiegelt sich ab in meinem Wesen, in meiner Unrast. Und eine Angst befällt mich, daß ich nur ja nichts versäume. Sollte dieses große Werk, das ich mir hell, blendend vorstelle, nicht für mich bestimmt sein? Ich arbeite bis spät, stehe spät auf, arbeite wieder, doch nicht ruhig, nein erregt. Ich besuche weiter den Sonderkurs, für den ich mich nicht sonderlich anstrenge, meine Arbeit gilt jetzt den Sprachen Englisch und Französisch. Wenn es mir die Zeit erlaubt, lese ich.«[48]

Fast jede Woche besuchte er Schauspiel, Konzert oder Oper und sah in der Musik eine »Mission«, die Welt zu verbessern. Er begeisterte sich für die 1. Symphonie von Brahms oder für den »Freischütz« und möchte am liebsten alle Deutschen in den »Zaubertempel deutscher Kunst« führen, auf dass sie alle wieder hoffen lernten.[49] Frank war 19 Jahre jung, als er an seinen Gefühlen fast verzweifelte:

»Ich fühle mich entsetzlich zerzaust, das war wieder ein *dies ater* [schwarzer Tag]. Quälende Gedanken durchtoben mich, der Zweifel in mir selbst beherrscht sie. Wer hieß mich, mich so hoch zu wähnen, über all den anderen, warum und auf welche Tatsachen gestützt fühle ich mich so erhaben? Oh, könnt ich all diese Selbstanklagen mit einem Mal vernichten, all diese Fragen an mich, an meine Denkfähigkeit und an mein Fatum beantworten. Treibe ich dem Wahnsinn zu?

In der Schule fühle ich mich fremd, alle betrachte ich misstrauisch. Ich bemerke, wie sie mir ausweichen. Seele, woher nimmst du die Kraft, dies auszuhalten?

Ich durcheile den dunklen Englischen Garten und setze mich auf die Bank vor Lillys Haus. Dort brennt ein Licht. Sitzt sie dahinter? Ich möchte alle anklagen, am meisten den Schöpfer: Oh, warum bin ich so allein?

Heute Abend Symphoniekonzert: Mein Gottesdienst! Wahrhaftig, Musik Beethovens ist Seelenkontakt mit Ewigkeitsweiten. Eine merkwürdige Beklemmung befällt mich unter den vielen Leuten, meine Gesichtsmuskeln zucken und ich bin erregt. Kaum kann ich ruhig umhergehen. Warum lachen diese? Was bin ich für ein trauriger Jüngling.«[50]

Die politischen Verhältnisse waren in diesen Wochen nicht gerade dazu angetan, Frank zu stabilisieren, im Gegenteil, er litt unter dem Chaos und fühlte sich hilflos. Seit dem Spartakusaufstand in Berlin im Januar 1919 mit Generalstreik und Straßenkämpfen dehnten sich Unruhen in das Ruhrgebiet, nach Mitteldeutschland und Bayern aus. Am 6. April 1919 wurde in München durch Arbeiter-, Bauern- und Soldatenräte eine Räterepublik ausgerufen. Hans Frank erlebte die Bürgerkriegszustände in der bayrischen Metropole. Am 14. April 1919 schrieb er: »Ich beseitige heute meine Waffen (2 Klingen, 1 Revolver) in einem Versteck; jeder, der nicht abliefert, wird erschossen.« Der Generalstreik sei ausgerufen, die kommunistische Partei fordere die Arbeiter auf, sich bewaffnet zu versammeln. Frank erkundete die Innenstadt. Ein proletarischer Stadtkommandant habe Straßen besetzen lassen, erregt diskutierten Gruppen von Menschen, »überall rasende ›rote‹ Autos, Angehörige der Arbeiterwehr und der ›roten‹ Armee. Ein trauriges Bild fürwahr. Schwätzend und streikend zerren sie unser Land in die Tiefe, in den Abgrund, immer tiefer…« Dies sei nun die dritte, ja vierte Revolution in München. Am 15. April wachse die Unruhe überall, die Stadt sei im Besitz der Kommunisten. Am 16. April keine Zeitungen, keine Straßenbahn, kein Zug. Frank fragt sich, warum er nicht wie dieses Volk sein könne, und bezeichnet sich »als weinenden Statisten in dieser Nationaltragödie«. Über Ostern floh er mit Freunden auf das Land in einen einsamen Gasthof. Seine Gefühle schlugen in das Gegenteil um, wovon sein geschraubter Schreibstil, mit dem er den sonnigen Ostertag bejubelt, Zeugnis ablegt: »Hier ist man in der Werkstatt der göttlichen Hände, hier weilt man in dem Ewigkeitshauch.«[51]

Am 1. Mai zogen Freikorps in München ein. Hans Frank »eilte zu den Waffen« und beteiligte sich an den Kämpfen: »Ich war schon am 1. Mai mit ausgezogen gegen das rote Pack und habe die Kämpfe in und um München mitgemacht.« Nach zwei Tagen seien nach schwersten Straßenkämpfen die letzten Verbände der Räterepublik besiegt worden. Er trägt an dieser Stelle in dem Tagebuch nach: »Ich besuche als Soldat mit Patrouille Lillys Wohnung. Alles wohl.« – Das ist die Version, die sein tapferes Einschreiten bezeugen soll – doch dies ist erfunden.[52]

Die andere Variante entspricht zweifellos den Tatsachen, denn 1945 hielt er in den »Lebensskizzen« fest: »Ende April 1919 trat ich in die Reichswehr ein. Der Dienst war interessant, aber auch hier habe ich an keinerlei Kampfhandlungen teilgenommen. Da Anfang Mai die Kämpfe um München – *zu denen ich nicht eingesetzt wurde* – beendet waren, kam ich mit meiner Truppe, einem Kavallerie-Regiment, nach Straubing in Garnison.«[53]

Anschließend versah er bis Mitte September seinen Militärdienst in dieser Schwadron der Kavallerie.[54] Die Ausritte ließen ihn an dieser Art Militärdienst durchaus Gefallen finden. Das Reiterkorps bestand aus Angehörigen des »Freikorps Epp«[55] und wurde 1923 als »Kavalleriezug« des »Regiments München« den nationalen Verbänden angeschlossen.[56] Dass Frank an der Niederschlagung der Münchner Räterepublik aktiv beteiligt gewesen sein soll, ist fälschlicherweise in der Fachliteratur der Nachkriegszeit mehrfach behauptet worden.[57]

Anfang Juli 1919 saß Frank wieder einmal an seinem Schreibtisch und bedachte Deutschlands Lage. Vor vier Tagen, am 28. Juni, nachmittags 15 Uhr, sei in Versailles der »Friede« unterzeichnet worden. Ein Friede – so schrieb er – diktiert mit Gewalt und gestützt auf zynische Durchführung des Machtprinzips. Harte Zeiten voller trüber Qual und Not stünden an, dahinter jedoch entdeckte er »grünes, frisches Neuland«. Die bisherige Weltordnung jedoch habe gezeigt, wie faul und schal sie sei.

Ende Juli 1919 wurde den Teilnehmern des Sonderkurses ohne Prüfung das Abiturzeugnis aufgrund einer ministeriellen Vorschrift für die »Kriegsreifeprüfung« überreicht. Die Noten setzten sich aus Erfahrungen des Gymnasiums und aus »Beobachtungen während der Teilnahme an der Sonderklasse« zusammen. »Mein Zeugnis war ausgezeichnet«, schreibt Frank.[58] Das Reifezeugnis trägt das Datum 15. Juli 1919. Es wurden nur die folgenden Fächer benotet:[59]

Deutsche Sprache:	gut
Lateinische Sprache:	gut
Griechische Sprache:	gut
Mathematik:	sehr gut
Physik:	sehr gut
Geschichte:	sehr gut

Das Zeugnis befähigte ihn zum Eintritt in die Hochschule.

Studentenleben – Studentenliebe

Hans Frank schrieb am 17. Juli 1919: »Mit der Schule bin ich fertig, das Leben liegt vor mir«, und ergänzt pathetisch: »Leb wohl Jugend und Sorglosigkeit. Mein Volk braucht mich.«

Zum Wintersemester 1919 immatrikulierte er sich in den Fachbereichen Jura und Volkswirtschaft der Universität München.

Im Oktober 1919 besuchte er seine Mutter in Prag, zu der inzwischen seine Schwester Elisabeth gezogen war. »Es geht allen gut – ich bin dessen zufrieden. Doch in mir liegt eine große Unruhe, größer denn je, wachsend von Tag zu Tag.«[60] Nach München zurückgekehrt, stellte er fest, dass auch die Universität nicht der Ort war, an dem er sich wohl fühlt. Zwar beteiligte er sich voller Eifer an den Einführungen in juristische Denkprinzipien, meinte aber überheblich: »Was brauche ich die Universität, also die gegenseitige Ansammlung von Unwissenden und Unwissenderen, wenn ich Leibniz zuhause habe?«[61]

Hans Frank lebte mit seinem Vater seit Oktober 1915 im ersten Stock der Barerstr. 57 in München.[62] Wegen der schlechten Konjunktur musste Karl Frank seine Kanzlei in der Mitte Münchens in der Nähe des Stachus aufgeben und richtete sein Büro in der Wohnung ein. Die Anwaltspraxis warf nur geringen Gewinn ab, Vater und Sohn hatten sich mit bescheidenen Verhältnissen abzufinden. »Wir ernährten uns von Kohl und Kartoffeln.«[63] Fünf Hühner auf dem Balkon versorgten beide Männer mit Eiern.[64]

Der Alltag war also nicht sehr erfreulich, und Frank jr. litt weiter unter seiner Sinnkrise. Er besuche die Universität, treibe Studien aller Art und lerne die Normen des Lebens kennen. Das sei alles schön gesammelt in Schnörkeln, die man Paragraphen nenne, geordnet fürwahr, eine Welt aus Papier. Er kam sich ungemein erwachsen vor: »Entsetzlich, so jung zu sein und schon in allem angeblich so fertig.« Alles unterwerfe er immer der Kritik, im Grunde könne er sich selbst nicht leiden, bezeichnete sich als einen »wüsten Menschen«, um den jeder am liebsten einen Bogen mache, wenn er ihn überhaupt beachte. »Und so weit gehe ich, dass ich mich selbst verachte, dass ich über mich selbst lache.«[65]

Doch Rettung nahte kurz vor Weihnachten in der Person von Ingeborg: Hans Frank verliebte sich. »Ich habe durch zitternde Liebe einen Halt gefunden, wird sie meiner Seele die Ruhe bringen, die ich für mein Lebenswerk so dringend brauche? Ingeborg ich liebe dich, Ingeborg begleite mich, Ingeborg sei treu mir zur Seite – Inbegriff meines Lebens, Ingeborg meine blonde Germanin.«[66] – Bis zum frühen Lebensende mit 46 Jahren sollte sich Hans Frank noch oft verlieben, und immer floss das Herz über, wiederholten sich seine schmachtenden Liebesbeteuerungen, wie dies in zahlreichen Briefen oder Tagebucheintragungen überliefert ist.

Die Episode mit Ingeborg währte kaum sieben Wochen. Am 18. Februar 1920 schrieb er: »Soll ich Ingeborg lassen oder nicht?« Er zweifelte nun, ob es überhaupt Liebe war, sie hätte ihn verführt, sie zu küssen. Nachts schrieb er den Abschiedsbrief und machte sich Mut, weil er beim Abschiednehmen stark sein müsse.[67]

Um sich zu trösten, fuhr er postwendend nach Prag zu seiner Mutter, zur einzigen Frau, der er zeitlebens wirklich treu blieb. Dabei hatte er kein Problem, in seinem Tagebuch sogleich eine Volte von der Mutter zur Deutschtümelei zu schlagen: Seine »blonde allsorgende Mutter, die so deutsch ist, dass sie in ihrer Güte an sich selbst zuletzt denkt. Oh, diese herrlichen deutschen Frauen. Fürwahr, nicht zuletzt der ehrlichen und bescheidenen zünftigen deutschen Frau werden wir unseren Wiederaufstieg zu verdanken haben.« Und weil er schon bei nationalistischen Überlegungen war, listete er in einem Atemzug und scheinbar zusammenhanglos auf: »Deutsch-Österreich – Elsaß-Lothringen – Eupen-Malmedy – Memel – Danzig – Posen – Wo gehört ihr hin? Ins Großdeutschland!«[68] Diese Pläne des Zwanzigjährige sollte er konsequent im Auge behalten.[69]

Das Jurastudium verlief in geordneten Bahnen, obgleich sich Frank über seine Professoren gern lustig machte. »Wenn ich mir vorstelle, daß Kant ebenso diesen Weg gegangen? Ist es nicht ein Wunder, daß er seine ›Kritik‹ schrieb? Ich liebe sie geradezu, diese eifrigen emsigen Professoren, die zum 66. Mal ihre Vorlesung neu gewürzt auftischen. Vor allem behagt mir die Freiheit des Studiums und ich wünschte, daß während des Vortrags erstarrter Lebensgüsse irgendwo hinter dem Katheder Musik erklänge.«[70]

Am 17. Juni 1920 zog er eine Bilanz:

»Du bist weichlich, du isst zu viel, du schlemmst. Du bist ein Vielschläfer.
Du bist feige, du kämpfst nicht für dein Land, was nutzt alles Geplärre hintennach.
Du bist unfrei, denn deine Gedanken kommen nicht aus der Tiefe deines Geistes, sondern deines Gedächtnisses.
Du bist trübe und schwankend in deinen Anschauungen.
Du bist eingebildet und stolz.«[71]

Er haderte mit sich, denn sein Lebensziel heiße, Führer zu sein. Dem tausendfach gesteigerten Willen, dies zu erreichen, stünden tausendfach drohende Hindernisse, Irrungen, Schmähungen, üble Erinnerungen, Empfindungen und Schwankungen entgegen. In den »Lebensskizzen«, 1945 geschrieben, relativiert er solche Aussagen: »Vielleicht sah ich mich damals etwas tragischer, als eigentlich notwendig war, denn das Leben lag vor mir – ich war geistig eminent rege, von scharfer, schneller Auffassung und hatte auch die genügende intelligible Kraft, um von mir selbstkritisch Distanz halten zu können.«[72]

In den Semesterferien, in der Zeit zwischen Ende Juli und Mitte September 1920, rückte Frank bei seiner Einheit in Straubing zum Reiterdienst ein. Er kehrte zurück »im Bewußtsein, daß unser Heer ein sicheres Ordnungsinstrument in der Hand eines Führers darstellt«, und beklagte, dass dem Staat eine Reichswehr fehle.[73] Dem »Kriegsteilnehmer-Verband« der Ludwig-Maximilian-Universität schloss er sich am 17. März 1921 an.[74] Einen Hang zum Militär kann man Frank nicht unbedingt nachsagen, die Reiterei betrieb er als Sport, und es machte ihm Spaß, durch bayrische Wälder zu reiten. Immerhin liebte er das »klar, knapp Militärische in seiner althergebrachten Präzision«. Er wurde als Reservist entlassen.[75]

An Sylvester 1920 lernte er beim Bleigießen Gertrud H. kennen. Alsbald schien es die große Liebe zu sein, sodass sich beide im April 1921 verlobten. Sie war drei Jahre jünger, Gertruds Mutter eine Majorswitwe und das Elternhaus nach Franks Geschmack, denn es verkehrten dort Musiker und Schauspieler. Gertrud spielte Klavier und komponierte auch. »Es war ein reizender, sich gegenseitig befruchtender Kreis, und in diesem für mich so behaglich erweiterten Milieu zog ich wie ein glücklich Genesender ein. Meine Lebenslage war die eines armen Studenten, ich war der absolut Nehmende.« Beide glaubten sich zu lieben und waren sich einig, nach Abschluss des Studiums zu heiraten. Durch Gertruds Aufenthalt in Italien und Franks Studium in Kiel sahen sie sich in der Folgezeit nur selten. Nach zweieinhalb Jahren hatten sie sich auseinander gelebt und im beiderseitigen Einvernehmen im Sommer 1924 getrennt. So lautete Hans Franks Version vom Ende dieser Beziehung.[76]

Die Wahrheit sah etwas anders aus: Nach seiner Teilnahme am »Hitler-Putsch« im November 1923 floh Frank nach Italien, um der Festnahme wegen Hochverrats zu entgehen. Obwohl das Strafverfahren eingestellt worden war, galt Frank im Haus der Verlobten nicht mehr als gesellschaftsfähig, sodass Gertrud die Verlobung löste.[77]

Hier wird ein Verhaltensmuster sichtbar: Frank ließ gern Beziehungen später wieder aufleben, so auch im Falle von Gertrud H. Sie hatte inzwischen geheiratet, lebte in Berlin und wurde ab 1942 seine Geliebte.[78]

Trotz aller emotionalen Labilität studierte Frank konsequent und planmäßig. Einer Studentenverbindung schloss er sich nicht an – er meinte, dies hätte nicht seiner Veranlagung und seiner wirtschaftlichen Situation entsprochen.[79] Neben den juristischen Fächern belegte er volkswirtschaftliche und philosophische Vorlesungen.[80] Die Gründe, warum er am 27. Oktober 1921 zur Rechts- und Staatswissenschaftlichen Fakultät der Christian-Albrechts-Universität Kiel wechselte, sind unbekannt.[81] Nach zwei Semestern kehrte er nach München zurück und legte am 21. Juli 1923 in München die Prüfung für den Höheren Justiz- und Verwaltungsdienst ab. »Der Kandidat ist berechtigt, den Titel Referendar zu führen.«[82]

An der Universität Kiel bestand er am 3. Oktober 1924 die Prüfung »zum Führen des Titels, der Würde und Rechte eines Doktors der Rechte«.[83] Seine Dissertation trug den Titel »Die öffentliche juristische Person – Ein Beitrag zur Lehre des Merkmals der öffentlichen Rechtspersönlichkeit«. Sie umfasst 94 Seiten und ist so gegliedert:

1. Das Problem und die Struktur seiner Lösung
2. Die Literatur zu unserem Thema
3. Obrigkeitliche Gewalt und Bestimmung zur Verwaltung als die Wesensgrundlage des Kriteriums
4. Der Verwaltungsakt als Kriterium
5. Die Erprobung unseres Merkmals

Es geht darum, dass die juristische Person des öffentlichen Rechts im Gegensatz zu einer solchen des Privatrechts eine hervorragende Rolle bei Staat, Gemeinden, Verbänden, Sozialversicherungen oder Berufsorganisationen spielt. Frank untersucht den Begriff, dessen Anwendung im praktischen Leben nicht entbehrlich sei, den aber keine Verfassung erläutere oder definiere. Die Arbeit ist rein juristischer Natur und verzichtet gänzlich auf politische Wertungen.[84] Man hat den Eindruck, dass seine Dissertation nicht mehr als eine Pflichtübung war. Zwar schmückte er sich später manchmal damit, dass er bei dem renommierten Prof. Walter Jellinek promoviert hatte, doch hat er die Arbeit nie – auch später nicht – publiziert. Dies ist für ihn ganz untypisch, weil er sonst peinlich darauf bedacht war, dass jede seiner Verlautbarungen oder Ausarbeitungen veröffentlicht wurde.

Am 23. März 1927 bestand Dr. Frank in München das 2. Staatsexamen und erlangte den Titel Assessor.[85]

Von sich selbst behauptete Frank gern, ein Musterschüler und hervorragender Student gewesen zu sein.[86] In einem Brief an seine Mutter schrieb er: »Ich, der Primus des Gymnasiums, des Studiums, der Doktor summa cum laude, um und um mit Ehren behangen, mit Titeln und Würden…«[87] Franks Selbstbild wurde von zeitgenössischen Autoren und auch von solchen der Nachkriegszeit übernommen. Dass Frank am Gymnasium die Rolle des Primus innehatte, mag stimmen. Darüber hinaus hat er die 1. Staatsprüfung »bestanden«, die 2. Staatsprüfung »mit Erfolg« absolviert und die Promotion »bestanden«, hatte also keinerlei Prädikate erlangt. Franks Beurteilung während des Vorbereitungsdienstes beim Amtsgericht München von September 1923 bis August 1924 fiel lapidar aus: »Seine Leistungen waren durchaus befriedigend.«[88]

Halten wir also fest, dass Dr. Hans Frank Studium und Promotion mit mittelmäßigen Ergebnissen abschloss, was auch nicht verwundert, denn er war zu unstet und sprunghaft, um kontinuierlich zu arbeiten, und setzte eigentlich andere Prioritäten, nämlich seine politischen Interessen und seine Vorliebe für Theater und Musik.

Dass Professor Dr. Max Pappenheim von der Kieler Universität, der ihm als Dekan Titel und Würde eines Doktors der Rechts verliehen hatte, jüdischer Herkunft war, mag man als Ironie der Geschichte bezeichnen.

In finanzieller Hinsicht ging es Hans Frank während des Studiums miserabel. Er fand 1921 vorübergehend Anstellung als Leiter der

Rechtsstelle der Bayrischen Filmgesellschaft[89] oder verdiente sich 1923 ein Zubrot als Gerichtsschreiber. [90] Während des Vorbereitungsdienstes bei den Behörden der inneren Verwaltung erhielt er Unterhaltszuschüsse zwischen 74,85 RM und 87,32 RM monatlich, für die Zeit der Vorbereitung in einem Rechtsanwaltsbüro monatlich 109,20 RM.

Das Wohlfahrts-Bezirksamt 1 in München, bei dem Frank einen Antrag auf Unterhaltszuschuss gestellt hatte, bescheinigte am 1. Mai 1926 in einem Vermögens- (Dürftigkeits-)Zeugnis – so die amtliche Bezeichnung – ein Einkommen von monatlich 99 RM und Schulden in Höhe von 160 RM für Bücher. Eine Sozialpflegerin stellte fest, dass der 57-jährige Vater mit einem monatlichen Einkommen von 200 bis 250 RM zwei Haushalte versorgen müsse: Nämlich neben dem eigenen müsse er auch für den Unterhalt von Frau und Tochter, von denen er getrennt lebe, aufkommen. Somit konnte der Vater den Sohn nicht unterstützen, was den Anspruch auf Sozialhilfe begründete. [91]

Die universitäre Laufbahn schließt damit ab, dass Frank in der Zeit vom 16. November 1927 bis 31. Juni 1928 (nach eigenem Bekunden bis Sommer 1929)[92] die Stelle eines Assistenten am Juristischen Seminar der Technischen Hochschule München mit monatlichen Dienstbezügen in Höhe von 341,40 RM innehatte.[93]

Brigitte Frank, geborene Herbst

Mit vier Geschwistern wuchs Brigitte Herbst, die eigentlich Maria hieß, in Forst in der Lausitz auf. Als sie dreizehn Jahre alt war, nahm sich der Vater, ein bankrotter Spinnereibesitzer, das Leben. Mit vierzehn verließ sie die Schule und verdingte sich als Kindermädchen und Bürohilfskraft bei einem Rechtsanwalt. Ehrgeizig und willensstark, wollte sie schon früh nicht auf Dauer in der Provinz leben, sondern auf irgendeine Weise Wohlstand erwerben, am besten an der Seite eines einflussreichen Mannes. An Politik zeigte sie nie Interesse, von Männern in Uniform hielt sie nichts. Eine ihrer stärksten Eigenschaften war Raffinesse, gepaart mit Gefühlskälte, wofür es eine Reihe präg-

nanter Beispiele gibt. Mangelnde Bildung konnte sie nicht immer
überspielen, was ihre Mitmenschen peinlich berührte. Bereits als jun-
ges Mädchen hatte sie eine laszive Ausstrahlung und zögerte nicht,
ihre Wirkung auf Männer zu ihrem Vorteil zu nutzen, manchmal
auch auf erpresserische Weise, wenn bei ihnen guter Ruf, Gefährdung
einer Ehe oder geschäftliche Nachteile auf dem Spiel standen. Wegen
ihrer Lebensgier zog sie 1917 nach Berlin und im Herbst 1920 nach
München, wo sie eine Reihe von Affären hatte.

Kurzschrift war ihr Hobby, und Pelze wurden ihre Leidenschaft.
Stenografie, das Beherrschen der Schreibmaschine und eine fast fehler-
freie Orthografie ließen sie schnell zu einer überdurchschnittlich guten Sekretärin werden. Außerdem führte sie in Kurzschrift Tagebuch
und sammelte Briefe, weswegen viele Details ihres Lebens bekannt
sind. Pelze liebte sie gleichermaßen um der Pelze willen, als auch um
Geld damit zu verdienen. Im Grunde war sie eine Krämerseele, immer
auf Gewinn bedacht und darauf aus, andere zu übervorteilen. Ihr unstetes Wesen ließ meist nur kurzfristige abhängige Arbeitsverhältnisse
zu. Schon bald machte sie sich als »Sekretärin mit Schreibmaschine«
selbständig und bot über Zeitungsannoncen ihre Dienste an. Parallel
dazu übernahm sie von meist jüdischen Händlern Pelze in Kommission, die sie mit Gewinn an Freunde oder Bekannte verkaufte. Nie verlor sie dabei aus den Augen, den »Mann fürs Leben« zu finden. Sie
umgab sich mit einem Kreis von Freundinnen, die – ähnlich leichtlebig wie sie – ein ausschweifendes Nachtleben im Berliner Kiez oder
in München-Schwabing führten.[94]

Wir schreiben inzwischen das Jahr 1924. Brigitte Herbst hatte zu
dieser Zeit zwei Liebhaber: Hans S., Maschinenbaustudent an der
Technischen Hochschule München, zeichnete aus, dass er als Sohn eines Hamburger Reeders wohlhabend war und sich zwei Wohnungen
in Starnberg und am Ammersee leisten konnte. Er vermittelte Brigitte
die Möglichkeit, auf Stundenbasis als Schreibkraft für Dissertationen
und Habilitationen an der TH tätig zu sein.

Daneben lernte sie einen Baurat R. kennen, einen gemütlichen Mann
mit Sinn für Kunst, der ihr mehrere Heiratsanträge machte, die sie jedoch ablehnte. Er brachte sie als Sekretärin und Stenografin im Bayeri-

Brigitte Frank (Archiv Niklas Frank)

schen Landtag unter. Brigitte Herbst genoss das Leben in vollen Zügen und notierte in Steno, dass Hans S. der »erste Geliebte« für sie sei, während sie den Baurat als »mein Geheimpolster« bezeichnete. Gern wäre sie die Ehefrau von Hans S. geworden, doch dieser, aus der feinen Hamburger Gesellschaft stammend, wollte davon nichts wissen.

Zu dieser Zeit hatte Hans Frank seine Dissertation über die öffentliche juristische Person entworfen. Am 27. Mai 1924 traf er Brigitte Herbst, um sie mit der Reinschrift zu beauftragen. Der 24-Jährige – braun gebrannt, 1,77 m groß, kräftige Figur – sah gut aus und imponierte ihr so sehr, dass sie sofort entflammte. Niemand konnte ahnen, dass der vierundzwanzigjährige Habenichts neun Jahre später bayrischer Justizminister, dann Reichsminister und schließlich Generalgouverneur werden würde. Bemerkenswert ist allerdings, dass Brigitte Herbst fünf Jahre älter als Hans Frank war und sich geschworen hatte, vor ihrem 30. Lebensjahr verheiratet zu sein; es könnte also eine gewisse Torschlusspanik eine Rolle gespielt haben.[95]

41

Die Verlobung fand im Oktober statt, die Trauung folgte am 2. April 1925.[96] Da der Bräutigam arm wie eine Kirchenmaus war, spendierte Hans S. die Hochzeitsreise nach Venedig, allerdings um den Preis, dass es eine Reise zu dritt wurde, was für Flitterwochen zumindest merkwürdig anmutet.[97] Die jung verheiratete Ehefrau machte darüber hinaus ihren Mann mit Baurat R. bekannt, der Jahre später als Gast des Ehepaares Frank im Krakauer Theater weilte, was ein Foto dokumentiert. Brigitte täuschte vor, dass sie mit beiden Liebhabern nur eine platonische Freundschaft verband. Der Baurat soll Frank die Stelle als Wissenschaftlicher Assistent an der FH vermittelt haben, was dieser nie erfuhr.

Brigitte zog in die Barerstr. 57 zu Hans und dessen Vater Karl; der Mietvertrag wurde von Hans übernommen und der Vater zum Untermieter erklärt. Das Verhältnis der jungen Frau zu ihrem Schwiegervater entwickelte sich sehr gut, während der Sohn große Probleme mit seinem Vater hatte. Karl Frank war nämlich am 14. Januar 1925 aus der Rechtsanwaltskammer ausgestoßen worden und durfte seinen Beruf nicht mehr ausüben. Ihm waren, wie das Stadtamt München in einem Vermerk zur Personalakte des Rechtsanwalts Karl Frank schrieb, folgende Urteile durch Gerichte und das Ehrengericht der Anwaltskammer zur Last gelegt worden:[98]

1. Verweis und Geldstrafe von 50 RM durch das Ehrengericht der Anwaltskammer für den Oberlandesgerichtsbezirk München v. 31.10.1903 wegen Verletzung der anwaltschaftlichen Berufspflicht (Werbung für die Praxis außerhalb des Niederlassungssitzes durch marktschreierische Kundgabe);
2. Geldstrafe von 80 RM durch Urteil der II. Strafkammer des Landgerichts Passau wegen fortgesetzten Vergehens im Amte (Gebührenüberforderungen);
3. Verweis und Geldstrafe von 300 RM v. 11.11.1905 durch das Ehrengericht wegen Verletzung anwaltschaftlicher Pflichten;
4. Urteil des Landgerichts Passau zu 100 RM Geldstrafe v. 2.3.1907 wegen Gebührenüberforderung;
5. Geldstrafe von 300 RM durch das Ehrengericht v. 6.7.1907 wegen Verletzung anwaltschaftlicher Pflichten (Gebührenüberforderung und Vertretung beider Parteien in derselben Angelegenheit);
6. Verweis und Geldstrafe v. 15.2.1919 durch das Ehrengericht wegen Verletzung anwaltschaftlicher Pflichten. Frank hatte gegen Entgelt einen unge-

prüften Rechtspraktikanten eingestellt und sich geweigert, den Betrag von 5000 RM an die Erben des im Jahre 1916 im Krieg gefallenen Rechtspraktikanten zurückzuzahlen;

7. Am 10.5.1924 verurteilte ihn das Ehrengericht zur Strafe der Ausschließung von der Rechtsanwaltschaft. Die dagegen eingelegte Berufung hat der Ehrengerichtshof mit Urteil v. 14.1.1925 verworfen.

Man kann sich vorstellen, dass der Sohn als angehender Jurist einen Imageschaden befürchtete, wenn sein Vater den Ruf eines Winkeladvokaten genoss und fortan in der Gaststätte »Schellingsalon« – sich als Syndikus bezeichnend – dubiose Rechtsberatungen ausübte.

Unbegründet wären solche Überlegungen nicht gewesen, denn später sammelte man im Preußischen Innenministerium Material über Hans Frank, was für die Jahre 1931 und 1934 belegt ist und aus Schriftverkehr zwischen dem Ministerium und dem Polizeipräsidium hervorgeht.[99] In einem undatierten vertraulichen Bericht, der aus dem Jahre 1934 stammen dürfte und von einem namentlich nicht genannten Mitglied der Anwaltskammer verfasst wurde, heißt es:

»Dr. Frank hat unmittelbar nach der Revolution von sich aus verfügt [als Bayr. Justizminister, Anm. D. Sch.], dass die Streichung seines Vaters aus der Liste der Anwälte wieder rückgängig wird. Dies war ungefähr in den Jahren 1923–25 oder 1927 erfolgt, weil sich Frank verschiedene Dinge hat zuschulden kommen lassen, welche mit der Standesehre der Anwaltschaft nicht mehr vereinbart werden konnten. Es wurden damals sogar einige Strafsachen aufgenommen, die zu einer Verurteilung führten. In einem späteren Verfahren wurde zwar die Strafe aufgehoben [unrichtig, denn alle waren rechtskräftig, Anm. D. Sch.], aber die Dinge lagen so, daß trotzdem ein weiteres Verbleiben in der Anwaltskammer nicht mehr möglich war. Auf wiederholten Vorhalt durch Mitglieder der Anwaltskammer hat Frank immer darauf hingewiesen, daß er damit nur einer Pflicht der Dankbarkeit seinem Vater gegenüber nachgekommen sei. Es wäre aber wohl besser gewesen, auch hier von einer privaten Ausnützung der mit dem Ministeramt verbundenen Machtmittel abzusehen.«

Die Einkünfte des Vaters, die er jetzt noch erzielen konnte, waren nicht der Rede wert, sodass die Schwiegertochter, die den Handel mit Pelzen forcierte und weiter als Schreibkraft arbeitete, die Last des Unterhalts der Familie trug. Doch auch sie kam mit dem Gesetz in Konflikt, worüber sich ebenfalls der zitierte vertrauliche Bericht ausließ: »Gegen die Frau Minister wurde eine Betrugsanzeige eingereicht, weil sie wohl von den Dienstboten die Beträge für Angestelltenversicherung, Krankenkasse, Invalidenversicherung etc. einbehalten hat, diese aber nicht zur Einzahlung brachte, sodaß die Angestellten einen gewissen Schaden erleiden. Derartige Tatbestände führen durchweg zu Verurteilungen wegen Betruges und Unterschlagung und kommen sehr oft vor. Die in dem anhängig gewesenen Verfahren angewachsenen Akten sind nun seit einiger Zeit plötzlich verschwunden.«[100]

Darüber hinaus hatte Brigitte Frank ihr Gewerbe nicht angemeldet, sodass aufgrund einer anonymen Anzeige eines Tages ein Steuerinspizient vor der Tür stand. Er ließ einen ausführlichen Fragebogen zurück, und Hans Frank, der erneut um seine Reputation fürchten musste, soll, wie sein Sohn Niklas beschreibt, einen Wutanfall bekommen und seiner Frau den Pelzhandel zumindest mit Juden verboten haben. Das Verfahren wegen Steuerbetrugs kam zu keinem Abschluss. Als Frank Justizminister geworden war, soll er diese Akte angefordert und vernichtet haben.[101]

Nicht nur Vater Karl und Ehefrau Brigitte wurden gerichtsnotorisch, sondern auch Sohn Hans wird zwischen 1928 und 1933 in die Fußstapfen des Vaters treten, seine Mandanten ebenfalls übervorteilen und verklagt, verurteilt sowie gepfändet werden, worüber an anderer Stelle zu berichten ist.

Bei Franks widersprüchlichen Schriftsätzen spielte jeweils eine Rolle, für welche Leser sie bestimmt waren. 1945 schrieb er in den »Lebensskizzen«:

»Wie immer in meinem Leben folgte ich der Stimme des Schicksals. Denn ich war schon damals der unverbesserliche Romantiker. [...] Und so war ich innerlich bereit, mich ganz bürgerlich einfach zu verheiraten. Der Partner, der diese Ehe wagte und bis heute mit mir durchgehalten hat, war eine wunderschöne, blühend gesunde, gescheite und tapfere Frau, die ich als Beamtin [!] im Bayerischen Staatsdienst kennen lernte. [...]
Brigitte ist die treue, verständnisvolle Kameradin meines so kämpferischen Lebens geworden und hat sich zu einer echten Frauenpersönlichkeit mit starkem Charakter entwickelt, die sie in aufopferungsvoller Hingabe – mein Haus in Ehren aufrichtete, mit dem Glück unserer lieben, gesunden Kinder – er-

füllte und mich mit Würde und Klugheit vertrat. […]

Ich bin heute, da ich dieses schreibe, in der Lage, feststellen zu können, daß ich dem Herrgott im Himmel für diese einzig brave Frau danke. […]«[102]

Etwa ein Jahr später schrieb Frank in einer ganz anderen Tonlage einen Brief mit konträrem Inhalt an seine Mutter: »Ich litt in dieser Ehe mehr, als ich verlauten ließ. […] Ich hätte damals mit meinen 25 Jahren etwas mehr bedenken sollen, ob die Ehe, die ich mit Brigitte einzugehen entschlossen war, für mich und für sie das Richtige war.« Er meint, dass er bei wichtigen persönlichen Entscheidungen in eine Abhängigkeit getrieben worden sei, und fuhr fort:

»Jung verheiratet, ohne Geld, ohne Beruf, ohne freudige Entwicklung, ging damals mein Leben mit mir durch. Aus dem feingeistigen Idealisten wurde der dem Zweckzwang unterworfene und verdienen müssende Ehemann und Vater, der nicht mehr wählen und warten, sich unabhängig entwickeln oder gar unproduktiv geistig produzieren konnte. Ich war damals allein, niemand beriet mich, unerfahren wie ich in Frauenangelegenheiten war. […] Der richtige Rat wäre gewesen: Ich passte damals überhaupt nicht für eine bürgerliche Ehe. Ich trug den Schmerz in mir, daß Lilly die – wie mir damals gemeldet wurde – ›glückliche‹ Frau eines anderen geworden war, und da war mir eben alles recht. Aus dieser Gleichgültigkeit, fast ›Schwabinger Wurstigkeit‹ heraus wurde ein momentaner erotischer Rausch von mir gar nicht auf Dauerhaftigkeit überprüft. Mein Leid fing schon auf der Hochzeitsreise an (›zu dritt‹ mit Hans S., dem Freund Brigittes!) – und brach im Grunde auch nun einundzwanzig Jahre lang nicht ab. Denn selbstverständlich war dies auch keine glückliche Ehe für Brigitte.«

Frank grämte sich, nicht Gertrud H. geheiratet zu haben, ein feinsinniges Mädchen, das wesentlich inniger zu ihm gestanden hätte als jemals Brigitte, deren Gemütskälte zwar mit ihrer Art zu begreifen, deshalb aber nicht erträglicher gewesen wäre.[103]

1927 kam Tochter Sigrid und 1928 Sohn Norman zur Welt. Bis 1939 hatten die Franks fünf Kinder – sie waren eine nationalsozialistische Musterfamilie geworden.

Der Weg zum Nationalsozialismus

Brigitte Frank übergab US-Leutnant Walter Stein, der Frank am
4. Mai 1945 verhaftete, die beiden Bände seines privaten Tagebuchs
»für die Verteidigung ihres Mannes«. Stein fiel beim Lesen ein Umstand besonders auf: Frank hatte als Zwanzigjähriger eingetragen, er
möchte in der Zukunft Führer des deutschen Volkes werden.[104] Er
wurde zwar nicht *der* Führer, aber immerhin ein Führer, nämlich auf
dem Gebiet des Rechtswesens und als Generalgouverneur. Sein Weg
dorthin begann mit dem Kontakt zur Thule-Gesellschaft in München; dies erfolgte in etwa zu der Zeit, als er sein Studium aufnahm.

Die Gesellschaft war um die Jahreswende 1917/1918 aus dem
»Germanenorden« entstanden und wurde von dem vermögenden
Rudolf von Sebottendorf mit Sitz im Münchner Hotel »Vier Jahreszeiten« gegründet. Nach außen stellte sich die Gesellschaft als »Studi-
engruppe für germanisches Altertum« dar, in Wahrheit war sie eine
Art Loge mit rassistisch, speziell antisemitisch gesonnenen Mitgliedern. Frank reduzierte ihren Zweck 1946 nicht ohne Absicht auf »einen Klub von Intelligenzlern für germanische Geschichte«.[105] Die Anzahl der Mitglieder der Thule-Gesellschaft wird zwischen mehreren
hundert (Ian Kershaw), eintausend (Hans Frank) und eintausend-
fünfhundert (Joachim C. Fest) angegeben.[106] Später prominent werdende Nationalsozialisten zählten zu diesem Kreis, wie Alfred Rosenberg (Parteiideologe der NSDAP), Rudolf Heß (Stellvertreter des
»Führers«), Julius Streicher[107] (Herausgeber des Hetzblattes »Der
Stürmer« und fränkischer Gauleiter) sowie Hans Frank, der sogar
dem Vorstand angehörte, wie er in einem Schreiben an Hitler vom
5. März 1925 betonte.[108]

Der Kontakt zwischen der Thule-Gesellschaft und Adolf Hitler
war über die Deutsche Arbeiterpartei (DAP) zustande gekommen,
die im Januar 1919 durch die Mitglieder der Thule-Gesellschaft Anton Drexler und Karl Harrer gegründet wurde. Hitler war das 55.
Mitglied, auch Hans Frank trat der DAP bei[109] und will den beiden
Gründern bei der Präzisierung des Programms geholfen haben. Ziel

der DAP – eine Vorläuferin der NSDAP – war, die Arbeiterschaft dem Bolschewismus zu »entreißen«; daneben ging es um Antisemitismus, um »Deutschlands Schmach«, das »Trauma des verlorenen Krieges« und die »zerrissenen Bande der Ordnung, des Rechts und der Sitte«.[110] Anton Drexler soll Hitler die Verwendung des Hakenkreuzes als Emblem vorgeschlagen haben.[111] Frank erwähnt, dass er in der Thule-Gesellschaft einen Vortrag über Oswald Spengler und dessen Buch »Preußentum und Sozialismus« gehalten habe, in dem es darum gegangen sei, dass »der deutsche Charakter die beiden Elemente des Arbeiters und des Soldaten in sich trage« und dass man »den für die Gemeinschaft tätigen Arbeiter und den sichernden Soldaten zu einer einheitlichen Leistung« vereinen müsse, um gegen die »übermächtige, weltimperialistische Idee des Bolschewismus« bestehen zu können.[112] Zu einer unmittelbaren Berührung zwischen Frank und Hitler kam es zunächst nicht. Dennoch ist festzuhalten, dass Frank trotz seiner Jugend ein Mann der ersten Stunde des Nationalsozialismus gewesen ist.

Die erste Begegnung mit Hitler fand im Januar 1920 statt. Frank berichtet darüber mit glühender Begeisterung, obwohl er in der Gefängniszelle in Nürnberg saß und die Todesstrafe vor Augen haben musste.[113] Er tat es wohl in der Absicht, ein gespaltenes Hitler-Bild zu entwerfen: Eines der Anfangsjahre, als Hitler nach Franks Meinung berechtigte Anliegen des Deutschen Volkes vertrat, sodass es nicht nur entschuldbar, sondern geradezu konsequent gewesen war, sein Anhänger zu werden – im Unterschied zu dem Hitler der späteren Jahre, von dem er sich distanziert. Wo hier berechnendes Kalkül aufhört und ehrliche Meinung anfängt, kann man bei Frank nie genau wissen. Wir werden später erfahren, dass er zwar den Massenmörder Hitler verurteilte, jedoch einen apologetischen Unterton nicht vermeiden konnte – Äußerungen, die er vermutlich unbewusst machte. Doch zurück zu Franks Bericht über die Veranstaltung:

»Der Saal war überfüllt. Zwischen den dicht besetzten Tischen und Stühlen standen die Besucher. Es war alles ›Volk‹ in der umfassendsten Weite dieses Begriffs. Alte und Junge, Männer und Frauen, ja Greise, Bürger, Arbeiter, Soldaten, Studenten, Schüler. Ich stand an einem Tisch mit Verwundeten aus dem Krieg. Über allen lag der Massendunst von Not und Sorge, Spannung und Erwartung, von nervöser Unrast, aber auch von bereiter Energie. Viele trugen Mäntel aus ›auf Zivil‹ umgearbeiteten feldgrauen Uniformen, auch Frauen, manche sehr elend, bleich, krank, düster verzweifelt.

Und zu ihnen sprach nun ein Mann, im abgetragenen blauen Anzug, gänzlich ohne Schick. Die Krawatte hing lose am weichen Kragenhemd. Er war mittlerer Größe, sprach mit starker, klarer, leidenschaftlich bewegter, aber nicht schreiender Stimme. Dieses Organ klang manchmal heiser und bewegte sich in merkwürdigen Lautstärkekontrasten. Ruhig anhebende Sätze erhoben sich mit einemmal bei einem Wort oder gegen das Ende zu eindrucksvollster Tonkraft. Diese Kontraste aber schienen nicht oratorisch-deklamatorisch, berechnet auf Wirkungen angesetzt, sondern vermittelten den Eindruck eines ehrlichen mitbewegten Herzens. Das erste war, dass man fühlte: der da sprach, der meint es irgendwie ehrlich, der will nicht überzeugen von etwas, dem er selbst nicht ganz ›traute‹, der da, der hat sich zwar alles überlegt, was er sagt, aber nicht um dieser Rede wegen, sondern wegen des Inhalts seiner Worte. Und in den Pausen seiner Rede leuchteten seine blauen Augen leidenschaftlich, während die rechte Hand das Haar zurückstrich.

Ich glaube wohl, dass es für alle, die in der Kampfzeit bis 1933 Adolf Hitler nicht selbst gehört haben, schwer ist, sich die unwiderstehliche Kraft seiner Rede vorzustellen. Er war damals schlechterdings der grandiose Volksredner ohne Vorbild – und ohne Vergleich für mich. [...] Er war der Redner des deutschen Volkes von 1919 bis 1939 und zwar für alle seine Stämme von Nord bis Süd, von West bis Ost.

Ich war sofort stark beeindruckt. Das, ja das war freilich etwas unvergleichlich anderes, als was man sonst in Versammlungen zu hören bekam. Seine Methode war eine völlig klare, einfache. Er behandelte damals das überragend im Vordergrund stehende Thema des Versailler Diktats und stelle die Fragen aller Fragen: Was nun, deutsches Volk? Was ist die wirkliche Lage? Was ist jetzt allein notwendig?

Er sprach über zweieinhalb Stunden, oft von geradezu frenetischen Beifallsstürmen unterbrochen – und man hätte ihm weiter, immer weiter zuhören können. Er sprach sich alles von der Seele und uns allen aus der Seele. [...]

Er beschimpfte niemanden – damals! Weder einen inländischen noch ausländischen Politiker oder Staatsmann. Er erniedrigte niemanden – keine Religion, keine Rasse, keinen Staat – damals! Und er machte keinerlei leichte Versprechungen oder billige Prophezeiungen. [...]

Er zeigte einen Weg des verbissenen Neuanfangs von der tiefsten Tiefe an mit Mut, Glauben, Einsatzbereitschaft, Fleiß und Hingabe zu einem großen leuchtenden gemeinsamen Ziel. [...]

Am Schluss wollte der Beifall schier kein Ende nehmen. Und als er hinausging, strahlten seine Augen. Man sah ihm die Freude an, so verstanden worden zu sein.

Von diesem Abend an war ich, auch ohne Parteimitglied zu sein, überzeugt, dass, wenn überhaupt noch ein Mann, Hitler allein imstande sein würde, das deutsche Schicksal zu meistern.«

Vier Wochen später wurde die DAP in NSDAP umbenannt. In einer Großveranstaltung am 24. Februar 1920 gab Hitler das von ihm und Drexler zusammengestellte 25-Punkte-Programm bekannt. Nach einem Jahr hatte die NSDAP 2000 Mitglieder, unter ihnen Ernst Röhm, Hermann Esser, Rudolf Heß, Alfred Rosenberg und Gregor Strasser. Hitler, der »Trommler«, war inzwischen auf 30 Veranstaltungen der NSDAP aufgetreten und landete im Sommer 1922 wegen Sprengung einer gegnerischen Versammlung für drei Tage im Gefängnis. Im Januar 1923 fand der 1. Reichsparteitag der NSDAP, die inzwischen 20 000 Mitglieder zählte, in München statt. Frank, der mittlerweile sechs Studiensemester absolviert hatte, darunter zwei in Kiel, nahm zeitweise daran teil.[114]

Im Sommer 1923 kam es nach seinen Angaben zwischen ihm und Hitler zu einem Treffen in der Geschäftsstelle der Partei in der Schellingstraße, denn Frank engagierte sich für ein Zusammenarbeiten nationaler Bürgerverbände mit der NSDAP. Hitler stand zufällig im Flur, bekleidet mit bayrischer Lederhose, und soll in aufgeräumter Stimmung gefragt haben: »Was studieren Sie eigentlich immer noch? Seit 1919 studieren Sie. Sie sind wohl jetzt ein bemoostes Haus?«

Frank erklärte ihm, dass er gerade sein Examen gemacht habe.

Hitler daraufhin: »Ah, dann bitte ich um Entschuldigung. Aber die Juristen sind ja für mich unvorstellbare Leute. Daß Sie in jungen Jahren schon das Leben durch Paragraphen sehen wollen – schrecklich! Aber unsere Partei kann Juristen brauchen, noch und noch.«

Frank antwortete, er könne jetzt nicht in die Partei eintreten, vielleicht später.

Hitler lachend: »Ja, daß es dann nur nicht zu spät ist.«

Einer Kooperation mit Bürgerverbänden stimmte Hitler zu. »Aber Bedingungen gibt es nicht. Die Herren kommen zu mir, nicht ich zu ihnen.«

Erneut schwärmte Frank von Hitlers Augen, »die schon damals dieses flutklare tiefe Blau hatten, das einen geradezu in den Bann nahm«.[115]

Möglicherweise bewirkte Hitlers Anspielung auf die Parteizugehörigkeit, dass sich Frank schnell entschied und am 28. September 1923 in die SA und am 3. Oktober 1923 in die NSDAP eintrat.[116]

Für die brutalen Schlägertrupps der SA brach Frank, selbst ein SA-Obergruppenführer, noch »im Angesicht des Galgens« eine Lanze, »denn selbstverständlich war ein Schutz notwendig. In der SA sammelten sich jene Kämpfer für Hitler und seine Bewegung, die den schwersten und unerschrockensten und auch opferreichsten und entsagungsvollsten Teil dieses Kampfes zu bestehen hatten. Es ward streng an dem Prinzip der legalen Waffenlosigkeit festgehalten.« Und weiter unbeirrbar: »Die SA war eine weltanschauliche innenpolitische Kampfgruppe, sonst nichts. Ihre Haltung entsprach nun einmal der gesamten Erziehung unseres Volkes zum disziplinierten Gemeinwesen des Militärischen schlechthin.«[117] Das waren die Worthülsen, wie sie so ähnlich noch bis zum Überdruss aus dem Munde Franks zu hören sein werden.

Am 28. August 1942, als Frank bei Hitler in Ungnade gefallen war, schrieb er zu seiner Rechtfertigung über die Anfangsjahre seiner NS-Karriere: »Dann zog der politische Entwicklungsgang und meine Entschlossenheit, unter allen Umständen in aktivstem Einsatz am Wiederaufbau Deutschlands mitzuwirken, mich immer mehr in den Bann der Nationalsozialistischen Bewegung, deren maßgebliche Gründer ich im Rahmen der Thule-Gesellschaft bereits im Herbst 1919 näher kennen lernte. Als Nationalsozialist habe ich die Ereignisse vom November 1923 mitgemacht und dafür den Blutorden bekommen.«[118]

Hitler-Putsch

Nach Besetzung des Ruhrgebiets durch französische und belgische Truppen zur Sicherung von Reparationen im Januar 1923 wuchs die Putschstimmung. Ernst Röhm veranlasste den Zusammenschluss der SA mit anderen bayerischen Wehrverbänden zur »Arbeitsgemeinschaft der Vaterländischen Kampfverbände«, aus dem sich unter dem Fliegerhauptmann a. D. Hermann Göring im September ein »Deutscher Kampfbund« unter der politischen Leitung Hitlers bildete. Um einem Aufstand vorzubeugen, verhängte die bayerische Regierung am 21. September den Ausnahmezustand, der sechs Tage später durch die Reichsregierung wegen der Unruhen im Rheinland, in Sachsen, Thüringen und Hamburg auf das gesamte Reich ausgeweitet wurde. Verschärft wurde die politische Situation durch die galoppierende Inflation. Bereits im Oktober wimmelte es in München von Putschgerüchten mit der Absicht eines »Marschs auf Berlin«, für den Mussolinis »Marsch auf Rom« Pate stand.

Schließlich versuchten Hitler und seine Anhänger gemeinsam mit anderen republikfeindlichen Organisationen, am 8./9. November 1923 in München die Macht an sich zu reißen. Hitler stürmte mit bewaffneten SA-Leuten in den Bürgerbräukeller, rief die »Nationale Revolution« aus und erklärte die Bayerische und die Reichsregierung für abgesetzt. Obwohl das Unternehmen noch in der Nacht scheiterte, formierten sich die »Putschisten« am 9. November zu einem Marsch durch die Münchner Innenstadt. An der Feldherrnhalle kam es zum Gefecht mit der Landespolizei; 15 der Aufrührer, vier Polizisten und ein Unbeteiligter kamen ums Leben. General Ludendorff und andere Teilnehmer wurden verhaftet, den geflüchteten Hitler nahm man am 11. November in seinem Versteck in Uffing südlich von München fest und lieferte ihn in die Festung Landsberg ein. Er machte aus dem dilettantisch inszenierten, kläglich gescheiterten Putsch eine propagandistische Legende.[119]

Hans Frank konnte sagen: »Ich bin dabei gewesen!«, was er mehr als zwei Jahrzehnte lang mit Nachdruck tat. Im Rückblick auf die Ereignisse verwies er beschwörend auf sein eigenes Heldentum, weil er als freiwilliger Reiter des Freikorps »Epp« angeblich an der Niederkämpfung der Münchener Räterepublik »mitgetan« habe.[120] Anschließend beschreibt er den Putsch; sein ausführlicher Bericht liest sich – leicht gekürzt – wie folgt:

»Am 8. November 1923 nachmittags wurde bei mir zu Hause angerufen und ich für abends 7 Uhr zu einem außerordentlichen Zusammensein in unser Verkehrslokal ›Wurzerhof‹ bestellt. Dort angekommen, erfuhr ich zu meiner Überraschung, daß wir ›alarmiert‹ seien, daß ein Fliegeroffizier namens Göring im Auftrage Hitlers uns einlade, in den Bürgerbräukeller zu gehen und uns dort für eine nationale Demonstration zur Verfügung zu stellen. Voll jugendlicher Begeisterung zogen wir sporenklirrend – ohne Pferde! – los, trafen dort aber erst ein, als der bekannte Vorgang im Saal bereits stattgefunden hatte. Hitler war nämlich in die stark besuchte Versammlung, in der Herr von Kahr als Redner gesprochen hatte, plötzlich eingetreten, nur von wenigen Männern begleitet, und hatte nach Abfeuern eines Pistolenschusses in leidenschaftlicher Rede eine nationale Regierung des Reichs mit ihm als Kanzler und Ludendorff, Frick und anderen als weiteren Mitgliedern ausgerufen. Wir traten in die Eingangshalle. Dort standen Hitler, Göring und Ludendorff. Hitler sagte zu mir: ›Ah, da kommt Ihr!‹ Er befahl uns, in Einzelgruppen sofort in die Stadt in verschiedener Richtung loszumarschieren, die neue Regierung auszurufen. Er verwies auf grellrote Plakate, die bereits überall in der Stadt angebracht wurden mit der Proklamation der Reichsregierung an das deutsche Volk und einer amtlichen Verlautbarung mit Verhängung des Ausnahmezustandes, Einführung von Standgerichten und alledem.

Ich bekam einige wenige Männer mit und fuhr in einem großen offenen Achtsitzerwagen los zum Hotel ›Vier Jahreszeiten‹. Dort traf ich Offiziere der Interalliierten Militärkontrollkommission, Franzosen und Engländer. Ich sprach mit ihren Chefs, während die anderen Offiziere uns neugierig umdrängten. Unser malerischer, quasimilitärischer, echt ›revolutionär‹, halbsoldatischer Aufzug erregte Erstaunen. Ich teilte Ihnen im Auftrag der neuen ›Regierung‹ mit, daß für ihren Schutz jeder nur erdenkliche Schritt getan würde. Das ganze war schnell abgetan. Darauf rief ich die neue Regierung von den Stufen des Nationaltheaters vor einigen wenigen Leuten aus, die sich wohl den merkwürdigen Eindruck nicht entgehen lassen wollten. Im Weiterfahren sah ich schon überall die neuen Plakate angeschlagen, und so war schon eine ziemlich stattliche Menschenmenge versammelt, als ich von der Feldherrnhalle herab die Lauschenden mit der Nachricht beglückte, daß sich eine neue Regierung gebildet hätte. Im Weiterfahren kamen wir zum Gebäude des ›Völkischen Beobachters‹ in der Schellingstraße, in dessen Redaktion schon alles auf ›Siegesfeier‹ eingestellt war und wo bereits der Leitartikel ›Der Sieg des Hakenkreuzes‹ fabriziert wurde.

Ich gab unser Auto ab und zog von da zu Fuß mit meinen paar Mann weiter, den Kasernen am Oberwiesenfeld zu. Und dort kam bereits die erste Wendung. Als ich an das Tor meiner eigenen früheren Kaserne kam, fragte mich ein Offizier im Stahlhelm, was ich wolle. Ich sagte, ich möchte den Kommandeur sprechen, er solle zum Bürgerbräukeller kommen. Da trat er durch die Nebentür schnell heraus, in der Dunkelheit mir die Hand gebend, sagte ganz leise: ›Du, Frank?‹ Ich erkannte meinen alten Regimentskameraden Steinmetz. ›Ich bitte dich, hau sofort ab, denn ich habe Befehl, alles, was von euch kommt, zu verhaften. Die Reichswehr macht diesen Putsch des Herrn Hitler nicht mit!‹ Das ließ ich mir nicht zweimal sagen, und aufs Schwerste beunruhigt zogen wir langsam und vorsichtig zur Marsfeldkaserne, in der die Infanterieschule lag, die uns mit Fahnen und Waffen begegnet und auf die Seite der Revolution getreten war. Dort verbrachte ich die Nachtstunden, besorgt über das Ausbleiben weiterer Weisungen Hitlers oder Ludendorffs.

Etwa gegen fünf Uhr erreichte uns der Befehl, wir sollten zum Bürgerbräukeller kommen. Allgemein wussten wir plötzlich, allerdings ohne jede konkrete Nachricht, dass der Putsch fehlgeschlagen war. So marschierten wir einhundertfünfzig Mann, mit der Hakenkreuzfahne voraus, die Hakenkreuzbinde am Arm, in unseren Windjacken, wild durcheinander Waffen aller Art bei uns tragend, durch die nächtlichen stillen Straßen Münchens. Es schneite, wir wurden schauerlich nass, in und um uns fröstelte es. Aber ein SA-Trupp, der sich uns angeschlossen hatte, begann plötzlich ein Lied zu singen, das ich damals zum ersten Male hörte und dessen fast feierlich-hymnischer Schlussteil mir musikalisch sehr gefiel. Es war Dietrich Eckarts ›Sturm-Lied‹ mit dem mich ergreifenden und angesichts der furchtbaren Lage unseres Vaterlandes aufwühlenden feierlichen Ausruf ›Deutschland erwache! Brich deine Ketten entzwei!‹ Das Wort ›Juda verrecke!‹ ist in diesem Lied nicht enthalten. Ich habe es auch sonst nie gehört.

Als wir am Bürgerbräukeller etwa gegen sechs Uhr morgens ankamen, war dort das gleiche Bild, das wir in der eben verlassenen Kaserne selbst erlebt hatten. Rauch, Nachtdunst, Müdigkeit lag über den vielen Hunderten, die da an Tischen herumsaßen oder auf zusammengerückten Stühlen lagen. Wir wurden sofort darüber informiert, dass ›Kahr, Lossow, Seisser als Verräter abgefallen seien‹, dass ›die Reichswehr überhaupt nicht mitmache, im Gegenteil bald gegen uns antreten würde.‹

Mir kam das alles höchst romantisch und ebenso unpolitisch vor. Hitler oder Ludendorff waren nicht zu sehen. Es wurde Tag. Um neun Uhr etwa wurde das ›Regiment München‹ endgültig formiert und unsere kleine Gruppe der Kavallerie kam zum 2. Bataillon ›Roßbach‹. Wir bekamen jeder zwei Billionen Mark als ›Sold‹ ausbezahlt [1 Liter Milch kostete 5,4 Millionen Mark, Anm. D. Sch.], und ich bezog mit zehn Mann und Maschinengewehren einen Posten an der Museumsbrücke. Die Bürger standen um uns herum und erkundigten sich lachend nach unseren Plänen. Es war eine geradezu grotesk-humoristische Szene. Ein Arbeiter sagte: ›Hat es die Mutti erlaubt, dass ihr mit so gefährlichen Dingern hier auf offener Straße spielt?‹ Es war keinerlei Ernst mehr hinter der Sache, das spürte man. Und fast beschämt zogen wir dann nach einigen Stunden vergeblichen Wartens auf den Feind zum Bürgerbräukeller zurück. Dort formierte sich ein großer Zug. In Reihen zu sechst oder acht stand eine lange Kolonne von etwa eintausend Männern ohne alle Waffen – auch wir legten alles ›Kriegerische‹ ab – zum Abmarsch in die Stadt hinein bereit. Meine Gruppe reihte sich ein und nach kurzer Zeit begann der ›Marsch zur Feldherrnhalle‹. Voraus die Hakenkreuzfahne, hinter der Hitler und Ludendorff mit ihrem ›Stab‹ gingen, zogen wir traurig, ein geschlagenes Heer, das sich gar nicht geschlagen hatte, durch die Straßen. Da und dort rief aus der beiderseits sich neugierig sammelnden Menschenmenge einer ›Heil!‹ An den Häusern waren die Plakate der Putschregierung abgerissen oder überklebt von den neuen Anordnungen der wirklichen Machthaber, die die Reichswehr aus allen erreichbaren näheren Garnisonen zum Anmarsch auf München alarmiert hatten. Die Lage Hitler-Ludendorffs war also eine total verlorene, dieser Marsch eine trotzig vergebliche Demonstration, die Schluss-Apotheose! Einer sagte: ›Das ist ja eine Beerdigung! Ein Leichenzug!‹ Er sagte es so hin. Aber wie viele Leichen sollte diese Fahne noch in Zukunft fordern! Als wir – unser Zugteil etwa in der Mitte – von Polizisten, nachdem die totale Waffenlosigkeit der Marschierenden unterwegs immer wieder festgestellt worden war, nicht behindert, beim Nationaltheater einbogen, da ertönten plötzlich Salven aus der Richtung des Odeonsplatzes und von der Feldherrnhalle her. Alles stockte. Die Menschen liefen sofort auseinander, der Zug löste sich auf. Wilde, unklare, widerspruchsvolle Meldungen und Befehle kamen durch. Ein alter Mann lief zurück und brüllte: ›Der Hitler ist erschossen! Der Ludendorff ist auch tot!‹ Der Ruf setzte sich fort und alles erstarrte. Wir waren doch waffenlos. Warum hat man auf uns geschossen? Ich rannte mit wenigen Mann nach vorne, aber Knäuel ungeordnet zurückjagender ›Revolutionäre‹ klemmten sich in den Weg. Ich trat in den Hausgang der Kaffeefirma Eilles und schaute auf das Durcheinanderwogen der Menge. Als es etwas ruhiger wurde, durchzuckte mich die Empfindung: alles vorbei, alles aus, Hitler tot, Deutschland tot. Ich trat in die Residenzstraße hinaus. Da trugen zwei Sanitäter einen Körper. Ich sah entsetzt das Gesicht meines lieben herrlichen Freundes, des Richters am Bayerischen Obersten Landgerichts, Theodor von der Pfordten, auch er war tot. Und mit dem entsetzlichen Schmerz ging ich auf vielen Umwegen nach Hause.«[121]

Hitlers Marsch mit den »Blutorden-Trägern« zur Feldherrnhalle in München.
4. v. l.: Hans Frank (Ullstein Bilderdienst)

Franks Schilderungen widersprechen in ihren Grundzügen nicht anderen Darstellungen.[122] Falsch ist, dass die Putschisten nicht bewaffnet waren, selbst wenn dies auf Frank und seine Gruppe zugetroffen haben sollte. Viele – so auch Hitler – haben schussbereite Pistolen getragen.[123] Umstritten bleibt außerdem, wer den ersten Schuss abgegeben hat, vermutlich war es einer der Putschisten.[124]

Über seine Angst vor der Verhaftung und seine Flucht nach Italien legte er den Mantel des Schweigens, womöglich schien ihm dies nicht heldenhaft genug gewesen zu sein, womöglich grämte es ihn, nicht neben seinem großen Führer auf der Angeklagtenbank gesessen zu haben. In Italien war Frank unter »postlagernd« erreichbar und hielt sich in Neapel und Palermo mindestens bis April 1924 auf.

Im Hochverrats-Prozess (Az. 11 Js 503/23) gelang es Hitler, der in dem gegen ihn erlassenen Haftbefehl als Dekorationsmaler bezeichnet wurde,[125] seine Rolle als Angeklagter zu verlassen und zum Ankläger zu mutieren. Das Urteil lautete fünf Jahren Festungshaft. Bereits am 20. Dezember 1924 wurde er vorzeitig entlassen.

II. Partei-Jurist

Hitlers persönlicher Rechtsvertreter

Das »Gesamtunternehmen Hitler«, wie es Frank einmal bezeichnete, trat nach Hitlers Haftentlassung einen Siegeszug an. Der »Führer« habe Festungshaft, Redeverbot, Uniformverbot für die SA und Anfeindungen »offen, soldatisch tapfer getragen« und sei sich selbst treu geblieben. Er (Frank) habe zu ihm gestanden, »schaute aber kritisch auf ihn und seine Arbeit«.[126] Seine kritische Haltung artikulierte er allerdings nicht, vielmehr bewunderte er 1925 Hitlers »tiefglühende Leidenschaft« in öffentlichen Veranstaltungen und fand ihn »hinreißend siegessicher«, badete mit dem »Führer« im minutenlangen jubelnden Beifall, der den Raum erfüllt habe. Und wie es der Zufall so wollte, beim Hinausgehen entdeckte ihn Hitler an der Tür.

»Geht es Ihnen gut?«

»Ich arbeite auf das Staatsexamen.«

»Mein Herrje! Sie sind immer noch nicht fertig! Passen Sie auf, ich werde Sie bald rufen lassen. Ich brauche Sie!«

»Gern.«

Doch sei keine Einladung erfolgt, bedauerte der hoffnungsfrohe Jurist, Hitler habe es wohl vergessen.[127] Frank hatte mal wieder seiner Phantasie freien Lauf gelassen, denn diese persönliche Begegnung dürfte frei erfunden sein. Vielmehr war es so, dass Hans Frank eine ganz andere Initiative ergriffen und Hitler am 25. März 1925 einen Brief geschrieben hatte:

»Hochverehrter Herr Hitler!
Seit den Tagen, da ich das Hakenkreuz am Waffenrock, 1918 zurückzog mit meiner Truppe, [Undeutlichkeit in Franks Text, Anm. D. Sch.] habe ich – da-

mals zugleich im Vorstand der Thule-Gesellschaft, später Mitglied der NSDAP – nur ein Problem gekannt: Nieder mit dem Marxismus – darum war ich still bei Ihnen und zog hinter Ihnen zum Odeonsplatz. In ernster Arbeit habe ich den Sozialismus theoretisch und praktisch – als Syndikus freier Gewerkschaften – erkannt und studiert. Als ›Totila‹ gehöre ich zu den Mitarbeitern des Völk. Beobachters – der großdeutschen Ztg. – Völk. Kurier. Geben Sie mir nunmehr Gelegenheit, im Dienst unseres heiligen Zieles zu wirken. Ich bin bereit – und fühle das Muß, Ihnen zu dienen. Bitte gewähren Sie mir Gelegenheit, mich Ihnen vorzustellen. A. Drexler kennt mich. Darf ich hoffen? Mit treuem Heil! Ihr Hans Frank.«[128]

Doch Hitler wollte ihn weder empfangen, noch antwortete er persönlich, sondern beschied Frank durch einen Mitarbeiter, er möge sich an das für Franks Wohnort zuständige Büro der NSDAP wenden.[129] Hatte Hitler demnach bisher überhaupt keine Ahnung gehabt von dem fünfundzwanzigjährigen Juristen, mit dem er doch angeblich schon dreimal geredet und dabei sein starkes Interesse bekundet hatte? Stattdessen sollte sich Frank mit irgendeinem unbekannten Herrn Woltereck der »Sektion Schwabing« in Verbindung setzen – das war nun doch unter seinem Niveau und sehr enttäuschend. Es wundert nicht, dass Frank diesen Briefwechsel nicht erwähnte.

Auch in einem anderen Punkt nahm es Frank mit der Wahrheit nicht so genau: seine Mitgliedschaft in der NSDAP. Obwohl 1923 eingetreten, betonte er in seinen Publikationen über die Jahre 1919 bis 1926 mehrfach, in den ersten Jahren zwar SA-, aber kein Parteimitglied gewesen zu sein. Das gab er sogar im Nürnberger Prozess an, wobei er das Eintrittsdatum von 1927 auf 1928 korrigierte.[130] Das Manöver sollte kaschieren, dass er zwischenzeitlich – am 10. August 1926 – ausgetreten war. Dazu hätte er stehen können, aber es passte offenbar nicht in das Bild, das er von sich vermitteln wollte.

Der Grund seines vorübergehenden Austritts war die Südtirol-Frage. Frank schrieb am 10. August 1926 an die NSDAP München, dass er – von einer Reise aus Südtirol heimgekehrt – sich von den Parteigenossen trenne, weil diese dazu neigten, mit dem italienischen Faschismus gemeinsame Sache zu machen, obwohl dieser Faschismus sich in Südtirol als »schlimmster Kulturzerstörer, nämlich der deutschen, gebärde«. Frank erklärte Hitlers Ansichten und Ausführungen über Südtirol im wesentlichen für unrichtig und meinte: »Der Faschismus Italiens ist eine normanisch-völkische Gewalttat, der sich mit unserem Germanismus nie anders als auf der Schranke der Waffen berühren wird. Es ist ferner das Südtiroler Leid wirklich da, nicht, wie Hitler meint, nur eine Kulisse für jüdische Pressestreiche.« Frank empfahl der NSDAP, doch selbst einmal nach Südtirol zu fahren, um sich dort durch Augenschein zu überzeugen. Er schloss den Brief mit den Worten: »Seid gewarnt, Freunde! Aus prinzipiellen Erwägungen scheide ich in aller Freundschaft aus der Partei, der ich mit ganzer Seele anhing, deren neueste Tendenzen ich aber nicht mitmachen kann. Meine Karte folgt anbei zurück. Heil! Dr. Hans Frank«[131]

Man kommt nicht umhin festzustellen, dass man bei Frank nie vor Übertreibungen sicher sein kann, und dass er gern dann die Fakten unterschlug, wenn es um seine Selbstdarstellung ging.

Nach der Zweiten Staatsprüfung am 20. November 1926 ließ sich Frank am 14. Mai 1927 bei den Landgerichtsbezirken München I und München II als Rechtsanwalt eintragen.[132] Er erhielt, wie schon sein Vater, wegen der Namensgleichheit mit einem Kollegen die Bezeichnung »Frank II«. Am 2. September 1927 trat er erneut in die NSDAP ein und wurde unter Nr. 40079 registriert.[133] Ab 1927 nahm er an allen Reichsparteitagen in Nürnberg teil.[134]

Einen Monat nach seinem erneuten Parteieintritt übernahm er vor der Strafkammer Berlin-Moabit die Vertretung von zwölf Parteigenossen, die wegen Landfriedensbruchs angeklagt waren. Auf das Verfahren war er durch eine Anzeige im »Völkischen Beobachter« aufmerksam geworden, mit der eine kostenlose Verteidigung gesucht wurde. Frank erreichte aufgrund der schlechten sozialen Lage der Angeklagten, die in einem Restaurant am Kurfürstendamm mit jüdischen Gästen Streit gesucht und unter erheblicher Sachbeschädigung randaliert hatten, ein mildes Urteil. Der »Völkische Beobachter« brachte einen sensationell aufgemachten Prozessbericht mit Frank als Sieger über die Staatsanwaltschaft. Damit begann seine Karriere als Nazi-Anwalt. Der Durchbruch war gelungen.[135]

Hans Frank hatte den ersten Schritt getan, mit Wissen und Wollen eine Weiche gestellt und damit diesen Weg eingeschlagen. Am Anfang sah das alles eher harmlos aus. Man kann ihm sogar durchaus abnehmen, dass er in diesen Wochen einen Interessenkonflikt verspürte, ob er die Laufbahn eines Hochschullehrers oder die eines Hausanwalts der nationalsozialistischen Bewegung einschlagen sollte. Einerseits war da Hitler. »Ich glaubte an ihn und seine immer wieder ehrlich und in hinreißender Volksredekunst ganz offen dargelegten politischen und weltanschaulichen Argumente.«[136] Andererseits reizten ihn der »lautlos vornehme Arbeitsstil wissenschaftlicher Lehre, die Kraft der Objektivität, die Wahrheitspflicht« (was sich bei Franks pathetischem Stil nicht ganz so schlicht liest, denn da geht es ihm außerdem um alles, was sich »aus dem alttraditionellen, tief verwurzelten Leben unserer Geistesgeschichte ruhig, geradezu weihevoll, erhebt«.) Die für Frank über allem schwebende Justitia vermittelte ihm schließlich die Einsicht, wie er meinte, und zeichnete seinen Weg vor:

> »Mein Ehrgeiz war aufgestachelt. Die Sehnsucht, aus der drückenden Lage unser Volk herauszubringen – und vor und über allem: der Glaube, für Deutschlands Dienst mitberufen zu sein.
>
> Ich hatte in Berlin ›Blut geleckt‹ am Ruhm und fühlte, daß es schön sei, ›berühmt‹ zu sein. Ich hatte Erfolg gehabt, die Angeklagten schrieben mir rührende Dankesbriefe, die Zeitungen brachten meinen Namen, und ich war dumm genug, daran Gefallen zu finden.
>
> Dazu hatte ich entdeckt, daß mir das Reden leicht fiel. Ich hatte ein vielstündiges Plädoyer ohne Stocken, Satz- und Wortirrungen und ohne jede Vorlage, außer Stichworten, völlig frei gehalten mit sicherer Ruhe in mir.«[137]

Unter »erfundene Kontakte zu Hitler« kann man ablegen, dass er Hitler geschrieben habe, er wolle künftig doch lieber der Hochschularbeit treu bleiben (Frank: »dem Sehnsuchtsschrei nach wissenschaftlich-geistiger Arbeit«), woraufhin Hitler ihn aufsuchte und umstimmte (»Professor können Sie später noch werden, aber jetzt und in Zukunft brauche ich Sie mehr als je.«).[138]

Nun wäre es sicher verfehlt, alle behaupteten unmittelbaren Kontakte zwischen Hans Frank und Adolf Hitler anzuzweifeln – besonders dann, wenn andere Fakten diese belegen. Eine nicht geringe Zahl von Akten beweisen, dass ihn Hitler in den Jahren 1928 bis 1933 zu seinem persönlichen Rechtsvertreter machte, auch wenn es vielleicht nicht

150 Fälle waren, wie Frank beteuerte, sondern 40 Fälle, wie eine zeitgenössische Publikation hervorhebt.[139]

Für Frank waren diese »Kampfjahre der Bewegung« gegen das »System« der Weimarer Republik die glücklichste Zeit seiner Karriere, denn er erlangte die herbeigesehnte Anerkennung, er verkehrte mit den Führern des Nationalsozialismus, und er hatte hier und da Umgang mit dem »Chef«. Es waren die Momente, in denen er den »Führer« ganz für sich alleine hatte: »Stundenlang debattierte er mit mir in seiner Wohnung. Bis in die Nächte hinein ging er erregt vor mir, der ich am Tisch saß, auf und ab und erörterte alles Tatsächliche des Falles.«[140] Und dann im Gerichtssaal: »Er saß neben mir.« In diesem einzigen Satz lag Franks ganze Zuneigung, seine Ehrfurcht, seine bedingungslose Hingabe, gleichzeitig die Chance, sich zu produzieren, sich zu beweisen.

Frank war insbesondere davon angetan, dass Hitler die Spielregeln vor Gericht akzeptierte, also das Recht anerkannte. Das sollte sich nach 1933 zu Franks Leidwesen ganz anders entwickeln. Der Rechtsanwalt schwärmte von seinem Mandanten: »Nie hatte ich ihn äußerlich so ruhig erlebt wie immer im Gerichtssaal. Er war da ganz einfacher Staatsbürger, der mit Achtung vor der Gerichtsinstitution, mit Beherrschung in Rede und Geste vor dem Richter stand und selbst seinen Gegnern mit ruhiger Würde begegnete.«[141] Frank war so naiv, Hitlers Kalkül nicht zu durchschauen.

Auch wenn Hitler den Staatsmann vorgab, waren er und sein Verteidiger nicht immer so souverän, wie Frank es beschreibt. »Frank, setzen Sie sich!«, soll er seinen Anwalt angeschnauzt haben. Ehefrau Brigitte notierte dies in ihrem Tagebuch, als Frank sie zu einer Gerichtsverhandlung in den Münchner Justizpalast eingeladen hatte. Ihr Mann schrie herum, unterbrach feixend gegnerische Anwälte, seine Stimme war schrill. Das alles war Brigitte Frank peinlich. Die »Münchner Post« schrieb unter der Überschrift »Hitlers Anwalt«: »Herr Frank pflegt Gerichtsverhandlungen mit nationalsozialistischen Versammlungsallüren zu führen. Er entwickelt dabei eine solch geölte Arroganz und liebt es, seine Anrempelungen mit einem verkrampft höhnischen Lächeln zu begleiten, dass selbst der langmütigste Gegenanwalt sich solch ein Benehmen auf die Dauer nicht bieten lassen kann.«[142]

Hans Frank – der Feingeist, der Beethoven-Fan, der Mann des Großen Latinums? Wie passte das alles zusammen? Die Anfänge waren vergleichsweise harmlos, noch ging es nicht um Menschenleben.

Die Hitler-Prozesse folgten überwiegend einem ähnlichen Muster.[143] Wegen übler Nachrede oder Beleidigung Hitlers in Presseartikeln, auf Plakaten oder in öffentlichen Veranstaltungen wurden von Rechtsanwalt Frank II Strafanträge und Privatklagen eingereicht, darüber hinaus erfolgten Klagen auf Unterlassung oder Wiederholung, häufig in Verbindung mit dem Antrag auf Erlass einer Einstweiligen Verfügung. In seinen Schriftsätzen bezeichnete er Hitler als Schriftsteller. Die Verfahren wurden meistens zugunsten Hitlers entschieden, hier und da formulierte Frank einen Vergleich, im Falle einer politischen Satire lehnte das Gericht eine Verurteilung ab. Manchmal schützte die Abgeordneten-Immunität, so bei Mitgliedern des Bayerischen Landtags.

Betroffen waren oft die Schriftleiter von Zeitungen. So wurde zum Beispiel der Schriftleiter der »Augsburger Postzeitung« zu einer Geldstrafe von siebenhundert Reichsmark verurteilt, weil die Zeitung Hitler Gotteslästerung vorwarf mit einem Zitat aus »Mein Kampf«. In Wahrheit findet sich die vorgebrachte Textstelle »Der Teufel steigt in die Monstranz und schaut von hier aus auf das naive gläubige Volk« nicht in dem Werk. Soweit sie nicht gleichgeschaltet wurden, bestand die längerfristige Konsequenz für einige angriffslustige Zeitungen, wie zum Beispiel das »Hamburger Echo«, darin, dass sie nach 1933 schrittweise liquidiert wurden. Ob Frank daran mitgewirkt hat, ist nicht nachweisbar.

Einige Verfahren befassten sich mit der Südtirol-Frage, wegen der Frank vorübergehend aus der NSDAP ausgetreten war. Hitler hatte propagiert, auf das teilweise von Deutschen besiedelte Südtirol zugunsten der Freundschaft mit den italienischen Faschisten verzichten zu wollen. Die Antwort oppositioneller Kreise lautete »Verrat Südtirols durch Adolf Hitler«, gekoppelt mit der nicht bewiesenen Tatsachenbehauptung, Hitler sei dafür von Mussolini bezahlt worden. Dass

Frank persönliche Skrupel gehabt hatte, in dieser Angelegenheit die Auffassung Hitlers entgegen der eigenen Überzeugung vertreten zu müssen, sollte er später verschweigen.[144]

Ein weiterer Streit, in dem die Prozessgegner ihre Behauptung nicht beweisen konnten, bezog sich auf die finanzielle Unterstützung Hitlers durch die Rüstungsindustrie oder durch ausländische Geldgeber, wie zum Beispiel durch die tschechischen Skoda-Werke oder die französischen Schneider-Creuzot-Fabriken.

Hitlers Kritiker zweifelten außerdem seine Rolle im Ersten Weltkrieg an, z. B. mit der Überschrift »Kamerad Hitler – Weit vom Schuss – Der ewige Gefreite«. Frank bot einen Generalmajor a. D. als Zeugen auf, der u. a. folgende Stellungnahme abgab: »Hervorheben möchte ich, daß, als ich beim Sturm auf das keilförmige Waldstück (später Bayernwald genannt) aus dem Wald bei Wytschaete heraustrat, um den Verlauf des Angriffs besser beobachten zu können, sich Hitler und eine andere Gefechtsordonnanz des Regimentsstabes, der Kriegsfreiwillige Bachmann, vor mich hinstellten, um mich mit ihrem Leibe vor dem Maschinengewehrfeuer, dem ich ausgesetzt war, zu schützen.«

Zu zahlreichen Beleidigungsklagen veranlasste Frank II eine Sammelerklärung Hitlers, in welcher dieser Stellung dazu bezog, dass seine Mutter »von Geburt keine Tschechin gewesen sei, die kein Wort Deutsch verstand«. Hitler hätte man allerlei nachgesagt, listet Frank auf: unmoralischer Lebenswandel, Weibergeschichten, Sektorgien, Prasserei, Blutschande.[145] Es versteht sich, dass der Redner auf einer SPD-Wahlveranstaltung im Jahre 1928 mit der Äußerung »Hitler hat es mit einer Jüdin« vor Gericht keine Chancen hatte.

Im Prozess gegen Abel wurde Hitler im Juni 1932 zu Ordnungsstrafen über 800 RM wegen Zeugnisverweigerung und 200 RM wegen des Ausdrucks »jüdische Rechtsanwälte« verurteilt. In der Berufungsschrift formulierte das Büro Frank, dass der Ausdruck »jüdische Rechtsanwälte« in höchster Erregung und berechtigter Ehren-Notwehr gefallen sei. Wie stand es also wirklich um die »würdevollen Auftritte« des kommenden Reichskanzlers vor Gericht?

Zweifelsohne machte Frank, der Hitlers Interessen wahrnahm, die Sache der Nationalsozialisten zu seiner eigenen mit allen widerwärtigen Konsequenzen. Die Behauptung, dass »die Bewegung auf Lüge und Betrug aufgebaut« gewesen sei, ist genauso wenig eine beleidigende Äußerung gewesen wie die Erklärung, dass »im Braunen Haus Listen angelegt werden von Personen, die, wenn die Nazis an die Macht kommen, erledigt werden sollen«.

Verfahren gegen Hitler sind relativ selten angestrengt worden, was Frank auf Hitlers »legale Vorsicht« zurückführt, denn alle seine Auftritte seien von der Polizei überwacht und seine Reden mitstenografiert worden – für Frank außerdem ein Beweis dafür, dass Hitler »in seinen Kundgebungen sachlich und ideell einwandfrei den Stil eines Volkspropheten angenommen hatte, der für alle Deutschen [...] sprach«.[146] Das ist nicht nur unsinnig, denn Hitler sprach weder für Kommunisten, noch für Sozialdemokraten, noch für Anhänger des Zentrums, er praktizierte vielmehr eine kalkulierte Scheinseriosität. Man brauchte nur den »Völkischen Beobachter«, den »Angriff« oder den »Stürmer« aufzuschlagen, um sich davon zu überzeugen, welcher Ungeist hinter der Bewegung steckte, die von Hitler angeführt wurde und der sich auch Frank verschrieben hatte.

Bereits in den zwanziger Jahren tauchten einige Männer auf, mit denen Hans Frank im Guten wie im Bösen verbunden blieb. Einer von ihnen war Roland Freisler,[147] später ein gern gesehener Gast des Generalgouverneurs in Krakau bis zum Jahr 1944. Freisler wirkte in Zusammenarbeit mit Frank an einer Unterlassungsklage Hitlers gegen das »Kasseler Volksblatt« mit, denn Freisler unterhielt damals mit seinem Bruder in Kassel sein Rechtsanwaltsbüro.

Auch gab es Spezialaufträge, die Frank für Hitler erledigte. Als Hitlers Nichte Geli Raubal in Hitlers Wohnung in der Prinzregentenstraße Selbstmord beging, wurde Frank durch Hitlers Privatsekretär Rudolf Heß eingeschaltet, um die Pressekampagne zu zügeln, die Hitler eine Beteiligung bis hin zum Mord vorwarf. Frank legte Rechtsmittel ein, um die Presse zu blockieren, und arbeitete nach eigenen Angaben mit Polizei, Ärzten und der Familie zusammen. Hitler-Biograf Joachim Fest stellt nicht in Frage, dass sich das Mädchen selbst das Leben genommen hatte, und Ian Kershaw urteilt, dass zwar die Wahrheit nie ans Licht käme, aber Selbstmord die wahrscheinlichste Erklärung sei.[148] Hitler, der sich zum Zeitpunkt des Vorfalles nicht in München aufhielt, reagierte fassungslos, schien einem Nervenzusammenbruch nahe und wiederholte entschlossen, die Politik aufzugeben. Frank urteilt durchaus einvernehmlich mit den beiden führenden Hitler-Biografen: »Ich erkannte damals die Labilität der Seelen- und Gemütskräfte Hitlers. So stark er nach außen auftrat, so gefährdet schien mir sein inneres Gleichgewicht.« Es ist durchaus glaubhaft, dass sich Hitler bei Frank für seine Unterstützung mit den Worten bedankte, dass er es ihm nicht vergessen werde.[149]

Weniger eindeutig sind Franks Feststellungen aufgrund eines Briefes, den Hitler vom Sohn seines Stiefbruders mit Andeutungen erhielt, dass Hitler »Judenblut in seinen Adern und keine Legitimation hätte, Antisemit zu sein«. Hitler beauftragte Frank , die Sache vertraulich zu untersuchen. Danach war der Vater Hitlers das uneheliche Kind einer Köchin namens Schickelgruber, die in einem jüdischen Haushalt einer Familie Frankenberger angestellt war. Der Hausherr soll für das Kind bis zu dessen vierzehnten Lebensjahr Alimente bezahlt haben. Zwar kommt Frank zu dem Ergebnis, dass Frankenberger die Vaterschaft durch die an der Armutsgrenze lebende Großmutter untergeschoben wurde und er wegen des Skandals eine gerichtliche Auseinandersetzung vermeiden wollte, aber Frank hält es trotzdem nicht für ganz ausgeschlossen, dass somit Hitler ein nach damaliger Lesart »Vierteljude« gewesen sein könnte. Er schränkt generell ein: »Daß Adolf Hitler bestimmt kein Judenblut in den Adern hatte, scheint mir aus seiner ganzen Art dermaßen eklatant erwiesen, daß es keines weiteren Wortes bedarf.«[150] Die für Hitler peinliche Angelegenheit wurde vertuscht; Hitler musste sich aber bewusst sein, dass Frank die Hintergründe kannte. Ob dieser Umstand eine Rolle spielte, dass der »Führer« im Jahr 1942 den Generalgouverneur Frank entgegen den Erwartungen von Heinrich Himmler, Martin Bormann, Hans Lammers und Albert Speer nicht fallen ließ, bleibt Spekulation, zumal er Frank nicht wirklich fürchten musste, denn er hatte jederzeit die Entscheidung über dessen Leben oder Tod in der Hand. Nach Ansicht Kershaws hält die These, dass der Großvater Hitlers Jude war, einer Überprüfung nicht stand, und Fest weist darauf hin, dass im August 1942 eine Nachforschungsaktion der Gestapo im Auftrage Himmlers ohne greifbaren Erfolg geblieben war.[151]

Schließlich war Franks Mitarbeit immer dann gefragt, wenn Gerede über uneheliche Kinder Hitlers aufkam. Hitler ließ nach Auskunft seines persönlichen Adjutanten Julius Schaub durch eidesstattliche Erklärungen bzw. notarielle Urkunden die Unwahrheit dieser Gerüchte aktenkundig machen.[152]

Hans Frank, der ergeben Hitlers Partei zu ergreifen pflegte, brüstete sich damit, in diesen Jahren das Vertrauen des »Führers« genossen zu haben. Das war sicher nicht ganz falsch, wenn er auch seine Bedeutung für den aufstrebenden Diktator überschätzte. Frank spielte zwar die Rolle des befreundeten Juristen in einer Zeit, als Hitler rechtlichen Beistand zur Bekämpfung seiner Gegner brauchte. Aber niemals hat ihn Hitler zu seinem politischen Vertrauten gemacht. Frank hatte – vom Ehrgeiz getrieben und seine Karriere im Blick – »den neuen, starken, strahlend-leuchtenden Weg in die Welt des Adolf Hitler betreten«, er wollte ihm dienen, es machte ihm nichts aus, als »Nazi-Anwalt-Frank II« ein »Hitlerknecht« genannt zu werden.[153]

Kronjurist der NSDAP

Seit Oktober 1927, als er den ersten Prozess in Berlin übernommen hatte, erlebte Hans Frank innerhalb eines Jahres einen rasanten Aufstieg und hatte inzwischen als Rechtsanwalt der NSDAP bei Freund und Feind einen Namen, zumal er nicht nur die Interessen Hitlers vor Gericht wahrnahm. Sein offizieller Status lautete »Rechtsbeistand der Parteileitung«. (»Ich übernahm immer ausgeprägter die Erledigung der gesamten Bewegungs-Rechtsangelegenheiten.«)

Wegen der sich häufenden Prozesse regte Frank an, einen »Bund Nationalsozialistischer Deutscher Juristen« (BNSDJ) zu gründen, um den Einsatz solcher Juristen reichsweit zu koordinieren[154]. Nach anderen Quellen geht die Idee auf Hitler selbst zurück.[155] In einem »Aufruf des Führers« heißt es am 12. Oktober 1928 im »Völkischen Beobachter« u. a.:

»Der Bund ist bestimmt, zu allen Fragen rechtlicher Art, die die Partei oder ihre Idee oder deren Angehörige betreffen, Stellung zu nehmen und die Entwicklung des deutschen Rechtslebens vom nationalsozialistischen Standpunkt aus ideell und praktisch zu beeinflussen. Ich richte an alle der Nationalsozialistischen Deutschen Arbeiterpartei angehörenden Juristen Deutschlands und Deutschösterreichs die dringende Aufforderung, sich diesem Bund anzuschließen. Ich habe mit den organisatorischen Vorarbeiten den Rechtsbeistand der Parteileitung, Herrn Rechtsanwalt Dr. Hans Frank II, beauftragt.«[156]

Die Vereinigung, Vorläufer des »Rechtswahrerbundes«, zählte im ersten Jahr nur 30 Mitglieder, zur Jahreswende 1932/33 gab es immerhin schon 1347 Mitglieder.[157]

Bei den Reichstagswahlen am 14. September 1930 verneunfachte die NSDAP die Zahl ihrer Mandate gegenüber 1928 auf 107 Sitze (18,3%). Hans Frank, inzwischen eng mit der NSDAP-Reichsleitung verbunden, zog als Abgeordneter in den Reichstag ein und vertrat den Wahlkreis VIII Liegnitz/Schlesien. Er wurde Vorsitzender des Rechtsausschusses und innerhalb der Fraktion Sachreferent für Rechtsfragen.[158]

Im Rechtsausschuss oblag es ihm – so die NS-Leitlinie –, »sowohl in polemischer, propagandistischer wie auch in wissenschaftlich einwandfreier Weise die rechtspolitische Interessenwahrnehmung der NSDAP gegen eine politisch andersgesinnte Mehrheit durchzusetzen, beziehungsweise zu vertreten«.[159] Diesen Anforderungen wurde Frank durchaus auf seine Weise gerecht, wie Presseartikel belegen. Er beleidigte die Abgeordneten des Zentrums, woraufhin sie ihn als Ausschussvorsitzenden ablehnten, oder er beleidigte die Angehörigen der SPD-Fraktion, indem er sie »Asiaten« nannte.[160] Er gebrauchte also genau den Ton, wie er bei den Nazis in ihren politischen Auseinandersetzungen Usus war, allerdings mit dem Unterschied, dass der humanistisch gebildete Zögling des Maximilian-Gymnasiums sich durchaus anders hätte ausdrücken können. Die Anpassung war komplett gelungen, und seine Vorgesetzten zeigten sich mit ihm zufrieden. Goebbels, der ansonsten Frank selten lobte, notierte am 19. September 1931 im Zusammenhang mit einer Rede im überfüllten Berliner Sportpalast in seinem Tagebuch: »Frank II redet gut.«[161]

Der begabte Redner, der wie andere fanatische Verehrer des »Führers« (zum Beispiel Gauleiter Albert Forster) immer mehr Hitlers Rhetorik kopierte, war inzwischen zum »Reichsredner« avanciert und wurde im gesamten Reichsgebiet eingesetzt.[162] Als undankbare Aufgabe sah Frank es an, wenn er manchmal als Vorredner Hitlers eingesetzt war und die Massen »in kaum beherrschter Erwartung« (Frank) auf Hitler warteten.[163]

Wie alle anderen Abgeordneten der NSDAP gab Frank die schriftliche Erklärung ab, keine Bindungen oder Beziehungen zu Juden zu unterhalten, keine Aufsichtsratsposten zu bekleiden, das Programm der Partei anzuerkennen und sich dem Befehl Hitlers zu unterstellen sowie sich nach einem eventuellen Ausscheiden aus der NSDAP keiner anderen Partei anzuschließen.[164]

Mit einer Anordnung Hitlers vom 31. Oktober 1931 wurde innerhalb der Reichsleitung der NSDAP eine Rechtsabteilung unter Leitung von Frank errichtet, der ausdrücklich dem »Führer der Bewegung« unmittelbar unterstellt wurde und ihm verantwortlich war. Die Anordnung regelte, dass die Rechtsabteilung innerhalb der Reichsleitung und im Bereich der Partei und ihrer Gliederungen bedeutsame Vorgänge juristisch zu würdigen hatte, bevor sie entschieden wurden. Dies sollte nach der Maxime geschehen, Interessen und Ziele der Bewegung zu fördern, wobei zu berücksichtigen war, dass Gemeinnutz der Bewegung vor Eigennutz der Parteigliederungen oder eines Parteigenossen zu gehen hatte. Der Rechtsabteilung unterstanden die Rechtsschutzstellen bei den Gauen.[165]

Nach einem Geheimpapier der NSDAP[166] gliederte sich die Reichsleitung im Oktober 1931 in die Partei- und SA-Führung, die Amtsleiter und Abteilungsleiter. Als Leiter der Rechtsabteilung war Hans Frank somit Angehöriger der Reichsleitung der NSDAP. Sein Vertreter, Dr. Ludwig Fischer, sollte später als Führer der Einsatzgruppe IV in Polen und Gouverneur von Warschau einer seiner Wegbegleiter als NS-Verbrecher bis zum Jahr 1945 werden.[167] Außerdem gehörte Frank als Beisitzer dem Untersuchungs- und Schlichtungsausschuss (USCHLA) der Partei an, einer Art Parteigericht.

Zur obersten Führungsebene zählten neben Hitler als Partei- und

Hans Frank (r.) mit (v.l.n.r.) Adolf Hitler, Ernst Röhm, Gauleiter Adolf Wagner, um 1929/1930 (Ullstein Bilderdienst)

Oberster SA-Führer seine Adjutanten Rudolf Heß und Wilhelm Brückner sowie Reichsschatzmeister Franz Schwarz. Auf der Ebene der Amts- und Abteilungsleiter sollten in den nächsten fünfzehn Jahren für Frank an Bedeutung gewinnen: Dr. Joseph Goebbels als Reichspropagandaleiter; Walter Darré als Leiter des agrarpolitischen Amtes und später Reichsbauernführer; Ernst Röhm als Stabschef der SA; Martin Bormann als Leiter der nationalsozialistischen Hilfskasse, die dem Schatzmeister unterstellt war; Heinrich Himmler als Reichsführer SS. Hermann Göring fungierte ab 1932 als Präsident des Reichstags; Konstantin Hierl wurde 1932 Beauftragter für den Arbeitsdienst, Robert Ley Stabsleiter der NSDAP.

Hans Frank pendelte zwischen Berlin und München – zwischen Reichstag, Anwaltskanzlei und Parteizentrale. Er hatte es inzwischen als Leiter des Juristenbundes und Reichsleiter für nationalsozialistisches Recht zum Spitzenjuristen gebracht – die diffusen Träume und Wünsche des Neunzehnjährigen vom Führertum waren zwölf Jahre später in Erfüllung gegangen (»Mein Volk braucht mich.«). Als äußere Anerkennung wurde ihm der Rang eines SA-Gruppenführers verliehen (immerhin auf einer Ebene mit Göring, während Bormann »nur« SA-Oberführer wurde).[168]

Die Zentrale der Reichsleitung befand sich seit dem Januar 1931 im Braunen Haus in München, Brienner Str. 45 – dem ehemaligen Barlow-Palais –, auf das die Nationalsozialisten sehr stolz waren. Hier hielt Hitler Hof; zum inneren Zirkel gehörte Frank jedoch nicht, hatte aber Umgang mit den Führungskreisen. So ging zum Beispiel im Februar 1932 der Pferdeliebhaber nach einem Mittagessen mit Goebbels zu einem Reitturnier, der in sein Tagebuch schrieb: »Prachtvolle Schaunummern. Aus alter Militärzeit. Wie viel wir verloren haben.« Am 29. April 1931 notierte Goebbels: »Das Braune Haus hängt mir zum Halse raus. Nach Hause. Hitler ist da. Frank II mit. Hitler ist sehr nett. Will vorläufig warten. Nur nichts überstürzen. Lädt uns nach Berchtesgaden ein. Gerne angenommen. Hochverratsverfahren wird abgebrochen dadurch, daß ich in den Landtag gehe und immer wieder immun werde. Basta! Hitler geht danach zu Göring.«[169]

Das Beispiel Goebbels, eine Strafverfolgung durch Abgeordneten-Immunität zu unterlaufen, machte Frank in Berlin zur Regel. Allein in der V. Wahlperiode 1930 beantragten »Dr. Frank II und Genossen« zwischen 17. Oktober und 4. Dezember in 150 Fällen die Aufhebung von Strafverfahren gegen NSDAP-Mitglieder des Reichstags.[170] Überwiegend handelte es sich um Beleidigung oder Verstöße gegen das Republikschutzgesetz, aber auch um Körperverletzung oder Widerstand gegen die Staatgewalt. An der Spitze stand Walter Buch, angeblich Schriftleiter des »Völkischen Beobachters«, ein von Frank im Einvernehmen mit Hitler eingesetzter Strohmann, denn er nahm, wie sich aus seiner Erklärung vom 4. Dezember 1931 ergibt, die Funktion gar nicht wahr. Die Funktion des Hauptschriftleiters wurde von Alfred Rosenberg ausgeübt, im Impressum jedoch als N. N. ausgewiesen.[171]

Hans Frank konnte bei der Niederschrift seiner Erinnerungen kaum verbergen, wie sehr er für das Braune Haus schwärmte, das so ganz und gar seiner eigenen Bedeutung Gewicht verlieh: »Durchaus würdig, vornehm, gediegen, nicht gekünstelt, aber in wuchtiger, stabil-solider Innenform auch im Mobiliar ausgestattet. Viel Marmor und Bronze. Mein Zimmer lag im zweiten Stock.« Frank berichtet, dass in der ersten Etage die Arbeitsräume von Hitler, Heß, Röhm, Goebbels, Strasser und Hierl lagen. Doch Hitler hätte keine systematische Arbeit gekannt. Obwohl es im Haus einen Konferenzraum gab, den »Senatsraum«, hätte sich die Reichsleitung nie als Kollegium versammelt, um Entscheidungen gemeinsam vorzubereiten und zu treffen, alles sei auf die Person Hitler zugespitzt gewesen. Man musste Glück haben, ihn zu einer Rücksprache zu erwischen, schilderte Frank. Kam es zu einer Besprechung, konnte die Sachfrage darunter leiden, dass Hitler einen einstündigen Monolog hielt, aber das tat der Begeisterung für den Hitler-Verehrer keinen Abbruch. Nachfolgend ein weiteres Beispiel für Franks theatralische Diktion: »So stieg, unhemmbar wie die Sonne selbst, Hitler in Volksumjubeltheit immer höher in das Zentrum der Reichsgeschehnisse. Alles trug ihn, hob ihn, schob ihn vorwärts – und der gewaltige Umfang seiner Massenbeherrschung zeigte sich im Parteibereich mit einer schlechterdings überwältigenden Evidenz. Im Braunen Haus spürten wir das Beben in den Tiefen unseres Volkes.«[172]

Franks Hochgefühl korrespondierte damit, dass die Mitgliederzahlen der NSDAP steil aufwärts gingen: Ende 1925: 27 000; September 1930: 130 000; Januar 1933: 850 000, von den Wahlerfolgen ganz zu schweigen.

Hans Frank wurde von dieser Atmosphäre umfangen, berichtet von der gemütlichen Stimmung im Erfrischungsraum im Keller des Braunen Hauses, wo es in der Ecke den »Führertisch« gab, darüber das Bild Dietrich Eckarts, des »Sturmlied«-Dichters. Und unter dem Bild der erzählende »Führer«, der ein Meister im Imitieren der Sprechweise anderer gewesen sei. Sofort geriet Frank ins Schwärmen: »Überall lebte er denkbar einfach. Er trank keinen Tropfen Alkohol, aß nie Fleisch, rauchte nicht. Seine Askese war echt und nicht gekünstelt. Er war überzeugt, dass diese Dinge schädlich seien. Er trank nachmittags oft Schokolade oder leichten Tee. Seine Leibspeisen waren damals Tomatensuppe mit Reis oder geröstete Kartoffeln mit grünem mit Zitrone bereiteten Salat.«

Man muss sich vergegenwärtigen, dass Hans Frank in der Todeszelle saß, während er dies niederschrieb. Schwermut überwältigte ihn bei der Erinnerung an diese goldenen Jahre seiner Karriere und an eine Entwicklung Deutschlands, die er für grandios hielt. »Mich ergreift jetzt tiefste Wehmut, wenn ich dieses gewaltigen Aufbruchs eines ganzen großen selbstbewussten Volkes gedenke. [...] Warum, warum ging das alles verloren, ist alles verklungen, verweht, zerstört? Unfassliches Grauen über die Sinnlosigkeit des Schicksals ergreift mich.«[173] Die Einsicht, dass die zerstörerischen Kräfte in den Personen des Systems selbst lagen und er entscheidend daran mitgewirkt hatte, kam Frank allerdings nicht. Schicksal und Vorsehung waren stattdessen oft gebrauchte Vokabeln, welche die Tatsachen verkleistern sollten.

Frank hatte nur wenige Vertraute, und Partei-Kritik nach innen oder außen war verpönt, wenn nicht sogar gefährlich. Es war also auch nicht üblich, Hitler mit einer von ihm abweichenden Meinung zu konfrontieren. Frank selbst zählte sich zu den im Verlaufe der dreißiger Jahre aus der Machtposition verdrängten »Objektivisten«, wie er es definierte – z. B. an der Seite von Gregor Strasser –, während die »Subjektivisten« ihre eigenen Maßstäbe nur an der Willenshaltung Hitlers ausrichteten, wie Bormann, Himmler, Goebbels und Ribbentrop. Sich mit Strasser auf eine Stufe zu stellen, war eine von Franks Überheblichkeiten. Gregor Strasser (Reichspropagandaleiter der NSDAP 1926, Reichsorganisationsleiter 1927) galt als Hitlers Konkurrent und legte im Dezember 1932 seine Ämter nieder, weil Hitler eine Regierungsbeteiligung ablehnte. Strasser, am 30. Juni 1934 im Rahmen der Röhm-Affäre ermordet, soll Frank gegenüber geäußert haben: »Frank, ich sehe schwarz. Göring ist ein brutaler Egoist, dem Deutschland wurscht ist, wenn nur er was wird. Goebbels ist ein Hinketeufel und grundfalsch, Röhm eine Sau. Das ist die Garde unseres Führers. Es ist furchtbar.«[174]

Strasser sollte nicht der Einzige bleiben, der Frank vor Hitler warnte. Zwischen 1934 und 1936 hatte Frank Kontakt zu Oswald Spengler (gestorben am 8. Mai 1936). Der Geschichtsphilosoph habe sich nicht nur gegen die Judenverfolgung ausgesprochen (»Jeder Jude, der Deutschland nutzt, ist ein Gewinn«), sondern soll gegenüber Frank geäußert haben: »Hitler hat alle Fehler eines Parteimannes ohne die großen Tugenden des Staatsmannes. Alles an ihm ist verkrampft, ohne schöpferische Lösung. Er ist eine tödliche Gefahr, morbid als Kulturwesen und unpraktisch im Rahmen der modernen Zivilisation.«[175] Frank will 1935 eine Audienz Spenglers bei Hitler in Bayreuth vermittelt haben.[176] Ob dies der Wahrheit entspricht, muss offen bleiben. Tatsächlich kam es – allerdings 1933 – während der Festspiele zu einer Aussprache zwischen Hitler und Spengler in Bayreuth, wo sich Spengler mit kritischen Äußerungen über Wagner im Haus Wahnfried unbeliebt gemacht hatte. Hitler konnte Spenglers Thesen nichts abgewinnen und distanzierte sich von ihm.[177]

Aber man sollte Franks Macht und Einfluss nicht unterschätzen und genauer hinschauen, welche Aufgaben, Kompetenzen und Verantwortung er besaß. Zunächst wurde er dringend gebraucht, denn die Zahl der Prozesse wuchs und wuchs. Der Altonaer Blutsonntag am 17. Juli 1932 mit 18 Toten war der Höhepunkt bürgerkriegsähnlicher Zustände zwischen SA und KPD vor allem in Großstädten. Zwischen 1. Januar und 23. September 1932 wurden 155 Tote gezählt. Franks Aufgabe bestand darin, die Verteidigung der angeklagten NS-Volksgenossen selbst oder durch andere Nazi-Anwälte zu organisieren; er konnte in eigener Machtvollkommenheit jedes Mandat einem anderen NS-Anwalt entziehen und selbst übernehmen. Nach Franks eigener Statistik gab es 40 000 politische Prozesse, und in 2600 Fällen habe er die Verteidigung übernommen[178] – wahrscheinlich glaubte er wie Lenin nur an die Statistik, die er selbst gefälscht hatte. Erstaunlich, dass die Nachkriegs-Fachliteratur diese Zahlen unkritisch akzeptierte.[179] Legt man zugrunde, dass Frank von 150 behaupteten Vertretungen Hitlers tatsächlich 40 wahrgenommen hatte, könnten es bei 2600 behaupteten Fällen rund 700 Prozesse zwischen 1928 und 1932 gewesen sein, in denen er für die NSDAP aktiv wurde, also etwa 140 im Jahr. Aufgebauscht ist außerdem seine Erklärung, in so gut wie jedem Landgerichtsbezirk des Reichs aufgetreten zu sein. Das passte in sein Bild des Armenanwalts, der mittellose Nazi-Angeklagte vor ungerechten Urteilen bewahrte und bis zur Erschöpfung arbeitete. Richtig ist, dass er in einer Reihe von Prozessen selbst aufgetreten ist. Aber genauso richtig ist, dass in der Mehrzahl der Fälle sein Büro einen NS-Rechtsanwalt vor Ort mit der Wahrnehmung der Verteidigung beauftragte. Frank II hat überwiegend als Korrespondenz-Anwalt gewirkt.

Seine Kanzlei, die ein bis zwei Juristen, eine Sekretärin und vorübergehend Vater Karl als Bürovorsteher beschäftigte, bereitete dem jeweiligen örtlichen Anwalt gewaltigen Ärger, wenn er dies gegenüber der Gerichtskasse anzugeben vergaß, sodass die Frank-Kanzlei leer ausging. Dem Korrespondenz-Anwalt standen nämlich Prozessgebühren in der Regel zwischen einhundert und einhundertundfünfzig Reichsmark pro Fall zu. Die Kanzlei litt unter notorischem Geldmangel, wie so mancher Bettelbrief an Rudolf Heß im Hitler-Sekretariat beweist.[180] In einem Fall schrieb Frank am 17. Juni 1930: »Ich muss leider auf Einzahlung des Vorschusses bestehen, da gegenwärtig bei uns in der Kasse infolge der vielen Parteiprozesse, bei denen das Geld nur schwer herbeizuschaffen ist, vollständige Ebbe herrscht.«[181]

1932 standen die Anwälte Dr. Wilhelm Heuber (300 RM monatlich) und Dr. Josef Bühler (500 RM monatlich) auf der Gehaltsliste der Kanzlei.[182] Heuber wurde später Reichsgeschäftsführer des NS-Rechtswahrerbundes und Bevollmächtigter des Generalgouverneurs in Berlin. Bühler erkor Frank zu seinem engsten Mitarbeiter, indem er ihn als Leiter seines Berliner Ministerialbüros und als seinen Regierungschef und Stellvertreter in Krakau einsetzte.

Was Franks Arbeitsmoral angeht, mischte er sich viel lieber in die Politik ein, als in den Niederungen der Prozesse gegen die SA tätig zu werden. Ausdauer, Fleiß oder Zielklarheit gingen ihm ab. Oft musste seine Sekretärin hinter ihm her telefonieren oder ihm nach Berlin in den Reichstag schreiben und händeringend darum bitten, bestimmte Termine wahrzunehmen.[183] Desorganisation und Schlendrian führten zu großen Schwierigkeiten im Einzelfall. So forderte Frank II vom örtlichen Anwalt Dr. B. aus Gleiwitz die Handakten an, der sich anschließend zweimal beschwerdeführend an Hitler persönlich wandte, weil der Verhandlungstermin drohte, er ohne Akten dastand und völlige Unklarheit herrschte, wer die Verteidigung wahrnehmen sollte.[184] Dieses Beispiel steht für viele.

Im August 1932 randalierten Göbricher Bauern, die das dortige Rathaus stürmten, Barrikaden errichteten, aus dem Hinterhalt schossen und Widerstand gegen die Polizei leisteten. Die Gauleitung Karlsruhe bat Frank, die Verteidigung der 21 Angeklagten zu übernehmen, was auch geschah. Der Gau Baden bezahlte 40 RM und trug die Übernachtungskosten. Mit Schreiben vom 19. September 1939 an die »Gauleidung« forderte die Kanzlei ein Honorar von 250 RM. »Angesichts der ungeheuren Spesen im Kanzleibetrieb ist es Herrn Dr. Frank II zu seinem größten Leidwesen nicht möglich, diese Sache unendgeldlich durchzuführen. Die Kanzlei muss in diesem Monat für Steuern und sonstige Abgaben einen Betrag von 800 RM aufbringen. Da die Steuerzahlungen bereits Ende dieses Monats zu zahlen sind, wäre die Kanzlei für umgehende Überweisung dankbar.«[185]

In die Justizgeschichte eingegangen ist der so genannte Ulmer Reichswehrprozess. Vor dem IV. Strafsenat des Reichsgerichts in Leipzig fand vom 23. September bis 4. Oktober 1930 der Hochverratsprozess gegen drei junge Offiziere des in Ulm stationierten Artillerieregiments 5 statt. Ihnen wurde vorgeworfen, innerhalb ihrer Einheit eine nationalsozialistische Zelle gebildet und umstürzlerische Ideen geäußert zu haben. Die Angeklagten wurden zu einem Jahr und sechs Monaten Festungshaftstrafe verurteilt und gegen zwei auf Dienstentlassung erkannt. Frank war es gelungen, Adolf Hitler – immerhin vor dem hochrangigen Reichsgericht – als Zeugen laden zu lassen, ihm unter Eid ein Forum zu bieten und eine Plattform für propagandistische Aussagen. Im Urteil[186] wird Hitler wie folgt zitiert:

»Dem Senat schien es deshalb von Bedeutung, aufzuklären, welche Stellung der Führer der N.S.D.A.P. zu der Frage einnahm, ob von der Partei ein solcher Umsturz beabsichtigt war. Adolf Hitler hat die Frage unter Eid auf das entschiedenste verneint; er hat mit unzweideutigen Worten erklärt, daß er seine

Ziele nur noch auf streng legalem Wege verfolge, dass er den Weg in München im November 1923 nur ›aus‹ Zwang‹ gegangen sei und diesen Weg schon deshalb nicht mehr beschreite, weil er bei dem wachsenden Verständnis, das Deutschland der völkischen Freiheitsbewegung entgegen bringe, ein illegales Vorgehen gar nicht nötig habe; die Gewalt falle ihm mit der Zeit auf legalem Wege von selbst zu; das Wort Revolution, das auch von Hitler öfter gebraucht werde, bedeute die geistige Revolutionierung Deutschlands, die zur Gesamterhebung des Deutschen Volkes führen solle; wenn von ›Kampf‹ die Rede sei, so meine er damit den Selbstschutz seiner Partei gegen den Terror der Straße und gegen die Störung von Versammlungen; wenn er sogar gesprochen habe, daß bei der Revolution Köpfe in den Sand rollen werden und daß die Nationalsozialisten dafür sorgen sollten, daß es nicht die ihren seien, so habe er dabei den nationalsozialistischen Staatsgerichtshof im Auge gehabt, der nach Erringung der Gewalt auf legalem Wege seines Amtes walten werde; jede Zersetzung der Reichswehr lehne er (Hitler) ab und halte es für ein Verbrechen, wer zersetze sei ein Feind des Staates und des Volkes.« [Unterstreichungen im Original, Anm. D. Sch.].

Dass Hitler den »Legalitätseid« leisten konnte, war ein Propagandaerfolg, den sich Frank zurechnete. Die Partei hätte dadurch einen großen Zulauf neuer Anhänger erlebt, und Hitler sei glücklich und zufrieden gewesen, »dankte mir in warmen Worten: ›Sie werden einmal Reichsjustizminister sein‹«.[187] Frank sprach noch oft davon, dass dies der größte Dienst überhaupt war, den er der Partei geleistet habe. Hitlers Bekenntnis zur Legalität habe bei vielen die Ängste vor einer gewaltsamen Machtübernahme zerstreut. Goebbels spottete: »Nun sind wir streng legal«, und hielt Hitlers Eid für einen genialen Schachzug, frohlockte angesichts der »fabelhaften Berichterstattung in der Presse«.[188]

Auch im Schweidnitzer-Prozess bot Frank am 10. Juni 1930 Hitler als Zeugen auf. Es handelte sich um ein Gerichtsverfahren gegen 36 SA-Männer als Angeklagte, die – charakteristisch für die damaligen Jahre – eine Saalschlacht provoziert hatten, als sie eine SPD-Kundgebung sprengen wollten. Es musste ziemlich absurd klingen, wenn Hitler angesichts des Prozesshintergrundes seine »legalen Absichten« beteuerte, ohne sich von den Schlägern zu distanzieren. Davon konnte aber keine Rede sein, vielmehr wurde er in der kleinen Stadt in Schlesien mit Jubel empfangen (siehe Foto auf dem Buchumschlag).

Es war nicht nur ein Kampf in Straßen und Sälen, er wurde auch in die Hochschulen hineingetragen. In Franks Prozessakten ist eine entsprechende Zeugenaussage eines Studenten Hermann P. enthalten, die hier gekürzt wiedergegeben werden soll:

»Gegen 11 Uhr versammelte sich im Vestibül der Berliner Universität eine starke Gruppe von Studenten. Ein Sprecher rief: ›Achtung, Achtung! Zwei NS-Studenten wurden aufgrund jüdisch-marxistischer Verleumdungen von der Universität verwiesen!‹ Im Chor die anderen: ›Wir rufen Protest und fordern Aufhebung des Urteils!‹ Es wurde dann das Lied ›Burschen heraus‹ angestimmt. Nun folgten Hetzrufe ›Deutschland erwache, Juda verrecke, Juden raus!‹ Daraufhin wurde das ›Horst-Wessel-Lied‹ angestimmt, gleichzeitig schoben sich die NS-Reihen vor. Nach jeder Strophe erfolgte eine Pause, um die anderen Studenten zu Zwischenrufen zu provozieren, was aber ausblieb. Der geschlossene Vormarsch der Nazifront erfolgt nun mit dem Gesang ›Die Straße frei den braunen Bataillonen‹. Wahrscheinlich war dieser Vers das Signal, denn jetzt stießen andere geschlossene Nazitrupps auf die Mitte zu. Die republikanischen Studenten waren jetzt vollkommen umzingelt. Die NS sangen weiter Lieder, eins nach der Melodie ›Brüder zur Sonne, zur Freiheit‹, unterbrochen von Hetzrufen. Dann folgte ein Lied, in dem von einem Blutgericht die Rede ist, in dem Judenverräter hingerichtet werden sollten. Plötzlich begannen sie in Haufen zu drängen und zu pressen. Dann begannen die NS unter unflätigen Beschimpfungen, die wiederzugeben mir mein Anstandsgefühl verbietet, loszuschlagen.«[189]

Wir kennen Franks Verteidigungsstrategie in diesem Fall nicht.

Ein anderer Fall: In Potempa/Oberschlesien hatten am 10. August 1932 fünf Nationalsozialisten einen Kommunisten in seiner Wohnung zu Tode getrampelt. In einem Telegramm rechtfertigte Hitler die Tat.

Das Sondergericht beim Landgericht in Beuthen/Oberschlesien verurteilte fünf der neun Angeklagten im gleichen Monat zum Tode. In den Folgeprozess gegen zwei weitere Mittäter beziehungsweise Anstifter schaltete sich Frank ein und kündigte die Übernahme sowohl einer Verteidigung des neuen als auch die Bearbeitung der Wiederaufnahme des alten Verfahrens an. Der bisher zuständige Rechtsanwalt in Gleiwitz informierte am 2. Dezember 1932 seinen Kollegen Frank II über den Hintergrund, nämlich dass die drei Richter des Sondergerichts »keine besonderen Leuchten« seien, dass einer von ihnen ebenso Jude sei wie auch der vom Gericht bestellte Sachverständige. Er schlage einen Gegengutachter vor, der die Tötungsabsicht der Täter verneint, den Leiter der Gerichtsmedizin in Würzburg, selbstredend einen Nationalsozialisten. Frank schaltete dann einen weiteren Anwaltskollegen ein: Dr. Roland Freisler. Am 6. März 1933 schrieb Freisler an Frank: »Wir möchten eine Vertagung anregen. Eine Vertagung wird durch das Ministerium oder auf sonstige geeignete Weise zu erreichen sein. Dies scheint uns wesentlich zu sein mit Rücksicht darauf, dass das Justizministerium bald in unserer Hand sein wird und dann die Angelegenheit sich leichter bearbeiten lässt.« Noch im März 1933 wurde die Sache »bearbeitet«, genauer gesagt wurden die Täter amnestiert![190]

Dieses Beispiel »Frank'scher Rechtspflege« sollte man im Gedächtnis behalten, weil er so vehement als »Reichsrechtswahrer« sein »Rechtsstaatsprinzip« und »unabhängiges« Richtertum proklamieren und dafür sogar Lob von Nachkriegshistorikern ernten wird.

Die Verteidigung in solchen Prozessen wirft ohnehin ein besonderes Licht auf Hans Frank, auf welches Niveau er sich begab, kann man sich ohne große Phantasie vorstellen: Schläger auf der Angeklagtenbank, die »mit besonderer Liebe an Adolf Hitler hingen, den sie als einen der ihren ansahen« (Frank).[191] Liebte Frank sie auch? Zumindest machte er gemeinsame Sache mit dem Rabaukentum.

Es ist an der Zeit, sich von der Vorstellung zu verabschieden, in Frank den durch humanistische Bildung geprägten Schüler und Studenten zu sehen. »Bildung« bot keine Gewähr, kein Gesinnungstäter der Nazis zu werden. Wie sonst konnte er alle juristischen Winkelzüge anwenden, um eine Verurteilung wegen Beleidigung zu verhindern, die einem Artikel im »Völkischen Beobachter« vom 17./18. Juni 1928 zugrunde lag. Ein jüdischer Privatkläger war als »ganz kleine krummbeinige Figur« diffamiert worden, dass »einem guten Deutschen der Brechreiz kommen könnte«.[192] Dieser Fall steht für viele Verfahren, in denen sich Frank II ins Zeug gelegt hatte.

Frank vertrat auch Hermann Göring vor Gericht. Dieser war wegen Vergehens gegen das Republikschutzgesetz zu einer Geldstrafe von 300 RM verurteilt worden. In einer Rede im Zirkus Krone in München hatte er den amtierenden Reichsminister des Innern einen »Steißtrommler« und den Reichsaußenminister »Knabe Curtius« genannt. Der Reichswehrminister eigne sich zum Leiter einer Wach- und Schließgesellschaft, er gebe ihm den Rat, »die Parade über das Reichsbanner mit dem Schlapphut auf dem Kopf und einer Pfauenfeder in einem anderen Körperteil abzunehmen«. Frank riet Göring mit Schreiben vom 6. November 1932, in dieser Sache die Berufung zurückzunehmen,[193] die Strafe war ohnehin sehr milde.

Demgegenüber betrachtete Joseph Goebbels die Arbeit von Frank II mit Argwohn: »Ich habe ihm gegenüber ja nie besonderes Vertrauen gehabt. Auch früher schon im Kampf der Partei habe ich mich immer geweigert, ihn als Verteidiger in meinen Strafsachen zu nehmen, da ich ihn eher für einen Winkeladvokaten als für einen fähigen Juristen hielt.«[194]

Verschuldeter Winkeladvokat

Bei Lichte betrachtet war Rechtsanwalt Frank II kein Aushängeschild für die Nazis. Sogar mit den Beitragszahlungen für die NSDAP war er im Rückstand und musste gemahnt werden.[195] In der Tat war man besonders als Privatmann schlecht beraten, sich von ihm vertreten zu lassen.

In der Wohnung Barerstr. 57/I hatte er im Mai 1927 die Münchner Praxis seines Vaters übernommen. Ein Jahr später richtete er seine Kanzlei in der Augustenstr. 8/I ein, dies währte bis zum September 1930, als er in die Dachauerstr. 19/I umzog. Dann folgte die Gabelsbergerstr. 41/II und schließlich ab 1. Januar 1932 die Kaufingerstr. 28/II (Straßennamen in damaliger Schreibweise). Die Gründe für das häufige Umziehen sind aus den Akten nicht ersichtlich und lagen wahrscheinlich nicht an einer Expansion seiner Kanzlei, denn es fehlte stets an Geld. So erinnerte am 3. Juni 1930 ein Rechtsanwalt K. an die Überweisung von 50 RM. Am 21. Juni 1930 antwortete Franks Büro, dass der Kollege Frank seit 10. Juni nicht in München anwesend sei und der Kanzlei zur Zeit jegliche Mittel fehlten, doch seien Eingänge in der kommenden Wochen zu erhoffen.[196]

Am 29. September 1930 schrieb ihm seine Sekretärin, Frau F., nach Leipzig, wo sich Frank gerade aufhielt: »Heute habe ich wieder eine fällige Versicherungsrate mit 106 RM bezahlt. Wir sind noch im Rückstand mit einer Rate, sodaß also hier nichts geschehen kann. Anbei die Abrechnung der letzten drei Wochen. Die Geldeingänge sind nicht gerade glänzend, es ist immer so, daß wir uns halt durchfretten.«[197]

Es gab mehrere Gründe, warum es zu permanenten Schwierigkeiten kam: Frank selbst konnte nicht mit Geld umgehen und lebte auf zu großem Fuß, seine Frau Brigitte liebte den Luxus und machte Schulden; er war Rechtstheoretiker und nicht wirklich Straf- oder Zivilrechtler, der Beruf war ihm eher lästig, er war ein abstrakter Denker und kein Pragmatiker.

Zunächst zum Privatleben des Ehepaares Frank: Die beiden Kleinkinder Norman und Sigrid wuchsen heran, inzwischen war Franks Mutter von Prag nach München gezogen, wo sie sich immer öfter um die Kinder kümmern musste.

Am 29. Oktober 1929 erreichte Frank ein Brief seines Vaters, der inzwischen nicht mehr bei ihm wohnte. Das Verhältnis zwischen Vater und Sohn hatte sich stark abgekühlt:

»Du hast mir wiederholt zum Vorwurf gemacht, daß ich der Mutter nichts gebe. Mutter hat in Prag ein ruhiges, auskömmliches und sorgenfreies Leben im Gegensatz zu mir, und seit sie bei dir ist, erachte ich Dich als Mann genug für sie zu sorgen. Tropfenweise wird mir, ohne daß ich es will, immer wieder Mitteilung darüber gemacht, in welcher Weise Du und Deine Frau mit dem Geld umzugehen beliebt, und ich kann es wirklich nicht loben, daß Du bei Deinem Einkommen mir immer wieder in geradezu gehässiger Weise zu verstehen gibst, daß ich der Mutter gegenüber lieblos und pietätlos die Unterhaltsleistung verweigere. Daß auch Brigitte – wie mir gesagt wird – durch verschiedene Reisen Geldbeträge ausgegeben hat, die besseren Zwecken hätten zugeführt werden können, erlaube ich mir ebenfalls zu bemerken und noch dazu das Weitere: 2 Dienstboten, obwohl die Mutter da ist, und auch wenn sie nicht da ist, würde es der Brigitte ganz gut anstehen, nicht als Herrin von Dienstboten, sondern mehr als Hausfrau zu fungieren. Jeder Unparteiische muß der Ansicht sein, daß, wo solche Zustände herrschen, auch die Mittel noch für den anspruchslosen Unterhalt einer Mutter vorhanden sein müssen und daß man hiewegen nicht den ohnehin bald mit bitterer Not kämpfenden Vater heranziehen sollte. In starkem Gegensatz zu diesen launenhaften und verschwenderischen Geldausgaben – Auto – steht der Umstand, daß Du ein Stundungsgesuch beim Finanzamt einreichtest hinsichtlich der Steuer ab 1927. Dieses mein Wissen hinsichtlich der Steuer verdanke ich nicht einer Indiskretion Deiner Kanzleiangestellten.«[198]

1931 hatte Brigitte Frank eine Fehlgeburt, wie sich aus einer überlieferten Arztrechnung ergibt. Niklas Frank weiß, dass eine Abtreibung vorgenommen wurde, was wieder einmal ein Anlass für sie war, eine Kur mit Nachkur anzutreten, die ihr Hans nicht abschlagen konnte, obwohl das Geld dazu eigentlich fehlte. Leidenschaftlich kurte sie auf Sylt oder in Bad Gastein, wo sich dann regelmäßig ihre Liebhaber einfanden.[199]

Am 1. März 1931 zog das Ehepaar von der Barerstraße in die Georgenstr. 12. Für die alte Wohnung bezahlten sie jährlich 1400 RM, nun wurden pro Jahr 3600 RM für 5 Zimmer, Küche und Bad fällig.[200] Um der Großstadt zu entfliehen, kauften sie alsbald in Lochschwab bei Herrsching am Ammersee ein Grundstück mit einem kleinen Holzhaus – von Frank »Häuserl« genannt – mit einem Steg für das Ruderboot. Über die Finanzierung des Kaufpreises sind keine Unterlagen mehr vorhanden.[201]

Seit Dezember 1928 besaß Frank ein Auto, das laut Kontoauszug der Werkstatt bis November 1930 Kosten in Höhe von 1903,50 RM verursachte. Im März 1929 schrieb er seiner Frau, dass er sein Konto in Höhe von 591 RM auflösen musste, »da heute ein ganzer Berg von Dir zu tilgender Wechsel einging. Damit habe ich also meine f. d. äußersten Notfall sorgsam gehütete Reserve mit einem Schlag verloren [Unterstreichung im Original, Anm. D. Sch.]. Ich habe nun nichts mehr. – Jetzt kommt das Auto.« Der Brief schließt mit der Bemerkung, dass er nur einen Tag lang wirklich Ruhe haben möchte.[202]

Im nächsten Monat fehlt es weiter an Geld, denn eine Geschäftsfrau schrieb Frank, sie habe bei der Staatsanwaltschaft Anzeige erstattet. »Nach so langer Zeit des Schweigens hätten Sie schon, um mein Misstrauen gegen Sie zu beheben, wenigstens einen Wechsel einlösen müssen. Aber weder Geld noch eine Adresse brachte mir Ihr Brief v. 27. v. M. Mit diesen bahn- und postlagernden Adressen ist mir gar nicht gedient. […] Wie ich nach Rücksprache mit meiner Firma erfuhr, hat sich Ihre Frau den besten Seal-El.Mantel ausgesucht, der überhaupt am Lager war. Sie hätte auch Mäntel für 250 oder 300 RM haben können. Ihre Bemängelung der Qualität des Pelzes höre ich heute auch zum ersten Mal.«[203]

Im September 1929 reklamierte die Autowerkstatt Drexl & Pankower unbezahlte Rechnungen über 613,35 RM und drohte mit Maßnahmen durch die Bank.[204] Im November 1929 erging gegen Rechtsanwalt Frank II ein Zahlungsbefehl in Höhe von 200 RM wegen ausstehender Zahlungen für eine angemietete Ferienwohnung.[205] Pikant ist, dass im April 1930 eine Münchner Buchhandlung das Bezahlen der Rechnung in Höhe von 45,80 RM für zwei Bücher anmahnte, wovon ausgerechnet das eine Buch den Titel »Zwangsversteigerung« trägt, die nach Lage der Dinge wohl dem Ehepaar Frank drohte.

Wahrscheinlich bewahrte Frank der immer größer werdende Einfluss der NSDAP in Justizkreisen vor solchen Schritten, obwohl sich die Probleme fortsetzten.

So drohte ein Anwaltskollege mit Klage, wenn die Zahnarztrechnung für Brigitte Frank in Höhe von 492 RM nicht umgehend bezahlt werde.[206] Die schon genannte Autowerkstatt duldete Frank Ende 1930 noch immer als Kunden, nunmehr ging es um den noch offenen Betrag von 508,10 RM. Frank bot an, sein Auto als Gegenwert in Zahlung zu geben, was die Firma jedoch ablehnte. Daraufhin überwies er 50 RM, woraufhin die Werkstatt erneut mahnte.[207] Das Bekleidungskaufhaus Horn am Stachus führte ein Kredit-Konto Nr. 7588 und mahnte Rechtsanwalt Frank, dass nach 14 Ratenkäufen noch ein Betrag von 411,20 RM offen sei.[208]

Ob diese Negativliste im Nachlass Frank vollständig oder nur die Spitze des Eisberges ist, kann man nicht sagen; jedenfalls berührte das Finanzgebaren die Grenzen des Tolerierbaren. Es zeigt sich, dass Hans Frank leichtlebig wie sein Vater handelte.

Vater Karl blieb Hans gefühlsmäßig verbunden, auch wenn jener sich beklagte, dass ihn sein Sohn von oben herab behandelte. Vorübergehend beschäftigte ihn Hans Frank als seinen Bürovorsteher,[209] stritt mit ihm auf kleinliche Art über die Rückgabe einer Schreibmaschine und verbot ihm dann 1932 endgültig, die Kanzlei zu betreten.[210] Karl

Frank hatte so gut wie keine Einnahmen, weshalb er einer vermögenden Frau Creszentia B. auf der Tasche lag. Er scheute sich nicht, ihr –
obwohl selbst noch verheiratet – die Ehe zu versprechen. Dies brachte
Karl Frank in den Verdacht, ein Heiratsschwindler zu sein, und als
solcher tauchte er 1934 schließlich in den Akten des Reichsjustizministeriums auf: »Gegen den Vater des Ministers läuft beim Amts- oder
Landgericht eine Zivilklage auf Rückerstattung eines Betrages, den er
im Wege des Heiratsschwindels erhalten hatte.«[211] Frank II half tatkräftig mit, Frau B. über den Tisch zu ziehen, ja er lieh sich von ihr Geld
und versuchte sofort, ein zweites Mal sie um Geld zu bitten. In einem
Brief vom 4. November 1931 schrieb er: »Würden Sie noch ein ein-
zigesmal helfen. Sie wissen ja, daß Sie meine einzige Gläubigerin sind.
Geben Sie mir ein letztes Darlehen von 1200 MR [!] auf 1 Jahr. Ich
bezahle Ihnen dann alles pünktlich durch Monatsraten ab. Können
Sie mir das Geld 1200 Rm. [!] schicken direkt nach Berlin Reichstag
an meine Anschrift.«[212]

Den Vater ließ er trotz bestehender Spannungen nicht fallen. Ab
1936 unterstützte er ihn mit einer monatlichen Zahlung von 100
RM.[213]

Damit sind Hans Franks Eigenschaften hinreichend skizziert: Auf
großem Fuß lebend, leichtsinnig, ein »Schuldenmajor« in der Aus-
drucksweise der damaligen Zeit, skrupellos und egoistisch sowie
schwach gegenüber der Ehefrau, die auch das Geld mit vollen Händen
ausgab. Alles dies ist wichtig zu wissen, weil es sich in noch viel größerer Dimension zehn Jahre später wiederholen wird.

Mit einigen Schlaglichtern soll dokumentiert werden, wie sich
Hans Frank als Rechtsanwalt verhielt, wenn er in privaten Rechtsstrei-
tigkeiten – also nicht für die Partei – tätig war. Franks Auftreten in
einer Scheidungssache demonstriert dieselbe rüde Art, die er auch in
Parteiangelegenheiten an den Tag legte. So zum Beispiel bei einem Termin vor einem Scheidungsrichter im April 1932 in München. Das
Büro der Rechtsanwälte Dr. Max Hirschberg, Dr. Philipp Löwenfeld
und Dr. Ludwig Regensteiner vertrat den Ehemann, Frank II dessen
Ehefrau. In einer Beschwerde an den Vorstand der Anwaltskammer
beschrieb Rechtsanwalt Dr. Löwenfeld am 24. April 1932, wie ihn

Frank in der Verhandlung vor dem Einzelrichter durch hämische und spöttische Bemerkungen provozierte, die so leise gesprochen waren, dass er und sein Mandant, nicht aber der Richter sie verstehen konnte. Abschließend habe Rechtsanwalt Frank II geäußert: »Sie werden es nie fertig bringen, dass ich mich mit einem Mann wie Ihnen auseinandersetze, Herr Löwenfeld.«[214]

Bei der Anwaltssozietät handelte es sich um jüdische Rechtsanwälte. Max Hirschberg gehörte 1933 zu den ersten Münchner »Schutzhäftlingen«, er flüchtete anschließend ins Exil nach Amerika, wo er 1964 verstarb.[215] Ludwig Regensteiner wurde 1942 in Polen ermordet. Das Schicksal von Philipp Löwenfeld ist unbekannt.

In einer weiteren Beschwerde an die Anwaltskammer vom 16. Juli 1930 schreibt ein Geschäftsmann, dass Rechtsanwalt Frank II im Februar 1930 die Bearbeitung einer Schadensforderung übernommen habe, aber bis Juli trotz sechsfacher Erinnerungen keine Antwort für nötig hielt, weder in der Sache aktiv wurde noch die Unterlagen zurückgab.[216] Reaktionen der Anwaltskammer auf beide Beschwerden sind nicht bekannt. Hingegen lehnte die Kammer zweimal die Beschwerde eines bitter enttäuschten Hans B., dem Frank als »Anwalt der Partei« ausdrücklich empfohlen worden war, ab. Der Geschädigte hatte detailliert begründete, wie ihn Hans Frank übervorteilte, indem er für einen Brief an das Auswärtige Amt von ganzen sechs Zeilen eine Gebühr von 195,50 RM berechnete.[217] Offensichtlich war die Anwaltskammer bereits nationalsozialistisch durchseucht. Der von Hans B. ebenfalls eingeschaltete Schlichtungsausschuss der NSDAP, dem Frank selbst angehörte, hielt sich aus der Sache heraus und verwies auf den Weg der Privatklage.

Dem schlechten Vorbild seines gescheiterten Vaters folgend, rechnete Hans Frank oft zu hohe Gebühren ab. So im Falle der Bankdirektorswitwe Oktavia H., indem er den Streitwert rechtswidrig von 200 000 RM auf 320 000 RM erhöhte. Außerdem erbettelte er von dieser Mandantin bei zwei Gelegenheiten unter merkwürdigen Umständen ein Darlehen, nämlich einmal über 100 RM beim Zusammentreffen im Theater und einmal 350 RM, als er mit seiner Ehefrau im Münchner Hauptbahnhof den Zug nach Berlin bestieg. Das Geld zahlte er nicht zurück, sodass die Gläubigerin, die selbst Nationalsozialistin war, sich am 8. Mai 1931 gezwungen sah, ihn auf insgesamt 978,94 RM zu verklagen. Diesen Prozess verschleppte Frank, bis er sich als Bayerischer Justizminister erdreistete, sich mit Frau H. am 24. Mai 1933 über 289,55 RM zu vergleichen.[218] In einem anderen Fall hatte Frank die Kosten von legal 883,81 RM auf 1200 RM erhöht; es erging gegen ihn im Juli 1930 ein Pfändungsbeschluss.[219]

Franks Vater war wegen solcher Verhaltensweisen aus der Anwaltskammer ausgeschlossen worden, während dessen Sohn von seinem politischen Status profitierte. In anderen Zeiten wäre Frank als Rechtsanwalt gescheitert, sowohl wegen juristischer Unfähigkeit und professioneller Desorganisation als auch aufgrund seiner charakterlichen Defizite.

III. Karriere in Partei- und Regierungsämtern

Bayerischer Justizminister und Reichskommissar für die Gleichschaltung der Justiz

30. Januar 1933 – Machtergreifung der Nationalsozialisten. Wieder konnte Hans Frank von sich sagen: »Ich bin dabei gewesen!« Folgt man seiner Phantasie, hat er am Fenster des Reichskanzlerzimmers in der Wilhelmstraße fast auf Hitlers Schulter gesessen – doch zumindest dicht neben ihm gestanden –, als die Kolonnen der SA mit Fackeln und Standarten vorbeimarschierten. »Traumhaft herrliche, unvergessliche, großartige Stunden!« (Frank) Und wieder einmal, ganz zufällig, verließ er spät nachts gemeinsam mit einem angeblich nachdenklichen Hitler rückwärts durch den Garten die Reichskanzlei.[220]

Zum Reichsjustizminister wurde Frank nicht berufen, obwohl ihm dies von Hitler nach dem Ulmer Reichswehrprozess versprochen worden war und er damit gerechnet haben dürfte, was er später allerdings bestritt.[221] Hitler hatte Franz Gürtner (DNVP)[222] im Amt belassen, der sich bereits bei der Aufhebung des Verbots der NSDAP Verdienste erworben hatte. Um den Schein einer Koalitionsregierung zu erwecken, gehörten überhaupt nur zwei Nationalsozialisten der Regierung an: Wilhelm Frick[223] als Innenminister und Hermann Göring[224] als Reichskommissar für den Luftverkehr und mit der Wahrnehmung der Geschäfte des preußischen Innenministers beauftragt.

Auch wenn Hitler Franks Karrierewunsch nicht erfüllte, erreichte dessen Verehrung für den »Führer« einen weiteren Höhepunkt. Er war im Januar 1933 davon überzeugt, dass Hitlers »Seele vom besten Wollen für sein Volk erfüllt war und er sein Amt als geradezu heilige

Verpflichtung empfunden hat«. Frank teilte Hitlers Leben in folgende Phasen ein:[225]

1919–1923	4 Jahre radikaler Nationalsozialist
1924	1 Jahr Haft
1925–1933	8 Jahre legaler Nationalsozialist
1933–1939	6 Jahre Friedensstaatsmann
1939–1945	6 Jahre Kriegsstaatsmann

Es ist erstaunlich, was Frank unter »Legalität« und »Frieden« bereit war zu subsumieren, sein eigenes Tun und Lassen eingeschlossen. »Niemand dachte an Angriffskrieg, an Eroberung neuen Lebensraumes.«[226] Hitlers »Mein Kampf« waren laut Frank nicht ernst zu nehmen, letztlich ging es um eine friedliche Revision des Versailler Vertrags. Im Vordergrund stünde die ernste Gefahr eines bolschewistischen Umschwungs durch »Rotfront-Kämpfer-Organisationen«, die ihre Propaganda mit radikalsten Mitteln betrieben, Zellen der KPD errichteten und mit rücksichtslosen, brutalen, hasserfüllten Parolen, wie »Schlagt die Faschisten, wo ihr sie trefft!« einen mörderischen Kampf betrieben hätten.[227] Die Frank'sche Sicht der Dinge wusch Hitler rein, zumal »alles nach Hitler schrie«, denn er und seine Partei mussten geradezu »wie ein Bollwerk gegen diese verheerende Entwicklung erscheinen«. Und natürlich, davon war Frank überzeugt, konnte man Radikalismus nur durch Gegenradikalismus besiegen.

Aus dieser Perspektive strahlte Franks Hitler-Bild: »Er liebte die Partei. Der Ausdruck ist nicht übertrieben. Es war das echte Verhältnis eines Vaters zu seinem organisatorischen ›Kinde‹. Es war auch die Liebe zu einer Art ideologischen Heimat, ähnlich der Auffassung, wie ein Priester von seiner ›Mutter‹, der Kirche, spricht.« Für Frank gingen Hitlers Kameraden – seine treue Gefolgschaft – für den »Führer« durch dick und dünn. Und selbst wenn Hunderte aus ihren Reihen ermordet worden, Zehntausende verwundet, viele verstümmelt, auf Lebenszeit erblindet oder in Dauersiechtum verfallen seien, für sie alle »dachte Hitler mit, denn dies müssen wir als alte ›Nazis‹ selbst heute bekennen, dass der Führer ein geradezu treuer Kamerad war ›seinen Leuten‹ und ›Männern‹ gegenüber. Ohne Rücksicht auf Konvention oder Nutzen hielt er Kameradschaft selbst dort, wo es ihm schadete. ›Treue um Treue‹ – das könnte man als Devise auf ein Wappen Hitlers schreiben.«[228] – Nahtlos schließt sich ein anderer Wahlspruch an: »Meine Ehre heißt Treue«, die von Himmler verordnete Devise der SS. Niemand konnte Frank ins Gesicht schreien, dass diese »Treue für Führer und Vaterland« alleine in der deutschen Wehrmacht über 1,9 Millionen Menschenleben gekostet und er im Generalgouvernement mit seinen Durchhalteparolen seinen Anteil an den Opfern zu verantworten hatte.

Aber Hans Frank lagen solche Gedanken fern. Er dachte in erster Linie an sich selbst und dass ihm Hitler die Treue halten würde. Seinem eigenen Bericht zufolge hielt er sich am 9. März 1933 in seinem Häuschen am Ammersee auf, als ihn ein Anruf aus dem Braunen Haus erreichte und nach München befahl.

Ob er seit dem 30. Januar in einem Vakuum lebte und höchst verunsichert darüber gewesen war, dass er »nur« Reichsrechtsführer blieb, ohne für höhere Aufgaben ausgewählt zu werden, wissen wir nicht. Als Mitglied des Reichstages war er an den Ereignissen in Berlin zumindest indirekt beteiligt. Das betraf vor allem die Verhaftung aller KPD-Abgeordneter und die Zerschlagung der KPD nach dem Reichstagsbrand (27. Februar) sowie die Massenverhaftungen der NS-Gegner nach der »Verordnung zum Schutz von Volk und Staat« (28. Februar). Die Reichstagswahlen am 5. März brachten für die NSDAP nur 43,9% und für die Regierungskoalition nur knapp die absolute Mehrheit. Franks Stunde schlug, als am Tag nach der Wahl die Nationalsozialisten zur Eroberung der noch nicht von ihnen regierten Länder schritten, unterstützt durch Provokationen der SA und SS sowie durch die vom Reichsinnenminister eingesetzten Reichskommissare.

In München erfuhr Hans Frank vom neuen Reichskommissar in Bayern, General Franz Xaver von Epp, dass ihn der »Führer« zum bayerischen Justizminister bestimmt hätte.[229]

Die bisherige bayerische Regierung wurde zum Rücktritt gezwungen, und Epp übernahm kommissarisch die Regierungsgewalt gemeinsam mit der Münchner Parteielite. Unter anderen erhielten der Münchner Gauleiter Adolf Wagner das Innenministerium, der Führer des NS-Lehrerbundes, Hans Schemm, das Kultusministerium und der NS-Oberbürgermeister von Lindau, Ludwig Siebert, das Finanzministerium in Personalunion mit dem Amt des Ministerpräsidenten. Epp setzte Heinrich Himmler, den Reichsführer SS, als kommissarischen Polizeipräsidenten von München ein, den Stabschef der SA, Ernst Röhm, hievte er in das Amt eines Staatssekretärs (z. b. V.)[230] und der Leiter des Sicherheitsdienstes (SD), Reinhard Heydrich – am Anfang seiner Karriere stehend – , wurde Chef der Politischen Polizei in Bayern.[231]

Hans Frank bezog als Staatsminister der Justiz einschließlich Aufwandsentschädigung und Kindergeld für Sigrid und Norman ein Gehalt von 2580,44 RM.[232] Sohn Niklas Frank, der die Geschichte seines Vaters erforscht hat, weiß aus seinen Quellen, dass der Jubel in der Familie groß war und der Minister Wert darauf legte, dass sich die Sekretärinnen vom Platz erhoben, wenn der Herr Minister ein Vorzimmer betrat.[233] Von nun an ließ sich Brigitte Frank nicht mehr als »Frau Doktor« anreden, sondern als »Frau Minister« oder »Euer Hochwohlgeboren«. Sie liebte die Macht, wie Niklas Frank berichtet, die Macht über ihren Mann, über das Personal und später über die Juden im Ghetto.[234] Für Hans Frank war es wieder einmal »die glücklichste Zeit meines Lebens«[235], was aus seiner Sicht insoweit stimmte, als er noch keinen Widerstand durch Hitler und seine Umgebung verspürte.

Das Ministeramt bedeutete einen Durchbruch: Endlich schienen die Franks finanziell saturiert (es kamen ja noch die Bezüge als Gleichschaltungskommissar und die Abgeordnetendiäten hinzu), doch wuchsen mit dem neuen Amt auch die Begehrlichkeiten: In Fischhausen am Schliersee/Oberbayern kauften sie einen alten Bauernhof, den Schoberhof – etwa eine Autostunde von München entfernt –, der unterhalten, von Bediensteten versorgt und später aufwendig renoviert wurde. Die Mittel für den Hauskauf sollen aus einem von Frank auf dubiose Weise geführten Prozess geflossen sein.[236] Im Frank-Nachlass sind fortan keine Gläubigerschreiben mehr aufzufinden, was keine eindeutigen Rückschlüsse erlaubt. Wohl ist es nicht falsch zu behaupten, dass sich Frank mit ziemlicher Unverfrorenheit staatlicher Geld-

Der Schoberhof in Fischhausen am Schliersee/Obb. (Archiv Niklas Frank)

mittel bediente, wie er das später ebenfalls als Reichsminister und Generalgouverneur tun wird, zum Beispiel beim Abrechnen persönlicher Ausgaben als Repräsentationskosten.

Mit dem hohen Amt ging auch der gesellschaftliche Aufstieg einher. Hans Frank war im Münchner Kulturleben ohnehin eine bekannte Persönlichkeit, versäumte selten eine Opernpremiere und galt als Kenner der Konzertszene. Mit Richard Strauss korrespondierte er[237] und lud ihn in den Schoberhof ein[238], und natürlich verkehrte er als Wagnerianer in Bayreuth. Brigitte Frank schwärmte zeitlebens vom galanten Hitler, der ihr dort einmal das Programmheft aufgehoben haben soll.[239] Bereits 1928 besuchten Himmler, Robert Ley und Frank die Bayreuther Festspiele. Auch in den Folgejahren verkehrten NSDAP-Größen im Haus Wahnfried. Wenn Winifred Wagner nicht anwesend war, spielte Lieselotte Schmidt, ihre Assistentin und rechte Hand, die Gastgeberin. 1931 hielt Frank in Bayreuth einen Vortrag vor 1200 Zuhörern über das Thema »Die deutsche Revolution«. Brigitte Hamann, die »Hitlers Bayreuth« erforschte, schreibt in diesem Zusammenhang: »Als Hitlers Rechtsanwalt war Frank eng mit diesem verbunden und brachte Lieselotte zum Schwärmen: ›Er ist ein ebenso gescheiter wie feinsinniger Mensch. Neulich war er mit Schemm von 11–1 Uhr hier, hat Wahnfried besichtigt und sich in der Ruhe und schönen Umgebung […] erholt.‹ Der gutaussehende Frank, Ehemann, zweifacher Vater und bekannt als eifriger Fremdgeher, wurde ein Freund des Hauses – und Lieselottes Liebhaber.«[240]

1933 ließ Hitler lange Zeit offen, ob er zur Eröffnung der Festspiele auf dem »Hügel« erscheinen würde, sodass Lieselotte Schmidt Frank um Vermittlung bat, der tatsächlich mit Erfolg intervenierte. »Die verliebte Lieselotte konnte sich vor Stolz auf Frank kaum fassen. Bayreuth feierte ihn als den ›rettenden Engel‹ und den Einzigen, der den rechten Begriff von der Mission Bayreuths hat.« Die Liebschaft ging über Jahre, nahm aber keinen glücklichen Verlauf. Es ist frappierend, wie Hans Frank erneut ähnliche Verhaltensmuster seines Vaters übernahm: »In dieser Olympiawoche machte sich Winifred Sorgen um Lieselotte Schmidt, die schon seit längerer Zeit kränkelte: Die Lieselotte scheint durch ihre Freundschaft zu Frank total durcheinander gekommen zu sein. Und hat […] einen nervösen Magen, der nichts verträgt, und auf diese Art kommt sie total herunter. Nun hatte Lieselotte auch noch einen schweren Autounfall.[…] Friedelind über Frank: ›Er hatte sich nie, wie er versprochen hatte, von seiner Frau scheiden lassen, sondern fuhr patriotisch fort, jedes Jahr ein Kind zu bekommen, während er Lieselotte mit Hoffnungen vertröstete‹«.[241]

Eskapaden mit anderen Männern vertraute Brigitte Frank ihrem Tagebuch an, weshalb sie publik geworden sind. Hans Frank behandelte gewöhnlich seine Liebschaften mit größerer Diskretion. Aber wie es scheint, stand er den amourösen Abenteuern seiner Ehefrau nicht nach. Eine Angestellte von Brigitte Frank berichtete dem Sohn Niklas, wie der Vater den Kindermädchen nachstelle, »wenn gerade nichts anderes lief«, wie er sie zu sich ins Bad bestellte oder nachts an deren Tür klopfte. Nur selten hätten sie sich dem Hausherrn entziehen können.[242] Niklas Frank meint am Beispiel seines Vaters, dass die Macht der Nazigrößen auch deren sexuelle Potenz positiv beeinflusst hätte. Mit hoher Wahrscheinlichkeit ist dies nicht so gewesen, denn Machtausübung bedeutet in der Regel Stress, und der pflegt die Libido zu dämpfen. Hans Frank hingegen war, wie Fotos zeigen, ein körperlich vitaler Mann im besten Alter.

Die erste bayerische Ministerratssitzung fand am 6. April 1933 statt.[243] Auf den ersten Blick ist anzumerken, dass sich der kommissarische Justizminister kritisch mit dem Thema Schutzhaft befasste. Die Gefängnisse und Zuchthäuser seien überfüllt, die Zahl der Schutzhäftlinge habe am 1. April 5000 betragen und werde auf 6000–7000 steigen. Es bestehe keine Sicherheit, dass Unschuldige nicht in Schutzhaft sitzen. Frank schlug folgende Grundsätze vor:

– Verhaftungen aufgrund einfacher Denunziationen und willkürliche Verhaftungen durch untergeordnete Organe sind einzustellen.
– Schutzhaftgefangene sind zu vernehmen; fehlt es an ausreichenden Gründen, sind sie zu entlassen.
– Es ist ein förmliches Verfahren einzurichten, das die Zuständigkeiten regelt und den Verhafteten gewisse Sicherheiten und Beschwerdemöglichkeiten gibt.
– Schutzhaftgefangene sind zu melden und lückenlos zu erfassen.
– Zur Prüfung von Beschwerden ist ein Ausschuss einzusetzen, der unter Einbeziehung der SA mit höheren Polizeibeamten und ein oder zwei Richtern des Verwaltungsgerichtshofes besetzt wird.

Die Grundsätze wurden gebilligt. Franks Initiative richtete sich nicht gegen die Schutzhaft als solche, vielmehr forderte er ein formelles Verfahren mit dem Rechtsmittel der Beschwerde. Das heißt, Frank verlangte nur eine scheinbare Verbesserung, wie er sich später auch gegen willkürliche Erschießungen aussprechen wird und ein formales Standgerichtsverfahren vorgeschaltet wissen wollte. Im Ergebnis lief das Verfahren auf den gleichen Zweck hinaus, war also eine Scheinprozedur, die nur den Sinn hatte, die Befugnisse der Sicherheitspolizei zu schwächen und die der NS-Justiz zu stärken. Auch das wäre eigentlich noch ein Gewinn gewesen, aber Richter und Staatsanwälte haben keinen Deut milder ge- und verurteilt.

Laut Protokoll legte der Justizminister außerdem Gesetzentwürfe vor über die Enteignung von Gegenständen, die marxistischen Zwecken dienen, über das Verbot für Beamte, marxistischen Organisationen anzugehören, und über den Bezug von ausschließlich regierungsnahen Zeitungen durch Staatsbehörden. Unter der Bezeichnung »Mitwirkung der Juden in der Rechtspflege und im öffentlichen Leben« wurde folgende Bekanntmachung des Justizministers gebilligt: 1. Jüdischen Rechtsanwälten ist das Betreten der Gerichtsgebäude verboten. 2. Jüdische Richter und Staatsanwälte werden beurlaubt und jüdischen Notaren weitere Amtshandlungen verboten.

Der übereifrige bayerische Justizminister konnte also das Privileg für sich in Anspruch nehmen, reichsweit als einer der Ersten überhaupt jüdische Juristen aus dem Justizdienst ausgeschaltet zu haben, also noch vor dem am 7. April 1933 erlassenen »Gesetz zur Wiederherstellung des Berufsbeamtentums«, das den berüchtigten »Arierparagraph« enthielt. Hans Frank zeigte jetzt mit allen Konsequenzen seine antisemitische Einstellung und beteiligte sich am Prozess der radikalen Ausgrenzung jüdischer Bürger. Er war endgültig als Mittäter im NS-Unrechtsstaat angekommen. Im privaten Tagebuch, überwiegend zwischen 1918 und 1925 geschrieben, nahm er zum Judentum keine Stellung.

In den »Lebensskizzen«, die bis zum Jahr 1930 reichen und in der Nürnberger Haft geschrieben wurden, kommt das Thema ebenfalls nicht vor. Unter dem Eindruck des Nürnberger Prozesses und der Aussage des Auschwitz-Kommandanten Rudolf Höß vermied er »im Angesicht des Galgens« bis kurz vor Schluss des Manuskriptes, darüber zu reflektieren, sprach dann von den »grauenvollen Untaten der Judenvernichtung« und bekannte: »Auch ich war Antisemit und trage im weiteren intellektuellen Zusammenhang Schuld.« Doch er relativierte den Völkermord sofort, indem er ihn mit anderen Verbrechen der Menschheitsgeschichte und der Bombardierung deutscher Städte in Beziehung setzt. Außerdem beschwor er Hitlers bzw. Himmlers Geheimhaltungspolitik und wollte nur vom »Judenverschickungsprogramm nach dem Osten« gewusst haben.[244] Dies schrieb ein Mann, der seinen Vertreter (Josef Bühler) zur Teilnahme an der Wannsee-Konferenz entsandt hatte.

Frank trug nicht nur aufgrund seiner Gesinnung eine »intellektuelle Schuld«, sondern verstieß durch Beteiligung an ganz konkreten Maßnahmen gegen fundamentale Menschenrechte und erfüllte die in ihn gesetzte Rollenerwartung als Landesjustizminister.

Etwa drei Wochen nach seiner Ernennung zum Justizminister nahm das »Zentralkomitee zur Abwehr jüdischer Greuel- und Boykotthetze« unter Federführung des Judenhassers Julius Streicher seine Arbeit auf. Mitglied des Gremiums – eine Einrichtung der Partei – war der Leiter des NS-Juristenbundes Dr. Hans Frank II. Außerdem u. a.: Stabsleiter Robert Ley, der Reichsführer SS Himmler, der Leiter des NS-Beamtenbundes Jakob Sprenger, der Leiter der agrarpolitischen Abteilung der NSDAP Walter Darré und der Leiter des NS-Ärztebundes Dr. Gerhard Wagner.[245]

Das Komitee beschloss einen Boykottaufruf gegen Juden. Goebbels notierte, dass die Maßnahme von der ganzen Regierung gebilligt wurde, und vermerkte am 31. März 1933: »Wir halten im kleinen Kreis eine letzte Besprechung ab und beschließen, dass der Boykott morgen in aller Schärfe beginnen soll.«[246]

Somit erfolgte am 1. April 1933 die erste reichsweite antijüdische Aktion gegen jüdische Geschäfte, Ärzte und Anwälte nach dem Machtantritt Hitlers. Offiziell wurde die Aktion als »Abwehrmaßnahme gegen angebliche ausländische Greuelpropaganda und gegen eine angebliche jüdische Kriegserklärung an Deutschland« deklariert. SA und HJ postierten vor den entsprechenden Geschäften, es kam zu Übergriffen und Plünderungen. Ursprünglich war die Kampagne auf unbestimmte Zeit geplant, wurde aber aufgrund der Reaktion des Auslandes am 4. April beendet. Dessen ungeachtet handelte es sich um das Startsignal für die organisierte Verfolgung der Juden.[247] Auch hier war Frank ein Mann der ersten Stunde.

Einige Tage zuvor mischte sich Frank II in Berlin in die Vorbereitung der Abstimmung über das »Ermächtigungsgesetz« ein und rief im Geschäftsordnungsausschuss des Reichstags aus: »Ich erkläre hiermit, dass die gelungene nationale Revolution für uns die neue Rechtsgrundlage für das kommende Recht abgibt und dass wir hier entscheiden, was künftig in Deutschland als Recht zu gelten hat.«[248] So stimmte Frank für das Ermächtigungsgesetz »zur Behebung der Not von Volk und Reich«, das mit Zweidrittel-Mehrheit gegen 94 Stimmen der SPD angenommen wurde und Hitler alle Vollmachten gab, die er zum Ausbau der NS-Diktatur in den Folgejahren brauchte.

Drei strukturelle Grundlinien bestimmten die Haltung Franks in den Jahren zwischen 1933 und 1945: Erstens sah er in seiner Funktion die Aufgabe, alle Kompetenzbeschneidungen der Justiz vehement abzuwehren, die im Dritten Reich besonders von der Sicherheitspolizei ausgingen. Wenn Frank vom »Polizeistaat« sprach, hatte er nicht einen Gegenentwurf größerer Rechtssicherheit im Auge, der von der Justiz ohnehin nicht gewollt war, sondern er wehrte damit die Beschneidung seiner Befugnisse ab. Zweitens entwickelte Frank zunehmend Minderwertigkeitsgefühle gegenüber NS-Machtpolitikern, die aufgrund ihrer Skrupellosigkeit ihm überlegen waren. Er konnte Heinrich Himmler[249] und Martin Bormann[250] nicht das Wasser reichen, was er von Anfang erkannte. Er fühlte sich übergangen, nicht gefragt, nicht für voll genommen und reagierte beleidigt. Drittens wird deutlich, dass er selbst schlimmste Terrormaßnahmen nicht um ihrer selbst willen ablehnte, sondern lediglich, weil er nicht am Entscheidungsprozess beteiligt war, denn nur in diese Richtung zielte in der Regel seine Kritik. Zugespitzt lautete seine Maxime: Menschen nicht gesetzlos, sondern nach Beachtung von justitiellen Formvorschriften ermorden zu lassen.

Wie er selbst behauptete, war ihm das am 20. März 1933 in Dachau durch Himmler errichtete Modell-Konzentrationslager ein Dorn im Auge. Hier dürften die Wurzeln seines hasserfüllten Verhältnisses zu Himmler liegen, was auf Gegenseitigkeit beruhte, nie zu Franks SS-Mitgliedschaft führte und Frank 1942 fast den Kopf gekostet hätte.

Die Einrichtung der Konzentrationslager ging unter Beteiligung der SA von Reichsinnenminister Frick aus (8. März 1933); nicht einmal der Reichsjustizminister, geschweige denn der bayrische Justizminister – zuständig für Haft- und Vollzugsanstalten – hatte ein Wort mitzureden. Frank war nicht generell gegen KZ eingestellt. Alles, was er 1945/46 Gegenteiliges schrieb[251] oder im Nürnberger Prozess aussagte[252] oder durch Persilschein-Zeugen sagen ließ,[253] wird zur Farce, denn 1936 notierte Frank: »Man macht uns in der Welt immer wieder Vorwürfe wegen der Konzentrationslager. Man fragt: ›Warum verhaftet Ihr ohne richterlichen Haftbefehl?‹ Man versetze sich in die Lage unseres Volkes! Man vergesse nicht, dass die ganze, große, immer noch unerschüttert dastehende Welt des Bolschewismus es uns nicht vergessen lassen kann, dass wir einen Endsieg über Europa hier auf deutschem Boden vereitelt haben.«[254] Es kommt einer Verhöhnung der Opfer gleich, wenn Frank nachträglich behauptete, er habe das »Entstehen des KZ Dachau juristisch im Keim ersticken« wollen.[255]

Richtig ist, dass Frank gegen die Niederschlagung der Ermittlungen intervenierte, als der bayerische Innenminister (auf Druck von Himmler und Heydrich) die Verfahren gegen die Mörder der Dachau-Häftlinge Dr. Strauß, Schloss, Hausmann, Nefzger, Handschuch und Frantz einstellen wollte.[256] Das geschah aber sicher nicht aus Gerechtigkeitsdenken und Menschenfreundlichkeit, sondern weil Frank gegen Himmler und seine Clique opponierte. In Dachau wurden insgesamt 31591 Todesfälle registriert und Tausende nicht erfasst, die meisten davon im Krieg, aber nicht wenige in den Anfangsjahren.[257]

Dass Hans Frank ein ausgeprägtes Ressortdenken praktizierte und eine autarke Justiz anstrebte mit seiner Person als machtvoller Führer an der Spitze, steht außer Zweifel. In seinem Ministerium ließ er dokumentieren, inwieweit die Partei in Personalangelegenheiten, in die Strafrechts- und in Zivilrechtspflege eingriff. In einer Diktatur ist das freilich ein nutzloses Unterfangen, wenn es mächtige Kräfte gibt, die ressortübergreifend ihren Einfluss durchsetzen. Hier ein Beispiel aus Franks Dokumentation:

»SA holt politisch missliebige Personen aus ihrer Wohnung, misshandelt sie und bringt sie in Schutzhaft; einer von ihnen stirbt. Der Gauleiter wendet sich gegen die Vernehmung und Verhaftung des Rädelsführers. Ergebnis: ›Besprechung‹ mit dem Gauleiter, Amnestierung der Täter.«[258]

Man fragt sich: Wo bleibt ein Machtwort des bayerischen Justizministers und Reichsrechtsführers angesichts der Kompetenzüberschreitungen (die keineswegs auf Bayern beschränkt waren)? War er zu feige oder zu schwach? Vermutlich beides.

Dass Frank schwieg, erregte Wohlgefallen und wurde belohnt. 1933 erhielt er eine Reihe von Auszeichnungen, so die von Hitler unterschriebene Verleihungsurkunde für den »Blutorden« (»Ehrenzeichen am Band vom 9. November 1923«), die höchste Auszeichnung der NSDAP überhaupt für die Teilnahme am sogenannten Hitler-Putsch[259], das »Goldene Ehrenzeichen der NSDAP« für Mitglieder mit der Nummer unter 100 000[260] und das »SA-Ehrenzeichen am Band«[261]. Das »Goldene Ehrenzeichen der HJ«, überreicht von Baldur von Schirach, sollte folgen.[262]

Außenpolitisch machte Frank Furore, als er in einer Rede im Bayerischen Rundfunk am 18. März 1933 die »unterdrückten deutschen Volksgenossen« in Österreich grüßte und drohte, die NSDAP werde notfalls deren Sicherung der Freiheit übernehmen. Die österreichische Regierung protestierte offiziell in Berlin. Als Frank im Mai 1933 nach Wien reiste und dort eine Rede hielt, wurde er von der Dollfuß-Regierung ausgewiesen.[263]

In der Auswirkung bedeutender als die Aufgabe des bayerischen Justizministers war Franks Berufung als »Reichskommissar für die Gleichschaltung der Justiz in den Ländern und für die Erneuerung der Rechtsordnung«. Justizminister Franz Gürtner hatte ihn für das Amt am 11. April 1933 vorgeschlagen, Hitler, der sich in Obersalzberg bei Berchtesgaden aufhielt, stimmte zu, und Reichspräsident Hindenburg ernannte ihn am 22. April 1933.[264]

Die gesetzlichen Grundlagen für die Gleichschaltung der Länder mit dem Reich (»Verreichlichung«) waren geschaffen: Das Gesetz zur Wiederherstellung des Berufsbeamtentums vom 7. April 1933 erlaubte in Verbindung mit zwei Gesetzen vom 31. März und 7. April 1933 diktatorische Maßnahmen der NS-Reichsstatthalter in den Ländern, insbesondere die Besetzung der Kommandostellen mit Nationalsozialisten. Dies erleichterte die von Frank angeordneten Säuberungen, denn in Schlüsselstellungen befanden sich vertraute NS-Juristen: Hanns Kerrl[265] als preußischer Justizminister mit seinem Ministerialdirektor Roland Freisler (ab 1934 Staatssekretär im Reichsjustizministerium), Otto Thierack[266] als sächsischer Justizminister, Franz Schlegelberger[267] als Staatssekretär im Reichsjustizministerium und Curt Ferdinand Rothenberger[268], Justizsenator in Hamburg.

Hans Frank, der sich jetzt auch »Reichsjustizkommissar« nannte, ging mit Eifer ans Werk. Auf sein Konto geht zu einem guten Teil, dass reichsweit alle den Nazis missliebige Personen aus dem Justizdienst gedrängt wurden. Am 24 April 1933 rief er die Länderjustizminister zu einer Arbeitstagung nach München, um sie auf seine Linie der neuen »nationalen Erhebung« einzuschwören.[269] Alsbald kam es zwischen Frank und Gürtner erneut zu Kompetenzstreitigkeiten.[270] Zur Unterstützung seiner Pläne reaktivierte Frank den von ihm 1928 gründeten »Bund Nationalsozialistischer Deutscher Juristen« (BNSDJ) und rief am 2. Juni 1933 die »Deutsche Rechtsfront« aus. Am 2. Oktober eröffnete er den »Deutschen Juristentag« in Leipzig, dem 1936 und 1939 weitere folgen sollten. Doch damit nicht genug. Auf dem Juristentag von 1933 proklamierte er die Gründung der »Akademie für Deutsches Recht«, deren Präsident er wurde. Die von ihm forcierte Ämterhäufung (Reichsrechtsführer, Reichsleiter des Rechtsamtes der NSDAP, Führer NS-Juristenbund, Bayerischer Justizminister, Reichsjustizkommissar, Präsident der Akademie des Deutschen Rechts, Herausgeber der Zeitschrift »Deutsches Recht«) und sein massiertes Vorgehen werfen ein deutliches Bild auf Franks Art, Grenzen zu überschreiten und maßlos zu werden, womit er sich manchmal selbst im Weg stand, weil er sich mit seiner Titelsucht lächerlich machte.

Das minderte nicht die Gefährlichkeit seiner Politik für die Opfer nach dem von Frank bereits 1926 formulierten Grundsatz: »Recht ist, was dem Volke nützt – Was dem Volke schädlich ist, muss Unrecht sein.«[271] An erster Stelle hatten unter dieser destruktiven Systematik jüdische Juristen zu leiden. Frank stellte vier Grundsätze auf:

1. Für alle Zukunft ist es unmöglich, dass Juden im Namen des deutschen Rechts auftreten können.
2. Die deutsche Rechtswissenschaft ist deutschen Männern vorbehalten, wobei das Wort »deutsch« im Sinne der Rassengesetzgebung des Dritten Reiches allein auszulegen ist.
3. Für die Neuauflage deutsch geschriebener Rechtswerke jüdischer Autoren besteht keinerlei Bedürfnis mehr. Alle deutschen Verleger wollen derartigen Neuauflagen unverzüglich Einhalt tun.
4. Aus sämtlichen öffentlichen oder Studienzwecken dienenden Büchereien sind die Werke jüdischer Autoren soweit irgendwie möglich zu beseitigen. [...][272]

Entfernt wurden aus dem Staatsdienst außerdem solche Personen, die keine Gewähr dafür trugen, »rückhaltlos für den nationalsozialistischen Staat einzutreten«, also alle tatsächlichen und potenziellen Gegner des Regimes oder solche, die dafür gehalten wurden.

Frank verpflichtete alle juristischen Standesorganisationen, dem BNSDJ – der sich ab 1936 »NS-Rechtswahrerbund« (NSRB) nannte – beizutreten. Auf diese Weise ging der »Deutsche Richterbund« genau so unter wie der »Deutsche Anwaltsverein«, der »Bund Deutscher Rechtspfleger«, der »Deutsche Notarverein« und mehrere Landes-Richter-Vereine. Hitler dankte mit einer Grußadresse.[273] Frank hatte nun völlig freie Hand, den Richterstand überwachen, schulen und – wie das Schlagwort hieß – weltanschaulich-politisch ausrichten zu lassen. Linientreue Juristen traten scharenweise der Organisation bei, selbst wenn sie keine Mitglieder der NSDAP waren.[274] Mit Gründung der »Deutschen Rechtsfront« wurden noch gewisse Randgruppen des Rechtslebens vereinnahmt, wie Sachverständige, Dolmetscher, Rechtsbeistände, Konkursverwalter oder Zwangsverwalter.[275]

Zur Frage, in welchem Geiste Rechtsführer Frank sein Amt ausübte, erklärte er am 12. Mai 1933 auf einer Juristenkundgebung im Preußischen Landtag:

»Aus dem deutschen Volk soll wieder ein Herrenvolk werden. (Beifall) Das Tempo der nationalen Revolution bestimmt unser Führer. Niemals wird der Bund nationalsozialistischer Juristen davon ablassen, dass alle Juden restlos aus jeder Form des Rechtslebens heraus müssen. (Stürmischer Beifall). Wir sind besten Willens, das beste Recht für das beste Volk zu schaffen.«

Frank kündigte eine baldige Strafrechtsreform an, wobei es ihm wichtig war zu erwähnen, dass die Strafbarkeit studentischer Mensuren abgeschafft werden soll.[276] Bei anderen Gelegenheiten sagte er:

»Rechtliche Substanzwerte sind Blut, Boden, Ehre, Wehrkraft und Arbeit. Die Verfassung Deutschlands ist das nationalsozialistische Parteiprogramm. – Das Gesetz Deutschlands ist der Führerwille.«[277]

Doch nun zeigte der »Führer« erstmals deutlich seinen Unwillen. Frank hatte ihn zum Leipziger Juristentag im Oktober 1933 eingeladen und eine überraschende Zusage erhalten. Er holte Hitler am Flugplatz ab. »Er [Hitler] war sehr nervös, unrastig, launisch in Stimmung und Sprechweise. Er wollte mich deutlich fühlen lassen, wie lästig ihm diese Rede falle. Er fragte mich plötzlich, wo er denn reden sollte. Ich sagte ihm, in der großen Messehalle vor siebzehntausend Tagungsteilnehmern. Er drehte sich, offenbar peinlich überrascht, zu mir um und sagte abrupt: ›Das ist ja ganz unmöglich! Das ist doch kein Juristenkongress, das ist ja eine Massenkundgebung! Was soll ich denn da reden? Darauf bin ich ja gar nicht vorbereitet.‹«

Der Wind begann sich gegen Frank zu drehen, was Außenstehende jedoch noch nicht wahrnehmen konnten. Resigniert stellte er fest: »Seit 1933 hat Hitler an der Arbeit des Bundes keinerlei Anteil mehr genommen. Er spulte sich immer mehr antijuristisch ein, und bei ihm wuchs bereits Bormann empor, der meine Parteistellung gleichsam von unten her unterwühlte. Auf der Gegenfront baute Himmler sein SS-System mit voller Duldung des Führers auf.«[278]

Frank merkte im Laufe der nächsten Jahre nicht, dass er »neben der Spur« lag, dass die NS-Führungskader gar nicht diese Priorität des Rechts wollten – obwohl es doch das gewünschte Nazi-(Un)recht war. Hitler und seine Umgebung stellten sich vielmehr einen weitgehend gesetzlosen Raum vor und sahen Franks Reden oft als intellektuelles Geschwätz an, mit dem sie nicht viel anfangen konnten. So notierte Goebbels in sein Tagebuch: »Frank: viel Geschrei, aber kein Ei.«[279] Doch bei genauem Hinsehen sollte man trotzdem nicht unterschätzen, welcher Einfluss von dem umtriebigen Reichsrechtsführer ausging.

Wir schreiben inzwischen das Jahr 1934 und erleben Hans Frank als Propagandisten für den Nationalsozialismus im Allgemeinen und für das NS-Recht im Besonderen. Im Deutschlandsender sprach er am 20. März 1934 unter dem Motto: »Der Staat Adolf Hitlers ist ein Rechtsstaat« und stellte mit vollmundigen Begriffen sechs »Rechtsschöpfungen« des »Deutschtums« vor, die er als »Fundamentalgrundsätze« ausgab. Nach Frank rechtfertigt das neu geschaffene Recht

– »die Machtergreifung zur staatlichen Reinheit des Deutschtums,
– die Rassegesetzgebung (›… den schöpferischen Gehalt unserer Rasse nicht noch weiteren Zerstörungen auszuliefern‹),
– die Verfolgung aller zerstörerischen Kräfte unserer Kultur,
– den Schutz des deutschen Bodens und des deutschen Bauern,
– die Rechtsschaffung für deutsche Arbeit und
– die Beseitigung aller Organisationen, die aus eigensüchtigen Zwecken dem Gemeinnutzen der Nation schadeten«.

»Wir sind stolz, wir deutschen Juristen«, rief er aus.[280] Es ist bemerkenswert, dass Frank bereits eineinhalb Jahre vor Erlass der Nürnberger Rassegesetze einen entsprechenden Schwerpunkt setzte. In seinem »Handbuch für Recht und Gesetzgebung« kam er wieder darauf zurück und variierte die von ihm so bezeichneten »Substanzwerte der Nation«: Staat, Rasse, Boden, Arbeit, Ehre, kulturell-geistige Werte und Wehrkraft.[281]

Da sich Frank immer wieder auf seine Art des »Rechtsstaates« beruft, sei – trotz mancher Diskrepanzen zwischen Verfassung und Verfassungswirklichkeit – daran erinnert, welche Merkmale unter dem Rechtsstaatsprinzip als Leitidee des Grundgesetzes der Bundesrepublik Deutschland zu verstehen sind:[282]

– Vorrang der Verfassung gegenüber Gesetz, staatlichen Hoheitsakten und rechtsprechender Gewalt
– Gewaltenteilung als tragendes Organisations- und Funktionsprinzip
– Gewährleistung der Grund- und Menschenrechte
– Vorbehalt des Gesetzes mit den Grundsätzen des Strafrechts
  – *nullum crimen sine lege* (keine Straftat ohne Gesetz)
  – *nulla poena sine lege* (keine Strafe ohne Gesetz)
  – *ne bis in idem* (keine Doppelbestrafung)
  – Anspruch auf rechtliches Gehör
  – *fair trial*

Nur einmal bewies Frank Durchsetzungsvermögen. Auf einer Fachtagung mit den bayerischen Oberlandesgerichtspräsidenten am 5. und 6. April 1934 ließ er mit Erfolg telefonischen Protest bei Gauleiter Wagner einlegen. Reinhard Heydrich hatte eine Anordnung der Bayerischen Politischen Polizei erlassen, wonach alle Anzeigen gegen Mitglieder der NSDAP, SS, SA und HJ nur dann an die Staatsanwaltschaft weitergeleitet werden sollen, wenn dies die Politische Polizei genehmigt. Die Anordnung wurde aufgehoben und Frank triumphierte, dass nun der »Einfluss von machtlüsternen kleinen Diktatoren auf die Justiz« zu Ende sei. Die Justiz werde sich bald zu einer »unantastbaren Herberge der Gerechtigkeit« entwickeln. Frank konnte auch berichten, dass die Zahl der Schutzhaftfälle bis zum Frühjahr 1934 erheblich gesunken sei.[283]

Frank war ein Mensch, dessen übersteigertes Selbstwertgefühl mit Hang zur Arroganz von einem zum anderen Tag in das Gegenteil umschlagen konnte. Die Ämterhäufung stellte eine Krücke dar, die er zum aufrechten Gang brauchte. Hinzu kam, dass alle NS-Protagonisten von der Gunst Hitlers abhängig waren, um die sie buhlten. Auf diesem Hintergrund entwickelte Frank immer wieder Ideen, um seine Bedeutung zu unterstreichen. Dazu passt eine Bronzebüste, die er eigens herstellen und im »Haus der deutschen Juristen« in Berlin aufstellten ließ. Die Zeitung »Münchener Neueste Nachrichten« lobte den Bildhauer Franz Mikorey für die Abbildung der »charakteristischen physiognomischen Züge und den Charakter des Kopfes«.[284] Der schräg abgeschnittene Hals sieht wie guillotiniert aus, aber darauf ist wohl Ende 1933 niemand gekommen.

Der »Völkische Beobachter« berichtete am 23. Januar 1934, dass Staatsminister Röhm Frank für »seine Verdienste um SA und SS« den Ehrendolch der SA mit der Gravur »in herzlicher Kameradschaft« überreichte.[285] Dass Frank bereits 1920 in die SA eintrat, ist bei dieser Gelegenheit eine propagandistische Falschmeldung; er war, wie bereits erwähnt, am 28. September 1923 Mitglied der SA geworden.

Schließlich wurde Frank im April 1934 von seiner Geburtsstadt Karlsruhe mit der Ehrenbürgerschaft ausgezeichnet. Zu seinem Geburtstag am 23. Mai 1934 porträtierte ihn der »Völkische Beobachter« als »jungen Tatmenschen«, der noch aktiv im Krieg eingegriffen habe. Wieder eine Falschmeldung. Der 34-jährige »immer kämpferische Politiker und vorwärtsdrängende, tüchtige Jurist« zähle zu den »jüngeren, angriffsfreudigen Köpfen« im Gegensatz zu den »vergreisten Regierungen der Vergangenheit«. Frank gehörte zur »Generation des

Unbedingten« (Michael Wildt), zum akademisch gebildeten Nachwuchs der Funktionseliten, wie er insbesondere im Führungskorps des Reichssicherheitshauptamtes vertreten war. –

Alles in allem genoss Frank im Jahr 1934 durchaus Ansehen, vielleicht mehr in der Öffentlichkeit als bei Personen im Umfeld von Hitler.

Es war wohl eine Form des Selbstschutzes, dass sich Frank gern mit vertrauten Mitarbeitern umgab: Seinen ehemaligen Kanzlei-Kollegen Dr. Wilhelm Heuber machte er zum Reichsgeschäftsführer des Bundes der NS-Juristen und einen weiteren Kollegen, Dr. Josef Bühler,[286] zum Leiter des Berliner Ministerbüros. Dr. Ludwig Fischer wurde sein Stellvertreter in der Rechtsabteilung der NSDAP-Reichsleitung. Dr. Karl Lasch[287] war Mitbegründer der Akademie für Deutsches Recht und deren Direktor. Dr. Albert Weh, früher sein persönlicher Referent im bayerischen Justizministerium, holte er in das Berliner Ministerbüro. Ferner gehörten zu Franks engen Mitarbeitern Prof. Dr. Carl Schmitt[288] und Roland Freisler, beide im Führerrat des BNSDJ und der »Akademie« sowie Ausschussvorsitzende bzw. Abteilungsleiter in der Akademie.

Die Kehrseite der Medaille war, dass Frank mit ihnen auch privaten Umgang pflegte und Brigitte Frank alsbald intime Verhältnisse mit Lasch und Schmitt einging. Dies weiß der 1939 geborene Sohn Niklas Frank aufgrund eigener Recherchen mit Sicherheit zu berichten.[289] Sein Vater ging zeitlebens davon aus, dass Niklas der Sohn von Karl Lasch sei, weswegen er ihm gegenüber Ablehnung demonstrierte und ihn im Streit »Fremdi« nannte. Die Folge war, dass Niklas von Familienmitgliedern mit dem Spitznamen »Fremdi« gehänselt wurde – gewiss eine schwere Hypothek in der Persönlichkeitsentwicklung.[290]

Die Affäre Röhm

Ernst Röhm, Chef des Stabes der SA, rangierte direkt hinter seinem Duzfreund Hitler, dem obersten SA-Führer. Röhms Dynamik und Hemdsärmeligkeit, die ihn von der Anwendung brutal-skrupelloser Methoden nicht zurückschrecken ließen, war es zuzuschreiben, dass es den Schlägertrupps der SA in wenigen Jahren gelang, politische Gegner einzuschüchtern und die Herrschaft über die Straße zu erringen. Die Mitgliederzahl war von 70 000 im Jahre 1930 auf 4,5 Millionen im Sommer 1934 angewachsen. Röhm forderte in ungeschickten, großsprecherischen Reden eine »zweite Revolution« zur Schaffung eines »Wehrstaates« mit der SA als Grundstock eines neuen Heeres (»Statt Revolutionen zu feiern, mache ich lieber Revolutionen.«) und strebte an, Reichsheerminister zu werden. Das musste die Reichswehr, zu der Hitler tendierte, als Bedrohung ansehen. Hitler schloss ein Bündnis mit der Reichswehrführung, die er für diszipliniert und gut ausgebildet hielt, und wurde außerdem durch Röhms Gegenspieler Göring, Himmler, Heydrich und Goebbels bedrängt, sich des lästigen Widersachers zu entledigen.

Unter dem Vorwand, mit dem Ausland konspiriert und Umsturzpläne gehegt zu haben, wurden vom 30. Juni bis 2. Juli 1934 insgesamt 90 SA-Führer und Regimegegner von der SS ermordet, darunter die Generale Kurt von Schleicher (auch dessen Ehefrau) und Ferdinand von Bredow sowie die Hitler-Kritiker Gregor Strasser, Gustav Ritter von Kahr, Erich Klausener und Edgar Jung. Während Hitler mit der Ermordung Röhms am 1. Juli 1934 seinen letzten innerparteilichen Widersacher ausschaltete und definitiv den »Führer-Staat« begründete, sicherte sich die Reichswehr ihr Monopol als Waffenträgerin. Es ist bezeichnend für den im Frühsommer 1934 erreichten Grad der Gleichschaltung, dass die Mordwelle bereits am 3. Juli 1934 vom Kabinett als »Staatsnotwehr« für rechtens erklärt wurde.[291]

An der Mordaktion war Hans Frank in seiner Eigenschaft als bayerischer Justizminister beteiligt. Fest steht jedoch, dass seine eigene Darstellung der Ereignisse von den tatsächlichen Gegebenheiten abweicht. Frank hielt sich am 30. Juni 1934 im Schoberhof auf, als er von seinem Ministerium verständigt wurde. Sein Fahrer, der ihn abholte, wusste zu berichten, dass in das Gefängnis Stadelheim SA-Führer als Gefangene der SS eingeliefert würden. Man spreche davon, sie hätten den Sturz Hitlers herbeiführen wollen.

Frank ließ sich zum Gefängnis fahren. Dort – so berichtet er – seien seit sechs Uhr früh fast zweihundert SA-Führer auf Befehl des »Füh-

rers« als »Staatsgefangene der Reichsregierung« in die Zellen eingesperrt worden. Eine Liste in Maschinenschrift sei ihm vorgelegt worden, auf der nahezu die gesamte SA-Führerschaft, auch Röhm selbst
mit seinem Stab, verzeichnet waren. Frank will sodann mit Röhm in
dessen Zelle gesprochen haben, der um sein Leben fürchtete und ver-
mutete, die SA solle durch die Aktion zerschlagen werden.

Was Frank in den nächsten Stunden unternommen hat, ver-
schweigt er. Gegen Abend seien Sepp Dietrich (Leibstandarte-SS
Adolf Hitler) und Prinz Waldeck (Adjutant von Dietrich) in SS-Uniform erschienen mit einer neuen Liste, auf der etwa 110 SA-Führer
durch einfachen Bleistiftstrich ›angemerkt‹ waren – die Todeskandidaten.

»Ich sagte den beiden, das komme auf gar keinen Fall in Frage, und war nur
sehr zufrieden, uns in den Zellenkorridoren unserer Landespolizei zu wissen,
über die die SS-Führer keinerlei Befehlsgewalt hatten. Die beiden sagten:
›Aber der Führer selbst hat es befohlen! Die Verantwortung tragen Sie.‹ Ich
sagte: ›Ja, die trage ich. Sie sind hier auf Justizboden.‹
Dietrich rief den Führer an, ich saß daneben – Hitler war offenbar im Braunen Haus –, und sprach mit Heß, ihm von meiner Weigerung berichtend. Es
trat eine Pause ein. Dietrich hielt den Hörer am Ohr und wartete schweigend.
Das Summen des Todes war im stillen Raum. Dann gab er mir den Hörer und
sagte: ›Der Führer will Sie sprechen.‹ Ich meldete mich am Apparat. ›Sie wei-
gern sich, einem Befehl von mir zu gehorchen? Sind Sie mit diesen verbreche-
rischen Lumpen denn mitleidig? Diese Burschen werde ich ausrotten mit
Stumpf und Stiel!‹ Ich sagte ihm, daß man mir keinen schriftlichen Befehl
übergeben hätte, sondern nur eine große Namensliste mit einer Fülle bezeich-
neter Namen. Er: ›Ja, ich habe sie bezeichnet. Diese Herrschaften sind Verbrecher gegen das Reich. Reichskanzler bin ich. Es ist also eine Reichssache, die
niemals Ihrer Zuständigkeit untersteht. Diese Männer sind nur bei Ihnen im
Gefängnis, weil ich keinen anderen festen Raum hatte, um sie unterzubringen.
Sie sind nur Ihre Gäste. Ich und das Reich verfügen darüber, nicht Bayern!‹
Ich sprach zurück, doch plötzlich war Heß am Apparat und sagte mir, der
Befehl müsse vollzogen werden. Ich versuchte nun, auf Heß einzureden und
ihm, der viel ruhiger, sachlicher, irgendwie vornehmer war als Hitler, der Stürmer und Dränger, die Lage auseinander zu setzen, nachdem er mir noch ge-
sagt hatte, daß Hitler ja allein die Verantwortung trage.«

Frank will nun Heß seine Bedenken vorgetragen haben, nämlich
dass die Verhafteten unbewaffnet und teils hochverdiente Offiziere

des Weltkrieges mit höchsten Dekorationen waren und dass die Befehlsübermittlung in einer unmöglichen Form erfolgt sei.

»Heß sagte mir zu, noch einmal mit dem Führer sprechen zu wollen. Ich wartete also weiter. Die Exekutivkommandos drängten und machten mich darauf aufmerksam, dass es schon abendlich dunkel würde, was das ›Schießen‹ sehr erschwere‹. Ich saß und wartete und rauchte mit dem guten Direktor. Es war eine schauerliche Spannung. Da läutete endlich das Telefon. Eine persönliche Aussprache mit mir hatte Hitler abgelehnt. Heß teilte mir mit, daß Hitler mit Einwilligung des Herrn Reichspräsidenten Vollmacht habe, unmittelbar alle Maßnahmen ohne Einschränkung durchzuführen, die geeignet sind, den drohenden Putsch zu verhindern. Die Hauptbeschuldigten seien auf seine Weisung zu erschießen. Ich fragte dann: ›Welche?‹ Und, die Liste in der Hand, hörte ich aus dem Telefon neunzehn Namen. Mit Rotstift strich ich jeden an. Nach dem letzten trat eine Pause ein. Ich fragte: ›Und die anderen, die noch verzeichnet sind?‹ Heß sagte: ›Der Führer hat die Liste überprüft und will sich auf diese beschränken.‹ Röhm war nicht mit auf der Liste. Heß sagte mir: ›Wegen Röhm erfolgt weitere Nachricht. Alle bleiben zunächst in Haft. Geben Sie diese neunzehn nun endlich heraus. Jedes Gericht würde diese wegen dieses Verbrechens zum Tode verurteilen.‹ Wenn ich auch eigentlich zunächst das Gefühl hatte, daß mein Zögern einen großen Erfolg für das Leben von fast hundert Menschen hatte, fragte ich Heß: ›Aufgrund welchen Rechtssatzes wurden diese alle verurteilt?‹ Da trat eine kleine Pause ein. Der Führer war wieder am Telefon und rief mir zu: ›Was fragen Sie da Heß? Ich sage Ihnen, der Rechtsgrund für alles was geschieht, ist die Existenz des Reiches! Haben Sie verstanden?‹ Laut hämmerte sein Organ. Und ich, sorgend er könnte wieder zurückfallen, sagte nur: ›Ja, Ihr Befehl wird ausgeführt.‹

Ich gab nun die neunzehn an die SS heraus und beruhigte die anderen. Dann sank ich am Schreibtisch hin, und der Direktor sagte mir: ›Herr Minister, Sie haben hundert Menschen das Leben gerettet.‹ Doch ich sagte: ›Und neunzehn habe ich jetzt getötet.‹ Er wollte mich trösten und sprach von Revolution, Putsch, außerordentlichem Notstand usw. Aber ich trug irgend eine schwere Wunde in mir. Er sagte mir: ›Wenn Sie sich wegen dieser neunzehn wieder geweigert hätten, wären vielleicht mit Gewalt über Sie hinweg alle wieder geholt worden. Also Sie handelten unter furchtbarstem Zwang in voller Ohnmacht.‹ Doch ich rief ihm entgegen: ›Gerade dieser Zwang ist das entsetzlich Drohende!‹

Im ganzen Reich gingen drei Tage lang furchtbare Tötungen vor sich. […] Röhm war eines der letzten Opfer. Am 2. Juli 1934 wurde er erschossen.«

Frank verwies auch auf Röhms »sittliches Verschulden« und spielte damit auf dessen Homosexualität an.

Im Juli 1934 will Frank Hitler wegen dieser Vorfälle seinen Rücktritt als bayerischer Justizminister angeboten haben. Hitler habe ihn in persönlicher Audienz in München empfangen und sein Gesuch abgelehnt. Hitler: »Verlässt man ein Schiff im Ozean?« Frank: »Dann sprachen wir vieles hin und her [...]«[292]

Die Morde an SA-Führern wurden im Jahre 1957 unter der Bezeichnung »Mordaktion 30. Juni 1934« durch das Schwurgericht beim Landgericht München I untersucht und von Otto Gritschneder in seinem Buch »Der Führer hat Sie zum Tode verurteilt« beschrieben.[293] Die staatsanwaltschaftlichen und gerichtlichen Feststellungen widerlegen Franks Darstellung in allen wesentlichen Details und zeigen auf, dass er in Wahrheit Hitlers Befehlen devot folgte, während sich der Direktor des Gefängnisses Stadelheim den Erschießungen im Rahmen seiner Möglichkeiten widersetzte. Frank hatte dessen Namen verschwiegen: Regierungsdirektor Dr. Robert Koch. Dieser wurde vom Gericht als Zeuge vernommen:

»Gegen 9 Uhr erschien bei mir der ehemalige bayerische Justizminister Dr. Frank aufgeregt und ängstlich und fragte mich, ob mir etwas vom Grund dieser Verhaftungen bekannt sei. Ich verneinte, worauf sich Dr. Frank wieder entfernte.«

Die nächsten Stunden hat Frank in seinem Bericht unterschlagen. Vor Gericht gab die Zeugenaussage des SA-Mannes Simon Füss, der im Braunen Haus Kasino-Dienst verrichtet hatte, darüber Aufschluss, dass Frank in das Braune Haus gefahren war.

Auf Verlangen des Gauleiters Wagner erstellte Koch eine Liste der Inhaftierten mit 25 Namen, die Wagner an Hitler übergab. Dieser hielt sich unter anderem mit Rudolf Heß, Hans Frank, Gauleiter Wagner, dem SA-Stabschef Viktor Lutze und seinem persönlichen Adjutanten Julius Schaub im »Senatorensaal« des Braunen Hauses auf.

Aussage Füss:

»Ich erinnere mich daran, daß unter anderem Wagner, Frank, Lutze, Schaub und auch Adolf Hitler selbst anwesend waren. Ich habe dann gesehen, daß Hitler sich einen halben Bogen Papier geben ließ, auf den er mit Bleistift oder Füllfederhalter Namen schrieb und dazu erklärte, daß diese Leute erschossen werden. An wen Hitler diesen Zettel weitergegeben hat, ob an Sepp Dietrich oder Wagner oder Frank, weiß ich nicht mehr.«

Hieran anknüpfend, wird die Aussage von Sepp Dietrich wichtig, dem damaligen Leiter des Erschießungskommandos. Er hatte sich gegen 15 Uhr im Adjutantenzimmer des Braunen Hauses eingefunden und war auf Hitler getroffen.

»Hitler sagte: ›Stellen Sie sechs Mann und einen Offizier für Stadelheim für die Röhmleute.‹ Ich antwortete: ›Jawohl mein Führer!‹ [...] Unmittelbar darauf erhielt ich von Bormann einen Zettel, auf dem die Namen der zu Erschießenden mit Bleistift oder Tinte geschrieben waren.«

Etwa zur gleichen Zeit traf der Adjutant von Sepp Dietrich in Stadelheim ein. Hierzu die Aussage von Gefängnisdirektor Koch:

»Etwa gegen 3 Uhr erschien in SS-Uniform ein Prinz oder Erbprinz von Waldeck und verlangte, daß ich ihn in den Hof des Gefängnisses führe. Ich erfuhr auf dem Weg, daß er einen Platz zur Erschießung von Verhafteten, die noch am gleichen Tag stattfinden sollte, ausfindig machen sollte. Als er sich entfernt hatte, rief ich sofort Minister Frank an, worauf er mir sein Kommen zusagte.

Um 5 Uhr erschien der SS-Gruppenführer Sepp Dietrich, übergab mir das von mir an Gauleiter Wagner geschickte Verzeichnis und forderte mich auf, ihm die auf dem Verzeichnis mit Bleistiftstrichen angezeichneten sechs Verhafteten herauszugeben. [...] Ich ersuchte Dietrich, sich noch zu gedulden, weil Minister Frank sein Kommen angekündigt habe. Dietrich erwiderte grob, daß das den Frank gar nichts angehe. Unmittelbar darauf fand sich Dr. Frank mit Ministerialrat Dr. Meukel ein.

Dietrich forderte erneut die Auslieferung. Frank wollte jedoch vorher mit den bezeichneten Gefangenen sprechen und ihnen irgendwie beibringen, was ihnen bevorstand, weil ja keinerlei Verhör oder Verfahren vorausgegangen war und kein Rechtsanspruch vorlag. [...]

Dr. Frank begab sich sodann in den Neubau des Gefängnisses, wo die betreffenden Gefangenen verwahrt waren, ließ sich den verhafteten Polizeipräsidenten Schneidhuber vorführen, eröffnete ihm, daß er erschossen werden solle, worauf dieser höchst erregt erklärte, er sei unschuldig, er wolle den Führer sprechen. Als Frank sah, daß sich die ganze Sache angesichts des ungeduldig wartenden Dietrich in die Länge zog, ließ er die sechs Gefangenen in den Gefängnishof des Altbaus führen, wo ein Kommando von 14 mit Gewehren bewaffneten SS-Männern unter dem Kommando eines gewissen Laurenz oder Lorenz wartete.«

Aussage Sepp Dietrich:

»Ich habe hierauf den Befehl zum Erschießen der sechs Männer gegeben. Ich habe die Leute übernommen mit der Ansicht, daß sie auf Befehl vom Führer zu erschießen sind. Dies entnahm ich daraus, daß sie bereits im Hof zur Exekution standen, meines Erachtens veranlaßt durch Staatsminister Frank.«[294]

Die sechs Häftlinge, die den Hinrichtungsbefehl sehr überrascht und erregt aufgenommen hatten, wurden anschließend erschossen. Franks reales Verhalten in diesem Fall und seine verlogene Version sprechen für sich. Wahrheitswidrig stellte er sich als Retter von einhundert Menschen dar – eine Form der Selbstverherrlichung, die einen tiefen Einblick in seinen Charakter gewährt.

Das »Gesetz über Maßnahmen der Staatsnotwehr« vom 3. Juli 1934 erklärte die vollzogenen Morde als Staatsnotwehr für rechtens. Frank saß im Plenarsaal der Kroll-Oper, als Hitler am 13. Juli 1934 in einer zweistündigen im Rundfunk übertragenen Rede zuerst die »unglückselige Veranlagung« einiger SA-Führer anklagte, die sich »Lustknaben« gehalten haben sollen, um schließlich zu rechtfertigen, warum nicht die ordentlichen Gerichte herangezogen worden wären: »In dieser Stunde war ich verantwortlich für das Schicksal der deutschen Nation und damit des deutschen Volkes oberster Gerichtsherr!« (lang anhaltender tosender Beifall)[295]

Carl Schmitt, Franks Mitstreiter in der »Akademie für Deutsches Recht«, Liebhaber der Brigitte Frank und Herausgeber der »Deutschen Juristenzeitung«, schrieb in seiner eigenen Zeitung am 1. August 1934 den Artikel »Der Führer schützt das Recht«:[296]

»Der Führer schützt das Recht vor dem schlimmsten Missbrauch, wenn er im Augenblick der Gefahr kraft seines Führertums als oberster Gerichtsherr unmittelbar Recht schafft. Der wahre Führer ist immer auch Richter. Aus dem Führertum fließt Richtertum. […] In Wahrheit war die Tat des Führers echte Gerichtsbarkeit. Sie untersteht nicht der Justiz, sondern war selbst höchste Justiz. Inhalt und Umfang seines Vorgehens bestimmt der Führer selbst.«

Bernd Rüthers nannte dies den Vollzug der »totalen« Rechtsperversion, Otto Gritschneder bezeichnete den Aufsatz als das Perverseste, das je in einer deutschen Rechtszeitschrift erschienen sei. [297]

Reichsminister ohne Geschäftsbereich

Ende 1934 hatte Hans Frank als Reichsjustizkommissar und bayerischer Justizminister seine Aufgabe erfüllt. In einer Feier im Festsaal des Münchner Justizpalastes »übergab er« die bayerische Justiz dem Reichsjustizminister Dr. Gürtner. »Knappertsbusch spielte mit dem bayerischen Staatstheaterorchester meinen Liebling Brahms.«[298]
Hitler schrieb ihm am 19. Dezember 1934:

»Sehr geehrter Herr Minister!
Nachdem die Justizministerien des Reichs und Preußens vereinigt sind und in den übrigen Ländern das Reich durch Gesetz vom 5. Dezember 1934 die unmittelbare Leitung der Justizverwaltung übernommen hat, ist die Aufgabe, die Justiz in den anderen Ländern gleichzuschalten, gelöst. Für die Mitarbeit bei der Erneuerung der Rechtsordnung haben Sie sich in der Akademie des Deutschen Rechts eine vorbildliche, dauernde Einrichtung geschaffen, die Sie in den Stand versetzt, ohne Beschränkung auf die Justiz im engeren Sinne bei der Durchsetzung der nationalsozialistischen Weltanschauung auf allen Gebieten der Neugestaltung des Rechts mitzuwirken.
Indem ich Ihnen für Ihre unermüdliche und erfolgreiche Tätigkeit als Reichskommissar für die Gleichschaltung der Justiz in den Ländern und für die Erneuerung der Rechtsordnung meinen wärmsten Dank und meine besondere Anerkennung ausspreche, erkläre ich hiermit den Auftrag für beendet, den Ihnen der verewigte Herr Reichspräsident von Hindenburg am 22. April 1933 erteilt hat. Gleichzeitig berufe ich Sie als Reichsminister ohne Geschäftsbereich in die Reichsregierung.
Mit deutschem Gruß
Adolf Hitler«[299]

Mit den Insignien eines Reichsministers versehen, hatte Frank einen Status erreicht, den er als weiteren Aufstieg betrachten konnte, der aber auch gleichzeitig Höhepunkt seiner Karriere bis 1939 war. Um seinen Einfluss geltend zu machen, hatte er sich ein Netzwerk von Institutionen geschaffen und gleichzeitig versucht, Seilschaften mit einflussreichen Personen aufzubauen. Das alles schien überorganisiert und verwirrend, entsprach aber seinem Hang zur Übertreibung. Frank beanspruchte eine Leitungsfunktion in allen Fragen des Rechts, wodurch er zwangsläufig mit den Kompetenzen des Reichsjustizministeriums kollidierte. Vor allem forderte er ein Mitspracherecht bei sämtlichen Gesetzesvorhaben. Bereits Ende 1933 hatte ihn jedoch Justizminister Gürtner in die Schranken verwiesen, indem dieser schrieb (Auszüge):

»Zielbewusste Wahrnehmung der Staatsgeschäfte erfordert eine einzige ungeteilte Verantwortung und eine einzige ungeteilte Führung. Dies gilt auch für die Gesetzgebung und die vorbereitenden Arbeiten einschließlich der Bildung und Zusammensetzung von amtlichen Kommissionen. Die Verantwortung hierfür trägt innerhalb seines Geschäftsbereichs der Reichsminister der Justiz. Ihm allein gebührt die Führung. Dem gemäß ersuche ich Sie, in welcher Eigenschaft auch immer Sie sich im Gebiete meines Geschäftsbereichs bei der Ausarbeitung amtlicher Gesetzentwürfe beteiligen, sich meiner Führung zu unterstellen. Die Teilnahme weitester Volkskreise an der Erneuerung des Rechts durch Anregung und Kritik begrüße und wünsche ich. Dies gilt insbesondere auch für die Akademie für deutsches Recht. Die klare Abgrenzung der Aufgaben darf aber nicht verwischt werden.«[300]

Frank antwortete postwendend – teils beleidigt, teils arrogant (Auszüge):

»Für mich gibt es nur einen Führer, und das ist Adolf Hitler. Sie können von mir als dem Gründer und Führer des Nationalsozialistischen Deutschen Juristenbundes und dem Mitglied der Reichsleitung nicht verlangen, daß ich mich zu Ihrem Untergebenen mache. Die Angelegenheit der Reform des deutschen Rechts kann entsprechend der nunmehr durchgeführten nationalsozialistischen Revolution nur auf dem Boden des nationalsozialistischen Ideengutes von den Männern durchgeführt werden, die dieses Ideengut geschaffen haben. Sie haben als Mitglied der Deutschnationalen Volkspartei in all den 14 Jahren eine völlig andere, typisch bürgerliche Rechtspolitik unterstützt.«

Eine Kopie seines Schreibens schickte Frank dem Sekretär Hitlers, Rudolf Heß. Hitler allerdings stellte sich hinter den Reichsjustizminister, womit das Urteil über Frank gefällt war: Er trat zwangsläufig in die zweite Reihe der Entourage.[301] Frank stellte dazu 1946 lakonisch fest: »Ich war seit 1934 eine langsam, aber stetig fallende politische Größe des Dritten Reichs.«[302] Das einzige Gesetz, welches Frank mit unterschrieben hatte, war am 16. März 1935 das Wehrgesetz, weil Hitler wünschte, dass es von allen Ministern unterzeichnet werde.[303] Nach seinen Kalendereinträgen nahm Frank 1935 dreimal, 1936 überhaupt nicht und 1937 einmal an Kabinettssitzungen teil.[304] Allerdings sind Franks Eintragungen nicht zuverlässig, denn am 10. März 1937 war er in einer weiteren Kabinettssitzung anwesend, über die Goebbels berichtet:

> »Kabinett bis spät mittags. Neues Strafgesetzbuch. Erster Teil durchberaten. Heiße Kämpfe. Vor allem Führer, Göring und ich beteiligen sich daran. Gürtner polemisiert sehr geistreich. Er ist Dr. Frank haushoch überlegen. Ich bekämpfe vor allem den Gefängnisparagraphen bei Ehebruch. Das ist weltfremder Quatsch. Göring auch meiner Meinung. Sonst werden viele Strafen verschärft. Frank redet nur Unsinn.«[305]

Dass sich Goebbels, genannt »Bock von Babelsberg«, vehement für eine Entkriminalisierung des Ehebruchs einsetzte, verwundert nicht. Er hätte eigentlich – ebenfalls aus persönlichen Motiven – in Frank einen Verbündeten haben müssen. Nach 1937 tagte das Kabinett nicht mehr. Dem Geheimen Kabinettsrat und dem Ministerrat für Reichsverteidigung gehörte Frank nicht an.[306]

Franks Jahreskalender sind geeignete Quellen, seinem dienstlichen und persönlichen Alltag nachzuspüren. Bei dem Vergleich der Daten kann man erkennen, wie Frank in der Gunst Hitlers fiel. Eintragungen wie »Einladung Führer Abendessen«, »nachts bei Führer«, »mit Führer Generalbesprechung der Lage« oder »Führer Einladung, bedeutsame Aussprache im kleinen Kreis« sind 1935 nur noch fünfmal verzeichnet, 1936 zweimal (17. Juni mit Brigitte beim Führer) und 1937 dreimal. Auf gleiche Weise reduzierten sich die dienstlichen Begegnungen mit Hitler.[307] Goebbels protokollierte am 21. Oktober 1936: »Führer spricht sich scharf gegen Frank und seine Rechtswahrerei aus.«[308]

Ungebrochen war Franks Liebe zur Oper, was gleichfalls seine Kalendervermerke widerspiegeln, so unter vielen anderen Aufführungen »Rosenkavalier«, »Fidelio« oder »Eugen Onegin« in München oder »Tannhäuser«, »Rigoletto«, »Siegfried« oder »Othello« in Berlin. Am 26. Juli 1935: »Richard Strauß bei mir«, am 1. August 1935: »Fahrt zu Richard Strauß nach Garmisch.« Er trägt auch die Feier zum 10. Hochzeitstag ein (2. April 1935) und die Geburt seiner Kinder Brigitte (13. Januar 1935) und Michael (»Wir warten auf das Baby«, 15. Febru-

Frank mit Reichsjustizminister Franz Gürtner (Archiv Niklas Frank)

ar 1937). Am 31. Dezember 1936 notierte er: »Ein reiches, vielgestaltetes altes Jahr. Möge dem Führer und uns Kraft und Segen bleiben. Heil Deutschland!«[309] Der »Bannkraft« Hitlers, wie es Frank ausdrückte, vermochte er sich nie zu entziehen, schon gar nicht in den dreißiger Jahren.

»Die Diktatur Hitlers ist für die ersten Jahre 1933 bis einschließlich 1938 vorübergehend vertretbar gewesen.[310] [...] Er war in diesen Jahren ein glorioses Phänomen der Führungskunst im tatsächlichen Bereich des lebendigen Schaffens, ein erdbesessener Werktrabant irdischer Güter, wie ich keinen zweiten anführen könnte, ein hinreißender Krafttransformator, ein Arbeiter unter Arbeitern, dem gegenüber die Kritik verstummen muss [...], unser gutmütiges Volk war in diesen Jahren glücklich.«[311]

Ins Unglück gestoßen waren allerdings Millionen Andersdenkender, die als Mitglieder der KPD oder SPD, als Juden, Pfarrer oder Sinti und Roma ihrer Freiheit beraubt und ermordet wurden. Sie zu erwähnen, vergisst Frank ebenso wie die zwangssterilisierten Frauen, die Autoren, deren Bücher verbrannt wurden, die Kartelle, welche Berufe gleichschalteten, die Zensur der Presse, der Zwang zum Reichsarbeitsdienst, zum Strammstehen in der Hitlerjugend, die Inhaftierung und Ermordung von »Asozialen«, Homosexuellen, Lesben und »Gewohnheitsverbrechern« nach damaliger Lesart. Frank interessierte nicht die permanente Beeinflussung durch eine raffinierte Propaganda, auch nicht die wahnwitzige Wiederaufrüstung, wohl aber »die völlig unbestreitbare grandiose Leistung Hitlers in der Arbeitsbeschaffung«.[312] Frank ignorierte den Zynismus seiner Worte, als er auf dem »Nürnberger Parteitag«, der 1934 das Motto »Triumph des Willens« trug, ausrief: »Wie heilig unser Führer die Grundsätze des Rechtslebens nimmt, kann ich Ihnen, Volksgenossen, versichern: Ihr Leben, auch Ihr bürgerliches Dasein, ist gesichert in diesem nationalsozialistischen Staat der Ordnung, der Freiheit und das Rechts.« Im Vergleich dazu entsprachen Hitlers Worte, gesprochen an gleicher Stelle, mehr den Tatsachen: »Nicht der Staat befiehlt uns, sondern wir befehlen dem Staat! Nicht der Staat hat uns geschaffen, sondern wir schaffen uns unseren Staat!«[313] Seine eigene Verblendung bemäntelnd, kam Frank ins Schwärmen:

»Damals dabei stehen, ihn sehen an der Spitze seiner braunen und grauen Kolonnen der Partei und der Wehrmacht, die mit den sonnenglitzernden Standarten, die er entworfen und geweiht hatte, mit den ersten neuen Feldzeichen, die er erdacht und übergeben hatte, durch die Straßen marschierten, die mit Flaggen, die er für sein Reich entworfen hatte, über und über geschmückt einher zogen, während der Jubel des grüßenden, rufenden und singenden Millionenvolkes, das die Straßen säumte wie ein lebentobendes Frühlingsfarbenband, nicht endete: ja, wer das sah und erlebte, der weiß eben, wer Adolf Hitler war, wie er wirkte, was er bedeutete.«[314]

Frank räumte ein, dass er in Hitlers Bann stand, dass es ihm um die »Ehre seiner äußeren Stellung« ging und dass ihn der Ehrgeiz verleitete.[315]

In der öffentlichen Wahrnehmung blieb Minister Frank eine politische Größe des Nazireichs. Dafür tat er alles, was in seinen Möglichkeiten lag. Er war mehr als ein »Grüßaugust« oder »Frühstücksdirektor«, denn als guter Redner konnte er Massen für sich gewinnen und seinen Argumenten Überzeugungskraft verleihen. Trotz einer internen Entmachtung liegt hier Franks Bedeutung, denn er hämmerte nicht nur den Juristen, sondern der Bevölkerung in öffentlichen Veranstaltungen, Rundfunkreden und Zeitungsartikeln das Naziunrecht ein, er organisierte die subtile Schulung der Juristen im Sinne des Regimes und er lenkte Forschung und Lehre bis hin zur Bereinigung des juristischen Schrifttums von allem abweichenden Ideengut.

Als Festredner genoss Frank durchaus Beliebtheit. Hier ein Querschnitt durch das Jahr 1938, in dem der Reichsminister Reden hielt[316]:

– beim »Facsio di Berlino« (Empfang durch Italienischen Botschafter Dr. Attolico)
– auf einem Vortragsabend »Abwehr der Staatsfeinde«, Hauptredner Reinhard Heydrich
– bei einem Empfang für den französischen Publizisten Fernand de Brinon in der »Akademie für Deutsches Recht«
– bei der Eröffnung der »Ersten Deutschen Architektur- und Kunsthandwerkausstellung« in München
– auf einem Kameradschaftsabend des Gauleiters Sprenger in Frankfurt am Main
– als Leiter des Arbeitskreises der »Rechtsstellen der Bewegung« in München
– bei einem Ibero-Amerikanischen Empfang in der »Akademie für Deutsches Recht«

- auf dem Lehrgang der Kommission für Wirtschaftspolitik der NSDAP in München
- bei der Eröffnung einer internationalen Vortragsreihe im Hause der »Deutschen Rechtsfront«
- vor Studenten der Lessing-Hochschule Berlin
- auf der Tagung der »Reichsgruppe Hochschullehrer« zum Thema »Demokratie und Diktatur« in Berlin
- auf der Tagung der »Deutschen Anwaltschaft« in Berlin
- auf der Tagung der »Reichsgruppe Notare« in Berlin
- zur Eröffnung der Schulungswoche für Justizbeamte in Berlin
- in einer Besprechung mit dem österreichischen Justizminister Dr. Hueber in Berlin
- vor den Österreichischen »Rechtswahrern« in Wien
- im »Wahlkampf« in Plauen, Leipzig, Oppeln, Gleiwitz, Kottbus, Kiel, Magdeburg, Traunstein, Wien, Krems, Weis, Innsbruck, Bregenz, Passau, Ried
- vor HJ-Führern
- in der Wiener Universität
- anlässlich der Eröffnung eines »Reichsschulungslehrganges« für Amtswalter und Politische Leiter des NSRB in Erwitte
- bei der Uraufführung des Films »Das Rechtsleben im Film« der UFA in Neubabelsberg
- auf dem Internationalen Kinderschutz-Kongress
- zur von ihm eröffneten »Rechts- u. Wirtschaftswissenschaftlichen Woche« der Kieler Universität
- auf der Tagung für die deutsch-italienischen Rechtsbeziehungen in Rom
- beim Empfang durch den Duce
- auf der »Internationalen Handwerksausstellung« in Berlin
- beim Empfang einer italienischen Wirtschaftsdelegation in München
- anlässlich der Sitzung des Jugendrechtsausschusses in der »Akademie für Deutsches Recht«
- zum 5. Jahrestag der »Akademie für Deutsches Recht«
- auf dem Reichsparteitag 1938 zum Thema »Der größte Rechtsstaat der deutschen Geschichte«
- auf der Tagung des Reichsrechtsamtes in München
- vor Lehrgangsteilnehmern im »Außenpolitischen Schulungshaus« der NSDAP in Berlin
- zur 40. Konferenz der »International Law Association«
- auf dem »V. Internationalen Prüfungs- u. Treuhand-Kongress« in Berlin
- zur Feierstunde »10 Jahre NS-Rechtswahrerbund« in Berlin
- über »Die Rechtserneuerung im Dritten Reich« in Budapest
- vor den »Anerbenrichtern« der »Ostmark«
- über das neue Strafrecht in der Universität München

– über »Recht und Rechtwahrer im Spiegel der Kunst« in Leipzig
– über »Recht und Schule« vor der »Erzieherschaft« des Gaues Berlin
– im »Wahlkampf« im Sudetengau in Dux, Tetschen, Marienbad, Kaaden und Niemes
– über »Recht und Verwaltung« in Berchtesgaden

Pervertierung des Rechts und Franks Größenwahn

Franks wichtigste Bühne bildete die von ihm gegründete »Akademie für Deutsches Recht«. Es ist müßig, die Kompetenzen und ihre Überschneidungen von »Akademie«, »Reichsrechtsamt der NSDAP« und dem »Nationalsozialistischen Rechtswahrerbund« näher zu untersuchen, wie sie ein gemeinsames Rundschreiben dieser Organisationen abgegrenzt[317] oder in zeitgenössischer Literatur beschrieben wird.[318] Die Größe des gesamten aufgeblähten Apparats stand im Widerspruch zu seiner Effizienz, diente Franks Selbstbestätigung und seinem fast suchtartigen Drang, sich an die Spitze von Institutionen zu setzen. So übernahm er weitere Positionen der Führung oder der Repräsentation:

– Führung der deutschen Landesgruppe der Internationalen Kriminalistischen Vereinigung (1935)[319]
– Vorsitzender der Deutschen Strafrechtlichen Gesellschaft (1935)[320]
– Ehrenpräsident der Deutschen Gesellschaft für Gefängniskunde (1935)[321]
– Ehrenpräsident der Arbeitsgemeinschaft für gewerblichen Rechtsschutz und Urheberrecht e.V. (1935) [322]
– Ehrenpräsident der Gesellschaft für Rechts- und Staatswissenschaften (1937)[323]
– Ehrenpräsident der Deutschen Gesellschaft für Völkerrecht und Völkerbundfragen (1937)[324]
– Ehrenpräsident der Gesellschaft für Deutsches Recht (1937)[325]
– Vorsitzender des Ausschusses für Strafrecht in der Akademie[326]

Er gab die Zeitschrift »Deutsches Recht« und die »Zeitschrift der Akademie für Deutsches Recht« (Hauptschriftleiter Dr. Lasch) heraus, fungierte als Herausgeber der »Jahrbücher der Akademie für Deutsches Recht«, der »Schriftenreihe der Akademie des Deutschen Rechts«, des »Nationalsozialistischen Handbuchs für Recht und Gesetzgebung«, des »Deutschen Verwaltungsrechts« und gemeinsam mit Roland Freisler der »Deutschen Juristischen Wochenschrift«. Frank schrieb »Nationalsozialistische Leitsätze für ein neues deutsches Strafrecht« und die »Rechtsgrundlegung des Nationalsozialistischen Führerstaates«, er verfasste unzählige Fachartikel und war Co-Autor von juristischen Werken, er publizierte seine Reden. Mit anderen Worten: Frank stand hinter der gesamten Palette des Nazi-Unrechts, Buchstabe für Buchstabe.

Seine Manie, sich selbst bestätigt zu sehen, führte zu einer Reihe weiterer Auszeichnungen: Ehrenbürgerschaft von München (1936),[327] italienisches »Großkreuz des Mauritius-Ordens«(1936)[328], Ehrenbürgerschaft der Stadt Leipzig (1938)[329] sowie Ehrendoktorwürde der Juristischen Fakultät der Universitäten Sofia, Bologna (1939)[330] und Modena (1940).[331]

Ursprünglich hatte Frank die »Akademie für Deutsches Recht« auf dem Leipziger Juristentag 1933 als Körperschaft des öffentlichen Rechts aus der Taufe gehoben und so organisiert, dass er alleinverantwortlicher Präsident war, sekundiert durch einen hochkarätig besetzten »Führerrat« (später Präsidium genannt). Träger der Akademiearbeit waren Abteilungen, denen 24 Fachausschüsse unterstanden. Vorsitzender des »Führerrats« wurde Hanns Kerrl, sein Vertreter Roland Freisler. Dem »Führerrat« gehörten ferner u. a. an: Franz Gürtner (Reichsjustizminister), Otto Thierack (sächsischer Justizminister), Franz Schlegelberger (Staatssekretär im RJM), der Staats- und Völkerrechtler Carl Schmitt und der Geschäftsführer des BNSDJ Wilhelm Heuber. Geschäftsführer der Akademie wurde Karl Lasch, enger Freund des Ehepaares Frank.[332] Roland Freisler erhielt als Abteilungsleiter und Ausschussvorsitzender die Zuständigkeit für den Bereich Strafrecht, Carl Schmitt für Staats- und Verwaltungsrecht. Ministerialrat Dr. Werner Best, der 1939 die mörderischen Einsatzgruppen des Reichssicherheitshauptamtes organisieren wird, wurde Vorsitzender des Ausschusses für Polizeirecht.[333]

Sinnigerweise hatte Frank als Aufsichtsorgan das bayerische Justizministerium bestimmt, so dass er sich selbst beaufsichtigte.[334] Politprominenz wurde zu Mitgliedern der Akademie ernannt, von Hermann

Göring und Joseph Goebbels über Wilhelm Frick (Reichsinnenminister), Walter Darré (Reichsminister für Ernährung und Landwirtschaft) und Robert Ley (Leiter Deutsche Arbeitsfront) bis zu Rudolf Heß und Alfred Rosenberg (Leiter des Außenpolitischen Amtes der NSDAP).[335]

Gegen Forschung auf dem Gebiet des Rechts, wissenschaftliche Publikationen, Tagungen oder Lehrgänge für »Rechtswahrer« als Aufgabe der Akademie hatte im NS-Staat niemand etwas einzuwenden, doch die »Anregung, Begutachtung, Vorbereitung und Ausarbeitung von Gesetzentwürfen«[336] rief wieder den Reichsjustizminister auf den Plan, der seine Berufung in den »Führerrat« ausdrücklich als eine Form der Aufsicht beurteilte[337], ein halbes Jahr später selbst ein Reichsgesetz vorlegte und für die Akademie eine Satzung erließ, der später eine von Frank herausgegebene Verwaltungsordnung folgte.[338] Die Entmachtung Franks war einschneidend: Er wurde nicht nur der Aufsicht von zwei Reichsministerien (Justiz und Inneres) unterstellt, sondern geriet auch durch den Zwang, sich einen jährlichen Haushaltsplan genehmigen zu lassen, in finanzielle Abhängigkeit. Das von Hitler und Gürtner unterschriebene Gesetz verfolgte eindeutig die Absicht, Frank an die kurze Leine zu legen.

Aber Frank war nicht so leicht zu zügeln. Die Satzung sah »fördernde« Mitglieder vor. Solche hatte Frank alsbald um sich geschart, wie die Großindustriellen Carl Bosch, Werner von Siemens, Wilhelm von Opel und Fritz Thyssen.[339] Für 1,25 Millionen Reichsmark erwarb Frank in Berlin, Leipziger Platz 15, ein Patrizierhaus als Unterkunft für die Akademie und gleichzeitig für sein Ministeramt. Acht Versicherungsgesellschaften brachten eine Millionen Reichsmark als Darlehen auf, 250 000 Reichsmark spendeten eine Bankengruppe und Industrieunternehmen. Nicht gedeckt waren jährliche Zinsen und die Tilgung des Darlehens. Nachträglich musste das Finanzministerium wohl oder übel zustimmen und diese Mittel zur Verfügung stellen. Frank gestaltete das Haus luxuriös mit echten Teppichen und Ledersitzmöbeln aus. In jedem Arbeitsraum hing neben dem Hitler-Bild sein Porträt.[340]

Für die Ausstellung »Das Recht« überzog er im Herbst 1936 die im

Haushalt genehmigten Kosten um das 8-fache; 5000 RM waren erlaubt, 40 000 RM gab er aus. Die Akademie konnte überhaupt nur durch Spendengelder überleben. Solche beliefen sich 1936 bei 70 Spendern auf 501 300 RM und 1937 bei 94 Spendern auf 700 000 RM. Zu den Gönnern zählten Firmen wie die I. G. Farben, Deutsche Hypothekenbank, Norddeutsche Versicherungsgesellschaft Hamburg, Fruchthof Scipio & Co., Klöckner-Werke, Unternehmen der chemischen Industrie und der Elektrizitätsversorgung. Ein Fehlbetrag von 160 000 RM konnte auch vom Rechnungshof nicht gefunden werden. Gerügt wurden die hohen Reisekosten, der hohe Benzinverbrauch bei fehlenden Fahrtenbüchern, Ausgaben für Blumenschmuck in den Büros und für großzügige Geschenke an Besucher. Kaum zu glauben, Hans Frank, der übrigens eine Aufwandsentschädigung von 1200 RM bezog, hatte sogar ein Motorboot für die Akademie erworben.[341]

Die hochherrschaftliche Unterbringung seiner Ministerialkanzlei und der Akademie in Berlin stellte Hans Frank keineswegs zufrieden, und Probleme mit dem Rechnungshof beeindruckten ihn nicht. In München hatte man ihn mit seinem Reichsrechtsamt längst aus dem Braunen Haus ausquartiert, nun baute er in der Ludwigstraße gegenüber der Universität das »Haus des Rechts«.[342] Jeder Bauabschnitt wurde zum festlichen Anlass stilisiert: Erster Spatenstich im März 1937, Richtfest im Oktober 1937 und Einweihung im Mai 1939.[343] Adolf Hitler war zwar zum Richtfest und zur Einweihung eingeladen, ließ sich aber nicht blicken.[344] Ob es der Wahrheit entspricht, dass Hitler nach Franks Schilderung wütend gesagt haben soll: »Diese Oppositionsbude werde ich bald niederreißen lassen«, muss man genauso anzweifeln wie Franks Behauptung, Hitler hätte die Dienstwagen beschlagnahmen und Franks Fahrer ins KZ Dachau einweisen lassen.[345]

Frank glaubte an das neue Recht und propagierte es ohne alle Skrupel, obwohl ihm als Volljuristen dessen Pervertierung – gemessen an Kriterien der Weimarer Verfassung – hätte klar sein müssen. Jedenfalls hätte er – wie es heute Juristen ausdrücken würden – bei gehöriger Anspannung seines Gewissens das Unrecht einsehen und nach dieser Einsicht handeln können.

Nicht steigerungsfähig als Anbiederung – zudem terminologisch ein juristischer Nonsens – war sein Ausspruch anlässlich einer Festsitzung am 29. Juni 1935 in Anwesenheit von Hitler in der Aula der Münchner Universität, dass »durch die Beziehung des deutschen Volkes zu Hitler zum ersten Mal in der deutschen Geschichte der Begriff ›Liebe zum Führer‹ zu einem Rechtsbegriff« geworden sei.[346] Aber das war Rhetorik und entsprach wohl Franks Gefühlen, die er Hitler entgegenbrachte.

Handfeste Tatbestände des Strafrechts, des Strafprozessrechts und der so genannten »Vorbeugenden Verbrechensbekämpfung« ließen an schwerwiegenden Konsequenzen für die Opfer keinen Zweifel. Frank: »Der nationalsozialistische Staat ist ein Autoritätsstaat. Als Führerstaat macht er den Verbrechern keine Konzessionen, er vernichtet sie.«[347] Hergebrachte Grundsätze des Strafrechts wurden auf den Kopf gestellt. Frank auf dem Nürnberger »Parteitag der Freiheit« (1935):

»Durch das Gesetz vom 18. Juni 1935 wurde der liberalistische Ausgangspunkt des alten Strafgesetzbuches ›Keine Strafe ohne formelles Gesetz‹ endgültig verlassen und an seine Stelle die unserem Gerechtigkeitsempfinden entsprechende Forderung ›Kein Verbrechen ohne Strafe‹ verwirklicht. [...] In Zukunft wird ein verbrecherisches Verhalten, auch wenn es vom Gesetzgeber vor der Tat nicht ausdrücklich formell unter eine Strafbestimmung gestellt worden ist, die verdiente strafrechtliche Sühne finden können, wenn dieses Verhalten nach gesunder Volksanschauung strafwürdig ist.«[348]

Was Frank unter »gesunder Volksanschauung« verstand, erläuterte er in seiner Rede »Heroisches und geordnetes Recht«.[349] Es seien die dem Volk mitgegebenen »Urschöpfungswerte«, die das Volk immer gegen den Juden aufgebracht hätte, das Volk sei immer antisemitisch gewesen. Frank scheute sich nicht, selbst den kategorischen Imperativ Kants zu bemühen, und empfahl seinen »Rechtswahrern«, ihr Rechtsgefühl mit dem gesunden Volksempfinden dann zur Deckung bringen, wenn es im Sinne Kants zu einer allgemeinen Norm erhoben werden könne.

Ein weiterer Schritt zur Rechtsunsicherheit war die Einführung der Analogie. Danach sollte nicht der Text des Gesetzes ausschlaggebend sein, sondern die Überlegung des Richters, ob aus politischen Gründen eine Strafe zu verhängen sei. Bejahte er dies, dann war die Tat in Anwendung eines ähnlichen Paragrafen zu bestrafen.[350]

Auf dem Nürnberger Parteitag 1935 wurden die »Nürnberger Gesetze« verabschiedet: das »Gesetz zum Schutze des deutschen Blutes und der deutschen Ehre« und das »Reichsbürgergesetz«. Frank bezeichnete diese »Rassengesetze« als »Marksteine«, die das deutsche Volk von fremdrassigem Einfluss befreien sollten. »Wir haben den Juden in Deutschland seiner Vorherrschaft beraubt. Daher werden wir niemals von unserem Rassenideal abgehen. Die Rassengesetzgebung ist an sich schon eine Revolution.«[351]

Frank druckte in seiner Zeitschrift »Deutsches Recht« eine Sammlung eigener antisemitischer Äußerungen ab (»Der Reichsrechtsführer zur Judenfrage«), so u. a. den Auszug aus einer Rede auf einer Gautagung des BNSDJ am 24. Juni 1934:

»Wenn heute die Juden der ganzen Welt mit ihrem Presseapparat kommen, uns von früh bis spät verleumden und die Stimmung, die in der Welt regiert, zu verderben trachten, so sei gesagt: Es ist auch etwas Grandioses, einer Weltmacht wie Juda den Kampf anzusagen, wie wir das gemacht haben!«[352]

Nach den »Richter-Leitsätzen«, die der Reichsjuristenführer am 14. Januar 1936 präsentierte, hatten sich die Richter widerstandslos in den Dienst des NS-Staates zu stellen:[353]

»1. Der Richter ist nicht als Hoheitsträger des Staates über den Staatsbürger gesetzt, sondern er steht als Glied in der lebendigen Gemeinschaft des deutschen Volkes. Es ist nicht seine Aufgabe, einer über der Volksgemeinschaft stehenden Rechtsordnung zur Anwendung zu verhelfen oder allgemeine Wertvorstellungen durchzusetzen, vielmehr hat er die konkrete, völkische Gemeinschaftsordnung zu wahren, Schädlinge auszumerzen, gemeinschaftswidriges Verhalten zu ahnden und Streit unter Gemeinschaftsmitgliedern zu schlichten.

2. Grundlage der Auslegung aller Rechtsquellen ist die nationalsozialistische Weltanschauung, wie sie insbesondere in dem Parteiprogramm und den Äußerungen unseres Führers ihren Ausdruck findet.

3. Gegenüber Führerentscheidungen, die in die Form eines Gesetzes oder einer Verordnung gekleidet sind, steht dem Richter kein Prüfungsrecht zu. Auch an sonstige Entscheidungen des Führers ist der Richter gebunden, sofern in ihnen der Wille, Recht zu setzen, unzweideutig zum Ausdruck kommt.

4. Gesetzliche Bestimmungen, die vor der nationalsozialistischen Revolution erlassen worden sind, dürfen nicht angewendet werden, wenn ihre Anwen-

dung dem heutigen gesunden Volksempfinden ins Gesicht schlagen würde. Für die Fälle, in denen der Richter mit dieser Begründung eine gesetzliche Bestimmung nicht anwendet, ist die Möglichkeit geschaffen, höchstrichterliche Entscheidung herbeizuführen.

5. Zur Erfüllung seiner Aufgabe in der Volksgemeinschaft muss der Richter unabhängig sein. Er ist nicht an Weisungen gebunden. Unabhängigkeit und Würde des Richters machen geeignete Sicherungen gegen Beeinflussungsversuche und ungerechtfertigte Angriffe erforderlich.«

Die »Richter-Leitsätze« garantierten nicht einmal im Ansatz ein *fair trial* für Angeklagte. Die Prinzipien galten zudem auch für alle Richter der Sondergerichte (VO v. 21. März 1933) und des Volksgerichtshofes (Gesetz vom 18. April 1936), gegenüber denen es keine Rechtsmittel gab. Franks enger Mitarbeiter Wilhelm Heuber beurteilte nicht nur die Stellung des Richters in der Weimarer Republik als vom »Gift der Liberalität« befallen, sondern diente sich auch noch als Schmeichler an:

»Wann aber hätte man je schönere Worte über die erhabene Funktion des richterlichen Amtes, über seine Würde und seine Freiheit, gehört, als nach der nationalsozialistischen Revolution aus dem Munde des Reichsrechtsführers?«[354]

Das formelle und materielle Nazirecht brachte Frank nicht in Gegensatz zu seinen Widersachern. Seine Probleme fingen da an, wo es um den Status der Justiz im Dritten Reich ging. Frank wollte die »Ausmerzung des alten Juristentyps«, seine linientreuen »Rechtswahrer« sollten – abgegrenzt von der Sicherheitspolizei – nach neuen Ordnungsprinzipien des NS-Rechts arbeiten. Hitler hingegen wollte Willkür und den Abbau der Unabhängigkeit der Justiz zugunsten der Machtbefugnisse von Gestapo, SS und SD. Von Jahr zu Jahr reagierte der »Führer« gereizter. Er hatte bereits 1934 bestimmt, dass auf Parteiebene nicht Frank, sondern Rudolf Heß alle Gesetzesvorhaben im Stadium der Referentenentwürfe zu prüfen hatte – ein Affront gegen den Reichsrechtsführer.[355] Und hinter Heß zog Martin Bormann, seit 1933 NSDAP-Reichsleiter, die Fäden. Frank bezeichnete Himmler und Bormann, die ihn bis 1945 im Visier behielten, als »Erzschurken«:

»Seit 1937 etwa war Bormann im wahrsten Sinne des Wortes ›um den Führer‹, eine kriecherisch-heuchlerische, machtgierige Gestalt, die alles Gute hemmte und alles Schlimme in berechnender Ausnützung furchtbar entwickelte. Was Himmler, der dem Führer systematisch und hysterisch den Polizei- und Tyrannenstaat aufbaute, für den Staat tat, das tat Bormann für die Bewegung.«[356]

Hitler akzeptierte unter den Juristen ausschließlich Hans Lammers, den Chef der Reichskanzlei.[357] Gegen Frank entwickelte er immer größere Vorbehalte, die auch gerne Joseph Goebbels übernahm:

»Dr. Frank II – kein Kirchenlicht.« [Mai 1936] – »Dr. Frank erzählt mir von seinen vielen Streitigkeiten mit dem Justizministerium. In manchem hat er recht, aber er fängt es zu ungeschickt an. Gürtner ist zweifellos der Schlauere. Freisler ein absoluter Versager.« [März 1937] – »Unabhängigkeit und Unabsetzbarkeit der Richter abschaffen. Das ist das einzige Mittel. Dementsprechende Gesetze dem Führer vorlegen. Ich bearbeite ihn dahingehend. Diese blöden Juristen fühlen sich als die Herren des Staates. Man muss sie herausschmettern.« [September 1937] – »Führer erzählt von seiner Redereise. Sonst noch scharfe Attacken gegen die Rechtswahrer, die Dr. Frank offensichtlich sehr unangenehm sind.« [April 1938][358]

Seine Prestigeverluste versuchte Frank dadurch wettzumachen, dass er sich in seinen Medien Gehör verschuf. Er dominierte und präjudizierte die juristische Fachliteratur. Kein Anlass im Staat – vom »Führer-Geburtstag« über »Reichsrechtstag« bis zum Jahreswechsel – ohne sein Grußwort. Die Texte wirken immer aufdringlich, pompös, schwülstig und enden mit einer Huldigung Hitlers als »des deutschen Volkes erster Rechtswahrer«. Von »Schicksalswucht«, »Thing des Rechts«, dem »tiefsten Born eines Volksschicksals«, dem »Erz des eisernen Herzens« und der »ewigen Idee der germanischen Rechtsgesinnung« ist die Rede, gigantisch, welthistorisch und gewaltig sind die »Elemente«, die Frank bewegen. Seine Übertreibungen erzeugen Widerwillen und emotionale Ablehnung – wahrscheinlich sogar bei seinen Zeitgenossen.

Im »Deutschen Recht« und der »Zeitschrift der Akademie für deutsches Recht« bot er schlimmsten Mordgesellen des Regimes ein Forum. Hier verbreiteten sich Reinhard Heydrich über »Die Bekämpfung des Staatsfeindes«[359], Kurt Daluege (Führer der Ordnungspolizei) über »Der nationalsozialistische Kampf gegen das Verbrechertum«[360] oder Werner Best über »Die Geheime Staatspolizei«.[361] Roland Freisler kam ebenso zu Wort wie auch Carl Schmitt und natürlich Franks engste Mitarbeiter Dr. Lasch, Dr. Fischer, Dr. Heuber. Namhafte Autoren, die das Nazi-Unrecht in allen Facetten beleuchteten, lesen sich wie ein *Who's who* berühmter Juristen der deutschen Nachkriegszeit«, in der diese Professoren erneut eine Meinungsführerschaft übernahmen, so zum Beispiel: Edmund Mezger (Juristische Kurzlehrbücher)[362], Otto Palandt (Kommentar des Bürgerlichen Gesetzbuches)[363], Theodor Maunz (Grundgesetz-Kommentar Maunz-Dürig-Herzog)[364] und Georg Stadtmüller (Direktor Osteuropa-Institut München).[365]

Ein anderes Beispiel verfehlter Vergangenheitsbewältigung stellt Professor Reinhard Höhn dar, der als Vorsitzender des Polizeirechtsausschusses in Franks »Akademie« nicht nur Himmlers Auffassung vom Polizei-Un-Recht stützte,[366] sondern auch das Führerprinzip rechtsphilosophisch zu begründen versuchte.[367] Er wurde in den Jahren 1935 bis 1938 Abteilungsleiter 2 der Hauptabteilung II des SD-Hauptamtes im Reichssicherheitshauptamt und ein enger Mitarbeiter Himmlers auf dem Gebiet des Staatsrechtes, der ihn mit dem »Ehrendegen des Reichsführers SS« auszeichnete, ihn zum SS-Brigadeführer und noch im Jahre 1945 zum Generalleutnant der Waffen-SS beförderte.

Höhn leitete ab 1956 die von ihm gegründete »Akademie für Führungskräfte in der Wirtschaft« in Bad Harzburg[368] und befruchtete in den siebziger Jahren mit seinen Nazi-Erfahrungen bundesweit die deutsche Polizei, indem die Polizeiführungsakademie Münster seine Managementmethoden zum Lehrstoff für den Führungsnachwuchs der Polizei erhob (betroffen war hiervon auch der Autor).

In den »Schriften der Akademie für Deutsches Recht« ließ Herausgeber Frank seinen Mitstreiter Roland Freisler reaktionäre Ansichten verbreiten, wie »Schutz des Volkes oder des Rechtsbrechers? Fesselung des Verbrechers oder des Richters? Einiges über das zweckmäßige Maß der Bindung des Richters an gesetzliche Straftatbestände«.[369] Oder Carl Schmitt schrieb in den »Schriften«, dass im NS-Ordnungsdenken Treue, Disziplin und Ehre ihren Platz hätten im Unterschied zur liberal-rechtsstaatlichen, gewaltentrennenden, normativistischen Denkweise eines vergangenen Individualismus (»Über die drei Arten des rechtswissenschaftlichen Denkens«).[370] Hermann Göring schrieb über »Die Rechtssicherheit als Grundlage der Volksgemeinschaft« und zitierte nacheinander eine Kette von Rechtsunsicherheiten im Nazi-Reich.[371]

Am 11. Oktober 1936 stattete Heinrich Himmler der »Akademie« einen Besuch ab. Frank stellte seine Ideen vor, ein neues Polizeirecht als »Polizeiverfassungsrecht«, »Polizeidienstrecht« und »Polizeiwirkungsrecht« schaffen zu wollen. Himmler hingegen legte den Schwerpunkt seiner Ausführungen auf seine Erfahrung: »Was heißen hier Paragraphen? Was heißen hier Verordnungen? Was heißen hier festgesetzte Verhandlungsmaxime? Wenn ich auf irgendeine Art zum Ziele komme, meinem Volk zu helfen, so ist dies Recht im tiefsten göttlichen und moralischen Sinne.«[372] Das war genau der Standpunkt, den auch Hitler vertrat, der ein Justizrecht überflüssig machen sollte.

Ein Beispiel für die enge Verzahnung der Wirtschaft mit dem Nationalsozialismus ist Franks »Zeitschrift der Akademie für Deutsches Recht«, in der folgende Firmen Werbeanzeigen schalteten (7. Jahrgang 1940, in der Reihenfolge der erschienenen Hefte):

Reemtsma-Zigaretten, Rheinisch-Westfälische Elektrizitätswerke, Siemens, Hoesch AG, Deutscher Sparkassen- und Giroverband, Knorr-Bremsen-AG, Commerz-Bank, Dresdner Bank, Mauser-Waffen, Deutsche Gold- und Silberscheideanstalt, Krupp AG, Hanomag Fahrzeuge, Nürnberger Lebensversicherung, Beck'sche Verlagsbuchhandlung, Verlag Julius Springer, Hannoversche Lebensversicherung, Mannesmann Röhren-Werke, Mercedes Benz, Autounion AG, Victoria Versicherung, Bayerische Vereinsbank, Deutsche Bank, Allianz- u. Stuttgarter Versicherung, Bayerische Hypotheken- u. Wechselbank, Fichtel u. Sachs AG, Münchner Rückversicherung, Robert Bosch GmbH, Klöckner-Humboldt-Deutz, Verlag Walter de Gruyter, Adler-Werke, Schering Berlin, I. G.-Farben, BMW, Agrippina-Versicherung, Württembergische Feuerversicherung, Volksfürsorge Versicherung, Wintershall AG, Iduna Versicherung, AEG, Stollwerk Schokolade.

Besondere Ereignisse für Hans Frank waren die Nürnberger Parteitage und die Leipziger Juristentage. Als Kongressredner in Nürnberg agierte Frank nicht erfolgreich, seine Themen zündeten nicht und seine Reden gerieten viel zu lang, um seine Zuhörer auf Dauer zu fesseln. Das alte Feindbild schürend, widmete er sich auf dem »Parteitag der

Ehre« 1936 u. a. den »Rechts- und Justizzuständen im bolschewistischen Paradies der Sowjetunion« und führte aus:

»In Wahrheit ist jegliches Rechtsleben in der Sowjetrussland untergegangen.
Dort herrscht die reine Gewaltanwendung des einen jüdischen Machtklüngels
gegen den anderen und aller derartigen Cliquen zusammen gegenüber dem
russischen Volk.«[373]

Im Jahre 1937 (»Parteitag der Arbeit«) wählte Frank u. a. die »Größe und Tiefe der nationalsozialistischen Revolution« zum Thema und
erläuterte die wichtigsten Gesetze der letzten zwölf Monate. Goebbels
notierte: »Nachmittags Kongreß. Meine Rede ist durchschlagend. Sie
erweckt Stürme des Beifalls. […] Dr. Dietrich hält eine gute Rede über
die Presse und ihre Freiheit. Dr. Frank II redet Quatsch.«[374]

Der Reichsparteitag »Großdeutschland« im Jahr 1938 stand auch in
Franks Ausführungen unter dem Eindruck des »Anschlusses« Österreichs. In statistischen Abhandlungen zur Kriminalität wirkte er wie
im Vorjahr langatmig und langweilig.[375] Das Urteil von Goebbels fiel
etwas gnädiger aus: »Kongreß: Frank II spricht. Etwas pathetisch und
nichts wesentlich Neues. Er ist im Privatleben netter und witziger als
im Amt.«[376] Der Parteitag 1939, der ausgerechnet die Bezeichnung
»Frieden« tragen sollte, fiel wegen des Überfalls auf Polen aus.

Die »Leipziger Juristentage« 1933, 1936 und 1939 hingegen, groß-
spurig als »Tage des Deutschen Rechts« proklamiert, waren Franks ur-
eigene Inszenierung. Am 1. März 1937 hatte der »Rechtswahrerbund«
87 949 Mitglieder.[377] Frank ließ verbreiten, dass es die Pflicht eines jeden Mitglieds sei, an den Juristentagen teilzunehmen, was erklärt, dass
die große Messehalle in Leipzig mit mehr als zehntausend Menschen
gefüllt war, so gut wie nur mit Männern. Schon Monate vorher war in
Leipzig eine Tagungsgeschäftsstelle eingerichtet worden. Zu den Juristentagen verkehrten Sonderzüge, was die einzelnen Gaue im Einvernehmen mit der jeweiligen Reichsbahndirektion abwickeln sollten.[378]
Das alles schien mehrere Nummern zu groß zu sein und wirft ein
Licht auf Franks Aufgeblasenheit.

Frank hatte keine Problem damit, vor vielen Tausend Menschen zu
reden – im Gegenteil, das kam seiner Eitelkeit ebenso entgegen wie der

pompöse Fahnen»schmuck« bei NS-Massenveranstaltungen. In seiner Rede im Jahr 1936 führte der Reichsrechtsführer aus:

»Sagt euch bei jeder Entscheidung, die ihr trefft: Wie würde der Führer an meiner Stelle entscheiden? Bei jeder Entscheidung, die euch obliegt, fragt euch: Ist diese Entscheidung mit dem nationalsozialistischen Gewissen des deutschen Volkes zu vereinen? Dann werdet ihr eine eherne, feste Gewissensgrundlage haben, die aus der Einheit des nationalsozialistischen Volksganzen, aus der Erkenntnis der Ewigkeit des Führerwillens Adolf Hitlers heraus auch in eure eigene Entscheidungssphäre die Autorität des Dritten Reiches für alle Zeiten bringt.«[379]

Frank konnte nicht ahnen, dass sich mit dieser Formulierung knapp zehn Jahre später der Internationale Militärgerichtshof in Nürnberg auseinander setzen wird.[380]

Nach einem Bericht von Karl Lasch nahmen im Mai 1939 am »Reichsrechtstag«, der von Justizminister Dr. Gürtner eröffnet wurde, 25 000 »Rechtswahrer« teil.[381] In der Abschlusskundgebung betonte Frank Rechtspositionen, die durchaus einen positiven Standard versprachen:

1. Keine Verurteilung ohne Gelegenheit zur Verteidigung
2. Verlust von Ehre, Freiheit, Leben nur durch Richterspruch
3. Recht auf Verteidiger und rechtliches Gehör

Der Pferdefuß: Für solche Menschen, die als »Feinde der Gemeinschaft« überführt sind, sollte dieser Schutzbereich nicht gelten.[382] Da dies eine Auslegungssache ist und bereits bei jüdischen Mitbürgern den Anfang nahm, waren wieder alle Türen offen. Trotzdem tat Frank so, als ob er »den ewigen Gedanken der heiligen Rechtsidee geradezu hymnisch verklärt« hätte.[383]

Die Repräsentation im großen Stil entsprach Franks zweiter Natur. Sein Briefkopf weist aus, dass er im Haus der Akademie, Leipziger Platz 15 in Berlin, nicht nur sein Ministeramt unterhielt, sondern auch eine Privatkanzlei und eine Dienstunterkunft. Darüber hinaus stand dem Ehepaar Frank in Berlin-Dahlem, Regerstr. 2–4, eine Dienstvilla zur Verfügung. Dorthin lud man beispielsweise zum Hauskonzert ein, gespielt wurden Werke von Mozart, Bach, Schubert, Beethoven und Brahms.[384] In der Region München diente neben der eleganten Wohnung in der Widenmayerstraße das »Häuserl« am Ammersee der Erholung und natürlich der Schoberhof – mit Trachtenkapelle und Hakenkreuzfahne – dem Empfang von Gästen. Weihnachten und Neujahr war der Schoberhof ein Muss für die ganze Familie. Dort wartete der Hausherr fieberhaft darauf, dass ihm sein »Führer« zum Jahreswechsel ein Glückwunschtelegramm schickte.[385] Eine Dienstwohnung als Ausweichquartier bestand zusätzlich im »Haus des Rechts« in der Ludwigstraße. Zur Pflege ihrer Liebschaften jedenfalls hatten Franks ausreichend Vorsorge getroffen, sich aus dem Weg gehen zu können. Und man kann nur ahnen, welche Kosten Hans Frank – einschließlich für das Dienstpersonal – auf die verschiedenen Repräsentationsfonds seiner Funktionen und Institutionen abwälzte.

Frank genoss viele Privilegien. So konnte er zum Beispiel im Jahre 1936 als Mitglied der Reichsregierung die Olympischen Spiele besuchen. Dort beobachtete er, wie Hitler abrupt das Stadion verließ, um nicht dem »Neger Jesse Owens, der gerade eine Goldmedaille errungen hatte, gratulieren zu müssen«.[386] Franks Empörung darüber ist scheinheilig, denn bei anderer Gelegenheit kritisierte er die »Verniggerung« der USA.[387]

Mit Bayreuth hielt Frank regelmäßig Kontakt. Als das Haus Wahnfried im April 1938 wegen Devisenverschiebungen ins Ausland in Schwierigkeiten geriet, befürchtete Winifred Wagner, Hitlers Freundschaft zu verlieren. Sie bat Hans Frank um Hilfe, der dank seines Einflusses dafür sorgte, dass das Verfahren unter Ausschluss der Öffentlichkeit lief. Die Festspiele wurden am 24. Juli 1938 mit »Tristan und Isolde« eröffnet. Brigitte Hamann schreibt dazu: »Außer Hitler waren die Nazigrößen Speer, Bormann und Frank anwesend.«[388]

Um einen Eindruck davon zu bekommen, welches Programm der oberste Jurist des Reiches zwischen dem 10. und 28. Februar 1937 zu absolvieren hatte, genügt ein Blick in den von Franks Büro geführten Terminkalender:[389]

10.	19.30	Konzert in der Philharmonie unter Leitung von Staatsrat Dr. W. Furtwängler
11.	13.15	Herrenfrühstück in der Akademie im Ministeramt
11.	18.00	Monatssitzung der Rechtswahrer
11.	20.00	Herrenabend bei Herrn Dr. Heuber, Berlin-Grunewald, Kronbergerstr. 19
13.	12.00	Eröffnungsfeier der Ausstellung »Das deutsche Bühnenbild« im Haus der Kunst, Berlin NW, Königsplatz 4
13.		Wirtschaftswissenschaftliche Gesellschaft, Münster (es spricht der Herr Minister)
14.	19.30	Erstaufführung »Die Gärtnerin aus Liebe« im Deutschen Opernhaus
15.	20.00	Abendessen beim Chef der Kanzlei des Führers der NSDAP, Reichsleiter Bouhler, Bl.-Charlottenburg, Ortelsburgerallee 2 (Frack oder Uniform)
16.		Gauführerbesprechung
16.	18.40 bis 19.00	Vortrag des Herrn Ministers über »Rasse und Recht« im Deutschlandsender
16.	20.30	Konzertabend der Deutsch-Italienischen Gesellschaft, Berlin W 15, Uhlandstr. 171/172 (Frack oder Uniform)
17.		Gauführerbesprechung
19.	20.30	9. Deutsch-Chinesischer Gesellschaftsabend in den Festräumen des Esplanade
20.	11.00	Internationale Automobil- und Motorradausstellung Eröffnungsfeier in der Ehrenhalle am Kaiserdamm
21.	12.00	Der Reichskriegsminister und Oberbefehlshaber der Wehrmacht und der Reichsminister für Volksaufklärung und Propaganda laden zur feierlichen Begehung des »Heldengedenktages« in die Staatsoper Unter den Linden ein
22.	20.30	Abendessen beim Königlich Ungarischen Gesandten, Berlin W 35, Corneliusstr. 8
24.	20.00	Vortragsabend der Kaiser-Wilhelm-Gesellschaft zur Förderung der Wissenschaften im Harnack-Haus, Berlin-Dahlem, Ihnestr. 16/20 (Dr. Paul Alverdes wird aus eigenen Werken vorlesen)
25.	21.00	Ball des Deutschen Ausland-Clubs in den Gesamträumen des Hotel Esplanade (Großer Gesellschaftsanzug)
27.	20.30	Dinner amerikanischer Botschafter anschl. Opernball

Nachdem die Regierung Schuschnigg zum Rücktritt gezwungen worden war, marschierten am 12. März 1938 deutsche Truppen in Österreich ein. Die Regierungsgewalt wurde zunächst von Arthur Seyß-

Inquart als Reichsstatthalter von Österreich übernommen. Ab 24. April trat Gauleiter Josef Bürckel als »Reichskommissar für die Wiedervereinigung Österreichs mit dem Deutschen Reich« sein Amt an. Hans Franks Freude kannte keine Grenzen, als »unsere lieben ostmärkischen Landsleute endlich heimgekehrt waren ins großdeutsche Vaterland. Als der Rundfunk die Nationalhymne spielte, da weinte ich vor Glück, vor überquellendem Jubel in mir wie ein Kind.«[390]

Keine Tränen vergoss Frank, als umgehend die Verfolgung der politischen Gegner einsetzte, die Deportationen nach Buchenwald und Dachau begannen, das KZ Mauthausen eingerichtet wurde, die jüdische Bevölkerung entrechtet, beraubt und zur Auswanderung gezwungen, insgesamt 65 459 österreichische Juden ermordet wurden.[391] Frank hielt stattdessen seine gestanzten Reden in der Sporthalle in Wien oder als Vorredner von Hitler in Innsbruck.[392] Außerdem fand der Akademie-Präsident ein neues Betätigungsfeld, die österreichischen »Rechtswahrer« zu vereinnahmen, ihre Reihen zu »säubern« und in der Wiener Universität am 1. Juni 1938 eine Gastvortragsreihe zu eröffnen mit dem Ziel, die Rechtspolitik des »Altreichs« zu vermitteln.[393]

Während der Judenpogrome im November 1938 (»Reichskristallnacht« 9./10. November) gab der Reichsrechtsführer eine klägliche Figur ab, denn nichts ist darüber bekannt, was er mit seinem inzwischen auf 104 000 Mitglieder angewachsenen NS-Rechtswahrerbund gegen die massenhaften Morde, Misshandlungen, Brandstiftungen und Sachbeschädigungen unternommen hätte. Niklas Frank berichtet, dass Brigitte Frank, die ihren Mann am Münchner Bahnhof abholte, ihn vor dem Chauffeur anfuhr: »Hans, was ist da los mit den Synagogen, den Judengeschäften. Hast du was damit zu tun?«

Frank soll geantwortet haben: »Nein, Brigitte, wirklich nicht, ich gebe dir mein Wort drauf.«[394]

Freundschaft mit Mussolini und Auslandskontakte

Hans Frank war sprachbegabt. In seinem Nachlass befinden sich Notizen, in denen er sich mit französischen juristischen Texten auseinander setzte. Auch die tschechische Sprache war ihm vertraut, seit er von September 1916 bis Juni 1917 in Prag lebte, was seine Mitarbeiter nicht wussten und weshalb sie sich wunderten, dass er Prager Zeitungen lesen konnte. Den halbjährigen Aufenthalt in Italien nach dem »Hitler-Putsch« hat er vermutlich dazu genutzt, die italienische Sprache zu erlernen. Frank behauptete, seine Urgroßmutter väterlicherseits sei eine italienische Gräfin namens Giuliano gewesen[395], was aber zu seinen erfundenen Geschichten gehört.

Das intensive Verhältnis mit Benito Mussolini verdankte Hans Frank seinen italienischen Sprachkenntnissen. Ohne Einschaltung eines Dolmetschers konnte sich ein gutes Verhältnis auch auf emotionaler Ebene zwischen den beiden Männern entwickeln. Hitler und der italienische Faschistenführer hatten verwandte Züge: Machtwillen, Hunger nach Größe, Reizbarkeit, prahlerischer Zynismus und Theatralik.[396] Hitler verehrte Mussolini und umwarb ihn, weil er dessen unnachgiebige antibolschewistische Einstellung schätzte.[397]

Als Frank zu einem Vortrag über die NS-Rechtspolitik nach Rom eingeladen wurde, beauftragte ihn Hitler, einen Kontakt mit dem »Duce« herzustellen. Im April 1936 empfing ihn Mussolini im Palazzo Venezia. Das Gespräch unter vier Augen führte alsbald zu einer freundschaftlichen Vertrautheit. Frank fühlte sich von der offenen und spontanen Art des Italieners sogleich angezogen, während er gegenüber Hitler Scheu und Zurückhaltung verspürte, was Beklemmungen hervorrief. Seitdem habe sich Frank immer nach Mussolini gesehnt, »nach dem herzlichen Vertrauensverhältnis, denn Mussolini war ein grundsätzlich guter Mensch«.[398] Zusammen besuchten sie eine Aufführung von »Tristan und Isolde« in der königlich-römischen Oper (»Mussolini holte meine Frau und mich persönlich im Hotel ab.«).[399] Ein Empfang bei König Viktor Emanuel III. schloss sich an.[400]

Nach Berlin zurückgekehrt, erstattete Frank dem Reichskanzler Bericht, der ihn im September 1936 erneut nach Rom schickte, um eine offizielle Einladung des »Duce« nach Berlin zu überbringen, die im kommenden Jahr realisiert werden sollte.[401] Den Besuch vorzubereiten, reiste Mussolinis Schwiegersohn, Außenminister Graf Ciano, nach München und Berlin, auf der Bahnfahrt betreut von Hans Frank. Im Oktober empfing Hitler Ciano in Berchtesgaden. Man bekräftigte viele politische Übereinstimmungen zwischen beiden Regimen, sodass einem Staatsbesuch nichts mehr im Wege stand. Eine Woche später sprach Mussolini auf dem Mailänder Domplatz von der Verbindung zwischen Deutschland und Italien als »Achse«, womit der Begriff der »Achsenmächte« geboren war.[402]

Im September 1937 schließlich kam Mussolini nach Berlin. Hitler entfaltete seinem Gast zu Ehren »allen Revuen-Pomp, dessen das Regime fähig war« (Joachim C. Fest), was auch die Begeisterung Franks erregte, der als persönlicher Betreuer des Staatsgastes eingeteilt war. An der Grenze bereits stieg Frank in den Sonderzug des »Duce«, die Gespräche ohne Dolmetscher vermittelten eine gewisse Intimität, so dass man sich durchaus vorstellen kann, dass ihn Mussolini zum Abschied herzlich drückte und ihm sein Bild im Silberrahmen überreichte. Frank: »Von Hitler habe ich niemals auch nur die kleinste Fotografie oder ein Kunstwerk oder eine Gelddotation oder ein Haus oder ein Buch oder überhaupt irgend etwas als ›Geschenk‹ bekommen.«[403] Dass Frank von Hitler keine Dotation erhielt, ist erwiesen. Um ein Hitler-Foto mit Widmung musste Frank ausdrücklich bitten. Der Chef der Reichskanzlei Lammers teilte Frank am 16. Januar 1936 mit: »Der Führer hat sich auf meinen heutigen Vortrag hin bereit erklärt, Herrn Reichsminister Dr. Frank das beantragte Bild nachträglich zu stiften.« Niklas Frank kommentiert das nicht ohne Häme, weil sein Vater für ein Hitler-Foto antichambrieren musste.[404]

Im Oktober 1937 begleitete Frank den »Stellvertreter des Führers«, Rudolf Heß, zur Jahresfeier »des Marsches auf Rom«, angeblich hatte Mussolini um Franks Besuch ausdrücklich gebeten.[405] Frank berichtet, dass ihn Hitler am 31. Januar 1938 gefragt hatte, ob er auf Anregung des »Duce« als Nachfolger von Ulrich von Hassell deutscher Botschafter in Rom werden wolle. Frank stimmte zu, wollte aber trotzdem sei-

Frank mit dem italienischen Marschall Italo Balbo bei Hitler
(Ullstein Bilderdienst)

ne »Rechtsfunktion« weiter betreiben. Aus dem geplanten Wechsel in den diplomatischen Dienst, den auch Goebbels in seinem Tagebuch kurz erwähnte,[406] wurde nichts, weil sich nach Franks Version Außenminister Joachim von Ribbentrop dagegen aussprach.[407] Aus anderen Quellen geht demgegenüber hervor, dass das italienische Königshaus gegen Frank Vorbehalte hatte.

Hitlers Gegenbesuch in Rom ließ nicht lange auf sich warten. Wieder war Frank dabei, als im Mai 1938 nunmehr der »Duce« alle Register einer pompösen Gastfreundschaft des »neu gegründeten Impero Romano, seiner wieder erstandenen Kraft, Größe und Macht« zog, wie Frank schwärmte. Nach eigener Darstellung war er ständiger Begleiter von Hitler und Mussolini, so am Grab Raffaels, im Quirinal, bei militärischen Manövern an der Küste oder in Neapel im 2. Akt von »Aida«. Dabei verstieg sich Frank zu Beschreibungen wie: »Nachts war die illuminierte Flotte in der Bucht aufgestellt, ein feenhaftes Bild.«[408]

Reisen nach Rom nahmen geradezu eine inflationäre Entwicklung an. Bereits im Juni 1938 führte Frank eine Delegation der »Arbeitsgemeinschaft für die deutsch-italienischen Rechtsbeziehungen« an, die er gemeinsam mit dem italienischen Justizminister Solmi gegründet hatte. Ein Gegenbesuch der italienischen Delegation fand im März 1939 in Wien statt.[409]

Franks unmittelbare Kontakte zum »Duce« endeten 1939. Von Frank behauptete briefliche Verbindungen im Jahre 1943 und Mussolinis Hilferuf kurz vor seinem Sturz: »Frank soll zu mir kommen«, was Hitler angeblich verboten hatte, sind wenig glaubhaft. Mit hoher Wahrscheinlichkeit ist richtig, dass Hitler am 24. August 1939 Frank nach Rom zu schicken beabsichtigte mit dem Auftrag, Mussolini schonend auf den deutschen Überfall auf Polen vorzubereiten – eine Absicht, die er jedoch einige Stunden später widerrief.[410]

Gleichwohl hatte Hitler von Frank als Diplomat und Unterhändler keine schlechte Meinung. Er soll sogar ursprünglich erwogen haben, Frank anstelle von Ribbentrop nach Moskau zu den Geheimverhandlungen mit Stalin zu entsenden. Am 14. August 1939 hat er sich dann allerdings, wie Akten des Auswärtigen Amtes ausweisen, für Ribbentrop entschieden.[411]

Auch mit Polen gab es auf der Ebene der Juristen eine Kooperation. Gemeinsam mit Dr. Josef Bühler reiste Frank erstmals 1935 nach Warschau, »um freundschaftliche Kontakte« zwischen den »Rechtswahrern« beider Länder anzuknüpfen, wie Bühler in seiner Vernehmung im Jahre 1948 aussagte.[412] Es ist möglich, dass sich Bühler in der Jahresangabe irrte. Auf jeden Fall kam Frank im Februar 1936 als Gast der »Polnischen Kommission für Internationale Intellektuelle Zusammenarbeit« nach Warschau, um dort einen Vortrag über »Zwischenstaatliche Rechtspolitik« zu halten. Er wich jedoch vom Thema ab, sprach stattdessen über Tendenzen der NS-Innenpolitik, von deutscher Ehre, die nicht mit den Rüstungsbeschränkungen des Versailler Vertrags vereinbar sei, weswegen der »Führer« diese Klausel nicht mehr für bindend erachte. Zum Schluss verneigte sich Frank heuchlerisch vor dem polnischen Volk, das heldenhaft die Jahrhunderte lange Fremdherrschaft bis zum Sieg des Rechtes über Gewalt und Willkür überdauert habe.[413] Der polnische Historiker Czeslaw Madajczyk schrieb in dem Zusammenhang: »Nahezu einhellig besteht die Meinung, Frank sei ein ungewöhnlich ehrgeiziger Mensch gewesen, der eine übertriebene Vorstellung von seinen eigenen Fähigkeiten gehabt und sich darin gefallen hätte, theatralisch um seine eigene Prestigevergrößerungen zu wetteifern.«[414]

Im Mai 1937 wurde in Anwesenheit des polnischen Justizministers Grabowski in der »Akademie für Deutsches Recht« in Berlin die »Arbeitsgemeinschaft für deutsch-polnische Rechtsbeziehungen« gegründet. Grabowski hielt einen Vortrag über »Marschall Pilsudskis Einfluss auf die Gestaltung des Rechts in Polen«.[415]

Auf Einladung des polnischen Justizministers reiste vom 14. bis 18. Dezember 1938 eine deutsche Delegation nach Warschau, der u. a. Ministerialrat Hans Globke vom Reichsinnenministerium angehörte, der am Erbgesundheits- und Blutschutzgesetz, an der Einführung der Zwangsvornamen Sara und Israel sowie an der Kommentierung der deutschen Rassegesetzgebung mitgewirkt hatte und ab 1953 als Staatssekretär Chef des Bundeskanzleramtes unter Adenauer werden sollte.[416] Ziel der Tagung war der Austausch über Rechtsentwicklungen in beiden Ländern.[417] Frank will auch eine Aussprache mit dem polnischen Außenminister Jozef Beck gehabt haben.[418]

In Begleitung von Hans Frank sprach im Januar 1938 während einer Veranstaltung in Warschau der Staatssekretär im Reichsjustizministerium, Prof. Dr. Franz Schlegelberger, über »Die Entwicklung des deutschen Rechts im Dritten Reich«. Er gab einen Überblick über die Grundgedanken des neuen Rechts und über einzelne Gesetze.[419]

Letzte Kontakte zwischen Juristen beider Länder fanden 1939 statt. Im Frühjahr besuchte eine polnische Delegation die Akademie und wurde auch von Frank in dessen Berliner Dienstvilla eingeladen. Er begleitete Dr. Grabowski zu einer Audienz bei Hitler, der seine Bewunderung für Marschall Pilsudski beteuerte und seine Friedenspolitik gegenüber Polen betonte. All dies war Lug und Trug, denn Hitler hatte bereits befohlen: »Die Aufgabe der Wehrmacht ist es, die polnische Wehrmacht zu vernichten (Fall ›Weiß‹)«.[420]

Hans-Rainer Pichinot, Autor einer Dissertation über die »Akademie für Deutsches Recht«, weist darauf hin, dass im Bundesarchiv Koblenz die Akten über die »Arbeitsgemeinschaft für deutsch-polnische Rechtsbeziehungen« fehlen. Man kann nur spekulieren, welche Kräfte in der deutschen Nachkriegszeit an einer Aktenbereinigung interessiert gewesen sein könnten.

Im Herbst 1937 besuchte Frank mit seiner Frau die Weltausstellung in Paris und im Oktober 1938 den ungarischen Justizminister Dr. von Mikecz. Der Reichsrechtsführer hielt in Budapest einen Vortrag über »Das deutsche Rechtsleben«. Letztere Reise mutet fast wie ein Betriebsausflug seiner künftigen engsten Mitarbeiter im Generalgouvernement an, denn Frank wurde neben seiner Frau auch von Lasch, Fischer, Heuber und Bühler begleitet.[421] Zwei Auslandsreisen im Jahre 1939 führten Frank außerdem nach Sofia und Kopenhagen.[422]

Mit Kriegsbeginn am 1. September 1939 sollte sich das Leben von Hans Frank entscheidend verändern.

Hans Franks Credo

Den Band II seines privaten Tagebuchs hatte Hans Frank am 2. Januar 1926 vorläufig abgeschlossen. Am 10. Februar 1937 führte er das Tagebuch mit folgendem Eintrag weiter (leicht gekürzt):[423]

»Über zehn Jahre war dieses Buch verschlossen. Heute abend war ich mit Lasch in dem großen Festkonzert, das Furtwängler in der Philharmonie zugunsten des Winterhilfswerkes des deutschen Volkes dirigierte. Es war eine tiefe, packende Lust, diesen wahrhaft gigantischen Dirigenten Freischütz-Ouvertüre, Brahms 4. Symph.- und Beethovens 7. nachschaffen zu hören. Ein großer, weihevoller Abend.

In unsagbarer Ergriffenheit zogen bei diesen Klängen die Jahre meines eigenen Erlebens in mir vorüber – von Punkt zu Punkt aneinandergereiht dieses magische Gewebe meines Geschicks. Und bei den aufwühlenden Klängen erschauerte ich vor Jugend, Kraft, Hoffnung, Dankbarkeit.

Da saßen in der Loge der Führer mit seinen Getreuesten, dem Soldaten und dem Redner, mit Göring und Goebbels. Was an Berühmtheit sonst in Berlin lebt, war da. In Glanz und Feierstimmung war des Reiches Führung anwesend. Die Vertreter aller Länder, die Träger von Namen, die die Welt kennt.

Und ich darunter als ein Minister des Reiches – der jüngste – ; Töne trugen mich.

Ewiges Deutschland: Nun lebst du wieder.

Herrliches Reich: Nun bist du gerettet.

Unsterbliches Volk: Nun bleibe glücklich!

Der Führer strahlte. Und ich war still und versonnen: daß er uns wurde? Oh Gott: wie hast du uns beglückt, diesen einzigen größten Mann der Weltgeschichte unser nennen zu dürfen. Generationen werden kommen und uns beneiden, deine Zeitgenossen gewesen zu sein. Und ich durfte zu meinem Teil mehr sein diesem Manne, Mitarbeiter darf ich mich nennen. –

Zu diesem Buch kehre ich wieder. Hier will ich nun fortfahren. Zeugen von der Einheit meines Ahnens, Glaubens, Hoffens, Wissens, Kämpfens. Für meine Kinder, daß sie lesen und weiterlesen, daß aus dem kleinen Jungen und Widerstreit mit Verzagen in Herz und Leben, der Reichsrechtsführer Adolf Hitlers wurde. Daß aber bei all der Größe meiner Titel und Ämter ich mich als demütigen Soldaten und Diener unserer Gemeinschaft fühle. Ein Ordnungsknecht der Nationalsozialistischen Deutschen Arbeiterpartei.

Deutschland ist außer Gefahr. Da können wir einen Augenblick rasten, eh es weiter geht. Ich bekenne meine Treue zum Werk. Bis in die letzten tiefsten Fasern meines Ichs gehöre ich dem Führer und seiner herrlichen Bewegung. In tausend Jahren wird es von allen Deutschen nicht anders klingen.

Ich bekenne meinen Glauben. Deutschlands Dienst ist Gottesdienst. Keine Konfession, kein Christenglaube kann so stark sein wie dieser unser Glaube, daß wenn Christus heute erschiene, er Deutscher wäre. Wir sind in Wahrheit Gottes Werkzeug zur Vernichtung der schlechten Mächte der Erde. Wir streiten in Gottes Namen gegen den Juden und seinen Bolschewismus. Gott, schütze uns.

Ich bekenne meine Tat. Das Deutsche Recht ist die starke Waffe zur Sicherung unseres völkischen Gemeinschaftslebens. Möge unser Recht immer stark geschützt und eine starke Schutzwehr zugleich für Ehre, Rasse, Boden, Freiheit und Arbeit unseres Volkes und Reiches sein.

Ewig steht unser Recht – und ehern.

Aber Wachsein braucht es, Starksein und immerdar hart und geschlossen. Partei und Reich müssen Geist und Körper sein für unser Volk: Denkt immer des Führers, Ihr Kommenden und seiner ersten Garde. Immer hart und bescheiden, klar und mutig, geschlossen und stark. Dann war Hitlers Kampf die Entscheidungsschlacht des Germanen-Deutschtums – und ein Sieg dazu!

Am 9. Dezember 1918 begann ich dieses Tagebuch mit einer eigenartigen Wunschformel: ›Lass mich meinem Volkes etwas sein. Oh Gott! Und ich warte auf meinen Tag!‹ Der Tag war es, an dem ich den Führer traf. (Juni 1919 in der Universität beim Vortrag Feders vor den ›Bildungsoffizieren‹ der Münchner Garnison, zu dem ich als Vertreter meiner Eskadron entsandt war!) Seit 1919 bin ich in der Bewegung und schälte mich immer mehr. Vom Studenten zum SA-Mann, dann Referendar, Rechtsanwalt, Assistent am Juristischen Seminar der Technischen Hochschule München, 1930: Reichstagsabgeordneter (was ich bis heute bin), Reichsleiter, 1933 März Bayerischer Justizminister, Juni 1933 Präsident der Akademie für Deutsches Recht, die ich da gegründet hatte. 1933 Mai Reichsjustizkommissar. 1927 Reichsführer der Juristen. 1934 Dezember Reichsminister . – So lebe und wirke ich.

Meine liebe Brigitte schenkte mir bis heute drei Kinder. (Siegrid * 13. 3. 1927), Norman (* 3. Juni 1928) und Brigitte (*13. Juni 1935) – und ein viertes kann schon morgen kommen. Vater und Mutter und Schwester leben mir. Allen drei Segen, oh Gott, der Du mein Schicksal so wundersam fügtest, dass Du mich heraufsteigen hießest. Gott hilf mir bis zum Ende. Gib mir Kraft zum Werk. Das Vertrauen meines guten Führers! So stehe ich mitten im Leben am Ruder. Und schaue ruhig wie der Kapitän eines Schiffes nur kann auf die Fahrt des Kiels.

Ich beuge mich, Ewiger, herrlicher Gott vor Dir in erschauernder Ergriffenheit: Lass mich Dein, Dein sein! Nimm das Opfer meines Werkes hin. Der Glaube an die Gerechtigkeit: Hilf mir oh Gott, ihn unserem Volke zu stärken!

Am 2. Juli 1920 schrieb ich (Tagebuch I): ›Parteien werden im künftigen Deutschland keinen Platz haben.‹ Heute sind sie weggefegt.

Einige Tage darauf: ›Wir Deutschen sind ein Persönlichkeitsvolk, das ohne großen Führer geradezu gemein hilflos ist.‹ – Heute haben wir den Führer – und wir sind wieder ein Volk. ›Gott grüßt dich, deutsches Volk hoffen auf deinen Führer!‹ – und er kam.

Und mit ihm, für ihn, durch ihn: Arbeiten wir weiter.

Es ist stille Nacht um mich. Mein Weg brachte mich daher, wo ich weile.

Und sinne. Ich glühe Dir, Deutschland!«

[Unterstreichungen im Original, Anm. D. Sch.]

Zweiter Abschnitt

Generalgouverneur

I. Das Generalgouvernement

Aufbau des »Reichsnebenlandes«

Im Spätherbst 1936 absolvierte Hans Frank einen achtwöchigen Offizierskurs im Infanterie-Regiment 9 in Potsdam, das als ein Hort preußisch-militärischer Traditionspflege galt. Wegen seiner zahlreichen adligen Offiziere wurde das Regiment auch »I. R. Graf Neun« genannt. Frank wurde als Feldwebel eingezogen und zum Leutnant ausgebildet.[1]

Kurz vor Beginn des Zweiten Weltkrieges rückte Frank als Leutnant der Reserve am 26. August 1939 erneut in die Potsdamer Kaserne ein und gehörte jetzt der 4. Ersatz- (Maschinengewehr-) Kompanie an. Im Kreis von Kameraden hörte er Hitlers Reichstagsrede am 1. September, in der dieser den militärischen Überfall als Antwort auf polnische »Provokationen« und »21 Grenzzwischenfälle« zu rechtfertigen glaubte (»Seit 5.45 Uhr wird jetzt zurückgeschossen! Und von jetzt ab wird Bombe mit Bombe vergolten.«).[2] Eigentlich hätte ja Frank als Mitglied des Reichstags anwesend sein müssen, doch fehlten wegen des Kriegsbeginns über hundert Abgeordnete. Deren Lücken schloss Göring, indem er einfache Parteifunktionäre auf die leeren Plätze setzte, die sogar über das »Danzig-Gesetz« mit abstimmten – Parlamentarismus nach Art der Nationalsozialisten.[3]

Bis zum 12. September versah Frank nach eigenen Angaben als Kompanieführer in Potsdam Truppendienst, ohne dass so recht klar wird, welche Aufgabe er zu erfüllen hatte. Nach eigenen Angaben hatte er sich mit der Musterung von Pferden zu befassen. Wie auch im Ersten Weltkrieg war er nicht an Kampfhandlungen beteiligt.[4]

Am 12. September wurde Frank nach Rosenberg/Schlesien zum Sonderzug des Generalfeldmarschalls Göring und am 15. September

in das Führerhauptquartier bei Gogolin/Schlesien befohlen. Hitler beauftragte ihn, als Oberverwaltungschef die zivile Verwaltung in den
besetzten ehemaligen polnischen Gebieten zu übernehmen. Hierzu
wurde er dem Militärbefehlshaber der Heeresgruppe Süd, General
Gerd von Rundstedt, unterstellt, dessen Zuständigkeit für die Zivilverwaltung jedoch am 25. Oktober enden sollte.

Frank stattete am 29. September Rundstedt in dessen Hauptquartier
in Spala bei Lodz einen Höflichkeitsbesuch ab und kehrte zunächst
nach Berlin zurück, um dort einen Organisationsstab zu bilden. Sodann verlegte er seinen Dienstsitz zunächst nach Posen[5] und berief am
3. Oktober 1939 eine Besprechung ein, in der er seinen vom »Führer«
erhaltenen radikalen Auftrag erläuterte. In einem Vermerk heißt es:[6]

»[…] Danach kam nur eine Ausnutzung des Landes durch rücksichtslose Aus-
schlachtung, Abtransport aller für die Kriegswirtschaft wichtigen Vorräte,
Rohstoffe, Maschinen, Fabrikationseinrichtungen usw., Heranziehung der Arbeitskräfte zum Einsatz im Reich, Drosselung der gesamten Wirtschaft Polens
auf das für die notbedürftigste Lebenshaltung der Bevölkerung unbedingt notwendige Minimum, Schließung aller Bildungsanstalten, insbesondere der
technischen Schulen und Hochschulen, zur Verhütung des Nachwuchses einer polnischen Intelligenzschicht in Frage. Polen soll wie eine Kolonie behandelt werden, die Polen werden die Sklaven des Großdeutschen Weltreichs werden.‹ […] Mitbestimmend für Franks Ansicht schien die Auffassung zu sein,
daß der Krieg von kurzer Dauer sein werde, und es jetzt darauf ankomme, der
an Rohstoffen, Maschinen und Arbeitern knappen deutschen Industrie möglichst rasch zu helfen und vor allem der Gesichtspunkt, daß durch Zerstörung
der polnischen Industrie deren Wiederaufbau nach dem Kriege erschwert
oder unmöglich gemacht werde, wozu Polen zu seiner eigentlichen Stellung
als Agrarland, das auf Einfuhr industrieller Produkte von Deutschland abhängig würde, zurückgeführt werden könne.«

Für seinen Auftrag besaß Frank keine Sachkompetenz. Seine Ver-
waltungserfahrung beschränkte sich auf den Aufbau von Parteiinstitu-
tionen. Von wirtschaftlichen Zusammenhängen verstand er nichts
und in Geldangelegenheiten hatte er seine Unfähigkeit bereits unter
Beweis gestellt. Außerdem beherrschte er die polnische Sprache nicht.
Seine Kontakte zu Polen beschränkten sich vor dem Kriege auf die
»Arbeitsgemeinschaft für deutsch-polnische Rechtsbeziehungen«.

Karte vom 22. 5. 1942, aus: Max Du Prel, Das Generalgouvernement. Im Auftrage und mit einem Vorwort des Generalgouverneurs Reichminister Dr. Frank, Würzburg 1942

Vorbehalte oder persönliche Aversionen gegen das polnische Volk wurden bisher nicht bekannt.

Hier und da wird von Historikern vermutet, Hitler wollte Franks Fähigkeiten testen, um ihn bei einem Versagen endgültig fallen zu lassen. Zutreffender dürfte sein, dass Hitler Schlüsselpositionen mit »Alten Kämpfern« besetzte, die ihm bedingungslos untertan waren. Dieses Prinzip wandte er auch bei der Bestellung von Gauleitern an. Nicht unterschätzen sollte man, dass Hitler Franks schnelle Auffassungsgabe und geistige Beweglichkeit zu beurteilen wusste.

Eine Besprechung am 6. Oktober 1939 diente dem Zweck, das von Deutschen besetzte polnische Territorium aufzuspalten. Der Ostteil war bereits durch den Hitler-Stalin-Pakte von den Sowjets annektiert worden. Unter Federführung von Staatssekretär Wilhelm Stuckart (Reichsinnenministerium) trafen sich Frank und die Gauleiter von Danzig, Ostpreußen, Pommern, Schlesien und Posen, um das Gebiet in Zonen der Eindeutschung (in das Reich) und in eine Zone der Abkapselung und Ausbeutung von Polen und Juden (Generalgouvernement) aufzugliedern. Mit der Forderung, die Region Lodz in das Generalgouvernement einzubeziehen und Lodz zur Hauptstadt des Generalgouvernements zu machen, konnte sich Frank gegen Arthur Greiser nicht durchsetzen.[7] Das Ergebnis der Beratung floss in Hitlers Erlass über die Gliederung und Verwaltung der Ostgebiete vom 8. Oktober 1939 ein. Hiernach wurden die Reichsgaue Danzig-Westpreußen, Wartheland und Ostpreußen zu Teilen des Deutschen Reichs und das zentralpolnische Gebiet zum Generalgouvernement erklärt.[8] In einer ersten Verordnung über den Verwaltungsaufbau bestimmte Frank unter anderem, dass das Generalgouvernement in vier Distrikte aufgeteilt wurde.[9]

	Einwohner Stadt	Einwohner Distrikt
Krakau	321 000	3 660 000
Radom	130 000	3 000 000
Lublin	150 000	2 400 000
Warschau	1 400 000	3 305 000

Am 12. Oktober 1939 erging mit Wirkung ab 26. Oktober 1939 der »Erlass des Führers und Reichskanzlers über die Verwaltung der besetzten polnischen Gebiete« (Auszüge)[10]:

§ 1 Die von deutschen Truppen besetzten Gebiete werden dem Generalgouverneur für die besetzten polnischen Gebiete unterstellt, soweit sie nicht in das Deutsche Reich eingegliedert sind.

§ 2 Zum Generalgouverneur für die besetzten polnischen Gebiete bestelle ich den Reichsminister Dr. Frank.
Zum Stellvertreter des Generalgouverneurs bestelle ich den Reichsminister Dr. Seyß-Inquart.

§ 3 Der Generalgouverneur untersteht mir unmittelbar.
Dem Generalgouverneur werden sämtliche Verwaltungszweige zugewiesen.

§ 5 […] Der Generalgouverneur kann durch Verordnungen Recht setzen.

§ 6 Der Vorsitzende des Ministerrats für die Reichsverteidigung, der Beauftragte für den Vierjahresplan und die Obersten Reichsbehörden können Anordnungen, die für die Planung des deutschen Lebens- und Wirtschaftsraumes erforderlich sind, auch für die dem Generalgouverneur unterstellten Gebiete treffen.

§ 7 Die Kosten der Verwaltung trägt das besetzte Gebiet.
Der Generalgouverneur stellt einen Haushaltsplan auf. Der Haushaltsplan bedarf der Genehmigung des Reichsministers der Finanzen.

§ 8 Zentralstelle für die besetzten polnischen Gebiete ist der Reichsminister des Innern. […]

Dass Frank dem Reichskanzler unmittelbar unterstand, war die wichtigste Bestimmung dieses Erlasses. Ab sofort leitete er seine Macht unmittelbar von Hitler ab und gebrauchte dies als ein meist unschlagbares Argument gegenüber allen Widersachern. Denn jeder, der sich Frank nicht beugte, musste eine anders lautende Entscheidung Hitlers erwirken, was nur das Triumvirat Himmler/Bormann/Lammers durchsetzte, während ansonsten ein Konfliktfall selten über die letzte Instanz gelöst wurde.

Einschränkend für Frank war in dem Erlass geregelt, dass ihm Göring als Vorsitzender des Ministerrats und Beauftragter des Vierjahresplans und die Reichsministerien Inneres und Finanzen Vorschriften machen konnten. Mit Göring stellte sich Frank gut, allen anderen Ministerkollegen widersetzte er sich, wenn sie in die Belange des Generalgouvernements eingreifen wollten.

Hans Franks Aufstieg als Stellvertreter des »Führers« im Generalgouvernement eröffnete ihm den Zutritt zur obersten Führungsetage,
wie er dies schon immer als Reichsrechtsführer erträumt hatte. Am
17. Oktober nahm er mit Himmler, Heß, Bormann, Lammers, Frick,
Stuckart und Keitel (Chef OKW) an einer Besprechung teil, in der Hitler Grundzüge seiner Polenpolitik erläuterte:[11]

1. Die Wehrmacht soll es begrüßen, wenn sie sich von den Verwaltungsfragen
   in Polen absetzen kann. Grundsätzlich können nicht zwei Verwaltungen bestehen.
2. Polen soll selbständig gemacht werden. Es wird kein Teil des Deutschen
   Reiches und auch kein Verwaltungsbezirk des Reiches werden.
3. Die Verwaltung hat nicht die Aufgabe, aus Polen eine Musterprovinz oder
   einen Musterstaat deutscher Ordnung zu schaffen oder das Land wirtschaftlich oder finanziell zu sanieren. Es muss verhindert werden, dass eine polnische Intelligenz sich als Führerschicht aufmacht. In dem Land soll ein
   niederer Lebensstandard bleiben; wir wollen dort nur Arbeitskräfte schöp-
   fen. Zur Verwaltung des Landes sollen auch Polen eingesetzt werden. Eine
   nationale Zellenbildung darf aber nicht zugelassen werden.
4. Die Verwaltung muss mit eigenen klaren Befehlskompetenzen arbeiten und
   darf nicht von Berlin abhängig sein. Wir wollen dort nichts machen, was wir
   im Reiche tun. Die Verantwortung tragen nicht Berliner Ministerien, da es
   sich nicht um eine deutsche Verwaltungseinheit handelt.
   Die Durchführung bedingt einen harten Volkstumskampf, der keine gesetzlichen Bindungen gestattet. Die Methoden werden mit unseren sonstigen Prinzipien unvereinbar sein.
   Der Generalgouverneur soll der polnischen Nation nur geringe Lebensmög-
   lichkeiten geben und die Grundlage für die militärische Sicherheit erhalten.
5. [...]
6. Unsere Interessen bestehen in folgendem: Es ist Vorsorge zu treffen, daß das
   Gebiet als vorgeschobene Glacis für uns militärische Bedeutung hat und für
   einen Aufmarsch ausgenutzt werden kann. Dazu müssen die Bahnen, Straßen und Nachrichtenverbindungen für unsere Zwecke in Ordnung gehalten
   und ausgenutzt werden.
   Alle Ansätze einer Konsolidierung der Verhältnisse in Polen müssen beseitigt werden. Die ›polnische Wirtschaft‹ muss zur Blüte kommen. Die
   Führung des Gebietes muss es uns ermöglichen, auch das Reichsgebiet von
   Juden und Polacken zu reinigen. Eine Zusammenarbeit mit anderen Reichs-
   gauen soll nur zur Umsiedlung geschehen.
   Klugheit und Härte in diesem Volkstumskampf müssen es uns ersparen,
   dieses Landes wegen noch einmal auf das Schlachtfeld zu müssen.

Hitlers Politik des Mordens, der Unterdrückung und Ausbeutung, was er selbst als »Teufelswerk« bezeichnete[12], stellte für Frank Leitlinien dar, denen er bereitwillig folgte. Vor allem leitete er daraus erneut seine Selbständigkeit von den Ministerien des Reiches ab.

Seine Rechnung hatte er jedoch ohne seine Konkurrenten gemacht.

Himmler beanspruchte nicht nur seine Eigenständigkeit für den Einsatz von SS und Polizei im Generalgouvernement, sondern hatte am 7. Oktober 1939 noch weitere Kompetenzen als »Reichskommissar für die Festigung des deutschen Volkstums« erhalten.

Göring sicherte sich das Recht, die wirtschaftliche Ausbeutung der besetzten Gebiete zu koordinieren. Er gründete am 19. Oktober 1939 eine eigene Behörde für die Beschlagnahme polnischen und jüdischen Eigentums, die »Haupttreuhandstelle Ost«,[13] und erließ Richtlinien, wonach aus den Gebieten des Generalgouvernements »alle für die deutsche Kriegswirtschaft brauchbaren Rohstoffe, Altstoff, Maschinen usw. herausgenommen werden«.[14] In den Folgejahren werden außerdem Fritz Sauckel als Generalbevollmächtigter für den Arbeitseinsatz und Albert Speer als Reichsrüstungsminister in die Kompetenzen von Frank eingreifen und schwerwiegende Konflikte auslösen.

Vom 26. Oktober bis 1. November 1939 machte Frank Lodz, das in der NS-Schreibweise Lodsch lautete und ab 1940 Litzmannstadt genannt wurde, zu seinem Dienstsitz (im Gebäude Kosciusko-Allee 15).[15] Mit einer »Proklamation des Generalgouverneurs« (*Proklamacja Generalnego Gubernatora*) führte er sich selbst auf Deutsch und Polnisch in sein Amt ein. Der Text ist perfide und lautet in Auszügen:[16]

»Mit der Errichtung des Generalgouvernements hat nunmehr, nach der militärisch durchgeführten Sicherung der polnischen Gebiete innerhalb des deutschen Interessenbereichs, eine geschichtliche Episode ihren Abschluss gefunden, für die die Verantwortung ebenso von der verblendeten Regierungsclique des ehemaligen Landes Polen wie von den heuchlerischen Kriegstreibern in England getragen werden muss.

Polnische Männer und Frauen!

Ich habe vom Führer den Auftrag erhalten, als Generalgouverneur für die besetzten polnischen Gebiete in entschiedener Form dafür zu sorgen, dass in aller Zukunft ein friedlicher Zustand in diesem Land gewährleistet bleibt und dass die nachbarlichen Beziehungen der Polen zu dem mächtigen Weltreich der deutschen Nation sich organisch entwickeln. Ihr sollt getreu den von Euch seit geraumen Zeitläufen gepflegten Sitten Euer Leben führen, Ihr sollt in allen Ausstrahlungen der Gemeinschaft Eure polnische Eigenart beibehalten. Allein, das durch die verbrecherische Schuld Eurer bisherigen Machthaber völlig zerstörte Land, bedarf der entschiedensten organisatorischen Heranziehung Eurer gemeinschaftlichen Arbeitskraft. Befreit von dem Zwang der Abenteuerpolitik Eurer intellektuellen Regierungsschicht, werdet Ihr unter dem starken Schutz des Großdeutschen Reiches in der Erfüllung einer allgemeinen Arbeitspflicht hierfür Euer Bestes tun. Unter einer gerechten Herrschaft wird jeder durch Arbeit sein Brot verdienen. Für politische Hetzer, Wirtschaftsschieber und jüdische Ausbeuter dagegen wird kein Platz mehr in einem unter deutscher Oberhoheit stehenden Gebiet sein.

Jeder Versuch einer Widersetzlichkeit gegen die getroffenen Anordnungen und gegen die Ruhe und Ordnung in den polnischen Gebieten wird mit den starken Waffen des Großdeutschen Reiches und mit rücksichtsloser Schärfe vernichtet.«

Am gleichen Tagen erließ Frank eine Reihe von Verordnungen über die Einführung der Arbeitspflicht für die polnische und eines Arbeitszwanges für die jüdische Bevölkerung sowie Bestimmungen, die die Sicherheit und Ordnung und den Aufbau der Verwaltung und der Rechtspflege betrafen.[17]

Mit seiner Verordnung zur Bekämpfung von Gewalttaten vom 31. Oktober 1939[18] ließ Frank endgültig keinen Zweifel daran, mit welchen Zwangsmitteln er zu regieren beabsichtigt. In vierzehn Paragrafen wird siebenmal die Todesstrafe angedroht: für das Beschädigen deutscher Einrichtungen, für das Auffordern zum Ungehorsam gegen deutsche Verordnungen, bei einer Gewalttat gegen Deutsche, im Falle von Brandstiftung und Waffenbesitz. Anstifter und Gehilfen erwartet die Todesstrafe ebenso wie die Verabredung zu einem Verbrechen oder dessen Nichtanzeige. Die Aburteilung und Vollstreckung sollten durch Standgerichte erfolgen.

Als Frank die Meldung erhielt, dass zum polnischen »Freiheitstag« am 11. November Hetzplakate geklebt worden seien, ordnete er an: »In jedem Haus, an dem ein Plakat angehängt bleibt, wird ein männlicher Einwohner erschossen. Diese Anordnung wird durch den Polizeichef durchgeführt.« Er billigte ferner, dass im Hinblick auf den 11. November in Krakau »vorsorglich 120 Geiseln festgenommen worden sind«.[19] Damit war Frank im NS-Mörderstaat persönlich angekommen.

Mit einer Verwaltungsverordnung regelte Frank, dass Deutsch die Amtssprache im Generalgouvernement und die polnische Sprache zugelassen sei. Ferner wurde bestimmt: »Der Dienstsitz des Generalgouverneurs ist Krakau.« Es hätte nahe gelegen, in der polnischen Hauptstadt seinen Amtssitz zu nehmen. Dem stand jedoch der Wille Hitlers entgegen, der ausdrücklich verboten hatte, Warschau wieder aufzubauen und irgendeine Bedeutung zukommen zu lassen.[20] Dort waren im September 1939 10,6% des Gebäudebestandes vernichtet worden.[21] Hitler kam öfter darauf zurück, weil er offensichtlich in Warschau – politisch und städtebaulich – eine Konkurrenz zu Berlin sah. So sollte nach seinem Willen die polnische Hauptstadt »auf den Rang einer Provinzhauptstadt herabsinken«. In Wirklichkeit blieb jedoch Warschau mit seiner mehr als einer Million Einwohnern die heimliche Metropole. So gaben Hitler und Himmler nach dem Aufstand im Oktober 1944 den Befehl, Warschau »auszuradieren«.[22]

Am 26. Oktober 1939 besuchte Frank mit Himmler Warschau. Welche Folgen dies hatte, ist nicht überliefert. Im Palais Blanca gab der Generalgouverneur ein Essen »zu Ehren der deutsch-sowjetrussischen Grenzkommission, die das gemeinsame Ziel verfolge, die Bewohner des polnischen Gebiets, die durch eine verblendete Regierung in unsägliches Elend gebracht worden seien, wieder friedlicher Arbeit zuzuführen«.

Anschließend konferierte Frank mit seinem langjährigen Mitarbeiter Dr. Ludwig Fischer, der inzwischen zum Gouverneur von Warschau avanciert war. Zwei Punkte des Gesprächs sind dokumentiert. Der eine hält den Anfang von Franks Korruption im Generalgouvernement fest: »Dr. Fischer verpflichtet sich, 300 beste Pelzmäntel für die Zentrale sicherzustellen.« Der zweite Punkt wurde zwar im Diensttagebuch gestrichen, blieb aber leserlich: »Herr Generalgouverneur ersucht um Bericht über die Erschießung von Juden.« Dies betraf offensichtlich das Morden der Einsatzgruppen des Reichssicherheitshauptamtes, das noch im vollen Gang war und worüber noch zu berichten sein wird.

Danach empfing Frank Dr. Heuber, der ihm schon seit der Zeit als Rechtsanwalt zu Diensten gewesen war und nunmehr das Berliner Büro als »Bevollmächtigter des Generalgouverneurs« leiten sollte. Ihm und dem Leiter des Personalamts erklärte Frank, er werde sich bei Heß, SA-Chef Lutze und dem NSKK-Führer Adolf Hühnlein dafür einsetzen, dass aus dem Reich nicht »müde, verstaubte Aktenmenschen«, sondern »geeignete, kämpferisch eingestellte Männer« in das Generalgouvernement abkommandiert werden, ein »Abguss wahrer Tüchtigkeit« und »absolut polenvernichtungsentschlossene Recken«.[23]

Am 2. November 1939 traf Propagandaminister Goebbels in Lodz ein. Bereits am 31. Oktober hatte Goebbels in seinem Tagebuch notiert:

»Unsere Verwaltung in Polen ist zu deutsch. Wir wollen da den Polen den Laden in Ordnung bringen nach dem Grundsatz, daß am deutschen Wesen die Welt genesen soll. Das ist ganz falsch. Richtig ist, die Polen mit sich selbst fertig werden zu lassen und die Schwächen und die Korruption zu unterstützen.«

Goebbels und Frank waren sich in allen wesentlichen Fragen einig. Frank schlug vor, dass den polnischen Bürgern nur solche Bildungsmöglichkeiten zur Verfügung gestellt werden, die ihnen »die Aussichtslosigkeit ihres völkischen Schicksals« zeigten. Es könnten daher höchstens schlechte Filme oder solche in Frage kommen, die ihnen die Größe und Stärke des Deutschen Reichs vor Augen führten. Die höheren Schulen seien bereits geschlossen. Gleichfalls würden die Priesterseminare (»Brutstätten des Deutschen-Hasses«) geschlossen. Goebbels verfügte, dass Polen keine Rundfunkapparate und keine Meinungspresse, sondern nur reine Nachrichtenzeitungen behalten dürften. Sie dürften auch keine Theater, Kinos oder Kabaretts unterhalten, »damit ihnen nicht immer vor Augen geführt werde, was ihnen verlorengegangen sei«. Hingegen sicherte Goebbels zu, dass für die Deutschen die besten Theater und Kabaretts des Reichs, zum Beispiel die »Berliner Scala«, zur Verfügung gestellt würden und auch die besten Künstler, insbesondere in Krakau, Warschau, Lublin und Radom.[24]

Goebbels besichtigte sodann Lodz, war abends bei Frank eingeladen und fuhr am nächsten Tag weiter nach Warschau.

»Lodz selbst ist eine scheußliche Stadt. Fahrt durch das Ghetto. Wir steigen aus und besichtigen alles eingehend. Es ist unbeschreiblich. Das sind keine Menschen mehr, das sind Tiere. Das ist deshalb auch keine humanitäre, sondern eine chirurgische Aufgabe. Man muss hier Schnitte tuen, und zwar ganz radikale. Sonst geht Europa an der jüdischen Krankheit zugrunde.

Fahrt über polnische Straßen. Das ist schon Asien.

Abends bei Frank. Er schildert mir seine Schwierigkeiten. Vor allem mit der Wehrmacht, die keine völkische, sondern eine verwaschen bürgerliche Politik betreibt. Aber Frank wird sich schon durchsetzen.

Noch lange palavert. Tausend Probleme angeschnitten. Man kommt hier nie zu Ende. Das Land ist von einer bedrückenden Trostlosigkeit.

Fahrt nach Warschau. Über die Schlachtfelder, an vollkommen zerschossenen Dörfern und Städten vorbei. Ein Bild der Verwüstung.

Warschau: Das ist die Hölle. Eine demolierte Stadt. Unsere Bomben und Granaten haben ganze Arbeit getan. Kein Haus ist unversehrt. Die Bevölkerung ist stumpf und schattenhaft. Wie Insekten schleichen die Menschen durch die Straßen. Es ist widerlich und kaum zu beschreiben.

Besuch im Schloss Belvedere. Hier hat Polens Marschall gelebt und gearbeitet. Sein Sterbezimmer. Man kann hier lernen, wessen man sich zu versehen hat, wenn man der polnischen Intelligenz freie Entfaltungsmöglichkeit gibt.«[25]

Am 1. November 1939 brach Frank seine Zelte in Lodz ab und reiste nach Berlin, wo er verschiedene Gespräche führte und am 4. November von Hitler empfangen wurde. Der »Führer« soll Franks Pläne und die bisherige Arbeit gebilligt haben, so auch die Überführung von Kunstschätzen und den bevorstehenden Umzug des Generalgouverneurs in die Krakauer Burg.[26]

»Hier war das Eintreffen wundervoll, die Burg ist fabelhaft«, schrieb Frank seiner Frau Brigitte. Nach dem »feierlichen Einzug« am 7. November 1939 fühlte er sich sofort als Staatsoberhaupt des Generalgouvernements. »Die Stadt Krakau bereitete ihm einen festlichen Empfang und hatte reichlich Flaggenschmuck angelegt«, berichtete das Deutsche Nachrichtenbüro Berlin. Frank war um 18 Uhr »vor den Toren der Stadt« u. a. vom Distriktchef, SS-Oberführer Dr. Otto Freiherr von Wächter, und von seinem Amtschef Bühler begrüßt worden.

»Der Generalgouverneur setzte seine Fahrt durch die flaggengeschmückte Stadt und durch ein unübersehbares Spalier von Fackelträgern, das von schlesischer SA gebildet wurde, zur Burg fort. Im Innenhof der Burg, die von allen Seiten festlich angestrahlt war, waren Ehrenbereitschaften der Wehrmacht, des SS-Totenkopfverbandes, der Schutzpolizei und der volksdeutschen Organisationen angetreten, die der Generalgouverneur in Begleitung seines Vertreters, des Reichsministers Dr. Seyß-Inquart unter den Klängen des Präsentiermarsches abschritt.«[27]

Das Eintreffen Franks war in einem »Minutenprogramm« organisiert worden, das vom beflaggten Marktplatz bis zum Quintett der Schlesischen Philharmoniker und zum abschließenden Großen Zapfenstreich alles detailliert regelte.[28] Von der ersten Stunde an entfaltete Frank jenen Prunk »auf dem Wawel«, wie die Krakauer ihre Burg bezeichneten, für den er alsbald in Berlin beneidet, von seinen internen Widersachern verachtet und von den Polen gehasst wurde. Wächter hieß ihn willkommen als den »neuen Herrn des Landes, der Stadt und der Burg«. Otto von Wächter war Österreicher und schon 1923 in die SA und 1931 in die NSDAP eingetreten. Er hatte Karriere in der Partei in Wien gemacht, wo er 1938 als Personalkommissar für die Säuberungen des Berufsbeamtentums in Österreich Verantwortung trug.[29]

Frank betonte in seiner Rede, dass nun die Hakenkreuzfahne für alle Zeiten über der Burg wehen würde und der Hakenkreuzgeist in die Säle gelangt sei. Wer sich der schöpferischen aufbauenden Arbeit des Reichs widersetze, sei verloren; wer sich einfüge, werde leben, arbeiten und sich entwickeln können. Er sei nicht als blindwütiger Eroberer gekommen.[30] Doch Frank strafte alsbald seine eigenen Worte Lügen.

Zu seinem Amtsantritt ließ Frank einen Sonderstempel der deutschen Ost-Post herausgeben – ein Indiz, wie wichtig er sich nahm. Mit der Burg als repräsentativem Rahmen konnte er nicht der Verlockung widerstehen, seinem eigenen Herrschaftssystem eine scheinhistorische Prägung zu geben. Er wich damit vom Auftrag Hitlers ab, das Land mehr oder weniger sich selbst zu überlassen und sich auf dessen Ausbeutung zu konzentrieren. Als Jurist mit dem Hang, alles in Paragrafen zu gießen, erließ er eine Flut von Verordnungen. Nach deutschem Vorbild baute er eine klassische dreiteilige Verwaltung auf, die in eine obere (Regierung), in mittlere (ab 1941 fünf Distrikte) und untere Instanzen (56 Kreis- und 7 Stadthauptmannschaften) gegliedert war (Organisation des GG siehe S. 411 ff.). Sieht man vom Bereich Sicher-

Die Königsburg in Krakau (»Wawel«) (Archiv Niklas Frank)

heit, Partei und Propaganda ab, wurde insbesondere sein Regierungs-
apparat überwiegend von Verwaltungsfachleuten geleitet, ohne die
der Generalgouverneur hilflos gewesen wäre.

Erstaunlich ist, dass Hitler letztlich den aufwendigen Verwaltungsaufbau tolerierte. In einer Unterredung mit Frank am 4. November 1940 unterstrich er jedoch, dass er keine Germanisierungstenden-
zen im Generalgouvernement wünsche, sondern dass das Gebiet ein
Arbeitsreservoir zu sein habe, und dass sich Polen niemals mehr wieder aufrichten dürfe, sondern dass man um jeden Preis »mit den Polen
fertig werden müsse«.[31] Joseph Goebbels kritisierte, dass Frank aus Polen ein Musterland machen wolle – das gehe zu weit.[32] Ein Jahr später
berichtete Goebbels Hitler vom Wiederaufbau Warschaus. Hitler, der
davon bereits Kenntnis hatte, antwortete mit einer gewissen Bitterkeit,
dass er eigentlich beabsichtigt hätte, Warschau dem Erdboden gleich
zu machen, Frank dagegen seinen eigenen Plan verfolgt habe, Warschau wieder aufzubauen. Frank habe sich also gegen ihn durch-

gesetzt. Überhaupt habe Frank seine eigentliche Mission im General-gouvernement nicht verstanden.[33]

Nach Franks Ansicht unterstand das Generalgouvernement zwar der »deutschen Machthoheit«, aber als »Reichsnebenland« war es von den Ministerien des Reichs unabhängig, sodass er selbständig agieren und für seine Person jeden von ihm gewünschten Nutzen ziehen konnte. Dazu gehörten eine eigene Zoll-, Devisen- und Steuerhoheit, also staatliche Einnahmen und ein Haushalt, aus dem er sich mehr als großzügig bediente. Es galt weiterhin die Währung Zloty (1 Reichsmark = 2 Zloty). Seine Gouverneure machte Frank dadurch von sich abhängig, dass jede Ausgabe über 20 000 Zloty von ihm genehmigt werden musste.

Mit dem Überfall auf die Sowjetunion erweiterte sich ab 1. August 1941 das Gebiet des Generalgouvernements von vier auf fünf Distrikte (Krakau, Warschau, Lublin, Radom und Galizien). Der neue Distrikt Galizien hatte annähernd sechs Millionen und die Distrikt-hauptstadt Lemberg 300 000 Einwohner.[34] Das gesamte Territorium des Generalgouvernements erreichte nun in etwa die Größe Belgiens.[35] Frank hatte einen Teil der Schlüsselpositionen mit engen Vertrauten besetzt. Sein Freund Karl Lasch wurde 1939 Gouverneur von Radom und sodann Gouverneur des neuen Distrikts Galizien. Daneben be-schäftigte er weitere ehemalige enge Mitarbeiter: Josef Bühler als sei-nen Amtschef (ab 1940 sein Vertreter und Regierungschef), Ludwig Fischer als Gouverneur in Warschau mit Dienstsitz im Palais Brühl, Wilhelm Heuber als seinen »Mann in Berlin« und Dr. Albert Weh, sei-nen ehemaligen persönlichen Referenten im Bayerischen Justizminis-terium als Leiter des Amtes für Gesetzgebung, der nicht ohne eigene »Kreativität« die zahlreichen Verordnungen Franks formulierte.[36] Ein gewichtiger Punkt der Kritik an Frank seitens der SS wird in den kom-menden Jahren lauten, dass in der Verwaltung »Rechtswahrer« – also Juristen – überrepräsentiert seien.

Auch Max du Prel war seit 1933 als ehemaliger Presseamtsleiter im BNDJ und Pressechef der »Deutschen Rechtsfront« ein alter Mitstrei-ter Franks. Er wurde Leiter der Abteilung Presse und Propaganda in Krakau, genoss allerdings nicht das Vertrauen von Goebbels und wur-

Frank an seinem Arbeitsplatz in der Königsburg (Archiv Niklas Frank)

de im Juli 1940 von seinem Posten abberufen. Du Prel gab 1942 das Buch »Das Generalgouvernements« heraus. Hiernach umfasste das Gebiet des Generalgouvernements 150 000 qkm und knapp 18 Millionen Einwohner, hauptsächlich Polen.[37] Diese Zahlen dürften nach anderen Quellen überhöht sein, die von 142 114 qkm (37% der ehemals polnischen Staatsfläche) und nahezu 17 Millionen Einwohner sprechen.[38]

Eine Volkszählung im Sommer 1943, nachdem die Bevölkerung durch massive Mordaktionen – unter anderem durch die »Aktion Reinhard« ab März 1942 – dezimiert worden war, hatte das Ergebnis: [39]

14,8 Millionen Einwohner insgesamt, darunter
10,2 Millionen Polen
3,9 Millionen Ukrainer
203 000 Juden
306 000 Volks- und Reichsdeutsche, darunter
60 000 Militär und Polizei

Die Zahl der Juden, im Juli 1940 noch mit 1,3 Millionen[40] und im Mai 1942 mit 2 092 000 angegeben, war nun auf 203 000 Menschen geschrumpft.[41] Hinter diesen abstrakten Zahlen verbirgt sich der unbegreifliche Holocaust.

Schon Anfang 1940 hatte Frank geäußert, er habe den Sonderbefehl, das Beuteland rücksichtslos auszupowern und seine wirtschaftliche, soziale, kulturelle und politische Struktur in einen Trümmerhaufen zu verwandeln.

»Unsere Polizei wird mit dem gebührenden Nachdruck durch Abschreckungsmittel aller Art, Aufhängen von Juden an öffentlichen Marktplätzen usw. dem jüdischen Hamster- und Wucherbetrieb das Handwerk legen. Hier gilt es, der deutschen Autorität mit jedem geeigneten Mittel zum Siege zu verhelfen.

Den Polen, die in Betriebe eingestellt werden, muß Hören und Sehen vergehen, sodaß sie vor lauter Arbeit – disziplinierter Arbeit! – zu Sabotageakten gar nicht mehr kommen. Mein Verhältnis zu den Polen ist dabei das Verhältnis zwischen Ameise und Blattlaus.«[42]

In einem Interview des »Völkischen Beobachters« am 12. Februar 1940 wurde Frank nach dem Unterschied zwischen dem Protektorat Böhmen und Mähren und dem Generalgouvernement gefragt. Er antwortete mit einem kaum zu überbietenden Zynismus:

»Einen plastischen Unterschied kann ich Ihnen sagen. In Prag waren z. B. große rote Plakate angeschlagen, auf denen zu lesen war, daß heute sieben Tschechen erschossen worden sind. Da sagte ich mir: Wenn ich für je sieben erschossene Polen ein Plakat aushängen lassen wollte, dann würden die Wälder Polens nicht ausreichen, das Papier herzustellen für solche Plakate.«[43]

Drei Wochen später setzte sich Frank in Warschau im Palais Brühl vor dem Reichsverteidigungsausschuss unverblümt für das »Abtöten des geistigen Elements in der Führungsschicht« ein und betonte seine Verantwortung dafür, dass dieser Raum »fest in deutscher Macht« bleibe. Hierzu müsse den Polen »für alle Zeit das Rückgrat gebrochen werden«.[44] Er, der hier den Mund so voll nahm, konnte nicht ahnen, dass ihm selber sechseinhalb Jahre später im wahrsten Sinne des Wortes das Rückgrat gebrochen würde.

Frank hatte die Kompetenz der »Rechtssetzung« und machte davon extensiv Gebrauch. In der Zeit vom 26. Oktober 1939 bis 1. Mai 1940 erließ er 255 Verordnungen. Diese werfen ein Licht auf seinen Pseudorechtsstaat, den er weiter in seinen Reden vehement vertrat, als würde er etwas Positives verkörpern. Frank regelte u. a. den Einsatz deutscher Hoheitszeichen und die Anwendung des deutschen Grußes – eine Grußpflicht sogar gegenüber deutschen Hoheitsfahnen –, die Abgabe und Beschlagnahme von Rundfunkgeräten, die Kennzeichnung polnischer und jüdischer Geschäfte, die Einrichtung von Sondergerichten, die Vereinfachung der Strafgerichtsbarkeit (Juden werden nicht vereidigt), die Bekämpfung des Schleichhandels, den Nachweis der deutschblütigen Abstammung etc.[45]

Auch Bagatelltatbestände wie Forstdiebstahl, Verletzung der Meldepflicht, Preistreiberei, Uniformmissbrauch, »Beeinträchtigung der Ernteerfassung«, Missbrauch des Nachrichtenverkehrs oder Störung des deutschen Aufbauwerks boten mit ihren diffusen Formulierungen und Ermessensspielräumen die Rechtsgrundlage für ungezählte Todesurteile.[46] Nachgeordnete Instanzen übernahmen eifrig die verordneten Restriktionen. So gab der Stadtkommissar von Petrikau am 3. Februar 1940 bekannt, dass bei der Übertragung einer Geschlechtskrankheit durch Polen oder Juden die Todesstrafe verhängt werde.[47]

Mit seiner »Verordnung zum Schutz gegen Schwer- und Gewohnheitsverbrecher« vom 20. März 1942 war es sogar in das Ermessen des Gerichts gestellt, gegen Vorbestrafte auf Todesstrafe zu erkennen, »wenn der Schutz der Allgemeinheit oder das Bedürfnis nach gerechter Sühne es erfordern«.[48]

Am 9. April 1940 wurde Staatssekretär Roland Freisler (Reichsjustizministerium) anlässlich eines Besuches von Krakau durch einen Empfang geehrt. Frank wiederholte seinen bekannten Standpunkt: »Recht ist, was der deutschen Gemeinschaft in ihrem Schicksalskampf zum Segen gereicht«, und ergänzte, dass niemand auf Schwäche hoffen dürfe und auch nicht darauf, dass man sich Widerstand gefallen lasse. Er endete mit der Phrase, dass die Gerechtigkeitsübung im Generalgouvernement »hart, aber menschlich« sei.[49]

Franks Spezialist für Gesetzestexte, Oberlandesgerichtsrat Albert Weh, hatte die gewünschte Grundeinstellung für seine Arbeit mitgebracht. In einem Aufsatz schrieb er im Herbst 1940, »gerechte Herrschaft« bedeute »jeden Versuch der Auflehnung gegen die deutsche Verwaltung mit voller Schärfe zu Boden zu schlagen«. Wehs Haltung zu jüdischen Mitbürgern war eindeutig. Ihre Zahl belaufe sich im Generalgouvernement auf 1½ bis 2 Millionen, stärker als anderswo hätten sie das gesamte völkische Leben durchsetzt. »Diese Vormachtstellung ist in einem unter deutscher Oberhoheit stehenden Gebiet undenkbar.«[50]

Mit Erlass vom 4. Dezember 1939 ernannte Hermann Göring im Rahmen seiner Kompetenzen für den Vierjahresplan Hans Frank zu seinem Generalbevollmächtigten im Generalgouvernement.[51] Frank übernahm willig Görings Forderungen und erstellte am 25. Januar 1940 Richtlinien, welche die Ausbeutung des Territoriums und seiner Bewohner im einzelnen regelten.[52] Danach sollten aus der Wirtschaft des Generalgouvernements binnen kürzester Frist Leistungen herausgeholt werden, »die ein Höchstmaß dessen darstellen, was zur sofortigen Verstärkung der Wehrkraft« gebraucht werde. Hierzu gehörten: Intensivierung der landwirtschaftlichen Produktion, Ausnutzung der Forsten, Steigerung der Rohstofferzeugnisse, Ausweitung der vorhandenen Industriekapazitäten sowie die Bereitstellung und der Transport von mindestens 1 Million Land- und Industriearbeiter ins Reich.

Besonders rigide regelte Frank in den Richtlinien die Lebensmittelversorgung der Bevölkerung, die er ausdrücklich nur für solche Menschen gewährleistete, die in lebens- und rüstungswichtigen Betrieben arbeiteten und ihre Leistungsfähigkeit erhalten sollten, während der Rest der Bevölkerung nur mit einem Minimum zurechtkommen musste. Frank musste damit klar sein, dass schon bald Hungersnöte bei großen Teilen der Bevölkerung zu erwarten waren, für die er die Verantwortung trug.

Am 12. Februar 1940 lud Göring zu einem Spitzengespräch ein, bei dem die neue Kolonialpolitik vertieft und das Generalgouvernement verpflichtet wurde, »geordnete Judenauswanderungen aus Deutschland und den neuen Ostgauen aufzunehmen«. Unter anderem verlangte Göring außerdem das Einziehen der Kirchenglocken.[53]

Albert Weh (3. v. l.) überreicht Frank (2. v. r.) zum 40. Geburtstag die Gesetzessammlung des Generalgouvernements. Links: Joseph Bühler; 3. v. r.: Max Du Prel (IPN Warschau)

Etwa zehn Monate später, am 2. Oktober 1940, äußerte sich Adolf Hitler noch einmal grundsätzlich zum Generalgouvernement. Hitler hatte zu einem Essen in seine Wohnung eingeladen, an dem außer Frank Baldur von Schirach (Gauleiter und Reichsstatthalter von Wien und Reichsleiter für Jugenderziehung), Erich Koch (Oberpräsident und Reichsverteidigungskommissar der Provinz Ostpreußen) und Martin Bormann teilnahmen. Bormann führte Protokoll (Auszüge):[54] Hitler erklärte seinen Gästen, dass die Polen, um leben zu können, ihre Arbeitskraft exportieren, »das heißt sozusagen sich selbst exportieren müssten«. Der Pole sei im Gegensatz zum deutschen Arbeiter geradezu zu niedriger Arbeit geboren. Deutschen Arbeitern müssten Aufstiegsmöglichkeiten geboten werden, für Polen komme dies keinesfalls in Frage. Das Lebensniveau in Polen müsse sogar niedriger sein bzw. gehalten werden. Das Generalgouvernement sei »unser Reservoir an Arbeitskräften für niedrige Arbeiten«. Unbedingt zu beachten sei – so Hitler weiter –, dass es keine »polnischen Herren« geben dürfe. Wo polnische Herren vorhanden seien, sollten sie, so hart das klingen möge, umgebracht werden. »Blutlich dürften wir uns natürlich nicht mit den Polen vermischen.« Bormann fuhr in seinem Gesprächsprotokoll fort:

»Noch einmal betonte der Führer, dass es für die Polen nur einen Herren geben dürfe, und das sei der Deutsche; zwei Herren nebeneinander könne es nicht geben und dürfe es nicht geben, daher seien alle Vertreter der polnischen Intelligenz umzubringen. Dies klinge hart, aber es sei nun mal das Lebensgesetz. Das Generalgouvernement sei ein großes polnisches Arbeitslager. Auch die Polen profitierten davon, denn wir hielten sie gesund, sorgten dafür, daß sie nicht verhungerten usw., nie dürften wir sie aber auf eine höhere Stufe erheben, denn sonst würden sie lediglich zu Anarchisten und Kommunisten. Für die Polen sei es auch daher durchaus richtig, wenn sie ihren Katholizismus behielten.«

Das Idealbild sei, so fasste Hitler seine Erklärung zusammen, dass der Pole im Gouvernement nur kleine Grundparzellen besitzen darf, die seine eigene Ernährung bzw. die seiner Familie einigermaßen sicherstellen. Was er sonst an Geld braucht, müsse er durch Arbeit in Deutschland verdienen. Das Gouvernement sei die Ausleihzentrale für ungelernte Arbeiter.

Zwar hatte Frank in der Gesprächsrunde – wenn auch ohne Erfolg – gegen die so genannten Umsiedlungen protestiert, die unverhohlenen Mordaufträge Hitlers übernahm er ohne Skrupel als Auftrag. Goebbels notierte in sein Tagebuch[55]:

»Alle möchten ihren Unrat ins Generalgouvernement abladen. Juden, Kranke, Faulenzer etc. Und Frank sträubt sich dagegen. Nicht ganz mit Unrecht. Er möchte aus Polen ein Musterland machen. Das geht zu weit. Das kann er nicht und soll er nicht. Polen soll für uns, so bestimmt der Führer, ein großes Arbeitsreservoir sein. Woher wir die fehlenden Menschen für die niederen Arbeiten nehmen können. Denn die müssen wir ja auch irgendwoher holen. Frank hat das nicht gerne, aber er muss. Und die Juden schieben wir später auch einmal aus diesem Gebiet ab.«

In relativ kurzer Zeit hatte Frank den Verwaltungsaufbau im Generalgouvernement zu einem vorläufigen Abschluss gebracht (siehe Personal und Stellengliederung S. 411 ff.), sodass er im Sommer 1940 ein Zwischenergebnis vorlegen[56] und ein Jahr später mit Staatsakt und

Sonderbriefmarke den Abschluss verkünden konnte.[57] Mit Stand vom 1. September 1943 waren in der Verwaltung des Generalgouvernements 22 740 Männer und 7184 Frauen beschäftigt, davon entfielen allein 15 880 Männer und 2980 Frauen auf die Betriebsverwaltungen Eisenbahn und Post. Etwa zwei Fünftel des Personals stand im Beamtenverhältnis. Der Regierung gehörten 1900 Mitarbeiter an.[58] Welche Blüten das Herrenmenschentum treiben konnte, wird sichtbar, wenn Frank vor Parteigenossen seinen Auftrag so beschrieb, dass »wir die Menschen mit innerer Strahlkraft der Idee Adolf Hitlers erfüllen müssen, dass wir wie Samariter und Wohltäter, wie Befriedungsmänner in diesen Bereich einzudringen haben«.[59] Die Opfer werden dies als blanken Hohn empfunden haben.

Das rasante Tempo darf nicht darüber hinwegtäuschen, dass auf den verschiedenen Ebenen der Administration Missbrauch und Fehler vorprogrammiert waren, welche die Effizienz zugunsten der Opfer einschränkten. Andererseits bewiesen in den 12 Hauptabteilungen der Regierung in Krakau einige Mitarbeiter Franks Sachverstand und Organisationstalent, nationalsozialistische Ziele wirkungsvoll umzusetzen. Hemmend wirkte sich aus, dass die Hauptabteilungen untereinander konkurrierten und die Selbständigkeitsbestrebungen der Distriktgouverneure Franks Einfluss minderten.

Frank betonte bis zum Überdruss immer wieder, nur dem »Führer« unmittelbar und nicht den Reichsministerien verantwortlich zu sein, also die »ausschließliche Befehlsgewalt« zu besitzen, zumal er außerdem zum Generalbevollmächtigten für den Vierjahresplan und zum Verteidigungskommissar im Generalgouvernement bestellt worden war.[60]

Franks Steckenpferd war die »Einheit der Verwaltung«.[61] Durch Delegation von Kompetenzen nach unten sollten die jeweils höheren Instanzen von der routinemäßigen Verwaltung entlastet werden und stattdessen »regieren«. Nach diesem Konzept wollte Frank die Kreis- und Stadthauptleute stärken und gleichzeitig an sich binden, um die Mittelinstanz zu schwächen, nämlich Selbständigkeitsbestrebungen der Distriktgouverneure vorzubeugen. Das Projekt scheiterte letztendlich an Personalmangel, schlechter Qualität des Personals und an

Ressortegoismus. Hinzu kam, dass entgegen der Konzepte die Regierung in Krakau einen »Wasserkopf« bildete, der eine Flut von Regelungen und Anordnungen produzierte, welche die unteren Instanzen erstickte.[62]

Frank war kein Praktiker, sondern ein Theoretiker. Es wundert daher nicht, dass er seine neuen Verwaltungserfahrungen in einem Buch »Die Technik des Staates« beschrieb, dessen Inhalt auf zwei Reden basiert, die Frank 1940 und 1941 anlässlich der Jahresfeiern der Technischen Hochschule München gehalten hat.[63] Darin lehnte Frank eine Gewaltenteilung ab. Demgegenüber gehe die Einheit der Verwaltung von der Einheit der nationalsozialistischen Weltanschauung aus, die auf der Basis des Führerwillens die Einheit der Staatsgewalt sichere. »Es gibt nur eine totale Zuständigkeit im Reich: die des Führens.« Präzision, Schnelligkeit, Eindeutigkeit und Kontinuierlichkeit sind nach Frank die vier methodischen Voraussetzungen moderner Staatstechnik. Sie beruhen auf den Prinzipien des Führerstaates[64] und auf dem Grundsatz der Einheit von Partei und Staat, bedeuten also das Gegenteil von kooperativem Führungsstil, weil sie jegliche Mitbestimmung verweigern und den Mitarbeiter auf Befehl und Gehorsam reduzieren.

*Die Distriktgouverneure
(v. l. n. r.): Curt Ludwig
v. Burgsdorff (Krakau),
Ludwig Fischer (Warschau),
Ernst Kundt (Radom),
Richard Wendler (Lublin),
Otto v. Wächter (Galizien)
(IPN Warschau)*

»Frank ist König Stanislaus« (Joseph Goebbels)

Zwischen 1940 und 1942 charakterisierte Goebbels den Generalgouverneur wie folgt:[65]

»Frank fühlt sich nicht so sehr als Vertreter des Reichs, als vielmehr als König von Polen. Aber damit wird er ja nicht sehr weit kommen.«
»Frank regiert nicht, er herrscht. Das ist hier wohl auch das Richtige.«
»König Stanislaus, wie Frank unter den alten Parteigenossen genannt wird, kommt sich vor wie ein polnischer Potentat und wundert sich darüber, daß die Wache nicht ins Gewehr tritt, wenn er in ein deutsches Dienstgebäude hineingeht. Diese Übelstände werden jetzt abgeschafft.«

In diesem Punkt irrte sich Goebbels: Auch ihm gelang es nicht, auf Franks Lebensstil, der zwischen Dienstgeschäft und Privatbereich keinen Unterschied machte, Einfluss auszuüben.

Das Generalgouvernement, »Nebenland des Reichs«, hatte keinen völkerrechtlichen Status. Frank sah sich als Staatsoberhaupt, das nur der Weisung Hitlers unterlag. Je mehr er in diese Rolle hineinwuchs, umso intensiver gab er den Landesvater. Tatsächlich stand er an der Spitze eines ausbeuterischen Kolonialregimes. Teile des Staatsvolks wurden ermordet, Teile eingesperrt, mit harter Knute unterdrückt und ausgebeutet. Das Staatsgebiet war geraubt. Die Staatsgewalt hatte alle Züge einer rigiden Diktatur. Nicht einmal zu seinen Mitarbeitern und deren

»Gefolgschaft« und zur Minderheit der Reichs- und Volksdeutschen konnte Frank ein herzliches Verhältnis entwickeln. Er war zwar omnipräsent, aber nicht beliebt, ihm fehlte Charisma und – obwohl er ein »alter Kämpfer« war – der Stallgeruch der Nazi-Bonzen. Als Intellektueller mit künstlerischen Interessen schuf er unbewusst einen Graben zum NS-Rabaukentum und hielt der Masse der Nazi-Führer einen Spiegel vor, wie ungebildet sie waren. Wenn er in seine Reden lateinische Redewendungen wie *ceterum censeo* (im Übrigen meine ich) einfließen ließ, wurde er nicht nur nicht verstanden, sondern erzeugte bei den Zuhörern Verunsicherung und Aggression. Frank fühlte das und versuchte gelegentlich, sich mit simplen Floskeln anzubiedern. Das kam besonders an, wenn er Hass gegen Juden oder Polen schürte:

»Schaut euch einmal die Juden an. Erst haben wir sie in Wien geschnappt, dann in Prag, dann in Warschau; wir haben sie auch in Kopenhagen und in Oslo gefasst, ja sogar in Amsterdam und in Brüssel und morgen werden wir sie vielleicht schon in anderen Städten der Welt kriegen.«[66]

Frank praktizierte alle Rituale, wie sie im NS-Regime gang und gäbe waren[67]: Flaggen, Fackeln, Marschmusik, Großer Zapfenstreich, Feuerwerk, Massenkundgebungen, Aufmärsche.

Aus Anlass einer Dienstbesprechung zur Verleihung des Kriegsverdienstkreuzes 1. Klasse an Frank in Anwesenheit des Generalmajors von Höberth heißt es in dem Protokoll:

»Der Herr Generalgouverneur spricht dann noch im übrigen die Bitte aus, die Stellung des Generalgouverneurs entsprechend dem Führerwillen nun auch auf Seiten der Wehrmacht einer etwas intensiveren Anerkennung unterzogen zu sehen. Er müsse unbedingt darauf bestehen, daß, wenn er Fronten abschreite, der Befehlshaber der Truppe ihm als dem höchsten Repräsentanten des Führers und Reiches in diesem Gesamtgebiet Meldung erstatte. Es sei unerträglich, daß nach dem alten Schema bei Frontabschreitungen durch den Generalgouverneur immer wieder der Versuch gemacht wird, die Meldung dem ihm begleitenden General der jeweiligen Waffengattung zu erstatten. Das sei mit der Würde des Führers und Reiches unvereinbar.«[68]

Frank fühlte sich im Generalgouvernement als der »kleine Hitler«, der »verdienten Parteigenossen« sein Bild mit Widmung überreichte. Er ver-

Aufmarsch im Burghof zum 2. Jahrestag der NSDAP im Generalgouvernement, 1943 (IPN Warschau)

langte Ehrbezeugungen und Unterwerfung, ließ sich an seinem Geburtstag durch Hornbläser wecken. Er installierte einen SA-»Ehrenposten« auf der Burg und schritt die »Ehrenformation« der Schutzpolizei ab. Der rote Teppich wurde ausgerollt, weil er es anordnete. Vielleicht dürstete er nach Empathie und Zuneigung, aber in Wahrheit blieb er ziemlich einsam, hatte wenige Freunde. Was nicht natürlich gewachsen war, versuchte er zu inszenieren: BDM-»Mädel«, die einen Blumenstrauß überreichten, oder Delegationen von arisch anerkannten Volksgruppen – wie die Goralen –, die Brot und Salz überbrachten oder gar ein gesatteltes Pferd. Das alles blieb leere Pose und wirkte unecht, das beiderseitige Lächeln erstarrte schnell, alle Fröhlichkeit wirkte gekünstelt. Er war ein Möchtegern-Landesvater. In seinem Inneren fühlte er das wohl auch, denn auf vielen Fotos macht er einen mürrischen Eindruck.

Wäre statt der Burg ein nüchterner Verwaltungsbau sein Dienstsitz gewesen, hätte sich Franks Alltag in einem unauffälligeren Rahmen gestaltet. Aber dieses imposante Bauwerk war für Frank im Sinne des Wortes die Krönung. Sie kam seinem Kunstverständnis genauso entgegen wie seinem Hang zu Prunk, Repräsentation und Eigeninszenierung. Gespielt wurde das Stück »Ich – der Generalgouverneur«. Die Burg, die er niemals Wawel nannte, war seine Idealkulisse und sein Vorzeigeobjekt, das er jedem, der aus dem Reich in Krakau aufkreuzte – Reichsjustizminister, Reichsarbeitsführer, Reichsfinanzminister, Reichshandwerksmeister, Reichsjugendführer[69] – präsentierte. Robert Ley[70] zum Beispiel besuchte Krakau am 7./8. November 1940 und 15. bis 17. August 1941, nahm an Empfängen auf der Burg teil, redete auf Kundgebungen, beteiligte sich an der »Weihe« des NSDAP-Hauses und reihte sich mit Frank in »Vorbeimärsche« ein.

Sie alle hatten in Berlin nicht die Möglichkeit, ein Jagdessen im Kasino einer Burg zu veranstalten[71], schon gar nicht verfügten sie über ein Musikzimmer mit einem Bild von Leonardo da Vinci an der Wand. Der Burghof wurde für die Feier des »Führer«-Geburtstages ebenso missbraucht wie Frank im Krönungssaal einen Himmler empfing oder im Kanonensaal Polizeisitzungen abhielt, in denen Vernichtungsprogramme auf der Tagesordnung standen. Aber das hatte Frank ja angekündigt, dass mit ihm der nationalsozialistische Geist in die ehrwürdigen Mauern einziehen würde.

Frank war der Burgherr. Er schuf einen Burghauptmann und eine Burgkanzlei, gründete einen Burgverlag, wurde von einem Burgarzt betreut, verfügte über eine Burgwache und ein Burgpostamt.[72] Den Gesamtkomplex der Burg nannte er Burgstadt[73] – wie könnte es auch anders sein – wenn der »Souverän« anwesend war, dann wehte die Hakenkreuzfahne auf dem höchsten Turm.

Seinen hemmungslosen Lebensstil rechtfertigte Frank mit dem Satz: »Der Führer hat mir eine großzügigste Repräsentation im Namen des Führers und des deutschen Weltreichs zur Pflicht und Aufgabe gemacht.«[74] Das war wieder eine seiner Übertreibungen. In seinem eitlen Verhalten lag die eigentliche Ursache, warum er nie ein »Landesvater« sein konnte: Mit Völlerei und Liebe zum Prunk war kein Staat zu machen. Die Bevölkerung, so sie nicht ermordet oder eingesperrt wurde, hungerte indessen. Den Volks- und Reichsdeutschen ging es zwar besser, aber sie durchschauten Franks Verlogenheit, wenn er von ihnen Disziplin, Sparsamkeit und Enthaltsamkeit verlangte. Frank ließ sich auch nicht von der immer schlechter werdenden Lage an den Kriegsfronten beeindrucken. Selbst als die Existenz des Generalgouvernements bedroht war und die Städte Lublin und Lemberg vor der heranrückenden Roten Armee geräumt werden mussten, ließ er sich neue Uniformen für den Ordonnanzdienst vorführen und besuchte anschließend die »Hochzeit des Figaro«.[75]

Bei Antritt seines neuen Amtes hatte Frank angeordnet, fortan ein »Diensttagebuch« zu führen. Diese Aufgabe übernahmen zwei eigens dafür eingestellte amtliche Stenografen. Die Eintragungen beginnen mit dem 26. Oktober 1939 und enden am 3. April 1945, umfassen also die gesamte Regierungszeit Franks. Das Original befindet sich heute im Archiv des IPN Warschau (Bestand *Dziennik Hansa Franka*)[76], umfasst 40 Bände mit 11 367 Schreibmaschinenseiten, davon 7333 Seiten Tagebuch und 3441 Seiten Sitzungsprotokolle. Bei den Vorbereitungen des Nürnberger Prozesses ging ein Schnellhefter mit 10 Seiten, der die Zeit 14. August bis 4. September 1944 umfasste, verloren; von einem vorsätzlichen Beseitigen dieser Unterlagen ist nicht auszugehen.

Die Stenografen diktierten ihre Aufzeichnungen direkt nach Besprechungen und Sitzungen einer Sekretärin. Die endgültige Fassung wurde von Frank nicht überprüft, insoweit ist das Dokument eine wichtige historische Quelle. Größere Vorsicht ist demgegenüber angebracht bei Protokollen über Besprechungen von Frank mit Reichsinstanzen in Berlin, die von ihm selbst verfasst wurden und in denen er gern seine eigene Rolle in ein günstiges Licht rückte. Besonders Unterredungen mit Hitler spiegeln nicht zuverlässig den tatsächlichen Inhalt wider. Protokolle der Regierungs-, Abteilungs-, Gouverneurs- und Arbeitssitzungen sind ein Beweis für Franks unablässigen Drang nach Selbstdarstellung. Über Franks private Sphäre schweigt sich das Diensttagebuch konsequent aus, es dokumentiert jedoch auch kulturelle Ereignisse.[77]

Die Bände des Diensttagebuchs hat Frank bei seiner Festnahme dem US-Oberleutnant Walter Stein übergeben. Sie spielten im Nürnberger Prozess eine wichtige Rolle. Auf seine Motive, das Material nicht zu vernichten und die Art und Weise der Verwertung während des Nürnberger Prozesses wird an anderer Stelle näher einzugehen sein.

In den ersten beiden Jahren seiner Amtszeit kümmerte sich Hans Frank intensiver um die Staatsgeschäfte als später, nachdem sich Schwierigkeiten zu häufen begannen und das Regieren keine Freude mehr machte. Er empfing einen Abteilungsleiter nach dem anderen, versuchte strittige Fragen zu klären, um dann zu entscheiden. In den wichtigen Sitzungen war er präsent und übte den Vorsitz aus. Mit Vorliebe widmete er sich den Gesetzgebungsangelegenheiten in enger Zusammenarbeit mit Albert Weh. Zum kontinuierlichen Arbeiten war Frank allerdings nicht geboren und häufig unwillig, um für eine Sache zu kämpfen, es sei denn dann, wenn seine eigene Interessensphäre berührt war. Seine Mitarbeiter litten unter seiner Sprunghaftigkeit. Ihnen fehlte es bei Frank an Nüchternheit, Rückgrat, Zähigkeit und Fleiß. Seiner Eitelkeit wurde zum Beispiel Rechnung getragen, indem man sein Bild so aufhängte, dass er in Konferenzen auf sein eigenes Konterfei blicken konnte. In der zweiten Hälfte seiner Amtszeit wälzte er seine Pflichten immer häufiger auf seinen Vertreter Josef Bühler ab und glänzte durch Abwesenheit. Reisen ins Reich, die in Wahrheit oft der Pflege seiner Liebschaften dienten, nahmen ab 1943 rapide zu. Am besten hätte es Frank wohl gefallen, ausschließlich die Rolle eines Kulturbeauftragten und Kunstmäzens zu spielen, wenn da nicht sein unersättlicher Machthunger gewesen wäre.

Im kleinen Kreis galt Frank als liebenswürdig. Belesenheit und künstlerische Interessen machten ihn zu einem interessanten Gesprächspartner, der allerdings gerne die Unterhaltung an sich riss. In jeder Lage inszenierte er sich selbst: Er hatte Lust an der Pose und verfügte über schauspielerisches Talent, gepaart mit Anpassungsfähigkeit, schneller Auffassungsgabe und rednerischer Begabung. Er war immer sorgfältig und passend gekleidet und trank nur mäßig Alkohol.

Hans Frank war ein Mensch, der seine Umwelt täuschte. In Massenveranstaltungen trat er zivilisiert und stilvoll auf. Man traute ihm rohe Gewalt nicht zu. Josef Bühler sagte nach dem Krieg in einer Vernehmung aus: »Ich hatte bis heute Frank des Mordes oder gar des Massenmordes nicht für fähig gehalten.«[78] Bühler verkannte, dass es sich bei Frank, der nicht das Gehabe eines brutalen und aggressiven SS-Mannes zeigte, um einen Schreibtischtäter handelte, der sehr wohl zu barbarischen Entscheidungen fähig gewesen war, die Abertausenden Menschen das Leben kostete. Viele Mitarbeiter reagierten angeblich erschrocken, wenn sie Frank in der einen oder anderen Rede hörten, in denen er Klartext sprach. Sie waren dann schnell bereit, Frank zu entschuldigen: Grausam klingende Formulierungen seien seiner starken Neigung zur Übertreibung geschuldet gewesen. Oder: Um einer nach seiner Meinung schönen oder wirksam klingenden rednerischen Phrase oder Pose willen habe sich Frank zu Äußerungen hinreißen lassen, die mit der Wirklichkeit im Widerspruch standen.[79] Das war allerdings eine Selbsttäuschung. Frank sprach nicht nur aus, was die meisten dachten, sondern was durchaus im Einklang mit den alltäglichen Verbrechen stand.

Beispielsweise sagte Frank in seiner Ansprache auf der Weihnachtsfeier des I. Wachbataillons Krakau am 19. Dezember 1940: »Ich habe freilich in einem Jahr weder sämtliche Läuse noch sämtliche Juden beseitigen können. Aber im Laufe der Zeit und besonders wenn Ihr mir dabei helft, wird sich das schon erreichen lassen.«[80]

Die Empörung ist geheuchelt, wenn Franks ehemaliger Abteilungspräsident Friedrich Siebert (Jahrgang 1903) nach dem Krieg aussagte: »Da er meist frei sprach, gefiel es ihm, fantasievoll im Strome seines Gedankenreichtums zu plätschern, ohne die Grenzen des Themas, der Klugheit und der Wahrheit zu beachten. Um des Effektes willen opferte er die Ehrlichkeit der Pointe. Er berauschte sich an seinen eigenen Worten.«[81] Wäre Siebert, der 1948 in Krakau zu zwölf Jahren Haft verurteilt wurde, zur besseren Einsicht fähig gewesen, hätte er einräumen müssen, dass sich Frank durchaus ehrlich, das heißt realistisch und seiner Gesinnung gemäß, geäußert hatte.[82]

Es ist wohl zutreffend, dass Frank eigene Überzeugungen seinem Ehrgeiz opferte, um Karriere zu machen. So urteilt Siebert, dass Frank bei Hitler »gut dastehen wollte« und in Einzelfällen Anordnungen erließ, die »zweifellos seinem Innersten nicht entsprachen«. Was immer Franks Gründe waren, er setzte sich über seine Skrupel hinweg, sofern solche vorhanden waren, und erfüllte die in ihn gesetzten Erwartungen.

Frank empfing oft und gerne Gäste aus Politik, Kunst und Wissenschaft. Mit einem neidvollen Blick auf Fallgitter und Türme, Rittersaal und große Tafelrunden erschienen immer wieder neue Delegationen aus Berlin und anderswoher, nur Adolf Hitler tat ihm nie die Ehre an. Frank umgab sich bei solchen Anlässen mit eigenem Gefolge, angeführt durch die beiden Staatssekretäre Bühler und Boepple. So begrüßte der vielseitig interessierte und auch belesene Burgherr zum Beispiel Professor Heisenberg, Paul Hörbiger, Lil Dagover, Max Halbe, Elly Ney, Veit Harlan, Heinrich George, Clemens Krauß, Solisten der »Mailänder Scala«, die »Wiener Sängerknaben« oder seinen Freund Hans Pfitzner.

Zum Stellvertreter Franks hatte Hitler ursprünglich den Reichsminister Arthur Seyß-Inquart ernannt (Jahrgang 1892), der in der Österreichischen Regierung Schuschnigg Innenminister, dann selber Bundeskanzler und Reichsstatthalter gewesen war. Vor Gründung des Generalgouvernements war Seyß-Inquart Chef der Zivilverwaltung in Krakau gewesen. Die Einteilung der Verwaltung in drei Instanzenzüge soll auf seine Idee zurückgehen. Er blieb nur bis Mai 1940 im Generalgouvernement und wurde dann Reichskommissar in den besetzten Niederlanden. Im Nürnberger Prozess sahen er und Frank sich als Todeskandidaten wieder.

Nach der Versetzung von Seyß-Inquart konnte Frank in allen wichtigen Personalentscheidungen seine eigenen Vorstellungen durchsetzen.

Staatssekretär Dr. jur. Bühler (Jahrgang 1904) genoss als Regierungschef und Franks Vertreter das volle Vertrauen des Generalgouverneurs, was auf einer engen Zusammenarbeit seit Anfang der dreißiger Jahre beruhte. In seiner Amtsführung galt Bühler zwar als schwerfällig, für Frank war er »pflegeleicht«. Er teilte die Rechtsanschauungen Franks und schuldete ihm in jeder Beziehung Gehorsam.[83]

Frank überreicht Joseph Bühler die Ernennungsurkunde. Links: SS-Chef Friedrich-Wilhelm Krüger (IPN Warschau)

Der Antisemit Dr. phil. Ernst Boepple (Jahrgang 1887), dritter Mann in der Zivilverwaltung, war von 1937 bis 1939 Staatssekretär im bayerischen Unterrichtsministerium, nahm am Krieg gegen Frankreich teil und wurde im September 1941 als Staatssekretär der Vertreter Bühlers.[84] Ihm oblagen die Aufgabengebiete Wirtschaft, Ernährung, Landwirtschaft, Forsten, Arbeit, Propaganda und Wissenschaft.[85] Boepple hielt Frank für begabt, aber für einen »zerrissenen Charakter«.

Bühler wurde am 17. Juli 1948 in Warschau und Boepple am 14. Dezember 1949 in Krakau zum Tode verurteilt. Beide wurden hingerichtet.[86]

Noch trennen allerdings folgenschwere Jahre die Protagonisten vom Tode. Sie wollten ihre Machtstellung auskosten, Privilegien nutzen und ein gutes Leben führen. So bezog Bühler monatlich 10 Lebensmittelkarten einschließlich Milchkarten für »Repräsentation und Gäste«. Boepple zeigte noch weniger Skrupel und gehörte zu »Hitlers zufriedenen Räubern« (Götz Aly). Am 20. Dezember 1941 schrieb die »Bewirtschaftungsstelle für Leder und Pelze«: »Wie ich Ihnen bereits mitteilte, ist es mir gelungen, in Lemberg noch Nutriette-Felle für das Innenfutter des Mantels für Herrn Staatssekretär Dr. Boepple zu finden.«[87]

Am 2. März 1942 beantragte Boepple bei seinem zuständigen Abteilungspräsidenten »für meinen Haushalt und für die Gefolgschaftsangehörigen meines Büros folgende Mengen Likör zur Verfügung stellen zu wollen: 20 Flaschen Altvater, 10 Flaschen Bananen, 5 Flaschen Curacao, 10 Flaschen Wisniowa und 5 Flaschen Blutorange.«[88]

Regelmäßig beantragte auch Boepple Zusatz-Lebensmittelkarten für Repräsentationszwecke. Für seinen Haushalt bestellte er auf Staatskosten ein Ess-Service für 50 Personen – ein Auftrag, für den sich die »Staatliche Porzellan-Manufaktur Meißen« am 24. Juni 1942 bedankte und trotz Auftragssperre eine bevorzugte Bearbeitung zusagte.[89]

Als die Hauptabteilung Finanzen den Antrag Boepples über 927,79 Zloty für »Gartenkosten« seiner Dienstwohnung beanstandete, reduzierte der Staatssekretär den Betrag auf 700 Zloty, weil Wache und Hauspersonal den Garten in Anspruch genommen hätten, während sich sein Eigenanteil auf 227,79 Zloty belaufe.[90]

Beanstandet wurde von der Finanzabteilung auch die Lieferung von 5 Tassen und 5 Zuckerdosen für 585 Zloty, da es unverantwortlich sei, in Zeiten des Krieges derartig teure, zerbrechliche Gegenstände aus Haushaltsmitteln des GG zu kaufen.[91] Der Einwand war berechtigt. Am 18. Januar 1945 fiel tatsächlich alles in Scherben.

Zurück zu Hans Frank, der nicht nur Burg-, sondern auch Schlossherr war. Als Privatresidenz eignete er sich 24 km westlich von Krakau das repräsentative Schloss Kressendorf an. Das in einem Park von 12 ha gelegene Landschloss wurde von Francesco Lanci für das Grafengeschlecht Potocki in der Zeit von 1850 bis 1857 erbaut.[92] Wochentags übernachtete Frank sowohl auf der Burg als auch im Schloss; am Wochenende bevorzugte er den Aufenthalt in Kressendorf. Hier gab er Empfänge, Teestunden mit »Ständchen«, und Dinners – zog sich aber auch mit seiner Familie zurück. Ausgewählte Freunde waren dort seine Gäste, unter anderen Roland Freisler (30. Juni bis 2. Juli 1941).[93]

*Franks Privatresidenz Schloss Kresssendorf (Krzeszowice), westlich von Krakau
(Archiv Niklas Frank)*

Das kleine Städtchen Kressendorf (Krzeszowice) hatte 1939 insgesamt 5060 Einwohner, darunter 570 Juden.[94] Sie waren dem Generalgouverneur ein Dorn im Auge, obwohl er keine Berührungspunkte
mit den Bürgern der Gemeinde fürchten musste, da das Schloss ab-
seits lag. Am 3. März 1941 ordnete der Kreishauptmann Krakau-Land
an, dass »wegen des Sommersitzes des Herrn Generalgouverneurs in
Kressendorf in Kürze sämtliche Juden aus der Stadt Kressendorf ausgesiedelt werden«.[95] Alsbald setzten wie überall im Generalgouvernement auf dem Verordnungswege die üblichen Restriktionen ein,
wie aus einer »Judenakte Kressendorf« hervorgeht[96]:

26. 10. 1939	Anordnung der Zwangsarbeit für Juden
16. 1. 1940	Kennzeichnung der Juden
25. 1. 1940	Einsetzen eines Judenrates
31. 1. 1940	Anordnung Arbeitszwang
6. 3. 1940	Anmelden jüdischen Vermögens auf Vordrucken
3. 4. 1940	Verbot der Benutzung der Eisenbahn

5.4.1940	Erstellen einer »Judenkartei«
29.4.1940	Einsatz zur Zwangsarbeit
1.8.1940	Anmelden jüdischen Grundbesitzes
10.10.1940	Nachtsperre 21 Uhr
7.10.1940	Keine Rentenzahlung an Juden
8.12.1940	Verbot des Zuzugs von Juden in Kressendorf wegen des Sommersitzes von Generalgouverneur Frank
18.11.1940	Kennzeichnung von Angehörigen jüdischer Heilberufe mit blauem Davidstern
1.12.1940	Gruß gegenüber deutschen Uniformträgern unerwünscht
3.2.1941	Generalgouverneur setzt Frist der Judenaussiedlung aus Kressendorf auf 1.4.1941
	24 Juden von Aussiedlung zurückgestellt, 23 arbeiten in 2 landwirtschaftlichen Betrieben, ein Jude als Arzt
5.4.1941	Benutzen privater Verkehrsmittel verboten, Omnibusse bedürfen Genehmigung, Postverkehr auf 10 bis 11 Uhr vormittags beschränkt
24.4.1941	Fernsprechanschlüsse nur noch für Judenrat und Arzt
31.3.1941	Postpakete an Juden werden kontrolliert
3.3.1943	Verteilen der bei Juden beschlagnahmten Fahrräder
14.3.1942	Beschlagnahme Möbel und Einrichtungsgegenstände, Fragebogen
7.4.42	Bestellen eines Treuhänders zur Verwaltung von 22 jüdischen Häusern aus ehemals jüdischem Besitz
3.7.1942	Anordnung der Umsiedlung der verbliebenen Juden am 8.7.1941
8.7.1942	12.00 Uhr Kressendorf als judenfrei gemeldet

Zwei jüdische Bürger blieben trotz der amtlichen Meldung »judenfrei« zunächst verschont, weil sie auf Anordnung der Krakauer Gendarmerie als Putzer im Schloss Kressendorf eingesetzt wurden. – Den Holocaust überlebt haben von den Kressendorfer Juden 25 Personen.[97] Das Schloss ist heute (im Jahr 2006) im Besitz der Gemeinde Krzeszowice und wegen seines schlechten baulichen Zustands zur Zeit nicht bewohnbar.

Das Palais Belvedere machte Frank zum Sitz des Generalgouverneurs in Warschau. Eine an einem See gelegene weitere Dienstvilla stand ihm im Heilbad Krynica südlich von Tarnow nahe der slowakischen Grenze zur Verfügung. Niklas Frank berichtet, dass sein Vater dieses Haus als »Liebesnest« benutzte.[98]

In der Hohen Tatra bei Zakopane, bekannt als Wintersportparadies, eignete sich Hans Frank außerdem ein Feriendomizil an, das er – erneut Hitler nachahmend – »Berghof« nannte. Frank ließ sich in dem Magazin »Das Generalgouvernement« ähnlich wie sein großes Vorbild auf einer Terrasse vor einem Bergpanorama abbilden.

Niklas Frank erinnert sich an diesen Ort und auch daran, dass sein Vater ein schlechter Skifahrer gewesen war wie auch ein schlechter Schwimmer.[99] Er konnte jedoch reiten, besaß Reitpferde, interessierte sich für Pferdezucht und plante noch Mitte 1944 Pferderennen, als die Rote Armee bereits die Grenzen des Generalgouvernements überschritten hatte.[100]

Frank interessierte sich intensiv für Schach. Er besaß nicht nur eine umfangreiche Literatur dazu, sondern war auch selbst ein guter Spieler[101] und »empfing« sogar den ukrainischen Schachmeister Bogoljubow auf der Burg. Am 3. November 1940 veranstaltete er in Krakau einen Schachkongress. Ein halbes Jahr später kündigte er das Errichten einer Schachschule unter Leitung von Bogoljubow und des Schachmeisters Dr. Alexander Alexandrowitsch Aljechin an und besuchte im Oktober 1942 ein Schachturnier im »Literarischen Kaffee« in Krakau.[102]

Goebbels platzte förmlich der Kragen, als er von Franks Aktivitäten hörte:

»Frank betreibt eine Politik, die alles andere als reichsbestimmt ist. Mir werden Briefe vorgelegt, in denen er die Errichtung eines Schachseminars unter polnischer Führung in Krakau anordnet. Das ist auch jetzt sehr wichtig, wo es darauf ankommt, für das Reich die nötigen Lebensmittel zu beschaffen und die dafür erforderliche Organisation zu bilden. Man hat manchmal den Eindruck, es bei Frank mit einem Halbverrückten zu tun zu haben. Es werden mir einige Episoden aus seinem Arbeitsbereich mitgeteilt, die geradezu grauenerregend sind.«[103]

Frank vergab 1941 den Auftrag, sich »in Öl« verewigen zu lassen an die Kunstmalerin Schneefuß in Krakau. Das Ergebnis kennen wir nicht.[104] Ein Jahr später beauftragte er den Münchner Maler Leo Samberger, brach aber nach mehreren Sitzungen das Vorhaben aus unbekannten Gründen ab, bezahlte immerhin an Samberger 1500 Reichs-

Brigitte Frank vor dem unvollendeten Gemälde von Leo Samberger
(Archiv Niklas Frank)

mark, das war die Hälfte des vereinbarten Honorars.[105] Das unvollendete Gemälde hing nach dem Krieg in der Wohnung von Brigitte Frank.[106]

Zu den Kuriositäten der »Regentschaft« Franks gehört weiter, dass
er für sich eigens Zigarren anfertigen ließ, auf deren luxuriösen Kisten
die Krakauer Burg abgebildet war.[107] Des Weiteren komponierte 1941
ein Musiker namens Alwe, der von Vater Karl Frank empfohlen worden war, einen »Generalgouverneurs-Marsch«.[108] Schließlich stiftete
der eitle Generalgouverneur 1943 den »Dr. Frank-Preis« für reichsdeutsche Schriftsteller zur »Förderung des Schrifttums über das Generalgouvernement« oder für historische Themen aus der »deutschen
Geschichte des Raumes«.[109]

All das zeigt, dass Hans Frank seine Stellung zu Kopf gestiegen war.

Deutschland stand mitten im Krieg, und die nationalsozialistische
Politik musste alle Kräfte für den Kriegseinsatz bündeln, besonders
auch die finanziellen Ressourcen. Das wiederum interessierte Frank
überhaupt nicht. Er nutzte aus, dass ihn niemand ernsthaft kontrol-
lierte, wenn er sich unter Berufung auf sein Verfügungsrecht aus dem
Haushalt des Generalgouvernements für »repräsentative oder dienstliche Zwecke« bediente. Ihm war dabei offensichtlich nicht klar, dass
ihm hohe SS-Funktionäre auf die Finger sahen, worüber an anderer
Stelle zu berichten sein wird.

Ohne ihre öffentlichen und privaten Lebensumstände zu trennen,
diese auf betrügerische Weise geradezu verschleiernd, beschäftigten
Frank und seine Frau Brigitte eine Heerschar von Bediensteten
(Frank: »Gefolgschaft«). Aus den vorliegenden Materialien ergibt sich
ein eher lückenhafter Überblick:[110]

Diener Josef B.
Diener Polizeiwachtmeister Max N.
Fahrer Konrad B.
Fahrer Herr Sch.
Adjutant SS-Hauptsturmführer Helmut Pfaffenroth
Adjutant Polizeihauptmann Waldemar K.
Persönlicher Sekretär Oberbereichsleiter Hans E.
Privatsekretär Otto H. (Schwager)
Kinderfräulein Hermine L.
Fräulein I. H., Privatlehrerin der Kinder Norman und Sigrid

Köchinnen: Brigitte B., Hedwig D., Nina K., Nina W.
Köchin Elfriede (Dienstvilla Regerstrasse Berlin)
Hausdame Ines (Berliner Dienstvilla Regerstrasse)
Hausangestellte Hedwig P. (Schoberhof)
Hausdame Dora O. (Schoberhof)
Hausdame Dagmar G. (Schoberhof)
Gesellschaftsdame Frau F. (Schoberhof)
Hausdame Münchner Wohnung, Ludwigstr. 18, Berta R.
Zofe der »Frau Ministerin«: Alma Sch.
Fahrer der Brigitte Frank: Walter K.
Direktrice der Brigitte Frank: Anni H.
Angestellte der Brigitte Frank: Luise B.

In der Burg kochte »Staatsköchin« Netty aus Wien, für deren Suppen Niklas Frank noch heute schwärmt.[111] Darüber hinaus gab es uniformierte Ordonnanzen und ungezählte polnische und ukrainische Hilfskräfte. Die Franks bedienten sich schamlos aus dem Personalreservoir, wie ihr Schriftverkehr belegt (»Der Pole ist am Schoberhof eingetroffen, macht einen ordentlichen Eindruck und arbeitet schon fleißig im Garten.«)[112]

Das »hochherrschaftliche« Leben der Franks pendelte zwischen Krakau, Berlin und München, zwischen Schoberhof, Dienstvilla und der Burg. Frank soll zahlreiche Uniformen und 120 Anzüge besessen haben, wie Niklas Frank berichtet. Die Diener hatten dafür zu sorgen, dass die jeweilige Kleidung zum entsprechenden Anlass parat lag; dezidierte Anweisungen, die Ordensspange betreffend, entbehren aus heutiger Sicht nicht satirischer Elemente.[113]

Am 2. September 1940 wurde Frank »wegen seiner Verdienste bei der Aufbauarbeit im Generalgouvernement« von Hitler mit dem Kriegsverdienstkreuz I. Klasse ausgezeichnet.[114] Ob Hitler zu diesem Zeitpunkt bereits die kritischen Informationen besaß, über die Goebbels verfügte, muss bezweifelt werden. Allerdings verhielt sich Frank, von seinen persönlichen Eskapaden abgesehen, in allen essenziellen Bereichen nationalsozialistischer Unterdrückungspolitik linientreu. Hierzu gehörte zum Beispiel auch, dass er ab Mitte 1940 für viele Straßen oder Plätze das »Ausmerzen« von polnischen Bezeichnungen anordnete. In jeder Distrikthauptstadt sollte der repräsentativste Platz in

»Adolf-Hitler-Platz« umbenannt und die von diesem Platz in Richtung Reich führende Straße als »Reichsstraße« bezeichnet werden. Andere große Straßen hießen fortan »Straße der Wehrmacht«, »Straße der Bewegung« oder »Siegesstraße«. Unzählige Orts- und Straßennamen wurden eingedeutscht oder mit den Namen »führender Persönlichkeiten des Großdeutschen Reichs« versehen«.[115]

Zwar befand sich der Generalgouverneur bereits im Visier der SS, aber noch war das gegenseitige Verhältnis auf Kooperation angelegt mit dem Ziel, den gemeinsamen Gegner zu vernichten.

Vernichtung der polnischen Intelligenz

Als Hans Frank am 26. Oktober 1939 seinen Posten antrat, war bereits die erste Mordwelle über das Land hinweggerollt. Verantwortlich dafür war das Reichssicherheitshauptamt (RSHA), das unter der Bezeichnung »Aktion Tannenberg« ein rigides »Programm zur Vernichtung der polnischen Intelligenz« durchführte, das im besetzten Polen 60 000–80 000 Opfer forderte, wobei der Schwerpunkt in Danzig-Westpreußen lag.[116]

Fünf mit Sonderfahndungslisten ausgestattete Einsatzgruppen (etwa 2700 Mann) folgten ab dem 1. September 1939 den Marschbewegungen des Militärs mit dem Auftrag, »rückwärts der fechtenden Truppe alle deutschfeindlichen Elemente zu bekämpfen«.[117] Führer der Einsatzgruppe IV war SS-Obersturmbannführer Ludwig Fischer,[118] der früher enger Mitarbeiter von Frank gewesen war. Seine praktischen Morderfahrungen konnte er ab 24. Oktober 1939 in seiner neuen Position als Gouverneur von Warschau in die Tat umsetzen. Er steht für die Radikalisierung und Brutalisierung, die viele NS-Führungskräfte innerhalb weniger Wochen verinnerlicht hatten. Immerhin hatte Fischer zuvor als Franks Vertreter in der Rechtsabteilung der NSDAP-Reichsleitung keine Menschenleben direkt auf dem Gewissen. Nun hatte sich die Situation extrem verändert, und Fischer unterstützte als Distrikt-Gouverneur mit seiner Zivilverwaltung maßgeblich die Menschenjagd auf Juden und Polen.

Die Tagesberichte der Einsatzgruppen I, II, III und IV dokumentieren auf dem Gebiet des späteren Generalgouvernements eine breite Spur von Mord, Raub und Freiheitsberaubung.[119] Der Chef des RSHA, Reinhard Heydrich, ließ keinen Zweifel darüber aufkommen, was er von den eingesetzten Kräften erwartete. Das bezeugen die Besprechungsprotokolle.[120] Heydrich wollte, dass die führenden Bevölkerungsschichten in Polen so gründlich wie möglich unschädlich gemacht werden (7. September 1939). »Adel, Geistlichkeit und Juden sollen sofort umgebracht werden« (8. September). Die Liquidierung der polnischen Eliten müsse bis zum 1. November abgeschlossen sein, befahl Heydrich am 14. Oktober 1939. Der Termin wurde jedoch überschritten, die Erschießungen durften danach nicht mehr öffentlich stattfinden, sondern in abgesperrten Waldgebieten.[121]

Dass Frank den Massenterror der »Intelligenzaktion« grundsätzlich billigte, darüber gibt es keinen Zweifel, das beweist seine Initiative bei der »AB-Aktion« (siehe S. 184 ff.). Wenn er dagegen opponierte, dann in erster Linie deshalb, weil die SS in seinem »Hoheitsgebiet« eigenständig vorging, ohne ihn an Entscheidungen zu beteiligen. Wie sich bereits mehrfach gezeigt hatte, entsprach es seiner Überzeugung als rechtspositivistischer NS-Jurist, Willküraktionen zu verhindern und das Morden auf eine legale Rechtsgrundlage zu stellen, weswegen er sehr schnell – nämlich bereits am 31. Oktober 1939 – die »Verordnung zur Bekämpfung von Gewalttaten im Generalgouvernement« erließ. Mit dieser Bestimmung wurden Polizeistandgerichte legalisiert,[122] aber trotzdem willkürliche Tötungsaktionen nicht verhindert.

Auf Befehl Himmlers vom 27. Oktober 1939 wurde in Radom ein Großteil der Pfarrer und Lehrer »aus Sicherheitsgründen« erschossen.[123] In Tschenstochau wurden in der Nacht zum 10. November 1939 Dutzende von Personen verhaftet, darunter der Präsident und Vizepräsident der Stadt. In Lublin lief eine gleichartige Aktion, betroffen waren Gymnasiallehrer, Professoren der Universität und Priester. Bischof Marian Fulman wurde in das KZ Oranienburg deportiert (entlassen am 19. Februar 1940). Am 23. Dezember 1939 wurden zehn Personen erschossen, darunter zwei Gerichtspräsidenten, zwei Rechtsanwälte, zwei Universitätsprofessoren und zwei Landräte. Am

12. Februar 1940 folgte in Lublin die Massenerschießung von 180 Personen.[124]

Am Abend vor dem Eintreffen von Frank in Krakau waren 183 Professoren und wissenschaftliche Mitarbeiter der Universität und der Bergakademie festgenommen und nach einem Zwischenaufenthalt im Zuchthaus Breslau in das KZ Sachsenhausen eingeliefert worden. Die Verantwortung für die »Sonderaktion Krakau« trug nicht Frank, wie in der Literatur hier und da behauptet wird, sondern stand unter dem Befehl des Kommandeurs der Sicherheitspolizei und des SD in Krakau, Dr. Bruno Müller.[125] Ob Frank im Vorfeld der Sonderaktion zumindest unterrichtet worden war, ist genau so ungeklärt wie die Rolle des Befehlshabers der Sicherheitspolizei und des SD in Krakau, Bruno Streckenbach.[126] Angeblich kannte Frank einige der betroffenen Professoren persönlich aus seiner Zeit als Präsident der Akademie des Rechts und versuchte – wie er behauptete – in Verhandlungen mit der SS deren Freilassung zu erreichen. Sofern dies zuträfe, bestätigte Franks Verhalten die These, dass soziale Nähe zu Opfern als eine der wenigen Ausnahmen galt, eine Entscheidung gegen das Morden zu treffen (Harald Welzer).[127] Interventionen aus dem Ausland, des Vatikans und des Krakauer Fürsterzbischofs Adam Sapieha führten schließlich am 8. Februar 1940 zur Freilassung von 102 Wissenschaftlern. Für elf Hochschullehrer kam die Rettung zu spät: Sechs waren bereits im Lager verstorben und fünf weitere verstarben in den ersten Wochen nach ihrer Ankunft in Krakau. 54 Personen blieben zu diesem Zeitpunkt noch interniert und kamen im Januar 1941 – bis auf Kazimierz Piwarski, der erst im November 1941 entlassen wurde – frei.[128] Am 30. Mai 1940 erklärte Frank in einer Polizeisitzung, in der es unter anderem um Liquidierungen ging: »Was wir mit den Krakauer Professoren an Scherereien hatten, war furchtbar. Hätten wir die Sache von hier aus gemacht, wäre sie anders gelaufen.«[129] Es muss offen bleiben, wie die Aussage zu interpretieren ist.

Die Kirche war als Instanz des inneren und äußeren Widerstands auf besondere Weise in das Fadenkreuz der SS-Mörder geraten: 19 evangelische Pfarrer und etwa 900 polnische katholische Priester zählten zu ihren Opfern.[130] Auch Frank machte keinen Hehl aus seiner

Meinung: »Hier darf keine Schonung Platz greifen – die katholische Kirche und Schullehrer sind Todfeinde alles Deutschen.«[131] Himmler bilanzierte das Morden in einer Rede vor Angehörigen der Waffen-SS: »[…] Dasselbe hat bei 40 Grad Kälte in Polen stattgefunden, wo wir Tausende und Zehntausende und Hunderttausende wegtransportieren mussten, wo wir die Härte haben mussten – Sie sollen das hören und sollen das aber auch gleich wieder vergessen –, Tausende von führenden Polen zu erschießen.«[132]

Für weitere Verbrechen im Generalgouvernement war der von Volksdeutschen gebildete »Selbstschutz« in den Distrikten Warschau und Lublin unter der Gesamtleitung des SS-Oberführers Kurt Hintze[133] verantwortlich. Der »Selbstschutz« wurde mit Wirkung vom 30. November 1939 durch eine Anordnung Himmlers zwar aufgelöst,[134] trieb aber bis Mai 1940 zumindest im Distrikt Lublin unter Führung des SS-Obergruppenführeres Odilo Globocnik das Morden weiter. Auch hier intervenierte Frank gegen die eigenständigen Aktionen der SS und bezeichnete sie sogar als »Mordbande des SS- und Polizeiführers Lublin«.[135] Die 1600 Mann des »Selbstschutzes« wurden in einen »Sonderdienst« überführt.[136] Das Personal der Einsatzgruppen bildete nach Beendigung des Auftrags die Dienststellen der Sicherheitspolizei und des SD in Krakau (Einsatzgruppe I), Lublin (Einsatzgruppe II), Radom (Einsatzgruppe III) und Warschau (Einsatzgruppe IV).[137]

Die »AB-Aktion«

Franks Gegenspieler war der Höhere SS- und Polizeiführer Friedrich-Wilhelm Krüger. Formal war der SS-Obergruppenführer und General der Polizei Frank unterstellt.[138] Frank pochte zwar immer wieder auf seine Befehlsgewalt über Krüger, doch tatsächlich war Krüger der verlängerte Arm Himmlers in der Rolle als Vertreter des Reichsführeres SS, von dem er ausschließlich Aufträge entgegennahm. Schlimmer noch: Krüger bezeichnete Frank gegenüber Bühler gar als einen »Hampelmann«, mit dem er nicht zusammenarbeiten könne.[139] Bis etwa

Der Höhere SS- und Polizeiführer Friedrich-Wilhelm Krüger (l.)
mit SS-Obersturmbannführer Alfred Schweder (IPN Warschau)

September 1941 bemühten sich beide Seiten um ein erträgliches Verhältnis, danach entwickelte sich ein unversöhnlicher Konflikt, Frank sprach sogar von einer »persönlichen Todfeindschaft«.[140]

Dass Himmler mit Krüger im Generalgouvernement eine Nebenregierung errichtete (Organisation von SS und Polizei siehe S. 424 ff.), musste Frank durch viele kleine Nadelstiche fast täglich erfahren. So erfuhr Frank am 7. Mai 1940 erst hinterher, dass Himmler Warschau besucht und die Einweisung von 20 000 Polen in Konzentrationslager angeordnet hatte.[141] Razzien in Warschau im Jahre 1940 (29. April, 12. August, 19. September, 6. Oktober) gingen auf diesen Befehl zurück.[142] Ständige Streitpunkte waren die Frage der Unterstellung Krügers als Vertreter des Generalgouverneurs – gleichberechtigt neben Staatssekretär Bühler[143] – oder die Weisungsbefugnis der Distrikt-Gouverneure gegenüber den Chefs der Sicherheitspolizei oder die Unterstellung der Gendarmerie unter die Kreishauptleute.[144] Als sich Himmler weigerte, die auf die größeren Städte konzentrierten Polizeikräfte zu dislozieren, schuf Frank aus den Kräften des »Selbstschutzes« den erwähnten »Sonderdienst« als Verwaltungsexekutive auf der Ebene der Kreishauptleute. Frank bezeichnete die 50–100 Mann, die jedem Kreishauptmann zugeteilt wurden, als »eine Art Landespolizei des Generalgouvernements«.[145]

Krüger, ein drahtiger, hochmütiger und respektloser SS-Führer, war absolut auf Himmler eingeschworen. Hinter Krüger stand der Scharfmacher Globocnik als SS- und Polizeiführer des Distriktes Lublin, der sich bereits im Persönlichen Stab des Reichsführers SS seine Sporen verdient hatte, obwohl er zuvor wegen finanzieller Unregelmäßigkeiten als stellvertretender Gauleiter von Wien abgelöst worden war.[146] Frank war beiden SS-Fundamentalisten in vieler Hinsicht unterlegen, es fehlte ihm an Willensstärke und Durchsetzungskraft. Er hatte allerdings auch die Ermahnung Hitlers im Hinterkopf: »Ich beschwöre Sie, sich mit Himmler zu verstehen!«[147]

In einer Unterredung mit Hitler am 28. Februar 1940 erreichte Frank einen Prestigegewinn, denn Hitler billigte ihm das Gnadenrecht zu.[148] Frank erließ daraufhin eine Verordnung, in der die Vollstreckung von Todesurteilen der ordentlichen Gerichte, der Sondergerichte und der polizeilichen Standgerichte von seinem ausdrücklichen Verzicht auf das Begnadigungsrecht abhängig gemacht wurde.[149] Der Generalgouverneur brauchte solche Anerkennungen durch den »Führer« für sein »staatsmännisches« Selbstbewusstsein, auch wenn es nur Scheinerfolge waren, weil die SS dessen ungeachtet »wilde Erschießungen« vornahm und sich jederzeit auf Notwehr oder mit der Formel »auf der Flucht erschossen« herausreden konnte. Angesichts des Völkermords an Juden war das Recht auf Begnadigung (das Frank im Falle von Juden ab 20. Januar 1941 auf die Distrikt-Gouverneure delegierte) ohnehin eine Farce.[150] Außerdem saß in der »Gnadenkommission« der durchsetzungsfähige SS-Chef Krüger.[151]

Aus den wenigen Unterlagen geht hervor, dass die Begnadigung eines Verurteilten die Ausnahme bildete und meist »die Gerechtigkeit ihren Lauf nahm«, wie es in zynischer Weise hieß. Da das Diensttagebuch im Gegensatz zu anderen Auseinandersetzungen mit der SS keine Konflikte in der »Gnadenkommission« zur Sprache bringt, war man sich wohl in diesem Gremium weitgehend einig.[152] Zwei Fälle sind dokumentiert: Ein Scharführer des Forstkommandos schoss willkürlich auf der Straße vier Polen nieder, nachdem er die Nachricht erhalten hatte, dass sein Kollege von Angehörigen des polnischen Widerstandes erschossen worden war. Frank ordnete daraufhin die Durchführung eines Strafverfahrens an. Man müsse zunächst »der Verrohung der Moral entgegentreten«, um danach auf dem Wege der Begnadigung der »Schockwirkung« des Täters Rechnung tragen zu können. In einem zweiten Fall hatte ein vorbestrafter Täter »bei Aktionen im Judenviertel Juden wegen angeblicher Widersetzlichkeiten erschossen«. »Der Herr Generalgouverneur stimmt der beantragten Niederschlagung des Verfahrens zu, will aber, da er das Verhalten des Verurteilten auf das schärfste missbilligt, aktenkundig gemacht haben, dass die Niederschlagung nicht ›im Wege der Gnade‹, sondern aus reinen Zweckmäßigkeitsgründen erfolge.«[153] Beide Fälle zeigen, wie willkürlich das »Gnadenrecht« gehandhabt wurde.

Nur in Einzelfällen protestierten mutige Offiziere gegen das Massenmorden und -sterben, so zum Beispiel Generalmajor Blaskowitz (Oberbefehlshaber Ost) am 9. April 1940 gegen die Methoden des SS-

Obergruppenführers Krüger. Blaskowitz schrieb: »Geschossen wurde auf alles, was sich irgendwie zeigte, auf Frauen und Krähen.« Der General, der sich bereits am 16. November 1939 bei Generalgouverneur Frank über die Erschießungen beschwert hatte[154], wandte sich gegen Vergeltungsaktionen, mit denen beabsichtigt sei, die gesamte männliche Bevölkerung der im Kampfgebiet liegenden polnischen Dörfer zu erschießen.[155] Hitler schimpfte daraufhin über die »kindliche Einstellung« der Heeresführung: mit Heilsarmee-Methoden führe man keinen Krieg. Auch bestätige sich seine Aversion gegen Blaskowitz, weshalb er dem General niemals das Vertrauen geschenkt habe.[156] Blaskowitz wurde abgelöst. Frank war zufrieden, hatte er doch bereits Mitte Februar 1940 die Ablösung des »arroganten« Generals bei Göring gefordert.[157]

Wenn Frank jedoch in die Pläne der SS eingebunden wurde, dann offenbarte sich seine Grundeinstellung gleich in mehrfacher Hinsicht. Er hatte dann, wenn er sich nicht übergangen fühlte, keine Bedenken mehr gegen einen scheinlegalen Massenmord. Im Gegenteil: Mit allen politischen und juristischen Winkelzügen war er dabei. So zum Beispiel bei der von SS und SD ersonnenen »Außerordentlichen Befriedungsaktion« (AB-Aktion), einer Operation zwischen dem 10. Mai und 12. Juli 1940, mit der die »Vernichtung der polnischen Intelligenz« fortgesetzt und komplettiert werden sollte. Planung und Durchführung sind nahezu lückenlos im Diensttagebuch dokumentiert.[158]

Begründet wurde die Aktion mit einer »unmittelbaren Gefahr für Sicherheit, Ruhe und Ordnung«. Erste Überlegungen gehen auf den 18. April 1940 zurück, als der Leiter der Hauptabteilung Justiz, Ministerialrat Kurt Wille, in einer Besprechung mit Frank eine Entscheidung hinsichtlich der »kurzhändigen Exekutierung schwer vorbestrafter Elemente« erbat. Frank erwiderte, dass dazu noch ein »Reglement« gefunden werden müsse. Der Begriff »kurzhändige Exekutierung« ist eins der Unwörter der Jahre 1933–1945.

Die Terminierung der Aktion wurde von Frank in Abstimmung mit den SS-Führern ausdrücklich so gewählt, dass »mit der am 10. Mai begonnenen Offensive im Westen das vorherrschende Interesse der Welt an den Vorgängen hier bei uns erloschen ist«. Frank weiter: »Dabei war es natürlich klar, dass bis zu dem Augenblick, wo das Welt-scheinwerferlicht auf diesem Gebiet lag, von uns ja nichts Derartiges in großem Ausmaße geschehen konnte.«

Mit der Leitung der AB-Aktion wurde der Chef der Sicherheitspolizei, SS-Brigadeführer Streckenbach, beauftragt, der von Frank ausdrücklich »alle Vollmachten« erhielt. Das Befriedungsprogramm hatte zum Inhalt, so Frank,

»nunmehr mit der Masse der in unseren Händen befindlichen aufrührerischen Widerstandspolitiker und sonst politisch verdächtigen Individuen in beschleunigtem Tempo Schluss zu machen und zu gleicher Zeit mit der Erbschaft des früheren Verbrechertums aufzuräumen. Ich gestehe ganz offen, daß das einigen tausend Polen das Leben kosten wird, vor allem aus der geistigen Führerschicht. Für uns als Nationalsozialisten bringt aber diese Zeit die Verpflichtung mit sich, dafür zu sorgen, daß aus dem polnischen Volk kein Widerstand mehr emporsteigt. Ich weiß, welche Verantwortung wir damit übernehmen. Aber es ist klar, daß wir das tun können, und zwar gerade aus der Notwendigkeit heraus, den Flankenschutz des Reiches im Osten zu übernehmen.«[159]

Frank zitierte den »Führer«, der ihm gesagt hätte, dass die Führerschicht in Polen zu liquidieren und, was nachwachse, wieder wegzuschaffen sei. Dann heißt es weiter:

»Wir brauchen diese Elemente nicht erst in die Konzentrationslager des Reichs abzuschleppen, denn dann hätten wir nur Scherereien und einen unnötigen Briefwechsel mit den Familienangehörigen, sondern wir liquidieren die Dinge im Lande. Wir werden es auch in der Form tun, die die einfachste ist.

Meine Herren, wir sind keine Mörder. Für den Polizisten und SS-Mann, der auf Grund dieser Maßnahmen amtlich oder dienstlich verpflichtet ist, die Exekutionen durchzuführen, ist das eine furchtbare Aufgabe. Wir können leicht Hunderte von Todesurteilen hier unterzeichnen; aber die Durchführung deutschen Männern, anständigen deutschen Soldaten und Kameraden zu übertragen, das bedeutet eine furchtbare Belastung.«[160]

Hans Frank, der auf seinen »Rechtsstaat« pochende Jurist, erfand auch eine juristische Hilfskonstruktion, denn jeder Polizei- und SS-Führer müsse die hundertprozentige Gewissheit haben, dass er »in Erfüllung eines Richtspruchs der deutschen Nation handele«.

Franks Lösung: »Für die Fälle der AB-Aktion werden summarische polizeiliche Standgerichtsverfahren durchgehalten, damit auf keinen Fall der Eindruck einer willkürlichen Aktion entsteht.«

Dann führte Frank, der so stolz auf sein bei Hitler erwirktes Gnadenrecht war, diese Einrichtung *ad absurdum*: »Die bei mir eingeführte Gnadenkommission hat mit diesen Dingen nichts zu tun. Die AB-Aktion vollzieht sich ausschließlich zwischen dem Höheren SS- und Polizeiführer Krüger und seinen Organen. Es ist das eine reine interne Befriedungsaktion, die notwendig ist und die außerhalb des normalen Verfahrens liegt.«

Fast könnte man meinen, dass sich Frank damit aus der Verantwortung stehlen wollte, aber das war nicht seine Art. Für ihn war wichtig, am Entscheidungsprozess beteiligt zu sein. Streckenbach führte auf, dass von der Aktion etwa 3500 Angehörige des polnischen Widerstands und etwa 3000 Berufsverbrecher betroffen seien. Die Berufsverbrecher unterlägen nicht der summarischen Aburteilung, hier »genügt allein die Anordnung der außerordentlichen Befriedungsaktion, um die Liquidation im Rahmen der Aktion durchzuführen«.

Frank wurde im Verlauf der Besprechung klar, welchen Weg er eingeschlagen hatte, und erteilte seinem Rechtsstaat eine vorläufige Absage: »Ziel der Arbeit im Generalgouvernement ist nicht der Aufbau eines Rechtsstaats, sondern die Erfüllung der nationalsozialistischen Ostaufgabe.« In einer Besprechung mit Hitler am 8. Juli 1940 ließ sich der Generalgouverneur von Hitler die AB-Aktion nachträglich absegnen.[161]

Die Suspendierung des »Rechtsstaats« machte sogar der Richterschaft des Generalgouvernements Probleme. Frank beruhigte seine Juristenkollegen am 12. Juli 1940 mit dem Hinweis, dass ein scharfes Durchgreifen notwendig gewesen war, die Aktion aber abgeschlossen sei, so dass man nun »in normale Bahnen zurückkehre«.[162] Seit dieser Aktion wurde Frank von polnischen Bürgern als »Schlächter von Polen« bezeichnet.

An Fürsorgemaßnahmen nach innen ließen es die Verantwortlichen nicht fehlen. Der Leiter der Hauptabteilung Innere Verwaltung, Dr. Friedrich Wilhelm Siebert, gab einen Erlass heraus, in welchem er den Polizeiorganen »eine gewisse Rücksichtnahme auf die psychische Situation der mit solchen Exekutionen betrauten Männer zur Pflicht macht«.[163] Und der Höhere SS- und Polizeiführer Krüger erließ am 14. August 1940 eine dezidierte »Anweisung für die Durchführung von Exekutionen«. In seinem Anschreiben vermerkte Krüger: »Ferner erinnere ich in diesem Zusammenhang an den persönlichen Wunsch des Reichsführers SS, dass die Exekutionskommandos nach der Exekution einer Zerstreuung mit geistig wertvollem Inhalt zuzuführen sind.«[164]

»Ich bin ein Kulturmensch« (Hans Frank)

Welch ein Gegensatz: Generalgouverneur Dr. Hans Frank – humanistisch gebildet, Reichsrechtsführer, Minister der Reichsregierung, Nietzsche-Kenner, versierter Schachspieler, Herrenreiter, Pianist, Organist, Opernliebhaber und persönlich bekannt mit Gerhart Hauptmann, Richard Strauss, Winifred Wagner, befreundet mit Hans Pfitzner –, dieser Intellektuelle trug Mitverantwortung für den Völkermord im Generalgouvernement.

Frank brachte es fertig, die »zwei Seelen in seiner Brust« mühelos zu vereinen. Es gibt keine Anhaltspunkte dafür, dass ihn sein Gewissen geplagt oder er sich selbstkritische Gedanken gemacht hätte. Es lassen sich aus seinen Handlungen, seinen Prioritäten, die er setzte, seinen Unterlassungen und schriftlich formulierten Gedanken Rückschlüsse auf seine Psyche ziehen: Frank war ein Genussmensch, er lebte für seine Interessen, er war ein Egomane, der die Macht genoss und sie egoistisch ausnutzte, der das Regieren liebte, der aber zugleich auch wankelmütig und unzuverlässig war und kein hohes Selbstwertgefühl hatte und immer um Anerkennung buhlte, vor allem bei Hitler. Nahm man ihn ernst, konnte ihn selbst die SS zu schlimmsten Verbrechen als Komplizen gewinnen. Seine Werteskala war verschoben, sein Sinn für Menschlichkeit, Mitgefühl, Mitleid war gestört. Frank litt unter »moralischem Schwachsinn« (*moral insanity*), wie amerikanische Kriminologen solche Persönlichkeiten typisieren. Das alles sind Erklärungsversuche, die aber seine Schuldfähigkeit nicht einschränken. Nicht zuletzt war er sich wegen seiner in Nürnberg amtlich festgestellten hohen Intelligenz seiner Handlungen voll bewusst und hatte unbegrenzt Entscheidungs- und Handlungsfreiheit.

Harald Welzer wies in seiner brillanten Studie »Täter«[165] allerdings einen anderen Weg. Der psychopathologische Ansatz führe nicht zu einem verallgemeinerbaren Ziel, weil man eine universalistische Moral nicht zugrunde legen dürfe. Jemand wie Frank, der Hitler unmittelbar unterstellt war, folgte nach Welzer eigenen Gesetzen. Die Vernichtung der polnischen Intelligenz und die Ermordung der Juden konnte Frank in einen Referenzrahmen einordnen, der auf einem »Führerbefehl« beruhte, dem er sich in jeder Weise verpflichtet fühlte. Frank akzeptierte, dass das übergeordnete Wohl der Volksgemeinschaft die AB-Aktion erforderlich machte, dass das Töten im Interesse von Sicherheit und Ordnung erfolgte. »Die nationalsozialistische Moral erhebt das Auslöschen von Menschen in den Status einer moralischen Verpflichtung.« (Harald Welzer)[166] Insofern stellten Mordprogramm und Kulturprogramm keinen Widerspruch dar.

Dennoch war Hans Frank eine besondere Persönlichkeit. Er pflegte Kunst und Kultur in einer Zeit, als die meisten Menschen andere Sorgen hatten, und dies an einem Ort, an dem man angesichts der Verbrechen, des Elends und der Ungerechtigkeit kaum an Kulturgenuss hätte denken dürfen. Er umgab sich mit einer kleinen Schar von Menschen, die seine Interessen teilten. Die Bürger des Landes, Polen, Ukrainer und Juden, mussten sich verhöhnt, verachtet und in den Schmutz getreten vorkommen. Selbst die Mehrheit der Deutschen schüttelte verständnislos den Kopf, Reichsinstanzen reagierten empört, und die SS notierte alle Einzelheiten in einem »Frank-Dossier«.

Alles das berührte Hans Frank nicht. Er saß auf seiner Burg und ließ sich eine Gelegenheit nach der anderen einfallen, um seinem Alltag Abwechslung zu verschaffen, seinem Leben eine persönliche Note zu verleihen. Er wollte immer im Gespräch bleiben und zeigen, welches intellektuelle Niveau der »Landesvater« besaß. Hier waren zwei Phänomene zusammengekommen: Er folgte Neigungen, mit denen er Stärke zeigte, mit denen er aber auch Schwächen verdeckte, die mit seinen dienstlichen Anforderungen als Generalgouverneur zu tun hatten. Keineswegs kann man davon ausgehen, dass er mit *panem et circenses* eine politische Beruhigung der Bevölkerung anstrebte, denn es war ja nur eine kleine Minderheit, die in den Genuss des Frank'schen Kulturbetriebs kommen durfte.

Frank und seinen Komplizen war die Widersprüchlichkeit ihres Verhaltens nicht bewusst, wofür es viele Beispiele gibt: So beschloss am 7. Juli 1943 Frank quasi in einem Atemzug den Entzug von Lebensmittelkarten und die Förderung des Kulturlebens in Form »mittelalterlicher Musik aus der Zeit von Bach«.[167] So erteilte er am 19. Oktober 1943 in einer »Sicherheitssitzung« im Königssaal der Burg Mordaufträge und besuchte abends eine Aufführung des »Fidelio« im Staatstheater.[168] Am 31. Mai 1944 bereitete er einen »Antijüdischen Kongress« in Krakau vor, erörterte er Maßnahmen der Bandenbekämpfung und der Räumung Lembergs, wo 45 000 Polen »freiwillig« abgewandert seien, abends begab sich dann der Generalgouverneur in die Verdi-Oper »Ein Maskenball«.[169] Und: Am 14. Juli 1944, als die Lage immer bedrohlicher wurde, weil die Rote Armee nicht mehr aufzuhalten war, veranlasste Frank den Abtransport von 100 000 Frauen und Kindern aus dem Generalgouvernement und besuchte abends ein Gastspiel des Berliner Schillertheaters mit Heinrich George in dem Stück »Katrin« von Stanietz.[170]

Im Juli 1940 hatte Frank das aus einhundert Spitzenmusikern bestehende »Philharmonische Orchester des Generalgouvernements« gegründet. »Es untersteht mir mit seinem Chefdirigenten.« Frank brüstete sich, führende polnische und ukrainische Musiker eingestellt zu haben, darunter Professoren der früheren staatlichen Musikinstitute.[171] Im Wesentlichen war es ein polnisches Orchester, was die NS-Propaganda *ad absurdum* führt, Polen hätte keine eigene Hochkultur besessen. Die Eröffnung der Philharmonie fand am 14. Oktober 1940 statt.[172] Deren Spielplan bestimmte so gut wie Frank allein. Chefdirigent war bis Mitte Juli 1944 Rudolf Hindemith, ein Bruder des Komponisten.[173] Daneben trat außerdem ein SS-Symphonieorchester in Krakau auf.[174] Auch das Staatstheater verfügte über ein eigenes Orchester.[175]

Das Drei-Sparten-Staatstheater in Krakau unter seinem Intendanten

Friedrich Franz Stampe verfügte über 26 Schauspieler, 26 Opern- und Operettenkünstlern, 50 Orchestermusiker und 12 Ballett-Tänzer. Die Besucherzahlen stiegen von 62 000 in der Spielzeit 1940/41 auf 192 000 im Jahre 1943, davon waren zuletzt 60% Wehrmachtsangehörige.[176]

In Anwesenheit von Joseph Goebbels eröffnete Frank das »Deutsche Theater« in Krakau am 1. September 1940 mit Hebbels »Agnes Bernauer«.[177] »Eine sehr gute und gediegene Aufführung«, urteilte Goebbels, »hier wird etwas geleistet.« Frank hatte Goebbels in Kressendorf empfangen, was Goebbels süffisant mit den Worten »Im Schloss bei König Frank« kommentierte.[178]

Der umtriebige Kulturmäzen hatte aber schon längst neue Ideen, plante die Gründung eines zusätzlichen polnischen philharmonischen Orchesters und verhandelte mit der UFA über die Herstellung eines Kulturfilms über das Generalgouvernement, an dem er sich mit 120 000 Zloty beteiligen wollte.[179]

Zu seinen hochfliegenden Plänen passten nicht die rund 70 000 Juden von Krakau. Frank wollte seine Hauptstadt möglichst bald »judenfrei« haben. Daher seien 9000 Juden zum 2. August 1940 bereits freiwillig »ausgezogen«. Weitere 40–45 000 von ihnen würden ausgesiedelt werden und 15 000 »vorläufig« in Krakau bleiben müssen, weil man deren Arbeitskraft noch brauchte.[180]

Am 15. März 1941 folgte die »feierliche Eröffnung des SS- und Polizeitheaters in Krakau als Kulturstätte des seelischen Ausgleichs für den harten täglichen Einsatz mit einem Konzert des SS-Symphonieorchesters des 8. SS-Infanterie-Totenkopf-Regiments in Anwesenheit der Regierungsmitglieder und Vertreter von Staat, Partei und Wehrmacht mit Ansprachen von SS-Obergruppenführer Krüger und Frank«.[181]

Als sich Frank bei den Polen einschmeicheln wollte, weil der »Endsieg« inzwischen in Frage stand, eröffnete er am 17. März 1944 in Krakau ein »Polnisches Volkstheater«. Doch die polnische Widerstandsbewegung rief zum Boykott auf.[182] Deutschen Künstlern war es untersagt, vor Polen aufzutreten.[183]

Frank war erstaunlich unsensibel und völlig unbeeindruckt, dass Deutschland immer mehr in Schutt und Asche fiel und die Menschen um ihr Überleben bangten. Er plante im März 1944 eine Konzertreise

der Philharmonie des Generalgouvernements »in das Reich«, die freilich durch strikten Befehl des Reichssicherheitshauptamtes verboten
wurde.[184]

Im Laufe der Jahre traten namhafte Ensembles auf Einladung
Franks in Krakau auf: »Mailänder Scala«, »Dresdner Philharmonie«,
»Leipziger Gewandhaus-Orchester«. [185] Liederabende mit den Kam-
mersängerinnen Viorica Ursuleac, Erna Sack und der Pianistin Elly
Ney fanden statt. Der Dirigent Hans Knappertsbusch oder in der Spar-
te Schauspiel der bereits erwähnte Heinrich George gastierten in Kra-
kau – sie alle repräsentierten das Naziregime auf höchstem künstleri-
schen Niveau.[186] Ungezählt sind die Krakauer Premieren in Oper,
Operette, Schauspiel und Konzert, bereichert durch Mozart-Wochen,
Ballett-Abende, Freilichtaufführungen oder Serenaden im »Gotischen
Hof«, nicht zu vergessen die »Hausmusik« im Schloss Kressendorf.[187]
Zwei Uraufführungen standen auf dem Spielplan: Das Schauspiel »Kopernikus« von Friedrich Bethge und die Pfitzner-Komposition »Krakauer Begrüßung«.

Auch auf anderen Gebieten betätigte sich Frank mit großem Ehrgeiz,
besonders als Gründer von Institutionen der Kultur und Wissenschaft.
Er kaufte auf Staatskosten einen Teil des Chopin-Nachlasses und weihte
am 27. Oktober 1943 ein Chopin-Museum in Krakau ein.[188] In Frankreich erwarb er Totenmaske, Flügel und Bibliothek des Komponisten
Joseph Elsner, einem Lehrer Chopins.[189] Frank gab eine Bibliografie des
Generalgouvernements heraus und förderte die Herausgabe eines »Bae-
decker Generalgouvernement«.[190] Er gründete eine »Gesellschaft der
Wissenschaften« und eine »Kulturvereinigung des Generalgouvernement« als Dachorganisation.[191] Er errichtete weiterhin zu »Führers Geburtstag« im Jahre 1940 das »Institut für deutsche Ostarbeit«, machte
sich zu dessen Präsidenten und plante eine Erweiterung des Instituts zu
einer »Akademie der Wissenschaften«.[192] Außerdem gründete er eine
»Medizinische Akademie« und errichtete in Krakau eine »Verwaltungsakademie«, eine »Städtische Musikschule«, ein »Haus der Presse« und
ein »Haus der Jugend«.[193] Es folgten eine Sternwarte und ein Staats-Ka-
sino sowie Spielbanken in Warschau und Lemberg.[194]

Ferner tat sich der »Landesvater« als Stifter von Preisen hervor. Er schuf den »Schrifttumspreis«, einen »Dichterpreis«, »Musikerpreis«, »Kulturpreis der NSDAP«, »Ostpreis deutscher Kultur«, veranstaltete einen »Musischen Wettbewerb der HJ« und verlieh »Burg-Ring« und »Burg-Ehrennadel«.[195] Für die beste sportliche, weltanschauliche und gesangliche Darstellung verlieh er den »Wanderpreis für den besten Bann der HJ«.[196] Frank förderte den Propagandafilm »Ordnung schafft Brot« und die Ausstellung »Die jüdische Weltpest«.[197]

Einerseits zerstörte Hans Frank polnische Kultureinrichtungen, andererseits forcierte er die Suche nach deutschen Ursprüngen des Weichsellandes. Geschichtsklitternd vereinnahmte er den Bildhauer Veit Stoß und den Astronomen Nikolaus Kopernikus für nationalsozialistische Zwecke. Beide hatten in Krakau gewirkt: Veit Stoß hatte in der Marien-Basilika in der Zeit von 1477 bis 1489 einen berühmten Altar geschaffen, den Himmler 1939 entwenden und nach Nürnberg transportieren ließ. Kopernikus hatte seit 1491 an der Universität Krakau humanistische, mathematische und astronomische Studien getrieben. Frank stiftete den Veit-Stoß- beziehungsweise den Kopernikus-Preis.

Im »Institut für deutsche Ostarbeit« eröffnete Frank am 8. Mai 1941 eine Veit-Stoß-Ausstellung und verwies auf die deutsche »Abkunft« des Meisters. Gleichzeitig plante er die Errichtung einer »Veit-Stoß-Akademie der Bildenden Künste«.

Anlässlich des 400. Todestags von Kopernikus veranstaltete Frank am 24. Mai 1943 einen Festakt. In seiner Ansprache verwies er auf das »Deutschtum des Mannes«. Nach dem Krieg wollte Frank in Krakau eine Kopernikus-Universität errichten – Pläne, die Hitler – auf Betreiben von Martin Bormann – 1941 erst einmal stoppte.[198]

Am 22. März 1941 eröffnete Frank die 1. Kunstausstellung in Krakau.[199] Er förderte zeitgenössische Künstler, indem er ihre Werke kaufte, so bei dieser Ausstellung zwei Ölgemälde für 3000 RM und 6000 RM.[200] Ob der Erwerb aus privaten oder staatlichen Mitteln erfolgte, lässt sich nicht eindeutig beurteilen. In Geldangelegenheiten jedenfalls war Frank wie immer großzügig. Als ihn der Pfarrer von Kressendorf am 27. August 1942 um 10 000 Zloty für Renovierungskosten der von Schinkel erbauten Kirche bat, reagierte Frank postwendend und stellte ihm am nächsten Tag das Geld zur Verfügung.[201] Sich mit fremdem Geld generös zu geben, war kein Einzelfall: Im Oktober 1941 spendierte Frank dem Kriegswinterhilfswerk 10 000 RM.[202]

Die Ausstellung »Hilfswerk für deutsche bildende Kunst« eröffnete Frank mit den Worten: »Diese künstlerische Sendung, diese Sehnsucht, gerade inmitten des Kampferlebnisses dieses Krieges hier kolonisatorisch den deutschen Einfluss aufzurichten, indem man die Erhabenheit unseres völkischen Genius, die Kunst, zu Hilfe ruft, wird uns weiterführen und sieghaft unser Werk weitergestalten helfen.«[203]

Seinem Vorbild Hitler nacheifernd, verstand sich Frank auch als Baumeister und beschäftigte den Architekten Ernst Wilhelm von Palézieux. Aus vielen Beispielen herausgegriffen sei eine Besprechung am 9. Februar 1944, die trotz desolater Sicherheitslage und näher rückender Front der »Intensivierung von Neubauten auf der Burg als Machtausdruck des Großdeutschen Reichs« dienen sollte.[204]

Obwohl durch Anordnung aus dem Reich wegen der Kriegslage seit März 1942 jegliche Bautätigkeit einzustellen war, setzte Frank seinen Bebauungsplan der Stadt Krakau unbeirrbar in die Tat um und fuhr gegen den Willen Hitlers mit der Neugestaltung des Schlosses Belvedere in Warschau fort.[205] Am 16. Februar 1944 warnte der Präsident der Hauptabteilung Finanzen, Hermann Senkowsky, dass die umfangreiche Bautätigkeit eine Gefahr für den GG-Staatshaushalt bedeute.[206]

Nur die SS und Goebbels ließen Hans Frank genau beobachten. Der Reichpropagandaminister (»Propaganda ist keine Verwaltungs-, sondern eine Führungsaufgabe«) ließ seine Kompetenzen nicht schmälern. Er verweigerte Frank eine eigene Film-, Rundfunk- und Pressehoheit, »sonst wird Polen ein eigener Staat unter deutscher Führung«.[207] Dessen ungeachtet gab Frank die Schriften »Das Vorfeld«, »Die Burg« und »Das Generalgouvernement« heraus, welche sowohl der Propaganda als auch seinem Personenkult zu dienen hatten.[208]

Der Fall Barbarossa und Galizien

Am 26. Oktober 1940 wurde in Krakau das einjährige Bestehen des Generalgouvernements mit »Glanz und Gloria« begangen. Der Tag begann mit Turmblasen von der Marienkirche und von der Burg. Um 9.00 Uhr übertrugen die Sender des Generalgouvernements einen Staatsakt von der Burg. Es folgte auf dem »Maifeld« eine Parade der SS und Polizei in Anwesenheit von SA-Stabschef Viktor Lutze, anschließend eine »machtvolle« Kundgebung auf dem Adolf-Hitler-Platz in Anwesenheit von RFSS Himmler mit einem »Vorbeimarsch der SS und Polizei in kriegsmäßiger Ausrüstung«. Nachmittags Platzkonzerte in der Stadt und ein Empfang auf der Burg. Unter den Ehrengästen waren Reichsminister Franz Seldte (Arbeitsministerium), Staatsminister Otto Meißner und NSKK-Korpsführer Adolf Hühnlein. Um 18.30 Uhr begann eine Festvorstellung von »Minna von Barnhelm« im Staatstheater. Schließlich bat Himmler zu einem Empfang im »Führerheim der SS«.

Am folgenden Tag führte Himmler den ersten Spatenstich für eine »Heinrich-Himmler-Kaserne« aus.[209] Dies sollte eine Geste Franks gegenüber seinem Widersacher sein. Himmlers Besuch in Krakau zeigt, dass beide in diesem Zeitpunkt sich gegenseitigen tolerierten.

Offensichtlich war Himmlers Verhalten davon wesentlich beeinflusst, wie gerade Frank in der Gunst Hitlers stieg oder fiel. Im Jahre 1940 schien Adolf Hitler im Großen und Ganzen mit Franks Amtsführung einverstanden – nach Franks eigener Darlegung »außerordentlich zufrieden« – zu sein, was ihm der »Führer« angeblich in Besprechungen am 28. Juli und 4. November 1940 bestätigt hatte.[210] Bei jeder Gelegenheit versicherte Frank seinem obersten Chef die Treue, »voll Stolz und Anerkennung« versprach er Pflichterfüllung: der »Führer« könne sich auf »seine Deutschen« im Generalgouvernement verlassen.[211] Zum Jahreswechsel 1940/41 beteuerte der Generalgouverneur per Telegramm: »Aus treuem Herzen und bewährten Gesinnungen wünschen wir Ihnen, dem unvergleichlichen großen Gestalter des deutschen Schicksals, die siegreiche Krönung Ihres Lebenswerkes.«[212]

Frank sah »in größter Siegeszuversicht den stolzen Aufgaben des neuen Jahres entgegen«. Diese ließen nicht lange auf sich warten und bescherten dem Krakauer Burgherrn eine gewisse Bedeutung, da das Generalgouvernement zum militärischen Aufmarschgebiet des geplanten Überfalls auf Russland werden sollte. Frank rechtfertigte diesen Feldzug noch in seinen Nürnberger Aufzeichnungen als Präventivschlag, der einem angeblichen russischen Angriff zuvorkam.[213]

Im Januar und Februar 1941 laborierte Frank an einer Lungenentzündung und hielt sich abwechselnd im Schloss Kressendorf, im Schoberhof in Bayern und zu einer Kur im Sanatorium »Weißer Hirsch« bei Dresden auf. Nach einem Besuch des Vaters in Kressendorf reiste Frank Anfang März 1941 nach Belgien und Frankreich, wo er am 10. März Paris besuchte. Anschließend kehrte er nach Krakau zurück. Dort eröffnete er am 15. März das SS- und Polizeitheater – eine erneute *Goodwill*-Geste gegenüber seinem Kontrahenten.

Einen Tag später brachte ihn sein Salonwagen nach Berlin, wo er am 17. März von Hitler in dessen Wohnung empfangen wurde. Am nächsten Tag führte er Besprechungen mit Himmler und Keitel.[214]

Frank wurde zu Konferenzen auf höchster Ebene hinzugezogen, denn er musste mit seiner Zivilverwaltung die logistischen Voraussetzungen für eine achtfache Verstärkung der Truppen im Generalgouvernement schaffen, deren Versorgung und Mobilität unterstützen. So ließ Frank 4000 polnische und jüdische Sklavenarbeiter rekrutieren, die im »Otto-Programm« den Bau von 990 km Straßen und eine Verbesserung des Eisenbahnnetzes vornahmen.[215]

Am 27. März und in der Zeit vom 4. bis 6. Mai hielt sich Frank wiederum in Berlin auf und nahm am 13. Mai auf dem Obersalzberg an einer Besprechung Hitlers mit den Reichs- und Gauleitern teil.[216]

In den Krakauer Regierungsbesprechungen hatte sich Frank zuvor in Andeutungen ergangen:

»Wir stehen vor einem Ereignis, jenseits dessen etwas anderes entstehen wird. Das Generalgouvernement, wie wir es kennen und wie wir es erarbeitet haben, wird wesentlich reicher sein, glücklicher sein, wird mehr Förderung erfahren und wird vor allem entjudet werden. Es wird aber auch den charakteristischen

Anblick eines noch vorherrschenden polnischen Lebens verlieren; denn mit den Juden werden auch die Polen das Gebiet verlassen. Der Führer ist entschlossen, aus diesem Gebiet im Laufe von 15 bis 20 Jahren ein rein deutsches Land zu machen.«[217]

Ab 19. Mai wurde Frank deutlicher und sprach von der »Bedeutung des Generalgouvernements als Operationsbasis der kommenden militärischen Auseinandersetzungen«.[218]

Der deutsche Überfall auf Russland unter der Bezeichnung »Unternehmen Barbarossa« am 22. Juni 1941 findet in Franks Diensttagebuch keine Erwähnung. Dass Hitler seinen Generalgouverneur erst am 20. Juni über den Krieg gegen die Sowjetunion informierte – so Frank in seinen Nürnberger Aufzeichnungen –, ist nicht richtig. Auch ist nicht glaubwürdig, wenn Frank diesen Krieg später verurteilte.[219] Im Gegenteil, er hatte den Gebietsgewinn ausdrücklich begrüßt, als Hitler am 16. Juli 1941 anordnete, dass die früheren polnischen Gebiete Galiziens mit der Stadt Lemberg dem Generalgouvernement unterstellt werden sollten.[220] In einem Brief an seine Frau Brigitte vom 25. Juli bezeichnete er »den Erlass des Führers als einen großartigen Beweis seines Vertrauens zu mir« in diesen »gewaltigen Zeiten«.[221]

In den Monaten Juni und Juli ereigneten sich in Lemberg zwei Mordaktionen: zunächst gegen Anhänger der national-ukrainischen Bewegung durch den russischen Geheimdienst NKWD bei dessen Rückzug aus der Stadt und dann ab 30. Juni 1942 gegen Juden, als die deutschen Truppen in Lemberg einrückten. So wurden in der Nacht 3./4. Juli 1941 25 Lemberger Professoren festgenommen und ermordet. Verantwortlich hierfür waren Angehörige der »Einsatzgruppe z.b.V.« unter SS-Brigadeführer Dr. Eberhard Schöngarth,[222] dem Befehlshaber der Sicherheitspolizei (BdS) in Krakau. Andere Massaker unter Mithilfe ukrainischer Milizen beging die »Einsatzgruppe B« unter Dr. Otto Rasch.[223] Bis 16. Juli waren etwa 7000 Menschen ermordet worden.[224]

Galizien wurde neben Krakau, Warschau, Radom und Lublin zum fünften Distrikt des Generalgouvernements bestimmt und Franks Freund und Vertrauter Karl Lasch als Gouverneur eingesetzt (siehe Organisation des GG S. 411 ff.). Mit einem Staatsakt im Lemberger

Landtagsgebäude nahm Frank am 1. August 1941 von dem neuen Staatsgebiet mit einer Selbstverständlichkeit Besitz, als handele es sich um eine legale Handlung. In einer Proklamation an die Bevölkerung hieß es: »Das mächtige Großdeutsche Reich hat Euch in seinen Schutz genommen.«[225] Staatssekretär Bühler sprach von einer »Schicksalsstunde«, und Lasch bezeichnete Galizien als ein deutsches Land.[226]

Franks Schaukelpolitik der nächsten dreieinhalb Jahre lief darauf hinaus, Ukrainer gegen Polen auszuspielen.[227] Die Ukrainer wurden als Untergebene, aber nicht als Verbündete des Deutschen Reichs betrachtet. Ukrainer sollten besser als Polen und Polen besser als Juden gestellt werden.[228] Noch in Nürnberg war Hans Frank davon überzeugt, dass er eine Ordnung in Galizien durchgesetzt hatte, die segensreich für alle war.[229] Damit verhöhnte er einmal mehr die unzähligen Opfer, insbesondere die systematisch ermordeten galizischen Juden.[230]

In der zweiten Hälfte des Jahres 1941 war Frank auf dem Höhepunkt seiner Macht angelangt. Dies spiegelt eine Rede, die er in Berlin am 18. November 1941 im Auditorium Maximum der Friedrich-Wilhelm-Universität vor Mitgliedern der Verwaltungsakademie Berlin und geladenen Gästen hielt.[231] Selbstbewusst, launig und zynisch parlierte er über seine Führungsrolle und die Verhältnisse »drüben« im »Reichsnebenland«. Mit »Heiterkeit« wurde zum Beispiel quittiert:

»Der Zloty ist gewissermaßen die Rückerinnerung an Polen. Das Deutsche Reich war so großzügig und hat mir einige hundert Millionen Zloty, die in den angegliederten Ostgebieten gefunden wurden, nicht auf Rechnung gesetzt. – Das Generalgouvernement hat eigene Briefmarken. Ich verzichte nicht auf sie, weil sie mir ein Heidengeld einbringen. Ich bin immer bereit, durch geeignete Fehldrucke dafür zu sorgen, dass das Geschäft weiter blüht.«

Nach grundsätzlichen Bekenntnissen verzeichnet das Protokoll regelmäßig »lebhaften Beifall«:

»Nicht wir sind die Fremdvölkischen da drüben, sondern die Polen sind es. Ein polnischer Staat, der gegen Deutschland wieder aufstehen könnte, wird niemals mehr sein. –
Ein uns besonders beschäftigendes Problem sind die Juden. Dieses lustige Völklein, das in Schmutz und Dreck herumpilgert, ist von uns in Ghettos und

Wohnbezirken zusammengefasst und wird wohl nicht mehr allzu lange im Generalgouvernement anwesend sein. Diese Juden sind aber für uns nicht nur die schmarotzenden Burschen, sondern es gibt merkwürdigerweise, was wir erst drüben gemerkt haben, auch noch eine eigene Kategorie von Juden, etwas, was man gar nicht für möglich hält, – es gibt drüben arbeitende Juden, solche die als Transportarbeiter, Bauarbeiter in einem Betrieb arbeiten, solche die sich auch als Facharbeiter, wie Schneider, Schuster usw. betätigen. In diesem Sinne kann man ruhig die Juden arbeiten lassen, denn so, wie wir sie jetzt verwenden, bedeutet es für die Arbeitsjuden selbst eine gewisse Leistung, für die übrigen Juden aber muss man entsprechende Regelungen vorsehen.

Es ist immer eine Gefahr, wenn man die Heimat verlässt. Seitdem die Juden aus Jerusalem weggegangen sind, gab es für sie eben nichts weiter als Schmarotzertum.

Denken Sie nur an die Krankheiten der Fremdvölker, an die typische Verschmutzung, an dieses sich im Dreck wohlfühlen. Sie sind ja die Voraussetzung dafür, dass diese polackischen Völker gegen Krankheiten immun sind, die für die Deutschen die größten Gefahren darstellen.«

II. Unterwerfung des polnischen Volkes

Generalgouverneur Frank und seine Zivilverwaltung trugen eine besondere Mitverantwortung für alle Verbrechen gegenüber Polen auch dann, wenn sie auf Berliner Grundsatzentscheidungen beruhten. Frank kann nicht exkulpiert werden, weil er womöglich von bestimmten Vorgängen keine Kenntnis hatte oder solche gar gegen seinen Willen geschahen, denn er schuf mit den Verordnungen, die seine Unterschrift trugen, die Voraussetzungen für die Realisierung der Unterdrückungsmaßnahmen. So hatte er bereits in den Monaten nach seinem Amtsantritt die Arbeitspflicht der polnischen Bevölkerung,[232] die Beschlagnahme des Vermögens des früheren polnischen Staates,[233] die Beschlagnahme privaten Vermögens,[234] Ein- und Ausreisebewilligungen[235], Aufenthaltsbeschränkungen,[236] die Einrichtungen von Sondergerichten,[237] die diskriminierende Kenntlichmachung der Geschäfte,[238] Bekämpfung der so genannten Preistreiberei,[239] die Einführung von Kennkarten für die polnische Bevölkerung[240] und den Frondienst des sogenannten Baudienstes[241] verfügt. Solche Vorschriften, oft weiter modifiziert in Form von Durchführungsverordnungen, knebelten die polnische Bevölkerung und zwangen sie, sich der Besatzungsmacht zu unterwerfen. So wurden ehemalige polnische Offiziere, die sich nicht bei den NS-Behörden meldeten, nach der 2. Verordnung über die Meldepflicht vom 16. März 1941 mit der Todesstrafe bedroht.[242]

Die polnischen Bürger zeigten sich sehr erfindungsreich im Leisten von passivem Widerstand. Operative Maßnahmen befanden sich im Stadium der Vorbereitung, denn Strukturen eines organisierten polnischen Widerstandes waren in den Jahren 1940/1941 erst im Aufbau begriffen. Frank warnte, dass die Polen erbitterte Feinde des Deutschtums seien. Es wäre völlig falsch, wenn man sich durch die loyale Haltung einzelner Polen täuschen ließe, »denn diese loyalen Polen geben nur die Schutzwand ab, hinter der die Widerstandsbewegung ihre gefährliche Arbeit verrichtet«.[243]

Ursprünglich hatte Frank sein Amt mit dem Ziel angetreten, das Generalgouvernement rücksichtslos auszubeuten. Sehr schnell jedoch setzte bei ihm ein Umdenken ein: Man kann nicht gleichzeitig ausbeuten und ausrotten, die Kuh, die man melken will, darf man nicht schlachten. Frank hegte keinerlei humanitäre Absichten: »Wenn ich den Polen förderlich behandele, ihn sozusagen freundlich kitzele, so tue ich das in der Erwartung, daß mir seine Arbeitsleistung zugute kommt. Es handelt sich um ein rein taktisch-technisches Problem.«[244] Frank kündigte an, dass er den Lebensunterhalt der polnischen Arbeiterschaft, so sie sich loyal verhalte, gewährleisten werde, er aber vor drakonischen Maßnahmen nicht zurückschrecke, falls die Leistungen ausblieben. Die Gegebenheiten auf den Kopf stellend bezeichnete es Frank bei der Eröffnung der Ausstellung »Germanenerbe im Weichselraum« als ein »Entgegenkommen des Deutschen Reichs«, wenn auf diesem »durch alte germanische Arbeit bearbeiteten Boden diese fremden Völker bleiben können«. Man müsse sich einhämmern: »Fremdling in diesem Land ist nicht der Deutsche sondern der Nichtdeutsche.« Und er fügte hinzu: »Polentum, was hast du aus dieser Zeit aufzuweisen, was steht aus den Tausenden von Jahren vor der Zeitwende, aus deiner Periode in diesem Raum? Was? Wo? Wie? – Nichts, nichts!«[245]

Die so diskriminierten Polen wurden wie Schachfiguren behandelt, die man nach Gutdünken hin- und herschieben konnte. Insgesamt wurden bis Anfang 1943 nach Angaben von Himmler 365 000 Polen ins Generalgouvernement deportiert, davon der weitaus größte Teil aus dem Warthegau.[246] Die Polen wurden – soweit sie am Leben blieben und nicht in einem KZ einem ungewissen Schicksal, oft dem Tod ausgesetzt waren – eingewiesen, umgesiedelt, ausgesiedelt, verschleppt, in das Reich deportiert und dort zur Zwangsarbeit eingesetzt oder als Sklavenarbeiter im Generalgouvernement missbraucht. Die Ernten wurden geraubt und die natürlichen Ressourcen des Landes ausgeplündert. Die einheimische Bevölkerung fror im Winter mangels Holz und Kohle, hungerte und verhungerte mangels Lebensmitteln. Für viele war der »Schwarze Markt« die einzige Quelle, sich am Leben zu halten, soweit man selbst Tauschobjekte anzubieten hatte. Der Sicherheitsdienst (SD) überzog das Land mit einem Netz von Spitzeln, sodass es lebensgefährlich war, gegen Franks »Rechts«-Verordnungen zu verstoßen.

Am 24. April 1940 gab Staatssekretär Bühler »Grundsätze für das Verhalten der Deutschen in Polen« bekannt. Danach handelte es sich um »Dienst im Feindesland«, und jeder Deutsche hätte gegenüber dem Feindvolk die Ehre und Würde des Deutschen Reichs zu vertreten. Ein gesellschaftlicher Verkehr mit Polen oder Juden beiderlei Geschlechts müsse jeder Deutsche von sich aus zurückweisen, würdelos und auch gesundheitsgefährdend seien intime Beziehungen. Gemeinsamer Tanz, Annahme von Einladungen, gemeinschaftliches Sitzen an Wirtshaustischen seien zu vermeiden.[247]

Betrachtet man die Entwicklung bis etwa 1942 – über die Jahre 1943 bis 1944 ist im Zusammenhang mit dem polnischen Widerstand gesondert zu berichten –, dann ergeben sich folgende Themenkreise, die allerdings nicht in ihrer gesamten Komplexität, sondern lediglich im Hinblick auf Franks Verantwortlichkeit dargestellt werden sollen:

Um- und Aussiedlungen

Nach den ursprünglichen Plänen sollten etwa eine Million missliebiger Polen und Juden in das Generalgouvernement abgeschoben werden.[248] Die Federführung lag bei Heinrich Himmler als »Reichskommissar für die Festigung Deutschen Volkstums«. Nach Hitlers Erlass vom 7. Oktober 1939 konnte Himmler in weitgehend eigener Machtvollkommenheit Reichs- und Volksdeutsche aus dem Ausland in das Reichsgebiet holen und ihnen dort Wohngebiete zuweisen, um sie sesshaft zu machen. Als Konsequenz dieser Maßnahmen wurden die Siedlungsgebiete von der dort angestammten Bevölkerung zwangsweise geräumt.[249] Der Höhere SS- und Polizeichef Krüger drückte es so aus:

»Auf den alten Völkerwanderungswegen, die aus dem Reich nach Osten führen und das Generalgouvernement nach den verschiedenen Richtungen hin durchziehen, zogen die riesigen Trecks heim ins Reich.«[250] Praktisch hieß dies, dass innerhalb weniger Wochen aus der überwiegend polnischen Stadt Gdingen, welche die Nazis Gotenhafen nannten, 40 000 Einwohner aus Wohnungen und Geschäften, aus Büros und sonstigen Arbeitsplätzen, von Straßen, Plätzen, Parkanlagen, vom Ostseestrand und aus dem Hafen vertrieben wurden. Mit aller Brutalität wurde die Stadt teilweise entvölkert. Die polnischen Bürger wurden in das Generalgouvernement abgeschoben – »abgesiedelt« im NS-Jargon –, um Menschen aus Lettland Platz zu machen, die »angesetzt« wurden. Bis Anfang 1940 wurden aus Westpreußen etwa 87 000 Polen, darunter viele Frauen und Kinder, in das Generalgouvernement deportiert. Mitnehmen durften sie nur Handgepäck. Verboten waren Wertgegenstände jeglicher Art. Auf dem Transport starben viele Menschen an Kälte und Hunger, am Zielort trafen sie auf eine unzureichende Ernährungs-, Versorgungs- und Wohnlage.[251] Christopher Browning bezeichnet diese Phase als die Suche nach einer »Endlösung durch Vertreibung«.[252]

Generalgouverneur Frank, der anfangs damit einverstanden war, das Generalgouvernement zu einem Reservat der ausgewiesenen polnischen Bevölkerung zu machen, erreichte in Besprechungen mit Himmler, Heydrich und Göring teilweise Aufschub oder Unterbrechung, denn seine Behörden waren mit der Versorgung der hereinströmenden Menschenmassen überfordert, zumal die Ernährungslage ohnehin angespannt war. Die in Berlin getroffenen Entscheidungen über Nah- und Fernpläne, ihre Realisierung oder Stornierung, muten chaotisch an und wurden schließlich während der Vorbereitung des »Unternehmens Barbarossa« vorübergehend eingestellt. Zumindest konnte Frank erreichen, dass die »wilden« Abschiebungen in das Generalgouvernement aufhörten und Transporte mit seiner Regierung abgestimmt wurden. Letztlich stand Frank voll hinter dem Programm, wenn er darauf hinwies, dass alles Kritisieren »aus irgendwelchen Rudimenten menschlicher Überlegungen oder Zweckmäßigkeitsbetrachtungen« zu unterbleiben hätte, denn dies sei eine große Aufgabe, die der »Führer« dem Generalgouvernement gestellt habe.[253]

Franks Mitarbeiter fassten die Umsiedlungsmaßnahmen in das Generalgouvernement wie folgt zusammen (Auszüge)[254]:

– »Sofortplan vom 11.12. bis 19.12.1939 mit 134 460 Evakuierten
– Nahplan vom 31.12.1939 bis 15.3.1940 mit 109 844 Evakuierten. Umsiedlung von Polen und Juden aus Ostgebieten des Reichs
– Deutsch-russische Austauschaktion vom 19.4. bis 15.6.1940 mit 64 000 evakuierten Flüchtlingen, die während des polnischen Feldzugs auf sowjetrussisches Gebiet geflohen waren
– Nahplan vom 7.5.1940 bis 31.1.1941 mit 120 000 Evakuierten und 2500 Zigeunern Es handelte sich um Polen aus dem Wartheland, dem Gau Westpreußen und der Provinz Schlesien zum Zweck der Ansiedlung von Balten- und Wolhyniendeutschen
– Mlawa-Aktion vom 9. bis 20.11.1940 mit 12 000 evakuierten Polen zur Freimachung des Truppenübungsplatzes Mlawa-Nord in Ostpreußen
– Aktion Ostpreußen vom 2. bis 16.12.1940 mit 10 000 Evakuierten
– Nahplan (1. Periode) vom 1.2. bis 30.4.1941 mit 52 000 Evakuierten sowie 47 000 Polen aus deutschen Ostgauen und 5000 Juden aus Wien. Die Aktion wurde am 16. März 1941 gestoppt, da der Bedarf der Wehrmacht an Transportmitteln und Unterkünften infolge der veränderten Kriegslage dies als notwendig erscheinen ließ.«

Insgesamt waren unter menschenunwürdigen Bedingungen eine halbe Million Menschen in das Generalgouvernement abgeschoben worden. Die Organisation war Sache des Reichssicherheitshauptamtes, die Durchführung der Transporte Aufgabe der Sicherheits- und Ordnungspolizei. Die in das Generalgouvernement deportierten Menschen wurden auf die Distrikte verteilt, die wiederum die einzelnen Kreishauptleute verantwortlich machten, dass die Menschen den Gemeinden zugewiesen wurden. In Przemysl, Cholm und Biala-Podlaska wurden Aufnahmelager gebildet.[255]

Dieser Bevölkerungstransfer konnte nur durch die Mitwirkung der gesamten Zivilverwaltung des Generalgouverneurs vonstatten gehen. Dass Frank unmittelbar Verantwortung dafür trägt, ergibt sich auch aus einem amtlichen Papier seiner Behörde, welches bei Umsiedlungen aus dem Reich folgende Arbeitsgänge beschreibt:[256]

»1. Verhandlungen mit den maßgeblichen Stellen in Berlin (Reichssicherheitshauptamt) über Zahl und Laufzeit der Evakuiertentransporte.
2. Einholung der Genehmigung des Herrn Generalgouverneurs.
3. Aufteilung der Transporte an die Distrikte mit deren Einvernehmen und
Festlegung der Zielstationen.
4. Bekanntgabe der Zielstationen an das Reichssicherheitshauptamt in Berlin.
5. Entgegennahme der Transportvormeldungen und Weitergabe an die Distrikte.
6. Errichten und Ausrüstung der zu den Umsiedlungsaktionen notwendigen
Lager.«

In der Frank-Administration war die Unterabteilung »Bevölkerungswesen und Fürsorge« für die Umsetzung vorgenannter Maßnahmen zuständig.

Arbeitssklaven für das Reich

Im Auftrag von Ministerpräsident Göring übernahm Hans Frank am
25. Januar 1940 als dessen Generalbevollmächtigter für den Vierjahresplan die Forderung, mindestens eine Million Land- und Industriearbeiter zur Verfügung zu stellen und in das Reich zu transportieren.
Von 750 000 landwirtschaftlichen Arbeitskräften sollten 50% Frauen
sein.[257] Hitler machte Frank am 2. Oktober 1940 nochmals klar, dass
er das Generalgouvernement als ein Reservoir an Arbeitskräften an-
sah.[258]

Der Generalgouverneur bot als treuer Diener seiner Herren alle
Mittel auf, die Anforderungen an das »Reichsnebenland« zu erfüllen,
tatkräftig unterstützt vom Präsidenten der »Hauptabteilung Arbeit«,
Max Frauendorfer.[259] Zunächst versuchte Frank mit einer Werbeak-
tion, freiwillige Arbeitskräfte für das Reich zu rekrutieren. Auf Plakaten »An die polnische Bevölkerung« versicherte er im Januar 1940,
dass für eine gute Unterbringung auf deutschen Bauernhöfen gesorgt
sei. Die Landarbeiter könnten von ihren Lohnersparnissen so viel
überweisen, dass der Lebensunterhalt der zurückbleibenden Familienangehörigen gesichert sei.[260] Die Aktion hatte jedoch nur mäßigen Erfolg, sodass ab März/April 1940 zu Zwangsmaßnahmen unter Straf-

androhung übergegangen wurde.[261] Die Krakauer Regierung schrieb den Distrikten Kontingente vor, die diese an die Kreise weiterleiteten. Es wurden Umschlaglager eingerichtet und Zubringerzüge eingesetzt. Bei Nichterscheinen eines Einberufenen wurde er von der Polizei festgenommen, ins Gefängnis geworfen und anschließend in das Reich transportiert. War ein Gestellungspflichtiger nicht auffindbar, wurden Vieh und sonstige bewegliche Habe gepfändet.[262] Das Alter der Arbeitssklaven wurde immer weiter abgesenkt: Im März 1941 auf 16 Jahre[263], im März 1942 auf 13 Jahre.[264]

Frank beschwerte sich wiederholt in Berlin über die diskriminierende Behandlung der polnischen Arbeiterinnen und Arbeiter im Reich. »Wenn die Leute in Deutschland arbeiten sollen, dürfen sie nicht gleichzeitig als Raubtiere hingestellt werden.«[265] Er beanstandete, dass ihr Kirchenbesuch nicht gewährleistet war, und kritisierte Misshandlungen, schlechte Bezahlung und die Gewohnheit, dass Polen mit Juden auf eine Stufe gestellt würden.[266] Am 2. Oktober 1940 brachte er bei Hitler zur Sprache, dass die Polen im Reich zu wenig verdienten; sie könnten nicht eine Mark nach Hause schicken, weswegen der Unterhalt der Familien der Regierung in Krakau zur Last falle. Hitler entgegnete, dass »sich der letzte deutsche Arbeiter oder Bauer wirtschaftlich immer noch 10% besser stehen müsse als jeder Pole«. Hitler hielt es für richtig, »dass der in Deutschland lebende Pole nicht seinen gesamten Verdienst in die Hand bekomme, sondern ein Teil an die Familie gehen soll«. Hitler wünschte ferner, dass ein deutscher Arbeiter nicht mehr als acht Stunden arbeite, »wenn wir wieder normale Verhältnisse haben. Selbst wenn der Pole 14 Stunden arbeite, müsse er trotzdem weniger verdienen.«[267]

Frank, der nicht etwa in der Art eines Landesvaters das Wohl und Wehe seiner polnischen Bürger im Reich im Auge hatte, rechnete vielmehr mit Problemen bei der Rekrutierung weiterer Arbeitskräfte im Generalgouvernement. Diese traten auch prompt ein, wenn die zum Abtransport erfassten Polinnen und Polen nicht am Sammelpunkt erschienen, sondern in die Wälder flüchteten.[268]

Mit 180 000 Freiwilligen waren zunächst die Möglichkeiten erschöpft, auf diese Weise Nachwuchs für das Reich zu gewinnen. Unter

Franks Regie wurden die Druckmittel zunächst forciert und dann rücksichtslos eingesetzt. Am 7. März 1940 hieß es in einer Besprechung mit einem Vertreter des Reichsernährungsministeriums: »Der Herr Generalgouverneur ist durchaus nicht abgeneigt, die äußersten Mittel zu ergreifen.«[269] Sechs Wochen später sprachen sich Krüger, Frauendorfer und Frank für einen zwangsweisen Abtransport von beschäftigungslosen Polen aus; erstmals gebrauchte selbst der Generalgouverneur die Vokabel »Sklavenhandel«.[270]

Weniger als einen Monat später berichtete der Gesandte Johann von Wühlisch, Vertreter des Auswärtigen Amtes im Generalgouvernement, dass aus polnischen Kreisen Klagen darüber erhoben würden, dass junge Leute beim Verlassen von Kinos von der Polizei für den Landarbeitsdienst im Reich festgenommen würden, ohne die Eltern zu benachrichtigen. Frank wies »mit Nachdruck darauf hin, dass er jetzt gezwungen sei, mit schärfsten Mitteln durchzugreifen, nachdem er lange genug Milde habe walten lassen«. Frank empfahl Razzien als den besten Weg, er habe gar nichts dagegen, wenn man »das arbeitsfähige, oft herumlungernde Zeug von der Straße weghole«. Hingegen würde eine Verhaftung von jungen Polen beim Verlassen des Gottesdienstes oder der Kinotheater zu einer immer steigenden Nervosität der Polen führen.[271] Auf einer Polizeisitzung ein Jahr später wurde protokolliert: »Viele Polen in Warschau stehen nur in einem Scheinarbeitsverhältnis. Frank spricht sich für ›eine große blitzartige Gemeinschaftsaktion‹ zur Erfassung der ›arbeitsunlustigen Menschen‹ aus, die Erfassten sollten ›sofort in Waggons zum Transport in das Reich verladen‹ werden.«[272] Man bezeichnete ein solches Vorgehen als »Fangaktion«.

Die Personalforderungen aus dem Reich erhielten weiteren Nachdruck, als im März 1942 Fritz Sauckel von Hitler zum »Generalbevollmächtigten für den Arbeitseinsatz« ernannt wurde, mit dem Frank zur Zusammenarbeit gezwungen war.[273] Als Sauckel am 18. August 1942 Krakau besuchte, stellte ihm Frank »beschleunigt« 140 000 Arbeitskräfte zur Verfügung und weitere in Aussicht, »die in den Dörfern und kleinen nicht erreichbaren Nestern herumvagabundieren«.[274]

Insgesamt wurden nach eigenen statistischen Angaben aus dem Generalgouvernement in das Reich zwangsverpflichtet:[275]

1940	300 000 Arbeitskräfte
1941	223 000 Arbeitskräfte
1942	398 000 Arbeitskräfte
1943	184 000 Arbeitskräfte
	1 105 000 Arbeitskräfte

Am 13. März 1943 schickte der Generalgouverneur auf dem Krakauer Bahnhof den 1 000 000sten Arbeiter auf die Reise in das Reich und überreichte ihm eine goldene Taschenuhr (die mit hoher Wahrscheinlichkeit aus geraubtem jüdischen Eigentum stammte). Auf seine unnachahmliche Art, in der er Verhöhnung und Zynismus offensichtlich nicht wahrnahm, sagt Frank in einer Ansprache, dass das Deutsche Reich die Söhne und Töchter des Generalgouvernements bei sich aufnehmen und anständig behandeln werde. »Ihr Arbeiter und Arbeiterinnen fahrt jetzt in das große Deutsche Reich und kehrt dann immer wieder froh und frisch in Eure Heimat im Generalgouvernement zurück.«[276]

Wahrscheinlich befanden sich auch auf diesem Transport Jugendliche, deren Schule während des Unterrichts von der Schutzpolizei umzingelt worden war, um Schüler festzunehmen, sie auf Waggons zu verladen und ohne ausreichende Kleidung und Proviant auf die Reise zu schicken. Jeglicher Kontakt zu den Eltern war ihnen ohnehin versagt worden.[277]

In Deutschland durften Polen nicht mit »Herr« angeredet, nicht von deutschen Friseuren bedient werden, kein Radio hören. Sie benötigten für öffentliche Verkehrsmittel eine Sondererlaubnis, die nicht für D- oder Eilzüge galt. Es bestand ein nächtliches Ausgehverbot. Gaststättenbesuche waren genau so wenig erlaubt wie der Besuch deutscher Veranstaltungen kultureller, kirchlicher oder geselliger Art. Einmal im Monat war ihnen gestattet, an einem Sondergottesdienst teilzunehmen. Die Beichte und Lieder in polnischer Sprache waren verboten. Für polnische Kinder hatte das Jugendschutzgesetz keine Gültigkeit. Auf sexuellen Kontakten mit Deutschen stand die Todesstrafe.[278]

Frank beschenkt den millionsten Sklavenarbeiter mit einer Uhr
(Foto-Museum Krakau)

Zwangsarbeit im Generalgouvernement

In der Sitzung des Wirtschaftsrates verkündete Frank in seiner charakteristisch-verharmlosenden Sprache: »Das Generalgouvernement soll die große Heimstätte der polnischen Arbeitskraft im Dienste der deutschen Gesamtwirtschaft werden.«[279] Weniger pathetisch ergänzte er zwei Monate später in einer Besprechung mit SS-Obergruppenführer Krüger: »Es ist klar, dass wir dabei nun das Unangenehme mit dem Nützlichen verbinden: Das Unangenehme des Hineinströmens der Polacken verbinden wir immerhin mit der Chance, diese Menschen bei uns nicht nur herumlungern und eine Fürsorge empfangen zu lassen, sondern ihre Arbeitskraft dienstbar zu machen.«[280]

Exakte Zahlen, welche die im Generalgouvernement missbrauchten Arbeitskräfte aufschlüsseln, sind nicht vorhanden, weil viele in der Rüstungsindustrie beschäftigt wurden, die als Geheimsache galt.[281] Allein in Warschau waren 1941 in der Rüstungsindustrie 33 000 Arbeiter neben 100 000 anderen Industriearbeitern eingesetzt.[282] Im Jahre 1942 arbeiteten 60 500 Polinnen und Polen in der Warschauer Rüstungsindustrie[283], 1943 sollen es 65 000 gewesen sein.[284] In einem Vortrag in Breslau vor Oberpräsidenten und Regierungspräsidenten im Januar 1944 gab Frank die Zahl von insgesamt 140 000 Rüstungsarbeitern an.[285]

Sie waren in folgenden Industriesparten eingesetzt:

– Panzerwerk in Warschau
– Flugzeugmotorenwerk in Reichshof
– Flugzeugzellenbau in Mielec
– 30–40 Firmen der Zubringerindustrie für Flugzeugbau
– 6 Reparaturwerke für Flugzeugmotoren
– 2 Munitionswerke für Artillerie-Munition
– Geschützgerätefertigung, Herstellung Fliegermunition, Fliegerleucht-bomben, Fabrikation 15 000 Karabiner u. MG monatlich
– U-Boot-Panzerung
– Minenfertigung für Marine
– Fa. Zeiss Warschau optische Werke, Fernrohre, Entfernungsmesser
– Fa. Philipps u. Erikson Elektrotechnik, Nachrichtengerät, Sende- u. Empfangsgerät für U-Boote
– Waggonfabrik Ostrowiec
– Eisenbahnreparaturwerkstätten – größte deutsche Baracken- u. Flugzeug-hallenfertigung
– Ausweichproduktionsstätten für ausgebombte Werke des Reichs

Die Kommerzialbank Krakau, eine Filiale der Dredner Bank, trug durch Kreditgewährung dazu bei, dass die Geschäfte der Rüstungs-industrie florierten. Zu ihren Großkunden im Generalgouvernement zählten zum Beispiel die Heinkel-Flugzeugfabriken in Mielec und zwei Munitionsfabriken in Skarzysko-Kamienna, wo infolge der Produkti-onsbedingungen an die 20 000 Sklavenarbeiter starben.[286] Darüber hinaus pflegte die Kommerzialbank enge Geschäftsbeziehungen zu Hans Frank, Josef Bühler und Regierungsmitgliedern. So konnten mit Unterstützung der Dresdner-Bank-Zentrale die Landwirtschaftliche Zentralstelle, die Textilhandelsgesellschaft und Tochtergesellschaften der Reichswerke Hermann Göring expandieren.[287]

Außerhalb der Kriegsrüstung wurden im Baudienst 50 000 Arbeitskräfte und in der Landwirtschaft 580 000 Arbeitskräfte zum Einsatz gezwungen. Frank konstatierte: »Einen Mangel an Arbeitskräften kennen wir nicht.« Bei anderer Gelegenheit erwähnte er, dass Zweidrittel der Bevölkerung direkt oder indirekt für die Interessen des Reichs arbeiten, wozu außerdem die bei Verwaltung, polnischer Polizei, Bahn und Post angestellten Polen gerechnet sein dürften.[288] Nach der amtlichen Statistik der GG-Regierung wurden folgende »Fremdvölkische Arbeitskräfte« im Generalgouvernement vermittelt:[289]

1940	477 000
1941	734 000
1942	979 000
1943	840 000

Es ist nicht auszuschließen, dass Regierungsstatistiken »geschönt« wurden. Selbst wenn man Abstriche macht, bleibt der menschenrechtswidrige Missbrauch der einheimischen Bevölkerung in einer exorbitanten Dimension bestehen.

Auf Versammlungen der NSDAP nahm Frank gewöhnlich kein Blatt vor den Mund, so am 14. Dezember 1942 vor den Politischen Leitern der Partei im Generalgouvernement (Auszüge):[290]

»Sie wissen, dass es jetzt auch für das Reich ein ernstes Problem zu werden beginnt, was mit den von uns beherrschten Fremdvölkischen heute geschehen soll. Uns interessieren hier in erster Linie die Polen, in zweiter Linie die Ukrainer. Sie wissen, dass innerhalb der Partei im allgemeinen absolut die Meinung vertreten wird, dass die Aussiedlung der Polen, ihre Vernichtung oder ihre Behandlung lediglich als Arbeitswesen Ausdruck unserer Polenpolitik ist. Sie wissen auch, dass das in weitem Umfange in die Tat umgesetzt wurde. Aufgrund dieser Sachlage gewinnt man dann plötzlich die Einsicht, dass man nicht gleichzeitig das Polentum vernichten und andererseits mit der Arbeitskraft des Polentums Berechnungen anstellen kann. Es geht nämlich nicht an, dass die einen sagen: alle Polen, ganz gleich welcher Art, werden ausgerottet, – und die anderen sagen: alle Polen, ganz gleich welcher Art, wenn sie arbeitsfähig sind, müssen in den Arbeitsprozess eingeschaltet werden. Hier klafft ein diametraler Gegensatz. Man könnte sagen, alle Polen, die hier im Arbeitseinsatz stehen, können wir behalten, alle Polen, bei denen das nicht der Fall ist, können wir ausrotten. Darin liegt nur die eine große Schwierigkeit, dass eine

Ausrottung von Millionen menschlicher Wesen an Voraussetzungen geknüpft ist, die wir zur Zeit nicht erfüllen können.

Sollen wir ausrotten oder aufbauen, soll die Arbeit hier oder im Reich geschaffen werden, sollen wir Arbeiter abgeben oder sie hier behalten, sollen wir die Polen verhungern lassen oder sie ernähren?«

Frank spielte mit Leben und Tod von Menschen, als seien sie Sachgüter, und unterschied sich kaum von der Radikalität Hitlers und anderer Hauptkriegsverbrecher, die in Nürnberg angeklagt werden sollten.

Ausbeutungspolitik und ihre Folgen

Die Staatshaushalte des Generalgouvernements und des Deutschen Reichs profitierten entscheidend von der Enteignung des polnischen Staates und von Privatpersonen, vom Missbrauch der Arbeitskraft, der Wirtschaftseinrichtungen und Wirtschaftsgüter sowie von der Plünderung von Lebensmittel. Götz Aly gebraucht mit Blick auf die Enteignung der Juden den Begriff »Prinzip Staatsraub«.[291] Er kennzeichnet die Weise, wie von Frank und seinen Helfern die deutsche Bevölkerung – die Wehrmacht eingeschlossen – auf skrupelloseste Art auf Kosten der einheimischen Bevölkerung versorgt wurde.

Ohne Rücksicht auf die polnischen Bedürfnisse wurden die natürlichen Ressourcen des Landes ausgeraubt, vor allem die Ernährungs- und Landwirtschaft. So wurden nach den Krakauer Regierungsangaben in das Reich geliefert:[292]

1940/41	121 000 t	Kartoffeln
	4500 t	Zucker
	7610 t	Vieh
	800 t	Fette
1941/42	53 000 t	Getreide
	134 000 t	Kartoffeln
	4 468 t	Zucker
	21 489 t	Vieh
	800 t	Fette

1942/43	630 000 t	Getreide
	520 000 t	Kartoffeln
	28 666 t	Zucker
	55 000 t	Vieh
	7 500 t	Fette

In den vorliegenden Zahlen ist nicht der Eigenkonsum Deutscher, Volksdeutscher und der Wehrmacht im Generalgouvernement enthalten, wofür es keine statistischen Werte gibt.

Die Forst- und Holzwirtschaft brachte »für die Ausfuhr ins Reich, für Bauprogramme der Ostbahn, für das oberschlesische Grubenrevier und für die Versorgung der kämpfenden Truppe« insgesamt 4,6 Millionen Festmeter Nutzholz auf. An die Wehrmacht wurden jährlich geliefert:

3,6 Milliarden Zigaretten »bester Preisklasse«
700 Millionen »Konsum«-Zigaretten
400 000 Liter Trinkbranntwein

Hans Frank beschäftigte sich nicht wirklich mit der polnischen Bevölkerung. Einzelne Bürger waren nicht in die Kategorien seines Denkens und Fühlens eingeschlossen oder er fasste sie im Ausnahmefall mit Glacéhandschuhen an. Er kannte keine Menschenliebe, im Grunde war er ein hemmungsloser Egoist und liebte nur sich selbst. Ansonsten teilte er die Menschen in Freund und Feind ein mit dem Ziel, möglichst viele Vorteile für die eigenen »Volksgenossen« zu nutzen. Seine grundsätzliche Haltung hat er oft und bei verschiedenen Gelegenheiten kundgetan, sodass Zweifel nicht angebracht sind. Für ihn waren die Deutschen, wie er in einer Abteilungsleitersitzung sagte, das »Herrenvolk«:

»Wir sind hier die Herren, die Polen aber die uns anvertrauten Schutzunterworfenen. Es muss ein Unterschied zwischen dem Lebensstandart des Herrenvolkes und dem der Unterworfenen sein. Die Polen müssen die Grenzen ihrer Entwicklungsmöglichkeiten einsehen. Wir müssen sie verpflegen, kleiden, ihnen ihr Eigentum sichern und ihnen die Hoffnung lassen, dass, wenn sie brav sind, ihnen nichts geschieht.«[293]

Frank verschwendete keinen Gedanken daran, wer ihm das Recht gab, so zu denken und zu handeln. Er war auch nicht zur Einsicht fähig, welche Anmaßung hinter seiner Haltung stand. Mehrfach betonte er, dass er die Polen zu den Todfeinden des Deutschtums rechne und man den Graben zwischen ihnen und den Deutschen aufrechterhalten müsse. Letztlich ging es ihm, wie er in einer Regierungssitzung formulierte, um Macht: »Es muss daran festgehalten werden, dass nur schärfstes Durchgreifen und intensivstes Vertreten des Großdeutschen Machtstandpunktes allein imstande sind, die Autorität der Macht aufrecht zu erhalten.« [294] Zwar betonte er, dass die Polen »nicht wie Schweine behandelt werden dürften«[295], aber in Wahrheit lief es auf Zweckmäßigkeitsüberlegungen hinaus: »Wir sind von den Polen abhängig. Wenn die Polacken die Züge nicht fahren, wer fährt sie dann?«

Wenn Frank in Aussicht stellte, wenigstens die Grundbedürfnisse der polnischen Bevölkerung zu garantieren, dann waren das lediglich Ankündigungen – die Realität sah anders aus. Auf einer Wirtschaftstagung im Juni 1940 hieß es, dass in der polnischen Bevölkerung die Zahl an Hungernden von Tag zu Tag in erschreckendem Maße zunehme.[296] In einer Besprechung im April 1941 wurde festgestellt, die Bevölkerung erhalte auf ihren Lebensmittelkarten nur einen Bruchteil der Kalorien, die für die Aufrechterhaltung der Körperkräfte nötig seien. Die Kartenration für Brot seien herabgesetzt worden; gewisse Nahrungsmittel, auf die mit den Karten ein Anspruch bestehe, könnten nicht geliefert werden.[297]

Im September 1941 berichtete Gouverneur Fischer, dass die Lage in Warschau außerordentlich ernst sei. Die Lebensmittelversorgung sei gegenwärtig fast unmöglich. Die Getreidevorräte reichten noch für 14 Tage. Seit vielen Wochen hätten an die Bevölkerung keine Kartoffeln verteilt werden können. Die Polen erhielten pro Kopf und Woche 50 g Fleisch. Fett sei überhaupt nicht vorhanden. Das Gleiche gelte für die Kohleversorgung.[298]

Generalgouverneur Frank reagierte mit einer seiner alibimäßigen Verbalattacken: Er protestierte gegenüber einem Vertreter des Reichsernährungsministeriums, dass er künftig zur Erfüllung der Reichsforderungen außerstande sei – anschließend besuchte er ein Konzert der Berliner Philharmoniker unter Hans Knappertsbusch.[299]

Wie man aus den genannten statistischen Zahlen erkennen kann, hat Frank seine Lebensmittellieferungen in das Reich ohne Rücksicht auf den Hungertod in der polnischen Bevölkerung nicht reduziert oder gar eingestellt, sondern noch gesteigert. Ihm war wichtiger, sich bei Hitler, Göring, Himmler und Sauckel damit schmücken zu können, dass unter seiner Führung das Generalgouvernement sein Soll erfüllte, »denn bevor irgendwie das deutsche Volk verhungert, müssen selbstverständlich andere daran glauben. Die Folgen werden ausschließlich auf Kosten der fremdvölkischen Bevölkerung gezogen; sie müssen eiskalt und ohne Mitleid gezogen werden.« So sprach Frank am 24. August 1942 in einer Regierungssitzung, als ein neuer Erfassungs- und Ernährungsplan auf der Tagesordnung stand. »Nicht spüren sollen es die Deutschen in diesem Raum. Nicht spüren soll es die Wehrmacht. Vergessen Sie nie, dass es noch viel besser ist, wenn der Pole zusammenbricht, als dass der Deutsche unterliegt.«[300] Frank beschreibt genau das, was Götz Aly in seinem Buch »Hitlers Volksstaat« analysiert hat: Das Nazi-Regime erkaufte sich die Loyalität der Deutschen, indem es die eroberten Länder und Völker ausplünderte.

Wenn Frank in seiner bereits erwähnten Rede in der Berliner Friedrich-Wilhelm-Universität behauptete: »Die Bauern in Polen sind die eigentlichen Nutznießer des Generalgouvernements, sie waren früher die am tollsten unterdrückten Menschen im polnischen Volk!«[301] – dann steht dies im Gegensatz zu den Realitäten. In Wahrheit war die Landbevölkerung einem NS-Terror schlimmster Natur ausgesetzt. Jeweils zur Erntezeit rief Frank die »Ernährungsschlacht« aus und verwies darauf, dass »der Erfolg der Kriegsernährungswirtschaft Voraussetzung für den Sieg der Waffen und für den Endsieg sei«. In peniblen Erlassen erklärte Frank den »Ernteausnahmezustand« und wies die Gouverneure im Detail an, Befehlsstäbe zu bilden.[302]

Im Oktober 1941 richtete Gouverneur Fischer Zwangsarbeitslager ein für Bauern, die ihre Ernte nicht abliefern wollten. Die Wirkung sei überraschend gut gewesen, berichtete er, die Bauern hätten große

Angst bekommen, und nun stünde der Distrikt Warschau an der Spitze der Getreideerfassung.[303] Aber das war erst der Anfang. Der Gouverneur von Lublin (Ernst Zörner)[304] plakatierte in deutscher und polnischer Sprache, dass neun namentlich aufgeführte Polen durch Urteil des Sondergerichts Lublin vom 17. und 21. November 1941 wegen böswilliger Nichtablieferung der Kontingente rechtskräftig zum Tode verurteilt wurden.[305] Der Kreishauptmann von Radomsko kündigte am 20. Februar 1942 in einer öffentlichen Bekanntmachung in deutscher und polnischer Sprache an, dass säumige Ablieferer der Ernte sofort festgenommen und in das Konzentrationslager Auschwitz eingeliefert wurden.[306] Der Kreishauptmann von Tomaschow folgte seinem Beispiel und berichtete am 8. April 1942, dass sich das Abschieben von böswilligen Bauern in das Konzentrationslager Auschwitz »sehr günstig« ausgewirkt habe.[307] Am 11. Juli 1942 erließ Frank eine »Verordnung zum Schutz der Ernteerfassung«[308], welche allen die Todesstrafe androhte, die landwirtschaftliche Erzeugnisse böswillig beschädigen, vernichten oder der Ablieferungspflicht böswillig nicht nachkommen oder dazu auffordern und anreizen. Die Urteile oblagen Standgerichten und konnten unmittelbar vollstreckt werden. In seinem Erlass vom 10. Juli 1942 regelte Frank, dass das Standgericht Kollektivstrafen verhängen könne.[309]

Die geheimen Lageberichte des Jahres 1942 zeigen, dass die von Frank verursachte katastrophale wirtschaftliche Situation und die Repressionsmaßnahmen ein Anwachsen des polnischen Widerstandes zur Folge hatten. Gouverneur Fischer berichtete:[310]

»Während sich die Widerstandsbewegung bis zum Ablauf des Jahres 1941 einer Flüsterpropaganda bediente, die in der Hauptsache Gerüchte verbreitete und die Schildkrötenparole ›langsamer arbeiten‹ herausgab, was der Abneigung der Bevölkerung gegen Arbeit, Fleiß und Schnelligkeit weit entgegen kam, befasst sie sich jetzt mit der militärischen Ausbildung und mit einer genauen Instruktion über Verübung von Sabotageakten.« (Januar 1942)

»Als Vergeltung für die Erschießung eines deutschen und eines polnischen Polizeibeamten sind 100 Mitglieder polnischer Geheimorganisationen erschossen worden. Der polnischen Bevölkerung wurde von diesen Maßnahmen durch Plakatanschlag Mitteilung gemacht.« (Februar 1942)

»Banditenüberfälle greifen immer mehr um sich. Die Exekutivorgane sind aber zahlenmäßig derartig schwach, dass trotz des heroischen Einsatzes aller Gendarmeriebeamten bisher dieses Bandenunwesen nicht beseitigt werden konnte.« (August 1942)

»Am 7. und 8. Oktober 1942 wurden auf verschiedenen Bahngleisen außerhalb der Stadt Warschau Anschläge verübt, die Zugunterbrechungen zur Folge hatten. Ferner wurden mehrere Wehrmachtsangehörige erschossen. In Warschau selbst wurden im ›Kaffee Klub‹ und im Bahnhofsrestaurant Sprengkörper in die nur von Deutschen besuchten Lokale geworfen. Ferner wurden die Anzüge und Mäntel der Deutschen in großer Zahl mit Salzsäure bespritzt. Die Aktionen der Widerstandsbewegung sind mit schärfsten Maßnahmen beantwortet worden. In der Nähe der zerstörten Gleisanlagen wurden 50 Kommunisten gehängt, der Stadt Warschau [der polnischen Verwaltung der Stadt, Anm. D. Sch.] wurde wegen der Salzsäureattentate eine Geldbuße von einer Million Zloty auferlegt.

Das Bandenunwesen ist ebenfalls aufs schärfste bekämpft worden. Eine Ausrottung der Banden ist aber noch nicht erfolgt.

Insgesamt kann die Sicherheitslage nach wie vor als nicht besorgniserregend bezeichnet werden.« (Oktober 1942)

Nazi-Führer wie Ludwig Fischer fühlten sich als Herren über Leben und Tod. Im Mai 1941 ließ er mit Plakaten mitteilen, dass auch die geringfügige Beschädigung von militärischen Anlagen, wie das Wegnehmen von Holzpfählen, mit dem Tode bestraft werde. Falls der Täter nicht zu ermitteln sei, behalte er sich die Verhaftung von Geiseln vor.[311]

III. Verfolgung der Juden

»Mit Juden nicht viel Federlesens machen« (Hans Frank)

Der Leidensweg der Juden bis in die Vernichtungslager des Generalgouvernements ist von Berufeneren beschrieben worden.[312] Es kann an dieser Stelle nur darum gehen, die Verantwortlichkeit Franks und seiner Zivilregierung am Holocaust zu untersuchen, der wie alle überlebenden Nazi-Größen nachträglich in den Jahren 1945 und 1946 »von nichts gewusst« haben wollte und konkrete Schuld einzig auf Hitler und Himmler projizierte. Dieser Standpunkt – von Frank, Speer und anderen auch im Nürnberger Prozess vertreten – wirkt heute geradezu lächerlich, denn natürlich war derjenige, der in Krakau an den Schaltstellen der Macht saß, bis ins Detail informiert.

Franks Antisemitismus, den er in den zwanziger und dreißiger Jahren offenbarte, setzte sich ungebrochen fort und erfuhr in den vierziger Jahren eine verhängnisvolle Steigerung.

Mit Beginn seiner Amtszeit hat er in Form von Verordnungen (und – abgestuft – Gouverneur Fischer mit Anordnungen, Hauptabteilungsleiter Dr. Siebert mit Vorschriften, SS-Obergruppenführer Krüger mit Dienstbefehlen) die wesentlichen Bedingungen festgelegt, nach denen das polnische Judentum und solche Juden, die woanders ausgesiedelt und im Generalgouvernement angesiedelt wurden, zu knebeln und zu strangulieren war. In Franks Paragrafenwerk wurden folgende Tatbestände festgeschrieben:

Die Bestimmung des Begriffs »Jude« im Generalgouvernement (analog zu den Vorschriften im Reich)[313]; das Schächtverbot[314], die Kennzeichnung von Juden und Jüdinnen durch den Davidsstern[315]; das Einsetzen von Judenräten[316]; eine erste und zweite Durchführungs-

vorschrift zur Verordnung über die Einsetzung von Judenräten (unterzeichnet von Dr. Siebert)[317]; das Verbot der Benutzung der Eisenbahn
durch Juden[318]; Aufenthaltsbeschränkungen für Juden[319]; das Schaffen
eines jüdischen Wohnbezirks in Warschau[320] und einer Transferstelle
Warschau (unterzeichnet von Dr. Fischer)[321]; das Einsetzen eines Ob-
manns des Judenrats in Warschau (unterzeichnet von Dr. Fischer)[322];
Einschränkungen im jüdisches Schulwesen[323]; die Einführung des Ar-
beitszwangs für die jüdische Bevölkerung[324]; eine erste und zweite
Durchführungsvorschrift über die Einführung des Arbeitszwanges –
Erfassungsvorschrift (unterzeichnet von Krüger)[325]; Dienstbefehl an
die Judenräte für die Erfassung und Gestellung der Juden zur Zwangs-
arbeit (unterzeichnet von Krüger)[326] und schließlich die Pflicht zur
Anmeldung jüdischen Vermögens[327] und dessen Beschlagnahme.

Mit den genannten Vorschriften lieferte Frank dem Höheren SS-
und Polizeiführer Krüger den gesetzlichen Rahmen und begründete
gleichzeitig seine eigene unmittelbare Verantwortlichkeit dafür, wie
Juden entrechtet, entwürdigt, des Eigentums und der Freiheit beraubt
und häufig aufgrund ihrer elenden Lebensumstände in den Tod getrieben wurden. Das alles waren Vorstufen der »Endlösung«, über die in
der Fortschreibung der Geschehnisse im Generalgouvernement an anderer Stelle berichtet wird.

Noch immer waren die NS-Größen auf der Suche nach einer »Endlösung durch Vertreibung«. Frank hatte eigentlich kein Interesse daran,
dass das Generalgouvernement aus dem Reich mit Juden über-
schwemmt werden sollte, woran Heydrich im Reichssicherheitshauptamt arbeitete und was die Nachbar-Gauleiter Albert Forster (Danzig-
Westpreußen) und Arthur Greiser (Wartheland) forcierten; Greiser
wollte aus »Litzmannstadt« (Lodz) an die 260 000 Juden loswerden,[328]
auch aus Wien wurden 60 000 Juden avisiert.[329] Fest stand, dass Juden
wie Polen vom deutschen Territorium »verschwinden« sollten. So gab
es zunächst Pläne eines »Judenreservats« in der Gegend zwischen
Weichsel und Bug im Generalgouvernement. Dann entstand der Plan,
die Insel Madagaskar zu einem riesigen Ghetto zu machen. Schließlich
kreuzten sich die Pläne eines Überfalls auf die Sowjetunion mit der Absicht, die Juden auf das neu zu erobernde Territorium zu vertreiben.[330]

In den ersten Monaten seiner Amtszeit arrangierte sich Frank zunächst mit der Ansiedlung von Juden in seinem »Hoheitsgebiet«, weil es dem Auftrag Hitlers entsprach. In einer Rede am 25. November 1939 in Radom zeigte er unmissverständlich, was die Juden zu erwarten hatten:

»Mit den Juden nicht viel Federlesens machen! Eine Freude, endlich einmal die jüdische Rasse körperlich angehen zu können. Je mehr sterben, um so besser; den Juden zu treffen, ist ein Sieg unseres Reichs. Die Juden sollen spüren, dass wir gekommen sind. Wir wollen ½ bis ¾ der Juden östlich der Weichsel haben. Diese Juden werden wir überall unterdrücken, wo wir können. Es geht hier ums Ganze. Die Juden aus dem Reich, Wien, von überall, Juden im Reich können wir nicht gebrauchen.«[331]

Am 8. Juli 1940 nahm Frank an einer Besprechung mit Hitler in Berlin teil, wo er von der » Entscheidung des Führers erfuhr, dass keine Judentransporte mehr ins Generalgouvernement stattfinden, da geplant ist, die ganze Judensippschaft in denkbar kürzester Zeit nach Friedensschluss in eine afrikanische oder amerikanische Kolonie zu transportieren. Man denkt an Madagaskar, das zu diesem Zweck von Frankreich abgetreten werden soll.«[332]

SS-Brigadeführer Odilo Globocnik drängte Frank trotzdem zu härteren Maßnahmen. Am 25. Juli 1940 besuchte der Generalgouverneur Lublin. Auch wenn die Nazi-Moral Franks Verhalten plausibel macht, war das Programm ein eindeutiger Beweis dafür, wie herzlos und gefühlskalt Frank mit Menschenschicksalen umging. Zunächst besichtigte er die Entlausungsanstalt des Ghettos. Unberührt vom Elend begab sich die Delegation anschließend zu einem Mittagessen und sodann an eine Kaffeetafel mit einem Konzert des Musikkorps einer SS-Totenkopfstandarte. Dann besichtigte Frank Kasernen. Das Abendessen wurde von Gesängen des ukrainischen Nationalchors begleitet. In Anwesenheit des Gouverneurs Zörner sagte Frank in seiner Rede:

»Der Führer hat verfügt, dass das Generalgouvernement in absehbarer Zeit judenfrei wird. Sobald der Überseeverkehr die Möglichkeit des Abtransportes der Juden zulässt (Heiterkeit), werden die Juden Stück um Stück, Mann um Mann, Frau um Frau, Fräulein um Fräulein abtransportiert werden. Ich nehme an, dass ich sie darum nicht zu sehr zu beklagen brauche (erneut Heiterkeit). Ich glaube also, dass wir, wie man so sagt, durch den dicksten Dreck hindurch sind und dass es nunmehr möglich ist, hier wirklich eine anständige, dienstliche, berufliche und auch menschliche Stadt für deutsche Volksgenossinnen und Volksgenossen zu errichten.«[333]

Im Januar 1941 hielt sich Frank erneut in Lublin auf, um auf einer Parteikundgebung zu sprechen:

»Von den Juden rede ich nicht; sie sind nicht mehr interessant genug. Ob sie nach Madagaskar kommen oder sonst wohin, das alles interessiert uns nicht. Wir sind uns klar, dass dieser Mischmasch asiatischer Abkömmlinge am besten wieder nach Asien zurückklatschen soll, wo er hergekommen ist (Heiterkeit).«[334]

Dem Madagaskar-Projekt zufolge sollten vier Millionen Juden auf die Insel verbannt werden, um Europa »judenfrei« zu machen. Die Vorarbeiten fanden im Reichssicherheitshauptamt und im Auswärtigen Amt statt.[335] Mit der Planung des Krieges gegen die UdSSR wurde das Vorhaben in der Absicht eingestellt, die Juden in die dort zu erobernden Gebiete zu deportieren.

Am 19. Juni 1941 bekräftigte Hitler Frank gegenüber seine Absicht, dass die Juden in absehbarer Zeit aus dem Generalgouvernement entfernt werden sollten und dass das Generalgouvernement dann nur noch eine Art Durchgangslager sei.[336]

Nach der Eroberung Galiziens machte Frank in einem Schreiben an Lammers vom 19. Juli 1941 den Vorschlag, die benachbarten Pripjet-Sümpfe in das Generalgouvernement einzubeziehen, denn dieses Gebiet böte die Möglichkeit, in großem Maße Arbeitskräfte in nutzbringender Weise zu Kultivierungsarbeiten heranzuziehen.[337]

Die Entwicklung wurde von Goebbels, der Frank inzwischen nicht nur als »König von Polen«, sondern auch als »verhinderten Zar« titulierte, in seinem Tagebuch wie folgt dokumentiert:

»Wien wird nun bald ganz judenrein sein. Und jetzt soll Berlin an die Reihe kommen. Ich spreche das schon mit dem Führer und Dr. Frank ab. Der stellt die Juden zur Arbeit an, und sie sind auch fügsam. Später müssen sie mal ganz aus Europa raus. Im Generalgouvernement ist alles soweit in Ordnung (18. 3. 1941).«

»Beim Führer: Dr. Frank erzählt vom Generalgouvernement. Dort freut man sich schon darauf, die Juden abschieben zu können. Eine gerechte Strafe für die Verhetzung der Völker und die Anzettelung des Krieges. Der Führer hat das ja auch den Juden prophezeit.« (20. 6. 1941)[338]

Antisemitropulis und Ghettoisierung

Krakau ist Antisemitropulis – so Franks Wortschöpfung[339], der darunter wohl verstand, dass die Hauptstadt ein Bollwerk gegen das Judentum sein sollte. Die rund 65 000 Krakauer Juden[340] waren ihm ein Dorn im Auge, sodass er beschloss, Krakau bis zum 1. November 1940 zur »judenreinsten« Stadt des Generalgouvernements zu machen. Es sei absolut unerträglich, meinte Frank, dass »in Krakau Tausende und Abertausende Juden herumschlichen und Wohnungen inne hätten – in einer Stadt, der der Führer die hohe Ehre zuteil habe werden lassen, Sitz einer hohen Reichsbehörde zu sein«. Frank kündigte an, saubere deutsche Wohnsiedlungen errichten zu wollen, in denen man deutsche Luft atmen könne.[341] In der »Krakauer Zeitung« äußerte sich Frank, es sei ein unmöglicher Zustand, dass sich »die Repräsentation des Großdeutschen Reichs Adolf Hitlers in einer Stadt etablieren soll, in der es vor Juden wimmelt, sodass man als anständiger Mensch kaum durch die Straße gehen kann«.[342] Offensichtlich fühlte sich Frank in Krakau – genau wie in Kressendorf – vom Anblick der jüdischen Mitbürger belästigt.

Am 25. Mai 1940 teilte Frank den Distrikt-Gouverneuren in einem Erlass mit: »Ich habe die Aussiedlung der Juden aus der Stadt Krakau beschlossen.«[343] Er begründete seine Entscheidung offiziell mit der Wohnungsnot und der Gefahr für die Gesundheit der Bevölkerung. Frank bot den jüdischen Bürgern an, bis 15. August 1940 freiwillig an einen Ort ihrer Wahl im Generalgouvernement unter Mitnahme ihres Eigentums ziehen zu dürfen, wovon etwa 9000 Personen Gebrauch machten. Anfang August wurde auf der Burg entschieden, dass 40 000–45 000 zwangsweise ausgesiedelt werden sollten, während 15 000 als unentbehrliche Kaufleute, Handwerker und Facharbeiter verbleiben müssten. In frei werdenden Wohnungen für deutsche Beamte und Angestellte waren »die benötigten Möbel zu belassen«.[344] In der Regierungssitzung am 2. August 1940 teilte Frank ferner mit, er hätte die Aussiedlung der Juden am 8. Juli dem »Führer« vorgetragen, der zustimmend davon Kenntnis genommen habe.[345]

Ab dem 16. August begann die zwangsweise Vertreibung; für die Mitnahme der Habseligkeiten wurde eine Höchstgrenze von 50 kg pro Person bestimmt.[346] Große Schwierigkeiten entstanden dadurch, dass die Behörden anderer Kommunen sich dagegen wehrten, die aus Krakau verjagten Juden aufzunehmen. Letztlich war die gesamte Aktion ein Fehlschlag, weil viele Juden heimlich nach Krakau zurückkehrten und andere als Flüchtlinge einsickerten, sodass sich die jüdische Bevölkerung Krakaus nicht wesentlich reduzierte.[347] Am 3. März 1941 schließlich erging der Befehl durch Gouverneur Wächter, im Stadtteil Podgorze ein abgeschlossenes Ghetto einzurichten.[348]

Daneben errichtete die SS 1942 in einer anderen Vorstadt von Krakau das Zwangsarbeitslager Plaszow, das ab 1944 als Konzentrationslager diente. Lagerkommandant von Februar 1943 bis September 1944 war der berüchtigte SS-Hauptsturmführer Amon Leopold Goeth, der für die meisten im Lager begangenen Verbrechen verantwortlich war und sich auf sadistische Weise persönlich an Ermordungen beteiligte, indem er Häftlinge von der Veranda seiner Villa aus zu erschießen pflegte.[349]

Was sich vor den Türen seines Regierungssitzes in Krakau abspielte, schien Hans Frank nicht zu interessieren. Podgorze und Plaszow fanden bei ihm keine Erwähnung. Im Mai 1942 meldete das »Deutsche Nachrichtenbüro«, Krakau sei mit 24 800 deutschen Einwohnern »als Schaufenster deutscher Leistung im Osten« wieder eine rein deutsche Stadt. Eine merkwürdige Rechnung bei über 275 000 polnischen Einwohnern. »Jenseits der Weichsel wurde ein Judenwohnbezirk gebildet«, hieß es weiter, »der die rund 18 000 in der Stadt verbliebenen Juden von der übrigen Bevölkerung scheidet.«[350]

Eine ähnliche Entwicklung verlief in Radom, Kielce, Tschenstochau und Lublin, wo im März 1941 ebenfalls Ghettos errichtet wurden. Viele kleinere Gemeinden schlossen sich an. Als Gründe für die Einrichtung der »jüdischen Wohnbezirke«, wie die verharmlosende offizielle Bezeichnung lautete, wurden genannt: Isolierung der Juden und ihre Separierung von der restlichen Bevölkerung, Schaffen von Wohnraum, Schutz der deutschen Bevölkerung, Ernährungssicherung, Unterbindung des Schleichhandels und von Preissteigerungen sowie die angebliche Fleckfieberbekämpfung.[351] Außerdem galten Juden angesichts der Truppenmassierung zur Vorbereitung des Krieges gegen die Sowjetunion als Störfaktor. Im fortgeschrittenen Stadium der Ghettoisierung bestand die klare Absicht des Tötens durch Erhöhung der Sterblichkeitsrate infolge von Unterernährung, Krankheit und Suizid. Darüber hinaus ging es um eine Erleichterung der Ausbeutung des Vermögens und der Arbeitskraft.

Der Generalgouverneur hatte die rechtlichen Voraussetzungen für den behördlich organisierten Raub geschaffen. Die Juden mussten ihr Vermögen deklarieren, es wurde beschlagnahmt und arisiert. Als Heinrich Himmler in seiner Eigenschaft als »Reichskommissar für die Festigung des deutschen Volkstums« einen Zugriff auf jüdisches Vermögen im Generalgouvernement versuchte, konnte sich Frank mit Unterstützung Görings gegen ihn durchsetzen und die Ansprüche abwehren – einer der wenigen Triumphe gegenüber seinem schärfsten Widersacher.[352]

Zur Zwangsarbeit wurden männliche Juden im Alter von 12 bis 60 Jahren verpflichtet; eine Entlohnung war nicht vorgesehen, diese überließ man allenfalls den Judenräten aus eigenen Mitteln. Die Polizei leistete bei Zwangsrekrutierung und Bewachung zwar Amtshilfe, jedoch wurde der eigentliche Einsatz der Arbeitssklaven von Franks Hauptabteilung Arbeit unter Präsident Max Frauendorfer gelenkt und von den nachgeordneten Distriktbehörden und örtlichen Arbeitsämtern organisiert, die sich wiederum auf erpresserische Weise der Judenräte bedienten.[353] Mitte Oktober 1940 zum Beispiel waren auf 410 Baustellen des Generalgouvernements 41 950 Arbeiter beschäftigt, davon 16 145 jüdische »Pflichtarbeiter«.[354] Die Zusammenarbeit zwischen Zivilinstanzen und Sicherheitspolizei verlief jedoch keineswegs reibungslos, war geprägt von Kompetenzstreitigkeiten und eskalierte insbesondere in Lublin, wo SS- und Polizeiführer Odilo Globocnik in brutaler

Eigenmächtigkeit Juden bei Razzien festnahm und die örtlichen Arbeitsämter damit desavouierte.[355]

Im März 1940 wurde durch eine Verordnung von Frank die Einrichtung eines selbständigen Referats für Judenangelegenheiten im Amt des Generalgouverneurs – Abteilung Verwaltung, Bevölkerungswesen und Fürsorge – gebildet.[356] Entsprechend richteten auch die Distriktbehörden Judenreferate ein. Ihre Aufgabe war: Erfassung der Juden, Entscheidung über Zugehörigkeit zum Judentum, Bildung jüdischer Ältestenräte, Anwendung der Judenverordnungen, Bearbeitung der »Judenangelegenheiten«.

Eine herausragende Bedeutung nahmen die Juden in Warschau ein. Ihre Zahl belief sich bei Kriegsbeginn in der Stadt auf 400 000.[357] Ein Regierungsbericht vom Juli 1940 schlüsselte die jüdische Bevölkerung in den Distrikten wie folgt auf:[358]

Krakau	200 000 Juden	5,3% der Bevölkerung
Radom	310 000 Juden	10,4% der Bevölkerung
Warschau	540 000 Juden	17,4% der Bevölkerung
Lublin	250 000 Juden	9,6% der Bevölkerung
	1 300 000 Juden	10,4% der Bevölkerung

Frank bezifferte im Dezember 1941 die inzwischen eingetretene Steigerung der Gesamtzahl der Juden im Generalgouvernement mit 2,5 Millionen, »vielleicht mit den jüdisch Versippten und dem, was alles daran hängt, jetzt 3,5 Millionen«.[359]

In einer Abteilungsleitersitzung am 12. September 1940 genehmigte Frank, »daß in Warschau das Ghetto geschlossen wird, vor allem weil festgestellt ist, daß die Gefahr von den 500 000 Juden so groß ist, daß die Möglichkeit des Herumtreibens dieser Juden – verlotterte Gestalten – unterbunden werden muss«. Bei anderer Gelegenheit sprach Frank davon, nicht zuzulassen, dass eine Stadt wie Warschau »völlig verpestet« werde.[360] Von der Seuchengefahr durch Fleckfieber, die in der Öffentlichkeit als einer der Gründe für die Ghettobildung immer wieder genannt wurde, war in dieser internen Besprechung nicht die Rede. Am 2. Oktober ordnete Gouverneur Fischer die Einrichtung eines geschlossenen Ghettos an und legte die Straßenzüge fest, in denen alle Warschauer Juden bis 31. Oktober 1940 Wohnung nehmen muss-ten.[361] Etwa 138 000 Polen hatten ihre Wohnungen in dem Bezirk zu verlassen und 11567 »arische« Wohnungen mussten geräumt werden. Nach Angaben des Judenrates belief sich die Zahl der Bewohner im Januar 1941 auf 410 000 Juden, nach Schätzung der Umsiedlungs-behörde des Gouverneurs auf 470 000–590 000 Juden. Meistens ging man von 500 000 Ghetto-Bewohnern aus.[362] Der Judenrat bezeichnete die Wohndichte als zehnfach höher als im Stadtgebiet Warschaus. Ein Bericht des Leiters der Umsiedlungsbehörde führte auf, dass in der Stadt Warschau 14 000 Personen auf einem Quadratkilometer bebau-ter Fläche wohnten, im jüdischen Wohnbezirk 110 800 Personen. Es bestanden in dem Bereich, der als »Seuchensperrbezirk« beschildert wurde, 27 000 Wohnungen. Die Umsiedlungsbehörde errechnete, dass jede Wohnung mit 15 Personen und jedes Zimmer mit 6 bis 7 Personen belegt wurden. Das streng bewachte Ghetto war von einer drei Meter hohen Mauer umschlossen, auf der sich ein Stacheldraht-aufsatz von einem Meter Höhe befand.[363]

Wieder einmal zeigte Frank seine erbarmungslose Grundhaltung, als es für ihn kein Problem bedeutete, in Warschau eine Festvorstel-lung der »Fledermaus« und eine Fahrt durch das Ghetto emotional in Einklang zu bringen.[364] Anschließend reiste er weiter nach Lublin und rief in Anwesenheit des SS-und Polizeiführers Globocnik aus:

»Wir haben immer noch Reste von Humanitätsphantasten und solchen, die aus lauter echter Gutmütigkeit die Weltgeschichte zu verschlafen pflegen. Wenn heute die Juden in der Welt um Mitleid bitten, so läßt uns das kalt. Wir haben nur dafür zu sorgen, daß das, was wir mit dem Einsatz besten deutschen Blutes erkämpft haben, durch die würdige, geschlossene weitschauende Hal-tung der nationalsozialistischen Führung gesichert bleibt.«

Am nächsten Tag: Vorbeimarsch von Wehrmacht, SS und Polizei vor Frank auf dem Adolf-Hitler-Platz in Lublin.[365] Tags darauf er-krankte Frank, wie bereits erwähnt, an einer Lungenentzündung, die er bis Mitte März 1941 auskurieren musste. Über die Frage, welche psychosomatischen Auswirkungen zu der Krankheit geführt hatten, ließe sich trefflich spekulieren.

Alsbald stand der jüdische Wohnbezirk in Warschau erneut auf der

Tagesordnung. Anfang April errechnete ein Dr. Gate vom »Reichs-kuratorium für Wirtschaftlichkeit – Dienststelle GG« – den täglichen Minimalbedarf für einen Juden im Ghetto aus und kam auf 93 Groschen. Das bedeutete eine tägliche Summe von rund 500 000 Zloty, die erwirtschaftet werden müssten, sofern man 60 000–65 000 Juden produktiv beschäftige, um den Ausgleich herbeizuführen. Der Generalgouverneur verwies auf das negative Beispiel in »Litzmannstadt«, wo das Reich die Juden unterhalten müsse, denn er wolle keineswegs eine Fürsorge zu Lasten seines Etats tragen. SS-Gruppenführer Paul Moder erwähnte im Verlauf der Besprechung, dass die polnische Bevölkerung das Schaffen des jüdischen Wohnbezirks »durchaus« begrüßt hätte.[366]

Nach einer Aufstellung des Warschauer Arbeitsamtes gab es im April 1941 im Ghetto 115 000 männliche und 60 000 weibliche »arbeitsfähige« Juden. Von diesen seien 12 000 fortlaufend in der Stadt Warschau beschäftigt, 25 000 zu Meliorationsarbeiten herangezogen und 25 000 von Globocnik für Arbeiten in Lublin angefordert worden.[367]

Mittlerweile nahm die Verelendung der auf engstem Raum zusammengepferchten Menschen ihren Lauf. Pro Kopf erhielt die Bevölkerung auf Lebensmittelkarten 300 Kalorien zuerkannt – ein Mensch braucht täglich mindestens 2400 Kalorien. Fette waren in der Versorgung überhaupt nicht vorgesehen.[368] Die Sterblichkeitsrate im Ghetto nahm 1941 von Monat zu Monat zu und wirkte sich bei Kindern besonders stark aus. Insgesamt kamen in diesem Jahr 43 239 Menschen ums Leben:[369]

	Sterbeziffer gesamt	davon Kinder
Januar	898	94
Februar	1 023	58
März	1 608	129
April	2 061	146
Mai	3 821	174
Juni	4 290	355
Juli	5 550	640
August	5 560	719
September	4 545	442

Auszug aus dem Tagebuch des Stanislaw Rozycki[370]:

»Auf der Straße kreischen vergebens Kinder, die vor Hunger sterben. Sie heulen, flehen, singen, jammern, zittern vor Kälte ohne Wäsche, ohne Kleidung, ohne Schuhe, in Lumpen, Säcken, Lappen, die mit Strippen um die mageren Skelette gebunden sind; vor Hunger geschwollene Kinder, verunstaltet, halb besinnungslos, im fünften Lebensjahr schon völlig erwachsen, düster und lebensüberdrüssig. Wie Greise sind sie und wissen nur eins: ›Mir ist kalt, ich habe Hunger‹; so schnell haben sie den Kernpunkt des Lebens kennen gelernt. Die Tausende und Abertausende dieser kleinen Bettler richten durch ihr unverschuldetes Opfer und ihre beängstigende Hilflosigkeit die Hauptanklage gegen die stolze gegenwärtige Zivilisation.«

Mitte Oktober 1941 erließ Frank eine verhängnisvolle »3. Verordnung über Aufenthaltsbeschränkungen im Generalgouvernement«, in der für unbefugtes Verlassen des Ghettos die Todesstrafe angedroht wurde.[371] Bis dato waren bereits willkürliche Tötungen im Ghetto durch Polizei, Gestapo oder SS an der Tagesordnung, nunmehr erhielt der Mord an allen, die dem Inferno entrinnen wollten, einen gesetzlichen Rahmen.

Im gleichen Monat trafen sich im Kurort Bad Krynica die Verantwortlichen für das Gesundheitswesen im Generalgouvernement unter Vorsitz des Leiters der Abteilung Gesundheitswesen in der Hauptabteilung Innere Verwaltung, Dr. Jost Walbaum,[372] zu einer denkwürdigen Arbeitstagung.[373] In einer Diskussion wies der Leiter des Hygiene-Instituts in Warschau, Prof. Dr. Kudicke, darauf hin, dass die Juden aus den Ghettos ausbrachen, weil sie nichts zu essen hatten. Darauf erwiderte Dr. Walbaum:

»Natürlich wäre es das beste und einfachste, den Leuten ausreichende Ernährungsmöglichkeit zu geben, das geht aber nicht, das hängt mit der Ernährungs- und Kriegslage im allgemeinen zusammen. Deshalb wurde jetzt die Maßnahme des Erschießens angewandt, wenn man einen Juden außerhalb des Ghettos ohne besondere Erlaubnis antrifft. Man muß sich, ich kann es in diesem Kreise offen aussprechen, darüber klar sein, es gibt nur zwei Wege, wir verurteilen die Juden im Ghetto zum Hungertode oder wir erschießen sie. Wenn auch der Endeffekt derselbe ist, das andere wirkt abschreckender. Wir können aber nicht anders, wenn wir auch möchten, denn wir haben einzig und allein die Aufgabe dafür zu sorgen, daß das deutsche Volk von diesem

Parasiten nicht infiziert und gefährdet wird und dafür muß uns jedes Mittel recht sein.«

(Das Protokoll vermerkt:) »Beifall, Klatschen.«

Dr. Lambrecht, Leiter der Abteilung Gesundheitswesen im Distrikt Warschau, ergriff daraufhin das Wort:

»Wir können natürlich nur die Maßnahme gutheißen, außerhalb des Ghettos ohne Erlaubnis sich aufhaltende Juden vor das Standgericht zu stellen, denn dadurch können wir unsere Westkreise vom Fleckfieber freihalten. Im übrigen gehen wir mit allen wissenschaftlichen Methoden daran, diese Seuche zu be- kämpfen. Ich hatte bei mir im Amt gefordert, die Verpflegung der Juden im Ghetto zu verbessern. Leider konnte mir damals die notwendige Lebensmittel- menge nicht bewilligt werden, weil nichts da war. Aber besser ist jedenfalls noch immer, die Juden sterben im Ghetto, als daß sie verstreut in der Stadt sitzen und dort umkommen, wobei sie nur noch mehr als bisher andere Bevöl- kerungsteile in Gefahr bringen würden. (Beifall, Klatschen).«

Lambrecht fuhr fort: »Man muß hier konsequent sein und es wäre daher angebracht, gegen die Juden noch viel schärfer vorzugehen als bisher und je- der Versuch, den Juden im Ghetto durch ärztliche Maßnahmen helfen zu wol- len, ist meiner Meinung nach mit Rücksicht auf die charakterliche Eigenschaft der Juden, die eben immer wieder Leute bestechen werden, zum Scheitern ver- urteilt. (Beifall, Klatschen).«

In der zweiten Jahreshälfte 1941 wurden die Weichen zur endgülti- gen Vernichtung der Juden gestellt. Am 15. November 1941 erging mit rückwirkender Kraft zum 1. September 1941 von Gouverneur Fi- scher die Anordnung zur Errichtung des »Arbeitslagers« Treblinka im Kreis Sokolow. Alle Maßnahmen zur Durchführung delegierte er an den SS- und Polizeiführer im Distrikt Warschau.[374]

Generalgouverneur Frank, der offensichtlich von der Vorbereitung der am 20. Januar 1942 stattfindenden Wannsee-Konferenz Kenntnis hatte, führte den Vorsitz einer Regierungssitzung am 16. Dezem- ber 1941 in Krakau und beschloss die Konferenz mit folgenden grund- sätzlichen Ausführungen (Auszüge)[375]:

»Mit den Juden – das will ich Ihnen auch ganz offen sagen, – muss so oder so Schluss gemacht werden. Ich weiß, es wird an vielen Maßnahmen, die jetzt im Reich gegenüber den Juden getroffen werden, Kritik geübt. Bewusst wird – das geht aus den Stimmungsberichten hervor – immer wieder versucht, von Grausamkeit, von Härte usw. zu sprechen. Ich möchte Sie bitten: einigen Sie sich mit mir zunächst, bevor ich jetzt weiterspreche, auf die Formel: Mitleid wollen wir grundsätzlich nur mit dem deutschen Volke haben, sonst mit niemanden auf der Welt. Die anderen haben auch kein Mitleid mit uns gehabt. Ich muß auch als alter Nationalsozialist sagen: Wenn die Judensippschaft den Krieg in Europa überleben würde, wir aber unser bestes Blut für die Erhaltung Europas geopfert hätten, dann würde dieser Krieg doch nur einen Teilerfolg darstellen. Ich werde daher den Juden gegenüber grundsätzlich nur von der Erwartung ausgehen, daß sie verschwinden. Sie müssen weg. Ich habe Verhandlungen zu dem Zwecke angeknüpft, sie nach dem Osten abzuschieben. Im Januar findet über diese Frage eine große Besprechung in Berlin statt, zu der ich Herrn Staatssekretär Bühler entsenden werde. Diese Besprechung soll im Reichssicherheitshauptamt bei SS-Obergruppenführer Heydrich gehalten werden. Jedenfalls wird eine große jüdische Wanderung einsetzen.

Aber was soll mit den Juden geschehen? Glauben Sie, man wird sie im Ostland in Siedlungsdörfern unterbringen? Man hat uns in Berlin gesagt: Weshalb macht man diese Scherereien; wir können im Ostland oder im Reichskommissariat auch nichts mit ihnen anfangen, liquidiert sie selber! Meine Herren, ich muß Sie bitten, sich gegen alle Mitleidserwägungen zu wappnen: Wir müssen die Juden vernichten, wo immer wir sie treffen und wo es irgend möglich ist, um das Gesamtgefüge des Reiches hier aufrecht zu erhalten. Das wird selbstverständlich mit Methoden geschehen, die anders sind als diejenigen, von denen Amtschef Dr. Hummel gesprochen hat. [Er referierte über Todesurteile durch Sondergerichte, Anm. D. Sch.] Auch die Richter der Sondergerichte können nicht dafür verantwortlich gemacht werden, denn das liegt eben nicht im Rahmen des Rechtsverfahrens. Man kann bisherige Anschauungen nicht auf solche gigantischen einmaligen Ereignisse übertragen. Jedenfalls müssen wir aber einen Weg finden, der zum Ziele führt, und ich mache mir darüber meine Gedanken.

Die Juden sind auch für uns außergewöhnlich schädliche Fresser. Die 3,5 Millionen Juden können wir nicht erschießen, wir können sie nicht vergiften, werden aber doch Eingriffe vornehmen können, die irgendwie zu einem Vernichtungserfolg führen, und zwar im Zusammenhang mit den vom Reich her zu besprechenden großen Maßnahmen. Das Generalgouvernement muß genau so judenfrei werden, wie es das Reich ist. Wo und wie das geschieht, ist eine Sache der Instanzen, die wir hier einsetzen und schaffen müssen und deren Wirksamkeit ich Ihnen rechtzeitig bekannt geben werde.«

Diese Ausführungen von Frank beweisen zweierlei: Er hatte sich vom 10. bis 13. Dezember 1941 in Berlin aufgehalten, an Besprechungen teilgenommen und am 12. Dezember in der Reichskanzlei einer

Ansprache Hitlers an die Reichs- und Gauleiter beigewohnt. Hitler ließ sich in bedrohlicher und rachsüchtiger Weise über die Juden aus, Frank und die obersten Nazi-Führer hatten die Botschaft verstanden. Es war weder ein Befehl noch eine Weisung notwendig, bereitwillig begriffen sie, dass die Zeit der Abrechnung gekommen sei (Kershaw).[376] Bereits am 15. Oktober 1941 verzeichnete das Diensttagebuch: »Der Herr Generalgouverneur ist der Auffassung, dass für die jüdische Bevölkerung weitere Lebensmittel nicht zur Verfügung gestellt werden können.« Es bedarf keines weiteren Beweises, dass Frank den Völkermord an den Juden zu seiner eigenen Sache gemacht hatte. Dies ist der schwerwiegendste Schuldvorwurf gegen ihn überhaupt, zumal er die »Aktion Reinhardt«, über die noch zu berichten sein wird, tatsächlich mit seiner Zivilregierung personell und logistisch unterstützte, also einen *dolus directus*, den unmittelbaren Vorsatz, also den Täterwillen, zeigte, den Massenmord in die Tat umzusetzen.

Gibt es eine Erklärung, warum Frank innerlich bereit sein konnte, den Mord an Millionen Menschen zu fördern, ja selbst zu wollen? Seine wichtigsten Motive liegen im tief verwurzelten Antisemitismus, für den er seit den dreißiger Jahren immer wieder Beweise lieferte. Er war persönlich davon überzeugt – was mit den Jahren amtliches Nazi-Programm wurde –, die Juden als Bedrohung zu empfinden und sie deshalb unschädlich machen, das heißt, sie vernichten zu müssen. An zweiter Stelle stand sein Machtstreben, das Generalgouvernement im »Weltreich« des Nationalsozialismus zu einem Reichsgau mit Einfluss und Stärke zu entwickeln. Nachgerade ins Schwärmen über die Zeit nach dem »Endsieg« geriet er auf derselben Sitzung vor seinen Amtschefs, Gouverneuren und den SS-und Polizeiführern:

»Das Gebiet des Generalgouvernements wird unmittelbar nach dem durchgeführten Rückdeutschungsprozess der Ostgebiete des Reichs der nächste Bestandteil Europas sein, der der absoluten Deutschdurchdringung unterstellt werden wird. Wir werden die großen Reichsautobahnen bauen, die quer durch unser Land gehen. An diesen Reichsautobahnen werden große Siedlungsdörfer mit Deutschen entstehen. An wohl gewählten strategischen Punkten werden große militärische Zentralen geschaffen werden, um die herum sich in einem weiten Gürtel allmählich das deutsche Leben entwickeln wird. Da wir dann auch die Möglichkeit haben, allenfalls hier nicht mehr benötigtes Fremdvolkstum nach dem Osten abzugeben, wird es nicht zu unüberwindlichen Schwierigkeiten führen, das deutsche Volkselement mehr und mehr verwurzeln zu lassen und das fremdvölkische Element immer mehr abzudrängen. – Weiter im Osten wird einmal der Gotengau entstehen, und das Generalgouvernement wird dann einmal der Vandalengau werden können.«[377]

Den »Aufbruch nach dem Osten« sah Frank in weltgeschichtlichen Zusammenhängen nach Lesart der Nationalsozialisten und entsprechend das Generalgouvernement als ein Tor, durch das man aus dem Osten wieder nach Deutschland komme.[378] Auch die polnischen Bürger hatte er dabei im Blick, wie so manche Äußerung beweist, wenn er zum Beispiel überlegte, dass deren millionenfache Ausrottung Schwierigkeiten bereite, »die wir zur Zeit nicht erfüllen können« (Dezember 1942).[379]

IV. Die Dame mit dem Hermelin

Hans Frank, den die Opfer »Schlächter von Polen« nannten, war Kunstkenner, Kunstliebhaber, Kunstmäzen – und Kunsträuber. Vielleicht ist man überfordert, seine Persönlichkeit wirklich zu begreifen, man kann immerhin Schritt für Schritt seine Lebensstationen analysieren. Versucht man, das Puzzle zusammenzusetzen, dann bleibt als Ergebnis, dass er einen höchst widersprüchlichen Charakter hatte.

Als feinsinniger Kunstexperte hatte Frank in den dreißiger Jahren in München einen Namen. Mit seiner neuen Funktion als Generalgouverneur in Polen eröffneten sich ganz neue Perspektiven, was er in dem Satz auf den Punkt brachte: »Der Beutetrieb ist ein Urtrieb der Menschheit.«[380] Nun hatte Frank diesen Ausspruch zwar im Zusammenhang mit dem Raub eines Schweines gebraucht, aber ob Schwein oder Kunst, es läuft in diesem Fall auf dasselbe hinaus. Und Franks Methoden erinnern nicht an distinguierte Kunst-, sondern eher an betrügerische Viehhändler. Dabei setzte er sich mühelos über den Widerspruch hinweg, dass es sich bei Polen angeblich um ein kulturelles Notstandsgebiet handelt, was zu betonen er selbst nicht müde wurde.

Mit der Beschlagnahme des Vermögens des polnischen Staates, das er in den Besitz des Generalgouvernements überleitete, und einer *lex specialis*, der »Verordnung über die Beschlagnahme von Kunstgegenständen im Generalgouvernement« vom 16. Dezember 1939,[381] hatte Frank zwar rasch die Weichen gestellt, aber Himmler war schneller als er. Deswegen nannten ihn SS-Führer manchmal »Stanislaus der Verspätete«, denn wo immer der Generalgouverneur hinkomme, sei die SS schon da gewesen. Als »Reichskommissar für die Festigung Deutschen Volkstums« hatte Himmler bereits am 1. Dezember 1939 seine Rechte am Kunstschatz der Polen angemeldet. Daraufhin schaltete

Frank erneut seinen Gönner Hermann Göring ein, der veranlasste, dass Himmler seinen Runderlass zurückziehen musste. Göring handelte nicht uneigennützig, denn er wollte seine Bildergalerie in Carinhall ergänzen.

Himmler allerdings hatte den Beutezug jedoch bereits begonnen, indem er Anfang Oktober den Historiker Peter Paulsen mit einem Sonderkommando beauftragte, die Sicherstellungskampagne zu starten. Die spektakulärste Beschlagnahme betraf den berühmten Altar von Veit Stoß in der Krakauer Marienkirche, den die Nationalsozialisten als Teil ihres kulturellen Erbes ansahen. Die Polen hatten den Altar kurz vor Kriegsbeginn zerlegt, in Kisten verpackt und in das Städtchen Sandomierz an der Weichsel geschafft.[382] Das Paulsen-Kommando stöberte die Kisten auf und ließ sie nach Berlin und später nach Nürnberg transportieren. Goebbels vermerkte dazu süffisant: »Geradezu ulkig und humorvoll ist der ständige Streit zwischen Nürnberg und Krakau. Dr. Frank möchte gerne einige Kunstschätze, vor allem den Veit-Stoß-Altar, von Nürnberg wieder zurück haben, woran die Nürnberger natürlich nicht denken.«[383] Ebenso weigerte sich das Reichssicherheitshauptamt, die Bibliothek des Ukrainischen Instituts Warschau und die »Judaistische Bibliothek Warschau« zurückzugeben.[384]

Die Kunsträuber Göring und Frank verfolgten private Interessen, während Himmler den SS-Kult pflegte, sich auf den Deutschritterorden bezog und die feudale Ausstattung der Wewelsburg in Westfalen als Zentrum für Führertreffen der SS betrieb. Göring beauftragte in seiner Funktion als »Beauftragter für den Vierjahresplan« den ehemaligen österreichischen Staatssekretär und SS-Oberführer Dr. Kajetan (Kai) Mühlmann[385] als Sonderbeauftragten für die Erfassung der Kunst- und Kulturschätze im Generalgouvernement. Gleichzeitig unterstand Mühlmann Frank, der ihn zum Leiter des »Amtes für die Pflege alter Kunst« machte. Göring und Frank saßen jetzt in einem Boot.[386] Von Warschau und Krakau aus ging Mühlmann mit seinem Stab systematisch vor und konfiszierte polnische Kunstwerke. Dazu gehörten solche aus staatlichen Kunstsammlungen, Universitäten, Kirchen, Privatsammlungen, aus dem Königlichen Schloss Warschau, der Krakauer Kathedrale, dem Nationalmuseum in Krakau, aus Sammlungen des Prinzen Czartoryski sowie aus den Sammlungen der Grafen Branicki und von Adam Potocki und anderen.[387]

Mühlmann fertigte drei Listen der beschlagnahmten Kunstwerke an:

– Kategorie I: Werke, die für das »Führer-Museum« oder staatliche Museen im Reich vorgesehen sind;
– Kategorie II: Werke, die nicht unbedingt »reichswertig«, aber von guter Qualität sind;
– Kategorie III: Werke, die weniger wertvoll sind.

Die Entscheidung über die Verwendung der Exponate der Kategorie I war dem »Führer« vorbehalten, der einen Foto-Katalog über 521 Objekte erhielt.[388]

Über das Schicksal der Werke aus Kategorie II und III konnte der Generalgouverneur befinden. Soweit er sich nicht selbst »bediente«, waren die Kunstgegenstände auch für »repräsentative Staatsgebäude und Wohnungen« zu verwenden.[389]

Göring und Frank entnahmen jedoch auf ungeklärten Wegen auch Objekte aus der I. Kategorie, was wohl zwischen beiden »ausgekungelt« wurde. So fuhr Mühlmann – Diener zweier Herren – mit der »Dame mit dem Hermelin« (auch bekannt als Portrait der Cecilia Galleriani) von Leonardo da Vinci zweimal zwischen Krakau und Berlin hin und her, bis das Gemälde schließlich in den »Besitz« Franks überging und in seiner Bürosuite auf der Burg einen Platz fand,[390] was allerdings dem Gemälde schadete, da es wegen der überheizten Räume Blasen warf. Daraufhin schlugen Mühlmanns Mitarbeiter vor, die wertvollen Gemälde »während der Abwesenheit des Herrn Generalgouverneur« jeweils anderweitig aufzubewahren.[391] Auch Raffaels »Bildnis eines jungen Mannes« und Rembrandts »Hereinbrechendes Gewitter« gelangten auf unbekannte Weise in die privaten Gemächer Franks auf der Krakauer Burg.[392]

Frank kaufte mit Hilfe von Mühlmann hemmungslos Kunstwerke an, so zum Beispiel am 13. August 1940 fünf größere Gobelins in Wien für die Ausstattung der Burg. Der Leiter der »Abteilung Devisen« wurde angewiesen, 100 000 RM an den Wiener Bankverein zu

Frank, der Kunsträuber (IPN Warschau)

überweisen.[393] Für den Ankauf antiker Möbel beantragte im März 1942 der Chef der Kanzlei Franks 2,5 Millionen Zloty.[394] Aus staatlichen Mitteln richtete Frank ein Konto in den Niederlanden ein, über das Mühlmann verfügte. In einem holländischen Untersuchungsbericht nach dem Krieg über Kunstplünderungen sind über einhundert von Frank erworbene Gemälde aufgeführt, darunter Jan Brueghels »Landschaft mit Wald«.[395] Mühlmann sagte nach dem Krieg aus, für Frank Kunstgegenstände in Paris gekauft zu haben, die zum Teil in dessen Münchner Wohnung gebracht worden waren. Dies wird durch eine Benachrichtigung des Transportunternehmens Schenker an Frank bestätigt, dass zwölf Kisten aus Paris eingetroffen seien.[396] Offensichtlich war Frank auch im Besitz eines Spitzweg.[397]

Es ist mit an Sicherheit grenzender Wahrscheinlichkeit davon auszugehen, dass Frank Mittel des staatlichen Haushalts des Generalgouvernements veruntreut und er staatlich beschlagnahmte Kunstwerke für seine persönlichen Zwecke unterschlagen hatte. Mit der Spedition Schenker verschickte er am 27. September 1941 elf Kisten und fünf Verschläge, deren Inhalt als Kunstgegenstände deklariert waren, von Krakau nach München.[398] Zahlreiche Kunstschätze brachte er im Schoberhof unter, wie Sessel, Gemälde, Teppiche und Leuchter, die Niklas Frank auf privaten Fotos wiedererkannte. Niklas Frank weiß auch von Kisten zu berichten, die voll gepackt waren mit sieben Gobelins und Kommoden aus der Zeit Louis XVI. und einer aus dem 16. Jahrhundert.[399]

Im Juli 1943 kam es zu einem Eklat wegen fehlender Bestände und chaotischer Zustände bei der Lagerung der Kunstwerke in der Krakauer Burg. Mühlmann musste sich Vorwürfe wegen Vernachlässigung seiner Pflichten gefallen lassen, woraufhin er von seiner Aufgabe zurücktrat.[400] Er hatte längst weiter reichende Interessen, denn er konnte andere NS-Führer zu seinen Kunden zählten: Heinrich Himmler, Baldur von Schirach, Erich Koch, Julius Schaub, Heinrich Hoffmann und Fritz Todt.[401]

Mühlmanns Nachfolger wurde der Architekt Wilhelm-Ernst von Palézieux als Referent für Kunst und Grundbesitz. Er begleitete Frank auf der Flucht aus Krakau am 17. Januar 1945 und war aktiv am letzten Akt des Kunstraubs beteiligt. Auch die »Dame mit dem Hermelin« trat die Reise nach Bayern an.

V. Selbstbereicherung

Ein altgedienter Nationalsozialist, der in einer Warschauer Wirtschaftsprüfungsgesellschaft arbeitete, richtete im April 1942 ein besorgtes Schreiben über seine Erfahrungen im Generalgouvernement an Hans Lammers, den Chef der Reichskanzlei.[402] Danach soll sich jeder Jude, der das Ghetto ohne Erlaubnis verlässt, vom Erschießen freikaufen können, wenn er einen Pelz abliefert. Der Handel zwischen Juden und Deutschen blühe, beteiligt seien verantwortliche Bedienstete deutscher Behörden. Ein Judenältester habe erklärt, dass jedermann bestechlich sei. Alle Preisfestsetzungen seien unwirksam, weil die Geschäfte im Tauschhandel abgewickelt würden. Im Schwarzhandel seien alle Waren in großen Mengen aus deutschen Monopolbetrieben erhältlich, die man in deutschen Geschäften nicht kaufen könne. Deutsche Soldaten verkauften Zigaretten, Beutewaffen, Fahrzeuge und Benzin an Polen. Die deutschen Dienststellen seien überbesetzt, ein Großteil der Arbeitszeit der Bediensteten werde dafür verwendet, Beschaffungsmöglichkeiten zu ermitteln. Behördenangestellte erhielten fortgesetzt Sonderzuteilungen, Lebensmittel, Pelze, Kleidungsstücke, verfügten über ein eigenes Kaufhaus und lebten in den eigenen Kasinos viel billiger als im Reich. Besonders SD, Gestapo und Behördenangestellte kämen überall in den Genuss von Sonderregelungen.

Nur eine geringe Anzahl von Korruptionsfällen wurde aufgedeckt (Stand Ende 1942), es handelte sich um die Spitze eines Eisberges:[403] Der Angestellte bei der Bezirksregierung Radom, Herbert K., erschlich sich beim Ernährungsamt 200 Lebensmittelkarten und verkaufte sie an Juden. Er wurde durch das Sondergericht Radom zum Tode verurteilt. Der als Leiter einer Kerzenfabrik eingesetzte Harald N. zwang einen Juden, ihm einen Brillantring im Werte von 25 000 Zloty für

3000 Zloty zu verkaufen. Ein Johannes M. erschlich sich Möbel von Juden und Polen und verkaufte sie an deutsche Mieter. Dr. Gerhard W., Kreisreferent beim Amt für Ernährung, bezahlte jüdische Schneider und Schuster mit Lebensmittelbezugsscheinen. Dr. Hans R. beschäftigte Juden und ließ sich von ihnen für das Versprechen bezahlen, sie vor Umsiedelungen zu schützen. Ein Reichsbahnoberinspektor Heinz B. beim Baubüro der Ostbahn Krakau verschob 333 Tonnen Zement an Polen für 60 000 Zloty. Der Leiter des Amtes für die Bewirtschaftung chemischer Erzeugnisse wurde wegen Korruption zum Tode verurteilt.[404]

Besonders Treuhänder – in der Regel handelte es sich um Reichsdeutsche – verdienten sich eine goldene Nase. Alleine in Krakau waren 750 und im Distrikt Krakau 3000 von ihnen tätig. Generalgouverneur Frank ordnete auf seine doppelbödige Art scharfe Maßnahmen gegen korrupte Treuhänder an.[405] Wegen Unfähigkeit, politischer Unzuverlässigkeit im Sinne des NS-Regimes, illegaler Nebengeschäfte, Veruntreuung und des Verdachtes von Verschiebungen wurden 14 Treuhänder abberufen. Einer wurde »als Volljude entlarvt und sonderbehandelt«.[406]

Die halblegalen Zuwendungen richteten sich nach der Position des Empfängers. Zum Beispiel erhielt jeder Krakauer Abteilungspräsident zu Weihnachten 1942: 120 Dosen Ölsardinen, 25 kg Äpfel, 3 kg Pralinen und 5 kg Kaffee.[407] Die Beamten der Regierung wurden mit besonderen Bezugsscheinen versorgt, zum Beispiel für Seidenstoffe. Bediensteten bei den Kreishauptmannschaften wurden Pelzmäntel zur Verfügung gestellt oder sie konnten Textilien ohne Bezugsscheine erwerben.[408]

Bei Lage der Dinge wundert es nicht, wenn in einem SS-Bericht vom 2. Juli 1943 aufgeführt wird,[409] wie das Generalgouvernement im Volksmund genannt wurde: GG = Gangster-Gau. Auch machte ein Witz die Runde: Das Generalgouvernement soll mit neuen Uniformen beliefert werden: Ganz eng und ohne Taschen.

»Im Westen liegt Frankreich – im Osten wird Frank reich« (geflügeltes Wort)

Hans Frank stand nicht nur an der Spitze des »Reichsnebenlandes«, sondern er stand auch für Korruption; niemand sonst hat sich im Generalgouvernement in einem derartigen Umfang wie Frank bereichert. Was er nicht wissen konnte: Die ihm feindlich gesonnene SS unter dem Höheren SS- und Polizeiführer Krüger führte genau Buch, auch wenn sie ihm nicht in allen Fällen auf die Schliche kam.

Wenn sich Frank für einen bescheidenen Lebensstil im Generalgouvernement aussprach, so war das angesichts seiner eigenen Prunksucht schamlos. Und wenn er an alle Deutschen einen Erlass richtete, demzufolge jeder unnachsichtig zur Rechenschaft gezogen werden soll, der »über die ausreichenden amtlichen Zuteilungen hinaus sich unrechtmäßige Sondervorteile verschaffe und damit das Ansehen der deutschen Aufbauarbeit herabsetze«[410], dann war dies geradezu perfide.

Mit einem Plakat ließ Frank folgenden Aufruf veröffentlichen:[411]

»Wer heute noch an sich denkt, / an seinen Aufstieg, / an sein etwaiges Fortkommen, / dessen Herz ist faul und angekränkelt. / Dr. Frank«

Vieles blieb zwar im Verborgenen, doch das Ausmaß der Korruption des Generalgouverneurs war so unverschämt, sein ausbeuterischer Lebensstil so auffällig, dass sein Lebenswandel in aller Munde war und seinen Ruf total untergrub. Reichs- und Volksdeutsche lehnten ihn vor allem deswegen ab, weil er sich zunehmend unglaubwürdig machte. Die polnischen Widerstandsbewegungen gossen in ihren Untergrundpublikationen Hohn und Spott über ihn aus. Als am 31. März 1944 der Erste Staatsanwalt Dr. Max Meidinger zum Chef der Kanzlei berufen wurde, versammelte Frank seine »Gefolgschaft« in der Burg und richtete das Wort an Meidinger und an die Mitarbeiter (Auszüge):[412]

»Ich vertraue auch dieser Gefolgschaft. Sollte sich aber da und dort einmal ein Unwürdiger in unseren Kreis einschleichen, der dienstliche Verstöße auf sich lädt, der Unterschlagungen begeht, der Untreue übt, ganz gleich in welchem Umfange und in welcher Art, dann strafen Sie ihn rücksichtslos. Es kann sich mancher nicht nur hier bei uns – ich hoffe, daß das nicht der Fall ist –, sondern auch in den anderen Behörden einschleichen, der so einige Wochen oder Monate ein stilles Schattengeschäft nebenher treibt und glaubt, krumme Geschäfte machen zu können. Sie wissen, daß in der Vergangenheit der Kanzlei einer oder zwei solche höchsttragischen Fälle vorgekommen sind. Wer hier Unterschlagungen macht, der wird absolut der schärfsten Strafe zugeführt. Mit der Entdeckung eines solchen Vorganges ist das Schicksal des Betreffenden auch schon erfüllt. Nur so wird es möglich sein, daß dieses Korps in absolut disziplinierter Weise zusammengehalten wird. Die Burg ist hoch aufgerichtet.«

Wie werden die Zuhörer auf solche Worte reagiert haben? Stießen sie sich heimlich an und kicherten sie, oder hielten sie die Hand vor den Mund, um ihr Lachen zu unterdrücken? Oder gingen sie am Ende leise den Kopf schüttelnd an ihren Arbeitsplatz zurück, weil sie eine solche Unverfrorenheit nicht für möglich hielten? Frank konnte nur noch Angst verbreiten, aber keinen Respekt gewinnen. Er, der ein schlechtes Gewissen haben und den Mund hätte halten müssen, weil er jeden nur denkbaren Vorteil für sich in Anspruch nahm und vor keiner kriminellen Machenschaft zurückschreckte, hatte entweder kein Gespür für den Antagonismus, in den er sich verwickelte, oder er setzte sich, was wahrscheinlicher ist, arrogant darüber hinweg, weil er sich seiner Macht bewusst war und sich für unangreifbar hielt. Er war ja bereits in massive Schwierigkeiten geraten und hatte erlebt, wie Hitler seine schützende Hand über ihn, den »Alten Kämpfer«, hielt. Darüber wird noch zu berichten sein.

Die schamlose Bereicherung, die Götz Aly in »Hitlers Volksstaat« ausführlich beschreibt und die zu einer »Wohlfühldiktatur« geführt habe,[413] wurde von Frank und seiner Frau auf die Spitze getrieben. Brigitte Frank schwärmte von »ihrem Wonneproppenreich« und formulierte damit, wie sich Nutznießer dieser Raubgesellschaft gefühlt haben.[414]

Im September 1943, als Frank die Scheidung eingereicht hatte, schrieb ihm seine Frau: »Ich kenne deine Einnahmen jetzt und weiß, daß das Ministergehalt darin das wenigste ist.«[415] Frank hatte es meisterhaft verstanden, private und dienstliche Gelder zu vermischen, private Anschaffungen als dienstlich notwendige zu deklarieren oder als

Repräsentationskosten zu tarnen. Im offiziellen Haushaltsplan des Generalgouvernements hatte er sich großzügig selbst genehmigt: 80 000 Zloty jährlich für »besondere Repräsentationen« und 84 000 Zloty jährlich als »Aufwandsentschädigung«.[416]

Jährliche Aufwandsentschädigungen bezogen außerdem in der Krakauer Regierung:

Staatssekretär	24 000 Zloty
Vertreter des Staatssekretärs	14 400 Zloty
Hauptabteilungsleiter	4 800 Zloty
Gouverneure	2 000 Zloty

Aus dem Haushalt der Berliner Reichsregierung erhielt Reichsminister Dr. Frank 3400 RM als monatliche Sonderzahlung.[417]

Das Reichsfinanzministerium übte zwar Kritik an den Dienstaufwandsentschädigungen im Generalgouvernement[418], aber eine Wirkung oder gar dienstaufsichtliche Maßnahmen sind nicht bekannt.

Franks Wohnungen, so die Privatsuite in der Burg und das Schloss Kressendorf, galten als kostenlose Dienstunterkunft, tägliche Mahlzeiten eingeschlossen. Kostenfrei nutzte Frank Dienstfahrzeuge der Fabrikate Daimler Benz, Horch und Maybach, selbstverständlich mit Fahrer, Adjutanten und Begleitschutzkommando. Außerdem stand ihm für Bahnreisen ein eigener Salonwagen zur Verfügung, der an reguläre Züge angehängt wurde. Als Franks exzessive Vorteilsnahme in Berlin nicht mehr zu übersehen war, ordnete Hans Lammers, der Chef der Reichskanzlei, einschränkend an, dass Frank nur zweimal im Monat den Salonwagen für Fahrten auf den Strecken Krakau – Berlin und München – Wien – Krakau benutzen durfte, wovon auch dem Reichsverkehrsminister eine Mitteilung zugegangen war.[419]

Frank machte eigentlich keinen Hehl aus seinen Motiven, wenn er sagte: »Die Freude an der Beute gehört zu den großen Wollustempfindungen des Menschen.«[420] Mit Wollust griff er in die Staatskasse, denn wie anders soll man sich erklären, wenn er zwischen Oktober 1940 und Mai 1942 auf sein Privatkonto bei dem Bankhaus Merck, Fink und Co. in München 105 232 Reichsmark in Chargen bis zu 10 000 RM überweisen konnte.[421] Strafrechtlich wird ein solches Verhalten als Untreue bezeichnet. Erinnert sei daran, dass er in seiner Rede an der Berliner Friedrich-Wilhelm-Universität andeutete, einige hundert Millionen Zloty Schwarzgeld aus den eroberten Ostgebieten abgezweigt zu haben.[422] Frank war sein eigener Finanzminister. Am 6. März 1945 ließ er sich 200 000 RM in seine »Ausweichdienststelle« in Neuhaus überweisen und zwei Tage zuvor 100 000 RM durch einen Boten in bar überbringen. Kurz vor seiner Festnahme steckte er im Schoberhof seiner Frau Brigitte heimlich 50 000 RM zu.[423]

Die Einnahmen des Generalgouvernements durch Zölle, Verbrauchssteuern und Monopole (auf Tabak, Branntwein, Salz, Zündhölzer, Mineralöl, Süßstoff, Glücksspiel), wie sie der Haushaltsplan auswies, waren erheblich:[424]

1940	1 Milliarde Zloty
1941	1,7 Milliarden Zloty
1942	2,7 Milliarden Zloty
1943	3,6 Milliarden Zloty

Hinzu kamen Einnahmen im außerordentlichen Haushalt.
Als »Wehrbeitrag« mussten an das Reich abgeführt werden:

1941	500 Millionen Zloty
1942	700 Millionen Zloty
1943	1,3 Milliarden Zloty

Im Nachlass von Hans Frank sind nur Fragmente erhalten geblieben, die den Gesamtumfang seiner räuberischen Bereicherung erahnen lassen. So wurden am 16. Dezember 1939 durch das Beschaffungsamt der Regierung für Frank eingekauft und durch die Staatskasse 413,40 RM bezahlt:[425]

24	Waffelhandtücher (Sonderanfertigung)
50	Tafeln Schokolade
	silbergraue Wolle
156 m	Oberhemdenstoff
42 m	Pyjamastoff
6	Oberhemden weiß
6	Oberhemden silbergrau
6	Oberhemden braun

Am 10. Juni 1941 orderte Frank als Generalgouverneur/Reichs-minister per Adresse Schoberhof in Schliersee von einer Kellerei in Metz zum Gesamtpreis von 2704,40 RM[426]:

208 Flaschen	Wein
8 Flaschen	Armagnac
8 Flaschen	Cognac
108 Flaschen	Champagner

Ein besonderes Objekt der Begierde waren Pelze. Aus beschlag-nahmten Beständen richtete Frank, angeblich für Repräsentationszwe-cke, ein Lager im Werte von 75 000 RM ein.

Ein weiteres umfangreiches Lager aus amtlichen Beständen schuf er für Genussmittel. Beide Lager dienten Frank dazu, Geschenke zu ma-chen und eigene Bedürfnisse zu befriedigen. So wurde der Salonwagen mit der gesamten Obsternte des Schlosses Kressendorf, mit 200 000 eingekalkten Eiern, mit Bettzeug und Daunendecken vollgepackt, die das Ehepaar Frank zum Schoberhof schickte.[427] – Die 200 000 einge-kalkten Eier persiflierte Niklas Frank in seinem Buch über den Vater zu einem *running gag*. – Ein solcher Transport von Lebensmitteln und Alkoholika soll, wie in späteren Untersuchungen festgestellt wurde, einen Wert von 6000 RM gehabt haben.[428]

In deutschen Kreisen im Gouvernement war es Tagesgespräch, dass die Familie des Generalgouverneurs im Ghetto einkaufte. Juden liefer-ten feinste Konserven und einmal einen goldenen Füllfederhalter an den Generalgouverneur.[429]

Nicht nur der Salonwagen diente dem Transport von geraubten Le-bensmitteln. Im November 1940 verließen zwei LKW mit »Dienstgut« Krakau mit dem Ziel Schoberhof.[430] Der eine Transport beförderte:

72 kg	Rindfleisch
22 kg	Schweinefleisch
20	Gänse
50	Hühner
11 kg	Salami
13 kg	Schinkenwurst
11 kg	Schinken

und die andere Fracht bestand aus:

80 kg	Butter
50 kg	Öl
1440	Eier
20 kg	Bohnenkaffee
56 kg	Zucker
12 kg	Käse

Zugleich ließ Frank aus Kirchen geraubte Plastiken, Madonnen, Engelputten und Ikonen in den Schoberhof schaffen.

In der Scheidungssache Frank wurde bekannt, dass der Ehemann seiner Frau 14 bis 16 Pelzmäntel geschenkt hatte.[431]

Königin von Polen

Als Hans Frank aus Hitlers Hauptquartier in Gogolin/Schlesien nach Berlin zurückkehrte, wo ihn der Reichskanzler am 15. September 1939 zum Generalgouverneur berufen hatte, kniete er – mit Sinn für pathetische Gesten – vor seiner Frau nieder und sagte: »Brigitte, du wirst die Königin von Polen.«[432] Die Beziehung des Ehepaares, das sich gegenseitig nicht treu war, wurde nachhaltig erschüttert, als Hans Frank im Mai 1942 ein Verhältnis mit seiner Jugendliebe Lilly G. begann. Bis zu diesem Zeitpunkt konnte Brigitte an der Seite ihres Mannes die Rolle der Burgherrin in Krakau und der Schlossherrin in Kressendorf auskosten, danach hatte sie einen schweren Stand und wurde von ihrem Mann im Generalgouvernement nur noch zeitweise geduldet, als er schließlich die Scheidung einreichte und sich – sachlich falsch – als getrennt lebend bezeichnete.

Niklas Frank widmete seiner Mutter ein eigenes Buch.[433] In der Verlagsankündigung hieß es, dass sich Brigitte Frank 1939 am Ziel wusste, ihren sozialen Aufstieg genoss und sich skrupellos an Polen und Juden im Ghetto bereicherte. Geschildert werde eine Frau, die besessen war vom Ehrgeiz nach sozialem Aufstieg, die ungebildet, aber raffiniert, berechnend, gierig, skrupellos war – und die buchstäblich über Leichen ging.[434] Diese Charakterisierung ist ohne Abstriche als zutreffend zu bezeichnen. Dank der Machtstellung ihres Mannes hatte Brigitte Frank zwar die besten Konditionen für Korruption überhaupt, aber sie war keineswegs die Ausnahme, wie ein SS-Bericht ausführt:[435]

»Mit den Augen eines Nichtdeutschen gesehen, fällt wohl zunächst die Haltlosigkeit des deutschen Mannes gegenüber nichtdeutschen weiblichen Personen und die Organisationswut, das heißt die hemmungslose Gier der Deutschen nach dem Besitz verknappter Waren, auf. In letzterem Punkt sind es gerade die deutschen Frauen, die sich gegenseitig übertrumpfen wollen. Es hat sich gezeigt, dass die Frau im Zusammenraffen solcher Werte viel bedenkenloser ist und weder Hemmungen noch Skrupel kennt, wenn es gilt, sich in den Besitz eines begehrten Gegenstandes zu setzen. Das Empfinden für die eigene Würde ist häufig so schwach ausgeprägt, dass sie nicht nur Kleider, Pelze und Schmuck zusammenraffen, sondern dieses alles in unpassender Form zur Schau tragen.

Das Auftreten gegenüber Nichtdeutschen lässt vor allem bei der deutschen Frau Takt und Abstand vermissen. Fühlt sich die eine Gruppe der Frauen verpflichtet, den ›deutschen Herrenmenschen‹ unter Beweis zu stellen, indem sie in Straßenbahnen, Kaffees und Lebensmittelläden in der herausforderndsten Weise Skandale provozieren, so lässt eine andere Gruppe jeden Abstand vermissen und verkehrt mit den Nichtdeutschen wie mit Gleichgestellten, ja, behandelt sogar Juden liebenswürdig und mit Hochachtung. Es sind die gleichen Mängel, wie sie auch der deutsche Mann, wenn auch bei weitem nicht in dem Maße, zeigt.

In den Fleischereien und Lebensmittelläden wird das bedienende nichtdeutsche Personal, und hier tun sich besonders die Frauen hervor, in der unmöglichsten Weise angeschrieen und handgreiflich ›belehrt‹.

Viele deutsche Männer nehmen die Gelegenheit, ihre Familien nachziehen zu lassen, nicht wahr, um nicht mit ihren polnischen Geliebten Schwierigkeiten zu bekommen, die für diesen Fall androhen, sich das Leben zu nehmen und Ähnliches. Aber auch die deutsche Frau zeigt nicht mehr Haltung als der Mann. Zahlreiche Männerbekanntschaften gehören zum guten Ton.«

Über die Einkaufsfahrten seiner Mutter, bewacht von SS-Männern, im Ghetto berichtet Niklas Frank, der dies als kleiner Junge erlebt hatte:

»Ich durfte mit, an der Hand von Kinderschwester H. im Fond des Mercedes, ich saß nicht, ich stand, drückte die Nase ans Fenster, viel schwarze Uniform ringsum, langsam fuhr ich durch enge Straßen, vorbei an schlottrigen Menschen, mich anglotzenden Kindern, es muss ein Sonntag gewesen sein, denn ich hatte mein reizendes Pepitahöschen und -jäckchen an. Mutter, warum lachen die nicht, warum schaun sie so bös, es ist doch Sonntag, Mutter, und sie haben so schöne Sterne am Arm, Mutter, und die Männer sind da mit Peitschen.

Ach was, mein Kind, das verstehst du nicht, wir gehen kruschen. Hier am Eck halten Sie, Fahrer, da haben sie schöne Korseletts – ah, und die Pelze erst!

Ich blieb im Wagen und steckte einem Kind die Zunge heraus. Da ging es weg, und ich war Sieger. Ich lachte, doch meine Kinderschwester, die geliebte H., zerrte mich auf die Seite, sie saß still, auch der Fahrer wartete stumm auf meine Mutter.«[436]

Eine andere Ausfahrt im Mercedes oder Maybach führte in ein mit Stacheldraht bewehrtes Außenlager eines KZ. Zur Belustigung der Kinder des Generalgouverneurs setzten Wachleute ausgehungerte Häftlinge auf einen störrischen Esel, der die Männer mit Bocksprüngen abwarf.[437]

Einmal kam die Mutter von einer Einkaufstour zurück und rief aus: »Niemand schneidert so schöne Korseletts wie die Juden im Ghetto.«[438] Dass die Einkäufe unter Druck und Drohung zustande kamen, dürfte außer Frage stehen. Die Franks rafften auf diese und ähnliche Weise Lebensmittel, Ikonen, russisches Geschmeide, Gold, Marmor, Teppiche.[439]

Pelze waren schon immer Brigitte Franks Leidenschaft. Wahrscheinlich hätte Hans Frank ohne den Einfluss seiner Frau nicht das Lager angelegt, aus dem auch sie sich bediente. Im Bericht des Untersuchungsrichters Reinecke heißt es dazu:

»Die Frau des Generalgouverneurs bezog aus dem Lager verschiedene Pelzmäntel (Breitschwanz und Persianer, Silberfüchse mindestens zehn Stück und andere Felle in großer Zahl), die über ihren persönlichen Bedarf weit hinaus gingen. Der Bedarf der Frau des Generalgouverneurs an Pelzen war damit aber bei weitem noch nicht gedeckt. So bezog sie von der Firma Apfelbaum in Warschau u. a. noch eine Maulwurfjacke, einen Bibermantel, einen Bisammantel, einen Hermelinmantel, zwei Breitschwanzmäntel, eine Hermelinjacke, ein Silberfuchs- und ein Blaufuchscape und andere Pelze.

Eben solche Geschäfte wurden unter Ausnutzung der Dienststellung des Generalgouverneurs bei der Textilverwertungs GMBH in Warschau von der Frau des Generalgouverneurs und ihrem Gefolge vorgenommen. Hier kauften sie ohne Bezugsschein eine Unmenge von Waren und verlangten dafür, trotz der an sich schon billigen Preise 50 Prozent Rabatt, der ihnen nach anfänglicher Weigerung auch gewährt wurde.«[440]

Mutters Raffgier, so Niklas Frank, war dank der Möglichkeiten, die sich im Generalgouvernement ergaben, schier grenzenlos. Am 22. Juli 1941 schrieb das Judenreferat der Bezirksregierung Warschau an den Obmann des Judenrats in Warschau: »Für Frau Brigitte Frank ist umgehend 1 türkische Kaffeemaschine zu beschaffen. Für Herrn Gouverneur Fischer sind 2 Picknick-Koffer (Leder) mit Einrichtung für 4 bzw. 6 Personen sowie 1 Reise-Necessaire für eine Dame zu beschaffen.«[441] In einem anderen SS-Bericht heißt es, dass »die berühmten ›Hofjuden‹ beauftragt würden, die vielseitigen persönlichen Wünsche der Familie Frank zu befriedigen, wobei bei den Einkäufen mit mehr oder weniger gelindem Druck in der Frage der Preisgestaltung auf den hohen Auftraggeber, den Generalgouverneur, hingewiesen werde«.[442]

Am 6. August 1941 kaufte Brigitte Frank laut vorliegender Rechnung bei der Treuhandverwertung in Krakau einen Brillantring (Platin) für 19 200 Zloty. Der reale Wert des arisierten Schmuckstückes dürfte den Kaufpreis um ein Vielfaches überstiegen haben.[443] Frau Frank soll, wie in ihrer Spruchkammerakte zu lesen ist, dreihundert Paar Schuhe besessen haben[444] und wurde, falls dies stimmt, nur von der Diktatoren-Witwe Imelda Marcos übertroffen.

Wer so im Überfluss schwelgt, müsste eigentlich ein Herz zumindest für die Menschen haben, die zur täglichen Umgebung gehörten. Brigitte Frank jedoch war kalt und mitleidslos. Sie verlangte von den Bediensteten, mit »Frau Minister« angeredet zu werden, gab ihnen schlechtes Essen, behandelte sie von oben herab und beutete sie rücksichtslos aus.[445]

Ganz anders verhielt es sich mit der Fürsorge im Kreis der Verwandtschaft. Ihrem Bruder Otto verschaffte Brigitte Frank bis 1942 den Posten eines Privatsekretärs des Generalgouverneurs, danach war er Prokurist eines Verlages in Köln. Bruder Heinrich wurde Treuhänder und hatte die schwedische Staatsangehörigkeit, wodurch er der Wehrpflicht entging. Der Ehemann der Schwester, Marian Bayer, erhielt den Posten eines Generalbevollmächtigten der polnischen Textilindustrie. Ein Vetter Richard sollte das Filmgeschäft im Generalgouvernement aufbauen. Schließlich brachte Brigitte Frank ihren ehemaligen Geliebten, den Baurat R., in einer Krakauer Behörde unter.[446]

Brigitte Frank (»Königin von Polen«) in der Burg von Krakau
(Archiv Niklas Frank)

Auch Hans Franks Schwester Elisabeth profitierte von den Schnäppchenkäufen nach Art der deutschen Besatzungsmacht. Sie knüpfte Handelskontakte zu Juden im Krakauer Ghetto und kaufte dort für ein Spottgeld einen Brillantring sowie im Warschauer Ghetto von einem jüdischen Bürger namens Henlein einen Herrenring. Einen Persianermantel ließ sie gar beschlagnahmen, um kostenlos in seinen Besitz zu kommen. Richter Reinecke bewertete dies als Diebstahl von Staatseigentum und Hehlerei.[447]

Die finanziellen Bezüge der Brigitte Frank, der ein Mercedes mit Fahrer zur Verfügung stand, waren genau geregelt und wurden vom Privatsekretär des Generalgouverneurs, also von ihrem Bruder, aus Mitteln des Ehemannes zugeteilt.[448] Sie erhielt monatlich ab September 1939

Sonderfonds	200 RM
Kleidung u. sonstige Anschaffung für Kinder	
Reisen der Kinder u. des Personals	
Haushaltsgeld	1500 RM
Reisefonds	300 RM
Privatgeld	500 RM
	2500 RM

Als die Querelen mit Scheidung und Trennung begannen, reduzierte Frank den Betrag ab 2. September 1943 auf 2000 RM, und im Jahre 1944, als sich seine Frau überwiegend im Schoberhof aufhielt, setzte er das Haushaltsgeld auf 800 RM herunter.[449]

VI. Franks Machtverlust

Einfluss der Zentralbehörden des Reichs

1941 gab es insgesamt elf Beauftragte von Reichs- und Parteistellen im Generalgouvernement:[450]

- Parteikanzlei (Richard Schalk, Adolf Stahl)
- Oberkommando der Wehrmacht (Oberstleutnant Fischer)
- Oberbefehlshaber des Heeres u. des Militärbefehlshabers im GG (Oberstleutnant Eckart von Tschammer und Osten)
- Oberbefehlshaber der Luftwaffe (Major v. Dazur)
- Auswärtiges Amt (Gesandter Johann von Wühlisch)
- Reichsminister für Bewaffnung und Munition (Obering. Josef Kobold)
- Bauwirtschaft (Theodor Bauder)
- Reichsjugendführer (Gebietsjugendführer der HJ Blum)
- Reichsarbeitsführer (Heinrich Hinkel)
- Deutsches Rotes Kreuz (Dr. Heller)
- Sicherung der Kunst- und Kulturschätze (Dr. Kajetan v. Mühlmann)

Im Jahre 1940 konnte sich Frank gegen das Hineinregieren von Reichsbehörden mit Erfolg zur Wehr setzen; seine Mitarbeiter forderte er immer wieder auf, größere Härte und Selbstsicherheit gegenüber Berliner Instanzen zu praktizieren, und pochte auf sein Führerprinzip »Einheit der Verwaltung«.[451] Doch nach und nach bröckelte Franks autonome Stellung, was einerseits mit seinem Ansehensverlust und dem Erstarken der Position Himmlers und andererseits mit dem Kriegsverlauf im Zusammenhang stand. Ab Mitte 1942 bestanden Pläne, Eisenbahn, Post und das Bauwesen auf Reichsinstanzen zu überführen.[452] Die Kommission des Generals Walter von Unruh griff in Franks Kompetenzen ein, durchforstete die Verwaltung, um Beamte und Angestellte als Kriegsteilnehmer freizusetzen.[453]

Immer mehr Rüstungsbetriebe wurden aus dem Reich in das Generalgouvernement verlagert, wo eine größere Produktionssicherheit bestand und Arbeitskräfte auf die »bewährte« rücksichtslose Art vor Ort preiswert rekrutiert werden konnten. Reichsminister Albert Speer hatte eine denkbar schlechte Meinung von Frank. Die Kompetenzen auf dem Gebiete der Bauwirtschaft gingen auf Speer über, wie er auch ein Weisungsrecht gegenüber Frank als Reichsminister für Bewaffnung und Munition hatte. Schließlich wurden Post und Bahn weitgehend den Reichsministerien unterstellt. Fritz Sauckel als Bevollmächtigter für den Arbeitseinsatz und Staatssekretär Herbert Backe[454] aus dem Reichsernährungsministerium (Ernteerfassung) erhielten immer größere Vollmachten im Generalgouvernement, sodass es Göring mit den ihm nominell unterstellten Speer, Sauckel und Backe gelang, im Herbst 1942 die Eigenständigkeit der Regierung des Generalgouvernements auf dem Gebiet der Wirtschaft fast völlig zu beseitigen.[455]

Der erheblich angeschlagene Generalgouverneur (siehe folgende Kapitel) musste sich den Erfordernissen einer Totalisierung der Kriegswirtschaft beugen. Da die formale Bindung an die Verwaltung des Generalgouvernements aufrechterhalten blieb, überspielte Frank oft seinen Machtverlust und erweckte den Eindruck, als hätte sich nichts an seinen Kompetenzen geändert. Auch wurden Kompromisse gefunden. So bildete das Reichsverkehrsministerium drei Reichsbahndirektionen in Krakau, Lemberg und Warschau. Generaldirektor der Ostbahn jedoch wurde Adolf Gerteis in Personalunion als Präsident der GG-Hauptabteilung Eisenbahnen. Der 62-seitige Rechenschaftsbericht »Vier Jahre Generalgouvernement« des Staatssekretärs Bühler liest sich jedenfalls wie eine »Erfolgsgeschichte« der Regierung, enthält aber keinen einzigen Hinweis darauf, wer auf welchem Gebiet inzwischen das Sagen hatte.[456] Zumindest übernahm Frank auf diese Weise die politische Verantwortung.

Intimfeind SS

Hans Frank war es nicht gelungen, sich die SS zu unterstellen. Diese blieb vielmehr ein »Staat im Staate«. Sie folgte Himmlers Anweisungen und zeigte sich in der Person des Höheren SS- und Polizeiführers Friedrich-Wilhelm Krüger respektlos. Frank wurde in seiner Funktion als Generalgouverneur übergangen, wenn die SS es für richtig hielt. Je öfter sich Frank mit seinem korrupten Verhalten, seinem Schlemmerleben und seiner Kunstbeflissenheit Blößen gab, umso mehr strafte ihn Krüger mit Verachtung. Keine Frage, dass Himmler durch dessen Berichterstattung über jeden Schritt von Frank bestens unterrichtet war. Die SS hielt ihn nicht nur für charakterlich ungeeignet und politisch unfähig, sondern auch für gefährlich, weil er ihrer eigenen Radikalität im Wege stand und trotz der Kriegswirtschaft Geld verprasste. Dennoch waren Himmler die Hände gebunden, da es sich bei Frank um einen alten Weggefährten Adolf Hitlers aus der »Kampfzeit der Bewegung« handelte und Hitler am Beispiel einzelner Gauleiter demonstrierte, dass er ihnen gegenüber aus Dankbarkeit für ihre »Treue und Ergebenheit« große Toleranz zu üben pflegte. Es war also dem Reichsführer SS nicht ohne weiteres möglich, Frank aus seinem Amt zu drängen.

Himmler versuchte zunächst eine andere Möglichkeit, nämlich größeren unmittelbaren Einfluss auf den Generalgouverneur dadurch zu gewinnen, dass Krüger auf dem Wege einer »feindlichen Übernahme« Mitglied der Regierungsspitze wurde. Erstmals am 8. April 1941 ersuchte Himmler Frank, er möge »beim Führer die Beförderung von SS-Ogruf Krüger zum Staatssekretär beantragen«.[457] Eine Woche später beförderte Himmler Krüger ostentativ zum General der Ordnungspolizei und ersuchte Frank – das war eine seiner Boshaftigkeiten –, seinem Widersacher die Ernennungsurkunde zu überreichen.[458] Krüger plädierte in einer Dienstbesprechung dafür, ein Staatssekretariat für polizeiliche Sicherungsmaßnahmen einzurichten, denn solange er mit seinem Polizeiapparat außerhalb der Regierung stehe, entstünde der Eindruck, dass die Polizei mit der Regierung nicht zusammenarbeite. Frank, dem das Vorhaben suspekt und eigentlich unakzeptabel war, hielt die Sache in der Schwebe und behielt sich eine Entscheidung vor. Gleichzeitig pochte er darauf: »Ich bin der Totalrepräsentant des Führers und des Reiches für alle Bereiche, die nicht zur Wehrmacht gehören.«[459]

Im Herbst 1941 brachen die Divergenzen endgültig auf, als Frank das Recht für sich beanspruchte, dass er, seine Vertreter Bühler und Boepple sowie die Distriktgouverneure den jeweiligen Polizei-Instanzen unmittelbare Anweisungen geben können. In einem Gespräch unter vier Augen am 12. September 1941, dessen Inhalt Krüger dem Reichsführer SS wortgetreu berichtete, schrie Frank den Höheren SS- und Polizeiführer erregt an: »Ich habe es geradezu satt, dass dieser Vergiftungsfeldzug der Sicherheitspolizei gegen alle staatlichen und Verwaltungseinrichtungen des Generalgouvernements geführt wird!« Frank verlor die Contenance, als sich Krüger Notizen machte und dabei völlig distanziert blieb, während der Generalgouverneur wie ein Berserker tobte:

»Das dauernde Hineinregieren irgendwelcher Berliner Zentralen in das Nebenland des Reichs verbitte ich mir – ich dulde keinesfalls, daß sich hier ein Staat im Staate bildet, besonders nicht von Ihnen, der Sie mir unterstellt sind – Ihre Entgleisungen muß ich als grobe Ungehörigkeit ansehen – wer hier versucht, Unruhe und Zwistigkeiten in den geordneten Aufbau meines Generalgouvernements hineinzutragen, für den ist kein Platz mehr zur Mitarbeit, und der Betreffende beißt gehörig auf Granit!«[460]

Himmler schickte am 19. September 1941 ein Fernschreiben an Frank, dass er Krüger verboten habe, Vortrag bei Franks Stellvertretern zu halten, wenn Frank im Generalgouvernement anwesend sei. Außerdem habe Krüger bei polizeilichen Verordnungen grundsätzlicher Art bei ihm (Himmler) Rückfrage zu halten, bevor er sie vollzieht.[461]

Am 22. September 1941 antwortete Frank an Krüger mit einem trotzigen Fernschreiben, dass Krüger Franks Anweisungen in polizeilichen Angelegenheiten ohne Rückfrage sofort zu vollziehen habe.[462] So verspielte Frank seine Reputation und wollte sich seine Ohnmacht nicht eingestehen.

Frank mit Heinrich Himmler in Krakau (Archiv Niklas Frank)

Zwar planten Himmler und Heydrich, nunmehr Hitler mit den »Eigensinnigkeiten« des Generalgouverneurs zu befassen mit dem Ziel, dass Himmler ein Weisungsrecht in allen Polizeiangelegenheiten des Generalgouvernements erhalten sollte. Lammers jedoch riet zunächst zur Zurückhaltung bis zu einer Entscheidung des »Führers«, ohne dass neue Tatsachen geschaffen werden sollten.[463]

Inzwischen nämlich waren im Führerhauptquartier Einzelheiten über die Korruption bekannt geworden, so dass sich Himmler, Bormann und Lammers mit vereinten Kräften daranmachten, durch systematisches Sammeln von Belastungsmaterial Frank zu destabilisieren. Erleichtert wurde dies durch die »Kamarilla«, wie Frank sie nannte, da sie den Zugang Franks zu Hitler blockieren konnten. Hitler schien noch weitgehend ahnungslos zu sein, denn Frank notierte zum Jahreswechsel 1941/42 in seinen Kalender: »Meine Gedanken gehen zum Führer, der mir ein großartiges Wunschtelegramm geschrieben hat.«[464]

In der Zeit vom 31. Januar bis 6. März 1942 hielt sich Frank »im Reich« auf. Bezeichnend ist, dass während seiner langen Abwesenheit die Korruptionsvorwürfe im Generalgouvernement eskalierten. Franks »Schlosshauptmann« im Warschauer Belvedere, SS-Untersturmführer Lorenz Löv, hatte aus einem ihm unterstellten Pelz- und Warenlager beschlagnahmtes Gut mit erheblichem Gewinn verschoben. Er wurde gegen Ende des Jahres 1941 vom SS- und Polizeigericht IV in Krakau als Volksschädling zu einer lebenslangen Zuchthausstrafe verurteilt. In der Urteilsbegründung hieß es: »Das Gericht hat von der Verhängung der Todesstrafe nur deshalb abgesehen, weil die gleichen Vorwürfe wie gegen Löv auch gegen die Familie und die nächste Umgebung des Generalgouverneurs zu erheben sind.«[465] In dem Verfahren gegen Löv wurde Frank nicht nur erheblich belastet, sondern es flog auch sein Pelzlager auf.

Aber damit nicht genug, denn Franks Schwager Marian Bayer, der sich als Obertreuhänder bezeichnete und von Brigitte Frank in eine Schlüsselstellung der Wirtschaft gebracht worden war, wurde wegen Betrugs und Verstoßes gegen Wirtschaftsbestimmungen festgenommen. Er hatte sein Verwandtschaftsverhältnis ausgenutzt und den schwarzen Markt mit Stoffen aus den von ihm kontrollierten polnischen Textilunternehmen bedient; zu seinen Kunden zählten unter anderen Wehrmachtsoffiziere. Bayer wurde in einem SS-Bericht als »typischer Fall des übelsten Kriegsschiebers« bezeichnet und zu viereinhalb Jahren Zuchthaus verurteilt. Er verstarb in der Haft.

Die Dreistigkeit von Brigitte Frank ist kaum zu überbieten, als sie am 17. September 1944 Staatssekretär Bühler in einem Brief bat, dafür zu sorgen, dass ihrer Schwester der ergaunerte Schmuck zurückgegeben werde, der bei der Festnahme von Marian Bayer beschlagnahmt worden war und angeblich Eigentum der Schwester gewesen sei.[466]

Der folgende Fall wog am schwersten, denn er betraf Brigittes Geliebten und Franks langjährigen Freund Lasch, der als SS-Sturmbannführer inzwischen zum Gouverneur von Galizien avanciert war. Dr. rer. pol. und Dr. jur Karl Lasch war schon immer eine zwielichtige Persönlichkeit. Der damalige Reichsrechtsführer Frank hatte ihn bereits in den dreißiger Jahren zum Direktor der Akademie für Deutsches Recht gemacht und zum Amtsleiter im Reichsrechtsamt. Niklas Frank listet in Laschs Lebenslauf auf, dass 1931 gegen ihn als Wirtschaftstreuhänder in Kassel mehrere Zivilverfahren wegen finanzieller Unregelmäßigkeiten gelaufen waren und er ein Jahr später den Offenbarungseid leisten musste. Die zweite Promotion soll er mit Hilfe von Hans Frank unter Verwendung von Schriften der Akademie erschlichen haben, ein Parteigerichtsverfahren war jedoch ergebnislos geblieben.[467]

Lasch wurde am 24. Januar 1942 aufgrund eines Haftbefehls wegen Zoll- und Devisenbestimmungen sowie Untreue in das Polizeigefängnis Krakau eingeliefert. Die Ermittlungen leitete SS-Oberführer Dr. Schöngarth, Befehlshaber der Sicherheitspolizei und des SD im Distrikt Krakau. Diese bezeichnete Lasch als »Volksschädlingsverbrecher allergrößten Stils« und warf ihm vor, in Holland und Frankreich auf Staatskosten Teppiche und Kunstgegenstände gekauft und die Rechnungen anschließend gefälscht zu haben. Teils habe er die Kunstgüter zu überhöhten Preisen im Generalgouvernement weiterverkauft, teils in sein Eigentum überführt. Ferner sollte er durch Missbrauch des ihm zustehenden Beschlagnahmerechts »unvorstellbare Mengen« von Teppichen, Pelzen, Kunstgegenständen und Kaffee an sich gebracht und in seiner Villa »aufgehäuft« haben, wie es in einem Vermerk heißt. Schließlich habe er eine Geldspende der Tschenstochauer Industrie in Höhe von 10 000 RM veruntreut und der Frau des Generalgouverneurs für das Landhaus bei Schliersee (gemeint ist der Schoberhof) einen Flügel »geschenkt«.[468] Den Kaufpreis für den Flügel habe er beschafft, indem er ein dem Distrikt gehörendes Auto an einen Freund verhökert habe. Auch habe er »Weibergeschichten« gepflegt mit Frauen, »deren Männer im Felde waren«.[469] Für alle Anklagepunkt lagen angeblich Beweise vor, außerdem habe Lasch begonnen »auszupacken«, während Vorwürfe der »Rassenschande« und des »Landesverrats« noch überprüft wurden.[470]

Man erhoffte sich von Lasch auch belastendes Material gegen Frank. Doch mehr als die bekannte Tatsache, dass sich die Franks bereichert haben, wollte er zunächst nicht zugeben. Lasch wusste allenfalls noch zu berichten, dass Frank nach dem Krieg ein Reichsrechts-

Distriktgouverneur Karl Lasch (Archiv Niklas Frank)

ministerium plane, in dem das Innen-, Justiz-, Kirchen- und Kultusministerium sowie eine Reihe von Nebenbehörden vereint werden
sollten. Dies war geplant als Befehlszentrale für alle Lebensgebiete im
Reich, »weil sich alles vom ›Recht‹ herleite und dieses das höchste Gut
der Nation sei«.[471] Als Lasch erfuhr, wie schäbig sich Frank von ihm
distanzierte, begann er, Aussagen über den üppigen Lebensstil von
Frank und seine nächsten Mitarbeiter zu machen. Er berichtete, dass
an eine gerechte Lebensmittelverteilung gar nicht gedacht werde, die
Oberen besäßen alles, sie lebten besser als im Frieden, während die
anderen auf Marken kaufen und damit auskommen müssten. In
Franks Familie herrsche während des Krieges der Grundsatz der Bereicherung um jeden Preis.

»Er war für uns kein Vorbild«, sagte Lasch aus, »denn sein Alltag ist eine Wanderung von Schloss zu Schloss im herrlichen Wagen, mit Ehreneskorten, Büchern, Musik, Repräsentation und Festessen. Es gibt nichts Natürliches, alles
ist Pose, Theater und dient der Befriedigung seines Rausches an [sic] Ehrgeiz
und Machtstreben, wobei seine Ähnlichkeit mit Mussolini, die ihm seine
Schmeichler einreden, als Fügung und Bestimmung ausgelegt wird.«

Lasch gab verschiedene Einzelheiten aus dem Verhalten von Franks
Familie zu Protokoll und sagte aus, mit dem Salonwagen des Generalgouverneurs seien ständig Gemälde sowie große Mengen von Lebensmitteln ins Reich befördert worden. Der Warschauer Gouverneur
Dr. Fischer habe Frank ein Rembrandt-Original aus polnischen Sammlungen geschenkt.[472] Drei Mitglieder des Begleitkommandos von Lasch
wurden am 11. Februar 1942 wegen Beihilfe zu Schmuggelfahrten verurteilt und standen danach ebenfalls als Zeugen zur Verfügung.[473] In
Absprache mit Lammers wurde auf Veranlassung des Reichsjustizministeriums das Lasch-Verfahren am 12. März an das Sondergericht Breslau
zur Verhandlung »unter Ausschluss der Öffentlichkeit« abgegeben.[474]
Die Anklage gegen Lasch basierte nunmehr auf § 4 Volksschädlings-
Verordnung, welche die Verhängung der Todesstrafe nach sich zieht.
Am 15. Mai 1942 informierte Lammers den Reichskanzler über das
Strafverfahren, woraufhin dieser am 23. Mai 1942 eine Besprechung
mit Lammers, Bormann und Himmler anberaumte. Mit an Sicherheit
grenzender Wahrscheinlichkeit wurde in diesem Kreis beschlossen,

Lasch vor Abschluss des Verfahrens zu erschießen.[475] Am 2. Juni 1942 führte Himmler zwei Telefonate mit SS-Gruppenführer Heinrich Müller, dem Chef der Gestapo im Reichssicherheitshauptamt. Himmler notierte in seinem Kalender: »Ende von Lasch«.[476] Einen Tag später wurde Lasch im Gefängnis liquidiert oder zum Suizid gezwungen und Frank am 5. Juni vom Präsidenten der Hauptabteilung Justiz, Kurt Wille, informiert, dass sich der frühere Gouverneur des Distrikts Galizien vorgestern erschossen habe, damit sei der Fall Lasch abgeschlossen, ein Prozess finde nicht statt. So jedenfalls lautete die offizielle Version, wie sie im Diensttagebuch festgehalten wurde. Frank ordnete an, die Akten zur Einsicht anzufordern.[477]

Wir können nur ahnen, welche Wirkung der Tod Laschs auf Frank hatte. In Franks privatem Tagebuch findet sich (die im Datum falsche) Eintragung: »Lasch auf Befehl des Führers am 6.5.1942 erschossen.«[478] Im Grunde hatte Lasch nichts anderes getan als das, was sich nicht auch Frank selbst vorwerfen musste. Für diese Selbsterkenntnis spricht, dass er seiner Frau Brigitte sagte, er fürchte den Genickschuss, die SS wolle ihn erledigen. Wenn er eines Tages abgeholt werde und sie von seinem Tod höre, solle sie immer wissen, dass er sich niemals freiwillig getötet hätte.[479] Franks Söhne Norman und Niklas erklärten Mitte der neunziger Jahre in einem Interview, dass der Vater, als er von den SS-Untersuchungen erfuhr, Rechnungen fälschte, um Spuren zu verwischen. Und Norman merkte an, dass sich der Vater als Reaktion auf seine politischen Probleme in Musik und Lektüre flüchtete. »Er begann wieder zu komponieren und spielte fast jeden Abend Klavier, mitunter stundenlang. Ich saß dabei und sah ihm zu. Nur wir beide waren da.«[480] Allerdings wusste der 14-jährige Norman im Mai 1942 noch nicht, dass in diesen Tagen Franks Gefühlswelt auch aus einem anderen Grund tiefgreifend erschüttert wurde: Er hatte sich erneut in seine Jugendfreundin Lilly G. verliebt (hierzu S. 323 ff.).

Frank versuchte, die Außenwirkung des Falles Lasch herunterzuspielen – ein Ereignis, über das Gouverneur Fischer in seinem Monatsbericht Februar 1942 andeutete, dass die Ablösung des Gouverneurs in Galizien in der Bevölkerung zu umfangreichen Gerüchten und einer weitgehenden Schädigung des deutschen Ansehens geführt hätte.[481] Franks Verhalten dem ehemaligen Freund gegenüber war perfide. In einer Dienstbesprechung am 7. März 1942 erklärte er: Aus der Tatsache, dass er Dr. Lasch habe verhaften lassen müssen, dürfe keineswegs die Schlussfolgerung gezogen werden, als gäbe es im Generalgouvernement korruptive Erscheinungen größeren Ausmaßes. Auch im Falle Lasch handele es sich nicht etwa um »Verschiebungen volksökonomischer Werte«, sondern lediglich um Geschäfte, die Dr. Lasch mit Teppichen und Gemälden getätigt habe.[482]

Am 18. März erklärte Frank in einer Rede vor Distriktstandortführern und »Amtswaltern« der NSDAP:[483]

»Jede menschliche Gesellschaft birgt minderwertige Elemente in sich. Ich möchte aber zu diesem Fall Lasch sagen, dass kein Führer des Generalgouvernements, kein Beamter, kein Funktionär von irgendwelchem Rang außerhalb des engsten Kreises dieses besagten Herrn Lasch irgendwie in eine Korruptionsaffäre oder eine sonstige anrüchige Aktion einbezogen ist. Es ist daher die größte und gemeinste Lüge, gegen die wir uns alle leidenschaftlich zu verwahren haben, wenn von einer besonderen Krisis der Moral in wirtschaftlichen oder sonstigen Beziehungen des Generalgouvernements gesprochen wird. Dass so etwas passieren kann, ist selbstverständlich. Ein Mann kann über Bord gehen, das Schiff wird aber weiter fahren.«

Solche Äußerungen sind in Zusammenhang zu sehen mit anderen Vorkommnissen, die den Generalgouverneur zum Angeklagten werden ließen. Das von Himmler, Lammers und Bormann geschmiedete Komplott sah vor, Frank zu Zugeständnissen zu erpressen. Vom Chef der Reichskanzlei Lammers wurde Frank zu einer Rücksprache im Zusammenhang mit den Verfahren Löv und Lasch gebeten. Frank wollte sich nicht vorführen lassen und schickte seinen Vertreter, Staatssekretär Bühler, den zu empfangen allerdings Lammers ablehnte. Mit diplomatisch verklausulierten Formulierungen, die den Druck auf Frank erhöhen sollten, wurde »der Generalgouverneur davon benachrichtigt, er [Lammers] sowie die Herren Himmler und Bormann wollten prüfen, ob es möglich sei, von einer Unterrichtung des Führers im gegenwärtigen Zeitpunkt abzusehen, dies hänge von einer Rücksprache mit dem Generalgouverneur ab«.[484] Frank reiste daraufhin zu einer Unterredung an, die als »kameradschaftliches Verhör« den Tiefpunkt seiner Laufbahn bedeutete. Das Treffen fand im Salonwagen von Lammers statt, der – wie Niklas Frank weiß – an Himmlers Sonderzug mit der »Befehlsstelle Heinrich« angehängt war. Frank wurde das gesamte Sündenregister vorgehalten (gekürzt):[485]

- »ein ungewöhnlicher und übermäßiger Aufwand bei Festlichkeiten
- missbräuchliche Versorgung von drei Schwägern
- Unterhaltung eines Pelzlagers und eines Warenlagers
- lebhafter Verkehr mit dem Judenrat in Krakau zwecks Erwerbs aller möglichen Gegenstände zu Spottpreisen«

Die Liste der Vorwürfe reichte von unrecht erworbenen Plastiken, Madonnen, Putten aus Kirchen über die Pelzmäntel der Ehefrau und Schwester bis hin zu den 200 000 gekalkten Eiern.

Himmler notierte, dass Frank auf die Vorwürfe »wie ein Schauspieler« reagiert hätte.[486] Er missbilligte, was seine Frau getan habe, und wisse davon nichts im einzelnen. Mit seiner Schwester stehe er schlecht. Von Lasch distanzierte er sich, doch habe dieser seinen Posten in der »Akademie« zu Recht erhalten. Geschwind kündigte er an, dass Schwager Otto Herbst sein Amt des Privatsekretärs in Kürze aufgeben werde und Schwager Heinrich Herbst wieder die deutsche Staatsangehörigkeit annehmen und zur Wehrmacht eingezogen werde. Im Übrigen werde er »besorgt sein, dass fortan im Generalgouvernement Ordnung herrsche«.

Staatssekretär Franz Schlegelberger als geschäftsführender Justizminister schrieb nach einer Besprechung mit Lammers in einem Vermerk: »Im wesentlichen hat der Generalgouverneur nach meinem Eindruck, wie ich ihn durch den Vortrag erhielt, die Dinge bagatellisiert, obwohl er anscheinend durch die Vorwürfe schwer getroffen ist. Von Dr. Lasch ist der Generalgouverneur mit harten Worten abgerückt.«[487]

Nachdem Frank von Himmler, Bormann und Lammers auf inquisitorische Weise in die Enge getrieben worden war, er die Anklagepunkte nicht widerlegen konnte und befürchten musste, dass die »Kamarilla« nunmehr Hitler informieren werde, war er zu allen weiteren Konzessionen bereit, um seinen Kopf zu retten. So stimmte er der Aufnahme des Höheren SS- und Polizeiführers Krüger in die Regierung und der Errichtung eines Staatssekretariats für das Sicherheitswesen zu. Ein Schwager Himmlers, der SS-Brigadeführer Richard Wendler,[488] wurde Gouverneur von Krakau und fortan Himmlers Zuträger von belastenden Informationen über Frank.[489] Gouverneur Zörner in Lublin, ein Gegenspieler des SS-Befehlshabers Globocnik, sollte abgelöst werden. Frank wurde dazu gedrängt, Globocnik an seine Stelle zu setzen. Dies sagte Frank zwar zu, verzögerte aber die Ausführung und konnte sie schließlich vermeiden. Ferner musste sich Frank damit einverstanden erklären, dass alle Fälle der Korruption im Generalgouvernement im Reich abgeurteilt werden sollten, womit sie seinem Einfluss auf die Justiz entzogen waren. Der größte Einschnitt war jedoch, dass Krüger nunmehr als Staatssekretär Dr. Bühler gleichgestellt und Frank damit »eine Laus in den Pelz« gesetzt wurde.[490]

Nachdem Frank nach Krakau zurückgekehrt war, fielen ihm Argumente zu seiner Verteidigung ein, die er sogleich nachschob und in einem Schreiben an Lammers am 10. März 1945 formulierte:[491]

Die Fälle Löv und Lasch seien bedauerliche Einzelfälle, eine Verallgemeinerung verbiete sich. Dem Vorwurf, die Schlemmerei sei eine der Kriegslage unwürdige Art der Lebensführung, begegnete er mit der Behauptung, dass die Verwaltungsautorität des großdeutschen Reichs durch eine rücksichtslos sich darstellende Repräsentation gegenüber einer todfeindlich gesinnten Bevölkerung aufrechterhalten werden müsse. »Nur wirkliche Herrennaturen können im Osten führen.« Dies könne man nicht durch kleine, spießige Verhältnisse gewährleisten, sondern durch eine großzügige Lebensatmosphäre, die dem kommenden großen Weltreich entspreche. Der für 100 Zloty im Ghetto gekaufte goldene Füllfederhalter sei ein Weihnachtsgeschenk der Mitarbeiter der Kanzlei gewesen, er hätte von dem Vorgang nichts gewusst. Soweit Pelze für angeblich 3 Zloty das Stück erworben wurden, sei dies der Preis nicht für die Pelze, sondern für künstliche Augen gewesen, die in präparierte Tierschädel eingesetzt wurden. Da der Winter fünf Monate dauere, habe im Übrigen die Notwendigkeit bestanden, das gesamte Personal mit Pelzen auszustatten. Die Einkäufe seiner Frau und seiner Schwester seien, so der Generalgouverneur in seinem Schreiben, nach den allgemein gültigen Regeln abgewickelt worden.

Absprachegemäß reiste Himmler am 13. und 14. März 1942 nach Krakau, um Einzelheiten der Vereinbarung festzulegen. Das Ergebnis wurde am 14. März in 8 Punkten fixiert.[492] Danach waren die beiden Staatssekretäre Bühler und Krüger auf ihrem Arbeitsgebiet Vertreter des Generalgouverneurs. Der Reichsführer SS und der Generalgouverneur konnten dem neuen Staatssekretär Krüger unmittelbare Weisungen erteilen, der aber zusätzlich das Einverständnis der jeweils anderen Seite einzuholen hatte. Konzessionen machte Himmler bei der Regelung, dass der SS- und Polizeiführer im Distrikt dem Gouverneur und die Kreisgendarmerieführer dem Kreishauptmann unterstellt wurden. Im Gegenzug war Frank damit einverstanden, dass Krüger der Vertreter Himmlers in seiner Eigenschaft als »Reichskommissar für die Festigung des deutschen Volkstums« sein sollte – ein Zugeständnis mit weitreichenden Folgen in Fragen der Umsiedlungen.

Der dann folgende Erlass Hitlers vom 7. Mai 1942 sah vor,[493] dass bei Meinungsverschiedenheiten zwischen Himmler und Frank über den Chef der Reichskanzlei eine Entscheidung des »Führers« einzuholen sei.

Am 19. Mai wurde Krüger in sein Amt als Staatssekretär eingeführt; am 3. Juni erging Franks Erlass über die Überweisung von Dienstgeschäften an den Staatssekretär für das Sicherheitswesen.[494] Spätestens jetzt begannen neue Kompetenzstreitigkeiten, denn Frank unterstellte zwar den aus dem Selbstschutz hervorgegangenen »Sonderdienst« Staatssekretär Krüger, behielt sich aber persönlich die Führung vor. Dies war der Anfang weiterer Streitigkeiten mit Himmler und seinen Konsorten.

In einem Festakt mit dem »Huldigungsmarsch von Grieg« am 20. April 1942, dem Geburtstag Hitlers, wurde von Frank die »SA-Einheit Generalgouvernement« gegründet. Wie nicht anders zu erwarten, bestimmte er: »Ich selbst werde als SA-Obergruppenführer die Führung dieser SA-Einheit übernehmen.« Angeregt von der Marschmusik huldigte er einmal mehr Adolf Hitler: Wer auf diesen Namen stoße, »den wird das Schauern ergreifen vor einer Persönlichkeit so monumentalen Ausmaßes«. Mit wuchtigen Formulierungen suchte er sich aufzubauen, um seinen Ansehensverlust zu kaschieren: »Daher stehe ich kraft der mir vom Führer übertragenen totalen Vollmacht in diesem Raum entschlossen wie ein Wächter auf dieser Burg da und werde die geschlossene Form dieses Regiments durchhalten.«[495]

Es sieht so aus, dass die »Kamarilla« Hitler nicht im vollen Umfang über Franks Verstrickung in die Korruption unterrichtet hatte, denn wie sonst lässt sich erklären, dass Hitler den Generalgouverneur am 23. Mai 1942 anlässlich von Franks Geburtstag zu einem Essen in die Reichskanzlei einlud. »Der Herr Generalgouverneur hat den Ehrenplatz neben dem Führer eingenommen«, ließ Frank im Diensttagebuch protokollieren und konnte es vermutlich selbst kaum fassen. Aus Berlin ließ er nach Krakau übermitteln, der »Führer« habe sich über die Entwicklung im Generalgouvernement hoch erfreut gezeigt und wolle demnächst Krakau besuchen. Dies ist allerdings mit Vorsicht zu betrachten: Im Generalgouvernement hat sich Hitler auch fortan nicht blicken lassen.[496]

Frank unterlag einer Fehleinschätzung, wie hoch er bei Hitler im Kurs stand und wie viel er sich gegenüber Himmler und seiner SS erlauben konnte, die ihn weiter im Visier behielt, wie Himmlers Verbindungen zu Lammers beweisen.[497] Doch die Demütigung des »kameradschaftlichen Verhörs« war zu groß, als dass Frank nicht auf Rache sinnen musste.

Bei Hitler in Ungnade

Am 5. Mai erneuerte Frank sein Verhältnis zu seiner Jugendliebe Lilly G. Sie hatte ihn am 13. April in einem Brief um Hilfe gebeten, weil ihr Sohn in Russland vermisst war. »Besuche auf Einladung meiner guten lieben Lilly in Bad Aibling. Erschütterndes Wiedersehen. Ein Zusammenkommen zweier für einander bestimmter Menschen.«[498] Vielleicht beflügelt durch die stürmische Liebe und getäuscht durch Hitlers Geste, ihn zu seinem Geburtstag »zu seiner Rechten« sitzen zu lassen, reiste Frank mit seinem Salonwagen in der Zeit 8. bis 14. Juni und 21. Juni bis 5. Juli 1942 in das Reich. Auf seiner Route lagen Treffen mit Lilly und Auftritte in vier Universitäten, in denen er aufmüpfige Reden contra »Polizeistaat« und pro »Rechtsstaat« hielt.

Eigentlich hätte er gewarnt sein müssen, denn Hitler hatte sich mehrfach abträglich über Juristen geäußert, so gegenüber Frank selbst bereits in den dreißiger Jahren. Laut Hitler müsse »jeder, der Jurist sei, entweder von Natur defekt sein oder es aber mit der Zeit werden«. Er wollte daher den Beruf derartig kompromittieren, dass er nur von solchen Leuten angestrebt werde, die nichts anderes als Paragrafen kennen wollten.[499] Hitlers Reichstagsrede vom 26. April 1942 war Frank mit Sicherheit bekannt und auch die Tatsache, dass sich Hitler in dieser Sitzung eine Blankovollmacht als »Oberster Gerichtsherr« hatte geben lassen.[500] Der »Führer« beanspruchte für sich das Recht, jeden Richter aus dem Amt zu entfernen, der nicht »das Gebot der Stunde erkennt«, denn die Welt dürfe nicht zugrunde gehen, damit ein formales Recht lebt. Damit war die richterliche Unabhängigkeit beseitigt und jeder Richter vogelfrei. Wie Generalstaatsanwälte und OLG-Präsidenten in ihren Monatsberichten schrieben, löste der Reichskanzler große Unsicherheit innerhalb der Justiz aus.[501]

Franks mit großem Beifall bedachte Reden an den Universitäten Berlin (9. Juni 1942), Wien (1. Juli 1942), München (20. Juli 1942) und Heidelberg (21. Juli 1942)[502] waren als Replik auf Hitlers Angriffe gegen die Juristen aufzufassen und somit ein Aufbegehren gegen Hitler, wozu er sich wohl als Reichsrechtsführer verpflichtet sah. Er trat für die richterliche Unabhängigkeit ein mit der Absicht, den Reichsführer SS in die Schranken zu weisen, der Menschen ohne Gerichtsurteile morden und ohne Mitwirkung der Justiz in Konzentrationslagern die Freiheit rauben ließ.

Diese Angriffe auf Hitler und Himmler waren, für sich gesehen, mutig. Man muss allerdings relativieren, was Frank wirklich wollte. Er kritisierte den Polizeiterror, ohne das Wort zu verwenden. Er forderte das Recht auf Verteidigung eines Angeklagten und verurteilte, dass Richter, Staatsanwalt und Verteidiger ausgeschaltet werden, indem man die Staatsexekutive »direkt auf den einzelnen loslässt mit der Wirkung, dass der Betroffene nicht vor der Öffentlichkeit als Schuldiger überführt ist«. Frank hielt eine Justiz, deren »Rechtswahrer« sich der

Kritik aussetzten, immer noch für besser als »jede Form des Polizei-
staats«. Es dürfe nicht den Anschein geben, dass »das Recht in unserem Reich schutzlos werden sollte«. Für Frank waren eine autoritäre
Staatsführung und unabhängige Richter kein Widerspruch. Er erkannte Hitler als obersten Gerichtsherrn an, der mit seinem Wort »Recht
setzte«, öffnete damit jedoch dem Unrecht Tür und Tor. Frank kritisierte keines der Horrorgesetze, die – als Beispiel unter vielen – mit
den Nürnberger Rassegesetzen begannen und mit seinen eigenen Verordnungen im Generalgouvernement endeten. Er sprach sich zwar dagegen aus, dass »für alles und jedes die Todesstrafe angewendet werde«, zeigte jedoch keine Einwände gegen die Spruchpraxis der seiner
Regierung unterstehenden Sondergerichte im Generalgouvernement,
die schon bei Bagatelltatbeständen die Todesstrafe verhängten.

Frank sah auch keinen Widerspruch, wenn er am 11. Juli 1942 eine
Verordnung zum Schutz der Ernteerfassung erließ, die mit dem Tode
ahndete, wer seine Ernte nicht ablieferte, und er neun Tage später in
der Universität München erklärte: »Mit der Menschlichkeit vereinbar
ist eine Methode, die nicht auf alles und jedes nur noch die Todesstrafe anwendet!« Am 21. Juli sprach Frank in der Universität Heidelberg
unter anderem über die »sittliche und menschliche Würde«, und am
nächsten Tag unterstützte er im Warschauer Ghetto im Rahmen der
»Endlösung der Judenfrage« die Transporte in das Vernichtungslager
Treblinka mit Mitarbeitern seiner Zivilverwaltung. Dass Frank genau
informiert war, ergibt sich aus verschiedenen Äußerungen, die er in
der Folgezeit verlautbarte.

Frank sprach sich gegen den Polizeistaat aus und förderte ihn auf
eklatante Art und Weise. Er zielte auf Himmler, in dessen Zeitschrift
»Das Schwarze Korps« Rechtsanwälte als Kloakentierchen bezeichnet
worden waren. Die Juristen seien entschlossen, so Frank, nicht weitere
Schmutzkübel über sich ausleeren zu lassen.

Manche Autoren vermuteten nach dem Krieg, Frank wollte sich
mit seinen Reden im Reich Anerkennung und Popularität verschaffen,
in der NS-Hierarchie weiter nach oben steigen, um sich als Nachfolger
des 1941 verstorbenen Franz Gürtner auf den noch vakanten Posten
des Reichsjustizministers zu empfehlen.[503] Ganz abwegig ist das nicht,

zieht man Franks Ehrgeiz, Hang zur Eitelkeit und seine überzogene Selbsteinschätzung in Betracht.

Wie dem auch sei, es handelte sich um eine unrealistische Lagebeurteilung, denn schwere Wolken zogen sich über Frank zusammen. Bereits die erste Rede alarmierte Heinrich Himmler, der darüber am 27. Juni mit Bormann telefonierte.[504] Dass dieser wiederum Lammers konsultierte, ist nicht belegt, aber liegt nahe. Zur »Kamarilla« gesellte sich dann auch noch der Propagandaminister. Goebbels notierte am 31. Juli 1942:[505]

»Generalgouverneur Frank hat in Heidelberg eine Rede über Justizpflege gehalten. Sie enthält ungefähr den entgegengesetzten Standpunkt von dem, was ich vor den Mitgliedern des Volksgerichtshofs ausgeführt habe. Er fordert die Unabhängigkeit der Richter, er nimmt die Justizpflege gegen jeden Angriff in Schutz, er sieht im Rechtsschutz überhaupt die letzte Hilfe für das Volk, das sonst schutzlos, wie hier durch die Blume gesagt wird, der Partei preisgegeben sei, und ähnliches. Diese Rede ist alles andere als erfreulich. Ich werde sie im Wortlaut dem Führer vorlegen, damit er geeignete Maßnahmen dagegen ergreifen kann.«

Hitler reagierte prompt und hart. Er ließ Frank durch Lammers auffordern, seine Parteiämter niederzulegen: als Führer des NS-Rechtswahrerbundes, als Präsident der Akademie für Deutsches Recht und als Leiter des Rechtsamtes der NSDAP. Zugleich verhängte Hitler über Frank ein absolutes Redeverbot im Reich. Reden im Generalgouvernement waren auf das Aufgabengebiet des Generalgouverneurs zu beschränken. Er blieb jedoch Generalgouverneur und auch Reichsminister ohne Geschäftsbereich. Frank befolgte Hitlers Weisung am 2. August 1942 und notierte aufmüpfig in seinen Kalender: »Es lebe das Recht.«[506]

Niklas Frank erfuhr aus den Aufzeichnungen der Mutter, dass sein Vater glückstrahlend mit seinem Mercedes am Schoberhof vorfuhr und ihr wie ein Junge entgegenlief: »Brigitte, Hitler hat mir das Generalgouvernement gelassen!«[507]

Am 8. August sprach sich Frank mit seiner Frau im Schoberhof aus und beschloss die Trennung von seiner Geliebten. »Um 11 Uhr schicke ich Lilly den schwersten Brief meines Lebens.« Am 17. August vermerkte er in seinem Kalender: »Krakau Ämter los, Lilly los, schwerste Epoche meines Lebens.« Zwei Wochen später setzte er die Beziehung zu Lilly fort und leitete die Scheidung ein.[508]

Hitler nahm Franks Degradierung zum Anlass für ein Revirement im Bereich der Justiz. Er versetzte Staatssekretär Schlegelberger mit einer Dotation in Höhe von 100 000 RM in den Ruhestand,[509] ernannte am 20. August den von Frank verachteten Otto Thierack zum Reichsjustizminister, Reichsführer des Rechtswahrerbundes und Präsidenten der Akademie für Deutsches Recht. Roland Freisler, den Hitler eher kritisch sah, wurde am 23. August als Nachfolger Thieracks Präsident des Volksgerichtshofes. Das Reichsrechtsamt der Partei wurde aufgelöst. Frank nahm Thierack besonders übel, dass er Vertreter der Polizei in Strafverfahren als Anklagevertreter zugelassen hatte. Frank notierte: »Thierack: Rechts-Ende.«[510]

Angeblich war die Berufung von Thierack für Frank der Anlass, am 24. August 1942 Hitler seinen Rücktritt anzubieten[511], was Hitler – wiederum durch eine Nachricht Lammers' – am 31. August ablehnte. Ein achtzehnseitiger Rechenschaftsbericht – Franks »Kampf ums Recht« – wurde als Anlage dem Diensttagebuch beigefügt. Ob es dabei blieb oder der Bericht an Hitler adressiert worden ist, ist unklar.[512] Es handelte sich um eine wortreiche Mischung aus Kühnheit, Selbstkasteiung, Sentimentalität und konfusem Idealismus, ein außerordentlich bezeichnendes Porträt seines Charakters (Joachim C. Fest).[513]

Hatte noch Goebbels am 13. August seine Beurteilung der Lage so festgehalten:[514]

»Der Generalgouverneur Dr. Frank hat sich durch eine Reihe selten törichter Reden ausgezeichnet. Zum Teil hat er damit im Ausland unliebsames Aufsehen erregt, was sogar zu einer Demarche einer befreundeten Macht geführt hat. Seine Rede über die Rechtspflege vor der Universität Heidelberg war direkt als Affront gegen den Führer aufzufassen. In seiner Stellung als Generalgouverneur bleibt er vorläufig unangetastet. Immerhin aber hat er einen Prestigeverlust zu verzeichnen, der kaum mehr wiedergutgemacht werden kann.«

fügte er am 20. August 1942 hinzu:[515]

»Generalgouverneur Frank in Krakau scheint sich des Ernstes der Situation, in der er sich befindet, gar nicht bewusst zu sein. Bormann berichtet mir, dass er sich in seinen Dienstgeschäften in der harmlosesten Weise gibt und so tut, als wäre überhaupt nichts gewesen. Demgegenüber ist er beim Führer sehr stark in Misskredit geraten und muss aufpassen, damit er nicht auch noch sein letztes Amt verliert.

Ganz abfällig urteilt der Führer über Frank-Krakau. Wenn er sich noch das Geringste zuschulden kommen lässt, wird er auch seines Generalgouverneursposten verlustig gehen. Im übrigen soll er nicht so viel vom Rechtsstaat sprechen, denn er ist gern bereit, die Vorteile des, wenn ich so sagen darf, Unrechtsstaats in Anspruch zu nehmen, wenn es seine Person betrifft. Er hatte im Bereich des Generalgouvernements eine Reihe von üblen Korruptionsfällen, die nur durch Eingreifen des Führers erledigt werden konnten.«

Frank sah sich im Reich »einer systematisch geschürten Gräuel- und Hetzpropaganda« und einer »Fülle von Nadelstichen« gegen seine Person ausgesetzt mit dem Ziel, seine Zuständigkeiten zu beschneiden und Verwaltungszweige, wie Eisenbahn, Post und das Bauwesen, aus dem Generalgouvernement herauszuschneiden. »Dass ich bei der nächsten Gelegenheit, die sich dieser Kamarilla bietet, gestürzt und auch beseitigt werden soll, ist sicher.«[516] Er weiche aber nicht von seiner Meinung ab, dass der vom »Führer« eingeschlagene Kurs der Gewalt, der völligen Vernichtung der Rechtssicherheit und des Regimes mit Hilfe von Konzentrationslagern und Polizeiwillkür für »Führer« und Reich schwerste Gefahren darstellten. Frank sprach es und eilte anschließend in die Arme seiner Geliebten.[517]

Immer öfter kehrte der amtsmüde Generalgouverneur Krakau den Rücken und hielt sich im Reichsgebiet auf (Aufenthalt im Reich 1.–16. September; 6.–19. Oktober; 7.–17. November 1942). Gerne überließ er die Regierungsgeschäfte seinem Vertreter Bühler, da er das Interesse an seinem Amt verloren hatte. Am wenigsten konnte er ertragen, bei Hitler in Ungnade gefallen zu sein. Auf einer Tagung der Reichs- und Parteileiter am 2. Oktober 1942, an der Frank nicht teilnehmen durfte, weil er ein entsprechendes Amt nicht mehr bekleidete, übte Hitler harsche Kritik an »falschen Potentatenallüren«, und jedermann wusste, wer gemeint war.[518] Hitler äußerte sich Goebbels gegenüber »bitter« darüber, dass Frank den Rechtsstaat zum Inhalt seiner Reden mache und selbst unter Umgehung des Rechtsgedankens des Staates seine eigene Person im Falle Lasch habe retten lassen. »Denn hätte der Führer hier Recht statt Gnade sprechen lassen«, meinte Goebbels, »säße Frank nicht mehr da, wo er augenblicklich sitzt.«[519]

Die »Kamerilla« arbeitete weiter daran, Frank endgültig zur Strecke zu bringen. Als Nachfolger waren bereits Arthur Seyß-Inquart (Reichskommissar Niederlande), Arthur Greiser (Gauleiter Wartheland) und Krüger im Gespräch.[520] Das Reichssicherheitshauptamt setzte sich mit einem Rundschreiben an die höheren SS-Führer und politischen Leiter mit Franks Thesen kritisch auseinander.[521] Bormann schlug Lammers vor, das Generalgouvernement in Reichsgaue aufzuteilen, womit der Posten des Generalgouverneurs obsolet geworden wäre. Außerdem beauftragte Bormann den stellvertretenden Gauleiter von Oberschlesien, Albert Hoffmann, mit einem Gutachten über die Krakauer Verwaltungsstruktur, das vernichtend ausfiel: »Wenn man eine derartige Schieberzentrale als Rechtsstaat bezeichnet, kann man nur wünschen, dass sehr bald ein Polizei-Staat an seine Stelle tritt.«[522] Hoffmann kritisierte Franks polenfreundliche Politik. Anstatt die deutsche Kriegführung zu unterstützen, habe er Straßen, Brücken und Häuser gebaut, zerstörte Städte wieder aufgerichtet, Schlösser renoviert, sich Paläste auf das kostbarste eingerichtet und damit Geld, Arbeitskraft und Material in einem Umfang verschleudert, der geradezu verantwortungslos sei.[523]

Parallel hierzu setzte Staatssekretär Krüger mit Rückendeckung von Himmler seine Obstruktion gegen Frank fort. Heinrich Himmler provozierte Frank, indem er sich am 22. Juli 1942 ohne Wissen Franks in Lublin aufhielt und an Krüger und Globocnik »Richtlinien für die fernere Gestaltung der Besiedelung des Raumes« übergab, was Frank angeblich aus der »Krakauer Zeitung« erfuhr.[524] Die Feindschaft eskalierte im Falle eines Beamten Albert Szepessy, den Krügers Sicherheitspolizei Anfang Juni 1942 festgenommen hatte, weil er Juden für Dienstleistungen in Krakau Ausweise ausstellte, die sie vor der Ausweisung schützten. Außerdem soll er dem Judenrat beim Abschied die Hand gegeben haben. Abteilungspräsident Frauenhofer versicherte, dass Szepessy im Rahmen seiner Amtspflichten gehandelt habe, woraufhin Frank am 28. September die sofortige Freilassung verfügte und dies Krüger mitteilen ließ. In einer Dienstbesprechung am 21. November erklärte jedoch der Krakauer SS-Oberführer Schöngarth, Szepessy sei auf Befehl des Reichsführers SS in das KZ Sachsenhausen gebracht worden. Frank bezeichnete dieses Vorgehen als eine »Rechtsvernichtung schlimmster Art«.[525]

Diese Entwicklung veranlasste Frank, Hitler erneut seinen Rücktritt anzubieten. Mit Fernschreiben vom 24. November 1942 teilte ihm Lammers mit, er habe dem »Führer« über das Rücktrittsgesuch Vortrag gehalten, und der »Führer« habe dem Gesuch nicht entsprochen.[526] Bezeichnenderweise wurde die Ablehnung beider Rücktrittsangebote von Lammers nicht begründet. So kann man nur vermuten, ob für Hitler eine schädliche außenpolitische Wirkung der Ablösung seines Generalgouverneurs ausschlaggebend war oder ob er »in Treue fest« den Stab über den »Alten Kämpfer« nicht brechen wollte, zumal Frank immer – auch in den kompromittierenden Reden – an seiner Zuneigung und Verehrung für Hitler keinen Zweifel gelassen hatte.

Frank leitete nunmehr aus Hitlers Entscheidung ab, dass er weiter dessen Vertrauen besitze, er deshalb die Autorität des Generalgouverneurs unter allen Umständen aufrechterhalten müsse und fest entschlossen sei, »von den mir seinerzeit gegebenen Vollmachten rücksichtslos Gebrauch zu machen«.[527] Das klang allerdings angesichts seiner mächtigen Feinde wie das Brüllen eines Papiertigers.

Im Auftrage Himmlers suchte der SS-General Erich von dem Bach-Zelewski im Jahre 1943 das Generalgouvernement auf, weil er für die Bekämpfung russischer Partisanen zuständig war. Himmler bezeichnete ihm gegenüber Frank als einen Vaterlandsverräter, der mit den Polen unter einer Decke stecke und den er in nächster Zeit beim Führer zu Fall bringen werde. Himmler warf Frank insbesondere die Aussage vor, »ein schlechter Rechtsstaat wäre ihm lieber als der bestgeführte Polizeistaat«, und dass Frank vor einer polnischen Abordnung von Himmlers Maßnahmen abgerückt sei. Er habe Himmlers Beauftragte als »militante Persönlichkeiten« vor den Polen herabgesetzt.

Bach-Zelewski suchte auch Krüger auf, der Franks schwankende und labile Politik den Polen gegenüber für die Zustände im Generalgouvernement verantwortlich machte. Krüger plädierte für ein schärferes und rücksichtsloseres Vorgehen und erklärte, er würde nicht eher ruhen, bis der Verräter Frank gestürzt sei. Bei diesen Ausführungen hatte Bach-Zelewski den Eindruck, dass auch persönliche Motive die Haltung Krügers beeinflussten und dass er gerne selbst Generalgouverneur geworden wäre.[528]

Am 27. Februar 1942 protokollierte der Propagandaminister eine Unterredung mit Staatssekretär Wilhelm Stuckart (Reichsinnenministerium). Beide beklagten »das Fehlen einer inneren Führung in den Ostländern«, und Stuckart sagte, dass im Generalgouvernement »furchtbare Zustände herrschten«. Goebbels notierte:

»Dort ist Frank ohne jeden personellen und sachlichen Rückhalt. Stuckart hat recht, wenn er sagt, entweder muss man Frank wieder in seiner Autorität stärken, oder aber man muss ihn durch einen anderen Mann ersetzen. Denn ein Generalgouverneur mit einem gebrochenen Rückgrat kann auf einem so schwierigen Posten wie dem der Verwaltung des Generalgouvernements nichts Erkleckliches mehr leisten.«

Zwei Wochen später, am 9. März 1943, hielt sich Goebbels bei Hitler auf.

»Ich trage dem Führer einige Zustände in den besetzten Gebieten vor, die ihm zum größten Teil bekannt sind. In diesem Zusammenhang kommen wir auch auf den Fall des Generalgouverneurs Dr. Frank zu sprechen. Er genießt beim Führer gar kein Ansehen mehr. Ich stelle dem Führer aber doch in allem Ernst vor, dass er entweder Frank beseitigen oder seine Autorität wiederherstellen muss; denn ein Generalgouverneur, d. h. ein Vizekönig, in Polen ohne Autorität ist natürlich in diesen kritischen Zeiten undenkbar. Frank hat zu allem anderen augenblicklich auch noch eine leidige Ehescheidungsgeschichte, bei der er sich nicht gerade vornehm benimmt. Der Führer hat die von ihm begehrte Ehescheidung verweigert. Auch das trägt dazu bei, das Verhältnis des Führers zu Frank zu trüben. Trotzdem aber will er ihn sich in den nächsten Tagen kommen lassen, um festzustellen, ob er noch zu retten ist, und wenn ja, ihn in seiner Autorität noch einmal (!) stärken. Frank benimmt sich in der ganzen Angelegenheit nicht sehr fair. Er wechselt zwischen brüsken Zornesausbrüchen und einer Art von Selbstkasteiung.«[529]
[Ausrufezeichen im Original, Anm. D. Sch.]

Im April 1943 blies die »Kamarilla« zum Generalangriff. In akribischer Kleinarbeit hatte SS-Obergruppenführer Krüger auf 50 Seiten Franks Sündenregister aufgelistet.[530] Da Hans Lammers, der Chef der Reichskanzlei, ein so umfangreiches Dossier Hitler nicht zumuten wollte, fasste er im Einvernehmen mit Krüger den Inhalt auf 17 Seiten zusammen, die er am 17. April 1943 als Geheimsache unter dem Betreff »Die Zustände im Generalgouvernement« Himmler und Bormann zur Verfügung stellte. Das Material sollte dazu dienen, »sich darauf bei dem in Aussicht genommenen Vortrag beim Führer zu stützen«.[531]

In dieser Anklageschrift wurde eingangs festgestellt, welche Aufgaben die deutsche Verwaltung im Generalgouvernement hat (gekürzt):

1. Ernährungssicherung des deutschen Volkes in der Heimat durch landwirtschaftliche Produkte;
2. Einsatz der Arbeitskräfte der einheimischen Bevölkerung im Reich und im Generalgouvernement
3. Ansiedelung des deutschen Volkstums im Generalgouvernement
4. Sicherung als Durchgangsgebiet für den Nachschub zur Ostfront
5. Gewinnen von Truppen aus der einheimischen Bevölkerung

Danach wurden die »Irrwege« beschrieben, welche die Erfüllung obiger Aufgaben verhindern, was am Geist der deutschen Verwaltung liege, der von Frank geprägt werde. Er betrachte sich als Staatsoberhaupt und stelle mit prunkvoller Repräsentation eine große Machtfülle dar. Dabei entwickelte sich bei ihm ein Herrschaftsgefühl, das ihn zu unüberlegten Anordnungen, Willkürakten und Affekthandlungen verleite. Als Folge werde das Vertrauen in seine Regierungs- und Verwaltungsführung so erschüttert, »dass häufig Verordnungen und Gesetze unbeachtet gelassen, umgangen oder bewusst sabotiert« würden.

Mit der persönlichen Haltung des Generalgouverneurs »paare sich ein auffälliger Mangel an Gefühl für eine saubere persönliche Haltung in seiner eigenen Lebensführung und der seiner nächsten Angehörigen«. Die Fälle Lasch und Löv würden ihn und seine Angehörigen schwer belasten.

Seine große persönliche Eitelkeit mache den Generalgouverneur ferner geneigt, sich nicht mit verantwortungsbewussten und fähigen Mitarbeitern, sondern mit unfähigen Schmeichlern zu umgeben, die die Verhältnisse schönfärben, weil sie ihren eigenen persönlichen Vorteil suchten. Es sei eine Günstlings- und Vetternwirtschaft entstanden, labile Charaktere hätten ein denkbar schlechtes Beispiel abgegeben, namentlich im Fall Bayer, dem Schwager der Frau des Generalgouverneurs.

Der Bericht warf Frank eine verfehlte Wirtschaftspolitik vor, besonders seine Unfähigkeit, den Schleichhandel zu beseitigen. Kritisiert wurde eine über das Ziel hinausschießende Förderung des kulturellen Eigenlebens der polnischen Bevölkerung, hingegen eine Vernachlässigung der Interessen der Volksdeutschen. Auch das Erstarken der polnischen Widerstandsbewegung wurde Frank angelastet; das Polentum habe sich in seiner Deutschfeindlichkeit zu einem geschlossenen Volkskörper zusammengefunden. Die Verhältnisse im Generalgouvernement trieben chaotischen Zuständen entgegen, wenn nicht alsbald ein radikaler und grundsätzlicher Wandel eintrete.

Als wichtigste Voraussetzung für eine Gesundung der Verhältnisse werde vorgeschlagen, Hans Frank durch eine geeignete und tatkräftige Persönlichkeit von politischem Format zu ersetzen. Ferner sollten aus ihren Stellen all diejenigen entfernt werden, die sich als typische Vertreter des Frank'schen Regierungssystems als unzureichend erwiesen hätten, namentlich die Staatssekretäre Bühler und Boepple sowie die Gouverneure Zörner und Fischer.

Frank spürte wohl, dass sich erneut etwas gegen ihn zusammenbraute. Das Ergebnis einer Sitzung mit seinen Hauptabteilungspräsidenten am 20. April 1943 nahm er zum Anlass, Lammers noch am selben Tag einen dringenden Brief zu schreiben:[532] »Seit gestern haben wir in Warschau einen bereits mit Einsatz von Geschützen zu bekämpfenden wohl organisierten Aufstand im Ghetto. Die Morde an den Deutschen nehmen in furchtbarer Weise zu; Züge werden überfallen, Transportwege völlig unsicher gemacht. Die Bandenbildung entwickelt sich in grassierender Weise.« Frank forderte einen neuen Kurs in der Polenpolitik. Da es ihm nicht gelinge, vom »Führer« persönlich empfangen zu werden, und er wisse, dass »sowohl Pg. Bormann wie

Pg. Himmler offenbar immer noch an dem alten längst unmöglich gewordenen Kurs mit allen Mitteln festzuhalten entschlossen sind«, schlug Frank eine dringende Sitzung im Führerhauptquartier vor.

Diese Initiative störte die Pläne der »Kamarilla«, weil Frank von seiner Person ablenken wollte und Sachfragen in den Mittelpunkt stellte. Lammers informierte am 25. April Bormann und Himmler über Franks Schreiben und bat Bormann, »den Führer zu bewegen, dass er uns unter allen Umständen noch in dieser Woche zu gemeinsamem Vortrag über die Zustände im Generalgouverneur empfängt«.[533]

Es ist nicht belegt, ob die Besprechung bei Hitler tatsächlich stattgefunden hat,[534] jedoch ist davon auszugehen, dass Hitler auf jeden Fall durch Bormann Einzelheiten erfuhr. Am 8. Mai schließlich erhielt Frank den Anruf Bormanns, am nächsten Tag zum Rapport bei Hitler zu erscheinen. Als Ergebnis der Zusammenkunft mit Hitler trug Frank am 9. Mai in seinen Kalender ein: »Beim Führer. Wir sprechen uns allein über eine Stunde. Reden – Scheidung – GG – erschütternd.«[535] Erschüttert war er wohl vor allem in der Angelegenheit, die ihn am meisten bewegte, nämlich über das Verbot der Scheidung. Hitlers massive Kritik an den Universitätsreden im Reich und den Verhältnissen im Generalgouvernement wird Frank akzeptiert und mit einem Gelöbnis der Besserung abgeschwächt haben. Frank hatte insofern Glück, als die besorgniserregende Sicherheitslage seine Kontrahenten Himmler und Krüger belastete, in deren primäre Zuständigkeit diese Entwicklung fiel. So konnte er wohl überlegte eigene Konzepte vortragen, die Hitler beeindruckt haben. Goebbels, der noch am 7. Mai glaubte, die Vorgänge in Warschau (Ghetto-Aufstand) hätten Frank »das Genick gebrochen und der Führer werde nunmehr Greiser an seine Stelle setzen«, hielt in seinen Aufzeichnungen fest:

»Der Führer ist sich weiterhin über die Unzulänglichkeiten des Generalgouverneurs Dr. Frank im klaren, sieht aber im Augenblick keine Möglichkeit, ihn abzulösen. Auch ein Nachfolger könnte aus der Situation nichts Besseres machen. Die Verhältnisse im Generalgouvernement sind so unglücklich, dass im Augenblick nur mit starken militärischen Kräften etwas zu erreichen ist. Der Auftrag, der Frank gegeben wurde, kann ja praktisch auch kaum durchgeführt werden. Er soll Lebensmittel herausholen, das Volk nicht zur Einigung kommen lassen, die Juden heraus bringen, zur gleichen Zeit aber die Juden aus dem Reich aufnehmen; er soll die Rüstungsproduktion steigern, die Städte nicht aufbauen usw.: kurz und gut, das ist eine Mission, die unerfüllbar scheint.«[536]

Der Vorwurf der Korruption wird in den Kommentaren von Goebbels nicht angesprochen. Albert Speer hielt in seinen Notizen fest:[537]

»Der Führer will nicht wahrhaben, dass die Zustände mit der Person des Generalgouverneurs zusammenhängen. Meine eindeutige Äußerung, dass in meinen Augen Frank ein Idiot sei, beantwortete der Führer damit, dass eben diese geringen Hilfsmittel (zuwenig Beamte und Polizeikräfte) schon einen Menschen dazu bringen könnten.«

Bei diesem Stand der Dinge zerbrach die Koalition zwischen Himmler, Lammers und Bormann gegen Frank, das Zweckbündnis war gescheitert.

Erst am 10. September 1944 wurde Goebbels das Krüger-Dossier zugespielt. Der Propagandaminister gab sich empört: »Diese Denkschrift enthält geradezu grauenhaftes Material. Ich habe den Eindruck, dass Frank kein Generalgouverneur, sondern ein politischer Verbrecher erster Klasse ist.«[538]

VII. »Ausrotten« der Polen

Ob Hans Frank ein »politischer Verbrecher erster Klasse« (Goebbels) war, wird nicht nur an seinem korrupten Verhalten und seinem »Versagen« in den Augen der NS-Führung zu messen sein, sondern auch am Umgang mit Polen und Juden. Die »Endlösung der Judenfrage« ist Thema des nächsten Kapitels; zu fragen ist jetzt, ob es auch eine »Endlösung der Polenfrage« gab. Verschiedene Äußerungen belegen, dass Frank solche Pläne hatte.

»Wir können nicht 14 Millionen Polen umbringen«, meinte er noch in einer Sitzung des Reichsverteidigungsrates im März 1940, als er etwa sechs Monate im Amt war.[539] Nach dreijähriger Amtszeit schränkte er ein, »dass eine Ausrottung von Millionen menschlicher Wesen an Voraussetzungen geknüpft ist, die wir *zur Zeit* nicht erfüllen können«[540] [eig. Hervorhebung, D. Sch.], wobei der Redezusammenhang ergibt, dass er an solche Polen dachte, für die man keine Arbeit hatte. Die polnische Bevölkerung im weitesten Umfange arbeitsfähig zu erhalten, sei, so Frank, »eine gewisse Tarnung unseres letzten politischen Wollens«,[541] womit Mord oder Vertreibung gleichermaßen gemeint sein konnten.

Am Beginn der »Aktion Reinhardt« mit ihrem Massenmord an Juden schlug der Hauptabteilungspräsident Theodor Bauder (Bauwesen) in einer Regierungssitzung eine ähnliche Aktion gegen die Polen vor. Es habe sich nämlich gezeigt, dass die »Judenaktion« einen großen Andrang der Juden zur Arbeit bewirkt habe. Man könne daher die berechtigte Hoffnung hegen, dass die gleichen Bestrebungen sich auch bei den Polen zeigen würden.[542]

Frank antwortete: Er unterstreiche die Feststellung, dass die Erfassungsaktion bei den Juden gute Ergebnisse gezeigt habe und man

eine ähnliche Maßnahme gegen die Polen in Erwägung ziehen könne.[543]

Franks Überlegungen bewegten sich im Konjunktiv. Für ihn waren
die nicht arbeitenden Polen ebenso »außergewöhnlich schädliche Fresser« wie die Juden, andererseits wollte er deren Arbeitskraft ausbeuten, wobei ihm nicht klar war, wie man den polnischen Holocaust
technisch hätte bewältigen können: »An eine Ausrottung der Polen
kann nicht gedacht werden, schließlich stehen 15 Millionen Polen nur
180 bis 200 000 Deutsche gegenüber.«[544]

Frank beschrieb eine Pattsituation: Die katholische Kirche und die
Schullehrer seien Todfeinde alles Deutschen. Er wisse aber auch, dass
diese Kräfte im Moment gegen das Deutsche nichts unternehmen
könnten. Auf der anderen Seite sei er aber auch nicht imstande, gegen
sie vorzugehen.[545]

Nicht einen Augenblick dachte er an das Schicksal der polnischen
Bevölkerung. Einerseits war für ihn klar: »Die Polen sind in einigen
Jahren nicht mehr vorhanden!« (Jahreswechsel 1942/43)[546], anderer-
seits müssten alle Kräfte für den Endsieg gebündelt werden; erst nach
dem »Siegfrieden« ließe sich das Problem lösen. Auf Beschwerden von
Vertretern des Polnischen Hauptausschusses erklärte Frank, »die
Deutschen seien nicht im Land, um den Polen etwas Böses zu tun«.[547]

Ein Jahr später wandte sich der Generalgouverneur vor Vertretern
der Auslandpresse »gegen die Agitationslüge unserer Gegner, dass wir
Deutschen die Absicht hätten, etwa die Polen zu germanisieren oder
sie gar auszurotten«. Vielmehr handele es sich »um eine Befreiung der
Millionenmassen der polnischen Bauern aus den Verstrickungen übelsten Feudalismus durch die deutsche Führung«.[548] In einer Ansprache
vor Politischen Leitern und Distriktstandortführern der NSDAP am
14. Januar 1944 redete Frank Klartext:[549]

»Wenn wir den Krieg einmal gewonnen haben, dann kann meinetwegen aus
den Polen und aus den Ukrainern und dem, was sich hier herumtreibt, Hackfleisch gemacht werden, es kann gemacht werden, was will. Aber in diesem Augenblick kommt es nur darauf an, ob es gelingt, fast 15 Millionen eines gegen
uns sich organisierenden feindlichen Volkstums in Ruhe, Ordnung, Arbeit und
Disziplin zu halten. Wenn es nicht gelingt, dann kann ich vielleicht triumphie-

rend sagen: Ich habe 2 Millionen Polacken umgebracht. Ob dann aber die Züge
an die Ostfront fahren, ob die Monopolbetriebe arbeiten, die jeden Monat
500 000 Liter Wodka und so und so viele Millionen Zigaretten liefern, ob die
Ernährung und Landwirtschaft gesichert wird, von der wir allein 450 000 t Ge-
treide ans Reich geliefert haben, das steht auf einem anderen Blatt.

Politik ist mehr als Gewalt. Gewalt ist eine lächerliche ABC-Angelegenheit.
Die Staatskunst beginnt jenseits der Gewalt. Wenn ich drei Polizeibataillone
dieses Raumes dringendst zur Füllung von Lücken an die Front abgeben muss
– heute ist ein solches dringendes Hilfesuchen an mich gekommen –, so
bedeutet das, dass ich wiederum die Koeffizienz dieses Raumes um drei Polizeibataillone reduziere. Das kann ich nur, wenn ich sozusagen einigermaßen
auf die Bevölkerung rechnen kann. Wenn ich heute den 150 000 Polen, die die
Ostbahn betreiben, nichts mehr zu essen gebe, wenn ich sie nicht mehr kleide,
ihnen keine Sicherheit des Lebens gewähre, – die 5000 Deutsche, die ich bei
der Ostbahn habe, bringen keinen Zug vorwärts. Von den Fabriken will ich ganz
ganz absehen. Wissen Sie, dass wir für 1,5 Milliarden Zloty jährlich zusätzlich
dem deutschen Reich wertvollste Rüstung und Munition fabrizieren?

Das ist nun nicht etwa nur zu erreichen, indem man sagt: Ich befehle, ich
will so, wenn er nicht will, erschieße ich ihn; Quatsch – ich kann jeden erschießen; das ist keine Kunst. Ich bin kein Polenfreund, aber ich bin dafür verantwortlich, dass in diesem Raum für die deutsche Ostfront keine Rebellion im
Rücken entsteht. Wenn ich den Polen etwas zu essen gebe, wenn ich ihnen ihre
Kirchen belasse, ihnen Schulen gebe, dann tue ich das nicht als Polenfreund,
sondern als verantwortlicher Politiker dieses Raumes, und ich verbitte es mir,
dass jemand seine Schnauze deswegen aufreißt. Wer keine Verantwortung hat,
kann leicht reden.«

Unter dem Eindruck der immer näher rückenden Front konnte spätestens ab Mitte 1944 niemand mehr im Generalgouvernement übersehen, dass der Endsieg Illusion und Propaganda war. Im September
1944 äußerte sich Frank in einem Schulungskurs für NS-Führungsoffi-
ziere über die »Notwendigkeit des Krieges gegen die Bolschewiken«,
die »Bedeutung Hitlers« und das »Polenproblem«: »Die Theorie von
der totalen Ausrottung, der restlosen Versklavung, der völligen Recht-
losmachung ist ein schwerer Verstoß gegen die Interessen unseres Vaterlandes.«[550] Für diese späte Einsicht hätte der Reichsführer SS den
Generalgouverneur erschießen lassen können, doch Himmler hatte inzwischen als Befehlshaber des Ersatzheeres andere Sorgen.

Nichtsdestoweniger bleibt festzuhalten, dass der Völkermord an Polen zu den Zielen von Frank gehörte und er diesen Plan verfolgt hätte,

wenn nicht der Zweite Weltkrieg einen anderen Verlauf genommen hätte. Die »Teilerfolge« auf dem Weg dorthin waren für die polnische Bevölkerung schrecklich genug.

Sein persönlicher Beitrag bestand zum Beispiel in den Rechtsverordnungen, mit denen er die Voraussetzungen für Standgerichte und den sofortigen Vollzug der Exekutionen schuf. Er wollte, dass »nur amtlich verurteilte Leute hingerichtet werden«.[551] So setzte er seinen Justizterror gegen Himmlers Polizeiterror.

Deutsche Kolonie Zamosc

Nicht die Deutschen, die das Land überfallen hatten, waren im Generalgouvernement die »Fremdvölkischen«, sondern nach Lesart der Nazis die Polen und Ukrainer, selbstverständlich auch der jüdische Anteil dieser Völker. Kaum jemand hasste alles Nichtdeutsche mehr als der Lubliner SS-Führer Globocnik, der Himmler Pläne unterbreitete, sein Zuständigkeitsgebiet von allen unliebsamen »Elementen« zu säubern.

Am 13. und 14. März 1942, als Frank nach dem »kameradschaftlichen Verhör« in die Knie gezwungen worden war und Himmler ihm in Krakau seine Bedingungen diktierte, machte der Reichsführer SS den Generalgouverneur mit seinen Besiedlungsplänen bekannt. Sie waren so abstrus wie der Rassenwahn gefährlich und die Eroberung des Lebensraumes im Osten brutal. So sollte der »historische deutsche Stadtkern« von Lublin (150 000 Einwohner) und der Marktplatz von Zamosc (am Oberlauf des Bugs gelegen, 26 000 Einwohner) renoviert und von deutschen Beamtenfamilien bewohnt werden. Ein deutsches »Bollwerk« sollte auch im Kreis Zamosc mit der Ansiedlung deutscher Bauernfamilien aus Transnistrien und anderswo auf enteignetem Großgrundbesitz errichtet werden, wo einige Dörfer zweifellos deutschen Ursprungs seien. Himmler sprach ferner davon, Goralen, Lemken und Huzulen, deren germanischer Ursprung für ihn feststand, zu »verdeutschen«. So wollte man in den dortigen Schulen die Zahl der blonden und blauäugigen Schüler feststellen. Gleichfalls plante Himmler die Zipserdeutschen aus der Slowakei ins Generalgouver-

nement hinüberzuholen. Insgesamt gesehen wollte er eine starke Ansiedlung längs des Sans und des Bugs vornehmen, »sodass die fremdvölkischen Teile Polens eingekesselt werden«.[552]

Eine Stellungnahme Franks zu diesen Plänen ist nicht bekannt, aber
er hatte ohnehin in dieser Phase kaum noch Einfluss. Immerhin hatte
Frank zwei Jahre vorher, am 30. Mai 1940, von der »Eindeutschungs-
möglichkeit blonder, blauäugiger polnischer Kinder« gesprochen,
»denn die Deutschen sähen einen absolut germanischen Rassekern in
diesem Volkstum«.[553] Franks Hauptabteilung Innere Verwaltung stellte »Deutschstämmigkeitsausweise« aus für diejenigen, »die zu 25%
deutsches Blut in sich hätten«.[554]

Die weitere Entwicklung lief zunächst an Frank vorbei, denn
Himmler erteilte als »Reichskommissar für die Festigung des deutschen Volkstums« über den Kopf des Generalgouverneurs hinweg seine Befehle und SS-Brigadeführer Globocnik ließ es sich in seiner
Selbstherrlichkeit nicht nehmen, die Anweisungen von oben ohne Beteiligung des Gouverneurs Zörner und der Zivilverwaltung in die Tat
umzusetzen. Er weigerte sich sogar, dem Generalgouverneur über die
Umsiedlungsmaßnahmen im Distrikt Lublin zu berichten.[555] Dies war
einer der Gründe dafür, dass Himmler sich im Juli 1942 ohne Wissen
Franks in Lublin aufhielt, um Zamosc »zum ersten deutschen Sied-
lungsraum im Generalgouvernement« zu erklären.

Umgesiedelt wurden zunächst 9000 Deutsche, die überwiegend aus
Bessarabien stammten und auf 116 Dörfer im Kreis Zamosc verteilt
wurden.[556] Die alten Eigentümer wurden von Haus und Hof verjagt
und »dem SS-Arbeitslager Auschwitz (Hydrierwerk) zugeführt«. Wie
Zörner an Frank am 24. Februar 1943 berichtete, durften die Polen
nur eilig zusammengerafftes Handgepäck mitnehmen. Die Ukrainer
erhielten demgegenüber die Erlaubnis, auf einem Fuhrwerk einen Teil
ihres Hausrats mitzunehmen.[557] Der eigentliche Misserfolg für Globocnik bestand darin, dass von 33 832 betroffenen Polen nur 9771 in
das KZ gebracht werden konnten, während die anderen in die Wälder
flohen und sich Partisanen anschlossen. Im Nachbarkreis Hrubie-
schow wurden weitere 14 738 Polen aus 63 Dörfern vertrieben, in denen 7072 Ukrainer aus dem Kreis Zamosc »angesetzt« wurden, wie es

im NS-Sprachgebrauch hieß. Hier gelang es, nur 5587 Polen zu ergreifen, die in das Reich transportiert werden sollten, während der Rest der Bauern in die Wälder flüchtete und von dort Überfälle auf die neu Angesiedelten unternahm.[558]

Im Bericht von Gouverneur Zörner heißt es weiter, dass inzwischen in einer großen Fluchtbewegung 25 000 Polen unterwegs seien, weil sie Angst davor hätten, wie Juden behandelt oder in ein Konzentrationslager eingeliefert zu werden. Familien würden auseinander gerissen und ihrer Existenzgrundlagen beraubt. Die Familien seien auf Nebenwegen unter Mitnahme von Hausrat, Inventar und Vieh auf der Flucht, schlössen sich entweder »Banditenhorden« an oder suchten Unterschlupf bei Bekannten oder Verwandten im Nachbarkreis. Inzwischen stünden ganze Dörfer in Polen leer.[559]

Katastrophal für die Machthaber wirkte sich die Verschlechterung der Sicherheitslage aus. Allein beim Niederbrennen von 125 Gehöften waren 30 Deutsche – auch Frauen und Kinder – ums Leben gekommen. Feuergefechte und Plünderungen seien Verzweiflungstaten oder eine Folge von Rache.

»Die Umsiedlung hat aus polnischen Bauern, die bisher infolge ihrer korrekten Behandlung ein positives und aufbauendes Element darstellten, Banditen, politische Verschwörer und ein äußerst gefährliches Element der Unsicherheit gemacht! Nach den bisherigen Erfahrungen besteht kein Zweifel daran, dass die Umsiedelung zu der gefährlichsten Belastung der Sicherheit seit 1939 geführt hat.« (Zörner)[560]

Zörner hob insbesondere die Konsequenzen für die Landwirtschaft und die Verwaltungsbehörden hervor: das Sinken der Milchablieferung, der Rückgang des Geflügelbestandes, die Gefährdung der Frühjahrsbestellung, das Fehlen von 1000 Pferden, die Lähmung der Forstverwaltung, der Mangel an polnischen Angestellten. Zamosc sei zu einem Fanal geworden, das weit über die Grenzen des Distrikts wirke. Auch in anderen nicht betroffenen Gebieten stünden über 100 Höfe leer. Der Bolschewismus habe zum Teil seinen Schrecken für die Bevölkerung verloren. 600 Mann der Polizeikräfte würden ständig bei der Umsiedlung benötigt und der »Banditenbekämpfung« entzogen.[561]

Krüger und Globocnik hatten gravierende taktische Fehler begangen. Dies dürfte Hans Frank zugute gekommen sein, als er am 9. Mai 1943 in einer Unterredung mit Hitler seine Grundhaltung plausibel machte (es gibt darüber keine Belege), die er mit einer Denkschrift vom 25. Mai 1943 an den Reichskanzler nochmals unterstrich.[562] Franks Vorwürfe deckten sich mit Zörners Feststellungen, das Siedlungsgebiet und seine weitere Umgebung befände sich in »hellem Aufruhr«. Ergänzend sah Frank die chaotische Lage noch dadurch verschärft, dass die Ordnungspolizei als Sühnemaßnahmen Massenerschießungen von Unschuldigen durchführte, insbesondere von Frauen, Kindern und Greisen. Dies habe Verbitterung und Hass genährt und der polnischen Widerstandsbewegung in die Hände gespielt. Frank wörtlich: »Es wird vielfach der Standpunkt vertreten, humanitäre Erwägungen haben völlig zu unterbleiben. Ich darf versichern, dass auch ich diese Auffassung voll und ganz teile.« Für ihn (Frank) sei entscheidend, dass der Endsieg gefährdet würde durch Sabotage, Aufruhr und Auflösung der öffentlichen Ordnung, zumal in einem wichtigen Nachschubgebiet zwischen Ostfront und Reich. Frank warnte vor landwirtschaftlichen Produktionsausfällen und den Folgen für die Versorgungslage im Reich. Er kritisierte auch das kräftevergeudende Nebeneinander und Gegeneinander der öffentlichen Dienststellen, die durch den Höheren SS- und Polizeiführer Krüger verschuldet seien, und beklagte die Minderung des Ansehens deutscher Autoritäten.

Am 31. Mai 1943 erklärte Krüger in einer Arbeitssitzung, er habe den Reichsführer SS gebeten, »von seiner Anordnung für die Durchführung der weiteren Besiedlung im Distrikt Lublin abzusehen. Der Reichsführer habe sich sofort damit einverstanden erklärt, die Maßnahme so lange auszusetzen, bis die Sicherheitslage im Generalgouvernement bereinigt sei.«[563]

Polnischer Widerstand

Das »Kriegsglück« hatte Hitler verlassen. Die deutsche Sommeroffensive 1942 brachte in Russland nicht den gewünschten Erfolg, – im Gegenteil: Seit dem 19. November rollte unaufhaltsam die Gegenoffensive der Roten Armee; die 6. deutsche Armee wurde am 22. November in Stalingrad eingeschlossen. Der amerikanisch-britischen Invasionsarmee gelang unter General Eisenhower am 23. Oktober 1942 die Landung in Marokko und Algerien, Tripolis wurde aufgegeben, Deutsche und Italiener traten den Rückzug an.

Am 24. Januar 1943 tagten im Schloss Belvedere in Warschau die Gouverneure mit dem Generalgouverneur, der kurz vor Ende der Sitzung erklärte:[564]

»Die Zeiten, in denen wir leben, sind ungewöhnlich ernst und schwierig. Ich habe vor zwei Stunden die Nachricht erhalten, dass Stalingrad aufgegeben worden ist. Damit ist eins der schwersten kriegerischen Ereignisse eingetreten, das einen ungewöhnlichen auch weit über das rein Militärische hinausgehenden Einfluss ausübt. – Alles, was bisher im Generalgouvernement schön und gemütlich war, was wir bisher großzügig ansehen konnten, wird in Zukunft in ganz wesentlichem Umfange wegfallen. Wir werden nunmehr in weitem Maß in den Krieg hineingezogen.«

Einen Tag später sagte Frank in einer Polizeibesprechung, ebenfalls in Warschau, in Anwesenheit der SS-Führung:[565]

»Wir sind jetzt verpflichtet zusammenzuhalten. Jeder muss dem anderen Verständnis entgegenbringen, er muss überzeugt sein, dass er sein Bestes tut. Wir wollen uns daran erinnern, dass wir alle miteinander, die wir hier versammelt sind, in der Kriegsverbrecherliste des Herrn Roosevelt figurieren. Ich habe die Ehre, Nummer 1 zu sein. Wir sind also sozusagen Komplicen im welthistorischen Sinne geworden. Gerade deshalb müssen wir uns zusammenfinden, wir müssen zusammen fühlen, und es wäre lächerlich, wenn wir irgendwelche Streitigkeiten über Methoden austragen wollten.«

Franks Appell bezog sich auf ein Flugblatt, das britische Piloten über dem Generalgouvernement abgeworfen hatten.[566] Darin war mitgeteilt worden, dass Hans Frank auf einer US-Liste der Kriegsverbrecher auf Vorschlag der polnischen Regierung in London die Nr. 1 trage.

Niklas Frank sprach mit einem Augenzeugen, der im Büro seines Vaters in der Burg anwesend war, als er vom endgültigen Untergang der 6. Armee erfuhr und gesagt haben sollte: »Soeben ist der Todesvogel durch den Raum geflogen. Seine Schwingen haben mich berührt.« Darüber hinaus habe der Vater bei anderer Gelegenheit gesagt: »Ich werde auf jeden Fall erschossen, entweder von den Russen oder von den Amerikanern.«[567]

Immer öfter stand jetzt die Sicherheitslage auf der Tagesordnung der Regierung im Generalgouvernement. Die sich häufenden militärischen Niederlagen der Wehrmacht beflügelten mehr und mehr die polnischen Untergrundkämpfer. Je härter die Terrormaßnahmen der Sicherheitspolizei, je ungerechter die Behandlung der Bevölkerung, je größer Leid und Not – desto mehr erhielten die Widerstandsgruppen Zulauf von hoch motivierten Kämpfern. Frank hatte bereits Ende Dezember 1942 einräumen müssen: »Die Versorgung der Bevölkerung mit Lebensmitteln ist selbstverständlich katastrophal. Wir haben den absoluten Aushungerungsstatus.« Diese Feststellung hatte ihn nicht zögern lassen, anschließend ein Konzert in der Philharmonie zu besuchen.[568] Der Widerstand wuchs an der Arroganz, dem Zynismus und der Überheblichkeit der deutschen Herrenmenschen. Frank, der weder auf sein Kulturprogramm verzichtete noch sein Prassen einschränkte, beklagte, »das Leben in einer Verwaltungshölle zu führen«. Er verstand darunter »grausamstes Morden und wildeste Zerstörungen« seitens des Widerstandes, seine Verpflichtung einer angeblichen »Betreuung der polnischen Millionenbevölkerung« und eine entfesselte SS, die an Franks Zivilverwaltung vorbei ihre Befehle aus Himmlers Hauptquartier bezog.[569] Im April 1943 beschwerte sich Frank bei Krüger über die zahlreichen Geiselerschießungen ohne Gerichtsverfahren, die besser in regulären Verfahren »ihren Unterbau fänden«, wodurch unnötige Unruhe in der Bevölkerung vermieden werden könnte. »Massenerschießungen ohne Urteil, bei denen manchmal die Bewohner ganzer Ortschaften erschossen werden, sind auf Dauer unmöglich.«[570] Massenerschießungen mit Urteil fanden indessen Franks Billigung.

Die Sicherheitskräfte im Generalgouvernement waren personell viel zu schwach, um die Bevölkerung ernsthaft in Schach halten zu können. Dies hatte Frank am 9. Mai 1943 Hitler überzeugend verdeutlicht. Ihre Schwäche versuchten Sicherheits- und Ordnungspolizei durch unbarmherzige Härte und Gräuelmaßnahmen zu kompensieren. Ende 1942 belief sich ihre Stärke auf:[571]

12 000	Mann deutsche Polizei
12 000	Mann polnische Polizei
1800	Mann ukrainische Polizei
2000	Mann deutsche Sicherheitspolizei
3000	Mann polnische Sicherheitspolizei
3000	Mann Sonderdienst

Im Aufbau befand sich unter Krügers Regie zusätzlich ein »Polizeihilfsdienst« aus reichsdeutschen Männern und Frauen (16–65 Jahre) in einer Stärke von 10 000–18 000 Personen.[572] Selbstverständlich war der Einsatzwert der polnischen und ukrainischen Polizei für die Deutschen nur begrenzt; nicht wenige polnische Polizisten gehörten dem Untergrund an und führten ein Doppelleben. Die ukrainische Polizei indessen kollaborierte schon eher mit der deutschen Besatzungsmacht.

SS-Oberführer Schöngarth gab in der Polizeibesprechung am 25. Januar 1943 bekannt, »dass 1942 im Bandenkampf 17 386 Banditen gefallen sind«.[573]

Das Lagebild des Widerstandes im Jahre 1943 darzustellen, würde den Rahmen des Buches sprengen, nämlich die Aktivitäten einzelner Widerstandsgruppen aufzuschlüsseln, von denen die Polnische Heimatarmee – *Armia Krajowa* (AK) – das größte Gewicht hatte.[574] Daher seien exemplarisch Vorkommnisse aufgeführt, die einen Eindruck über die Situation des Widerstandes im Jahre 1943 vermitteln (zitiert aus den Akten):

Januar[575]
Lawinenartig ansteigende Zahl von Überfällen und Beraubungen
Anschlag auf die Kasse der Sozialversicherungsanstalt Warschau
Sprengstoffanschlag auf das Arbeitsamt Warschau
Höllenmaschinen im Hauptbahnhof Warschau und in allen deutschen Kinos

Überfälle mit Tötungsabsicht auf Deutsche
Vermehrt Überfälle auf Wehrmachtsangehörige, um ihnen die Waffen abzunehmen

April[576]
Einschleusung von Fallschirmspringern und Agenten der Widerstandsbewegung aus dem Ausland
Erschießen des Leiters des Arbeitsamtes Warschau, seines Stellvertreters und des Leiters der Sozialversicherungskasse sowie von Kreishauptleuten
Steigende Zahl von Raubüberfällen und Überfällen auf Bautrupps, Molkereien, Brennereien, Liegenschaftsgüter, Gemeindeämter
Viehtransporte zu Bahnhöfen werden von Banditen verhindert
Abbrennen von Getreidevorratslagern
»Im Distrikt Radom gibt es Dörfer, in die sich niemand hineinwagen kann, und keine Gemeinde, die nicht ausgeraubt worden wäre.«
Überfall auf Lubliner D-Zug, sieben Reichsdeutsche getötet
Tägliche Überfälle auf Postdienststellen und Sabotageakte gegen Fernmeldekabel
Sicherheitslage bringt Arbeit der HJ und NSDAP zum Erliegen

Mai[577]
Überfälle auf Arbeitsämter und ein Polizeisonderkommando
Überfälle auf Baudienstabteilungen, mangelnder Polizeischutz
Bandenüberfälle auf Erntelager
Distrikt Radom: Im ersten Vierteljahr 1943 wurden 14 Deutsche ermordet, im April 36 Morde
102 Überfälle auf Gemeindeämter, Polizeikräfte absolut ungenügend und in der Defensive
Frank: »Ich will aber auch sagen, dass für jeden deutschen Menschen, der hier ermordet wird, die polnische Rasse büßen wird. Wir werden eher die Polen ausrotten, als dass wir die Deutschen ausrotten ließen.«
Distrikt Lublin: 31 Gemeindeverwaltungen zerstört, 61 aktionsunfähig, 3 Kreise können nicht mehr arbeiten. »Die deutsche Führung in diesem Raum ist in Gefahr, restlos verloren zu gehen.«

Juni[578]
Im Distrikt Warschau 1. Januar bis 31. Mai 1885 Überfälle, bei Sabotagakten 178 Personen getötet, darunter 86 Deutsche
Von 16 Gemeindeverwaltungen 15 zerstört
»Die deutsche Verwaltung ist zur Zeit nicht mehr völlig Herr der Lage.«

Juli[579]
Einfall einer Partisanengruppe in Stärke von 2000 Mann aus der Ukraine in den Distrikt Galizien

August[580]
80% aller Forstdienstgehöfte ausgeraubt und ausgeplündert
32 Sägewerke oder holzwirtschaftliche Betriebe durch Brand oder Beschädigung außer Betrieb
»Die Exekutivkräfte sind zahlenmäßig derartig schwach, dass trotz des heroischen Einsatzes aller Gendarmeriebeamten bisher dieses Bandenunwesen nicht beseitigt werden konnte.«

September[581]
Im Generalgouvernement täglich 10 000 Überfälle, selbst am hellen Tage
»Polizei und Gendarmerie sind bald am Ende ihrer Kräfte angelangt.«
In Warschau Bedrohung der Straßenbahnführer, Wagenumlauf von 600 auf 450 gesunken
Erschießen von 480 landwirtschaftlichen Fachkräften in 2 Monaten
In den entfernt liegenden Betrieben Ostgaliziens gibt es keine polnischen Betriebsführer mehr, da sie fast sämtlich verschleppt oder ermordet wurden.

Die Stimmung der Reichs- und Volksdeutschen im Generalgouvernement wurde nach und nach immer bedrückter, während die polnische Bevölkerung neue Hoffnung schöpfte. Am 10. August 1943 hielt Gouverneur Fischer im Palais Brühl in Warschau einen Betriebsappell ab. In seiner Ansprache sagte er (Auszüge):[582]

»Die Polen glauben, dass Deutschland nun politisch und militärisch schwach geworden ist, und die polnische Widerstandsbewegung setzt alles dahinter, um uns unsere Arbeit hier systematisch zu erschweren und das Ihrige dazu beizutragen, daß wir den Krieg verlieren. Es sind aber lange nicht so viele Opfer, wie zur Zeit jetzt Gerüchte unter den Deutschen in Warschau herumgehen. In den letzten 10 oder 20 Tagen wurden wieder 19 Deutsche ermordet, es waren aber dies hauptsächlich Soldaten, welche sich mit polnischen Mädchen herumgetrieben oder mit ihnen in der Weichsel gebadet haben und ihre Waffen am Strand liegen ließen. Wir werden dort, wo es notwendig ist, den Polen gegenüber mit aller Brutalität und ohne Rücksicht vorgehen, und in dieser Hinsicht bin ich vollkommen mit der Polizei einig. Denn der Pole funktioniert nur dann, wenn man gegen ihn mit der Peitsche vorgeht. Wir dürfen uns nicht schwach zeigen, und wenn Sie ein Pole jetzt nicht grüßt, dann müssen Sie ihn prügeln.«

Fischer versuchte dann ausführlich »saudumme Gerüchte« zu widerlegen, die der Feind benutze, um den deutschen Widerstandsgeist zu lähmen. »Aber sie irren sich, es wird ihnen nicht gelingen, denn noch nie ist ein herrlicherer Krieg geführt worden wie dieser, wo es für uns um Leben oder Untergang geht.«

Am 20. April 1943 wurde in Krakau ein Attentat auf den Höheren SS- und Polizeiführer Krüger versucht, »das gottlob ohne weitere Schäden abging« (Frank).[583] Die Planung und Durchführung erfolgten durch eine Einheit »Kars-Osa« der *Armia Krajowa* (AK). Krüger befuhr um 9.45 Uhr den Außenring, aus Richtung Burg kommend. In den umliegenden Straßen am Platz Kossaka waren Beobachtungsposten der AK aufgestellt, die seine Ankunft meldeten. In der Einmündung einer Seitenstraße zum Außenring warteten zwei AK-Kämpfer, die Handgranaten gegen das Auto schleuderten. Das Fahrzeug wurde am Heck getroffen und Krüger leicht verletzt. Die beiden AK-Kämpfer konnten im Kugelhagel entkommen.[584]

Die Verantwortung der Kommandanten des polnischen Widerstandes für solche Operationen lastete schwer, denn sie mussten für jede Aktion einen hohen Blutzoll zahlen. Trotzdem wurde dieser Kampf von einer Mehrheit der Bevölkerung getragen.

In einer Sitzung der Abteilungspräsidenten am 23. April 1943 berichtete SS-Brigadeführer Schöngarth von der Vorbereitung eines Attentats »gegen den Herrn Generalgouverneur«. Entsprechende Pläne seien beim Chef einer Fallschirmtruppe gefunden worden.[585] Daher wurde der Begleitschutz für Frank erheblich verstärkt. Der in Warschau stationierte Wehrmachtshauptmann Wilm Hosenfeld, der im aktiven Widerstand gegen das Naziregime zahlreiche Polen und polnische Juden vor dem Tod bewahrte und als »Retter des Pianisten« durch Polanskis Film über Wladyslaw Szpilman berühmt wurde, notierte am 23. Juni 1943 in sein Tagebuch (Auszüge):[586]

»Gestern Abend war ein sogenannter Gästeabend im Offizierskasino der Oberfeldkommandantur. Ich saß beim Hauptmann Kirschbaum und Stabszahlmeister Lieder. Ob die Zivilbeamten sich eigentlich da wohl fühlen und die G. Sta.Po.-Beamten, SS? Es wird doch ganz offen kritisiert. Von der Misswirtschaft der Verwaltung, von der Korruption. In meiner Nähe sitzt Major Hirzemenzel, er macht sich lustig über den Besuch von Generalgouverneur Frank, der sich dieser Tage in Warschau aufhielt. Die Straßen, durch die er mit dem Auto raste, waren durch Polizei abgesperrt, die Schulen umstellt. Das nennt man dann Befriedung, und der Besuch soll ein Ausdruck der Stärke sein. Die

Polen haben sich gefreut, dass solche Maßnahmen nötig sind, um die Sicherheit des höchsten Beamten im Generalgouvernement zu gewährleisten. Solchen Respekt haben die Deutschen auf einmal vor ihnen.«

Der Erzbischof von Krakau, Fürst Dr. Adam Stefan Sapieha, protestierte als höchster amtierender Würdenträger der Polen in einer Vielzahl von Verlautbarungen gegen die Naziverbrechen.[587] In seinen Schriften vom 2. November 1942, 8. Juni 1943 und 9. November 1943[588] nannte er ohne jede episkopale Höflichkeit oder diplomatische Rücksichtnahme die Dinge beim Namen. Der Generalgouverneur verwies den unangenehmen Mahner an Staatssekretär Bühler oder an die angeblich zuständige SS. Es gab auch Fälle, in denen er Begnadigungen aussprach. Es sei ihm ein »Grimm«, sagte Frank, der zwei Jahre später zum katholischen Glauben konvertieren sollte »dass sich die katholische Kirche im Generalgouvernement mit Deutschen mehr fülle, als er jemals erwartet hätte«.[589]

»Mit diesen Elementen muss aufgeräumt werden« (Hans Frank)

Himmler hatte Frank wieder einmal übergangen, als er eine »Festnahmeaktion zur Erfassung bandenverdächtiger und proletarischer Elemente männlichen und weiblichen Geschlechts im GG« und Einweisung in ein KZ befahl. Krüger setzte daraufhin – vor allem in Warschau – in der Zeit 10. bis 18. Januar 1943 eine Verhaftungswelle in Gang, die großes Aufsehen erregte. In der Polizeisitzung vom 25. Januar 1943 kritisierte Frank, nicht vorher verständigt worden zu sein, und schlug Krüger auch gleich die Entschuldigung vor: »Ich nehme an, dass die Einholung meiner Einwilligung deshalb unterblieben ist, weil die Zeit so gedrängt hat und die Wichtigkeit der Aktion so im Vordergrund stand. Wenn Sie sagen, dass die Sache abgeschlossen ist, dann ist sie auch für mich abgeschlossen.«

Krüger – wie immer distanziert – ging jedoch keineswegs auf das ein, was ihm Frank in den Mund gelegt hatte: »Ich nehme Ihre Meinung zur Kenntnis und werde dem Reichsführer SS Vortrag halten.«[590]

Es ging Frank einmal mehr vornehmlich um sein Prestige, und die SS hatte ihn einmal mehr zum Popanz gemacht. Bei Lage der Dinge fiel es Krüger leicht, dann selbstkritisch anzumerken, dass bedauerlicherweise 118 Schüler einer Fachschule mitgenommen worden seien, »die nicht zu den asozialen Elementen gehörten«.

Gouverneur Fischer betonte, dass durch die Aktion die Sicherheitslage zweifellos verschärft worden sei, zumal nicht »asoziale Elemente« verhaftet wurden, sondern Leute von der Straße, aus den Kinos, aus Kirchen und Häusern. Dabei seien sogar von deutschen Dienststellen ausgestellte Ausweise zerrissen worden. Auch hätten die Umsiedlungsmaßnahmen in Zamosc eine sehr starke Beunruhigung hervorgerufen. Frank jedoch schlug sich auf die Seite der SS: »Wir müssen um uns schlagen! Bei aller Kritik an den Methoden möchte ich eins betonen: Zimperlich dürfen wir nicht sein, wenn wir die Zahl von 17 000 Erschossenen hören.«[591]

Am 31. Januar 1943, dem 10. Jahrestag der Machtergreifung, hielt Frank in Warschau eine seiner berüchtigten Ansprachen, in der die drei großen »Werte« – Volk, Wehrmacht und Adolf Hitler – herausgestellt wurden. Die »Fremdvölkischen« müssten noch mehr als bisher zur Arbeit herangezogen werden »in dem unerhört menschlichen Regime des Generalgouvernements«, das er gegen die sowjetischen Verhältnisse setzte und von denen er behauptete, die Russen hätten 1,6 Millionen Polen ermordet. Frank kündigte einige Verbesserungen in der Lebensmittelversorgung der »Fremdvölkischen« an und forderte im Gegenzug »Gehorsam und Hingabe an das gemeinsame europäische Ziel«.[592]

Während die Mordaktionen im Generalgouvernement ihren weiteren Verlauf nahmen, fuhr Frank in der ersten Februarhälfte 1943 zu seiner Geliebten Lilly. Nach Krakau zurückgekehrt, fand er Abwechslung mit Solisten und Solistinnen der »Mailänder Scala«.[593] – Im April hatte sich die Ernährungslage für die polnischen Bevölkerung weiter verschlechtert.[594]

Ab 24. Juni 1943 löste Staatssekretär Krüger im Auftrage Himmlers im Distrikt Lublin die Großaktion »Werwolf« zur Partisanenbekämpfung aus. Frank, der weiteren Eskalationen gegensteuern wollte, protestierte bei Hitler vergeblich gegen das Unternehmen, das die Evaku-ierung aller Männer von 15 bis 45 Jahren aus angeblich »bandenver-seuchten Gebieten« einschloss. Dass in der Partisanenbekämpfung zu-erst geschossen und dann erst ein Verdacht überprüft wurde, war inzwischen gängige Praxis – ebenso das Niederbrennen ganzer Dörfer, die angeblich Partisanen unterstützt hatten, auch wenn der Hinweis aus dubiosen Quellen stammte. Jeder Offizier vom Hauptmann auf-wärts war befugt, ohne vorheriges Beweisverfahren Vergeltungsmaß-nahmen zu vollstrecken, wobei eine »Quote« von 50 bis 100 Personen für jeden getöteten Deutschen als Maßstab galt.

Die sich zwischen Naziterror und Widerstandsaktionen drehende Gewaltspirale strebte einem weiteren Höhepunkt entgegen: der »Akti-on Pazifikation«. Im Königssaal der Burg fand am 27. September 1943 eine erneute Besprechung der Sicherheitslage statt.[595] Mit einer eige-nen Statistik machte Generalmajor der Polizei Hans Dietrich Grün-wald sich und den Mitstreitern Mut: von 1940 bis zum 31. Au-gust 1943 seien »41 000 Täter oder Helfer der Banden festgenommen oder vernichtet worden«. Demgegenüber berichtete SS-Oberführer Walther Bierkamp[596] eher Ernüchterndes: Ansteigen der Überfälle auf Deutsche und Überfälle auf Gefängnisse, während die Polizeidienst-stellen einer Stadt gleichzeitig »unter Feuer gehalten« werden. Da die Justizgefängnisse nicht mehr sicher wären, schlug Bierkamp vor, die Festgenommenen nach ihrer Vernehmung an Ort und Stelle zu erschießen, was man auch durch öffentliche Bekanntgabe propagan-distisch nutzen könne. Auch Industriearbeiter, die zur Sabotage auf-forderten, müssten sofort an Ort und Stelle »erledigt« werden. Ange-sichts der etwa 25 000 ehemaligen polnischen Offiziere, die sich in Warschau verborgen hielten, empfahl Bierkamp, jeden zu erschießen, der in Warschau unangemeldet lebe und sich nicht ausweisen könne.

Hans Frank schwankte anscheinend zwischen Ablehnung und Zu-stimmung. Er sei dagegen, dass Personen wahllos erschossen würden, sei aber andererseits der Auffassung, »dass nunmehr angesichts der überhandnehmenden Frechheiten der Polen strengste Exempel statu-iert werden müssten«. Die vorgeschlagenen Maßnahmen müssten noch im Einzelnen besprochen werden, »fänden jedoch schon jetzt im allgemeinen seine Zustimmung«. Bierkamp zog dann noch einen weiteren Trumpf aus dem Ärmel: Er habe vor, »so und so viele Angehörige der nationalen und kommunistischen Widerstandsbewegung namentlich öffentlich bekannt zu geben, dass sie beim nächsten Attentat erschossen würden«.

Die 41 000 Opfer gingen auch auf Franks Konto. Für ihn bedeutete dies eine Erfolgsstatistik. Schwer nachzuvollziehen ist immer wieder die Gleichzeitigkeit von dienstlichem Alltag und seinen kulturellen Vergnügungen. Erneut stand ein Wochenende vor der Tür und in Schloss Kressendorf ein Kammermusikabend, diesmal mit dem Assmann-Quartett. Einen Tag später: Konzert mit Werken von Haydn, Richard Strauss und Beethoven in Krakau. Wieder einen Tag später: Besuch von »Maria Stuart« im Schauspielhaus. Am darauf folgenden Tag Werke von Beethoven und Schubert.

Anschließend verreiste er vom 3. bis 15. Oktober 1943. Im Diensttagebuch war »Aufenthalt im Reich« und im Privatkalender hier und da »seliges Treffen« festgehalten.[597] Frank floh vermutlich in eine andere Welt, weil er sich überfordert fühlte, zu schwach war und vergessen wollte.

Der Generalgouverneur gab nun auf der ganzen Linie der SS nach und erließ am 2. Oktober 1943 die »Verordnung zur Bekämpfung von Angriffen gegen das deutsche Aufbauwerk im Generalgouvernement« (so genannte Sabotage-Verordnung).[598] Damit verdiente er sich erneut die Bezeichnung »Schlächter von Polen«. Gegen die »Mobilmachung der antideutschen Kräfte« habe er »unter Zurückstellung aller hemmenden formalen Bedenken« der Sicherheitspolizei »außerordentliche Vollmachten« an die Hand gegeben.[599]

Nach der Verordnung reichte für ein Todesurteil aus, gegen Gesetze, Verordnungen, behördliche Anordnungen oder Verfügungen verstoßen zu haben in der Absicht, das deutsche Aufbauwerk zu hindern oder zu stören. Alle unbestimmten Rechtsbegriffe dieses »Gummiparagrafen« waren frei interpretierbar, sodass der Willkür Tür und Tor geöffnet wurde.

Die Aburteilung hatte durch Standgerichte der Sicherheitspolizei zu erfolgen, die das Verfahren »nach pflichtgemäßem Ermessen« regeln konnten. Der Generalgouverneur hatte damit die Justiz entmachtet und ihre Zuständigkeit auf die Sicherheitspolizei (SS, Gestapo, SD) übertragen. Die Urteile waren sofort vollstreckbar, sein Recht auf Begnadigung wurde damit endgültig zur Farce. Dies stellte eine bis dahin nie da gewesene Erweiterung der polizeilichen Macht dar und gab der Polizei uneingeschränkte Vollmachten. Nun eskalierten die Mordaktionen der Sicherheitskräfte, die sich auch noch damit brüsteten, dass ihr Vorgehen von präventiver Bedeutung sei.[600]

Zusätzlich wurde eine weitere Stufe der Gewalt mit der Einführung der Kollektivhaftung der Bevölkerung erreicht. So ging nach einem Anschlag auf Personen oder Sachen, bei dem keine Täter ermittelt wurden, die Sicherheitspolizei dazu über, je nach Anlass und »Bedarf« widerstandsverdächtige Personen als Geiseln festzunehmen, sie vorsorglich nach der Gewalttaten-Verordnung (vom 31. Oktober 1939, siehe S. 150) oder nach der Sabotage-Verordnung (siehe oben) zum Tode zu verurteilen. Danach wurde öffentlich bekannt gegeben, dass die Verurteilten für einen Gnadenerweis vorgesehen seien. Die Begnadigung sei aber vom Wohlverhalten der Bevölkerung abhängig. Erfolgten Überfälle oder Anschläge, wurden die Urteile im Verhältnis zwischen 1:10 und 1:100 je nach Rang oder Bedeutung der deutschen Person oder Einrichtung vollstreckt. Diese Praxis forderte Tausende von Opfern.[601]

Schwerpunkt der standgerichtlichen Erschießungen war die Stadt Warschau, in der allein zwischen Oktober 1943 und Juli 1944 als Vergeltung 2705 Personen, die auf der Straße als Geiseln festgenommen worden waren, öffentlich erschossen wurden. Geheimen Exekutionen auf dem Gelände des zerstörten jüdischen Ghettos fielen weitere 4000 Personen zum Opfer.[602] Das Internationale Militärtribunal Nürnberg sollte für die Zeit 15. Oktober 1943 bis 1. August 1944 (Beginn des Aufstandes) von 8000 Mordopfern durch Straßenrazzien in der Stadt Warschau ausgehen.[603]

Dem Wüten der SS fielen infolge der Sabotage-Verordnung durch standrechtliche Erschießungen zum Opfer[604]:

– Distrikt Warschau	4000 Personen (außerhalb Stadt Warschau)
– Distrikt Lublin	573 Personen
– Distrikt Radom	380 Personen
– Distrikt Krakau	198 Personen
– Distrikt Galizien	Massenerschießungen richteten sich gegen Juden, z. B. »Aktion Erntefest«

In der Regel wurden die Namen der Erschossenen auf Plakaten be-kannt gegeben; in Warschau auch über Lautsprecher in den Straßen der Innenstadt. Hans Frank rief am 15. Januar 1944 vor Parteigenos-sen aus: »Ich habe mich nicht gescheut zu erklären, dass wenn ein Deutscher erschossen würde, bis zu hundert Polen erschossen wür-den.«[605]

Die letzte Eskalationsstufe war am 28. Juni 1944 mit der Einfüh-rung der Kollektivhaftung von Familienangehörigen erreicht, die mit Befehl des Höheren SS- und Polizeiführers verkündet wurde. Danach hatte der Reichsführer SS *mit Zustimmung des Generalgouverneurs* [kursiv, D. Sch.] angeordnet, »dass in allen Fällen, in denen Attentate oder Attentatsversuche auf Deutsche erfolgten oder Saboteure lebens-wichtige Einrichtungen zerstörten, nicht nur die gefassten Täter er-schossen werden, sondern darüber hinaus sämtliche Männer der Sip-pe gleichfalls zu exekutieren und die dazu gehörigen weiblichen Angehörigen über 16 Jahre in das KZ einzuweisen sind«.[606]

Der Schreibtischtäter Hans Frank hatte seit 1933 einen langen Weg zurückgelegt. Maßnahmen, die er 1943/44 befürwortete, hätte er sicher am Anfang nicht für möglich gehalten: »Wegsehen, Dulden, Ak-zeptieren, Mittun und Aktivwerden sind keine grundlegend voneinan-der verschiedene Verhaltensweisen, sondern Stadien auf einem Kon-tinuum der Veränderung von Verhaltensnormen.« (Harald Welzer)[607]

Frank hatte sich gegenüber den Forderungen der SS angepasst. Sein Handlungsspielraum hätte durchaus zugelassen, sich kraft Amtes zu verweigern und Widerstand zu leisten. Schwach, wie er war, scheute er das Risiko und klebte an seinem Sessel. Die Mordaktionen vor al-lem gegen Juden entsprachen durchaus seiner Überzeugung.

VIII. Völkermord an Juden

Wannsee-Konferenz und »Aktion Reinhardt«

Die von den Nazis so genannte »Endlösung« ist andernorts beschrieben worden;[608] hier kann es in erster Linie nur um Franks Rolle gehen und um die Verantwortung seiner Zivilregierung.

Im Juli 1941 beauftragte Reichsmarschall Göring den Chef der Sicherheitspolizei und des SD Heydrich, »alle erforderlichen Vorbereitungen in organisatorischer, sachlicher und materieller Hinsicht für eine Gesamtlösung der Judenfrage im deutschen Einflussgebiet zu treffen und einen Gesamtentwurf zur Durchführung der angestrebten Endlösung der Judenfrage vorzulegen«.[609]

Heydrich lud »in Anbetracht der außerordentlichen Bedeutung« Vertreter der »Zentralinstanzen« ein, die sich am 20. Januar 1942 im Haus der »Internationalen Kriminalpolizeilichen Kommission« in Berlin, Am Großen Wannsee 56/58, trafen.[610]

Der Teilnehmerkreis umfasste unter Vorsitz von Heydrich insgesamt 15 Personen, darunter aus dem Generalgouvernement Staatssekretär Bühler und der Befehlshaber der Sicherheitspolizei und des SD, Eberhard Schöngarth. Acht der 15 Teilnehmer trugen einen Doktortitel. Über die Konferenz wurde von Adolf Eichmann ein Protokoll gefertigt.[611]

Heydrich führte aus, »dass anstelle einer Auswanderung, die inzwischen vom Reichsführer SS verboten worden sei, als weitere Lösungsmöglichkeit *nach vorheriger Genehmigung durch den Führer* [kursiv, D. Sch.] die Evakuierung der Juden nach dem Osten getreten sei. Die arbeitsfähigen Juden sollten straßenbauend in diese Gebiete geführt werden, »wobei zweifellos ein Großteil durch natürliche Verminderung ausfalle«. Der »allfällig endlich verbleibende Restbestand werde, da es sich zweifellos um den widerstandsfähigsten handelt, entsprechend behandelt werden müssen, da dieser, eine natürliche Auslese darstellend, bei Freilassung als Keimzelle eines neuen jüdischen Aufbaues anzusprechen sei«.[612] Aufgrund des statistischen Materials, das Eichmann erarbeitet hatte, bezog man insgesamt 11 Millionen Juden, nach Ländern aufgeschlüsselt, in die Pläne ein, aus dem Generalgouvernement 2,284 Millionen.

Die Absicht, die Juden zu ermorden, bestätigte Adolf Eichmann im Prozess in Jerusalem, wo er aussagte, dass während der nicht protokollierten Diskussion unverblümt von Töten, Eliminieren und Vernichten gesprochen worden sei.[613]

Nach Abschluss der Konferenz nahmen die Teilnehmer laut Einladungsschreiben gemeinsam ein Frühstück ein. Wie muss man sich das vorstellen? Zuerst organisieren die hohen Vertreter des NS-Vernichtungsapparats einen Völkermord an 11 Millionen Menschen, und anschließend laben sie sich an Speck und Ei. Dass ihnen nicht der Bissen im Hals stecken blieb, darf man nicht nach heutigen Moralkriterien beurteilen, zeigt Harald Welzer in seinem Buch »Täter«, sondern nach der partikularen Moral der Betroffenen in der damaligen Situation. Der Prozess der radikalen Ausgrenzung der Juden war auf diesen letzten Höhepunkt zugesteuert. Die Teilnehmer der Konferenz waren überzeugt, sich um das Staatswohl verdient zu machen. Sie konnten den Mord an Millionen von Menschen in einen Referenzrahmen einordnen, der ihnen jenseits der eigenen Verantwortung zu tun erlaubte, was Heydrich unter Bezugnahme auf Görings und den »Führer« ausdrücklich gewünscht hatte.

Besonderen Eifer legte Staatssekretär Josef Bühler an den Tag, der im Protokoll wie folgt zitiert wird:

»Staatssekretär Dr. Bühler stellte fest, dass das Generalgouvernement es begrüßen würde, wenn mit der Endlösung dieser Frage im Generalgouvernement begonnen würde, weil einmal hier das Transportproblem keine übergeordnete Rolle spielt und arbeitseinsatzmäßige Gründe den Lauf dieser Aktion nicht behindern würden. Juden müssten so schnell wie möglich aus dem Gebiet des Generalgouvernements entfernt werden, weil gerade hier der Jude als Seuchenträger eine eminente Gefahr bedeutet und er zum anderen durch fortgesetzten Schleichhandel die wirtschaftliche Struktur des Landes dauernd in Unordnung bringt. Von den in Frage kommenden etwa 2½ Millionen Juden sei überdies die Mehrzahl der Fälle arbeitsunfähig.

Staatssekretär Dr. Bühler stellt weiterhin fest, dass die Lösung der Judenfrage im Generalgouvernement federführend beim Chef der Sicherheitspolizei und des SD liegt und seine Arbeiten durch die Behörden des Generalgouvernements unterstützt würden. Er hätte nur eine Bitte, die Judenfrage in diesem Gebiet so schnell wie möglich zu lösen.«[614]

Als Bühler im April und Mai 1948 zu seiner Teilnahme an der Wannsee-Konferenz durch den polnischen Untersuchungsrichter Jan Senn vernommen wurde, besaß er die Unverfrorenheit zu behaupten, sein Vorschlag, im Generalgouvernement die Aktion so schnell wie möglich zu beginnen, habe den Zweck verfolgt, die Juden aus den traurigen Verhältnissen der Ghettos und aus den Händen der Polizei zu befreien. Von einem Vernichten der Juden habe er in seiner Amtszeit nie etwas erfahren.[615]

Das Mitwirkung der Zivilverwaltung am Judenmord hat Bogdan Musial für den Distrikt Lublin dokumentiert.[616] Dort hat die Abteilung Bevölkerungswesen und Fürsorge der Distriktverwaltung die SS-Führung unterstützt, indem sie Listen über Ghettos, Juden-Sammelorte und ihre Einwohnerzahlen anfertigte, Durchgangslager einrichtete oder die Entseuchung der Ghetto-Wohnungen vornahm. Die Hauptabteilung Innere Verwaltung der Krakauer Regierung gab Anweisungen an die Distrikte heraus, dem SS- und Polizeiführer bei seinen Maßnahmen behilflich zu sein, und die Abteilung für Bevölkerungswesen und Fürsorge der Frank-Regierung koordinierte die Unterbringungsmöglichkeiten bei Zwischenaufenthalten von Judentransporten entlang der Eisenbahnlinie zum Vernichtungslager Belzec und legte Ausweichmöglichkeiten fest.[617] Die Kreishauptleute machten Prioritätsvorschläge, welche Juden zuerst »abgeschoben« werden sollten.[618] Die Arbeitsämter nahmen an der Selektion teil und entschieden, welche Juden als Arbeitssklaven – besonders in der Rüstungsindustrie – noch gebraucht wurden und mit entsprechenden Ausweisen zu versehen waren.[619] Die Generaldirektion der Ostbahn in Krakau erstellte unter der Regie des Hauptabteilungspräsidenten Adolf Gerteis die Fahrpläne;[620] 1641 Sonderzüge mit 2 460 000 »russischen und polnischen Arbeitern« sind 1942 in der Erfolgsbilanz »Vier Jahre GG« besonders herausgestellt.[621] Die Abteilung Umsiedlung der Distriktbehörden führte die Beschlagnahme des jüdischen Eigentums durch.[622]

Globocnik galt als der Einsatzführer der »Aktion Reinhardt«. Etwa seit März 1942 rollten die Todestransporte in die Vernichtungslager, von denen als Erstes im Generalgouvernement die Vergasungsanlage in Belzec betriebsbereit war. Nach und nach wurden die zahlreichen kleinen und großen Ghettos zwangsweise geräumt, Kranke und Greise meist schon an Ort und Stelle erschossen, ein Schicksal, das sie mit solchen Juden teilten, die sich verborgen halten oder flüchten wollten.[623] Im Generalgouvernement bestanden folgende »Tötungsfabriken«:[624]

– Belzec   600 000 Opfer
– Sobibor   250 000 Opfer
– Majdanek   200 000 Opfer
– Treblinka   900 000 Opfer

Außerhalb des Generalgouvernements existierten auf ehemals polnischem Gebiet die Konzentrationslager Stutthof (Danzig-Westpreußen), Chelmno/Kulmhof und Auschwitz-Birkenau (Wartheland).

Von den Transporten aus dem Distrikt Lublin gingen etwa 40% nach Sobibor, ca. 39% nach Belzec, schätzungsweise 14% nach Treblinka und etwa 7% nach Majdanek. Die jüdische Bevölkerung aus dem Distrikt Warschau Stadt und Land wurde fast ausnahmslos in das Vernichtungslager Treblinka gebracht und dort getötet. Transporte aus dem Gebiet Krakau wurden nahezu ausschließlich in die Vernichtungslager Auschwitz-Birkenau und Belzec geleitet. Die im Distrikt Radom ansässigen jüdischen Menschen ermordete man nahezu vollständig in Treblinka durch Vergasen. Und die Juden des Distrikts Galizien wurden so gut wie alle nach Belzec transportiert, soweit sie nicht, was gerade hier häufig geschah, an Ort und Stelle getötet wurden.[625] Die Bezeichnung der »Aktion Reinhardt« wurde dem Vornamen Heydrichs zugeschrieben, bezog sich aber auf den Staatssekretär im Reichsfinanzministerium Fritz Reinhardt.[626] Nach dem letzten Stand der Forschung war Hitler der letzte Entscheidungsträger und Himmler der Exekutor. Hierzu Christopher Browning: »Wer erfahren will, was Hitler dachte, muss sich ansehen, was Himmler tat – auch wenn keine Papierspur existiert.«[627] Am 27. März 1942 hielt Goebbels in seinem Tagebuch fest:

»Aus dem Generalgouvernement werden jetzt, bei Lublin beginnend, die Juden nach dem Osten abgeschoben. Es wird hier ein ziemlich barbarisches und nicht näher zu beschreibendes Verfahren angewandt, und von den Juden selbst bleibt nicht mehr viel übrig. An den Juden wird ein Strafgericht vollzogen, das zwar barbarisch ist, das sie aber vollauf verdient haben. Keine andere Regierung und kein anderes Regime könnte die Kraft aufbringen, diese Frage generell zu lösen. Auch hier ist der Führer der unentwegte Vorkämpfer und Wortführer einer radikalen Lösung.«[628]

Eine Volkszählung im Generalgouvernement im Jahre 1943 ergab, dass die Gesamtbevölkerung auf 14,8 Millionen und die Zahl der Juden auf 203 000 geschrumpft waren.

Als »Finanzdienstleister« der SS diente die Kommerzialbank, ein Tochterunternehmen der Dresdner Bank. Dort hatten nicht nur SS-General Krüger und sein Führungsstab ihre Privatkonten, sondern sie richteten für das den Juden geraubte Geld amtliche Konten ein, auf denen zeitweise bis zu 79 Millionen Zloty lagerten. Auf einem ähnlichen Konto der Creditanstalt waren acht Millionen Zloty verbucht.[629] Im Sommer 1944 traten Schwierigkeiten auf, das Geld wegen der näher rückenden Front kurzfristig nach Berlin zu überweisen, denn die Höhe des Betrags gefährdete die Liquidität der Kommerzialbank. Daraufhin schaltete sich Hans Frank ein und organisierte den Geldtransfer.[630]

In seinem Abschlussbericht führte Globocnik detailliert aus, dass er als Erlös der »Aktion Reinhardt« Reichsmark- und Zloty-Beträge, Devisen, Gold, Edelmetalle, Juwelen und Spinnstoffe im Wert von insgesamt 100 047 983,91 RM an das SS-Wirtschafts-Verwaltungshauptamt abgeliefert habe. Am 19. Oktober 1943 schloss Globocnik die Aktion offiziell ab. Himmler, der ihn immer »Globus« nannte, da ihm der polnische Name zuwider war, drückte Globocnik mit Schreiben vom 30. November 1943 Dank und Anerkennung aus.[631]

Generalgouverneur Frank hatte für das unsägliche Leid, das den Juden angetan wurde, nur Schadenfreude und Häme übrig. In die Vorbereitung der »Aktion Reinhardt« war er durch die Teilnahme seines Vertreters an der Wannsee-Konferenz und die Gespräche mit Himmler in Krakau am 13. und 14. März 1942, dem Vorabend der ersten Transporte aus Lublin und Galizien nach Belzec, detailliert informiert worden. Auch während der Realisierungsphase, die seine Regierung aktiv unterstützte, wurde Frank durch Bühler und die Abteilungspräsidenten auf dem Laufenden gehalten, was aber wegen der höchsten Geheimhaltungsstufe keinen direkten Niederschlag im Diensttagebuch gefunden hat, wohl aber in den Lageberichten, zum Beispiel des Gouverneurs Fischer (siehe S. 308 f.).

In späteren Zeiten hat Frank hier und da Klartext geredet, so am 9. Juli 1943 vor Ärzten in der Krakauer Burg (Auszüge):[632]

»[…] Dazu kam, dass 3,5 Millionen Juden im Land herumgeisterten. […] In diesem Zusammenhang müssen wir sagen, dass gerade, was die Gesundung Europas angeht, die Beseitigung des jüdischen Elements eine wahre Erlösung bedeutet. Wenn diese Aufgabe von unserer Generation gelöst wurde, wenn wir diese Hauptbazillenträger im allgemeinen wie auch im politischen Sinne aus unserem Gemeinschaftsleben abgeschoben haben, dann liegt darin eine ganz große Vorbedingung für die Wiederherstellung gesunder Lebensverhältnisse der Völker Europas.«

Am 2. August 1943 hielt Frank eine Ansprache vor 30 »Reichsrednern«, die er in Krakau empfangen hatte (Auszüge):[633]

»Jetzt sind die Fronten klar: hier das Hakenkreuz und dort der Jude. Einem, der sagt, was mag mit der NSDAP werden, können wir erwidern: Die NSDAP wird den Juden bestimmt überleben. Hier haben wir mit dreieinhalb Millionen Juden begonnen, von ihnen sind nur noch wenige Arbeitskompanien vorhanden, alles andere ist – sagen wir einmal – ausgewandert.«

Vor Rednern der NSDAP im Generalgouvernements sagte Frank am 4. März 1944 (Auszüge):[634]

»Wenn heute da und dort ein Wehleidiger mit Tränen in den Augen nachtrauert und sagt, ist das nicht grauenhaft, was mit den Juden gemacht worden ist, dann muss man den Betreffenden fragen, ob er heute noch derselben Meinung ist. Wenn wir heute diese zwei Millionen Juden in voller Aktivität und auf der anderen Seite die wenigen deutschen Männer im Lande hätten, würden wir nicht mehr Herr der Lage sein. Dass dies den Juden in der Welt nicht passt, damit haben wir von vorneherein gerechnet, das ist uns aber gleich. Die Juden sind eine Rasse, die ausgetilgt werden muss; wo immer wir nur einen erwischen, geht es mit ihm zu Ende.«

In der »Schulungsburg der NSDAP des Generalgouvernements« führte Frank vor dem 26. und 28. Schulungslehrgang am 31. Mai bzw. 9. Juni 1944 aus (Auszüge):[635]

»Bismarck hat einmal gesagt, Politik ist die Kunst des Möglichen; dieses Wort ist viel zu eng; von uns allen muss man sagen, Politik ist die Kunst des Unmöglichen. Nehmen wir an, wir hätten im Generalgouvernement in diesem Augenblick, da die Russen im Osten eingebrochen sind, noch fast zwei Millionen Juden; nehmen Sie an, sie säßen wie im Jahre 1939 in Tarnopol, in Stanislau, in Warschau. Glauben Sie, meine Parteigenossen, dass wir paar Männeken in diesem Land die Ordnung wie bisher aufrecht erhalten könnten? Wer aber nun sagt, ja die Juden sind ja weg, aber wie, auf welche Methode, wer opfert sich, wer gab sich dafür her! An sich hat die Welt geglaubt, das sei völlig unmöglich. Nationalsozialistische Politik ist also die Kunst des Unmöglichen. [...]
Lächerlich, was sind schon einige Jahre angesichts der Tatsache, dass die Juden seit fünftausend Jahren auf der Welt leben. Glauben Sie, dass wir mit der Gesellschaft in 10 Jahren fertiggeworden wären? Für die Bekämpfung der Juden war es unerlässlich, dass wir Polen bekamen. Seit der Ausrottung der Juden in Polen ist es, rein blutsmäßig gesehen, mit der jüdischen Zukunft vollkommen vorbei, denn nur hier gab es Juden, die Kinder hatten.«

Selbst der sonst so vorsichtige SS-General Krüger sagte in einer Besprechung der Sicherheitslage am 15. April 1943, die »Entjudung« – so seine Umschreibung – habe ohne Zweifel auch zur Beruhigung geführt. Sie sei für die Polizei »eine der schwierigsten und unangenehmsten Aufgaben gewesen, habe aber auf Befehl des Führers durchgeführt werden müssen, weil es im europäischen Interesse lag«.[636] Die Ermordung von Millionen von Menschen als »unangenehm« zu bezeichnen, ist ein Zynismus ohnegleichen. Wenig später reduzierte Krüger den Massenmord gar auf eine reine Transportfrage.[637]
Zu einer Art Nachbereitung des Holocaust wurde in der »Krakauer Zeitung« am 9. Oktober 1943 anempfohlen: »Besucht die Ausstellung

›Die Jüdische Weltpest‹ in den Krakauer Tuchhallen, täglich von 8 bis 19 Uhr geöffnet.«[638] Frank hatte für alle deutschen, polnischen und ukrainischen Schülerinnen und Schüler ab 10. Lebensjahr samt Lehrpersonal einen Pflichtbesuch verfügen lassen. Nach der Besichtigung der Ausstellung war das Gesehene und Gehörte im Unterricht auszuwerten und dazu entsprechendes Unterrichtsmaterial von der Ausstellungsleitung zu verwenden.[639]

In seiner Nürnberger Verteidigungsschrift »Im Angesicht des Galgens« bekannte Frank zwar: »Auch ich war Antisemit«, doch bezog er dies ausdrücklich nur auf seine Reden. Er behauptete, dass Hitler »mit niemandem darüber redete und das Geheimnis in seiner Brust trug« und bestritt, etwas von der Judenvernichtung gewusst zu haben, geschweige denn daran beteiligt gewesen zu sein. Mehrfach ritt er im Nürnberger Prozess darauf herum, dass Auschwitz gar nicht im Generalgouvernement lag. Seinen »Todfeinden« Himmler, Krüger und Globocnik schob er alle Verantwortung zu. »Ich behaupte und erkläre, dass ich nie in meinem Leben einen Mord begangen habe.«[640] Das mag insofern korrekt sein, als er persönlich keinen Menschen getötet hatte, wohl aber mit dem goldenen, im Ghetto ergaunerten Füllfederhalter und durch mündliche Anordnungen sowie durch seine infamen Reden, die ein geistiges Klima erzeugten, das den untergebenen Mitarbeitern suggerierte, sie handelten legal. Dies ist aus juristischer Sicht eine Form der Mittäterschaft. Als Franks Dienstwagen auf dem Weg von Kressendorf zum Krakauer Theater zwei Radfahrer überfuhr – mit hoher Wahrscheinlichkeit handelte es sich um Polen –, befahl der Generalgouverneur dem Fahrer, nicht anzuhalten und verhinderte damit, sich um die Verletzten zu kümmern.[641] Dieser Vorfall zeigt vielleicht deutlicher als abstrakte Mordziffern Franks Menschenverachtung.

Der Warschauer Ghetto-Aufstand

Gouverneur Fischer schrieb in den monatlichen Lageberichten an die Krakauer Regierung, dass am 21. Juli 1942 der SS- und Polizeiführer ihm mitgeteilt habe, die Aussiedlung der Juden aus Warschau hätte begonnen.[642] Bis zum Ende des Berichtsmonats Juli seien rund 59 000 Personen aus dem jüdischen Wohnbezirk entfernt worden. Der Vorsitzende des Judenrates [Adam Czerniakow, D. Sch.] habe, als ihm die Umsiedlungsmaßnahme mitgeteilt wurde, Selbstmord begangen.

Fischers nüchterne Worte bedeuteten, dass über den »Umschlagplatz« des Ghettos pro Tag etwa 6000 Menschen in Güterzugwaggons die todbringende Reise in das Vernichtungslager Treblinka angetreten hatten. Der Gouverneur hob außerdem hervor, dass die Umsiedlung einer breiteren Öffentlichkeit bekannt geworden sei und Unruhe in der Warschauer Bevölkerung hervorgerufen habe, denn »aufgrund der Agitation der Widerstandsbewegung nehmen viele Polen an, dass nach den Juden die Reihe an die polnische Bevölkerung kommt«.

Am 23. Juli 1942 notierte der Wehrmachtsoffizier Wilm Hosenfeld in seinem Tagebuch:

»Überall herrscht der ausgesprochene Terror, der Schrecken, die Gewalt. Verhaftungen, Verschleppungen, Erschießungen sind an der Tagesordnung. Das Leben eines Menschen, geschweige die persönliche Freiheit, spielen überhaupt keine Rolle. Aber der Freiheitstrieb ist jedem Menschen, jedem Volk eingeboren und wird auf die Dauer nicht unterdrückt werden können. Die Geschichte lehrt, daß die Tyrannei immer von kurzer Dauer war. Nun kommt noch das entsetzliche Unrecht der Blutschuld an der Ermordung der jüdischen Bewohner auf unsere Rechnung. Gegenwärtig läuft eine Vernichtungsaktion der Juden, die zwar seit der Besetzung der Ostgebiete Ziel der deutschen zivilen Verwaltung unter Zuhilfenahme der Polizei und der G. Stapo war, aber jetzt scheinbar großzügig und radikal gelöst werden soll. Es wird glaubhaft von den verschiedensten Leuten berichtet, daß man das Ghetto von Lublin ausgefegt hat, die Juden daraus vertrieben und sie massenweise ermordet, in die Wälder getrieben hat und zu einem kleinen Teil in einem Lager eingesperrt hat. Von Litzmannstadt, von Kutno [Kleinstadt westl. von Warschau, D. Sch.] wird erzählt, daß man die Juden, Männer, Frauen, Kinder, in fahrbaren Gaswagen vergiftet, den Toten die Kleider auszieht, sie in Massengräber wirft und die Kleider zur weiteren Verwendung den Textilfabriken zuführt. Aber man kann das alles nicht glauben …, daß Hitler so etwas will, daß es deutsche Menschen gibt, die solche Befehle geben. Es gibt nur eine Erklärung, sie sind krank, anormal oder wahnsinnig.«

Dass der Wahnsinn Methode hatte, unterstrich Goebbels, der in seinen Tagebucheintragungen vom Warschauer Ghetto als einer Pestbeule sprach, die beseitigt werden müsse, gleichgültig mit welchen Mitteln.[643]

Im Oktoberbericht protokollierte Fischer, die Umsiedlung sei Ende September 1942 abgeschlossen worden, und damit habe sich die Einwohnerzahl Warschaus um etwa eine halbe Million Menschen verringert. Nochmals betonte er das große öffentliche Aufsehen, »aber letzten Endes hat die polnische Bevölkerung die Evakuierung der Juden begrüßt«. Im jüdischen Wohnbezirk seien etwa 35 000 Juden zurückgeblieben. Es sei nicht gelungen, die jüdischen Arbeiter durch polnische zu ersetzen, was zu Problemen in der Rüstungsindustrie führte und das Arbeiten einer Reihe von Betrieben in Frage stellte.[644]

Die Zahl der im Ghetto verbliebenen Menschen war in Wirklichkeit höher und belief sich auf bis zu 60 000 Juden, von denen sich ein Teil der »Jüdischen Kampforganisation« unter Mordechai Anielewicz anschloss. Ihre Devise war, lieber kämpfend unterzugehen als ebenfalls den Weg in den Tod anzutreten – denn was in Treblinka geschah, war inzwischen ein offenes Geheimnis. Ihre schriftlich verbreitete Losung lautete: Nicht ein Jude kommt mehr in Treblinka um![645]

Anlässlich der am 19. April 1943 wieder aufgenommenen Deportationen brach der Aufstand los. Wenngleich Waffen und Munition im ausreichenden Umfange fehlten, leisteten die Ghettokämpfer erbitterten Widerstand gegen die Übermacht deutscher Einheiten unter dem Kommando des SS-Brigadeführers und Generalmajors der Polizei Jürgen Stroop.[646] Sein abschließender Bericht kulminierte in dem Satz: »Es gibt keinen jüdischen Wohnbezirk in Warschau mehr« (Auszüge):[647]

»Am 23. 4. 1943 erging vom Reichsführer SS über den Höheren SS- und Polizeiführer Ost in Krakau der Befehl, die Durchkämmung des Ghettos in Warschau mit größter Härte und unnachsichtiger Zähigkeit zu vollziehen. Ich entschloss mich deshalb, nunmehr die totale Vernichtung des jüdischen Wohnbezirks durch Abbrennen sämtlicher Wohnblocks vorzunehmen. In Massen – ganze

Familien – sprangen die Juden, schon vom Feuer erfaßt, aus dem Fenster oder versuchten, sich durch aneinandergeknüpfte Bettlaken usw. herabzulassen. Es war Vorsorge getroffen, daß sie sofort liquidiert wurden. Auch der Aufenthalt in den Kanälen war nach den ersten 8 Tagen kein angenehmer mehr. Zahlreiche Juden, die nicht gezählt werden konnten, wurden in Kanälen und Bunkern durch Sprengung erledigt, viele kampfmäßig vernichtet.

Der von den Männern der Waffen-SS gezeigte Schneid, Mut und die Einsatzfreudigkeit muß besonders anerkannt werden. Pioniere der Wehrmacht vollbrachten unermüdliche, einsatzfreudige Arbeit. Offiziere und Männer der Polizei bewährten sich erneut durch beispielhaftes Draufgängertum. Die polnische Bevölkerung hat die gegen die Juden durchgeführten Maßnahmen im Großen und Ganzen begrüßt.«

Den letzten Einsatztag am 16. Mai 1943 beschrieb Stroop wie folgt:

»Es wurden 180 Juden, Banditen und Untermenschen vernichtet. Mit der Sprengung der Warschauer Synagoge wurde die Großaktion um 20.15 Uhr beendet. Gesamtzahl der erfaßten und nachweislich vernichteten Juden beträgt 56 065. Schlussbericht lege ich am 16. 5. 43 bei der SS- und Polizeiführertagung vor.«

Am 11. Juni 1943 gab Himmler den Befehl, in Warschau ein KZ zu errichten und das zerstörte Ghetto in einen Park zu verwandeln. Von den knapp 500 000 Juden im Warschauer Ghetto erlebten nur einige tausend das Kriegsende.[648]

Es gab viele Formen jüdischen Widerstandes[649], und es würde hier zu weit führen, näher darauf einzugehen. So wurde zum Beispiel durch den Historiker Emanuel Ringelblum in Warschau ein geheimes Ghettoarchiv aufgebaut. Keineswegs war es so wie oft behauptet wird, dass sich die Juden wie Schafe zur Schlachtbank hätten führen lassen. Aktiven Widerstand jüdischer Kampforganisationen gab es zum Beispiel in den Ghettos Lemberg, Bialystok, Krakau und Tarnow.[650] Im Vernichtungslager Sobibor brach am 14. Oktober 1943 ein Aufstand aus.[651] In so gut wie allen Konzentrationslagern bildeten sich Untergrundbewegungen. Viele Juden kämpften außerdem auf Seiten der Partisanen.

Ein Tag in Lemberg

Am 30. Juni 1943 übersandte der SS- und Polizeiführer des Distrikts Galizien, Friedrich Katzmann[652], an Krüger seinen Abschlussbericht über die »Lösung der Judenfrage im Distrikt Galizien«.[653] Katzmann war der Prototyp des halbgebildeten, brutalen, blindwütig gehorsamen SS-Führers. Entsprechend hinterhältig stellte er sein Vernichtungsprogramm vor, reich bebildert mit Fotos, die die jüdische Bevölkerung in entwürdigenden und grausamen Szenen zeigen, etwa beim Arbeiten in Steinbrüchen bzw. an der »Rollbahn«, beim Ausheben von Verstecken und Bunkern durch die Polizei, bei der Beschlagnahme von Waffen und gefälschten Papieren. Der gesamte Bericht hatte die Tendenz, ein »Untermenschentum« zu präsentieren, dessen Vernichtung dringend geboten war. »Es kostete immer wieder Überwindung des aufkommenden Ekels, um in die Schmutz- und Seuchenlöcher der Juden zu gehen.« Juden wurden als »lebende Pestbeulen« bezeichnet. Ein Foto zeigt Grabsteine des ehemaligen Judenfriedhofs bei Lemberg, »aus dem 2000 Kubikmeter Straßenbaumaterial gewonnen wurde«. Der Bericht von 64 Seiten endet mit dem Satz: »Nur durch persönliches Pflichtbewusstsein jedes einzelnen Führers und Mannes ist es gelungen, dieser P e s t in kürzester Frist Herr zu werden« [gesperrt im Original, D. Sch.].

Nach diesem Bericht waren im Rahmen der »Aktion Reinhardt« in Galizien bis 10. November 1942 insgesamt 254 989 Juden »ausgesiedelt«, das heißt durch Vergasen in Belzec ermordet worden. Durch Folgemaßnahmen einer »Gesamtaussiedlung« erhöhte sich die Opferzahl bis 27. Juni 1943 auf 434 329 jüdische Menschen. Katzmann meldete mit diesem Datum den Distrikt Galizien »judenfrei«, was allerdings 21 156 noch verbliebene Juden einschloss, die als Arbeitssklaven eingesetzt waren. Aus Karrieregründen schönte Katzmann seine Statistik. Thomas Sandkühler hat die Opfer bis Mitte 1943 auf 375 000 beziffert.[654] Dessen ungeachtet kamen aus dem Distrikt Galizien bis Juli 1944 durch die »Aktion Reinhardt«, durch Pogrome, Massenerschießungen sowie infolge von Hunger und Seuchen in den Ghettos und Zwangsarbeitslagern 525 000 Juden ums Leben.[655]

Während der Mordaktionen hielt sich Frank am 1. August 1942 in Lemberg auf [656] – ein denkwürdiger Tag, der in seinen Einzelheiten geschildert werden soll. Er begann mit Kranzniederlegungen auf dem Ehrenfriedhof und einem Staatsakt im ehemaligen Landtagsgebäude mit »Rienzi«-Ouvertüre als Einleitung. Es folgten einige Empfänge und sodann die Umbenennung der Opern- und Museumsstraße in Adolf-Hitler-Ring. Nach einem »Fanfarenruf der HJ« vor dem Opernhaus spielte das Standortmusikkorps den Huldigungsmarsch aus »Sigurd Jorsalfar« von Edvard Grieg. Ein Hitlerjunge sprach das Gedicht »Adolf Hitler« von Baldur von Schirach und das »Gelöbnis an den Führer« von Gerhard Schumann; es folgten Lieder, gesungen von 15 000 [!] Sängern und Sängerinnen der Vereinigten Ukrainischen Chöre Galiziens. Ansprachen von Stadthauptmann Dr. Egon Höller und Gouverneur Dr. Otto Wächter schlossen sich an, ein »Adolf-Hitler-Gedenkstein« wurde enthüllt.

Beim Mittagessen im Kasino begrüßte Dr. Wächter den Generalgouverneur, die Vertreter der Regierung des Generalgouvernements, die Vertreter Italiens, Ungarns, der Slowakei und Emmy Göring als Vertreterin des Roten Kreuzes. Vorbeimarsch von Trachtengruppen. Ansprache von Frank mit einer Polemik gegen deutsche Besucher von polnischen katholischen Gottesdiensten.

Anschließend hielt er auf einer Großkundgebung der NSDAP im Opernhaus eine Rede, die wahrscheinlich dem SS-General Katzmann gefallen haben dürfte (Auszüge):

»Der 1. August ist das schicksalgebende Datum für diesen Raum. Wir können dem Führer gar nicht genug dafür danken, dass er mit seinem Entschluss dieses alte Judennest, diese verwahrloste Burg von Raubrittern der Straße und der Gasse, dieses Polackensiedlungsheim endlich deutschen Fäusten anvertraut hat, die mit der Schaufel in der Hand, mit Insektenpulver und sonstigen notwendigen Bedarfsartikeln dafür gesorgt haben, dass sich ein deutscher Mensch wieder hier aufhalten kann. (Stürmischer Beifall)
Ich muß sagen, Parteigenosse Wächter: Das habt ihr fein gemacht; in einem Jahr habt ihr vergessen lassen, was das für ein Drecknest war. Lemberg ist wieder eine richtige stolze deutsche Stadt. Das ist ja das schöne an diesem Krieg, daß, was wir einmal haben, wir nie wieder hergeben. (Heiterkeit und Beifall)
Ich spreche hier nicht von den Juden, die wir hier noch haben; mit diesen

Juden werden wir auch fertig. Übrigens habe ich heute gar nichts mehr davon gesehen. Was ist denn das? Es soll doch in dieser Stadt einmal Tausende und Abertausende von diesen Plattfußindianern gegeben haben, – es war keiner mehr zu sehen. Ihr werdet doch am Ende mit denen nicht böse umgegangen sein? (Große Heiterkeit)

Mein Gott, wenn ich einmal meine Memoiren schreibe und darstelle, wie ich mit fünf Mann in Posen einzog – das war ja nicht zu beschreiben, was da für Juden umeinander liefen, von einer Scheußlichkeit, daß man sich wundern muß, daß die Erde ihren Betrieb nicht eingestellt hat. (Große Heiterkeit)

Juden von einer so erschütternden Grauenhaftigkeit, dass ich glaube, auch der erbittertste Gegner der nationalsozialistischen Bewegung wäre eines anderen belehrt worden. Diese Leute haben uns ja in der Kampfzeit immer entgegen gehalten: Die Nationalsozialisten sind vielleicht ganz gute Leute, aber sie sind so roh und rau und brutal den armen Juden gegenüber. Die Juden und ihre Abkömmlinge gerade dieses Galiziens waren es, die überall hinkamen und den deutschen Menschen von Grund und Boden vertrieben. Das war der berühmte Ostjude, der mit Kaftan und Peies Tausende von deutschen Menschen um Grund und Boden betrog, ja zum Selbstmord gebracht hat. Daher will ich zur Judenfrage nur das eine sagen: Dieses Problem lösen wir, es wird kein Jude mehr nach Deutschland gehen. (Lebhafter Beifall)

Wir können auch sonst zufrieden sein. In diesem Land herrscht einigermaßen Friede und Ordnung. Die Hühner sind brav, Eier haben wir genug. Die Währung ist in Ordnung, der Zloty gilt zwar nicht viel, aber immerhin ist er stabil. (Heiterkeit)

Die Finanzen des Landes sind in Ordnung. Schulden haben wir keine. Solche, die wir hätten übernehmen müssen, haben wir abgelehnt. (Erneut große Heiterkeit)

Im allgemeinen kann ich sagen, daß dieses Nebenland des Großdeutschen Reiches mit jugendlicher Schwungkraft regiert wird und sich immer mehr stabilisiert. Es beglückt mein Herz, wenn ich euch sehe, die jungen und alten SA-Männer, die Männer des NSKK und der SS, die Männer aller Gliederungen der Bewegung und die alten Parteigenossen, wenn ich sehe, wie die Hitler-Jugend marschiert und trommelt mit einer Selbstverständlichkeit, als wären sie seit Jahrhunderten im Lande. Wenn einer fragt: Warum oder wieso regiert ihr in diesem Lande? – dann antworten wir: Warum oder wieso fragst du? Wer diese Frage etwas unvorsichtig stellt, der wird nie wieder fragen. (Lebhafter Beifall)

Die Juden der ganzen Welt mögen darüber ihre Greuelhetze loslassen. Sie können sagen, daß an jedem Laternenpfahl mindestens zwei Polen aufgehängt sind, – ich kann ihnen nur erwidern: So viele Laternenpfähle haben uns die Polen gar nicht übriggelassen, so viele gibt es in diesem gesegneten Kulturlande nicht.«

Am Schluss der Kundgebung sang die Lemberger SA das Lied: »Vorwärts nach Osten«

Joachim Fest bezeichnete Franks Rede als »humorige Niedertracht«.[657] Weniger als zwei Wochen vor der Lemberger Ansprache hielt Frank zwei der vier bereits erwähnten Universitätsreden: Am 20. Juli 1942 in München: »Es ist nicht die Gewalt allein, die den Staat stark macht. Stark ist nur, wer das Recht nicht fürchtet. Die Menschlichkeit ist auch eine Methode des Rechts.« Und am 21. Juli 1942 in Heidelberg: »Mit dem Recht muß immer der Begriff der Menschlichkeit verbunden sein. Europa will menschlich sein, wir wollen menschlich sein. Es gibt keinen Staat, der dadurch Schaden leiden würde, daß er menschlich ist.«[658]

IX. Machtzuwachs

Versuchte Revision der Besatzungspolitik

In seiner Denkschrift vom 19. Juni 1943 an den »Führer« machte Frank Vorschläge, die darauf abzielten, durch Lockerung der Zwangsmaßnahmen den polnischen Widerstand zu entkräften und das polnische Volk vorübergehend ins Boot zu holen.[659] Als Gründe einer »Stimmungsverschlechterung« in der polnischen Bevölkerung nannte Frank:

- Völlig unzureichende Ernährung
- Beschlagnahme des Großgrundbesitzes, entschädigungslose Enteignung und Aussiedlung polnischer Bauern
- Enteignung in Industrie, Handel, Gewerbe und von Privateigentum
- Massenverhaftungen und -erschießungen durch die deutsche Polizei
- Rigorose Methoden der Arbeitserfassung
- Weitgehende Lahmlegung des kulturellen Lebens
- Schließung der Mittelschulen, Höheren Schulen und Hochschulen
- Völlige Beseitigung des polnischen Einflusses auf die staatliche Verwaltung
- Beschneidung des Einflusses und der Enteignung der katholischen Kirche

Frank wies darauf hin, dass eine geschickte und »skrupellose« Agitation der Bolschewisten den Hass gegen Deutsche entfache, indem sie vielfach »die deutschen Methoden nur wahrheitsgemäß darzustellen brauchten«. Er schlug vor, die polnische Bevölkerung gegen den Bolschewismus zu lenken, ja er schloss nicht einmal die Teilnahme polnischer Formationen am deutschen »Abwehrkampf« aus. Und er befürwortete eine Lockerung in den genannten Bereichen und machte Front gegen willkürliche Verhaftungen und Erschießungen von Frauen, Kindern und Greisen in aller Öffentlichkeit, »wie sie immer wieder ohne Wissen und gegen den Willen der Führung durchgeführt werden«. Er betonte, dass darunter nicht öffentliche Hinrichtungen von Banditen und Partisanen fallen, forderte aber gerichtliche Urteile, »um dem primitivsten Rechtsempfinden zu genügen«.

Franks Memorandum zeichnete sich durch Realitätsblindheit aus und eine Fehleinschätzung der Polen überhaupt. Er versicherte seinem »Führer« ausdrücklich, dass er »die Bereinigung der deutsch-polnischen Beziehungen nicht als eine Angelegenheit des Herzens und Gefühls, sondern als einen Akt nüchterner Vernunft betrachte«. Zum Schluss ließ Frank seine wahren Absichten durchblicken: Seine Vorschläge seien »Nahziele« und man habe bisher den Fehler begangen, die »Fernziele« – die totale Unterdrückung, Inhaftierung und Ermordung von Polen – zu früh in Angriff genommen zu haben, bevor der »Daseinskampf im Osten« glücklich beendet sei. Lapidar stellte Frank schließlich fest: »Hitler hat meine Polenvorschläge auf Betreiben Himmlers abgelehnt.«[660]

Im bescheidenen Rahmen ließ er Verbesserungen – freilich nur für die »loyale« Bevölkerung – einführen, so bei der Verteilung der Lebensmittelrationen ab 1. September 1943 für »Leistungspolen«.[661] Von einem liberalen Kurs konnte keine Rede sein, im Gegenteil: Frank hielt weiter aggressive Reden (»aus Polen und Ukrainern Hackfleisch machen«) und ermunterte die Sicherheitspolizei, Polen wie Freiwild zu erschießen.

Entmachtung der SS-Führer

Frank hatte einen einflussreichen Verbündeten gewonnen: den SS-Obergruppenführer und General der Polizei Erich von dem Bach-Zelewski.[662] Dieser schloss sich in einer Unterredung der Meinung des Generalgouverneurs an, dass die Umsiedlungsaktion im Distrikt Lublin »einer Katastrophe« gleiche.[663] Bach-Zelewski war ferner der Ansicht, dass das Lebensmittelkontingent, welches dem Generalgouvernement aufgrund der hohen Abgaben an das Reich verbliebe, viel zu gering sei. Der SS-Führer wollte nach eigenen Angaben verhindern, dass nach einem Scheitern von Frank »eine rücksichtslosere und kompromisslosere Persönlichkeit« dessen Nachfolger werde. Unter Zusicherung strengster Verschwiegenheit vertraute er Frank an, auch er wolle, dass Krüger und Globocnik verschwinden müssten. Frank solle ihm freie Hand lassen, bis beide abgelöst würden. Bach-Zelewski: »Frank stimmte dem zu, und ich benutzte militärische Fehler, die Krüger und Globocnik begingen, bei Himmler ihre Abberufung durchzusetzen.«[664]

Auch der SS-Brigadeführer Schöngarth hatte sich auf die Seite Franks geschlagen, weshalb dieser von Himmler am 22. Juni 1943 abgelöst wurde.[665]

Frank machte eine Versöhnungsgeste gegenüber Himmler, indem er mit der Berufung von Himmlers Schwager, Dr. Richard Wendler, zum Gouverneur von Lublin einverstanden war.[666] Dieser wurde Nachfolger des von der SS als Gegenspieler gehassten Gouverneurs Ernst Zörner, den Frank »opferte«. Auch das charakterisiert Frank, denn Zörner war ein loyaler Mitstreiter Franks gegen Globocnik. Allerdings fand auch Wendler kein Auskommen mit Globocnik und bat seinen Schwager in einem Brief vom 27. Juli 1943, Globocnik, der einen »Saustall« hinterlasse, »binnen kürzester Frist seiner neuen Verwendung zuzuführen«.[667]

Diese Entwicklung und der Einfluss von Bach-Zelewski stimmten Himmler gnädig, der Frank am 23. Juni in Begleitung von Bühler, Abteilungspräsident Losacker[668] und seinem Rechtsamtsleiter Weh in der Feldkommandostelle in Ostpreußen empfing. Frank, der zunächst unter vier Augen mit Himmler sprach, stieß nach eigenen Angaben auf volles Verständnis für seine Probleme, die die Zusammenarbeit zwischen Zivilverwaltung und Polizei unter Wahrung der Autorität des Generalgouverneurs betrafen sowie die Funktion Himmlers als Reichskommissar für die Festigung deutschen Volkstums und die Einschätzung der Sicherheitslage. Staatssekretär Krüger sei »in Anwesenheit aller Herren aufs strengste angewiesen worden, nunmehr mit den Dienststellen der Regierung loyal und kameradschaftlich zusammen zu arbeiten«. Ebenso sei die Abberufung »des völlig unmöglich gewordenen« SS- und Polizeiführers Globocnik ein Erfolg dieser neuen loyalen Zusammenarbeit.[669] Himmler beförderte Globocnik ab 13. September 1943 zum Höheren SS- und Polizeiführer »Adriatisches Küstenland«.[670]

Am 3. Juli 1943 schrieb Himmler an Frank,[671] dass die Umsiedlungen im Distrikt Lublin zwar nicht aufgegeben würden, aber während des Krieges so stattfinden sollten, dass die Ruhe des Landes und die wirtschaftliche Leistung nicht beeinträchtigt würden. Himmler berief sich »auf die von uns besprochene totale Zusammenarbeit zwischen Verwaltung einerseits und SS und Polizei andererseits«.

Gouverneur Wendler nutzte den »familiären Draht« und informierte hinter Franks Rücken seinen Schwager, dass Frank damit prahle, im Gespräch vom 23. Juni den größten politischen Sieg seines Lebens davongetragen zu haben.[672] Nicht ohne Bosheit schrieb Himmler dem Generalgouverneur am 17. August 1943, dass er ihn »von seinem Irrtum befreien« wolle:[673]

»Ich habe mit Ihnen gesprochen, um die notwendige Arbeit im Generalgouvernement nicht Schaden leiden zu lassen. Seien Sie sich darüber klar, daß ich auch ohne jeden Kontakt mit Ihnen im Generalgouvernement weiter tätig sein kann und daß ich gern bereit bin, diesen meinen Standpunkt vor dem Führer zu vertreten. Ich weiß, daß der Führer mir hier ebenso Recht geben wird, wie in dem Fall, als Sie meine berechtigten Maßnahmen im Ghetto Warschau durch Ihr Dazwischentreten verhindern wollten. Ich bin, wie ich Ihnen in unserer Unterredung sagte, zu einer korrekten und loyalen Zusammenarbeit bereit.«

Frank nahm die Ohrfeige, die die Machtverhältnisse klarstellte, widerspruchslos hin. Trotz der Abmahnung entwickelte sich der Burgfrieden mit Himmler weiter positiv. Am 27. Oktober 1943 befahl Himmler Krügers Versetzung zum Chef einer Felddivision der Waffen-SS und berief SS-Obergruppenführer Wilhelm Koppe zu Krügers Nachfolger als Staatssekretär.[674] Koppe war zwar ein nicht geringerer Scharfmacher, aber sein Verhältnis zu Frank entwickelte sich weitgehend konfliktfrei.[675]

Am 18. November übergab Krüger die Dienstgeschäfte an seinen Nachfolger und wurde im Beisein von Himmler anlässlich eines »Dienstappells der Regierung« im Regierungsgebäude verabschiedet.[676] Krügers letztes Verbrechen war die »Aktion Erntefest«, als er nach dem Aufstand im Vernichtungslager Sobibor am 3. und 4. November 1943 auf Befehl Himmlers mit massiven SS-, Polizei- und Waffen-SS-Kräften unter Leitung des Globocnik-Nachfolgers Jakob Sporrenberg[677] rund 43 000 Juden erschießen ließ.[678] Franks heuchlerische Ansprache, in der er Krüger lobte, ist keiner Beachtung wert, wohl aber eine Passage in Himmlers Rede (Auszüge):

»Wenn Ihnen Ihre Aufgabe zu schwer wird, wenn Sie glauben, manchmal verzagen zu müssen, wenn irgend ein Idiot oder ein schwach gewordenes Nervenbündel davon spricht, ›die Russen sind jetzt da und dort‹, dann denken Sie daran, daß das nur Tagesfragen sind, daß wir eines Tages die Russen da und dort abschlachten und vernichten: ob das näher an unseren Grenzen oder ferner ist, spielt keine Rolle. Eines Tages hört auch diese Masse Viehmenschen auf. Denken Sie daran, daß der Frieden kommt. Denken Sie in die Zukunft, die unser sicher ist, wenn wir heute anständig sind, unsere Pflicht tun, einig sind UND WÜRDIG der Tatsache, daß wir unter Adolf Hitler leben können und mitarbeiten dürfen.«
[Großbuchstaben im Original, D. Sch.]

Hans Frank zeigte in dieser Phase ein großes Harmoniebedürfnis und wollte mit der »Kamarilla«, seinen »Todfeinden«, Frieden schließen. Am 22. November berichtete er an Lammers, dass er sich mit dem Reichsführer SS über alle Fragen restlos ausgesprochen habe: »Wir sind nunmehr für dauernd über alles in volle Übereinstimmung gekommen.«[679] Das Wort »dauernd« wurde von Lammers dreimal dick unterstrichen.

Mitte Januar 1944 bat Frank außerdem Reichsleiter Martin Bormann »dringendst« um eine persönliche Unterredung über Parteiprobleme im Generalgouvernement und bedauerte, niemals persönlichen Kontakt zu ihm zu erhalten.[680] Zu einer Aussprache zwischen beiden kam es daraufhin am 18. Januar in München. Frank, der bei dieser Gelegenheit wohl auch sein zerbombtes Reichsrechtsamt besichtigt haben dürfte, ließ darüber im Diensttagebuch protokollieren,[681] er habe unumwunden zum Ausdruck gebracht, dass die Meinung herrsche, Bormann sei ein Feind des Generalgouverneurs. Er wäre glücklich darüber, wenn sich das persönliche Verhältnis und die politische Zusammenarbeit verbessern ließen. Frank diktierte sodann ins Protokoll: »In einem Augenblick wirklich herzlicher Kameradschaft gaben sich Reichsleiter Bormann und Generalgouverneur Dr. Frank die Hand und schlossen damit symbolisch die ganze bisherige, manchmal Fehldeutungen ausgesetzt gewesene Entwicklung ab.«

Man darf bei diesem Stand nicht außer Acht lassen, dass die Beilegung des Konflikts in erster Linie auf die Verschlechterung der Kriegslage zurückzuführen war und andere gewichtige Probleme die persönlichen Aversionen überlagerten. Eine wichtige Rolle spielte aber zweifelsohne auch, dass Hitler seinen Generalgouverneur nicht fallen ließ.

»Rehabilitierung« durch Hitler

Gegenüber Mitarbeitern oder in Besprechungen und Reden pflegte Frank sein Verhältnis zu Hitler zu beschönigen und jede Begegnung als besondere Auszeichnung darzustellen. Außerdem übertrieb er gewöhnlich die Zeitdauer eines Empfangs beim Reichskanzler (»stundenlang«). Am 22. Juli 1943 behauptete er in einer Regierungssitzung, Hitler hätte ihm den »Ehrentitel eines großen Realpolitikers des Ostens« verliehen.[682]

Richtig ist, dass Frank zwischen September 1939 und Februar 1944 immerhin elfmal auf eine Dauer von jeweils 15 bis 60 Minuten bei Hitler weilte, davon einmal unter vier Augen, als es unter anderem um seine Scheidung ging.[683] Richtig ist jedoch auch, dass von einer echten Rehabilitierung nicht die Rede sein konnte, denn Hitler beurteilte Frank weiter kritisch, aber zunehmend doch mit größerer Toleranz und Verständnis für seine Vorstellungen, die Polenpolitik vorübergehend zu ändern. Hitler war auch Franks Argumentation gefolgt, dass für eine entscheidende Änderung der Sicherheitslage im Generalgouvernement entsprechende Polizei- und Wehrmachtskräfte fehlten, weil sie an der Front eingesetzt waren. Fest steht allerdings auch, dass Hitler Heydrich zum Generalgouverneur ernannt hätte, wäre er nicht nach einem Attentat ums Leben gekommen.

Hitler ernannte Frank zum Präsidenten der Internationalen Rechtskammer, was fast wie ein Stück Wiedergutmachung aussah, nachdem er ihm alle diesbezüglichen Ämter aberkannt hatte. So leitete Frank in Tschirmer-See/Slowakei am 25. Juni 1943 eine Tagung des »Großen Rates der Internationalen Rechtskammer«.[684] Obendrein hielt Frank wieder Reden im Reich, zum Beispiel am 7. Februar 1944 im »Auslandsclub« vor Vertretern der Auslandspresse, worüber der »Völkische Beobachter« in großer Aufmachung und mit einer Schlagzeile auf der Frontseite berichtete.[685]

Der Generalgouverneur war wieder als Gesprächspartner hoffähig. Unterredungen fanden des Öfteren auch mit Himmler statt, der nun nicht mehr ohne Information im Generalgouvernement auftauchte, oder mit Goebbels (gemeinsam mit Himmler, laut Frank ein »intimes Zusammensein«) oder mit Reichsleiter Rosenberg.[686]

Am 26. September 1944 sandte Hitler als Replik auf Franks Vorschlag, das Generalgouvernement in das Reich einzugliedern, ein Telegramm nach Krakau, »daß er nach wie vor größten Wert auf die Aufrechterhaltung des Generalgouvernements lege und der Generalgouverneur sein volles Vertrauen genieße«.[687]

Nachdem Roland Freisler am 3. Februar 1945 bei einem Fliegerangriff im Keller des Volksgerichtshofes ums Leben gekommen war, machte sich Hitler Gedanken über dessen Nachfolger und erwog am 5. März 1945, Frank zum Präsidenten des Volksgerichtshofes zu ernennen. Er sei zwar keine Idealfigur, immerhin aber ein politischer Richter.[688] Auch solche Überlegungen bestätigen, dass Hitler an Franks Linientreue nicht zweifelte.

Die Antworten auf die Frage, ob man Hans Frank in Berlin für fähig oder unfähig hielt, schwankten stark. So zum Beispiel bei Goebbels, der in der Reichskanzlei, im Führerhauptquartier oder auf dem Obersalzberg ein- und ausging. In seinen Tagebucheintragungen hat er das Stimmungsbarometer für und gegen den Generalgouverneur festgehalten:[689]

5. 6. 1943   Frank seinem Amt nicht gewachsen.

29. 6. 1943   Frank unternimmt nichts Wirksames, besitzt dazu wohl auch nicht die nötigen Machtmittel.

23. 9. 1943   Heydrich wäre der geeignete Mann.

6. 2. 1944   Frank war beim Führer. Verhältnismäßig guter Eindruck.

8. 2. 1944   Sein Zusammenstauchen durch den Führer scheint einen Eindruck auf Frank nicht verfehlt zu haben. Gibt sich jetzt die größte Mühe.

1. 3. 1944   Tagung der Reichspropagandaamtsleiter. Frank hält gutes Referat.

15. 3. 1944   Sehr negativ äußert sich Bormann. Frank ein etwas windiger Charakter.

25. 7. 1944   Lässt es an Energie fehlen, ist auch nur eine halbe Portion.

4. 8. 1944   Meldungen von Frank besitzen keine ausgesprochene Glaubwürdigkeit.

29. 8. 1944   Schlechte Zeiten sind für Frank heilsam.

31. 8. 1944   Chaos im Generalgouvernement. Frank kleiner Winkeladvokat, besitzt zu seinem hohen Amt nicht die geringste sachliche oder menschliche Qualifikation.

Frank blieb eine ambivalente Persönlichkeit: eine Mischung aus Popanz (siehe S. 12 ff.) und Machtmensch, oft der Lächerlichkeit preisgegeben und trotzdem als Günstling Hitlers mit großem Einfluss im Generalgouvernement.

X. Schicksalsjahr und Endzeitstimmung

Zerrüttete Ehe

Das Leben des Hans Frank in den Jahren 1942 bis 1945 war eigentlich aufregend genug, trotzdem kamen noch die privaten Verhältnisse hinzu, die ihm weitere Höhen und Tiefen bereiteten, ihm wahrscheinlich sogar mehr zusetzten als sein Amt. Dafür spricht, dass er regelmäßig seinen Regierungsaufgaben auswich, trotz größter dienstlicher Probleme »in das Reich« reiste, weil z. B. ein Treffen mit Lilly G. Priorität hatte. Während er seinen »Gefolgschaftsmitgliedern« 1943 eine weitgehende Urlaubs- und Reisesperre verpasste,[690] billigte er sich selbst extensive Freizeit zu.

Über Franks Gefühlswelt zu spekulieren, ist müßig, denn ein klares Bild lässt sich nicht gewinnen. Besonders sein Briefverkehr ist verwirrend. Die Liebe zu seiner Frau Brigitte schien erkaltet und flammte doch wieder auf: »Wir kamen in Liebe zusammen.« Trotz seiner Liebesbeziehung zu Lilly ließ er nicht ab von seiner Dauerfreundin Gertrud. Vielleicht kann man es auf den Nenner bringen: Er liebte jeweils die Frau am meisten, mit der er gerade zusammen war. Und jede wusste, wenn er in den Armen der anderen lag, waren seine Versprechungen hinfällig. Gelegentliche Gespielinnen, wie Kindermädchen, eine russische Gräfin, die er mit seinem Freund Lasch teilte, und in den letzten Lebensjahren seine Sekretärin Helene K. – Niklas Frank hat die amourösen Eskapaden seines Vaters erforscht,[691] sie in allen Einzelheiten auszubreiten, ist nicht notwendig. Das Gerücht, Hans Frank hätte in Krakau ein uneheliches Kind hinterlassen, konnte nicht verifiziert werden.[692]

Beschränken wir uns also im Wesentlichen auf die Scheidungssache. Sie begann mit der Peinlichkeit für Frank, dass der Münchner Oberlandesgerichtspräsident nichts Eiligeres zu tun hatte, als die im innerdienstlichen Verkehr als »Geheim« behandelte Scheidungsklage vom 15. Februar 1943 an Franks Widersacher, den Reichsjustizminister Thierack, zu übersenden mit dem Hinweis: »Ich werde weiter berichten.«[693] Zwar schreibt der Rechtsanwalt von Brigitte Frank in der Klageerwiderung von »der fremden Frau«, aber jemand hatte die Anonymität aufgehoben und mit Bleistift Lillys Personalien und den Wohnort Bad Aibling in der Akte vermerkt.

Es wurde – wie üblich – schmutzige Wäsche gewaschen bis hin zu der im damaligen Scheidungsrecht unvermeidlichen Feststellung, wann der letzte eheliche Verkehr stattfand.

Frank gründete seine Klage darauf, dass ihn seine Frau in den letzten Monaten »schwerstens beschimpft und gegenüber Dritten mit der Behauptung verleumdet habe, er sei geisteskrank«. Ferner sei er beim »Führer« in Ungnade gefallen, habe nichts mehr zu erhoffen, er sei kein guter »Landesvater« und seine »Staatsführung« oberflächlich. Daher kam Frank zu dem Schluss: Ihm als »Oberhaupt eines Staates« sei es unmöglich, die Ehe fortzuführen. Franks Argumente waren denkbar schwach, mit der Untreue seiner Frau konnte er wegen der Gegenseitigkeit nicht argumentieren, weil diesbezüglich eine Pattsituation bestand.

Brigitte Frank widersprach dem Scheidungsbegehren »in erster Linie um ihres Mannes und der Kinder willen«. Sie hätten 17 Jahre »in restlos glücklicher Ehe gelebt, ihre unerschütterte und unbegrenzte Liebe dauere an«. Die fünf Kinder waren Trumpfkarten. Brigittes Rechtsanwalt schrieb: »So oft der Mann auf seinen Reisen mit der fremden Frau zusammenkam, verlor Brigitte Frank ihn, so oft er aber wieder mit ihr zusammen war, konnte sie ihn für sich und die Kinder zurückgewinnen.« Dies habe sich zwischen Juni und Dezember 1942 in zwölf Fällen wiederholt.

Der weitere »Rosenkrieg« zwischen beiden fand vornehmlich in Briefen statt.[694] Brigitte Frank spannte den Schwiegervater ein und benutzte Zitate ihrer Kinder, um so Schuldgefühle bei ihrem Mann zu erzeugen. Sie rechnete ihm vor, dass er zwischen April 1942 und März 1943 mit dem Salonwagen 14 Reisen in das Reich machte, um 170

Urlaubstage mit Lilly »als glücklicher Bräutigam Händchen in Händchen mittags in München in belebtesten Straßen« zu verbringen.[695]

Er erweckte wahrheitswidrig den Anschein, als wolle der »Führer« die Scheidung, da sie sich der Korruption schuldig gemacht habe und keine Nationalsozialistin sei. Sie wiederum schrieb drei Briefe an Bormann, was Hans Frank als höchsten Verrat empfunden hat: »Du bist in das Lager meiner Todfeinde gegangen.« In den Schreiben vom 3., 19. und 21. März 1943 wollte Brigitte Frank von Bormann wissen, ob richtig sei, dass er (Bormann), Himmler und der »Führer« die Scheidung verlangten. Bormann ließ sie wissen, Hitler habe bislang seine Genehmigung zur Ehescheidung nicht gegeben.[696]

Niklas Frank hat Anhaltspunkte dafür, dass sich seine Mutter mit Himmler in München treffen wollte oder sogar getroffen und dass sie Lilly G. als angebliche Jüdin denunziert hat.[697]

Sie scheuten vor nichts zurück. Er: »Fürs Körperliche genügen mir Gertrud und Lilly.« Sie: »Ich bin lieber die Witwe als die geschiedene Ehefrau eines Ministers.« In einem der Briefe an Bormann erwähnte sie, mit dem Ehemann von Lilly gesprochen zu haben. Herr G. sei genauso unglücklich und habe gesagt, er kenne seine Frau nicht wieder, sie sei krank, Hans Frank habe sie krank gemacht. Ihrem Mann schrieb sie: »Dr. G. wollte sich das Leben nehmen, wenn ihn seine Frau verlässt.«[698]

Das Verhältnis zwischen Hans Frank und Dr. Carl Ludwig G. ist zwiespältig. So schrieb G. am 21. Juli 1944 an den »Sehr geehrten Herrn Generalgouverneur« und bedankte sich für die Übersendung der »schönen und überaus gelungenen Markenserie«, von deren Erscheinen er nichts gewusst habe. Der Brief endet überraschend: »Ich freue mich auf ein Wiedersehen und zeichne mit Heil Hitler als Ihr sehr ergebener Carl Ludwig G.«[699] Am 29. August 1944 bedankte sich G. bei Frank für weitere Briefmarken und fuhr fort: »Von Lilly bin ich über die Schwierigkeiten Ihrer Aufgaben unterrichtet und hoffe mit Ihnen auf ein gutes Ende. Vielleicht können Sie es doch ermöglichen, einige Tage auszuspannen und nach Aibling zu kommen. In der Hoffnung auf ein baldiges Wiedersehen…«[700]

Um Lilly G. einer »Arbeitsverpflichtung bei Aufgaben der Reichsverteidigung« zu entziehen, ließ Frank mit ihr am 1. September 1943 einen Dienstvertrag als halbtägige Gelegenheitshilfskraft in der Kanzlei des Generalgouverneurs abschließen. Der Scheinvertrag wurde ein Jahr später wieder gelöst.[701]

Da Hitler am 7. Mai 1943 die Ehescheidung verbot, nahm Frank seine Klage am 7. Juni 1943 zurück. »Die Trennung des Klägers von der Beklagten bleibt hiervon völlig unberührt und aufrecht erhalten. Auch verzichtet der Kläger nicht auf seine Rechte auf Scheidung.«[702]

Doch was bedeutete die Trennung wirklich? Der juristische Tatbestand unterschied sich vom faktischen, wenn Hans Frank zwischendurch im Schoberhof »auf Familie machte«.[703] Und die Scheidung stand dann doch wieder in Frage, als er am 5. November 1944 schrieb: »Liebe Brigitte, nichts wird uns trennen, alles Trennende ist restlos beseitigt.« Am 24. November 1944 teilte er seiner Frau mit: »Ich habe Dir geschrieben, dass ich mich entschlossen habe, mit der Familie zusammen in alle Zukunft eine Einheit zu bilden, und das muss denn doch genügen.«[704] Von Lilly konnte er trotzdem nicht lassen. Das Ende des Ehedramas wurde schließlich von den Ereignissen überrollt.

Am meisten litten wohl die Kinder. Der 1939 geborene Niklas Frank bekam seinen Vater nur selten zu Gesicht.[705] Der älteste Sohn Norman, 1928 geboren, kam 1941 in Krakau in das Gymnasium für Deutsche und Volksdeutsche.[706] Während Brigitte Frank nur gelegentlich mit den anderen Kindern in Krakau und Kressendorf weilte, lebte Norman die meiste Zeit bei seinem Vater. Er empfand Krakau als eine schöne Stadt, das Leben auf der Burg aber trostlos und langweilig. Norman fuhr mit dem Fahrrad zur Schule und kam regelmäßig am Ghetto vorbei, wie er sich erinnert. Er musste mit 14 Jahren zur Hitlerjugend, trug auch deren Uniform, konnte sich aber vor Dienstverpflichtungen weitgehend drücken, da man gegen den Sohn des Generalgouverneurs nichts unternehmen wollte. Einmal hörte er beim Fußballspielen, wie Polen die verbotene Nationalhymne sangen, dann fielen Schüsse. Jemand sagte, es würden Polen erschossen. Als er seinen Vater danach fragte, brach dieser erregt das Gespräch ab. Von den dunklen Seiten des Vaters bekam er, wie er später erzählte, nichts mit.

Familie Frank, 1942 (ohne Tochter Brigitte) (IPN Warschau)

Für ihn hatte der Vater eine gehobene militärische Position und immer mit wichtigen Personen zu tun.

Hans Frank wollte seinen Sohn bei sich haben, »um ein gewisses Gefühl von Familie zu spüren« (Norman Frank). Norman wusste nichts von den Scheidungsabsichten des Vaters, merkte aber wohl, dass die Beziehung zwischen den Eltern zerrüttet war. Norman erinnert sich an prominente Persönlichkeiten wie Goebbels oder Rosenberg, die nach Krakau kamen, oder an Filmstars, Musiker und Künstler. Als sein Vater ab 1942 immer öfter abwesend war, fühlte sich Norman oft allein und entwickelte sich zum Einzelgänger. Der Vater hatte deshalb auch ein schlechtes Gewissen und verhielt sich herzlich zu ihm. Je näher die Front rückte und das Generalgouvernement ins Wanken geriet, umso stärker wandte sich Hans Frank seinem Sohn zu, bei dem er sich offensichtlich am wohlsten fühlte. Vorübergehend wurde Norman aus Sicherheitsgründen in eine Oberschule in Tschaslau im damaligen Protektorat Böhmen und Mähren ausquartiert, kehrte aber bald zurück und verließ Anfang Januar 1945 Krakau endgültig.[707]

Am 8. Januar 1945 traf die älteste Schwester Sigrid ein, die in Krakau als Hilfsschwester des Roten Kreuzes angestellt wurde.[708] Das Zusammensein mit seiner Tochter genoss Frank, einzig ihre »Schminkerei« störte ihn. »Es ist mir unverständlich, dass sie ihr Gesicht durch das rote Lippengebatz so verunstaltet.«[709]

Ein Jahr später saß der ehemalige Generalgouverneur bereits seit geraumer Zeit im Gerichtsgefängnis Nürnberg ein und vertraute seine Eheprobleme dem Gerichtspsychiater Leon Goldensohn an und dem Gerichtspsychologen Gustave M. Gilbert, beides Amerikaner: Das Einzige, was seine Frau und ihn jetzt noch zusammenhalte, seien die Kinder und der Prozess.

Dass er Brigitte geheiratet habe, sei der größte Fehler seines Lebens gewesen. Er sei immer einsam, seine Frau physisch und geistig zu alt für ihn gewesen. Über Dinge, die ihn bedrückten, hätte er mit seiner Frau nicht sprechen können. »Ich war praktisch ein verheirateter Junggeselle.«[710]

Eine letzte Rache an Lilly übte Brigitte Frank, als ihr Mann in der Nürnberger Haft nur noch ihr alleine gehörte. Er hatte seiner Frau aus der Einsamkeit seiner Zelle Sätze geschrieben wie z. B.: »Ich möchte mich tiefstgebeugt vor Dir neigen, die Du als Mensch und Frau so edel, groß und rein Deinen Stolz, Deine Würde, Deine Haltung, Deinen Glauben und Deine Innigkeit bewahrst.« Eine Sammlung solcher Briefstellen »meines über alles geliebten Mannes« schickte sie mit einem kurzen Schreiben an Carl Ludwig G. nach Bad Aibling, wohl wissend, dass sie damit auch in die Hände ihrer Nebenbuhlerin gelangen würden.[711]

Letzte Aussprache mit Hitler

Die Aussöhnung mit Bormann trug wohl dazu bei, dass Frank am 6. Februar 1944 von Hitler im Hauptquartier »Wolfsschanze« bei Rastenburg in Ostpreußen empfangen wurde. Gemeinsam aß Hitler mit ihm und Bormann zu Mittag. Der »Führer« war, wie im Diensttagebuch vermerkt, »außerordentlich aufgeschlossen und machte den

Eindruck eines völlig gesunden, lebensfrischen, energiegeladenen Mannes. Er erschien mir wie in seinen besten Jahren.«[712] Frank hielt einen ausführlichen Vortrag, den er mit Schautafeln und Statistiken untermauerte. Er argumentierte mit seinen bekannten Thesen, die darauf hinausliefen, die polnische Bevölkerung vorübergehend durch scheinbare Liberalisierung zu ködern. Er sprach vom Eröffnen eines polnischen Theaters, Duldung der Kirchen, von Hochschulkursen und Ärzteausbildung. Er lobte die Duldsamkeit der Ukrainer und warb für seine Kulturarbeit, speziell für Theater in Krakau, Warschau und Lemberg und stellte die Pläne zum Ausbau seiner Burg vor.

Hitler machte nur in zwei Fällen Einwendungen: Warschau müsste sobald wie möglich »abgebaut« werden, und polnische Freiwillige auf deutscher Seite als Kriegsteilnehmer kämen nicht in Frage. Hitlers Standpunkt war: »Die Polen sollen arbeiten, der deutsche Soldat wird sie gegen den Bolschewismus verteidigen.«

Als Frank »die großartige Haltung der Deutschen im Generalgouvernement« angesichts der militärischen Verluste ansprach, soll Hitler geantwortet haben:

»Ja mein lieber Frank, es ist eigenartig, das Generalgouvernement haben wir früher alle als einen etwas im Hintergrund liegenden Winkel angesehen, heute ist es die Bastion des Ostens. Ich bin genau im Bilde über die Leistungen des Generalgouvernements und sage Ihnen, dass ich alles tun werde, um es nicht zum Kriegsschauplatz werden zu lassen.«

Anschließend wurde Frank an weitere Gesprächspartner im Hauptquartier weitergereicht, so zu Hitlers Leibarzt Theodor Morell, Reichspressesprecher Otto Dietrich und Generalfeldmarschall Keitel. Frank war kurzzeitig obenauf, und alle Hofschranzen klopften ihm auf die Schulter. Martin Bormann versprach Frank, bei nächster Gelegenheit einen Besuch in Krakau nachzuholen. Er freue sich, »den jahrelangen Kampf beendet zu sehen, er habe von Anfang an gewusst, dass diese Stunde einmal kommen werde«.[713]

Aufschlussreich ist, wie Frank ungefähr zwei Jahre später in der Nürnberger Haft sein letztes Zusammentreffen mit Hitler beschrieb (Auszüge):[714]

»Ich sah als erstes Herrn Martin Bormann persönlich, der schon auf die Unterredung wartete, mich kaum begrüßte und kein einziges Wort, nicht einmal eine banale Höflichkeitsformel mir gegenüber verlauten ließ. Wir standen mindestens eine Viertelstunde völlig stumm in dem kleinen Warteraum beim Adjutanten, der das sehr peinliche Dauerschweigen ab und zu durch eine Frage an mich unterbrach. Ich bedachte sehr ernst diese Situation: So also sieht es aus, wenn der alte Verteidiger Hitlers, mit dem er jahrelang in der Kampfzeit zusammen war, ihn jetzt besuchte. In dieser Bunkerklausur lebte er nun dahin, nur von seinen Bormännern beherrscht, isoliert vom Volk, vom Leben, vom Sterben, von Not, Qual, Gewalt und Leid. Und da steht nun ein so hochintriganter Bursche als Leiter der gewaltigen Bewegung von einst, spielt sich als Herr auf und behandelte einen als missliebigen Eindringling. Auf diese Bormanns also war der Mann herabgesunken.

Endlich kam der Führer (grauer Uniformrock ohne Abzeichen, schwarze lange Hose) und begrüßte mich völlig stumm, nur durch Händedruck. Dann sagte er: ›Kommen Sie, Sorgenkind, wir essen erst einmal zusammen.‹ Das Essen war denkbar einfach, aber sehr geschmackvoll zubereitet. Ich war durch das Ganze so ergriffen und innerlich so gepackt, dass ich kaum essen konnte. Vor allem erschien mir Hitler selbst alt, müde, geradezu gebrechlich, seine Art so verschwommen, vergesslich-verträumt, dass ich mit diesem Bild innerlich schwer zu arbeiten hatte. Er schaute mich prüfend an und meinte: ›Sie sind auch nicht jünger geworden, Dr. Frank, Sie haben ja schon graue Haare an den Schläfen.‹ Ohne Antwort begann er fortzufahren, während der lauernde Blick Bormanns über allem lag.«

Nach Franks letzter Darstellung kritisierte Hitler zwar, dass Frank mit seinen Reden gegen ihn Opposition gemacht habe, doch wolle er darüber erst nach dem Krieg mit ihm sprechen. Hitler habe sich dann alle »seine Schmerzen« angehört, mit ihm auch über Theater- und Schulfragen geredet, letztlich aber nur gesagt, dass er nicht nachgeben könne, solange Deutsche ermordet würden, er müsse fest bleiben »für die nächsten tausend Jahre Europas«. Dann habe Bormann den nächsten Termin angemahnt, während Frank »furchtbares Mitleid« mit dem müden, verbrauchten Mann empfand. Bormann habe sich kurz verabschiedet: »Das war eine lange Unterredung. Also auf Wiedersehen.«

Goebbels notierte über die Unterredung, dass der »Führer« mit Frank die in Anbetracht der veränderten Lage im Generalgouvernement neu einzuschlagende Politik besprochen und Frank im Gegensatz zu früher einen verhältnismäßig guten Eindruck gemacht habe.[715]

Franks Tonlage gegenüber Hitler änderte sich im letzten Teil seiner Nürnberger Aufzeichnungen, obwohl er unterstrich, sich ihm noch immer schicksalhaft verbunden zu fühlen. Er sprach Hitler »eine echte große Begabung für Strategie« nicht ab, doch sei er kein Feldherr, sondern ein Bunkergeist gewesen, isoliert, hart gegen sich und gegen das Volk, eine düstere Größe, deren Saat des Hasses gegen ihn selbst aufging.[716] »Gänzlich unbeweglich durch alles Grauen hielt er mit dem Wollen eines grausigen Urwesens mit schrecklicher Gewalt alles in seinem Bann. Er wollte bestehen, auch wenn ganz Deutschland zugrunde ging.« Frank zitierte Hitler abschließend mit dem Satz: »Schlimmer als jeder Kriegszustand wird auf jeden Fall die Lage sein, die Deutschland nach dem Sieg seiner Feinde erwartet.«[717]

»Versteifung« der Sicherheitslage

Hitler war auf der Verliererstraße und seine Feinde inzwischen in die Zielgerade eingebogen. Auf der Konferenz in Casablanca (14. bis 24. Januar 1943) vereinbarten Roosevelt und Churchill die Landung in Sizilien und auf der Konferenz in Teheran (28. November bis 1. Dezember 1943) gemeinsam mit Stalin die Invasion in Nordfrankreich. Die deutsche Luftwaffe befand sich in einer Krise; deutsche Städte wurden Ziel von Flächenbombardements, wie Hans Frank persönlich erfahren musste: Sein Reichsrechtsamt in München war inzwischen zerstört worden,[718] seine Berliner Dienstvilla in der Regerstraße ausgebombt.[719] Die Wehrmacht war in Rückzugsgefechte verwickelt. An der Ostfront hatte die Rote Armee die strategische Initiative übernommen und drängte unaufhaltsam vorwärts.

Das Leben im Generalgouvernement wurde von Tag zu Tag schwieriger – auch für Hans Frank persönlich, auf den am 29. Januar 1944 ein Attentat versucht wurde. Unter der Verantwortung des AK-Führers Jozef Spychalski wurde es von Ryszard Nuszkiewicz geplant und unter der Leitung von Stanislaw Wieckowski ausgeführt.[720]

Gegen 23 Uhr war Frank vom Hauptbahnhof Krakau in Richtung Lemberg aufgebrochen. Um 23.17 Uhr erfolgte in der Nähe von Grodkowice bei Kilometer 22,3 eine dumpfe Detonation, verursacht durch einen elektrisch gezündeten Sprengkörper, der etwa einen Meter Schienenstrang aus dem Gleisbett riss und hinter der letzten Achse den Salonwagens 1006 traf, der hin und her geschüttelt wurde. Der Salonwagen 1001 sprang sofort aus den Schienen und holperte auf dem Bahnkörper weiter, ebenso der nachfolgende Begleitschutzwaggon. Der Wagenmeister im Salonwagen 1006 zog die Notbremse, während gleichfalls der Lokomotivführer den Zug sofort bremste und ihn nach 80 m zum Stehen brachte.

Zwei Bahnpolizisten auf der Lokomotive beobachteten im Anschluss an die Detonation Mündungsfeuer von rechts und eröffneten mit ihren Maschinenpistolen sofort das Feuer in diese Richtung. Nach Stillstand des Zuges schoss das SS-Begleitschutzkommando mit Maschinengewehren ebenfalls in Richtung des dortigen Waldes, wo drei bis fünf Personen gesehen wurden. SS-Obergruppenführer Koppe übernahm mit 10 Mann die Sicherung des Zuges und stellte fest, dass die Sprengung mittels eines ca. 60 m langen Kabels vom Waldrand her ausgelöst worden war. Verletzt wurde bei dem Anschlag niemand. Aus Krakau kam ein Ersatzzug und brachte Frank zurück. Am nächsten Morgen reiste er mit dem Flugzeug nach Lemberg.[721]

Auf Seiten der Widerstandsbewegung gab es keine Verletzte oder Tote. Dass sie genaue Informationen über Franks Reisepläne gehabt haben musste, wurde in vorhandenen Dokumenten der SS nicht erörtert. Frank berichtete nicht ohne Stolz, dass bei seiner Unterredung mit Hitler am 6. Februar dieser über das Attentat informiert gewesen war.

Ein Gegenzug von Lemberg nach Krakau mit Teilnehmern an der Lemberger Kundgebung fuhr am 1. Februar 1944 auf eine Mine.

Mit Franks Einverständnis wurden 100 Geiseln erschossen, und zwar 50 in Podleze bei Grodkowice und 50 in der Umgebung von Debica. Der Krakauer SS- und Polizeiführer ließ auf Plakaten mitteilen, dass die Hinrichtung an Personen vollzogen wurde, die bereits durch Standgerichte zum Tode verurteilt, aber für einen Gnadenerweis ausgewählt worden waren.[722]

Am 1. Februar 1944 kam es in Warschau zu einem weiteren Attentat. Der SS-Brigadeführers Franz Kutschera wurde von einer Sonderabteilung der AK erschossen. Als Vergeltung wurden mehr als 300 Polen in Warschau ermordet.[723]

Einen Tag später besetzten die sowjetischen Truppen überraschend Rowno und drangen weiter nach Dubno vor. Sie waren jetzt noch 60 km vom Generalgouvernement entfernt. Der Generalgouverneur stellte in einer Besprechung fest, dass nunmehr der »Zustand der militärischen Bedrohung des Generalgouvernements« eingetreten sei.[724]

Die gern verwendete Formulierung, dass sich die Lage »versteift« habe, verharmloste die Realitäten. In Wahrheit entwickelten sich die Zustände im Generalgouvernement desaströs. Die militärische und die Sicherheitslage wurden in den Folgemonaten zu zentralen Themen, auf der Burg jagte eine Polizei- und Militärbesprechung die andere. Je mehr den deutschen Besatzungskräften die Macht entglitt, umso heftiger wirkte sich die gegnerische Propaganda auf das Befinden der deutschen Bevölkerung, aber auch auf die Sicherheitskräfte aus. Am 6. März wurde von der Sowjetarmee nordöstlich von Tarnopol erstmals die Grenze des Generalgouvernements überschritten – eine Zäsur im Denken der Krakauer Regierung, die dies nie für möglich gehalten hatte und nun nicht mehr die Augen vor den Realitäten verschließen konnte.[725] Generalgouverneur Frank versuchte dennoch Hoffnung zu wecken mit der Spekulation, dass die Sowjets vielleicht zur Eroberung des Baltikums doch noch abdrehen würden. Allgemein verbreitete sich die Einstellung unter den Deutschen, dass die Front zwar näher rücke, die Stimmung aber zuversichtlich bleiben müsse.[726] Räumungsmaßnahmen und Stellungsbau, Lenkung der Flüchtlingsströme und Rückführungsbewegungen bestimmten von nun an den Alltag der Zivilverwaltung. Am 19. Juli erläuterte Generalleutnant Max Bork in einer Arbeitssitzung in Krakau den Durchbruch sowjetischer Panzer bei Lemberg und Brest-Litowsk. Anschließend fand eine Besprechung mit General Willi Moser, dem Kommandanten des »Festen Platzes Lublin«, statt. Danach begab sich Hans Frank zu einem Liederabend mit Prof. Dr. Hans Pfitzner.[727]

Die Sicherheitslage hatte eine neue Qualität gewonnen, die mit »bolschewistischer Gefahr« umschrieben wurde. Einhergehend mit den militärischen Geländegewinnen verbreiteten russische Partisanen und polnische Widerstandsgruppen allenthalben Furcht und Schrecken, steigerte sich die Anzahl der Attentate und Sabotagehandlungen, plünderte die einheimische Bevölkerung die Vorratslager. Im Rahmen der Aktion »Burza« (Gewittersturm) attackierte die polnische Heimatarmee deutsche Einrichtungen.[728] Gleichwohl wurden 24 Polizei- und 90 Wehrmachtsstützpunkte aufgelöst, weil die Kräfte an der Front dringend gebraucht wurden. Mitte März 1944 konstatierte Frank in einer Dienstbesprechung Koppe gegenüber den fortschreitenden Zusammenbruch der deutschen Autorität.[729] So ereigneten sich Mitte April zum Beispiel täglich vier bis 14 Sabotagefälle an der Ostbahn, darunter Störungen wichtiger Strecken zwischen 12 und 24 Stunden und sogar bis zu fünf Tagen.[730] Bei einem Anschlag gegen einen deutschen Militärzug wurden 18 deutsche Soldaten getötet.[731]

Die Deutschen waren nicht mehr Herr der Lage. Um die Entwicklung wenigstens zu beeinflussen, hätte es im Generalgouvernement eines immensen Personaleinsatzes bedurft, den auch der Reichsführer SS nicht bereitstellen konnte. Er besuchte am 18. und 19. Mai 1944 Krakau und räumte ein, dass selbst die Sicherheitslage des Reichs nur noch mit 45% des Friedensstandes gewährleistet sei. Himmler, inzwischen zum Reichsinnenminister avanciert, stellte lediglich den Schutz der Ernte seitens der Waffen-SS in Aussicht und gab Frank ansonsten den Rat, sich selbst zu helfen: durch Verstärken der »fremdvölkischen Polizei« und Errichten einer »Landwacht«. Hans Frank ließ sich damit abspeisen, weil bei seinem Gespräch unter vier Augen, bei dem gemeinsamen Frühstück und bei der persönlichen Verabschiedung am Flughafen »die Chemie stimmte«. Himmler bedankte sich für die »schöne Aufnahme und die kameradschaftliche Aufgeschlossenheit in einer völlig befriedeten Führungssituation«, während Frank gleichfalls die herzliche Kameradschaft lobte als Zeichen dafür, dass die Ära Krüger überwunden und vergessen sei.[732] Es gibt Indizien, die für ein abgekartetes Spiel zwischen Frank und Himmler sprechen, demzufolge Frank mit Reformen für die polnische Bevölkerung in die Offensive gehen, deren Realisierung jedoch nicht wirklich in die Tat umgesetzt werden sollen (siehe S. 344 ff.).[733]

Drei Wochen später, am 6. Juni, begann die Invasion der Alliierten an der Atlantikküste in der Normandie, die Frank in einer Rede nur streifte. Die 5. US-Armee und die 8. Britische Armee erreichten Rom.

Neben Frank war der Höhere SS- und Polizeiführer Ost der von den Polen »bestgehasste« Mann im Generalgouvernement. Attentate gegen Krüger und Frank waren gescheitert. Am 11. Juli 1944 hatte die Widerstandsbewegung erneut keinen Erfolg mit ihrem Attentat auf den SS-Obergruppenführer Wilhelm Koppe. Von der Hauptkommandantur der AK zum Tode verurteilt, sollte er von der Jugendorganisation »Parasol« hingerichtet werden. An der Operation beteiligten sich 20 junge Widerstandskämpfer. Koppe war in den Vormittagsstunden mit seinem gepanzerten Dienstwagen von der Burg unterwegs zum Regierungsgebäude. In Höhe des Kossaka-Platzes waren Barrikaden errichtet worden. Die AK-Kämpfer eröffneten in dem Moment das Feuer auf das Fahrzeug, als es wegen der Hindernisse abbremste. Koppe duckte sich auf den Fahrzeugboden und blieb unverletzt, während sein Adjutant tödlich getroffen wurde. Dem Fahrer gelang es, mit einem Zickzackkurs den Pkw aus der Gefahrenzone zu lenken. Auf dem Rückweg nach Warschau wurde das Bataillon »Parasol« gestellt, es kam zu einer Schießerei. Zwei Polen verloren ihr Leben, drei wurden schwer verletzt festgenommen und am 22. Juli hingerichtet.[734]

Frank sprach Staatssekretär Koppe seinen »herzlichen Glückwunsch zu Ihrer Errettung aus« und erwarte, dass dieser »entscheidende Sühnemaßnahmen« vorschlage. Von einer Ausgangssperre ab 19 Uhr in Krakau wollte Frank nichts wissen, um nicht den Eindruck zu erwecken, die deutsche Führung sei beunruhigt. Mit Sühnemaßnahmen »in Gestalt der Erschießung von bereits verurteilten, aber für einen Gnadenerweis in Aussicht genommenen Angehörigen der Widerstandsbewegung« erklärte er sich einverstanden.[735]

20. Juli 1944 – Attentat auf Hitler. Frank schickte ein Fernschreiben ins Führerhauptquartier: »Die herzlichsten Glück- und Segenswünsche zu Ihrer gottgewollten Errettung aus der entsetzlichen Gefahr des Verbrecheranschlages auf Ihr Leben.«[736] Zwei Jahre später wird sich Frank in der Nürnberger Haft den Vorwurf machen, warum nicht er den »Führer« einfach erschossen hatte.

»Kraftvolle Kundgebung«, titelte die »Krakauer Zeitung«, »unzertrennlich mit dem Führer: Als die Fahnen der Bewegung in den Saal getragen wurden und die vielen Menschen ihre Arme grüßend hoben, da konnte man aus dem Leuchten der Augen aller lesen, dass sie von einer inneren und wahrhaften Entschlossenheit erfasst sind, gegen alle Fährnisse und Widersacher diesen Fahnen zu folgen und sie bis zum letzten zu verteidigen. Aus einer Kundgebung der NSDAP entbieten die Deutschen des Generalgouvernements Ihnen, Führer, aus dankbarem Herzen ihre Treuegrüße.«[737]

Nur sechs Tage später, am 26. Juli 1944, vermerkte Frank: »Das Generalgouvernement hat in den letzten Tagen an Wucht und Raum entscheidende Verluste erlitten. Es ist ein tragischer Umstand, dass an einem Tag die beiden Gouverneure von Galizien und Lublin sich auf der Burg melden, dass die Distrikte praktisch verloren sind.«[738] Hans Frank, der noch 1941 erklärt hatte: »Wir werden die großen Reichsautobahnen bauen, die quer durchs Generalgouvernement gehen – an diesen Reichsautobahnen werden große Siedlungsdörfer für Deutsche entstehen«, blieben nur noch Durchhalteparolen: »Von meinen Mitarbeitern erwarte ich absoluten Siegesglauben und beispielhaftes Verhalten.«[739]

Der Warschauer Aufstand

Der Warschauer Aufstand vom 1. August bis 2. Oktober 1944, der vielfach Thema deutscher und besonders polnischer Publikationen ist,[740] soll an dieser Stelle nur mit Blick auf den Generalgouverneur beleuchtet werden. Die Entscheidung, den von langer Hand vorbereiteten Umsturz zu wagen, war von verschiedenen Entwicklungen beeinflusst worden:[741]

– Die Heeresgruppe Mitte war geschlagen, die Niederlage der Deutschen an der Ostfront nicht zu übersehen;
– durch Warschau zogen demoralisierte und erschöpfte deutsche Truppen Richtung Westen, gefolgt von volksdeutschen Flüchtlingstrecks (die Deutschen sind besiegbar);
– die geglückte Invasion und das Attentat auf Hitler hatten Signalwirkung;

– die 2. Panzerarmee der Sowjets erreichte am 30. Juli den auf dem östlichen Weichselufer gelegenen Warschauer Stadtteil Praga;
– der Aufstand lag im Interesse der Londoner Exilregierung.

Keinesfalls wurde die deutsche Seite von dem Aufstand überrascht, wie es hier und da im Fachschrifttum – auch in Polen – behauptet wurde. Bereits am 16. Februar 1944 referierte SS-Brigadeführer Walther Bierkamp in einer Besprechung der Gouverneure und Hauptabteilungsleiter über die »ganz hervorragenden polnischen Vorbereitungen« eines Aufstandes, man müsse staunen, »wie tadellos und militärisch der gegnerische Apparat arbeite«. Der Zeitpunkt des Aufstandes werde von London bestimmt.[742] Mitte Mai erklärte Koppe, die Vorbereitungen des Aufstandes hätten in den letzten Wochen Formen angenommen, die erkennen ließen, dass man nunmehr gewillt sei zu handeln.[743] Himmler äußerte bei seinem Krakau-Besuch, dass ein Aufstandsversuch »mit schärfster sofortiger Gewaltkonzentration ohne jedes Ansehen der Opfer« niederzuschlagen sei.[744] Am 25. Juli wusste Koppe zu berichten, dass die Exilregierung in London den Aufstand der Polen im Generalgouvernement ausgerufen habe.

Dass der Aufstand von Warschau, der »Zentrale der nationalen Widerstandsbewegung« (SS-Brigadeführer Bierkamp), und nicht von Krakau ausgehen würde, war klar. »Warschau ist und bleibt der Unruheherd«, meinte auch Frank, und Koppe sprach von der »gefährlichen Metropole der Verschwörung«, die Frage sei nur, »ob man nicht besser die Deutschen aus dieser Pesthöhle herausholen sollte«.[745]

Der Aufstand war gleichermaßen mutig wie aussichtslos, verzweifelt wie von Nationalstolz getragen. Polnische Widerstandskämpfer wollten ihre Hauptstadt selbst befreien, bevor die sowjetischen Truppen dort einmarschierten. Die Zahl der Kämpfer der *Armia Krajowa* und anderer – auch kommunistischer – Widerstandsgruppen, allesamt unter dem Kommando von General Tadeusz »Bor« Komorowski und des Warschauer Kommandeurs der Heimatarmee, Oberst Antoni »Monter« Chrusciel, entsprach zwar in etwa der Stärke deutscher Besatzer, doch waren Bewaffnung, Munition und Fernmeldeverbindungen mangelhaft. Außerdem wurde die Kampfkraft der fünf östlich von Warschau stationierten deutschen Panzerdivisionen, darunter die SS-

Panzerdivisionen »Wiking« und »Totenkopf« sowie die Elitedivision »Hermann Göring«, unterschätzt. Hitler übertrug die Verantwortung für die Niederschlagung des Aufstandes nicht der Wehrmacht, sondern Reichsführer SS Heinrich Himmler.[746]

Frank schien zunächst ratlos gewesen zu sein, denn erst am dritten Tag entwickelte er eigene Initiativen. Er telefonierte mit Goebbels und mit dem Generalstabchef des Heeres, Heinz Guderian, der ankündigte, er wolle »an der Stadt Warschau mit aller Härte ein Verdikt vollziehen«, Truppen seien bereits auf dem Weg. Vom Warschauer Stadtkommandanten, General Stahel, und Gouverneur Fischer ließ sich Frank telefonisch über die Lage berichten. In zwei Fernschreiben informierte er Lammers und bat, die Heranführung von Entsatzstreitkräften zu beschleunigen, denn »aus eigener Kraft könne der Aufstand nicht mehr überwältigt werden«.[747]

Am 4. August wehrte sich der Generalgouverneur in einem Fernschreiben »an den lieben Parteigenossen Himmler« gegen die Verleumdung, in Krakau herrsche bei der Regierung Panikstimmung oder Unruhe, und es würde überstürzt abgebaut. In der Tat kann man Hans Frank viele Schwächen nachsagen, aber in diesen Wochen nicht »Feigheit vor dem Feind«.[748]

In einem Fernschreiben am 5. August, als die Deutschen nach und nach die Oberhand gewannen und der Aufstand zu scheitern begann, berichtete Frank erneut an Lammers: »Nach diesem Aufstand und seiner Niederschlagung wird Warschau dem verdienten Schicksal seiner völligen Vernichtung mit Recht anheim gefallen sein oder unterzogen werden.«[749]

Zwar befindet sich bis zum 12. August aufgrund verloren gegangener Aktenstücke im Diensttagebuch eine Lücke, aber letztlich war Frank in dieser Situation ohne Bedeutung, denn er verblieb fernab in Krakau auf seiner Burg, wo er Informationen nur aus zweiter Hand erhielt und keine Befehlsgewalt innehatte. SS-Obergruppenführer Erich von dem Bach-Zelewski, der die deutschen Verbände befehligte und die Kapitulationsverhandlungen führte, erklärte in einer Zeugenaussage im Nürnberger Prozess: »Mit der militärischen Niederschlagung des Warschauer Aufstandes hatte Frank nichts zu tun.«[750]

In den folgenden Wochen behandelte Frank die Ereignisse eher beiläufig, sprach von der »Wahnsinnstat einiger Verbrecher, geboren aus der Angst, daß Warschau von den Bolschewiken erobert werden könnte und damit für die polnische Mentalität verloren wäre«.[751]

Zur Verstärkung von Wehrmacht und Polizei schickte Himmler die SS-Sturmbrigade Dirlewanger nach Warschau, eine berüchtigte Einheit, die aus deutschen Kriminellen, Berufsverbrechern und zu Bewährungsstrafen verurteilten SS-Angehörigen bestand. Himmler gab den »Führerbefehl« bekannt, dass die Stadt zerstört werden sollte und Gefangene nicht zu machen seien.[752] Dr. Oskar Dirlewanger führte Massenexekutionen durch, auch an Frauen und Kindern.

Frank begrüßte die Niederschlagung des Aufstandes als den ersten großen deutschen Sieg nach Stalingrad.[753] Er empfing am 16. Oktober 1944 Dirlewanger auf seiner Burg zur Berichterstattung und sprach ihm »seinen Dank und seine Anerkennung aus, anschließend Mittagessen mit Dirlewanger«.[754] Auf den Tag genau zwei Jahre später wird Frank in Nürnberg hingerichtet werden.

Unter Entbehrung und Leid, Hunger, Depression und schließlich in Agonie musste der Aufstand nach quälenden drei Monaten beendet werden. Die tapfer kämpfende Heimatarmee scheiterte an deutscher Übermacht, eigenen Mängeln sowie am Fehlen einer Unterstützung durch die sowjetische Armee. Der Aufstand forderte 16 000 Tote bei den Aufständischen und fast 150 000 Tote unter der Zivilbevölkerung. Auf deutscher Seite zählte man 25 000 Tote, Verwundete und Vermisste. Gouverneur Fischer teilte in einem Fernschreiben an Frank mit, dass auf Hitlers Befehl die menschenleere Stadt erst geplündert und dann systematisch zerstört werden sollte.[755] Bis Mitte Dezember 1944 verließen die Stadt 26 319 Waggons mit landwirtschaftlichen Erzeugnissen, Rohstoffen und Industrieeinrichtungen.[756] Alle polnischen Bewohner Warschaus waren zwangsevakuiert worden. Von etwa 350 000 Zivilisten wurden entgegen der Kapitulationsvereinbarung 90 000 zur Zwangsarbeit und 60 000 in Konzentrationslager verschleppt, der Rest im Generalgouvernement verteilt. 18 000 Kämpferinnen und Kämpfer der Heimatarmee, denen der Kombattantenstatus zugebilligt worden war, wurden in Gefangenenlagern festgesetzt.[757]

Dass Dirlewanger Tausende von Zivilisten massakrieren ließ, fand Frank lobenswert, dass Himmler KZ-Einweisungen anordnete, missfiel ihm. Erneut flackerte die alte Rivalität auf. Josef Bühler sagte im Nürnberger Prozess als Zeuge der Verteidigung aus, Frank habe eine Demarche an den Reichsführer SS gesandt, woraufhin Himmler weitere Einweisungen in Konzentrationslager untersagte. Frank habe dann versucht, die bereits in KZ inhaftierten 60 000 Warschauer wieder frei zu bekommen und zu diesem Zweck ihn (Bühler) zum Reichssicherheitshauptamt nach Berlin geschickt. Eine Entlassung habe jedoch Ernst Kaltenbrunner, der Chef des RSHA, abgelehnt, da diese Menschen in der geheimen Rüstungsfertigung eingesetzt seien.[758]

Aus heutiger Sicht stellte der Warschauer Aufstand militärisch ein Wagnis dar und ein Risiko, seine Durchführung ist jedoch für das Selbstverständnis und Selbstbewusstsein der polnischen Nation von größter Bedeutung.

Retten, was nicht zu retten ist

Die Niederschlagung des Warschauer Aufstandes konnte nicht darüber hinwegtäuschen, dass die Kriegslage insgesamt für die Deutschen hoffnungslos war. In öffentlichen Auftritten ließ Frank jedoch keinen Zweifel an der deutschen Überlegenheit aufkommen. Er beschwor – um griffige Formulierungen nie verlegen – die »totale Kameradschaft« als »seelische Waffe« und feierte in einer Rede vor Mitgliedern des Winterhilfswerks den »Sieg des deutschen Herzens« – wenn schon der Sieg der Waffen bislang ausgeblieben war. Dies jedoch war für Frank nur eine Frage der Zeit, denn:

> »Die Partei hat eine eiserne Faust gegenüber den Feinden Deutschlands, sie hat eine kalte Stirn in den Überlegungen weltgeschichtlicher Art, in denen es nicht um Winseln und Weinen geht, – nein, in der Weltgeschichte geht es darum: Wer ist der Härteste, wer ist der Stärkste, wer ist der Letzte mit der Waffe in der Hand auf dem Schlachtfeld.«[759]

In seinen mit großem Beifall bedachten Reden vermittelte Frank Siegesgewissheit dank deutscher »Selbstsicherheit, Klarheit und Disziplin, die Fahne ist immer hoch aufgerichtet nach dem Osten«.[760] Der Generalgouverneur erhob »leidenschaftlichen Protest gegen den Terror der Sowjets in den von ihnen besetzten Gebietsstreifen des Generalgouvernements«, was gerade aus seinem Munde sehr zynisch ist. Der Verteidiger der »Bastion im Osten« empörte sich immer wieder über »Lügennachrichten« des Feindes, denn die erdrückende Mehrheit der Millionenmassen der Bauern, Arbeiter und anderen Berufsschichten zeichnen sich durch eine durch nichts zu erschütternde Pflichterfüllung im Dienste Europas« aus.[761]

Der regimekritische Wehrmachtsoffizier Wilm Hosenfeld notierte in Warschau am 29. März 1944 in sein Tagebuch (Auszüge):[762]

»›Das Nebenland des Reichs mehr denn je vom totalen Frontgeist erfüllt‹, so sagt der Generalgouverneur auf einer großen Parteikundgebung in Krakau. Und früher schon mal, etwa vor sechs Wochen, nannte er vor ausländischen Journalisten das Generalgouvernement den befriedetsten Teil der besetzten Gebiete. Wer die Verhältnisse kennt, kann sich nur wundern, wie der verantwortliche Regierungschef solche, die Allgemeinheit irreführenden Reden halten kann. Es ist nicht anzunehmen, daß er nicht weiß, wie gefährdet die öffentliche Sicherheit ist, wie die Banditen und die illegalen Widerstandsbewegungen in steigendem Maße sich festigen und organisieren. Er selbst kommt nur unter stärkster polizeilicher Bedeckung nach Warschau. Man kann nur annehmen, daß es Generalgouverneur Frank darum zu tun ist, die Öffentlichkeit irre zu führen und nach oben hin Eindruck zu machen. Diese Unwahrhaftigkeit ist ein Kennzeichen der gesamten nationalsozialistischen Staatsführung. Was nicht in den Kram paßt, wird dem Volk verschwiegen. Nebensächlichkeiten werden aufgebauscht, und durch Ablenkungsmanöver soll die öffentliche Meinung beruhigt werden. Die Volksstimmung ist zwar ruhig, aber keinesfalls aktiv oder einsatzbereit bis zum letzten, wie Goebbels zu sagen pflegt. Die Deutschen sind schon zermürbt und abgestumpft und fast uninteressiert am Krieg.«

Vorübergehend bestand noch die Hoffnung, eine San-Weichsel-Stellung so auszubauen, dass sie »jedem Ansturm der Russen standhalte« (Koppe).[763] Am 25. Juli musste Frank jedoch in einem Fernschreiben an Lammers zugeben, dass drei sowjetische Panzerkorps den San überschritten hätten und die Sowjets die Brückenköpfe Pulawy und Imena verstärkten.[764] Dessen ungeachtet titelte die »Krakauer Zeitung« einen Bericht über umfassende Schanzarbeiten im Generalgouvernement »Im Zeichen der Solidarität des Spatens«: Alt und jung sei einig im Abwehrwillen – vom General bis zum Büroboten – mit Humor und guter Stimmung. Und der »Burgherr« empfing polnische Schanzarbeiter, die den »Schutzwall für deutsche und polnische Kultur errichten«, zum Eintopfessen.[765]

Frank wird von der Effizienz des von ihm mit Erlass vom 1. August 1944 angeordneten Stellungsbaus[766] überzeugt gewesen sein, als er seinem Vater am 24. August 1944 schrieb: »Wir arbeiten an der Verteidigung, unsere Feinde werden sich wundern.« Am selben Tag schrieb er an Heinrich George, den Staatsschauspieler: »Wir sind hier, was die Lage anbelangt, voll stärkster Hoffnungen. Wir bauen einen Riesenwall auf vielen tausend Kilometer mit vielen rückwärtigen Systemen, und es ist nach menschlichem Ermessen kaum anzunehmen, daß den Russen die Überschreitung dieses Walles möglich sein wird.«[767] Doch war alle Mühe umsonst. Goebbels notierte am 20. Januar 1945: »Eine völlig zwecklose Arbeit, da die Stellungen gar nicht mit Verteidigern besetzt waren«, die deutschen Truppen seien kräftemäßig im Verhältnis 1:10 unterlegen, und fuhr fort:

»Die Sowjets fahren an den deutschen Stellungen ungestört entlang, suchen sich die oft zehn bis fünfzehn Kilometer breiten Lücken aus, um dort ungehemmt durchzustoßen. Wo Widerstand geleistet wird, nehmen sie den Kampf nicht an, sondern versuchen links und rechts zu umgehen, um im schnellsten Tempo nach Westen vorzudringen.«[768]

Mit dem Bau von Verteidigungsanlagen liefen Maßnahmen zur »Räumung« parallel, das Wort »Evakuierung« gebrauchte man nicht gerne. Nach Franks Richtlinien vom März 1944, die als Geheimsache eingestuft waren, unterschied man nach einem Stufenplan zwischen personeller und territorialer Räumung, an deren Ende die Totalräumung stand.[769] Zunächst sollte »nur gutes Deutschtum« zurückbleiben.[770] Auch mussten die Auflösung der Verwaltung organisiert und in Abstimmung mit dem örtlichen Gauleiter Ausweichquartiere im Raum Breslau bestimmt werden.[771]

Polizei und SS betrieben die Räumungen auf ihre Weise. Nach einer

*Frank besichtigt mit SS-Chef Wilhelm Koppe (2. v. l.) Befestigungsanlagen, 1944
(IPN Warschau)*

Anordnung des Befehlshabers der Sicherheitspolizei und des SD im
Generalgouvernement (Walther Bierkamp) vom 20. Juli 1944 sollten
die Gefängnisse möglichst schnell geleert und die Insassen in Konzentrationslager eingewiesen werden. Wenn wegen der Frontlage ein Abtransport nicht mehr möglich war, lautete die Anweisung, alle Insassen zu töten, um ihre Befreiung durch die Gegner zu verhindern. Die
Leichen sollten nach Möglichkeit beseitigt werden, zum Beispiel
durch Verbrennen. »Ebenso ist mit allen noch in der Rüstungsindustrie beschäftigten Juden zu verfahren.«[772]

Sucht man nach Indizien, was Hans Frank zu dieser Zeit fühlte und
dachte, dann stößt man wie so oft auf Widersprüche. Am 10. Juli traf
er unzweideutige Anordnungen, die darauf schließen lassen, dass er
die Sache der Nazis für verloren glaubte, denn er regelte die »Nachlass-
verwaltung« seiner geliebten Burg. Die Schlüssel sollten einem »ein-
wandfreien Polen« aus dem Burgbereich übergeben und die Versorgung der Bewohner der »Burgstadt« mit Nahrungsmitteln und

Trinkwasser gewährleistet werden. Für Frank hatte die Burg Symbol-
wert. Nun gab er sie offensichtlich verloren. Interessant ist, dass er mit
Blick auf die in der Burg gelagerten Kunstgüter sagte: »Ich will unter
keinen Umständen etwas mitnehmen, was Staatseigentum ist.« Dies
ist eigentlich selbstverständlich und nicht besonders erwähnenswert,
doch verhielt sich Frank so, als hätte jemand seine wahren Gedanken
erraten: Sechs Monate später wird er genau das Gegenteil praktizieren.
Unmissverständlich erklärte Frank außerdem, dass er die Bände des
Diensttagebuches persönlich an sich nehmen wolle, um sie »vielleicht
der Bayrischen Staatsbibliothek zu übergeben oder für ihre sonstige
Unterbringung Sorge zu tragen«.[773]

Andererseits schrieb er zwölf Tage später seiner Frau Brigitte: »Es
ist eine sehr ernste, aber keineswegs verzweifelte Lage. Ich bin nach
wie vor voll echten Glaubens.«[774] Am 25. Juni teilte er Brigitte mit,
dass er an einer schweren Augenentzündung erkrankt sei, acht Tage
in Kressendorf gelegen habe und aufopfernd von zwei Professoren
gepflegt worden sei.[775] Über psychosomatische Ursachen für die
Krankheit hat er sich wohl keine Gedanken gemacht. Im Nürnberger
Prozess ist Frank auf Fotos mit einer dunklen Brille zu sehen, weil er
wiederum Probleme mit den Augen hatte. Am 12. Februar 1946 klag-
te er gegenüber dem Nürnberger Gerichtspsychiater Leon Goldensohn über Augenkrankheiten, die vor zwei Jahren durch Überarbei-
tung verursacht worden wären und sehr schmerzhaft gewesen
seien.[776]

Der Generalgouverneur versuchte durch Angebote an das polnische
Volk, eine Phalanx gegen den Bolschewismus zu schmieden. Seine Absichten, die auf Plänen im Jahre 1943 fußten, waren taktischer Natur
und zielten darauf ab, Polen auf die Seite der Nationalsozialisten zu
ziehen, um den massiven polnischen Widerstand zu unterlaufen. Angesichts des von ihm selbst gesäten Hasses waren seine Bemühungen
widersinnig, denn niemals hätten sich polnische Patrioten nach den
zahllosen Verbrechen und Demütigungen auf einen solchen Handel
eingelassen. Insoweit bedeuten Franks »Pillen für das polnische Volk«
(Gouverneur Wendler) eine weitere Kränkung der Bevölkerung, was
auch noch durch realitätsferne Äußerungen unterstrichen wurde, mit

denen er seine eigenen Absichten vor der Auslandspresse am 7. Februar 1944 in Berlin konterkarierte: »Das polnische Volk hat heute unter deutscher Führung seinen inneren wirtschaftlichen und kulturellen Frieden gefunden.«[777]

In einer Arbeitsbesprechung am 16. Mai 1944 formulierte er drei Grundsätze einer »neuen« Polenpolitik. Erstens könne das alte Argument, die Polen seien Feinde Deutschlands, nicht mehr Grundlage für eine künftige Politik sein. Zweitens müsse *für die Dauer des Krieges* die Arbeitskraft der polnischen Bevölkerung gesichert werden. Und drittens könne man erst nach dem Krieg das Problem *endgültig lösen*. Er fügte hinzu: »*Jetzt* ist keine Zeit zur Bekämpfung des Katholizismus oder der Ausrottung der polnischen Intelligenz.« [kursiv durch D. Sch.] Und: »Die kommende Entwicklung nach dem Krieg steht noch dahin. Es ist sonnenklar, dass das Weichselland genau so deutsch wird wie das Rheinland.«[778]

Mit diesen Aussagen wird deutlich, dass Franks Polenpolitik weiterhin unverändert blieb, dass er kein Tauwetter einläuten, sondern noch aus der Bedrängnis heraus Vorteile erzielen wollte und für die Zeit nach dem »Endsieg« sein bereits zitierter Satz galt: Aus den Polen könne seinetwegen »Hackfleisch gemacht werden«.

Trotzdem brauchte er für seine Pläne die Genehmigung Hitlers, den er am 10. Juli »dringendst« um einen kurzen Empfang bat, der jedoch wegen des Attentats nicht zustande kam.[779] Die von Frank eingeleiteten durchsichtigen Maßnahmen umfassten:

– Gründung einer Polnischen Antibolschewistischen Liga
– Umbenennung der Fachkurse für Heilberufe in Hochschulkurse
– Eröffnung von polnischer Gymnasien
– Eröffnung eines Polnischen Theaters in Krakau
– Instrumentalisierung des Erzbischofs Fürst Sapieha.

Die Polnische Antibolschewistische Liga war eine Farce, denn sie bestand lediglich aus sechs bis acht »namhaften« Polen und hatte keinerlei Unterbau.[780]

Die wissenschaftliche Anerkennung von Fachkursen[781] änderte nichts an den seit Mitte 1942 bestehenden Ausbildungsmaßnahmen,

die wegen Ärztemangels und nicht wegen einer freundlichen Polenpolitik toleriert wurden.

Wie Franks Abteilungspräsident für Wissenschaft und Unterricht,
Dr. Ludwig Eichholz, am 4. Juli 1944 in einer Besprechung mitteilte,
hatte die Schulverwaltung alle Vorbereitungen zur Errichtung polnischer Gymnasien getroffen, er warte nur auf den entsprechenden
Befehl des Generalgouverneurs.[782] Dieser wurde jedoch nie gegeben.
Ganz abgesehen davon war das polnische Schulwesen längst im Untergrund verankert, wo in geheimen Wohnungen das Abitur erworben
wurde.[783] Ein Meisterwerk des Widerstandes war die Krakauer Untergrunduniversität, wo in mehr als einem Dutzend Fachbereichen ein
geheimes Studium absolviert werden konnte.[784]

Der Vertrag für ein Polnisches Theater wurde durch eine Anordnung Franks vom 3. März 1944 widerrufen, weil der polnische künstlerische Leiter es für unerwünscht und unzweckmäßig hielt, dass der
Generalgouverneur ein Vorwort im Programmheft schreibe. Frank
hielt es seinerseits »für gänzlich ausgeschlossen, dass sich die Repräsentanten des Deutschen Reiches von einem Polen vorschreiben lassen,
was sie zu tun oder zu lassen hätten«. Das Theater wurde daraufhin als
»Volkstheater« in die Verwaltung der Stadt Krakau überführt, ein Teil
der Theaterplätze wurde für Deutsche reserviert, der Rest »angesichts
der loyalen Hilfe« der polnischen Bevölkerung zur Verfügung gestellt.[785] Das Theater wurde jedoch von Polen weitgehend boykottiert.

Angesichts der Grundeinstellung Franks, derzufolge »Stalin die Ver-
körperung der Verneinung auf Gottes Erden und Hitler die Bejahung
Gottes« sei,[786] geriet der Empfang des Erzbischofs Dr. Sapieha durch
den Generalgouverneur am 5. April 1944 ins Zwielicht. In einem lang-
atmigen Eingangsstatement verwies Frank u. a. darauf, dass in
Deutschland bis jetzt 3400 Kirchen völlig zerstört seien. Umgekehrt
erhob Sapieha Vorwürfe. Er tadelte die Schutzlosigkeit der Bevölkerung und fand das Erschießen von Polen sowie die Verhaftung und
das Ermorden von polnischen Pfarrern schockierend. Zwanzig Priester seien in Auschwitz bereits zu Tode gekommen und weitere zwanzig
dort in Haft. Frank besaß die Chuzpe zu erwidern: Die geringe Zahl
von zwanzig toten und zwanzig verhafteten Priestern sehe er als Be-

weis, dass es trotz allem geglückt sei, den Polen ein kirchliches Leben zu ermöglichen.

Frank missbilligte, dass die katholische Kirche den Kern des geheimen Widerstandes darstelle und unterstellte dem Erzbischof, Deutsche als Todfeinde der Polen zu betrachten, wo doch der Papst gesagt habe, für ihn sei der Bolschewismus der Todfeind.

Dann schlug Frank vor – und dies dürfte der eigentlich Grund gewesen sein, Sapieha einzuladen –, der Erzbischof möge der polnischen katholischen Öffentlichkeit einen Hirtenbrief verkünden »mit so etwas wie einer antibolschewistischen Festlegung«.

Sapieha bestritt seinerseits, an der Spitze eines Widerstandes zu stehen und erinnerte daran, dass die Deutschen während der letzten fünf Jahre nicht gezeigt hätten, Freunde des polnischen Volkes zu sein.

Franks abschließende Feststellung, »die Polen müssten Gott danken, dass Deutschland in dieser schrecklichen führungslosen Zeit das polnische Volkstum gerettet habe«, war nichts mehr als die Fehleinschätzung, dass sich das katholische Kirchenoberhaupt mit Nazi-Verbrechern arrangieren würde.[787]

Trotz dieser klaren Haltung des Erzbischofs überlegte der Höhere SS- und Polizeiführer Koppe in einer Dienstbesprechung am vierten Tag des Warschauer Aufstandes, »den Fürsterzbischof Sapieha für eine Aktion anzusetzen. Er werde aber keine Bitte aussprechen, umso weniger, als sich die militärische Lage in Warschau mit jedem Tag bessere.«[788]

In einer Vernehmung durch einen polnischen Staatsanwalt am 7. November 1945 wird der damals 78-jährige Dr. Sapieha aussagen, dass seines Wissens »in den Diözesen Pomorze, Poznan, Plock und Wroclaw ungefähr 900 polnische Priester erschossen oder in Konzentrationslagern gestorben seien. Mithin seien seine verschiedenen Protestschreiben an Generalgouverneur Frank und seine Besprechungen mit Staatssekretär Bühler sowie die Zusammenkunft im April 1944 mit Frank wirkungslos geblieben.[789]

Eine von Kaltenbrunner veranlasste Denkschrift des Generalgouverneurs vom 5. Juli 1944 enthielt unter anderem Überlegungen zu einer Statusverbesserung der polnischen Arbeiter im Reich, zum freiwilligen Einsatz als Flakhelfer, zur Gewährung einer Art Selbstverwaltung auf unterer Ebene bis hin zu Verbesserungen im kulturellen Bereich. Die Reformen standen unter dem Vorbehalt, als »Mobplan« (Mobilisierungsplan) nur für die Kriegsdauer gültig zu sein, während endgültige Regelungen nach dem siegreichen Ende des Krieges »in einer Gesamtlösung« getroffen werden sollen. Das Reichssicherheitshauptamt lehnte diese Pläne weitgehend ab, wie auch der Entwurf einer entsprechenden Verordnung vom 26. Oktober 1944 durch Frank nicht realisiert wurde.[790]

Tanz auf dem Vulkan

Die Deutschen im Generalgouvernement lebten im Jahre 1944 wie im Auge eines Hurrikans. Sie wollten sich von geliebten Gewohnheiten und Überzeugungen nicht trennen, lebten ihren Alltag wie eh und je und ignorierten nach Möglichkeit alle Bedrohungen von außen. Während sich die Schlinge immer enger zuzog, waren sie mit Realitätsblindheit geschlagen und gaben sich Illusionen hin. Ein Übriges bewirkten die Propaganda, der »Glaube an den Führer« und die »Wunderwaffen«. Nachdem Goebbels den »totalen Krieg« ausgerufen hatte, wagte kaum jemand, den Endsieg in Zweifel zu ziehen, was inzwischen vor Sondergerichten als todeswürdiger Tatbestand behandelt wurde. Die »nationalsozialistische Wohlfühlgesellschaft« (Götz Aly) hatte sich über Jahre mit Privilegien und Vorrechten eingerichtet, auf die ihre Nutznießer nicht verzichten wollten.

Ein Meister dieser Vogel-Strauß-Politik war Hans Frank. Seinen Freunden in Politik und Kultur »drüben im Reich« stellte er das Generalgouvernement, dessen Gebiet Woche für Woche dramatisch kleiner wurde, als ein Urlaubsland dar. Er lud sie ein, nach Krakau zu kommen, um sich dort vom Bombenkrieg im Reich zu erholen. Einige machten davon Gebrauch, regenerierten ihr Machtgefühl im Krönungssaal der Burg und labten sich an Hans Franks Tafelrunde im Schloss Kressendorf oder badeten im Applaus der Krakauer Staatstheaters.

Am 1. und 2. April 1944 besuchte Reichsleiter, Parteidogmatiker und Antisemit Alfred Rosenberg Krakau. Er plante einen »Antijüdischen Kongresses« in Franks »Antisemitropolis«.[791] Großkundgebung und Trinksprüche, »Cavalleria Rusticana« und »Bajazzo« standen auf dem Programm, das der Generalgouverneur aufbot. Am 7. Dezember genoss Rosenberg erneut Franks Gastfreundschaft.[792]

Ein gern gesehener Besucher war außerdem am 9. Mai sowie am 5. und 6. Juli Roland Freisler. Ein Mittagessen zu Ehren des Präsidenten des Volksgerichtshofes war obligatorisch, danach hielt Freisler Vorträge, zum Beispiel über »Zwei Jahrtausende deutschen Soldatentums« oder »Feinde im Volk«.[793] Frank betonte, dass ihn mit Freisler »ein Band echter, durch die Jahre härtesten Kampfes erprobter Freundschaft verbinde«.[794]

Winifred Wagner bedankt sich am 2. Oktober 1944 mit einem »Heil Hitler« bei Frank für die »gütige Einladung, aber man ist ja momentan jeder Freiheit bezüglich Reisen etc. beraubt und muss ausharren, wo einen gerade das Schicksal festgekettet hat«.[795]

Im Juli 1944 weilte der Komponist Hans Pfitzner erneut als Gast in Krakau und Kressendorf. Frank schrieb an Pfitzner nach dessen Besuch: »Die Sonne liegt und lacht über Krakau. In Kressendorf ist süßer Friede. Der Flügel im großen Saal klagt, dass der Meister ihn verließ.«[796]

Wie muss man sich den Alltag des Generalgouverneurs in diesen Zeiten vorstellen? Er war in seiner Bewegungsfreiheit eingeschränkt, denn er musste ständig auf der Hut vor einem Attentat sein. Dass die sowjetischen Panzer Tag für Tag näher rückten, war mehr als irritierend, im August 1944 hatte die Rote Armee bereits Zweidrittel des Generalgouvernements erobert.[797] Das Regierungsgeschäft war bar jeder Gestaltungsmöglichkeiten und von Sicherheitsfragen dominiert. Zukunftsprognosen schwankten zwischen Hoffen und Bangen. Seine Reisen in das Reich wurden immer kürzer und glichen zuletzt Himmelfahrtskommandos. Wie viele andere neigte Hans Frank in diesen Tagen zur Verdrängung und Flucht aus der Wirklichkeit. So widmete er sich der Musik, spielte stundenlang Klavier und begann wieder zu komponieren, nahm sich mehr Zeit für seinen Sohn Norman und kümmerte sich um seine Reitpferde.[798] Und er pflegte seine Korrespondenz.

So berichtete er Winifred Wagner über das Kulturleben in Krakau am 20. September 1944: »Nachdem ich auf dringenden Wunsch der Propaganda das hiesige Staatstheater vorübergehend stillgelegt habe, liegt nun die ganze Musikalität bei der Philharmonie des Generalgouvernements. Ich lasse nun beginnen, Opernabende zu geben.«[799]

An Heinrich George schrieb er am 24. August 1944 : »Die Burg von Krakau grüßt Sie, lieber Herr Generalintendant; sie steht trutzig gegen Osten und leuchtet gegen Westen. Möge sie ein Symbol dieser Beharrung, dieser Selbstsicherheit und dieses stolzen Kernes deutscher Einmaligkeit sein.«[800]

Sogar mit der Witwe und dem Bruder von Max Weber, der ihn während des Studiums beschäftigt hatte, nahm er Verbindung auf.[801] Dem Schriftsteller Gerhart Hauptmann schickte er am 14. November 1944 Geburtstagsgrüße und schrieb »So grimmig schwer auch die Zeit auf uns lastet, und so entsetzlich das Leid unseres Volkes heute in Erscheinung tritt: Das Große an Geist und Kultur, was die großen Männer uns geschenkt, ist unzerstörbar. An ihm richten wir uns wieder auf. Und zu diesem gewaltigen Reichtum innerer Art haben Sie, hochverehrter Meister, dem deutschen Volk ein gewichtiges Maß beigetragen.«[802]

Am 10. Juni 1944 ließ Frank im Staatstheater eine Richard-Strauss-Feier veranstalten. Monate später setzte er sich für den Komponisten ein, weil dieser von Hitler massiv kritisiert wurde, denn er hatte sich geweigert, in seiner geräumigen Garmischer Villa Evakuierte und Bombengeschädigte aufzunehmen. Seinetwegen brauche kein Soldat zu kämpfen. Frank vermittelte in dem Konflikt – wenn auch ergebnislos –, und Strauss revanchierte sich peinlicherweise mit einer Frank gewidmeten Liedkomposition (o. Op. AV 136):

> »Wer tritt herein so fesch und schlank
> Es ist der Freund Minister Frank
> Wie Lohengrin von Gott gesandt
> Hat Unheil er von uns gewandt.
> Drum ruf ich Lob und tausend Dank
> dem lieben Freund Minister Frank.«[803]

Ein besonderes Freundschaftsverhältnis verband Hans Frank mit dem Komponisten Hans Pfitzner, der wochenlang in Krakau weilte, dort Konzerte und Liederabende gab, seine eigenen und andere Werke dirigierte und jeweils in Franks Salonwagen reiste. Als bekennender Nationalsozialist war er in den dreißiger Jahren Mitglied im »Führerrat« der »Reichsmusikkammer«.[804] 1943 schrieb Frank in einer Hommage an den Komponisten:

»In Hans Pfitzner verehren wir Deutschen mit Recht einen der größten würdigsten Meister unserer Musik. Eine säkulare Gestalt offenbart in ihm tiefste Schöpfungswerte unseres völkischen Genius. Als ein in sich geschlossener Tönegestalter hat uns Hans Pfitzner, aus den tiefsten und reinsten Quellen unseres Empfindens schöpfend, monumental eindrucksvolle Meisterwerke geschenkt. Unsterblich ist, wie der Name Pfitzners als einer der ganz großen Künder deutscher Musik, die Reihe der Werke, die wir und die ganze Welt ihm verdanken.«[805]

Pfitzner, der als aufbrausend und egozentrisch beschrieben wird und der den Generalgouverneur als Musikkenner schätzte, trat im Juli und Dezember 1944 in Krakau auf.[806] Er widmete Frank das Werk »Krakauer Begrüßung«, dessen Uraufführung er in Krakau dirigierte. Dieser dankte ihm für »die größte Beglückung« in »bewundernder Verehrung«. Aus seinem, den Juden gestohlenen, Fundus schickte Frank dem in Wien lebenden Komponisten einen Silberkasten, bei dessen Anblick Pfitzner »Ihres treuen Krakauer Freundes gedenken möge«. Die Sendung enthielt außerdem 100 Flaschen Sekt und Wein. Darüber hinaus schrieb Frank am 3. Dezember 1944: »Zugleich erlaube ich mir, Ihnen als Honorar für Ihr großartiges Werk den Betrag von 10 000 Reichsmark zu übersenden. Heil Hitler, stets Ihr…«[807] Dass diese Summe aus dem Staatshaushalt des Generalgouvernements stammt und nicht aus Franks Privatschatulle, ist mit hoher Wahrscheinlichkeit anzunehmen.

Eine andere Form, dem Alltag zu entfliehen, suchte Frank in der intellektuellen Auseinandersetzung mit Themen, die er sich selbst stellte, wie zum Beispiel »Reich und Recht in der Philosophie« oder in einer Rezension »Über die Gerechtigkeit«, in der er sich mit einem Buch des Schweizer Theologieprofessors Dr. Brunner auseinander setzte.[808] Zum 100. Geburtstag von Nietzsche sprach er am 17. Oktober 1944 in einer Feierstunde auf der Burg über die »germanischen Elemente der Lehre des großen Philosophen«. Frank betrachtete Nietzsche als eine Art Vordenker des Nationalsozialismus: »Ist nicht Nietzsches Vision eigentlich eine Vorahnung Adolf Hitlers?« Nietzsche habe das »germanische Element« in den Mittelpunkt gestellt:

> »Der in seinem Boden fest verwurzelte, vom Bewusstsein seines eigenen Wertes und doch von der gläubigen Gotteshingabe erfüllte deutsche Mann ist damit als allgemeine moralische Lebensform großartig in das Freiheitsstreben unseres Volkes eingebaut.«

Nietzsches Lehre vom Übermenschen, so Frank, habe die Botschaft, dass eine Nation mit starkem Persönlichkeitsglauben »niemals eine Herde von Sklaven werden kann, vielmehr in fanatischer Entschlossenheit und kameradschaftlich festgefügter Mannestugend stolz und hochgerichtet lieber den Tod als die Knechtschaft erleidet«.[809] Gemäß der Naziparole: »Sieg oder Untergang« lag ein Brückenschlag nahe. So schloss Frank im Sinne dieser Logik: »Wie die Faust aufs Auge passt Nietzsche in unsere Zeit.«

Ein weiteres Thema: Am 17. November sprach Frank in der Krakauer Staatsbibliothek »Über den Dilettantismus«.[810] Oder wieder ein anderes: Zu Weihnachten 1944 erschien Franks Novelle »Der Schiffsbub des Kolumbus«, eine Geschichte, die er in altdeutschem Duktus in zehn Stunden diktiert haben will und die darauf hinausläuft, dass nicht Kolumbus, sondern sein Schiffsjunge im Mast des Schiffes Amerika entdeckte.[811]

Ob Franks Vorträge und Lesungen für seine Zuhörerschaft Pflichtveranstaltungen waren, bleibt dahingestellt. Dass die Themen mit den dringenden Alltagssorgen der Menschen wenig gemein hatten, dürfte außer Zweifel stehen.

Im Krisenjahr 1944, in dem nichts mit normalen Maßstäben gemessen werden konnte, entfesselte er geradezu das Kulturleben in Krakau, das – unvergleichbar mit anderen Städten des Generalgouvernements – einen Höhepunkt nach dem anderen erlebte. 12 800 Deutsche, die damals laut Aufstellung über Lebensmittelkartenempfänger in Krakau wohnten,[812] hatten Gelegenheit, sich von der Bühnenwelt einfangen zu lassen, entweder um zu vergessen oder noch einmal wie in einem Rausch gut zu leben, bevor alles wie ein Kartenhaus zusammenfällt.

»Kultur ist das geistig-seelische Element im fünften Kriegsjahr«, belehrte Frank die politischen Leiter[813] und schien nach Theater, Oper und Konzert nachgerade süchtig zu sein, folgt man der Liste der von ihm initiierten Aufführungen:[814]

30.1.1944 »Aida«
15.1.1944 »Fledermaus«
14.2.1944 »Faust«
22.2.1944 »Sappho« von Grillparzer, Gastspiel Burgtheater Wien
26.2.1944 Ballett-Abend
9.3.1944 Konzert der Philharmonie
14.3.1944 »Fidelio«
20.3.1944 Konzert Philharmonie
22.3.1944 »Figaros Hochzeit«
2.4.1944 »Cavallaria Rusticana« u. «Bajazzo«
3.4.1944 9. Symphonie Beethoven
14.4.1944 Schauspiel »Pieter Breughel«
5.5.1944 Symphoniekonzert mit Pfitzner-Ehrung
11.5.1944 Richard-Wagner-Abend Philharmonie
15.5.1944 Konzert Philharmonie
31.5.1944 »Ein Maskenball«
6.6.1944 Konzert Leipziger Gewandhaus-Orchester unter GM Schmitz
10.6.1944 Richard-Strauss-Feier Staatstheater
24.6.1944 »Ariadne auf Naxos« im Staatstheater, Dirigent Swarowsky/Berlin
7.7.1944 Abendmusik Philharmonie (Werke von Schubert, Liszt, Brahms, Beethoven)
12.7.1944 Orchester Staatstheater unter Pfitzner (Werke von Schumann, Weber, Pfitzner)
14.7.1944 Gastspiel des Schillertheaters mit Heinrich George in »Katrin« von Stanietz
19.7.1944 Liederabend mit Dr. Hans Pfitzner
5.9.1944 Konzert der Philharmonie
9.9.1944 Vorführung des Films »Träumerei« von Schumann
14.9.1944 Serenade im Gotischen Hof d. Instituts f. Deutsche Ostarbeit
20.9.1944 Konzert der Philharmonie
24.9.1944 Vorführung der Filme »Sieben Jahre Pech« mit Hans Moser u. »Hurra, ich bin Papa« mit Heinz Rühmann
26.9.1944 Lesung durch Heinrich George im Staatstheater

26. 10. 1944 Festkonzert der Philharmonie
8. 11. 1944 Lieder durch Kammersänger Bockelmann und Oper »Brabant«
26. 11. 1944 Konzert der Philharmonie
2. 12. 1944 Konzert Philharmonie mit Pfitzner, am Cello Prof. Hölscher
9. 12. 1944 Konzert der Philharmonie und »Orpheus und Eurydice«

Dreiundzwanzigmal standen im Jahre 1944 Themen aus allen Bereichen von Theater, Konzert oder Oper auf der Tagesordnung von Dienstbesprechungen der Regierung.[815] Der Generalgouverneur kümmerte sich um fast jedes Detail selbst, so zum Beispiel am 18. April 1944:

»Theaterfragen u. a. betr. Wehrmachtsveranstaltungen, Abonnements, Mangel an Kostümen, Garderoben und Stoffen – Frank schlägt u. a. vor, gegebenenfalls soweit möglich aus dem Judenlager der SS Textilien zu beschaffen – Spielplan, Freigabe des Molierschen ›Tartuffe‹ für das GG und Aufführung des ›Michael Kramer‹ von Hauptmann, Vergrößerung des Chors des Staatstheaters (Generalintendant Stampe).«

Krakaus Kinos hatten Hochkonjunktur.[816] Die von Goebbels gelenkte Filmindustrie produzierte zur Ablenkung vom bevorstehenden Untergang seichte Unterhaltung, so zum Beispiel:

Filmtheater »Scala«, Reichsstraße 4:
»Junge Adler« mit Willy Fritsch
»Musik in Salzburg« mit Willy Birgel u. Lil Dagover

Filmtheater »Urania«, Westring 34:
»Johann« mit Theo Lingen
»Mädchen im Vorzimmer« mit Magda Schneider

Filmtheater »Wanda«, Gertrudenstr. 5:
»Quax der Bruchpilot« mit Heinz Rühmann
»Altes Herz wird wieder jung« mit Emil Jannings und Viktor de Kowa

»Neue Eichenlaubträger« und »Neue Ritterkreuzträger« wurden regelmäßig in der »Krakauer Zeitung« gewürdigt; Todesanzeigen für gefallene Soldaten sucht man vergebens.

Noch am 9. Januar 1945, als man fast schon das Knirschen sowjetischer Panzerketten hören konnte, besuchte Frank mit seiner »Gefolgschaft« das X. Philharmonische Konzert; auf dem Programm stand

Frank in der »Ehrenloge« des Krakauer Staatstheaters (Foto-Museum Krakau)

unter anderem die Symphonie h-Moll (»Unvollendete«) von Schubert. Das Filmtheater »Scala« zeigte an diesem Tag in drei Vorstellungen »Die Frau meiner Träume« mit Marika Rökk.

Es herrschte Endzeit-Stimmung: Man hielt am Geliebten und Gewohnten fest, konnte nicht loslassen und ignorierte untrügliche Zeichen, dass man viele Dinge wahrscheinlich zum letzten Mal tat. Auch Franks Verhalten war irrational: Er setzte geradezu fixiert auf seine Bauprojekte (z. B. Beendigung des Kanzleineubaus[817]), während er parallel dazu evakuieren und räumen ließ – er baute quasi gleichzeitig auf und riss an anderer Stelle ab. Der Bau der Philharmonie war schließlich das Einzige, wovon die Krakauer Musik-Szene nach dem Krieg in gewisser Weise profitierte.[818]

Bei zwei Anlässen zog er noch einmal alle Register des Nazitums mit Pomp und Klamauk, um Kraft und Optimismus zu demonstrieren: Mit Staatsakt, Festkonzert, Reden, Abschreiten der Ehrenformationen

355

im Burghof, Fernschreiben an Hitler, geplanter Sondermarke und Sondernummer der Zeitschrift »Das Reich« feierte er am 26. Oktober 1944 »Fünf Jahre Bestehen des Generalgouvernements«.[819]

Mit einer pompösen Inszenierung auf dem Krakauer Adolf-Hitler-Platz gedachte Frank am 9. November 1944 des 9. November 1923:[820]

»Frank schritt die Front der Ehrenformation unter den Klängen des Präsentiermarsches ab. Ein Fanfarenruf, vom Dach der Tuchhallen geblasen, leitete über zu dem eindrucksvoll gesprochenen Führerwort: ›Ich habe den Kampf gewählt, habe mich ihm verpflichtet, bleibe ihm treu, bis mich die Erde deckt. Daß sie meine Freunde töten, ist möglich, daß sie mich töten, ist auch möglich, daß wir kapitulieren: Niemals!‹ Wieder folgte ein Fanfarenruf, darauf das Kommando: ›Stillgestanden! Fahnen hoch, senkt die Fahnen!‹ Dann wurde die von dumpfen Trommelwirbeln unterbrochene Totenehrung gesprochen, die in das gedämpft gespielte Lied vom guten Kameraden ausklang.«

In seinem Aufruf an die Bevölkerung stilisierte Frank den erbärmlich gescheiterten »Putsch« zum weihevollen Geschehen. Beide Zelebrationen waren wie Todestriebe eines künstlichen Staatsgebildes, das noch einmal aufblühte, um dann für immer zu verdorren.

Hans Frank, Generalgouverneur, Reichsminister und »Burgherr«, bezeichnete die Burg bei einem Empfang volksdeutscher Bauern am 14. November 1944 als »Künderin deutschen Kulturwillens« und als »Trutzburg gegen den Bolschewismus«.[821] Zehn Tage später schrieb er seiner Ehefrau Brigitte: »Ich selbst bin voller Ruhe und Gelassenheit und sitze hier wie ein Patriarch auf meiner alten Burg.«[822] Beim Austausch von Weihnachtsgrüßen mit Winifred Wagner phantasierte Frank am 21. Dezember 1944: »Wir stehen hier fest auf Wache und haben alle Vorbereitungen getroffen, um für den Fall, daß der Russe angreift, ihn absolut zurückschlagen zu können. Krakau werden die Russen nie bekommen.«[823]

In der letzten Ausgabe der »Krakauer Zeitung« vom 9. Januar 1945 war zu lesen: »Das Generalgouvernement wird heute verdunkelt von 17.05 bis 07.20 Uhr.« Jeder, auch der Generalgouverneur, wusste nun: Bald werden die Lichter des Generalgouvernements für immer ausgehen.

Dritter Abschnitt

Hauptkriegsverbrecher

I. Flucht

Das Wort »Flucht« wurde in der Dienstbesprechung am 15. Januar 1945 nicht gebraucht, man sprach von »Auflockerung«. Staatssekretär Bühler gab bekannt: »Die Auflockerung wird durchgeführt, nicht um von Krakau Abschied zu nehmen, sondern um eine jederzeitige Bereitschaft, an die hiesige Arbeit zurück zu kehren, sicherzustellen.«[1] – Bis zur letzten Stunde ergaben sich die Verantwortlichen ihren Selbsttäuschungen.

Am 15. Januar starb der Vater Karl Frank. Die Nachricht erreichte seinen Sohn einige Tage später in Seichau bei Liegnitz, einem Ausweichquartier seiner Kanzlei; an der Beerdigung konnte er nicht teilnehmen.[2]

Am 16. Januar fiel Tschenstochau in die Hände der Russen, und Krakau galt als bedroht. Hans Frank gab den Regierungsmitgliedern ein Abschiedsessen für 36 Personen im »Säulensaal«[3], ging anschließend durch die Räume der Burg und des Verwaltungsgebäudes und nahm »ergriffen Abschied«.[4] Später schrieb Frank in Nürnberg: »Im großen Krönungs- und Landtagssaal mit seinem herrlichen Blick weithin über die wunderbare alte Stadt stand ich allein und bedachte den Weg, der uns hierher geführt hatte.« Anflüge von schlechtem Gewissen gingen ihm durch den Kopf: »Der Führer war gegen die Polen ungerecht. Auch ich bin schwer belastet vor mir und vor diesem Volk.« Aber er relativierte sofort seine Überlegungen, dass er nicht der sei, als der er von der Weltöffentlichkeit wegen einer hasserfüllten Propaganda hingestellt werde.[5] Die Millionen ermordeter Juden erwähnte er nicht.

Wie Niklas Frank berichtet wurde, soll sein Vater die Hakenkreuzfahne auf dem Turm der Burg persönlich eingeholt haben, während im Burghof Akten verbrannt wurden.[6]

Am 17. Januar empfahl Standortkommandant General Hermann Kruse den verbliebenen Regierungsmitgliedern, die Stadt zu verlassen. Frank ordnete noch am Vormittag die Räumung Krakaus von deutschen Zivilisten an; eine Gefährdung der polnischen Bevölkerung war ihm offensichtlich gleichgültig. Um 13.25 Uhr brach die Wagenkolonne auf, im Tross auch LKWs, die mit Akten und Kunstgegenständen beladen waren. Eine zweite Autokolonne mit den restlichen Regierungsmitgliedern verließ unter Leitung von Staatssekretär Bühler und Hauptabteilungspräsident Harry von Craushaar um 17 Uhr die Stadt mit Ziel Breslau. Der Mercedes von Frank trug das Kennzeichen Ost-4.[7] Fast fröhlich heißt es im Dienststagebuch: »Der Herr Generalgouverneur verlässt mit einer Wagenkolonne bei herrlichstem Winterwetter und strahlendem Sonnenschein die Burg zu Krakau.«[8]

Gegen 22 Uhr erreichte Frank Oppeln.

Frank erweckte den Eindruck, als hätte er am 17. Januar Krakau verlassen, während die Sowjets in die Stadt eindrangen. Tatsächlich hielt sich SS-Staatssekretär Koppe nach dem Bericht von Bühler noch in den Morgenstunden des 18. Januar im Regierungsgebäude auf. Craushaar erfuhr unterwegs von einer Frontmeldung, nach der erst in den Nachmittagsstunden der Nordteil Krakaus in russischer Hand war.

Polnischen Quellen zufolge wurden von der Sowjetarmee besetzt: am 15. 1. 1945 Kielce, 16.1. Radom, 17.1. Warschau, 19.1. Krakau und Lodz (»Litzmannstadt«), 23.1. Bromberg, 28.1. Kattowitz, 23.2. Posen, 28.3. Gdingen (»Gotenhafen«) und am 30. 3. 1949 Danzig.[9]

Prof. Andrzej Chwalba beschreibt die Einnahme der Stadt Krakau:[10] Am 18. Januar erreichten gegen 16 Uhr sowjetische Soldaten die Innenstadt, die nicht verteidigt wurde, jedoch konnten die Deutschen zwischen 18 und 19 Uhr die Weichselbrücken sprengen. Insbesondere wegen des starken Frostes bis zu minus 20 Grad in der folgenden Nacht war die Weichsel zugefroren und erlaubte es der Roten Armee, den Fluss am 19. zu überqueren. Im Stadtteil Podgorza kam es zu kurzen Kämpfen. Am 20. Januar war der letzte deutsche Soldaten geflohen.

Nach dem Krieg verbreitete die Rote Armee den Mythos, Krakau »erobert« zu haben. In Wirklichkeit war sie auf keinen großen Widerstand gestoßen, was freilich nicht auf den gesamten weiteren Vormarsch nach Westen zutraf.

Auf der Flucht spaltete sich in den frühen Morgenstunden des 18. Januar die Wagenkolonne des Generalgouverneurs: einige fuhren nach Breslau und Frank mit Ost-4 und Begleitfahrzeugen nach Seichau/Oberschlesien zum Schloss des Grafen Manfred von Richthofen. Dort bezog er mit 20 bis 25 Personen Quartier.

Seiner Frau Brigitte schickte Frank am 18. Januar aus Seichau einen Brief, in dem es unter anderem heißt:[11]

»Dieser Brief zeigt dir, daß ich gut und lebend im letzten Augenblick aus Krakau herausgekommen bin. Alle unsere deutschen Menschen konnte ich retten. Es war ein furchtbar ernstes Arbeiten. Ich fahre morgen nach Breslau zu [Ernst] Boepple [Staatsekretär der Regierung Frank, Anm. D. Sch.]. Ich komme, sobald ich kann. Ich werde Euch viel Interessantes erzählen. Alle Sachen sind gerettet.«

Mit den geretteten Sachen meinte er die Kunstgegenstände. – Tatsächlich besuchte er am nächsten Tag die Ausweichstelle der Regierung in Breslau.

Am Sonntag, dem 21. Januar, verbrannten Frank, ein Landgerichtsrat Schüler und zwei Helfer den größten Teil der aus Krakau mitgeführten Akten.[12]

Mit seinem Adjutanten, SS-Sturmbannführer Pfaffenroth, brach Frank um 17 Uhr nach Agnetendorf auf, wo er bei Gerhart Hauptmann übernachtete. Über die Gespräche ist nichts bekannt. Am Montag kehrte er um 17.30 Uhr zurück, um Seichau am 23. Januar in Richtung Bayern Hals über Kopf zu verlassen.[13]

Zwei Vorkommnisse während des Aufenthaltes in Seichau sind von Bedeutung: Bereits im August 1944 war auf Franks Anordnung durch seinen Kunstreferenten und Architekten Ernst Wilhelm von Palézieux ein großer Teil der auf der Burg gesammelten Kunstwerke in drei Eisenbahnwaggons nach Seichau transportiert und im dortigen Schloss gelagert worden,[14] worüber Graf und Gräfin Richthofen nicht begeistert gewesen sein sollen. Es handelte sich um solche Stücke aus polnischem Staatsbesitz, die als »Erste Wahl« eingestuft, also besonders wertvoll waren. Neben Gemälden von Leonardo da Vinci, Rembrandt,

Rubens und Dürer waren unter anderem auch Grafiksammlungen und Kisten mit Münzen aufgeführt.[15] In einer eidesstattlichen Versicherung für den Nürnberger Prozess beteuerte Palézieux, dass Frank die Kunstschätze immer als Staatsbesitz betrachtet habe.[16]

Mit Hilfe des Kunstsachverständigen Palézieux, der zur Begleitmannschaft Franks zählte, hatte Frank auf seiner Flucht noch weitere Kunstgüter nach Seichau mitgebracht. Frank sagte später in einer Vernehmung durch amerikanische Offiziere aus, er habe die Kunstschätze auf diese Weise vor Plünderungen schützen wollen – eine fadenscheinige Schutzbehauptung.[17]

Am 20. und 22. Januar wurden drei Lastwagen mit Gegenständen aus dem in Seichau eingelagerten Bestand beladen. Mit einem von ihnen transportierte Landgerichtsrat Schüler eine Sammlung von Kunstgegenständen zum Schloss Muhrau bei Striegau/Niederschlesien, das sich im Besitz einer Frau von Wiethersleben befand. Die beiden anderen LKWs erreichten am 25. Januar Brigitte Frank im Schoberhof und wurden am 1. Februar in einer Garage entladen.[18]

Das Diensttagebuch hält fest, dass »der Herr Generalgouverneur am 21. Januar ein Essen gab und dazu Graf und Gräfin Richthofen, Landgerichtsrat Schüler, Architekt von Palézieux und drei weitere Herren einlud«.[19] Man ließ es sich auch sonst zwischen dem 18. und 23. Januar in Seichau gut gehen mit opulenten Festessen und Alkoholexzessen.[20] Ein Major des in dem Raum stationierten Oberkommandos der 4. Panzerarmee, der nach Beschwerden aus Partei und Zivilbevölkerung tätig werden musste, stellte ein »unglaubliches Benehmen der Regierung Frank, eine feige Flucht und verschwenderische Exzesse« fest. Neben vielen Kunstschätzen, großen Mengen an Getränken und Lebensmitteln waren nach dem Bericht des Offiziers ein Mercedes Kompressor 8 Zylinder in Luxusausführung und sogar geheime Akten zurückgelassen worden. Besonders beschämend für den übereilten Aufbruch sei die Tatsache, dass in der Gegend keine Gefahr bestanden hätte.

Ein Ortsgruppenleiter berichtete von einem Unfall, der vom betrunkenen Personal der GG-Regierung verursacht worden war: Beschädigt wurde eine Toreinfahrt, wobei eine große Kiste mit rationierten Lebensmitteln und Hunderten von Zigarren vom Wagen fiel. Zur Verärgerung der Einwohner von Seichau hat man die Gegenstände unbeachtet liegen gelassen.

Graf von Richthofen berichtete von gestapelten Lebensmitteln und Alkoholvorräten in großen Mengen. Dies habe sich unter Bediensteten herumgesprochen und angesichts der Kriegslage bei der einheimischen Bevölkerung böses Blut gemacht. Bei dem plötzlichen und fluchtartigen Aufbruch sei das Haus in einem völlig chaotischen Zustand hinterlassen worden. In den meisten Zimmern lagen Lebensmittel, Gebrauchsgegenstände und angebrochene Flaschen herum. In einem Flur blieben mehrere Kisten mit Schnaps zurück. Eine Liste der zurückgelassenen Gegenstände enthielt u. a. folgende Positionen:

14 Schreibmaschinen
 5 Ordner, u. a. Personalakten, Fernschreiben
 3 Pakete mit Kunstmappen
 4 Kisten Bücher
 1 Zimmer gefüllt mit Kunstgegenständen
 1 Pkw Mercedes Kompressor 8 Zylinder
20 Autodecken

Am 24. Januar traf Frank mit seinem Gefolge in Bad Aibling ein und begab sich zu Lilly G. Am Folgetag fuhr er weiter nach Fischhausen-Neuhaus, wo die Gauleitung München der Kanzlei des Generalgouverneurs im Josefstal das Haus »Café Bergfrieden« zur Einrichtung einer Ausweichstelle zur Verfügung gestellt hatte.[21]

Handschriftlich erließ Frank, der sich inzwischen wieder in Bad Aibling aufhielt, am 30. Januar folgende Verfügung:[22]

»Anordnung
   I. Ich errichte mit sofortiger Wirkung die Dienststelle Neuhaus meiner Kanzlei.
  II. Zu ihrem kommissarischen Leiter berufe ich Herrn Landgerichtsrat Schüler. Zu dessen Stellvertreter und zugleich zu meinem Intendanten berufe ich Herrn von Palezieux.
 III. Ich errichte die Dienststelle Adjutantur des GG und Reichsministers Dr. Frank in Neuhaus. Zu ihrem Leiter berufe ich meinen Adjutanten Sturmbannführer Pfaffenroth.
  IV. Herrn Meidinger beurlaube ich auf eigenen Wunsch bis auf weiteres von den Dienstgeschäften.«

Zum »Stab« des Generalgouverneurs zählten außerdem:[23]

– Sekretärin Helene K.
– Kraftfahrer Feldwebel a. D. Alfred K.
– Diener Wilhelm H.
– Koch Erwin Sch.
– Sicherheitsbeamter Max N.

Wenige Kilometer von Fischhausen-Neuhaus lag der Schoberhof, in dem Franks Familie wohnte. Lillys Domizil in Bad Aibling war kaum mehr als 30 km entfernt. Diese Nähe wird alsbald für Frank neue Konflikte heraufbeschwören. In den Monaten Februar, März und April lebte und übernachtete er im Schoberhof, im »Haus Bergfrieden« und zeitweise auch in Bad Aibling bei Lilly G.[24]

Im Schoberhof war inzwischen – bis auf Tochter Sigrid – die Familie vereint. Brigitte Frank mit den drei jüngsten Kindern Niklas, Hans-Michael und Brigitte hatten dort ohnehin ihren Dauerwohnsitz. Norman war Anfang Januar aus Krakau eingetroffen und wartete darauf, zum Arbeitsdienst eingezogen zu werden. Von Tochter Sigrid lag noch Anfang März keine Nachricht vor; sie war als Rote-Kreuz-Schwester in einem Lazarett eingesetzt und zuletzt in Schlesien stationiert. Von dort schrieb sie am 3. Februar 1945 in einem Brief, es herrsche in ihrer Umgebung eine einstimmige Meinung über Folgen und Ausmaß des Krieges, viele würden darin die Rache für die Grausamkeiten an den Juden sehen.[25] Der Brief zeigt, dass die Ermordung der Juden weithin bekannt war.

Hans Frank unterhielt in dieser Zeit Beziehungen zu vier Frauen gleichzeitig. Dass er mit seiner Ehefrau wieder ein Familienleben pflegte, belastete Lilly. Seiner Mutter schrieb Frank am 21. Februar:

»Ich fahre heute abend wieder einmal auf einige Tage nach Aibling zur alten Lilly, mit deren Mann ich zur Zeit fast besser stehe wie mit ihr selbst. So komisch ist das Leben. Lilly ist ein lieber herziger Mensch und hat mich mit aller Güte und Fürsorge aufgenommen. Sie ist mir im Innersten aufs herzlichste verbunden. Aber du weißt ja, sie hat es auch mit mir sehr schwer. Aber Rache muss sein, hätte sie mich vor 25 Jahren geheiratet, wäre alles gut, auch für sie.«

Trotz allem – wahrscheinlich auf Druck von Lilly und vermutlich ohne Wissen von Brigitte – hegte Frank Pläne, die Trennung von seiner Frau endlich doch zu vollziehen. Am 7. März schrieb er an seine Schwester: »Die drei kleinen Kinder werden wohl in der nächsten Zeit mit ihrer Mutti nach Herrsching übersiedeln«,[26] gemeint war Franks »Häuserl« am Ammersee. Tatsächlich kam es nicht zu einem Umzug, obwohl Frank auf dem Grundstück vorbereitende Arbeiten durch seinen Sicherheitsbeamten N. ausführen ließ.[27]

Die letzte dokumentierte Zusammenkunft mit Lilly G. fand am 16. März statt. Frank musste sich mit der Bahn und »teilweise zu Fuß« nach Bad Aibling aufmachen, weil »eine blödsinnig gewordene militärische Stelle« (Frank) seinen Dienstwagen beschlagnahmt hatte.[28]

Neben Brigitte und Lilly setzte Frank das Verhältnis zu seiner Sekretärin Helene K. fort, die er in seiner Nähe im »Haus Bergfrieden« untergebracht hatte.[29] Und eine vierte Verehrerin erfreute seinen Alltag – wie der von Niklas Frank gefundene Liebesbrief einer Ilse T. bezeugt.[30]

Das Verhalten von Frank suchte seinesgleichen auch in diesen letzten Kriegswochen. Millionen von Menschen waren auf der Flucht, viele kamen dabei um, die meisten mussten hungern. Abertausende von Soldaten wurden durch verbrecherische Befehle von Hitler in den Tod getrieben. Hans Frank jedoch saß im tiefsten Oberbayern in der Nähe der Bayerischen Alpen, wurde bekocht, erhielt von seinem Diener jeden Tag das Hemd gebügelt und vergnügte sich mit den Frauen seiner Umgebung. Er las die »Zürcher Zeitung«, wie immer er sie sich beschaffte, denn am Bahnhofskiosk von Schliersee konnte man sie sich nicht kaufen. Er gab nicht nur seinen Frühlingsgefühlen nach, sondern dichtete auch über den Frühling:[31]

> Klinge Frühlingslied
> Und singe
> Uns in süßer Lust
> Ach: Und bringe
> Glück und Licht
> In jede Brust

Seine Macht schrumpfte zusehends: So konnte ihm ein energischer Wehrmachtsmajor das Auto wegnehmen. – Frank war wohl nicht mehr recht bei Sinnen, als er am 24. März 1945 an Bühler in Berlin schrieb:[32]

»Ich wäre dankbar, wenn es möglich wäre, daß man das große Binding'sche Handbuch der deutschen Rechtswissenschaft, das im Besitz der Bibliothek des Ministeramtes ist (bestehend aus etwa 20 Bänden), retten und mir durch Sonderkurier hierher schicken könnte. Ich brauche für wissenschaftliche Arbeiten dieses Handbuch ganz außerordentlich dringend. Sehr schön wäre es auch, wenn man aus Berlin den prachtvollen kleinen leichten Mercedes des Ministeramtes retten und mit der Bahn hierher senden könnte.«

Wäre der Generalgouverneur ein »Mann der Tat« gewesen, hätte er sich selbst auf den Weg nach Berlin gemacht. Während er sich in der gesamten Zeit nur im magischen Dreieck Neuhaus – Fischhausen – Bad Aibling bewegte, schickte er seine Mitarbeiter quer durchs Reich und setzte sie Bombenangriffen, Tieffliegern und sonstigen Feindeinwirkungen aus. Für 20 Bücher war er bereit, das Leben eines Sonderkuriers aufs Spiel zu setzen.

Die Lebensumstände waren in diesen Monaten chaotisch, Hans Frank saß erneut im Auge eines Wirbelsturms. Erst als Lammers am 15. Februar einen Bericht anmahnte,[33] teilte er am 17. Februar seinen Aufenthaltsort nach Berlin mit und dass er »weiteren Weisungen des Führers gewärtig sei«.[34] In einem Brief behauptete Frank am 21. Februar, dass er derzeit in der Ausweichstelle seine »Abschlussarbeiten vollführe«.[35]

Einige seiner Mitarbeiter waren auf unterschiedlichen Wegen nach Dresden gelangt und bildeten dort am 8. Februar unter Leitung von Staatssekretär Bühler einen »Dienststab Generalgouvernement«. Doch gerieten die in Dresden versammelten Hauptabteilungs- und Amtsleiter vom 13. bis 15. Februar mitten in die Flächenbombardements.[36] Sie wurden anschließend, so sie überlebten, nach Bayreuth, Berlin, Weimar, Eisenach, Annaberg, Hamburg oder in andere Städte versprengt.[37] Noch vorhandenes Aktenmaterial war in Dresden überwiegend vernichtet worden. Staatssekretär Bühler erschien am 20. Februar bei Frank in Neuhaus, bezog im nahe gelegenen München Quartier und stand Frank für weitere Aufgaben zur Verfügung.[38]

Inzwischen erreichte die Beschwerde aus Seichau Reichsleiter Bormann, der sie an den Leiter der Reichskanzlei Lammers schickte. Dieser forderte am 15. Februar von Frank eine »baldmöglichste Stellungnahme zu den erhobenen Vorwürfen«.[39] Frank bezeichnete die Zeugenaussagen als Verleumdungen und erstellte einen Bericht, über den nichts bekannt ist. Bühler musste ihn am 2. März persönlich bei Lammers in Berlin abliefern. Direkte Konsequenzen ergaben sich keine, zumal in der Umgebung Hitlers andere Probleme auf der Tagesordnung standen. Dennoch befasste sich Lammers mit der Auflösung des Generalgouvernements und formulierte einen »Erlassentwurf des Führers«. Hierzu nahm Bühler am 2. März in Abstimmung mit Frank dahingehend Stellung, dass die Zielsetzung befürwortet werde, der Zeitpunkt aber zu früh sei, da die Abwicklung der schwebenden Wirtschafts- und Verwaltungsangelegenheiten »unter Lenkung und Beaufsichtigung der Regierung« einige Zeit in Anspruch nehmen würden.[40]

Die Verzögerungstaktik hatte zwei Gründe: Erstens wollten Frank und seine Mannschaft die Befreiung vom Dienst in der Wehrmacht bis Ende des Krieges sicherstellen. Und zweitens hatte Hans Frank handfeste pekuniäre Interessen, die unter dem Stichwort Wirtschaftskriminalität subsumiert werden müssen: Eilig, nämlich bereits am 4. März, schickte er seinen Krakauer Kanzleichef Max Meidinger nach Annaberg zur dortigen Ausweichstelle der Hauptabteilung Finanzen. Dieser ließ sich 100 000 RM auszahlen, die er Frank überbrachte.[41] Zwei Tage später richtete Frank ein Schreiben an die Reichsbankdirektion in Berlin und ließ sich 200 000 RM »in Etatanrechnung auf das Konto der Kanzlei des Generalgouverneurs bei der Marktsparkasse in Schliersee« überweisen.[42] Kurz vor seiner Festnahme steckte er seiner Frau Brigitte heimlich 50 000 RM zu. »Kein Kuss, kein sanftes Wort.« (Niklas Frank)[43] Wo das restliche Geld verblieben ist, hat bislang niemand herausfinden können. Es liegt nahe, dass er auch seine anderen Frauen bedacht hat.

Aktivitäten vortäuschend, schrieb Frank am 6. April an Lammers, er habe in einem Erlass die 13 Hauptabteilungen auf zwei Gruppen verkleinert, »die mit wenigen Männern die restigen kriegswichtigen Aufgaben zu erledigen haben«.[44] Da es im Grunde nicht wirklich etwas zu erledigen gab, denn sein Generalgouvernement war inzwischen von der Landkarte verschwunden, stellte Frank vorsorglich die Protokollführung im Diensttagebuch am 3. April 1945 ein. Die Notizen über den

Monat März füllten ohnehin nur noch 3½ Seiten. Von nun an beschäftigte er sich vornehmlich mit der Planung von Reparaturarbeiten am Schoberhof [45] oder mit Erinnerungen an die alten Zeiten beim »Zusammensein in der Bauernstube des Herrn Generalgouverneurs mit seiner Gefolgschaft anlässlich der 12jährigen Wiederkehr am Vorabend der Ernennung des Herrn Generalgouverneurs zum Reichsminister«.[46]

Selbst im Strudel des Untergangs war es einigen aus der Entourage noch wichtig, sich mit Orden zu »schmücken«. Am 1. Februar 1945 schrieb der ehemalige Hauptschriftleiter der »Krakauer Zeitung«, Rudolf Stöppler:[47]

»Am 30. Januar 1942 wurde mir vom Herrn Generalgouverneur die II. Klasse und am 30. Januar 1944 die I. Klasse des Kriegsverdienstkreuzes überreicht. Beide Urkunden und Kreuze befanden sich bei meinem Gepäck, das mir bei den Ausweichbewegungen von Krakau nach Berlin verloren ging, so dass ich gegenwärtig keinerlei Unterlagen besitze.«

»Ausweichbewegung«, »Auflockerung« – die deutsche Sprache bot viele Möglichkeiten, das hässliche Wort »Flucht« zu vermeiden. In seinem Schreiben bat Stöppler in verzweifeltem Unterton sodann um die Ausfertigung neuer Urkunden, »da ich sonst zum Tragen der Kreuze nicht berechtigt bin«.

Am 6. März 1945 fragte ein Vertreter der »Zentralkammer für die Gesamtwirtschaft im Generalgouvernement« bei Frank an, ob noch mit der Verleihung der bereits dem Chef der Kanzlei Burg vorgeschlagenen Kriegsverdienstkreuze I. und II. Klasse an Angehörige der freien Wirtschaft des GG zu rechnen sei. Und: Am 18. März erschien im Haus Bergfrieden ein HJ-Führer namens Drenk, um sich nach dem »Stand der Ordensangelegenheiten für die HJ-Führung im Generalgouvernement« zu erkundigen.[48]

Soweit Hans Frank nicht den Schoberhof mit Exponaten großzügig ausstattete, richtete er das Haus Bergfrieden als Gemäldegalerie ein. Er, der in einer Dienstbesprechung noch im Juli 1944 erklärt hatte, »er wolle unter keinen Umständen etwas mitnehmen, was Staatseigentum sei«,[49] hatte unter anderem folgende Werke aus Krakau verschleppt:[50]

Leonardo da Vinci, Dame mit dem Hermelin
Rembrandt, Hereinbrechendes Gewitter
Rembrandt, Selbstporträt
Rubens, Kreuztragung Christi
Terborch, Der Werber
Francesco Guardi, Treppenaufgang
Jakob Ruysdael, Leinenbleiche bei Haarlem
Gerrit Berkheyde, Kleine Houtpoort von Haarlem
Aus der Schule Albrecht Dürers, Männer-Porträt
Meister von Kappenberg, Christi Geburt
Lucas Cranach d. Ä., Damenbildnis
Jan Breughel, Volksfest
Albrecht Dürer, Hieronymus im Walde
Bildteppich im Stil des Meisters Philipp

Ein Jahr später sollte Frank in der Nürnberger Haft schwadronieren: »Ich weiß nicht, was ich von Göring halten soll. Er kann manchmal so bezaubernd sein – wirklich! Doch wie konnte er jene Schätze in Kriegszeiten für sich stehlen, wo das Volk in solch verzweifelter Klemme war?! Ich kann Ihnen versichern«, sagte er zu dem Gerichtspsychiater Goldensohn, »dass ich meine berufliche Stellung nie genutzt habe, um mir finanzielle Vorteile zu verschaffen. Ich hatte keine Bildergalerien, auch kein Vermögen wie dieser Göring – nichts dergleichen.«[51]

Aber noch war Frank auf freiem Fuß. Friedrich Franz Stampe, einstiger Generalintendant der Krakauer Bühnen, besuchte ihn am neuen Dienstsitz in Neuhaus-Josefstal und berichtete darüber später:

»Ich wollte meinen Augen nicht trauen und verhielt den Schritt. War das menschenmöglich? Da stand doch die geliebte Madonna, die ich so oft auf der Burg im Arbeitszimmer Franks bewundert hatte! Auch die kostbaren altertümlichen Kerzenhalter glaubte ich wiederzuerkennen, wertvolle Teppiche und andere Einrichtungsgegenstände, die im ehrwürdigen Königsschloss der Polen stets das Entzücken der Besucher hervorriefen. Franks Stimme rief mich in die Wirklichkeit zurück. ›Da staunen Sie, was? Ich habe diese Heiligtümer hierher gebracht, um sie dem rauen Zugriff der Bolschewiken zu entziehen. Hier sind sie erst einmal gut aufgehoben. Ich freue mich jeden Tag daran.‹«[52]

Im März 1945 bemühte sich Frank, seine Beute in der Bayerischen Gemäldegalerie unterzubringen, was der zuständige Generaldirektor der Staatsgalerien jedoch ablehnte.[53]

Nun war er umgeben von »Spitzenwerten der polnischen Staatskunstsammlungen« (Frank), allesamt weltbekannt und unverkäuflich. Eine surrealistisches Bild drängt sich auf: Der Generalgouverneur in seinem Schattenreich: machtlos, ehrlos, zurückgeworfen auf seine Genusssucht, in Erwartung des Binding'schen Juristischen Handbuchs, sein Blick ruhend auf der »Dame mit dem Hermelin«. Tag für Tag: Lilly, Brigitte, Helene, Ilse – in der trügerischen Hoffnung, das Leben erfahre Stillstand, und nichts werde sich je ändern. Über seinen Kopf hinweg die alliierten Bomberverbände, silbern glitzernd in großer Höhe, spätabends der Horizont glutrot vom brennenden München.

Doch die Zeit blieb nicht stehen; Frank wird dies in der »Zürcher Zeitung« verfolgt haben. Am 30. April kam es zu einer weiteren grotesken Szene, als er seine »Gefolgschaft« auf die neue Regierung Dönitz vereidigte.[54] Brigitte wartete indessen mit den Kindern auf die Amerikaner. Sie war überzeugt, der Frieden würde kommen und ihr Leben normalisieren, »denn sie hätten nichts Böses getan«.[55] Norman Frank berichtete weiter:

»Am 4. Mai, nur eine Stunde vor seiner Festnahme, besuchte ich ihn zusammen mit meiner Schwester. Wir fuhren mit dem Fahrrad dorthin und tranken mit ihm Kaffee. Die Amerikaner waren sehr nahe. Er war ziemlich ruhig. Bei ihm befanden sich drei seiner Mitarbeiter. Mein Vater hatte seine Tagebücher bei sich und war überzeugt, sie würden seine Unschuld beweisen. Beim Kaffee sagte er: ›Ich bin wohl der letzte Minister, der noch frei ist, der noch in Freiheit seinen Kaffee trinkt.‹«[56]

Mit den Worten, dass er bald wieder bei ihnen sei, schickte er Sohn und Tochter zum Schoberhof zurück.[57]

Als Leutnant Walter Stein von der 7. US-Armee das Haus Bergfrieden in Begleitung eines Polizeiwachtmeisters aus Schliersee und zwei weiterer US-Soldaten betrat, saß Frank mit Helene K., Kraftfahrer K. und Adjutant Pfaffenroth noch immer am Kaffeetisch. Frank beschrieb die Szene in der Nürnberger Haft: »Ich übergab ihnen aus freien Stücken mein Kriegstagebuch. Ich will keine Schuld versteckt haben. Was Gott weiß, sollen auch die Menschen wissen. Mein Marsch mit Hitler war nach fast einem Vierteljahrhundert zu Ende gegangen.«[58]

II. Haftzeit

Franks Beutekunst wurde am Tag der Festnahme, dem 4. Mai 1945, von amerikanischen Soldaten beschlagnahmt.

Raffaels »Bildnis eines jungen Mannes« gilt allerdings schon vorher als verschollen. Es spricht viel dafür, dass Brigitte Frank das Gemälde – »Sie verstand so viel von Kunst wie Vater von der Wahrheit« (Niklas Frank) – für eine Seite Speck verkauft hat und das millionenschwere Kunstwerk noch heute unerkannt in einer oberbayrischen Bauernstube hängt.

Als sich die Amerikaner Neuhaus näherten, versteckte sich Staatssekretär Bühler, der Frank seit 15 Jahren treu ergeben war, im Keller eines Hauses, dessen Bewohner ihn mehrere Tage versorgten. Er wagte sich jedoch zu früh aus seinem Schlupfwinkel heraus, teilte das Schicksal seines Chefs und wurde festgenommen.[59]

Nach der Verhaftung brachte man Frank sogleich in das Gefängnis nach Tegernsee. Dort hatten sich Soldaten der US-Rainbow-Division aufgestellt, die ihn Spießruten laufen ließen. Sie schlugen auf ihn ein, gehörten sie doch zu den GIs, die am 29. April ein Außenlager von Dachau befreit und noch schreckliche Bilder im Kopf und Wut im Bauch hatten.

In der folgenden Nacht versuchte Frank, sich mit einem in der Zelle gefundenen Gegenstand die Kehle aufzuschneiden. Der amerikanische Gerichtspsychiater Dr. Leon Goldensohn, der ihn am 12. Februar 1946 untersuchte, stellte am Hals zwei Narben an jeder Seite des Schildknorpels fest. In seinen »Lebensskizzen« hielt Frank Ende August fest: »Was in Tegernsee geschah, verdeckt ein gütiger Nebel.«[60]

Frank wurde in ein US-Lazarett nach Berchtesgaden überführt. Dort oder auf dem Weg dorthin brachte er sich am linken Arm in der

Ellenbogengrube und am Handgelenk Schnittwunden bei und verletzte dabei einige Nervenstränge.[61] Der amerikanische Gerichtspsychologe Gustave M. Gilbert hat Verletzungen an beiden Handgelenken beschrieben. Frank habe die Finger nicht richtig bewegen können und die linke Hand manchmal in einem Handschuh verborgen. Auf die Frage nach den Gründen des Suizidversuchs antwortete Frank: »Oh, … ich schnitt mich hier und da, sehen Sie. Man behandelte mich am Anfang ziemlich schlecht. Und dann die ganze Katastrophe, wie Hitler seine Leute im Stich ließ und alles zusammenbrach. Ich konnte es einfach nicht aushalten.«[62]

Hans Frank, seit der bedingungslosen Kapitulation am 8. Mai 1945 auch formal ohne Ämter, wurde sodann nacheinander in ein amerikanisches Lager nach Augsburg, in ein Feldlazarett in Nymphenburg in München und wieder nach Augsburg verlegt. Am 20. Mai brachte man ihn zusammen mit vielen anderen politischen und militärischen Prominenten des Dritten Reichs nach Bad Mondorf in der Nähe von Luxemburg.[63] Dort traf in diesen Tagen auch Albert Speer ein, der sich später erinnerte:

»Wir hielten vor einem großen Gebäude, dem Palace-Hotel in Mondorf, und wurden in die Empfangshalle geführt. Draußen, durch die Glastüren, konnte man Göring mit anderen ehemaligen Führungsfiguren aus der Hierarchie des Dritten Reichs auf- und abwandeln sehen: Minister, Feldmarschälle, Reichsleiter der Partei, Staatssekretäre und Generäle. Es war ein gespenstisches Bild, alle, die sich am Schluß verstreut hatten wie Spreu im Winde, hier wieder versammelt zu sehen.«[64]

Die alliierten Besatzer nannten den Ort, an dem die Hauptkriegsverbrecher versammelt waren, *ashcan* (Mülleimer). Hans Frank schuf sich in Mondorf eine besondere Nische, wie der zum amerikanischen Verhörpersonal des *Intelligence Service* zählende Walter Hasenclever berichtete[65], und tat sich mit keinem der Mitgefangenen zusammen. Vielmehr schritt er auf der Hotelterrasse mit einem Gebetbuch auf und ab, sorgfältig darauf bedacht, von allen gesehen zu werden. Seinen Mitgefangenen sei er lästig gewesen. Sie ließen es ihn mit Seitenhieben auf seine neue Religiosität fühlen.

Am 25. August 1945 traf er im Gefängnis des Nürnberger Justizpalastes ein, der im Londoner Abkommen vom 8. August 1945 zum Schauplatz des Prozesses bestimmt worden war.[66] Bis zu diesem Zeitpunkt hatte er keinen Kontakt mit der Familie und durfte nun erstmals kurz vor Verlassen von Mondorf einen Brief abschicken.[67] In dieser Zeit begann er seine »Lebensskizzen« zu formulieren und schrieb am 26. August 1945: »Unschuldig, wie ich mich fühle und bin, sehe ich mit Gottes Trost allem entgegen.« Sein psychischer Zustand war labil, und nur mit Mühe konnte er sein inneres Gleichgewicht aufrechterhalten:

»Denken muß mit aller Vorsicht und Selbstaufsicht geführt werden. Man hat eine Art von automatischer Denkpolizei in sich, die verhindert, daß die Gedanken, die ja ewig frei sind, zu sehr in den Bereich der Wirklichkeit und der Diskrepanz des gewünschten und des zu Erleben-Aufgegebenen geraten. Und dieses ›sichere‹ Denken an das Schöne des Lebens, an die Größe des Menschentums, an die Herrlichkeit der Freiheit, an das Glück, an das Leben, an den Tod – diese Gedanken an Familie, Werk, Zukunft, Not, Gefahr – dieses Wühlen der Gehirnfunktion in den nur noch abstrakt zu fassenden Echtheiten früherer Lebensformung: Ja, wäre es erträglich? Dank der Denkpolizei aber hält man sich von alledem meist heraus. Wenn es auch ein schwerer Innendienst psychischer Motorik ist, dieses Gedankenkreisen zu bannen. Dauernd zu bannen – denn dann blitzt es doch auf, plötzlich ist die Lücke des denkpolizeilichen Kordons entdeckt, und dann strömen sie dahin, die Gedanken und freuen sich, einmal durchgekommen zu sein, und es ist eine retrospektive oder futuristische Denkgattung in einem lebendig: Farbige Bilder gleiten milde lösend durch dich dahin, streicheln dich, kosen dich und das Tränennass ist der Fluß, über den es kein Zurück mehr gibt zu all dem, wer dein war, zu all denen, die dein sind und waren.«[68]

In seinen Vernehmungen durch Oberst William R. Philip am 4. und 5. August sowie am 12. September 1945[69] brach er immer wieder in Tränen aus, zum Beispiel als er berichtete, geschlagen und in den Keller geworfen worden zu sein, und dass man ihm alle Papiere abgenommen hätte. »(weeps)« Oder als er auf seinem »verkleinerten Posten drüben in Krakau« ewig den Kampf gegen die SS geführt hätte, um das Schlimmste zu verhüten, auch den Kampf gegen Widerstandsbewegungen und Juden. »(weeps)« Von Judenlagern hätte er erst aus der Presse erfahren, als die Russen nach Lublin kamen. Und Auschwitz, »das war nicht in meinem Bereich«.

Frank verharmloste seine Rolle und stellte sich als völlig unschuldig dar. Politisch sei er nie tätig gewesen, er hätte nur »die juristischen Geschichten« gemacht. »Mein Ziel war der Rechtsstaat«, das habe er vor 25 000 Juristen aus dem ganzen Reich in Leipzig vertreten. Mit KZ und Judenvernichtung habe er nichts zu tun gehabt. Er hätte auf der Burg repräsentiert, obwohl ihn die ganze Welt Polenmörder nenne, da er den furchtbaren Titel Generalgouverneur hätte führen müssen. »Ich hatte 240 000 Polen bei mir im Dienst als Beamte, Lehrer, Richter«, mit den Polen hätte er »prachtvoll zusammengearbeitet«. Die Polen seien ein lerneifriges, fabelhaftes Volk. Zum Abschied hätten sie ihm die Hände geküsst und Tränen in den Augen gehabt. In der Affäre Röhm habe er verhindert, dass 200 Menschen erschossen wurden. Hitler habe ihm gesagt, er sei aus Versehen Justizminister geworden, einem Mann wie ihm könne man nicht vertrauen. Als die eigentlichen Übeltäter bezeichnete Frank immer wieder Hitler, Himmler, Krüger, Globocnik, Kaltenbrunner und Bormann. Himmler hätte ihm bedeutet: »Sie sind zu weich, da lacht das ganze Reich über Ihre Weichheit.« Frank äußerte außerdem seine Sorge, nach Moskau ausgeliefert zu werden.

In seinen Vernehmungen über andere NS-Führer, zum Beispiel über Lammers, entrüstete sich ausgerechnet der korrupte Frank über Dotationen, die Hitler vergeben hatte. So habe Lammers zu seinem 60. Geburtstag vom »Führer« 100 000 RM zum Kauf eines Jagdhauses erhalten.

»In diesen Fonds steckt ein Fäulniskeim. Herr Bormann hat auch solche Fonds gehabt, und ich muß sagen, das war eine schmutzige Welt, ich will nichts wissen von diesem Schmutz. Und daß Lammers etwas genommen hat, hat mich empört. Das darf man nicht, wenn ein Volk hungert und leidet, daß man sich Jagdhäuser einrichtet. Das verträgt sich nicht mit unserer Ehre.«

Anzumerken ist, dass Lammers das von ihm bereits bewohnte Jagdhaus Schorfheide mit ca. 33 ha Grund und Boden von Hitler am 27. Mai 1944 zu seinem 65. Geburtstag geschenkt bekommen hat, zusätzlich eine steuerfreie Bardotation von 600 000 RM zur Errichtung von Wohn- und Wirtschaftsgebäuden auf dem Gelände nach dem

Krieg. Hinzu kam ein Gemälde »Moorlandschaft« von Josef Wenglein im Wert von 54 000 RM.[70]

Mehrfach verwies Frank in den Vernehmungen darauf, dass er aus freien Stücken die 42 Bände seines Diensttagebuchs zur Verfügung gestellt habe. Hierfür dürften zwei Gründe maßgeblich gewesen sein (der Nürnberger Gerichtspsychologe Gilbert wird sie später aus seiner Sicht interpretieren): Frank unterlag der Fehleinschätzung, sein Kampf gegen die SS im Allgemeinen und gegen Himmler im Besonderen würde ihm so hoch angerechnet, dass andere Schuldvorwürfe unter den Tisch fallen würden. Zweitens war er von seiner Bedeutung und Rolle als »Staatsoberhaupt« derart eingenommen, dass er die Beweise seiner »Staatskunst«, wie sie seiner Meinung nach im Diensttagebuch dokumentiert waren, aus purer Selbstgefälligkeit der Nachwelt überliefern wollte. Sohn Norman hat dies nie verstanden, »schließlich war der Vater doch Jurist«.[71] Aber er war nicht nur ein mittelmäßiger Jurist, sondern auch ein schlechter Menschenkenner. Und er hatte schon lange als »König von Polen« den Boden unter den Füßen verloren. Außerdem fehlten ihm gute Freunde, die ihn hätten beraten können.

Nach der Festnahme ging es der Familie durchweg schlecht.[72] Fünf Monate lang hatten sie nichts von Hans Frank gehört. Der Schoberhof wurde von Polnisch sprechenden »*Displaced personens*« (DP) überfallen und ausgeplündert – von Fremdarbeitern, die aus ihrem Lager befreit und noch nicht in die Heimat zurückgekehrt waren. Sie wollten Rache nehmen und hofften, Frank auf dem Schoberhof zu finden, was seinen Tod bedeutet hätte. Brigitte wurde mit den Kindern an die Wand gestellt und in Todesangst mit Schusswaffen bedroht. Danach zogen sie um in zwei Zimmer einer Familie H. im Nachbardorf Neuhaus. Von einem Sperrkonto durften 300 RM monatlich abgehoben werden. Noch immer existierten die veruntreuten 50 000 RM. Doch damals nutzte Bargeld wenig, Lebensmittel mussten im Tausch gehamstert werden. Niklas, der Jüngste, erkrankte an Tuberkulose. Im August 1945 meldete eine amerikanische Soldatenzeitung, dass der Kriegsverbrecher Dr. Hans Frank mehrere Selbstmordversuche unternommen habe. Tochter Sigrid heiratete im Oktober und verließ das

Haus. Die Oberschule in Miesbach weigerte sich, den ältesten Sohn eines Kriegsverbrechers aufzunehmen.

Niklas ging inzwischen in die erste Klasse der Volksschule von Neuhaus. Dort hatte jemand ein Hakenkreuz an die Tafel gemalt, und es wurde unterstellt, dass nur er es gewesen sein könnte. Michael, der in einem Kinderheim untergebracht war, trampte als Achtjähriger bis Hamburg, wo er aufgegriffen wurde; er hatte angeblich vor, sich nach Amerika einzuschiffen.

Im Oktober 1945 traf die erste Karte vom Vater ein, die noch in Mondorf aufgegeben worden war. Weitere Nachrichten ließen keinen Zweifel daran, dass Hans Frank im Begriff war, ein tiefgläubiger Mensch zu werden. In der Zeitung war zu lesen, ihm solle als Gefangener Nr. 7 unter den Hauptkriegsverbrechern in Nürnberg der Prozess gemacht werden.

III. Im Angesicht des Galgens

Anklage und Verteidigung

Die vielseitigen Aspekte des Nürnberger Prozesses, seine völkerrechtliche Bedeutung, juristische Problematik und Rezeption im Nachkriegsdeutschland sind anderswo ausgearbeitet. Im Mittelpunkt der Betrachtungen soll hier weiterhin Hans Frank stehen und die Frage, wie er diese schwerste Zeit seines Lebens bewältigte.

Wesentliche Erkenntnisse über Franks letzten Lebensabschnitt in Nürnberg verdanken wir dem Gerichtspsychologen Gustave M. Gilbert und dem Gerichtspsychiater Dr. Leon Goldensohn. Sie beobachteten den Prozess und die Angeklagten, begleiteten sie beim Essen oder Hofrundgängen und suchten sie in ihren Zellen auf. In ihren Büchern[73] zitierten sie Franks Äußerungen, beschrieben sie seine Verhaltensweisen und bewerteten seine Persönlichkeit, um »durch den täglichen Kontakt mit den Gefangenen den Gefängniskommandanten, Oberst B. C. Andrus, über die seelische Verfassung zu unterrichten und so in jeder nur möglichen Weise die Ordnung des Prozesses sicherstellen zu helfen«.[74] Neben der Psyche der Inhaftierten beachtete Goldensohn als Arzt außerdem deren körperliche Beschwerden.[75] Während sich Goldensohn beim Kontakt zu den Gefangenen unmittelbar Aufzeichnungen machte, fertigte Gilbert gleich im Anschluss daran seine Notizen an, die er in seinen Tagebucheintragungen verwertete. Die Ausarbeitungen von Gilbert und Goldensohn, die teilweise auch gemeinsam ihre Besuche in den Zellen absolvierten, ergänzen sich und stehen in allen wesentlichen Bereichen, jedenfalls bezüglich Frank – und nur das konnte geprüft werden –, nicht zueinander in Widerspruch.

Für die Gefangenen, die zwar mit ihren Verteidigern sprechen, aber sonst keine Außenkontakte pflegen und erst ab September 1946 Familienmitglieder empfangen durften, waren die Gespräche mit Gilbert und Goldensohn eine meist willkommene Abwechslung. Ja sie erklärten sich sogar freiwillig bereit, sich einem von Gilbert durchgeführten Intelligenztest zu unterziehen.[76] Der »Wechsler-Bellevue-Intelligenz-Test für Erwachsene« bestand aus zwei Teilen: aus einem mündlichen Test auf Erinnerungs- und Kombinationsvermögen und aus einem Leistungstest von Wahrnehmungs- und Reaktionsvermögen.

Der Test zeigte folgende IQ-Werte auf:

Hjalmar Schacht 143, Arthur Seyss-Inquart 141, Hermann Göring 138, Karl Dönitz 138, Franz von Papen 134, Erich Raeder 134, Hans Frank 130, Hans Fritzsche 130, Baldur von Schirach 130, Joachim von Ribbentrop 129, Wilhelm Keitel 129, Albert Speer 128, Alfred Jodl 127, Alfred Rosenberg 127, Konstantin Freiherr von Neurath 125, Walther Funk 124, Wilhelm Frick 124, Rudolf Heß 120, Fritz Sauckel 118, Ernst Kaltenbrunner 113, Julius Streicher 106.

Obwohl diese Werte nur pauschale Aussagen zulassen und über Intelligenzstrukturen nichts sagen, überrascht nicht, dass Hans Frank offensichtlich über eine überdurchschnittlich hohe Intelligenz verfügte. Bemerkenswert ist, dass ein von Experten durchgeführter und mehrfach überprüfter Rohrschach-Test bei keinem der Angeklagten psychologisch auffällige Merkmale der Persönlichkeit zeigte.[77]

Hans Frank entschied sich für Dr. Alfred Seidl als Verteidiger, der gleichfalls auch Rudolf Heß vertrat. »Meine eigene Verteidigung ist klein«, sagte Frank zu Goldensohn. »Eigentlich ist auch mein Verteidiger klein, und er erinnert mich an Goebbels. Ich hoffe, Dr. Seidl hat ein Mundwerk wie Goebbels.«[78] Göring bezeichnete Seidl spöttisch als Micky-Maus.

In der Haft verfasste Frank zwei Schriften: Mit Eintreffen in Nürnberg hatte er angefangen, seine »Lebensskizzen« zu fixieren. Es handelt sich um 77 Schreibmaschinenblätter von zumeist 42 bis 47 Zeilen pro Seite. Darüber hinaus beendete Frank am 23. September 1946 seine Aufzeichnungen des als Hitler-Porträt gedachten Buchmanuskriptes »Im Angesicht des Galgens. Deutung Hitlers und seiner Zeit auf

Frank auf der Angeklagtenbank in Nürnberg im Gespräch mit den Verteidigern (Süddeutscher Verlag, Bilderdienst)

Grund eigener Erlebnisse und Erkenntnisse« (1953 publiziert im Verlag Friedrich Alfred Beck, München-Gräfelding). Wann genau er mit der Niederschrift der 431 Seiten à 36 Zeilen pro Seite (ohne Anhang) begonnen hat, ist nicht klar; sie dürfte aber mit einer gewissen Wahrscheinlichkeit nach den »Lebensskizzen« verfasst worden sein. Auf den Prozess selbst ging Frank in seinen Selbstzeugnissen nur am Rande ein.

Der gesamte Prozess wurde in einem 42-bändigen Mammutwerk als »amtlicher Text« dokumentiert und 1947 in Nürnberg veröffentlicht.[79]

Am 18. Oktober 1945, also nur rund fünf Monate nach Kriegsende, wurde den Angeklagten die Anklageschrift überreicht. Es gab vier Hauptpunkte[80]:

I. Gemeinsamer Plan oder Verschwörung,
II. Verbrechen gegen den Frieden,
III. Kriegsverbrechen,
IV. Verbrechen gegen die Menschlichkeit

Die Anklageschrift war allgemein gehalten und lautete gegen Frank wie folgt:[81]

»Der Angeklagte Frank war in der Zeit von 1932 bis 1945: Mitglied der NSDAP, General der SS, Reichminister ohne Geschäftsbereich, Reichskommissar für die Gleichschaltung der Justiz, Präsident der Internationalen Rechtskammer und der Akademie für Deutsches Recht, Chef der Zivilverwaltung von Lodz, Oberster Verwaltungschef der Militärbezirke von Westpreußen, Posen, Lodz und Krakau und Generalgouverneur der besetzten polnischen Gebiete. Der Angeklagte Frank benutzte die vorerwähnten Stellungen, seinen persönlichen Einfluss und seine enge Beziehung zum Führer dazu: Die Machtergreifung der Nazi-Verschwörer und die Befestigung ihrer Kontrolle über Deutschland zu fördern, angeführt in Anklagepunkt Eins; er genehmigte und leitete die in Anklagepunkt Drei genannten Kriegsverbrechen und die in Anklagepunkt Vier erwähnten Verbrechen gegen die Humanität bei der Verwaltung besetzter Gebiete und nahm an ihnen teil.«

Falsch war die Feststellung, Frank wäre General der SS gewesen, vielmehr war er SA-Obergruppenführer, ein Rang, der dem eines Generals entspricht.[82]

Am 21. November 1945, einen Tag nach Prozessbeginn, kamen die Angeklagten (Martin Bormann wurde in Abwesenheit angeklagt) erstmalig zu Worte, als sie vom Gerichtsvorsitzenden gefragt wurden, ob sie sich schuldig oder nicht schuldig bekennen. Alle, einschließlich Frank, antworteten mit »nicht schuldig«.[83]

Frank saß auf der Angeklagtenbank in der ersten Reihe zwischen Rosenberg und Frick. Goldensohn machte die Beobachtung, dass Frank im Gerichtssaal immer recht gedankenverloren wirke. Gelegentlich kommentiere er eine Zeugenaussage mit einem hämischen Lächeln, während man in anderen Augenblicken nicht sagen könne, ob sein Lächeln auf einen äußeren Reiz zurückgehe oder einer Phantasie entspringe, die ihm gerade durch den Kopf gehe.[84] Frank selbst meinte: »Ich sitze dort auf der Angeklagtenbank, als wäre ich ein Zuschauer.«[85] Zu Gilbert sagte er: »Ich betrachte diesen Prozess als ein gottgewolltes Weltgericht, das bestimmt ist, die schreckliche Leidenszeit unter Adolf Hitler zu untersuchen und zu beenden.«[86] Doch gegenüber Goldensohn schränkte er ein, dass die amerikanischen Ankläger Politiker und keine Juristen seien, nämlich Sprachrohre politischer Interessen, die auf die Zerstörung des Nationalsozialismus zielten. Der gesamte Prozess biete das Bild einer Vermischung von Politik und Recht.[87] Harscher fiel Franks Kritik in seinem Text »Im Angesicht des Galgens« aus, wo er vom »jetzt tobenden Hass- und Rachegeschrei« sprach. Nur sein »eigenes souveränes Volk allein« könne ihn richten, sonst niemand, am wenigsten hätten die Kriegsfeinde Deutschlands ein Recht dazu.[88] Dieser Ansicht waren auch andere Angeklagte, allen voran Hermann Göring. Frank vertrat die Meinung:

»Der Prozess in Nürnberg ist ein Anachronismus und höchstens als diplomatisch-juristisches Warnungsunternehmen gegenüber dem Bolschewismus von einer gewissen, schnell vorübergehenden Bedeutung. Er hat im übrigen den Rang eines ›aufgemachten‹ Standgerichtsverfahrens vor aufgezogener Siegerflagge über die Besiegten. Er gehört leider weder in die Rechtsgeschichte noch in die allgemeine Historie. Er wird verschwinden und vergessen werden wie ein Stein, den man in einen Teich plumpsen lässt. Er ist eine Kriegshandlung mit all der Einseitigkeit, Gewalttätigkeit und daher Ungerechtigkeit einer solchen. Der Nürnberger ›Marterpfahl für die Nazis‹ ist also für die Geschichte ohne Belang.«[89]

Trotz seiner Verachtung für die »Siegerjustiz« arrangierte er sich mit den Verhältnissen im Gefängnis recht gut. Am 15. November 1945 sagte er zu Gilbert, er fühle sich geistig befreit wie nie zuvor im Leben. Besonders die Träume entführten ihn weit über die Grenzen seiner Zelle hinaus.[90] Und am 5. März 1946 zu Goldensohn: »Es ist merkwürdig, der Mensch kann sich an die Gefangenschaft gewöhnen – zurück zu den Empfindungen, als die Menschen noch in Höhlen lebten. Es ist gut, in einer Zelle zu sitzen, dann kann man über die Dinge nachdenken – das ist sensationell.«[91]

Auf Goldensohn wirkte Frank emotional labil. Stimmung und Affekte wechselten von Minute zu Minute. Im einen Augenblick lächelte er oder lachte heiser, im nächsten war er niedergeschlagen und den

Frank in seiner Zelle des Nürnberger Gefängnisses (Süddeutscher Verlag, Bilderdienst)

Tränen nahe (16. März 1946).[92] Dann wieder war er überschwänglich, höflich und begierig nach Gesellschaft (20. Juli 1946).[93] Die Sätze wurden ständig unterbrochen von einem spitzen, hellen, hysterischen Lachen.[94] Anfang Juli merkte er an: »Ich kenne meine Polen, sie sind stinkfaul. Hahahahaha!« Seine Vorurteile gegenüber Polen waren ungebrochen. Weiter sagte er:

383

»Die Polen sind eine Bastardmischung aus tatarischem, slawischem, ruthenischem und deutschem Blut. Die Polen sind ein sehr streitsüchtiges Volk. Sie zanken sich wegen allem. Nur darin sind sie sich einig: in ihrem Glauben und in ihrem Hass auf Juden, Deutsche und Russen. Die meisten Polen sind einfach leidenschaftliche und voreingenommene Menschen.«[95]

Gilbert wie Goldensohn registrierten Franks merkwürdiges Lachen: mal meckernd, mal kichernd mit hoher Stimme, dann wieder ein grimmiges, hohes, unbeherrscht wirkendes Lachen.[96] Dass es sich dabei um Anzeichen einer beginnenden Haftpsychose handeln könnte, haben beide nicht überliefert.

Frank traf nicht nur im Gerichtssaal mit den Mitangeklagten zusammen, sondern auch beim Hofrundgang und in der Mittagspause beim Essen. Er pflegte an einem Tisch zusammen mit Heß und Ribbentrop zu sitzen.[97] Am Nachbartisch saßen Göring, Keitel, Dönitz, Funk und Schirach. Oft kam es zu Streitgesprächen, an denen sich Frank nicht immer beteiligte. Er steckte seine Nase in ein Buch und knirschte mit den Zähnen (Gilbert).

Am 14. Dezember 1945 griff Frank Göring direkt an: »Hitler hat uns hier hereingeritten, und jetzt bleibt als einziges übrig, die Wahrheit zu sagen.« Görings Tischnachbarn wichen dem Thema aus und standen abrupt auf. Frank wiederholte seine Position am Nachmittag in der Verhandlung: Es sei notwendig, dass das deutsche Volk und die gesamte Welt die ganze Wahrheit erführen.[98]

Um zu verhindern, dass Göring die anderen ständig beeinflusste und auch einschüchterte, wurden Mitte Februar neue Regularien in Kraft gesetzt: getrenntes Essen in verschiedenen Räumen, Schweigegebot beim Essen und getrennter Spaziergang. Gespräche untereinander waren fortan nur noch im Gerichtssaal erlaubt, die übrigens von Deutsch sprechenden Wachsoldaten schriftlich festgehalten wurden.

Von nun an saß Frank mittags mit Seyß-Inquart, Keitel und Sauckel an einem Tisch.

Göring wurde in einem anderen Raum separiert und reagierte wütend.[99]

Franks Diensttagebuch spielte im Nürnberger Prozess eine herausragende Rolle.[100] Die polnische Delegation hatte unter Federführung von Dr. Stanislaw Piotrowski das Tagebuch ausgewertet und für den Gerichtshof aufbereitet, das heißt Auszüge gefertigt.[101] Der 14. Dezember 1945 war eigentlich ein schwarzer Tag für Hans Frank, als vom britischen Anklagevertreter verschiedene Passagen aus dem Tagebuch zitiert wurden. Es ist nicht klar, ob Frank darunter litt oder sich wichtig vorkam, wie es auch durchaus seinen Geltungsdrang und seine Eitelkeit befriedigt haben kann, zum Kreis der Hauptkriegsverbrecher gezählt zu werden.

Frank rauchte ruhig seine Pfeife und lächelte freundlich, als ihn Gilbert abends in der Zelle besuchte und das Thema anschnitt. Frank berichtete, der »Dicke« – er meinte Göring – sei verärgert und habe zu ihm gesagt: »Was ist mit Ihnen los, warum haben Sie die Tagebücher nicht verbrannt?«[102]

Niemand außer Seyß-Inquart, wunderte sich Frank, scheine zu verstehen, dass nichts anderes übrig geblieben sei, als die Wahrheit zu sagen. »Und Fritzsche und Speer?«, fragte Gilbert. »Ja, Fritzsche und Speer auch. Dieser Prozess ist eine solche Qual! Solch furchtbare Dinge werden kaltblütig vor uns und der ganzen Welt ausgebreitet – Dinge, von denen wir wussten; Dinge, die wir nicht wussten, Dinge, die wir nicht wissen wollten. Und man versinkt einfach vor Scham.«

Frank bewunderte die Vornehmheit der Richter und Anklagevertreter, er jedoch sitze auf der Gegenseite zwischen so widerwärtigen Charakteren wie Streicher, Göring und Ribbentrop.[103]

»Bereuen Sie, Ihre Tagebücher übergeben zu haben?«, fragte ihn Gilbert.

»O nein, keineswegs. Gott weiß, was ich tat. So kann auch die gesamte Menschheit die volle Wahrheit erfahren. – Ist es nicht merkwürdig, wie günstig sich die deutsche Manie, genaue Aufzeichnungen über alles zu machen, auswirkt? Jetzt haben Sie genügend Beweismittel für den Prozess. Hahaha!«[104]

Auch andere Angeklagte waren direkt oder indirekt durch das Diensttagebuch betroffen oder reagierten darauf. Baldur von Schirach zum Beispiel, scheinheilig verwundert:

»Frank war solch ein brillanter Redner und Rechtsanwalt – hatte Hitler so
glänzend in den Prozessen des ›Völkischen Beobachters‹ verteidigt, hatte solch
eine erstaunliche Kenntnis von Musik und Kunst und Literatur. Es war einfach verblüffend, dass ein solcher Mann derart vorbehaltlos Zustimmungs-
erklärungen abgeben konnte, wenn es sich um Massenmorde handelte.«[105]

Als Schwäche der Beweisführung gegen Frank fällt auf, dass seine
Äußerungen isoliert betrachtet und zu seinem Nachteil gewichtet wurden, ohne sogleich mit seinen Anordnungen, Handlungen oder Geset-
zesmaßnahmen als Generalgouverneur verknüpft zu werden. So bestand das Plädoyer des US-Anklägers William H. Baldwin am
10. Januar 1946, das eigentlich Beweise gegen Frank zusammentragen
sollte, im wesentlichen aus einer Zitatensammlung.[106] Das machte es
Frank und seinem Verteidiger leicht zu behaupten, die Belegstellen sei-
en aus dem Zusammenhang gerissen oder nur leere Drohungen gewesen. Frank: »Reden, ja reden, das war nicht immer mein Glück.«[107] Er
beklagte, dass man einige wenige Seiten zu einer furchtbaren Anklage
zusammenleimte und das Hundertfache an möglichen Zitaten unterschlug, die dem diametral gegenüberstanden.

»Ich behaupte und erkläre, dass ich nie in meinem Leben einen Mord begangen
habe, dass die Tötungen aller Art in unmittelbarer, gottlob gerade noch auch in
diesem Prozess aufgeklärter Befehlsbezogenheit Hitler – Himmler zu ihren Krügers und Globocniks geschehen sind. Das ist die einfache Wahrheit.«[108]

Aber so simpel lagen die Verhältnisse nicht, im Prozess wurde
schließlich doch seine Rolle bei der »Außergewöhnlichen Befriedungsaktion« (AB-Aktion) untersucht und auch die »Sabotage-Verordnung«,
mit der Frank Massenhinrichtungen gerechtfertigt hatte, verhandelt.[109]
Im Übrigen erhielt Dr. Seidl am 23. April 1946 ausführliche Gelegenheit, entlastende Zitate des Diensttagebuches vor Gericht zu präsentieren und zu erläutern.[110]

Gilbert brachte aus seiner Sicht als Psychologe die Bedeutung der
Tagebücher für Frank wie folgt auf den Punkt: Er »hinterließ seine
Tagebücher, denn eine völlige Auslöschung wäre für sein Ego unerträglich gewesen, und der Beweis für seine Schuld erfüllte auch sein
masochistisches Bedürfnis«.[111]

Hans Frank blieb widersprüchlich. Zwei oder drei der Angeklagten schienen nach Gilberts Beobachtung gewisse Anzeichen von Reue zu zeigen, einer von ihnen war Hans Frank [neben Speer und Fritzsche, Anm. D. Sch.]. Er pflegte in seiner Zelle zu sitzen und die Bibel oder deutsche Literatur zu lesen, wobei Frank mit dem kleinen Finger der linken Hand umblätterte, weil er sich die beiden Handgelenke bei seinem Selbstmordversuch stark zerschnitten hatte. Diejenigen, die ihn verhört hatten, beschrieben ihn als mürrisch und Fragen ausweichend, er hätte sie einmal beim Verlassen des Verhörraumes als »Schweine« verflucht. Zu Gilbert verhielt er sich jedoch »voller Liebenswürdigkeit und Einsicht, von tiefster Reue erfüllt«.[112]

Er sagte: »Wir wurden vom Ehrgeiz angestachelt, wir alle, ich auch.«[113] Gilbert wies ihn auf den Widerspruch hin, wie er jene Reden halten und im Tagebuch verankern konnte in dem Wissen, dass es Unrecht war.

»Ich weiß es nicht – ich kann es kaum selbst verstehen. Es muss ein böses Grundelement in mir stecken – in allen Menschen. Massensuggestion – das erklärt es kaum. Ehrgeiz – das hatte eine Menge damit zu tun. Stellen Sie sich nur vor, mit dreißig Jahren war ich Minister, fuhr in einer Limousine durch die Gegend, hatte Dienstboten. Ich vermute, ich wollte mit den SS-Leitern wetteifern. Aber Hitler kultivierte dieses Böse im Menschen. Ja, das war wirklich phänomenal. Als ich ihn in dem Film im Gerichtssaal sah und auch den Aufbau der Partei – war ich wieder für einen Augenblick trotz allem mitgerissen. Ich bin ein so leicht zu beeindruckender Mensch. Merkwürdig. Man sitzt vor Gericht unter einer Bürde von Schuld und Schande. Man zermartert sein Gehirn und sucht nach Erklärungen, wobei man sich an jeden Strohhalm klammert. Dann erscheint Hitler auf der Leinwand. Man streckt die Hand aus...« [Frank streckte die Hand aus, schloss die Augen und schnappte nach Luft wie ein Ertrinkender, G. G.] »Für einen Augenblick ist man berauscht und denkt ... vielleicht. Aber dann geht es vorbei, man öffnet die Hand – und sie ist leer. Vollkommen leer.«[114]

Am 10. Januar 1946 sagte Frank zu Gilbert:

»Es ist interessant, die eigenen Reaktionen zu beobachten. Es ist, als steckten zwei Menschen in mir. Ich, ich selbst, Frank, hier – und der andere Frank, der Nazi-Führer. Und manchmal frage ich mich, wie dieser Mensch Frank solche Dinge tun konnte. Der eine Frank sieht den anderen Frank an und sagt: ›Hm, was bist du doch für eine Laus, Frank! Wie konntest du solche Dinge tun?! Du hast dich sicher von deinen Gefühlen hinreißen lassen, nicht wahr?‹«

Er fragte Gilbert, ob er das als Psychologe nicht interessant, nicht faszinierend finde. – Es waren eben immer auch Berechnung und Pose mit im Spiel. Gilbert fand es »sehr faszinierend, in einer schizoiden Weise«, wie er notierte.[115]

Am 16. Februar 1946 sagte er zu Gilbert:[1-6]

»Sie müssen mir glauben Doktor – das ist wie eine Beichte auf dem Sterbebett –, ich sehe dem Tod ins Auge, und ich sage es nur Ihnen und dem Priester: Ich gab niemals Befehle zum Massenmord oder zu Geisel-Erschießungen. Ich bin froh, daß ich meine Tagebücher aushändigte, denn sie zeigen, wie ein Mann unter den teuflischen Einfluß von Hitler dazu kommt, ganz im Gegensatz zu seinem Charakter, solche Dinge auszusprechen. Schrecklich! Abstoßend!«

Am 5. März erwähnte er gegenüber Goldensohn, dass sein Leben vorbei sei, es interessiere ihn nichts mehr, auch nicht, ob er als Verbrecher eingestuft werde. Er habe starke Schuldgefühle, weil er Hitler wie von Sinnen hinterhergelaufen sei. »Mein Hauptquartier war in Krakau im alten Königsschloss. Deshalb kann ich sagen, dass ich fünf Jahre lang ein König war, aber einer ohne Macht. Das war einfach wie der ganze Führerstaat Hitlers – eine Fassade.«[117] Als ihn Gilbert am 17. April in seiner Zelle besuchte, rauchte er wie so oft friedlich seine Pfeife. Gilbert: »In welcher Weise fühlen Sie sich eigentlich schuldig?« Frank: »Weil ich ein glühender Nazi war und ihn nicht tötete. Einer von uns hätte ihn töten müssen.«[118]

Frank konnte, wie Gilbert feststellte, Hitler mit einer erstaunlichen Leidenschaft und literarischen Gewandtheit verfluchen.

»Hitler verkörperte den Geist des Bösen auf der Erde und erkannte keine höhere Macht an als seine eigene. Wenn nur einer von uns den Mut gehabt hätte ihn zu erschießen! Das ist das einzige, was ich mir vorwerfe. Wie viel Elend, Tod und Zerstörung wäre uns erspart geblieben.

In den folgenden Jahren erkannte ich, was für ein kaltblütiger, harter und gefühlloser Psychopath er in Wirklichkeit war.

Bormann war sein Sekretär Wurm – ein verächtlicher Schmeichler und brutaler Intrigant, übrigens ein deutliches Spiegelbild von Hitlers Charakter.

Ich bin der Überzeugung, dass all diese Greueltaten von Hitler, Himmler und Bormann ausgeklügelt wurden, die die Verachtung für alle Begriffe der Ehre und Humanität verband«.[119]

Gilbert bezeichnete Franks Verhältnis zu Hitler als eine Mischung aus Angst und Bewunderung, als einen Ausdruck von Hassliebe vor einer väterlichen Autoritätsgestalt.[120]

»Hitler ließ mich als Strohpuppe im Generalgouvernement dasitzen, als Symbol für die Verbrechen, die in diesem unglückseligen Land begangen wurden. Und jetzt sitze ich hier, aber es geschieht mir recht, ich war am Anfang mit dem Teufel im Bunde.«[121]

Am 29. November 1945 wurde im Gerichtssaal ein von US-Truppen gefundener Dokumentarfilm über Konzentrationslager vorgeführt. Gilbert notierte, die Angeklagten beobachtend: »Frank schluckt krampfhaft, blinzelt mit den Augen, um Tränen zurück zu halten – Frank murmelt: ›Grausig.‹ – Frank nickt verbittert: ›Schrecklich.‹ – Frank kaut an Nägeln.«

Gilbert besuchte Frank noch am Abend in der Zelle. Er schilderte Frank als »außerordentlich bedrückt und erregt«. Als Gilbert den Film erwähnte, »begann er vor Scham und Zorn zu weinen«. Frank:

»Wenn man bedenkt, daß wir wie Könige lebten und an diese Bestie glaubten. Lassen Sie sich von niemanden erzählen, daß sie nichts gewußt hätten. Jeder ahnte, daß etwas ganz und gar nicht in Ordnung war mit diesem System. Es war zu bequem, sich von diesem System ernähren zu lassen, unsere Familien in fürstlicher Weise zu unterhalten.«

Das Essen stand unberührt auf dem Tisch. Frank war der Appetit vergangen.[122]

Nach einem weiteren Film über Majdanek und Auschwitz, vorgeführt im Gerichtssaal am 19. Februar 1946, war Frank noch immer dabei, seine Schuld auf Hitler abzuwälzen. Gilbert fragte ihn, was er sich dabei gedacht habe, als er die Massentransporte der Juden in die Konzentrationslager zuließ. Er antwortete, er hätte sich dabei gar nichts gedacht, und er hätte auch nicht an die Folgen gedacht. Göring tat während der Filmvorführung, als ob er ein Buch läse, gähnte gelangweilt und machte ab und zu eine sarkastische Bemerkung zu Heß und Ribbentrop.[123]

Nachdem der Auschwitz-Kommandant Rudolf Höß als Zeuge ausgesagt hatte, erklärte Frank am 15. April 1946: »Das war der Tiefpunkt des gesamten Prozesses – einen Mann mit eigenem Munde sagen zu hören, dass er kaltblütig 2½ Millionen Menschen umgebracht hat. Darüber werden die Leute noch in tausend Jahren reden.«[124]

Sucht man bei Frank nach einer persönlichen Entwicklung im Laufe der Haft- und Gerichtsmonate, dann findet man sie ausschließlich in seiner Hinwendung zum Katholizismus.

»Religion ist ein großer Trost – jetzt mein einziger. Ich freue mich heute wie ein kleines Kind auf Weihnachten. Wissen Sie, auch wenn ich mich manchmal im tiefsten Unterbewußtsein frage, ob dieser Glaube an ein Leben nach dem Tode nicht nur ein Hirngespinst ist, – ob das Leben nicht im Grunde in einem kalten Grab endet – und peng! Finis! Dann ist es trotzdem gut, daß man sich bis zum allerletzten Ende an diese Illusion klammert. Wer weiß?«[125]

»Und selbst wenn meine religiöse Überzeugung nur ein Traum wäre – ich brauche sie, damit sie mir Kraft verleiht, und nichts wird mich schwanken machen.«[126]

Ansonsten hingen Schuldgefühle und Reue von der jeweiligen Stimmung ab. Er konnte sein Entsetzen über Konzentrationslager ebenso ausdrücken, wie er am 18. Juni in einer Diskussion mit Gilbert erklärte, viele von denen, die in die KZ gesteckt wurden, hätten es verdient, weil sie die nationalen Symbole besudelt hätten, wie etwa »das Schwein Carl von Ossietzky«. Auch Piscator sei einer von denen gewesen. Deutschland habe nur eine Wahl gehabt, versicherte Frank, entweder Kommunismus oder Nationalsozialismus.[127]

Nachdem Baldur von Schirach im Zeugenstand Hitler und Himmler die Verbrechen von Auschwitz als »Schandfleck in unserer Geschichte, die jeden Deutschen mit Scham erfüllen«, vorwarf, erklärte Frank gegenüber Gilbert, es stehe Schirach nicht zu, sich ein solches Urteil über Hitler anzumaßen. Gilbert argwöhnte, dass es Frank beunruhige, wenn sich jemand außer ihm bußfertig zeige.[128] – Frank verhielt sich schwankend wie ein Rohr im Wind. Man kann sich allerdings des Eindrucks nicht erwehren, dass es ein Kalkül von ihm war, Ankläger, Richter und die beiden Psychologen für sich einnehmen zu wollen.

Aber ohne innere Konflikte ging das nicht ab. Bereits im Januar 1946 machte er sich Gedanken darüber, wie er sich als Zeuge verhalten sollte. Er frage sich nämlich, ob er im Einklang mit den Nazi-Anführern sprechen oder sie brandmarken solle, um ihnen »beim Abgang noch den letzten Stoß die Treppe hinunter« zu geben. »Kann ich meine Kameraden denn völlig verraten? Wirklich, ich bin ein so beeinflussbarer Mensch – ich reagiere so leicht auf meine Umgebung.«

Gilbert diagnostizierte einen Mangel an Integrität, der immer deutlicher werde. Zuerst zeige Frank, dass sein Übertritt zum Katholizismus im Grunde nur ein hysterisches Überläufersymptom der Schuldreaktion sei, dann zeige sich, dass sogar seine Ablehnung der Nazi-Grundsätze nur eine Pose ist, die zugunsten seines Ego und dessen Wertbewusstseins zu beurteilen sei.[129]

Der Psychologe hätte eigentlich deutlicher herausstellen müssen, dass Franks neue Religiosität ein Instrument gegen seine Todesangst gewesen ist.

Fasst man zusammen, wie Goldensohn und Gilbert Frank beurteilten, denn war er emotional labil, zeigte schizoide Züge, wirkte theatralisch und posenhaft, lebte Schuldgefühle masochistisch aus und war von einer Hassliebe zum »Führer« bestimmt, den er als väterliche Autorität bewunderte. Seine leidenschaftliche Begeisterung für Hitler und seine Identifikation mit ihm enthüllten eine »verborgene Neigung zur Homosexualität«.

Am 18. April 1946, es war der Gründonnerstag, trat Hans Frank in den Zeugenstand. Er wurde zunächst durch seinen Verteidiger Dr. Seidl befragt[130] und sodann vom sowjetischen Hilfsankläger L. N. Smirnow[131] und dem US-Anklagevertreter Thomas Dodd[132] ins Kreuzverhör genommen. Franks Schuldeingeständnis galt als kleine Sensation:[133]

»Frage Dr. Seidl: Haben Sie sich jemals irgendwie an der Vernichtung von Juden beteiligt?
Frank: Ich sage ja; und zwar sage ich deshalb ja, weil ich unter dem Eindruck dieser fünf Monate der Verhandlung und vor allem unter dem Eindruck der Aussage des Zeugen Höß es mit meinem Gewissen nicht verantworten könnte, die Verantwortung dafür alleine auf diese kleinen Menschen abzuwälzen. Ich habe niemals ein Judenvernichtungslager eingerichtet oder ihr Bestehen gefordert; aber wenn Adolf Hitler persönlich diese furchtbare Verantwortung auf sein Volk gewälzt hat, dann trifft sie auch mich; denn wir haben den Kampf gegen das Judentum jahrelang geführt, und wir haben uns in Äußerun-

gen ergangen – und mein Tagebuch ist mir selbst als Zeuge gegenübergetreten –, die furchtbar sind. Tausend Jahre werden vergehen und diese Schuld von Deutschland nicht wegnehmen.«

Göring schüttelte bei Franks Worten verärgert den Kopf. Frank gab weiter zu, Ghettos in Polen eingerichtet und Zwangsarbeiter verschickt zu haben. Als er erklärte, er hätte nie Zeit dafür gehabt, während des Kriegs Kunstschätze zu sammeln, lächelten einige Angeklagte und sahen sich gegenseitig an. Frank war nervös und befangen, als er in einer Pause zur Angeklagtenbank kam. Papen und Seyß-Inquart sagten ihm ein paar aufmunternde Worte.

Fast alle Angeklagten reagierten in irgendeiner Form auf Franks Geständnis: Fritzsche war unzufrieden, weil Frank das deutsche Volk mit seiner Schuld in Verbindung gebracht habe. Schacht sagte jedoch, Frank habe seine Schuld klar zugegeben und Recht damit gehabt, wenn er behauptete, Hitler hätte das deutsche Volk entwürdigt. Sauckel flüsterte Göring zu: »Haben Sie gehört, wie er sagte, Deutschland sei auf tausend Jahre entehrt?« Göring erwiderte verächtlich: »Ja, ich hörte es. Ich nehme an, Speer wird dasselbe sagen. Diese knieweichen Feiglinge.«

Beim Mittagessen meinten Fritzsche und Speer, man könne Frank nicht allzu viel angeborene Ehrlichkeit zugestehen. Speer fragte sich, was Frank ohne die Existenz der Tagebücher gesagt hätte.

Frank wartete bereits ungeduldig in seiner Zelle auf Gilbert und machte einen selbstzufriedenen, gelösten Eindruck:

»Ich hielt mein Versprechen, nicht wahr? Ich sagte, dass ich im Gegensatz zu den Leuten um den Führer, die nichts zu wissen schienen, wusste, was vor sich ging. Ich denke, es machte den Richtern wirklich Eindruck, wenn einer von uns ehrlich und offen ist und nicht versucht, die Verantwortung abzuschieben. Glauben Sie nicht? Ich war wirklich erfreut darüber, wie meine Aufrichtigkeit sie beeindruckte. Meine Seele hat Frieden, weil ich meinen Schwur gehalten habe.«

Er erwähnte außerdem, dass Görings Anwalt seinem Dr. Seidl »die Hölle heiß machen würde«.[134]

Doch die Debatte unter den Angeklagten ging weiter: Rosenberg erwähnte gegenüber Gilbert: »Frank ist ein imponierender Redner, wie ich Ihnen gesagt habe. Er lässt seinem Redestrom freien Lauf, und fünf Minuten später beruhigt er sich. Diesmal ließ er es von der Angeklagtenbank los statt vom Richtertisch aus oder als Ankläger. Aber er ist gefühlvoll und musikalisch, und diese musikalischen Leute sind alle überschwänglich! Man kann nie im voraus wissen, was er sagen wird. Deutschland ist auf tausend Jahre entehrt! Das geht doch wirklich zu weit.«[135]

Auch Ribbentrop äußerte sich ähnlich, er schränkte aber ein, dass jedenfalls ein Deutscher so etwas nicht sagen sollte.[136] Seyß-Inquart meinte, Frank hätte seinem Tagebuch treu bleiben müssen. Jodl vertrat die Auffassung: »Ich frage mich, wie echt es war. In der guten alten Zeit war er König, der sich sein eigenes Sonderreich in Polen aufbaute. Ich hatte viel Ärger mit ihm.«[137]

Dönitz erklärte: »Frank hätte nur im eigenen Namen sprechen sollen. Er war einer der wildesten Nazis und hätte nicht den Eindruck erwecken dürfen, dass das ganze deutsche Volk wild war.«[138]

Von taktischen Überlegungen oder Emotionen vortäuschende Schachzüge, die sich Frank und sein Verteidiger haben einfallen lassen, ist nichts bekannt. Auf jeden Fall war es ein mutiger Schritt, in der psychischen Ausnahmesituation des Prozesses und der Haft sowie unter dem Gruppendruck der einstigen Nazi-Führer aus dem tausendjährigen Reich eine tausendjährige Schuld werden zu lassen. Ehefrau Brigitte war darüber nicht gerade begeistert, sie nannte später das Verhalten ihres Mannes »anbiederndes Schuldgelalle«.[139] Doch nach wie vor leugnete Frank eine persönliche Verantwortung und schob sie der SS zu. Er stellte sich als isolierter und machtloser Generalgouverneur dar, der das Schlimmste verhüten musste.

Eine Reihe von Zeugen der Verteidigung machten selbstverständlich apologetische Angaben, allen voran Dr. Josef Bühler.[140]

Unerfreulich entwickelte sich Franks private Situation. Über Dr. Seidel konnte er unzensierte Briefe hinausschmuggeln, doch Lilly G. antwortete ihm nicht und ließ ihm lediglich »herzinnige« Grüße durch seine Mutter ausrichten. Lilly war nicht nur verletzt, weil Brigitte die Briefzitate ihres Mannes nach Bad Aibling geschickt hatte, sondern befürchtete auch Maßnahmen der amerikanischen Besatzer, eventuell sogar in Haft genommen zu werden.[141] Ihre Angst war offensichtlich größer als ihre Gefühle für den ehemaligen Liebhaber. Damit sagte sie sich von ihm los, was wohl für Hans Frank einem Verrat gleichkam und in der Gefängniszelle sicher schwer auszuhalten war.

Sorgen bereitete Hans Frank ferner, dass seine Schwester vorübergehend in Haft genommen worden war – eine Form von Sippenhaft, die man eher mit dem Nazi-Unrecht in Verbindung gebracht hätte.[142]

Zu einer letzten Ehekrise kam es, als durch das Büro des Rechtsanwaltes Seidl im Juli 1946 ein für seine Mutter Magdalena bestimmter Brief an Brigitte Frank geschickt wurde. Hans Frank hatte sich darin mit unzweideutigen Worten über seine unglückliche Ehe ausgelassen und Brigitte sinngemäß als den großen Irrtum seines Lebens bezeichnet.[143]

Nur sein Briefwechsel mit seiner ehemaligen Sekretärin und Exgeliebten Helene K. war wohl frei von zwischenmenschlichen Konflikten.[144] Sie übertrug eifrig die von Seidl geschmuggelten Manuskriptseiten in Maschinenschrift, die sodann zur Korrektur auf dem selben Weg zurückgebracht wurden. Als Niklas Frank Jahre später Helene K. fragte, warum wohl sein Vater nicht Suizid begangen hätte, antwortete sie: »Dafür war er zu feige.«

Nur ein Freund aus besseren Tagen hielt Frank die Treue: Der Komponist Hans Pfitzner schickte ihm Grüße in die Zelle.[145]

Am 11. Juli 1946 hielt Rechtsanwalt Seidl sein Plädoyer und bemühte sich, Frank als »Kämpfer gegen den Polizeistaat« in ein günstiges Licht zu rücken.[146] Den Umsiedlungsaktionen im Generalgouvernement stellte er die Vertreibung Deutscher aus Ostpreußen und Schlesien gegenüber. Dieser Vergleich wurde vom Gericht genauso für unzulässig erklärt wie die Behauptung, nicht die Deutschen hätten die ersten Konzentrationslager errichtet. Vor allem versuchte Seidl, den materiellen Beweiswert des Tagebuchs abzuschwächen: Der Generalgouverneur habe manchmal an einem Tag zwei oder drei Reden aus dem Stegreif gehalten, und man müsse sein Temperament und seine Neigung zu zugespitzten Formulierungen berücksichtigen.

Doch Franks Rechnung ging nicht auf: Die Staatsanwälte honorierten keineswegs seine Schuldeingeständnisse, wog doch der verbleibende Rest zu schwer. Ende Juli 1946 hielten sie ihre Plädoyers. Der Hauptankläger der USA, Robert H. Jackson, machte ihn lächerlich: »Ein Generalgouverneur von Polen, der regierte, aber nicht herrschte.« Der britische Hauptankläger, Sir Hartley Shawcross, hob Franks Aussage hervor: »Mitleid wollen wir grundsätzlich nur mit dem deutschen Volk haben, sonst mit niemanden auf der Welt.« Der stellvertretende französische Hauptankläger, Charles Dubost, erwähnte positiv Franks Eingeständnis, tiefe Schuld in sich zu tragen, doch habe Frank schon 1936 das Errichten von Konzentrationslagern verteidigt. General R. A. Rudenko, sowjetischer Hauptankläger, zitierte die schlimmsten Passagen aus dem Tagebuch.[147] Fasst man die Vorwürfe gegen Frank zusammen, wie sie Ankläger Jackson formulierte, so waren sie vernichtend:

> »Der fanatische Frank, der die Nazi-Kontrolle durch Aufrichtung einer neuen Ordnung der Autorität ohne Recht festigte, sodass der Wille der Partei der einzige Prüfstein der Rechtmäßigkeit wurde, ging dann dazu über, seine Rechtlosigkeit nach Polen zu exportieren, das er mit der Peitsche eines Cäsars regierte und dessen Bevölkerung zu traurigen Überresten reduzierte.«

Die Clique der Nazi-Führer auf der Angeklagtenbank reagierte überwiegend mit verletztem Erstaunen auf die Tatsache, dass die Anklagevertretung sie immer noch für Verbrecher hielt. Am 31. August hatten die Angeklagten die Möglichkeit, ein persönliches Schlusswort zu sprechen.[148] Hans Frank kehrte zurück in Reih und Glied seiner Spießgesellen. Er verspielte dabei vielleicht nicht sein Leben – die Todesstrafe war ihm so oder so sicher –, aber einen letzten Rest von Achtung zumindest seiner Söhne Niklas und Norman. Nach pathetischen Worten über seine abstrakte Schuld relativierte er sein Geständnis:

> »Ich muss nur noch ein Wort von mir berichtigen. Ich sprach im Zeugenstand von tausend Jahren, die die Schuld von unserem Volke wegen des Verhaltens Hitlers in diesem Krieg nicht nehmen könnten. Nicht nur das sorgsam aus diesem Verfahren ferngehaltene Verhalten unserer Kriegsfeinde unserem Volk und seinen Soldaten gegenüber, sondern die riesigen Massenverbrechen entsetzlichster Art, die, wie ich jetzt erst erfahren habe, vor allem in Ostpreußen,

Schlesien, Pommern und im Sudetenland von Russen, Polen und Tschechen an Deutschen verübt wurden und noch verübt werden, haben jede nur mögliche Schuld unseres Volkes schon heute restlos getilgt. Wer wird diese Verbrechen gegen das deutsche Volk einmal richten?«

Urteil und Hinrichtung

Der Prozess hatte am 20. November 1945 begonnen, nach 403 öffentlichen Sitzungen wurden am 31. August 1946 das Beweisverfahren und die Plädoyers abgeschlossen.[149] Die nächsten vier Wochen herrschte eine bedrückende Spannung im Gefängnis. Die Angeklagten warteten auf die Urteilsverkündung. Eine gewisse Auflockerung der Gefängnisvorschriften gestattete, dass sie von ihren Familien besucht werden und auch untereinander Kontakt pflegen konnten.[150]

Mitte September kam Brigitte Frank, die das Gericht als »Siegertribunal« bezeichnete, mit den Kindern nach Nürnberg. Die Gefangenen saßen nebeneinander hinter einer Glasscheibe, flankiert von Militärpolizisten. Ein unmittelbarer Kontakt mit der Ehefrau und den Kindern war nicht erlaubt. Norman, 19 Jahre alt, erinnerte sich, dass der Vater sehr abgemagert aussah und sich bemühte, ruhig und gefasst zu wirken, vor allem gegenüber den Geschwistern. Im ersten Augenblick sei ihm der Vater sehr fremd vorgekommen. Er habe gesagt, es »gehe schief« mit ihm. »Er ermahnte mich, stark zu sein und stets daran zu denken, erst nach sorgfältiger Überlegung eine Meinung von mir zu geben. Die Worte sollten mir im Hals stecken bleiben, wenn ich zu freimütig spräche. Ihn hätte es zugrunde gerichtet und jetzt warnte er mich davor. Es war sein letzter Rat für mich.«[151]

Der siebenjährige Niklas saß auf dem Schoß der Mutter. Hans Frank sagte zu ihm. »Ah, Niki, in drei Monaten werden wir bei uns zu Hause einen prächtigen Weihnachtsabend feiern.«[152] Niklas Frank schrieb später verbittert, dass er genau wusste, dass der Vater bald tot sein werde und fragte sich: Warum lügt der? Niklas hätte erwartet, dass ihm der Vater etwas Wichtiges, Wertvolles sagt.[153] In seine Enttäuschung mischt sich Empörung.

Zum Abschluss der Besuchszeit warteten die Kinder in einem Vorraum, und die Ehefrauen konnten noch 15 Minuten mit den Männern alleine sprechen.

Hans Franks Schicksal entschied sich am 2. und 10. September 1946, als das Gericht intern das Urteil speziell über ihn beriet, was in Protokollen (*Notes on Judgement*) festgehalten ist.[154] Dabei ging es zunächst hin und her, nach welchen der vier Anklagepunkten er als überführt angesehen werden muss. In der Vorberatung stimmten R. Falco (Frankreich) und J. T. Nikitschenko (Russland) für schuldig in allen vier Punkten, obwohl er nach Punkt II gar nicht angeklagt worden war. In der Schlussberatung ließen die Russen Punkt II fallen, stimmten für schuldig nach den anderen drei Punkten und für die Todesstrafe. Geoffrey Lawrence (England), Falco und die Amerikaner fanden ihn nur schuldig nach III und IV, stimmten aber auch für Erhängen. Donnedieu de Vabres (Frankreich) erwies sich als »sonderbar zartfühlend«, wie es formuliert wurde, und brachte statt der Todesstrafe lebenslange Haft in Vorschlag. Seine Kollegen ließen sich davon jedoch nicht beeinflussen, und das Gericht sprach Frank letztendlich »nach III und IV schuldig und dem Tod verfallen«.

Die höchsten Stellen des Gerichtshofes wussten damit vorab, dass Hans Frank dem Tode geweiht war und nicht mehr lange leben und auch als Zeuge nicht mehr lange zur Verfügung stehen würde. Deshalb wurde er noch im September über Angeklagte der Nürnberger Nachfolgeprozesse, insbesondere zu Franz Schlegelberger (Juristen-Prozess) und Lammers, Wilhelm Stuckart sowie Richard Walter Darré (Wilhelmstraßen-Prozess) vernommen.[155]

Am 1. Oktober 1946 wurde in der Vormittagssitzung der Urteilstenor, aber nicht das Strafmaß, verlesen.[156] Die Gründe, Hans Frank schuldig zu sprechen, trug US-Richter Francis Biddle vor, der Kernsatz lautete:[157]

»Aber es ist ebenso wahr, dass Frank ein williger und wissender Mitwirkender sowohl bei der Anwendung von Terror in Polen war, wie bei der wirtschaftlichen Ausbeutung Polens auf eine Art und Weise, die zum Hungertod einer großen Anzahl Menschen führte; ferner bei der Deportation von mehr als einer Million Polen als Sklavenarbeiter nach Deutschland und in Ausführung eines Programms, das den Mord von mindestens drei Millionen Juden zur Folge hatte.

Schlussfolgerung: Der Gerichtshof erkennt, dass Frank nach Punkt 1 der Anklageschrift nicht schuldig, dagegen nach Punkt 3 und 4 schuldig ist.«

Mit Sicherheit hätte man Franks Tatbeteiligung in diesen essenziellen Punkten auch ohne seinen im Diensttagebuch dokumentierten verbalen Radikalismus nachweisen können. Insoweit war das Tagebuch zwar prozessökonomisch von Bedeutung, hätte aber nicht ausschlaggebend für die Bestrafung sein müssen.

Der Strafausspruch wurde den Angeklagten in der Nachmittagssitzung desselben Tages einzeln verkündet.[158] Das Protokoll hielt diesen Vorgang wie folgt fest:

»Die Angeklagten befinden sich nicht im Gerichtssaal.

Vorsitzender: ›Gemäß Artikel 27 des Statuts wird nun der Internationale Militärgerichtshof die Strafen über die Angeklagten aussprechen, die nach der Anklageschrift verurteilt wurden:‹

[…]

Der Angeklagte Frank wird hereingeführt.

›Angeklagter Hans Frank! Gemäß den Punkten der Anklageschrift, unter welchen Sie für schuldig befunden wurden, verurteilt sie der Internationale Militärgerichtshof zum Tode durch den Strang.‹

Der Angeklagte Frank wird herausgeführt.«

Beim Ausspruch des Todesurteils warf er mit einer ruckartigen Bewegung den Kopf nach hinten, schrieb Susanne von Paczensky in der »Frankfurter Rundschau«.[159]

Der Gerichtspsychologe Gilbert wartete im Zellentrakt auf die Rückkehr der Verurteilten. »Frank lächelte höflich, konnte mich aber nicht anblicken. ›Tod durch den Strang‹, sagte er leise und nickte ergeben. ›Ich verdiene es und erwarte es, wie ich Ihnen ja immer sagte. Ich bin froh, dass ich in den letzten paar Monaten Gelegenheit hatte, mich zu verteidigen und über alles nachzudenken‹.«[160]

Die Urteilsverkündung übertrug der Bayerische Rundfunk ab 15 Uhr live; Brigitte Frank saß am Radio. Ihre letzte Hoffnung war ein Gnadengesuch, das Rechtsanwalt Seidl nicht im Auftrage seines Mandanten, sondern auf Wunsch der Familie am 4. Oktober 1946 einreichte. Außerdem setzte sich Brigitte mit dem Münchner Kardinal Michael von Faulhaber in Verbindung, der ein Schreiben an den Vatikan richtete. Papst Pius XII. versagte jedoch seine Unterstützung aus politischen Gründen.[161] Sämtliche Gnadengesuche – auch anderer Delinquenten – wurden vom Alliierten Kontrollrat in Berlin abschlägig beschieden.[162]

Am 8. Oktober durfte Brigitte Frank einen letzten Besuch bei ihrem Mann in Nürnberg machen – ohne die Kinder. Danach wurden noch Briefe ausgetauscht – hilflose Versuche eines Abschieds, der alle überforderte.

Hans Frank wurde in den letzten Tagen vor seinem Tod intensiv vom katholischen Priester Sixtus R. O'Connor betreut. Dass Frank zum katholischen Glauben konvertierte, stand im Widerspruch zu seinem Denken und Handeln bis Ende 1944, auch zu einschlägigen Äußerungen, wie sie im Diensttagebuch verzeichnet sind (»Und wenn ein Pfarrer kommen sollte und uns den letzten Segen geben wollte, dann werden wir sagen: Lieber Freund, lass deine Jesusgeschichten…«[163]). Es wird sich kaum klären lassen, ob es Autosuggestion war oder wirklicher Glaube, mit der er die schreckliche Todesangst vor der unausweichlichen Konsequenz bezwingen wollte. Weder hatte er den Verstand verloren noch sollte man überhaupt darüber urteilen, wie Hans Frank mit seinem Tod umgegangen ist. Wie aber soll man an echte – das heißt ehrliche – Reue glauben? Dagegen sprechen eine Reihe von entlarvenden Äußerungen, die er noch in den letzten Tagen und Wochen im Angesicht des Galgens im gleichnamigen Manuskript festhielt, wie zum Beispiel: »Deutschland hat tausend ›Lidice‹ erlebt, die Tschechen nur eins.«[164] Auch Albert Speer, der in der Spandauer Haft die Nürnberger Prozesstage rekapitulierte, äußerte sich skeptisch:[165]

»Hans Frank, dessen eigenes Tagebuch sein rücksichtsloses, fast bestialisches Vorgehen enthüllte, schwor in Nürnberg allen seinen bekannten Verbrechen ab und wurde ein gläubiger Katholik; seine Gabe, inbrünstig und fanatisch zu glauben, hat ihn nicht verlassen.«

Die Hinrichtung erfolgte in der Nacht vom 15. auf den 16. Oktober 1946. Fünf Tage später schrieb Pater Sixtus an die Hinterbliebenen:[166]

»Am Vorabend seines Todes bin ich bei ihm gewesen. Wir beteten zusammen die kleine Andacht: Christus am Ölberg (aus dem Diözesangebetsbuch von Bamberg).

Hernach unterhielten wir uns noch kurz, und dann ging er zu Bett. Kurz vor Mitternacht wurde er geweckt und davon benachrichtigt, daß seine Hinrichtung in Kürze stattfinden würde. Kurz nach 24:00 Uhr reichte ich ihm die heilige Kommunion.

Während seiner letzten 15 Minuten habe ich mit ihm gesprochen, gab ihm den letzten Segen der Kirche und den vollkommenen Ablaß. Er war ganz ruhig und ergeben und beauftragte mich, Euch zu sagen, daß er innerlich den Tod freiwillig auf sich genommen habe als Buße und Sühne für die Vergangenheit. Bevor wir die Zelle verließen, zeichnete ich ihm auf Stirne, Mund und Brust ein kleines Kreuz, so wie seine Mutter ihn immer segnete, als er als Junge zur Schule ging.

Unterwegs zur Hinrichtungsstätte beteten wir zum heiligen Joseph um einen guten Tod. An der Stätte selbst gab er folgende Erklärung ab: ›Ich danke für die gütige Behandlung, die mir während der Gefangenschaft zuteil geworden ist, und ich bitte den Herrgott, daß er mich gnädig aufnehmen möge.‹ Ich las ihm dann ein kurzes Gebet vor, und zum Schluß sagte er: ›Mein Jesus, Barmherzigkeit!‹

Das waren seine letzten Worte.

Zwei Stunden nach seinem Tod betete ich die Begräbnisgebete und las anschließend eine Trauermesse. Ich glaube sicher, daß er gleich in den Himmel eingegangen ist und daß er vor dem Richtstuhl Gottes ein faires Urteil gefunden hat. Nun hat er ganz bestimmt die Ruhe und den Frieden und die Liebe gefunden, die diese Welt nicht geben kann.

Es grüßt

Fr. Sixtus R. O'Connor, OFM«

Durch den amerikanischen Henker John C. Woods aus San Antonio wurden in der Turnhalle des Gefängnisses außer Frank Ribbentrop, Keitel, Kaltenbrunner, Sauckel, Jodl, Seyß-Inquart, Rosenberg, Frick und Streicher hingerichtet.[167]

Ein amerikanischer Augenzeuge beschrieb die Hinrichtung wie folgt:[168]

»Die zehn ehemals bedeutendsten Männer in Hitlers Reich, das tausend Jahre hätte währen sollen, mussten dreizehn Holzstufen zu einer etwa zweieinhalb Quadratmeter großen Plattform hinaufsteigen. Die Stricke hingen von einem Querbalken herab, der von zwei Pfosten getragen wurde. Für jeden Mann wurde ein Seil verwendet. Wenn sich die Falltür öffnete, fiel der Delinquent in

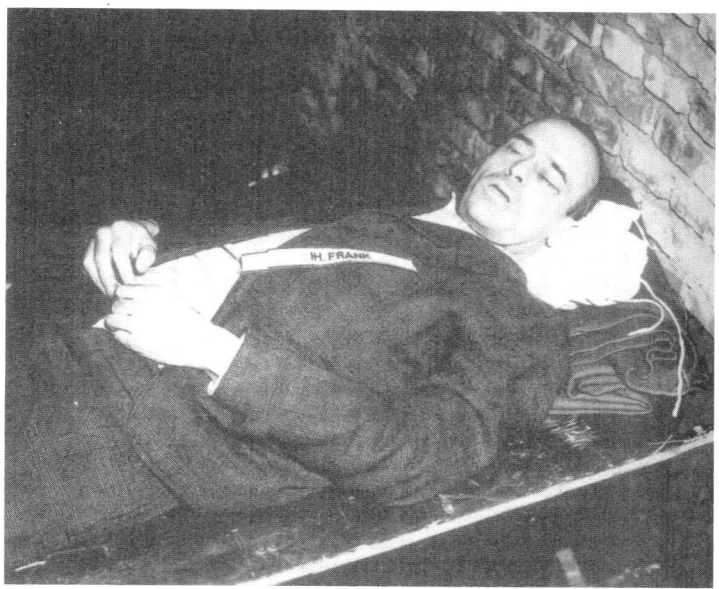

Nach der Hinrichtung am 16.10.1946 (Süddeutscher Verlag, Bilderdienst)

das Innere des Schafotts, das auf drei Seiten mit Brettern vernagelt und auf der vierten durch einen dunklen Vorhang verhängt war. Niemand sollte den Todeskampf der Männer sehen, die mit gebrochenem Genick am Strick baumelten.

Als Einziger betrat Hans Frank den Ort seiner Exekution mit einem Lächeln. Obwohl er nervös wirkte und oft schluckte, erweckte dieser Mann, der nach seiner Verhaftung zum römisch-katholischen Glauben konvertiert war, den Eindruck, als sei er erleichtert, daß er nun für seine Übeltaten bestraft werden würde. Er nannte seinen Namen mit ruhiger Stimme, und als man ihn nach seinen letzten Worten fragte, bedankte er sich leise, beinahe flüsternd bei seinem Pater Sixtus ›für Ihre Fürsorge während meiner Gefangenschaft‹ und bat ›Gott, mich gnädig zu empfangen‹. Frank schloß die Augen und schluckte, als man ihm die schwarze Kapuze überzog.«

Die Hinrichtungen endeten um 02.45 Uhr und hatten insgesamt 103 Minuten gedauert.

Die amerikanische Soldatenzeitung »Stars and Stripes« veröffentlichte vier Tage nach der Exekution ein Interview mit dem Henker. Er sagte: »Ich habe die zehn Nazis in Nürnberg gehängt, und ich bin stolz darauf, und ich habe die Sache gut gemacht.«

Auf zwei Armee-Lastwagen brachten US-Soldaten die Kisten mit den elf Toten (einschließlich Göring, der am 15. Oktober Suizid verübt hatte) nach München. Dort wurden sie sofort in einem Krematorium verbrannt und die Asche im Stadtteil Solln im Süden Münchens in den etwa drei Meter breiten Conwentzbach geschüttet, der in die Isar fließt.[169]

Epilog

»Du hast nichts zu verlieren – nur mich.« (Niklas Frank)

Insgesamt sind fast sechs Millionen polnische Staatsbürger Opfer der deutschen Besatzungszeit geworden, darunter mindestens 2,7 Millionen polnische Juden; das polnische Judentum ist nahezu ausgelöscht worden. Nach Erhebungen des polnischen Kriegsentschädigungsamtes von 1947 kamen während des Zweiten Weltkrieges 22 392 der Intelligenz zuzurechnende Personen um. Die Verluste in einzelnen Berufsgruppen beliefen sich auf 56,9% bei Rechtsanwälten, 38,7% bei Ärzten, 28,5% bei Professoren und Assistenten, 27,2% bei katholischen Geistlichen, 21,5% bei Richtern, Staatsanwälten und Gerichtsreferendaren sowie 13,1% bei Oberschullehrern.[1]

Polen verlor ein Fünftel seiner Vorkriegsbevölkerung, fast jede polnische Familie war betroffen. »Ausgesiedelt« wurden 1,15 Millionen Polen, als Sklavenarbeiter missbraucht mindestens 4,4 Millionen.[2]

Abstrakte Größen. Die Zahlen lassen sich nicht wirklich fassen. Der Holocaust überfordert menschliches Begriffsvermögen. Das heißt nicht, dass Aussagen unmöglich, Versuche einer Interpretation sinnlos sind. Das Leben, Denken, Handeln eines hohen Funktionärs und Hitler-Hörigen ist wie ein Schlüssel, der viele Kodes des Systems und der Menschen, die ihm verfallen waren, zu dechiffrieren vermag.

Hans Frank stand in seinem Leben an mehreren Weggabelungen und entschied sich für die jeweils verschärfte Gangart in Richtung des Terrors. Er hatte einst eine »Staatsform des Führerprinzips auf der Grundlage des Rechts« propagiert, die er dem »unabhängigen Rechtswesen als Kontrollinstanz« entgegensetzen wollte.[3] Seine Pläne scheiterten und mündeten im Völkermord, den er mit zu verantworten hat. Von Adolf Hitler konnte er sich nie lösen, selbst in Nürnberg schrieb er noch, »sich zum Abschied von dieser Erde zu rüsten, um dem Führer zu folgen«.[4] Ob die Todesstrafe die adäquate Sühne war, muss strittig bleiben.

Die Kenntnis der Biografie von Hans Frank, der ja nicht nur Nazifunktionär und Generalgouverneur im überfallenen und besetzten Polen, sondern auch ein intelligenter Mensch mit humanistischer Bildung, ein Wissenschaftler, Ehemann und Familienvater war, verbietet, ihn ausschließlich als Massenmörder zu sehen. Und die Biografie seiner Ehefrau Brigitte – der Mittäterin – vermittelt den Eindruck, dass ein mörderisches System Familien und private zwischenmenschliche Beziehungen nicht verschont, sondern sie korrumpiert und am Ende zerstört.

Es ist aber auch notwendig, die schwere Hypothek zu erkennen, die es für die Kinder solcher Eltern bedeutet, ein eigenes, selbständiges Leben aufzubauen. Zunächst standen sie unter dem Einfluss der Mutter und wurden »in pietätvollem Gedenken an den feinsinnigen, musisch, intellektuell und rhetorisch begabten Vater« erzogen.[5] Brigitte Frank war emanzipiert und nicht die klassische, dem System und ihren Führern ergebene »Nazi-Frau«. Sie war in dem Sinne unpolitisch, als sie die Ideologie jedes Systems anerkannt hätte, so lange sie es als »Wonneproppenreich« ausbeuten konnte. Sie brandmarkte das Todesurteil als Siegerjustiz und sprach ihren Mann wie sich selbst von jeder Schuld frei. In dieser Haltung wurde sie im Verwandten- und Bekanntenkreis und von zahlreichen Ewiggestrigen bestärkt.

Die größte Distanz entwickelte Niklas, der sich als »Fremdi« aus der Familie ausgegrenzt fühlte und ab dem 12. Lebensjahr in einem Internat auf einer Nordseeinsel aufwuchs. Er sah die Familie also nur in den Ferien.

Norman suchte Abstand, indem er von 1950 bis 1955 in Argentinien lebte.[6]

Drei Tage nach der Hinrichtung suchte die Mutter ihren jüngsten Sohn in einem Kinderheim in Schäftlarn auf. »Dein Vater ist nicht mehr. Er lebt nicht mehr. Er ist tot.« Für Niklas war das nicht überraschend, er wusste es schon seit dem Abschied in Nürnberg.

»Schau mal«, sagte sie, »ich habe nicht mal ein Trauerkleid an, weil er fröhlich gestorben ist und auch sterben wollte, du siehst, ich weine auch gar nicht.« – Sie blickte auf den Siebenjährigen.

»Warum weinst *du* nicht?«, fragte sie dann Niklas in verdutztem, beleidigtem Ton. Drohend.

Seitdem gab es nicht nur ein Problem mit dem Vater, sondern »einen Riss zwischen Mutter und mir« (Niklas Frank).[7]

Die Nachkriegsjahre waren schwierig, die Franks lernten den Hunger kennen. Niklas erinnert sich, dass er zum Betteln geschickt wurde.[8] Der Schoberhof, das Haus am Ammersee und die Bankkonten wurden enteignet. Brigitte Frank verkaufte alle aus Polen geraubten Wertsachen, um die Familie über Wasser zu halten. Hatten die Lausbuben etwas angestellt, beschützte die Mutter sie gegenüber Außenstehenden. Niklas bewundert an seiner Mutter, dass sie eine starke Frau war – im Gegensatz zum schwachen Vater. Zärtlichkeiten erfuhren die Kinder kaum, das entsprach ohnehin nicht Brigittes Wesen. Auch um den Ehemann weinte sie nie.[9] Im Sommer 1947 wurde sie für ein Vierteljahr mit anderen Ehefrauen prominenter Nazi-Führer in einem amerikanischen Lager bei Augsburg interniert.[10]

Sehr geschickt vermarktete Brigitte Frank mit ihrem ausgeprägten Geschäftssinn die Erinnerungen ihres Mannes »Im Angesicht des Galgens«. Sie erzielte in den fünfziger Jahren Einnahmen von über 200 000 DM, einen für damalige Verhältnisse sehr hohen Betrag. Die positive Resonanz »Alter Kameraden« aus dem Generalgouvernement, aber auch aus Kreisen der katholischen Kirche, der Wirtschaft und Beamtenschaft war groß. Der Abt des Klosters Metten schrieb: »Das Buch werden wir im Kloster bei Tisch vorlesen.« Beifall zu Hans Franks Apologetik kam vom einstigen Wehrmachtsgeneral bis zum ehemaligen Stabsmusiker der Waffen-SS, vom Bundesverfassungsrichter bis zum Ministerialrat im Bundesrechnungshof, von der Äbtissin in Mallersdorf bis zu Winifred Wagner, die das Werk »für die beste Charakteristik Hitlers, die ich kenne« hielt. So wundert es auch nicht, dass Hans Franks »Ermordung« von Briefschreibern als ein »tieftragisches Ereignis« beurteilt wurde, »eine Schande für unser Volk«.[11]

Auch gingen zunächst viele Sachspenden ein, doch irgendwann waren Geld und Zuwendungen aufgebraucht. Kritische Einsichten blieben Brigitte Frank nach wie vor fremd: »Ich freue mich, dass ich das Leben in verschiedenen Variationen kennen gelernt und alles so erschaut und erlebt habe, dass ich heute von mir sagen kann, ich habe nicht nur keinen Schaden genommen, sondern ich stehe über so vielen Dingen, die anderen Menschen eine Quelle ewiger Probleme und Unruhen sind.«[12] Sie überlebte ihren Mann um zwölfeinhalb Jahre und verstarb 1959 mit 63 Jahren in Armut.[13]

Ihre Nebenbuhlerin Lilly G., die sich nach Franks Tod mit ihrem Mann versöhnt hatte, starb 1977 im Alter von 78 Jahren.[14]

Von den aus der Ehe hervorgegangenen fünf Kindern starben Brigitte mit 46 Jahren und Michael mit 53 Jahren; auch Sigrid, die Älteste, lebt nicht mehr. Norman und Niklas, der älteste und der jüngste Sohn, sind emotional eng verbunden. Wegen seiner Krankheit konnte Norman Frank nicht zur Biografie des Vaters interviewt werden. Mit aller Vorsicht lässt sich resümieren, dass Norman mit der familiären Vergangenheit eher introvertiert und Niklas eher extrovertiert umgeht. Norman denkt oft an den Vater, wie sich aus einem Interview Mitte der neunziger Jahre ergibt,[15] er hatte die engste Beziehung zu ihm; seine Erinnerungen sind von großer Traurigkeit geprägt.

Niklas »machte seinen Weg«, wie man so sagt. Nach dem Abitur studierte er verschiedene Fachrichtungen und wurde schließlich über mehrere Jahrzehnte erfolgreicher Journalist beim Magazin »Stern«. Niklas Frank will nicht über seine Geschwister reden, eine Haltung, die zu respektieren ist. In seinem Buch über den Vater schrieb er: »Es gab bisher in meinem Leben keinen Tag, in dem du mir nicht wie ein Schweinsrüssel im Hirn aufgetaucht wärst.«[16] Dies gilt wahrscheinlich auch heute noch. Bereits mit jungen Jahren stöberte er in Buchhandlungen und informierte sich, was über seinen Vater geschrieben worden war. Als sein Interesse für die Mutter wuchs, befragte er Verwandte und ihren großen Kreis von Freundinnen. Das Ergebnis überraschte ihn: »Wir waren eine entsetzlich verbrecherische Räuberfamilie.«[17]

Sein Buch über den Vater, das 1987 erschien, bezeichnete er als eine Abrechnung. Im Vorwort schrieb Ralph Giordano: »Niklas Frank

speit seinen ganzen Ekel auf Papier, nein, er kotzt den Verrat der früh-
kindlichen Sehnsüchte, die unlösbare Sohnesbindung an die Horror-
biografie dieses Vaters und das Entsetzen darüber dem Leser direkt
vor die Füße.«[18]

Auch seine »deutsche Mutter« schonte Niklas Frank nicht (2005).
Mit dieser Tabuverletzung spaltet er die Leserschaft und die öffentliche Reaktion.

Seine Haltung verdient Verständnis, sein Mut Respekt und seine
Ehrlichkeit Anerkennung. Die schmerzhafte Auseinandersetzung mit
den Eltern als »die Rache des Jüngsten« zu bezeichnen,[19] ist oberflächlich und unangemessen. Nach allem, was in dieser Biografie des Vaters
belegt ist, fragt sich Niklas Frank zu Recht: »Sind meine Eltern für
mich ein liebevolles Paar gewesen mit dem Fehler, dass sie halt ein
paar Leichenhaufen hinterlassen haben? Nein, für mich bestimmen
die Leichenhaufen das Bild meiner Eltern.«[20]

Niklas Frank zeichnet aus, dass er schonungslos mit sich selbst umgeht und seinen klaren Blick auf die Vergangenheit nicht verloren hat.
Seine Botschaft lautet: Nach dem Krieg sei in den meisten deutschen
Familien geschwiegen worden, was schädlich für die junge Demokratie war und diese Oberfläche eines Tages mit großen Nachteilen für
die Gesellschaft wegbrechen könnte.[21] Deshalb verurteilt er, wenn die
Kinder von Nazitätern schweigen oder die aktenkundigen Verbrechen
des Vaters leugnen. Wolf Rüdiger Heß sei daran zugrunde gegangen.
Oder Gudrun Himmler, die noch immer eine glühende Verteidigerin
ihres Vaters sei. Zweimal versuchte Niklas Frank Edda Göring anzuru-
fen. Als er seinen Namen nannte, legte sie auf.[22]

Noch schlimmer allerdings sind für Frank Täter-Kinder, die sich zu
Anwälten einer Versöhnung machen, wie Martin Bormann, der seinen
gleichnamigen Vater einfach aufsplittere: Hier der liebende Papa, dort
der eiskalte Schreibtischmörder – als ob ein liebevolles Streicheln über
Kinderlocken Leichenberge verschwinden ließe (Niklas Frank). Auch
Richard von Schirach, der jüngste Sohn des »Reichsjugendführers«,
sei so ein Beispiel, der dem Vater nicht die »Würde« nehmen wolle.
Frank fragt: »[…] Soll mir Richard von Schirach doch bitte den Satz
seines Vaters erklären: ›Noch im Herbst des Jahres 1942 werden wir

das Fest eines judenfreien Wiens erleben.‹«[23] Während er dies sagt, fallen Niklas Frank Sätze des eigenen Vaters ein, der vor Hunderten von deutschen Beamten und Wehrmachtsoffizieren wütend ausgerufen hatte: »Diese krummnasigen Raubtierratten. Diese Sendboten der Vernichtung. Diese Elendswichte und Nachtgaukler; dieses verdammte Börsengesindel, das doch der Führer hinwegfegt mit einem ungeheuren eisernen Besen!«[24]

Seit mehr als zwei Jahrzehnten recherchiert Niklas Frank akribisch jede Handlung, jede Reaktion, hört sich des Vaters Reden an, prüft jedes geschriebene Wort, um etwas Positives zu finden, Entlastung. Er erlebte nur Enttäuschungen. Das ist eine bittere Bilanz.

Anhang

Organisation des Generalgouvernements

I. Personal der Zivilverwaltung sowie der SS und Polizei (Auswahl)[1]

Generalgouverneur

Dr. Hans Frank, Reichsminister, Reichsleiter des Reichsrechtsamts der NSDAP, Präsident der Akademie für Deutsches Recht, MdR
Dienstsitz: Krakau, Burg

Stellvertreter

Arthur Seyß-Inquart, Staatssekretär (bis 24. 5. 1940, danach Reichskommissar Niederlande)
Dr. Josef Bühler, Staatsekretär
Dienstsitz Krakau, Regierungsgebäude, Außenring 46
Vertreter auf dem Gebiet der SS und Polizei: Staatssekretäre Friedrich-Wilhelm Krüger bzw. Wilhelm Koppe

Bevollmächtigter des Generalgouverneurs in Berlin

Dr. Wilhelm Heuber, MdR
Dienstsitz: Berlin W 35, Standartenstr. 14

Regierung des Generalgouvernements

Dr. Josef Bühler, Staatssekretär
Stellvertreter: Dr. Ernst Boepple, Staatssekretär (seit 1. 9. 1941)

Staatssekretariat

a) Kanzlei des Generalgouverneurs:

Dr. Franz Keith

Dr. Max Meidinger (ab 19. 2. 1943)

b) Regierungskanzlei

Ferdinand Wolsegger

Pressechef der Regierung: Emil Gassner

Referate: Regierungsangelegenheiten, Ausbildung u. Schulung, Statistik, Bodenforschung etc.

c) Ämter des Staatssekretariats:

Gesetzgebung: Dr. Albert Weh

Ferner: Preisbildung, Raumordnung, Personalamt, Betriebsamt, Archive, Außenhandel

Hauptabteilungen mit Abteilungspräsidenten

a) Innere Verwaltung

Eberhard Westerkamp

Dr. Ludwig Siebert (SS-Oberführer, 1944 stellvertr. Gauleiter)

Dr. Ludwig Losacker (SS-Obersturmbannführer)

Harry Georg v. Craushaar (SS-Brigadeführer)

Abteilung Gesundheitswesen (Fleckfieberbekämpfung in Ghettos): Dr. Jost Walbaum

Weitere Abteilungen u. a.: Polizeiangelegenheiten, Sonderdienst, Baudienst

Referat: Judenangelegenheiten

b) Finanzen

Dr. Alfred Spindler

Dr. Hermann Senkowsky (SS-Oberführer)

Generaldirektion der Monopole

c) Justiz
Kurt Wille
Abteilungen u. a.: Strafvollzug, Sondergerichte

d) Wirtschaft
Dr. Walter Emmerich
Abteilungen u. a.: Treuhandverwaltung

e) Ernährung und Landwirtschaft
Karl Naumann (SS-Standartenführer)
Hellmut Körner (SS-Brigadeführer)

f) Forsten
Dr. Kurt Eißfeldt

g) Arbeit
Dr. Max Frauendorfer (SS-Obersturmbannführer)
Alexander Rhetz (geschäftsführend)
Wilhelm Struve (SA-Oberführer)

h) Propaganda
Dr. Max du Prel (SS-Sturmführer)
Wilhelm Ohlenbusch
Abteilungen u. a.: Presse, Propaganda, Kultur, Film, Rundfunk

i) Wissenschaft und Unterricht
Dr. Kajetan Mühlmann (SS-Oberführer)
Dr. Adolf Watzke
Dr. Ludwig Eichholz (SA-Obersturmbannführer)

k) Bauwesen
Theodor Bauder
Baudirektion des Generalgouverneurs

l) Eisenbahnen
Adolf Gerteis

m) Deutsche Post Osten
Dr. Richard Lauxmann

Höherer SS- und Polizeiführer Ost – HSSPF
Friedrich-Wilhelm Krüger, Staatssekretär, SS-Obergruppenführer,
General der Polizei (Staatssekretär ab Mai 1942)
Wilhelm Koppe, Staatssekretär, SS-Obergruppenführer, General der
Polizei (ab 10. 11. 1943)
Dienstsitz: Regierungsgebäude, Außenring 46

Befehlshaber der Ordnungspolizei – BdO (Generäle der Polizei)
Herbert Becker
Karl Riege
Rudolf Friedrich Müller
Gerhard Winkler
Hans Dietrich Grünwald
Emil Höring

Befehlshaber der Sicherheitspolizei und des SD – BdS (SS-Brigadeführer)
Bruno Streckenbach
Dr. Eberhard Schöngarth
Walther Bierkamp

DISTRIKTEBENE

Distrikt Krakau

Gouverneure
Dr. Otto v. Wächter (bis 21. 1. 1942)
Dr. Richard Wendler, SS-Brigadeführer (bis 26. 5. 1943)
Dr. Ludwig Losacker (kommissarisch Juli – Sept. 1943)

Curt Ludwig v. Burgsdorff
Dienstsitz: Adolf-Hitler-Platz 27
Amtschefs
Ferdinand Wolsegger (SA-Sturmführer)
Dr. Georg Eisenlohr
SS- und Polizeiführer
Karl Zech
Julian Scherner
Theobald Thier
Kommandeure der Ordnungspolizei
Oberführer d. Gendarmerie Höring
Oberst d. Gendarmerie Bauer
Kommandeure der Gendarmerie
Oberstleutnant d. Gendarmerie Klipfel
Oberstleutnant d. Gendarmerie Dr. Krimmel
Kommandeure der Sicherheitspolizei und des SD
Dr. Bruno Müller
Walter Huppenkothen
Dr. Max Großkopf
Dr. Bernhard Baatz

Distrikt Warschau

Gouverneur
Dr. Ludwig Fischer, Reichshauptamtsleiter, SA-Gruppenführer, MdR
Dienstsitz: Palais Brühl
Amtschefs
Heinrich Barth (SA-Obersturmführer)
Dr. Herbert Hummel (SA-Sturmbannführer)
Dr. Friedrich Gollert (SS-Untersturmführer)
SS- und Polizeiführer
Paul Moder
Arpad Wigand
Ferdinand von Sammern-Frankenegg

Jürgen Stroop
Franz Kutschera
Paul Otto Geibel
Kommandeur der Ordnungspolizei
Karl Heinrich Brenner
Kommandeure der Sicherheitspolizei und des SD
Josef Meisinger
Ludwig Hahn

Distrikt Lublin

Gouverneure
Friedrich Schmidt (bis 20. 2. 1940)
Ernst Zörner (bis 10. 4. 1943)
Dr. Richard Wendler (ab 26. 5. 1943)
Amtschefs
Dr. Wilhelm Engler
Dr. Fritz Schmiege
SS- und Polizeiführer
Odilo Globocnik
Jakob Sporrenberg
Kommandeur der Ordnungspolizei
Oberstleutnant d. Schutzpolizei Karsemann
Kommandeure der Sicherheitspolizei und des SD
Dr. Alfred Hasselberg
Johannes Müller
Walter Huppenkothen

Distrikt Radom

Governeure
Dr. Karl Lasch
Ernst Kundt, Unterstaatssekretär (ab 7. 8. 1941)

Amtschef
Dr. Friedrich Egen
SS- und Polizeiführer
Friedrich Katzmann
Carl Oberg
Dr. Herbert Böttcher
Kommandeure der Ordnungspolizei
Oberst d. Schutzpolizei Heske
Oberst der Gendarmerie Klippel
Kommandeur der Sicherheitspolizei
Dr. Liphardt

Distrikt Galizien

Gouverneure
Dr. Karl Lasch (ab August 1941 bis 6. 1. 1942)
Dr. Ludwig Losacker (kommissarisch bis 22. 1. 1942)
Dr. Otto von Wächter (ab 22. 1. 1942)
Amtschefs
Dr. Ludwig Losacker
Otto Bauer (SA-Sturmführer)
Dr. Josef Brandl (kommissarisch 1944)
SS- und Polizeiführer
Friedrich Katzmann
Theobald Thier
Christoph Diehm
Kommandeur der Ordnungspolizei
Paul Worm
Joachim Stach
Walter von Soosten
Gustav Schubert
Kommandeur der Gendarmerie
Oberstleutnant d. Gendarmerie Franz Gansinger

Kommandeure der Sicherheitspolizei und des SD
Dr. Helmut Tanzmann
Dr. Josef Witiska

KREISEBENE

Krakau
1 Stadthauptmann (Krakau), 12 Kreishauptmannschaften
Warschau
1 Stadthauptmann (Warschau), 9 Kreishauptmannschaften
Lublin
1 Stadthauptmann (Lublin), 10 Kreishauptmannschaften
Radom
3 Stadthauptmannschaften (Radom, Kielce, Tschenstochau), 10 Kreishauptmannschaften
Galizien
1 Stadthauptmann (Lemberg), 15 Kreishauptmannschaften

Polizei
Kreispolizeiführer
Gendarmerie Hauptmannschaften

Gemeinden
Stadtkommissar
Bürgermeister (Kreisangehörige Städte)
Polizei: Gendarmerie-Züge
Landkommissar
Vogt (Landgemeinde)
Schulze (Dorf)
Polizei: Gendarmerie-Posten

II. Werdegang der Täter nach 1945 (Auswahl)[2]

Protagonisten, die Einfluss auf Frank ausübten

Martin Bormann, Leiter Parteikanzlei
Am 2. 5. 1945 Suizid in der Nähe des Lehrter Bahnhofs in Berlin, nach anderen Quellen durch Beschuss umgekommen (identifiziert durch Gebiss). In Nürnberg am 1. 10. 1946 *in absentia* zum Tode verurteilt.

Richard Walter Darré, Reichsbauernführer
Am 14. 4. 1949 im »Wilhelmstraßen-Prozess« zu 7 Jahren Haft verurteilt. Entlassung am 25. 8. 1950. Privatier in Bad Harzburg. Verstorben am 5. 9. 1953 in München.

Wilhelm Frick, Reichsinnenminister
In Nürnberg am 1. Oktober 1946 zum Tode verurteilt und am 16. Oktober 1946 hingerichtet.

Joseph Goebbels, Reichsminister für Volksaufklärung und Propaganda. Am 1. 5. 1945 Suizid in Berlin.

Hermann Göring, Reichsmarschall
Am 1. 10. 1946 in Nürnberg zum Tode verurteilt, am 15. 10. 1946 Suizid in Nürnberg.

Franz Gürtner, Reichsjustizminister.
Verstorben am 29. 1. 1941 in Berlin.

Heinrich Himmler, Reichsführer SS und Chef der Deutschen Polizei
Flucht unter dem Namen Heinrich Hitzinger. Am 23. 5. 1945 Suizid in britischer Haft in Lüneburg.

Hans Lammers, Chef der Reichskanzlei
Am 11.4.1949 in Nürnberg im »Wilhelmstraßen-Prozess« zu 20 Jahren Haft verurteilt. Entlassung aus Landsberg am 15.12.1951. Verstorben am 4.1.1962 in Düsseldorf.
Robert Ley, Führer der Deutschen Arbeitsfront
Am 16.6.1945 unter dem Namen Dr. Ernst Distelmeyer auf einer Almhütte südlich von Berchtesgaden festgenommen. Suizid am 25.10.1945 in der Haft in Nürnberg.
Alfred Rosenberg, Reichsminister für die besetzten Ostgebiete
In Nürnberg am 1. Oktober 1946 zum Tode verurteilt und am 16. Oktober 1946 hingerichtet.
Fritz Sauckel, Generalbevollmächtigter für den Arbeitseinsatz
In Nürnberg am 1. Oktober 1946 zum Tode verurteilt und am 16. Oktober 1946 hingerichtet.
Franz Schlegelberger, Geschäftsführender Reichsjustizminister
Am 14.12.1947 im »Juristenprozess« zu lebenslanger Haft verurteilt. Am 31.1.1951 Entlassung aus Landsberg wegen angeblicher Haftunfähigkeit. Verstorben am 14.12.1970 in Flensburg.
Albert Speer, Reichsminister für Rüstung und Kriegsproduktion
Am 1.10.1946 in Nürnberg zu 20 Jahren Haft verurteilt. Entlassung aus Berlin-Spandau am 30.9.1966. Verstorben am 1.9.1981 in London.
Otto Thierack, Reichsjustizminister
Am 26.10.1946 Suizid im Internierungslager Eselsheide (Sennelager) bei Paderborn.

Weggefährten des Parteijuristen Frank
Roland Freisler, Staatssekretär im RJM, Präsident Volksgerichtshof
Verstorben am 3.2.1945 im Keller des Volksgerichtshofes bei einem Bombenangriff.
Carl Schmitt, NS-Rechtstheoretiker
1937 Verlust aller Ämter außer Staatsrat. Internierung nach Kriegsende bis Mai 1947. Privatier. Verstorben am 7.4.1985 in Plettenberg.

ZIVILVERWALTUNG
DES GENERALGOUVERNEMENTS

Stellvertreter des Generalgouverneurs
Arthur Seyß-Inquart: In Nürnberg am 1. 10. 1946 zum Tode verurteilt und am 16. 10. 1946 hingerichtet.
Josef Bühler: In Warschau am 10. 7. 1948 zum Tode verurteilt und am 21. 8. 1948 hingerichtet.

Stellvertreter des Regierungschefs im GG
Ernst Boepple: 1949 an Polen ausgeliefert. In Krakau am 14. 12. 1949 zum Tode verurteilt und am 15. 12. 1950 hingerichtet.

Bevollmächtigter des Generalgouverneurs in Berlin
Wilhelm Heuber: Verstorben am 24. 6. 1957 in Bergneustadt.

Staatssekretariat
Franz Keith: Kriegstod im Januar 1944.

Abteilungspräsidenten
Harry Georg von Craushaar: Verstorben am 7. 4. 1970 in Hettenhain/Taunus.
Ludwig Eichholz: Nach 1945 Leiter der Volkshochschule u. der Stadtbücherei Höxter. Verstorben 3. 5. 1964 in Höxter.
Walter Emmerich: 2 Jahre Internierung in Neuengamme. Nicht an Polen ausgeliefert. Danach Handelskaufmann in Hamburg.
Max Frauendorfer: Nach 1945 Versicherungsdirektor. Verstorben am 25. 7. 1989 in Tutzing.
Adolf Gerteis: Ab 1950 Vertreter des Generaldirektors der Deutschen Bundesbahn. Verstorben am 27. 1. 1957 in Frankfurt a. M.
Hellmut Körner: Nach 1945 Prokurist in Hamburg, dort verstorben am 27. 2. 1966.
Ludwig Losacker: 1943 auf Weisung Himmlers zur Waffen-SS versetzt. 1948 Hauptgeschäftsführer des Arbeitgeberverbands der Chemischen Industrie. Gründer Freundes-Kreis der ehemaligen Generalgouver-

nement-Beamten. Leiter des Deutschen Industrie-Instituts Köln. Verstorben 1994 in Heidelberg.

Karl Naumann: Nach 1945 Kreisvorsitzender des »Bundes der Heimatvertriebenen und Entrechteten« (BHE). 1952–1956 Landrat in Holzminden. 1955 MdL Niedersachsen. 1957 Vorsitzender des Bundes der Kinderreichen Deutschlands.

Max du Prel: Verstorben am 4. 7. 1945 in Bad Tölz.

Alexander Rhetz: Am 24. 2. 1949 in Krakau zu 6 Jahren Haft verurteilt; am 6. 11. 1949 verstorben.

Hermann Senkowsky: Lebte nach 1945 in Innsbruck. Verstorben am 5. 4. 1965.

Friedrich Wilhelm Siebert: 1948 in Krakau zu 12 Jahren Haft verurteilt, entlassen 1956. Danach Bürgermeister in Prien/Chiemsee. Verstorben am 29. 3. 1966.

Alfred Spindler: Verstorben am 16. 7. 1948.

Wilhelm Struve: Verstorben am 12. 6. 1971.

Heinrich Teitge: 1950 Chefarzt Ev. Krankenhaus Melle. 1954 mit Gutzeit Autor des Lehrbuchs »Die Gastroskopie«. 1955–1960 Direktor der Paracelsus-Klinik in Marl, dort verstorben am 19. 7. 1974.

Eberhard Westerkamp: Seit 1941 zur Wehrmacht. 1945 Landwirt. 1949 Verwaltungsrechtsrat. 1953 Prokurist einer Feinpapierfabrik. 1956–1959 Staatssekretär im niedersächsischen Innenministerium. 1960 Anwaltspraxis. Ab 1963 Präsident des DRK-Landesverbands Niedersachsen. Verstorben am 27. 6. 1980.

Kurt Wille: Verstorben am 6. 5. 1945.

Abteilungsleiter

Jost Walbaum: Nach 1945 homöopathischer Arzt in Hannover.

Distriktgouverneure

Curt Ludwig von Burgsdorff: Am 6. 12. 1948 in Polen zu 3 Jahren Haft verurteilt, Entlassung Juli 1949, verstorben am 26. 2. 1962 in Starnberg.

Friedrich Egen (Vizegouverneur Radom): Am 28. 9. 1948 in Radom zu 12 Jahren Haft verurteilt.

Ludwig Fischer: In Warschau am 3.3.1947 zum Tode verurteilt und am 8.3.1947 hingerichtet.

Ernst Kundt: Zum Tode verurteilt und am 15.2.1947 in Prag hingerichtet.

Karl Lasch: Wegen Verdachts der Korruption festgenommen und am 3.6.1942 auf Befehl Himmlers in der Haft erschossen oder zum Suizid gezwungen.

Ludwig Losacker: siehe unter Abteilungspräsidenten

Friedrich Schmidt: Verstorben am 6.11.1973 in Burghausen an der Salzach.

Richard Wendler: Schwager Himmlers. Tauchte unter dem Namen Kummermehr 1945–1948 unter. 1949 im Spruchkammerverfahren zu 3 Jahren Arbeitslager verurteilt. Ab 1955 Rechtsanwalt in München. Verstarb am 12.8.1972 in Prien am Chiemsee.

Otto Wächter: Nach 1945 mit Hilfe des Bischofs Hudal unter falschem Namen in Rom versteckt. Dort am 10.9.1949 verstorben.

Ernst Zörner: Auf Betreiben Himmlers am 10.4.1943 Amtsenthebung. 1960 für tot erklärt.

Amtschefs (ACh)

Heinrich Barth: Nach 1945 Amtsgerichtsdirektor beim Amtsgericht München.

Otto Bauer: Getötet am 9.2.1944 durch polnische Widerstandsbewegung.

Josef Brandl: Tauchte 1945 unter falschem Namen unter. Ab 1954 im Amt Blank (Vorläufer Verteidigungsministerium), dort zuletzt Ministerialrat. 1956 Wechsel zum Atomministerium. Ab 1962 Geschäftsführer der Gesellschaft für Kernforschung.

Georg Eisenlohr: Am 3.12.1948 in Krakau zu 5 Jahren Haft verurteilt, verstorben am 27.3.1951 in der Haft.

Friedrich Egen: siehe unter Distriktgouverneure

Herbert Hummel: Getötet am 12.8.1944 während des Warschauer Aufstandes.

Ludwig Leist (Beauftragter des Gouverneurs für die Stadt Warschau): Am 3.3.1947 vom polnischen Obersten Nationalgericht (NTN) zu 8 Jahren Haft verurteilt, 1954 entlassen.

Ludwig Losacker: siehe unter Abteilungspräsidenten
Dr. Fritz Schmiege: Nach 1945 Rechtsrat in Wiesbaden.

SS UND POLIZEI IM GENERALGOUVERNEMENT

Höherer SS- und Polizeiführer Ost (HSSPF)

Wilhelm Koppe: Nach 1945 unter dem Namen Lohmann Direktor einer Schokoladenfabrik. 1964 Anklage in Bonn, aufgrund ärztlicher Gutachten für verhandlungsunfähig erklärt. Verstorben am 2.7.1975 in Bonn.

Friedrich-Wilhelm Krüger: Suizid mit Zyankali am 10.5.1945 in Oberösterreich, nach anderer Quelle Kriegstod.

Befehlshaber der Sicherheitspolizei und des SD (BdS)

Walther Bierkamp: Suizid am 15.5.1945.

Eberhard Schöngarth: Todesurteil brit. Militärgericht am 11.2.1946 in Burgsteinfurt wegen Erschießens eines alliierten Piloten im November 1944 bei Enschede. Hinrichtung am 16.5.1946 in Hameln.

Bruno Streckenbach: Am 10.5.1945 Verhaftung durch Rote Armee. 1952 in Sowjetunion zu 25 Jahren Zwangsarbeit verurteilt, Entlassung Oktober 1955. Als Angestellter tätig. 1973 Anklage wegen Mordes an mindestens einer Million Menschen. 1974 Einstellung des Ermittlungsverfahrens durch OLG Hamburg wegen Kreislaufschwäche. Am 28.10.1977 in Hamburg verstorben.

SS- und Polizeiführer (SSPF)

Herbert Böttcher: Todesurteil am 18.6.1949 in Radom und Hinrichtung am 12.6.1950.

Christoph Diehm: Verstorben am 21.2.1960 in Rottenacker.

Odilo Globocnik: Am 31.5.1945 Suizid mit Zyankali nach Verhaftung in Kärnten.

Friedrich Katzmann: Nach 1945 unentdeckt unter dem Namen Bruno Albrecht in Darmstadt. Dort verstorben am 19.9.1957.

Franz Kutschera: Am 1. 2. 1944 von polnischer Widerstandsbewegung in Warschau erschossen.

Paul Moder: Kriegstod am 8. 2. 1942.

Carl Oberg: Todesurteil am 9. 10. 1949 in Paris, Entlassung nach Flensburg 1962, dort verstorben am 3. 6. 1965.

Ferdinand von Sammern-Frankenegg: Am 20. 9. 1944 in Banja Luka von Partisanen erschossen.

Julian Scherner: Kriegstod am 29. 4. 1945 in Bestensee.

Jakob Sporrenberg: Zum Tode verurteilt in Warschau und am 8. 9. 1951 hingerichtet.

Jürgen Stroop: Am 21. 3. 1947 Todesurteil eines US-Militärgerichts in Dachau wegen Ermordung alliierter Flieger. Auslieferung an Polen. Dort nochmals zum Tode verurteilt und am 6. 3. 1952 in Warschau hingerichtet.

Theobald Thier: Todesurteil am 10. 12. 1948, verstorben am 12. 7. 1949 in der Haft in Krakau.

Arpad Wigand: Am 7. 12. 1981 vom LG Hamburg zu 12½ Jahren Haft verurteilt. Verstorben am 26. 7. 1983.

Karl Zech: Suizid am 1. 4. 1944 in Altenburg.

Kommandeure der Sicherheitspolizei und des SD (KdS)

Dr. Bernhard Baatz: Aus einem Brief v. 24. 8. 1953 an den ehemal. stellvertr. Chef des RSHA, Paul Werner: »Benne Baatz geht's gut. Er ist wieder legalisiert, nachdem er eine ganze Weile untergetaucht war und sich als Landwirt beschäftigt hat. Jetzt ist er in irgendeiner Versicherung in Düsseldorf und fängt an, wieder Jurist zu werden. Er ist jedenfalls ohne Haft und Lager völlig unbeschädigt durch die Zeit gekommen.« Direktor der Mannesmann-Wohnungsbaugesellschaft in Duisburg. Verstorben am 26. 4. 1978.

Max Großkopf: Suizid 25. 4. 1945.

Ludwig Hahn: Lebte nach 1945 unter falschem Namen. 1949 Direktor in einem Versicherungsunternehmen. Am 4. 7. 1975 vom LG Hamburg wegen Deportation Warschauer Juden zu lebenslanger Haft verurteilt. Verstorben am 10. 11. 1986.

Dr. Alfred Hasselberg: Verstorben am 3. 4. 1950 in Frankfurt a. M.

Walter Huppenkothen: Lebte nach 1945 in Mülheim/Ruhr. Nach verschiedenen Verfahren und Bestätigung durch den Bundesgerichtshof zu 6 Jahren Haft verurteilt und 1959 entlassen. Danach Wirtschaftsjurist in Köln.

Josef Meisinger: Todesurteil am 7.3.1947 in Warschau und Hinrichtung in Warschau am selben Tag.

Dr. Bruno Müller: 1947 von britischen Militärgericht zu 20 Jahren verurteilt. 1953 Entlassung. Versicherungskaufmann. Verstorben am 1.3.1960 in Oldenburg.

Johannes Müller: Am 6.8.1949 Auslieferungsantrag der Republik Polen wegen Beteiligung an der »Massenausrottung von Juden«. Die Staatsanwaltschaft Wiesbaden zur Nichtauslieferung: »Es gibt lediglich Anhaltspunkte, dass er für die Amerikaner nachrichtendienstlich tätig war.« 1952 Kriminalhauptkommissar. 1953 Leiter des Landeserkennungsdienstes und Stellvertr. Leiter des Hessischen Landeskriminalamts, Regierungs- und Kriminalrat. 1.11.1954 vorzeitige Pensionierung. Danach Organist der Kirchengemeinde Nonnenroth, Mitglied der SPD und passionierter Jäger. Für einen bundesdeutschen Geheimdienst in der Überwachung des Rechtsradikalismus tätig. Verhaftung am 23.11.1960. Verstorben am 24.3.1961 in der U-Haft.

Helmut Tanzmann: Suizid in britischer Internierung am 6.5.1946.

Dr. Josef Witiska: Am 6.11.1947 vom LG Graz für tot erklärt.

Selbstschutzinspekteur

Kurt Hintze: Verstorben bei einem Luftangriff am 13.11.1944 in Kattowitz.

SS-Führer im Warschauer Aufstand

Erich von dem Bach-Zelewski (SS-Obergruppenführer und General der Polizei, Befehlshaber der Aufstandsbekämpfung): Kronzeuge der Anklage im Nürnberger Prozess gegen die Hauptkriegsverbrecher. Internierung bis 1950. Wohnsitz Roth bei Nürnberg. 1961 wegen Beteiligung an der Röhm-Affäre zu 4 Jahren 10 Monaten Haft verurteilt. 1962 wegen Beteiligung an der Ermordung von drei Kommunisten im

Jahre 1933 zu lebenslanger Haft verurteilt. Verstarb am 8.3.1972 in München.

Oskar Dirlewanger (SS-Oberführer): Verstarb im Juni 1945 in Altshausen/Oberschwaben in französischer Haft.

Heinz Reinefarth (SS-Gruppenführer, HSSPF Wartheland): 1951 Bürgermeister von Westerland/Sylt. 1958 für den »Bund der Heimatvertriebenen und Entrechteten« (BHE) MdL in Schleswig-Holstein. Verstorben am 7.5.1979 auf Westerland/Sylt.

Paul Otto Geibel (SS-Oberführer, Generalmajor d. Polizei): 1954 in Warschau zu lebenslanger Haft verurteilt. Suizid im Oktober 1966 in der Haft in Warschau.

Anmerkungen

Prolog

1 Diensttagebuch, 9.12.1944, Originalfassung im Archiv IPN Warschau, Sign. 336 Nr. 37, BArch, R 52 II/174–223; Inhaltsverzeichnis der 39 Bände siehe Fußnote Zweiter Abschnitt, Nr. 76; in Auszügen vgl.: Präg/Jacobmeyer, Das Diensttagebuch des deutschen Generalgouverneurs in Polen, Stuttgart 1975. Künftig zitiert: DTB (Diensttagebuch), DTB-Abt. (Abteilungsleitersitzung), DTB-Anl. (Anlage), DTB-Arb. (Arbeitssitzung), DTB-Gouv. (Gouverneurssitzung), DTB-Pol. (Polizeisitzung), DTB-Reg. (Regierungssitzung), DTB-Sich. (Sicherheitssitzung)

Erster Abschnitt: Kronjurist des NS-Regimes

1 eigentlich Elisabeth Lilly
2 BArch N1110/3, Auszug Geburtsregister
3 Hans Frank, Lebensskizzen, Privatarchiv Niklas Frank , I/S. 1, 6 f. (künftig zitiert: Skizzen)
4 Skizzen, I/S. 2
5 ebenda
6 Skizzen, I/S. 5
7 Goldensohn, Interviews, S. 66
8 Skizzen, I/S. 8
9 Skizzen, I/S. 15, 36
10 Skizzen, I/S. 30; II/S. 6
11 Niklas Frank, Meine deutsche Mutter, S. 55, 68, 84 (künftig zitiert: Niklas Frank, Mutter)
12 Goldensohn, Interviews, S. 88
13 ebenda, S. 89
14 Skizzen, II/S. 4
15 BArch, N 1110/3, Bayr. Staatsangehörigkeits-Ausweis
16 Skizzen, II/S. 7

17 Skizzen, I/S. 28
18 Skizzen, II/S. 8
19 Goldensohn, Interviews, S. 67
20 Skizzen, II/S. 9
21 Frank, Mutter, S. 233, 343 f. (weitere Hinweise, über die Niklas Frank berichtet)
22 Frank, Im Angesicht, S. 87, 89
23 G. M. Gilbert, Tagebuch, S. 144–146
24 Joachim C. Fest. Das Gesicht des Dritten Reiches, S. 287
25 Skizzen, I/S. 29; II/S. 5
26 Skizzen, II/S. 13 f.; BArch N 1110/7; Christian Schudnagies, Hans Frank, S. 17
27 PTB, 1. u. 31. 1. 1919 – BArch N 1110/2 Tagebuch Hans Frank; Band I
    4. 12. 1918–17. 6. 1920; Band II 22. 6. 1920–24. 1. 1926; 10. 2. 1937; 14. 5. 1942;
    2. 9. 1942 (künftig zitiert privates Tagebuch: PTB im Unterschied zum Dienst-
    tagebuch DTB)
28 PTB, 15. 12. 1918
29 PTB, 14. 12. 1918
30 PTB, 4. 9. u. 10. 12. 1918
31 Skizzen, II/S. 34 f.
32 Skizzen, II/S. 15; PTB, 15. 1. 1919
33 PTB, 16. 12. 1918
34 PTB, 19. 12. 19918
35 Goldensohn, Interviews, S. 66
36 PTB, 25. 12. 1918
37 PTB, 29. 12. 1918
38 PTB, 1. u. 3. 1. 1919
39 PTB, 6. 2. 1919
40 PTB, 9. u. 10. 1. 1919
41 PTB, 15. 1. 1919
42 PTB, 28. 1. 1919
43 PTB, 31. 3. 1919
44 PTB, 19. 1., 2. 2., 10. 3. 1919
45 PTB, 4. u. 21. 2. 1919
46 PTB, 13. 2. 1919
47 PTB, 22. 2. 1919
48 PTB, 3. 3. 1919
49 PTB, 4. u. 10. 3. 1919
50 PTB, 11. u. 12. 3. 1919
51 PTB, 19.–21. 4. 1919
52 PTB, 14. 6. 1919; gleichfalls in Hans Frank, Im Angesicht des Galgens (künftig
    zitiert: Frank, Im Angesicht), S. 58 u. 133
53 Skizzen, II/S. 15
54 PTB, 24. 8. 1919
55 Franz Xaver Ritter von Epp:1868–1946, Führer des Freikorps Epp zur Zerschla-

gung der Räterepublik, 1928 NSDAP, MdR, 1933 Reichskommissar, Reichsstatthalter Bayern. 1934 Mitglied Akademie des Deutschen Rechts, 1935 General der Infanterie a. D., verstarb 1946 in US-Internierung (Klee, Personenlexikon)

56 Frank, Im Angesicht, S. 58

57 vgl. u. a. Geiss/Jacobmeyer, DTB, S. 11; Christian Schudnagies, Hans Frank, S. 17

58 Skizzen, II/S. 16

59 BArch N, 1110/7, Reifezeugnis Maximilians-Gymnasium München

60 PTB, 29. 10. 1909

61 ebenda

62 Skizzen, II/S. 13

63 Goldensohn, Interviews, S. 71

64 Frank, Mutter, S. 133

65 PTB, 10. 12. 1919

66 PTB, 23. 12. 1919

67 PTB, 18. 2. 1920

68 PTB, 22. 2. 1920

69 ebenda

70 PTB, 19. 5. 1920

71 PTB, 17. 6. 1920

72 Skizzen, II/S. 19

73 PTB, 18. 9. 1920

74 BArch N 1110/7

75 Skizzen, II/S. 20

76 Skizzen, II/S. 27–29

77 Frank, Mutter, S. 113–117

78 ebenda, S. 106 f.

79 Skizzen, II/S. 24

80 Skizzen, II/S. 22

81 BArch N 1110/3, Immatrikulationsbescheinigung Uni Kiel

82 BArch N 1110/7, Zeugnis Uni München

83 ebenda, Verleihungsurkunde Uni Kiel

84 BArch N 1110/5

85 BArch N 1110/7, Prüfungszeugnis

86 Skizzen, II/S. 12

87 Niklas Frank, Der Vater. Eine Abrechnung (Goldmann-TB-Ausgabe), S. 48; (künftig zitiert: Niklas Frank, Vater)

88 BArch N 1110/3

89 ebenda

90 ebenda

91 ebenda

92 Frank, Im Angesicht, S. 74

93 BArch N 1110/3, N 1110/7; Skizzen, II/S. 30

94 Niklas Frank, Mutter, S. 36, 39, 43, 58, 61, 64, 77, 96, 100–102, 127–146
95 ebenda, S. 152–168
96 BArch, N1110/3, Standesamt München IV, Reg. Nr. 281
97 Niklas Frank, Mutter, S. 211; Frank, Vater, S. 47 f.
98 PrivatArch Niklas Frank, »Vormerkung des Stadtamtes München«, o. D.
99 BArch, (BDC) PK C 265, S. 1852–1894
100 ebenda
101 Niklas Frank, Mutter, S. 212ff.
102 Skizzen, II/S. 30 f.
103 Niklas Frank, Mutter, S. 176–179
104 Piotrowski, Hans Franks Tagebuch, S. 15
105 Frank, Im Angesicht, S. 31
106 Kershaw, Hitler I, S. 183; Frank, Im Angesicht, S. 31; Fest, Hitler, S. 182
107 David Clay Large, Hitlers München, S. 110 f.
108 BArch (BDC) – PK C 265 Nr. 1936
109 Der Prozess gegen die Hauptkriegsverbrecher vor dem Internationalen Militär-
     gerichtshof, Amtlicher Text Deutsche Ausgabe (künftig zitiert: IMT), Band XII,
     S. 9; Frank, Im Angesicht, S. 31, 38
110 Fest, Hitler, S. 184
111 vgl. auch http://wikipedia.org/wiki/Thule-Gesellschaft
112 Frank, Im Angesicht, S. 32 f.
113 ebenda, S. 39–42
114 Frank, Im Angesicht, S. 305
115 ebenda, S. 57 f.
116 Geiss/Jacobmeyer, Aus dem Diensttagebuch, S. 11
117 Frank, Im Angesicht, S. 102–104
118 DTB, 29.–31. 8. 1942
119 Benz u. a., Enzyklopädie des Nationalsozialismus, S. 515
120 Frank, Im Angesicht, S. 58
121 ebenda, S. 58–63
122 Fest, Hitler, S. 276ff.; Kershaw, Hitler I, S. 260ff.; Maser, Sturm, S. 443ff.
123 Kershaw, Hitler I, S. 265
124 ebenda
125 BArch, (BDC) R 3003/ORA/RG
126 Frank, Im Angesicht, S. 64
127 ebenda, S. 65 f.
128 BArch, (BDC) PK C 265, Nr. 1936
129 ebenda, Nr. 1942
130 IMT, Band XII, S. 9; Band XXXI, 2979-PS; Frank, Im Angesicht, S. 70, wo er
     auch 1928 als Eintritt in die NSDAP angibt
131 BArch, (BDC) PK C 265, Nr. 1940, vgl. Wulf, Dr. Hans Frank
132 BArch, N 1110/Nr. 3
133 BArch, N 1110/4, NSDAP-Mitgliedsbuch

134 Frank, Im Angesicht, S. 305

135 ebenda, S. 66 f.

136 ebenda, S. 71

137 ebenda, S. 68 f.

138 ebenda, S. 72 f.

139 Gauweiler, »Rechtseinrichtungen, S. 28

140 Frank, Im Angesicht, S. 79

141 ebenda, S. 79

142 Niklas Frank, Mutter, S. 221–226

143 BArch, N 1110/27 Hitler ./. Schwerdt; ./. Auer u. Co., Braune; ./. Graefe u. Gen., Werner Abel; ./. Wimmer; BArch, N 1110/28 Hitler ./. Graefe u. Gen.; ./. Langen u. Wesemann; ./. Martin Gruber; ./. Hamburger Echo; BArch, N 1110/29 Hitler ./. Viktor Schiff; ./. Reitz u. Gen.; ./. Otto Braune; ./. Anton Staedelke; ./. Bremer; ./. Hirschmann; ./. R. Hauschildt, SPD u. a.; ./. Schwäbisches Tageblatt; ./. Konrad Heumann; ./. Freiheit (Teplitz); ./. Dr. Helmut Klotz; ./. Hallesche Druckerei; ./. Dr. Strauss; ./. Welt am Sonntag; weitere Verfahren in BArch, N 1110/27 erwähnt: Hitler ./. Ludendorff; ./. Kübler Landauer Volksblatt; ./. Städele; ./. Rabe Telegrammzeitung; Frank, Im Angesicht, S. 76ff.

144 ebenda, S. 78 f.

145 ebenda, S. 77

146 ebenda

147 Roland Freisler: 1893–1945; 1924 Rechtsanwalt u. Stadtverordneter in Kassel, 1925 NSDAP, 1931 BNSDJ, 1932 MdR, 1934 Staatssekretär RMdJ, 1942 Vorsitzender VGH, verstorben 3. 2. 1945 in Berlin (Klee, Personenlexikon)

148 Fest, Hitler, S. 465 f.; Kershaw, Hitler I, S. 445 f.

149 Frank, Im Angesicht, S. 98

150 ebenda, S. 331

151 Fest, Hitler, S. 43 f.; Kershaw, Hitler I, S. 35 f.; vgl. auch Maser, Sturm, S. 50 f.

152 Picker, Tischgespräche, S. 282

153 Frank, Im Angesicht, S. 69, 70, 74, 131

154 ebenda, S. 70

155 Bracher u. a., Machtergreifung, S. 516

156 Gauweiler, Rechtseinrichtungen, S. 28 f.

157 ebenda

158 BArch, (BDC) PK C 265, Nr. 1934

159 Gauweiler, Rechtseinrichtungen, S. 32

160 BArch, R 8034 III Nr. 127, S. 138

161 Goebbels, Tagebücher, Teil I, Band 2/II, 19. 9. 1931

162 BArch, N 1110/4, Reichsredner-Ausweis Nr. 73 v. 1. 1. 1931

163 Frank, Im Angesicht, S. 110

164 ebenda

165 Gauweiler, Rechtseinrichtungen, S. 29ff.

166 BArch, N 1110/42 NSDAP- I A – Mitteilungen Nr. 19 v. 1. 10. 1931

167 Ludwig Fischer: 1905–1947, 1926 NSDAP, 1929 SA, 1937 MdR, 1939 Führer
    Einsatzgruppe IV in Polen, Oktober 1939 – Mai 1945 Distriktgouverneur War-
    schau, Todesurteil u. Hinrichtung 1947 in Warschau (Klee, Personenlexikon)
168 BArch, N 1110/42
169 Goebbels, Tagebücher, Teil I, Band 2/II, 5.2.1932, 29.4.1932
170 BArch, N 1110/41, Reichstag V 1930, Drucksachen 87, 140, 318, 357
171 BArch, N 1110/42, Erklärung Walter Buch, Major a. D., 4.12.1931
172 Frank, Im Angesicht, S. 94 f.
173 Frank, Im Angesicht, S. 96
174 ebenda, S. 108
175 Frank, Im Angesicht, S. 258
176 ebenda, S. 256
177 Brigitte Hamann, Winifred Wagner oder Hitler in Bayreuth, S. 258
178 Frank, Im Angesicht, S. 64
179 vgl. u. a. Geiss/Jacobmeyer, Aus dem Diensttagebuch von Hans Frank, S. 12
180 BArch, N 1110/55
181 BArch, N 1110/33
182 BArch, N 1110/55
183 BArch, N 1110/53
184 BArch, N 1110/31
185 ebenda
186 BArch, R 3003/ORA/R6, Urteilstext, Az. 12 Js 10/1930
187 Frank, Im Angesicht, S. 83–86
188 Goebbels, Tagebuch, 26.8.1930; vgl. Kershaw, Hitler I, S. 426–428
189 BArch, N 1110/33
190 BArch, N 1110/31
191 Frank, Im Angesicht, S. 103
192 BArch, N 1110/40
193 BArch, N 1110/30
194 Goebbels, Tagebuch, Teil II, Band 13, 10.9.1944
195 BArch, (BDC) PK C 265 Nr. 2104
196 BArch, N 1110/36
197 BArch, N 1110/53
198 BArch, N 1110/44
199 Niklas Frank, Mutter, 159–161; 263–265
200 BArch, N 1110/3
201 BArch, N 1110/36; Frank, Im Angesicht, S. 132
202 BArch, N 1110/43
203 ebenda
204 BArch, N 1110/27 I
205 BArch, N 1110/35
206 BArch, N 1110/53
207 BArch, N 1110/38 I

208 BArch, N 1110/55
209 BArch, (BDC) OPG C 135, Nr. 2190ff.
210 BArch, N 1110/38 II
211 BArch, (BDC) PK C 265, Nr. 1864
212 BArch , N 1110/38 II; vgl. Niklas Frank, Vater, S. 54–59
213 BArch, N 1110/3
214 BArch, N 1110/53
215 Hirschberg, Jude, S. 140
216 ebenda
217 BArch (BDC) OPG C 135
218 BArch, N 1110/35
219 ebenda
220 Frank, Im Angesicht, S. 111, 129
221 ebenda, S. 111
222 Franz Gürtner: 1881–1941, ab 1922 bayerischer Justizminister, setzte Auf-
     hebung d. Verbots der NSDAP durch, ab 2. 6. 1932 Reichsjustizminister, legiti-
     mierte Morde Röhm-Affäre, 1941 verst. (Klee, Personenlexikon)
223 Wilhelm Frick: 1877–1946, 1923 Teilnahme Hitler-Putsch, seit 1933 RMI,
     Todesurteil Nürnberg 1946 (Klee, Personenlexikon)
224 Hermann Göring: 1893–1946, Hauptmann d. Luftwaffe I. Weltkrieg, 1922
     NSDAP, oberster Führer SA, 1930 MdR, 1932 Präsident Reichstag, April 1933
     Ministerpräsident v. Preußen (Klee, Personenlexikon)
225 Frank, Im Angesicht, S. 111
226 ebenda, S. 71
227 ebenda, S. 118 f.
228 ebenda, S. 122 f.
229 ebenda, S. 132 f.
230 Bracher u. a., Machtergreifung, S. 435
231 Kershaw, Hitler I, S. 585 f.; Reinhard Heydrich: 1904–1942; 1932 Leiter SD,
     1933 Chef SD-Hauptamt, 1936 Chef SiPo; 1941 stellv. Reichsprotektor Böh-
     men u. Mähren; 20. 1. 1942 Leiter Wannsee-Konferenz; 27. 5. 1942 Opfer eines
     Attentats in Prag; 4. 6. 1942 verstorben (Klee, Personenlexikon)
232 BArch, N 1110/4
233 Niklas Frank, Vater, S. 65 f. u. mündliche Mitteilung an den Autor
234 Niklas Frank, Vater, S. 49
235 Frank, Im Angesicht, S. 139
236 Mündliche Mitteilung Niklas Frank an den Autor
237 BArch, N 1110/25
238 BArch, N 1110/8
239 Niklas Frank, Vater, S. 26
240 Hamann, Wagner, S. 168, 195
241 ebenda, S. 247–249, 326
242 Niklas Frank, Mutter, S. 107 u. mündliche Mitteilung an den Autor

243 BArch, N 1110/4

244 Frank, Im Angesicht, S. 388, 391ff., 408, 411

245 IMT, Bd. XXIX, 2156-PS

246 Goebbels, Tagebuch, 29. 3. u. 31. 3. 1933

247 Benz u. a., Enzyklopädie, S. 401; IMT, Band III, S. 586 f.

248 Reichsanzeiger Nr. 70 v. 23. 3. 1933, S. 3 (zitiert nach Bracher)

249 Heinrich Himmler: 1900–1945; 1925 NSDAP/SS, 1933 PP München, 1936 RFSS u. Chef d. deutschen Polizei, 1939 Reichskommissar f. d. Festigung d. deutschen Volkstums, 1943 RMI, 1944 Befehlshaber d. Ersatzheeres, Suizid 23. 5. 1945 (Klee, Personenlexikon)

250 Martin Bormann: 1900–1945; 1927 NSDAP, 1933 Stabsleiter von Heß u. NSDAP Reichsleiter, Leiter Parteikanzlei, 1943 Sekretär d. Führers, verstorben 2. 5. 1945 Suizid od. durch Beschuss (Klee, Personenlexikon)

251 Frank, Im Angesicht, S. 146 f., 160

252 IMT, Band XII, S. 11 f., Vernehmung Frank am 18. 4. 1946

253 IMT, Band XL, Dokument Frank-22, Zeugenaussage OLG-Präs. Dr. Walter Stepp v. 11. 5. 1946

254 IMT, Band II, S. 222 u. 2494-PS

255 Frank, Im Angesicht, S. 147

256 IMT, Band XX, S. 493–501, 513–514; Band XXXVI, 926-D; vgl. auch 923-D

257 Jaeckel u. a., Enzyklopädie, Band I., S. 302

258 Weinkauff/Wagner, Justiz, S. 113–115

259 BArch, N 1110/3

260 BArch, N 1110/4; BArch (BDC), PK C 265, Nr. 1906, vgl. Frank, Im Angesichtt, S. 182 f.

261 BArch, N 1110/4

262 Mitteilungsblatt NSRB 1938, S. 101

263 BArch, R 022–056125, »BZ am Mittag« v. 16. 5. 1933; Bracher, Machtergreifung, S. 254; Frank, Im Angesicht, S. 284–288

264 BArch, R 022–056124

265 Hanns Kerrl: 1887–1941; 1923 NSDAP, SA-Obergruppenfüher, 17. 6. 1934 Reichsminister ohne Geschäftsbereich, 1935 Reichsminister für kirchliche Angelegenheiten, 1941 in Paris verstorben (Klee, Personenlexikon)

266 Otto Thierack:1889–1946; 1932 NSDAP, 1933 sächsischer Justizminister, 1936 Präsident Volksgerichtshof, 1942 RJM, Suizid 26. 10. 46 (Klee, Personenlexikon)

267 Franz Schlegelberger: 1876–1970; 1931 Staatssekretär RJM, 1938 NSDAP, 1941 kommissarisch RJM, 20.8. 1942 Amtsenthebung (Klee, Personenlexikon)

268 Curt Ferdinand Rothenberger: 1896–1959; 1935 Präsident OLG Hamburg, ab August 1942 Staatssekretär RJM, im Juristen-Prozess 7 Jahre Haft, Entlassung 1950, Suizid 1959 (Klee, Personenlexikon)

269 Gruchmann, Überleitung, S. 125; vgl. auch Völkischer Beobachter, 10. 5. 1933

270 Gruchmann, Überleitung, S. 124–127

271 Deutsches Recht, Heft 1/2 v. 15. 1. 1936, S. 3

272 ebenda, Heft 19/20 v. 15. 10. 1936, S. 394

273 BArch, R 022–056125; Völkischer Beobachter v. 1. 6. 1933

274 Weinkauf/Wagner, Justiz, S. 102ff.

275 ebenda

276 BArch, R 022–056125; Völkischer Beobachter v. 13. 5. 1933

277 Zeitschrift Akademie für Deutsches Recht, 1936, S. 137; Deutsches Recht, Heft 1/2 v. 15. 1. 1936, S. 3

278 Frank, Im Angesicht, S. 171–173

279 Goebbels, Tagebuch, 13. 7. 1935

280 BArch, R 022/056125, Berliner Tageblatt v. 21. März 1934

281 Hans Frank, Nationalsozialistische Handbuch für Recht und Gesetzgebung, S. XV

282 Alpmann/Schmidt, Juristische Lehrgänge Verfassungsrecht, S. 55–73

283 BArch, R 022/4069

284 BArch, R 022/056125

285 ebenda

286 Josef Bühler: 1904–1948; 1930–32 Anwaltskanzlei Frank, 1938 Leiter Ministerialbüro Frank, 1939 ACh Generalgouverneur Frank, 1940 Staatssekretär im GG, 1941 Franks Stellvertr.,1942 Teilnehmer Wannsee-Konferenz, 1948 Todesurteil in Warschau u. 21. 8. 1948 Hinrichtung (Klee, Personenlexikon)

287 Karl Lasch: 1904–1942; 1930 BNDJ u. NSDAP-Reichsleitung, 1934 Direktor Akademie f. Deutsch. Recht, 1939 Gouverneur Distrikt Radom u. 1941 von Galizien, 3. 6. 1942 auf Befehl Hitlers erschossen (Klee, Personenlexikon)

288 Carl Schmitt: 1888–1985; 1933 NSDAP u. Führerrat BNSDJ, 1934 Hauptschriftleiter DJZ, rechtfertigte Röhm-Morde, 1937 durch SS kaltgestellt u. Verlust aller NS-Ämter, 1985 verstorben (Klee, Personenlexikon)

289 Mitteilungen Niklas Frank an den Autor; vgl. Niklas Frank, Mutter, S. 262

290 Niklas Frank, Mutter, S. 473 u. Mitteilung an den Autor

291 Benz u. a., Enzyklopädie, S. 703–705; Gritschneder, Führer

292 Frank, Im Angesicht, S. 147–153

293 Gritschneder, Führer; vgl. Fest, Hitler, S. 659–675; Kershaw, Hitler I, S. 644 bis 657

294 zitiert nach Gritschneder, Führer, S. 21–24

295 ebenda, S. 49, 51, 54

296 DJZ, 1. 8. 1934, Sp. 945ff.

297 Rüthers, Recht, S. 124; Gritschneder, Führer, S. 72

298 Frank, Im Angesicht, S. 162

299 BArch, R 022/056124; abgedruckt in Deutsches Recht, 5. Jahrgang 1935, Heft 1, S. 18

300 BArch, N 1110/25, Schreiben Reichsminister der Justiz v. 23. 11. 1933

301 BArch, N 1110/25, Schreiben Frank an RJM Gürtner v. 24. 11. 1933; Schreiben Frank an Heß v. 24. 11. 1933; BArch (BDC), PK C 265, Nr. 1846 Schreiben Lammers an Frank v. 25. 11. 1933, dass Reichskanzler der Auffassung RJM zustimmt

302 Frank, Im Angesicht, S. 194

303 ebenda, S. 235; BArch, N 1110/8, Kalender Frank 1935, Eintrag 16.3.

304 BArch, N 1110/8

305 Goebbels, Tagebücher, Teil I, Band 4, 10.3.1937

306 IMT, Band IV, S. 140

307 BArch, N 1110/8

308 Goebbels, Tagebücher, Teil I, Band 3/II, 21.10.1936

309 BArch, N 1110/8

310 Frank, Im Angesicht, S. 188, 191

311 ebenda, S. 186, 193

312 ebenda, S. 187

313 Deutsches Recht, 1935, S. 192

314 Frank, Im Angesicht, S. 193

315 ebenda, S. 194

316 Mitteilungsblatt NSRB 1938, Hg. im Auftrage von Hans Frank durch MdR Fischer u. Reichsamtsleiter Heuber

317 Deutsches Recht v. 15.12.1936, S. 241f

318 Gauweiler, Rechtseinrichtungen

319 Deutsches Recht, 25.3.1935, S. 167

320 ebenda

321 BArch, R 61/29, S. 157 f.

322 ebenda

323 Zeitschrift Akademie für Deutsches Recht, 1937, S. 440

324 ebenda, S. 181

325 ebenda, S. 724

326 ebenda, S. 756 u. a.

327 Zeitschrift Akademie für Deutsches Recht, 1936, S. 958

328 BArch, R 8034 III/1278, S. 93R

329 BArch, PK C 265, Nr. 1978

330 Zeitschrift Akademie für Deutsches Recht, 1939, S. 454; Frank; Im Angesicht, S. 351

331 Pichinot, Akademie, S. 127

332 Deutsches Recht, 1933, S. 205 f.

333 Arbeitsberichte der Akademie für Deutsches Recht, Grundfragen der Polizei, Hamburg 1936

334 Frank, Im Angesicht, S. 174–178

335 Pichinot, Akademie, S. 13

336 Bayerisches Gesetz- u. Verordnungsblatt 1933, S. 277

337 BArch, R 43 II/1145a. S. 3

338 IMT, 1391-PS, Gesetz über die Akademie für Deutsches Recht v. 11.7.1934, Satzung als Anlage, in: Zeitschrift Akademie für Deutsches Recht, 1937, S. 405 f., Verwaltungsanordnung v. 1.4.1937

339 Pichinot, Akademie, S. 13

340 ebenda, S. 58, 59, 61

341 ebenda, S. 73, 74, 92, 93

342 Frank, Im Angesicht, S. 178

343 Zeitschrift Akademie für Deutsches Recht, 1937, S. 181, 288, 693; 1939, S. 309, 325, 361

344 Niklas Frank, Vater, S. 82 f.

345 Frank, Im Angesicht, S. 342

346 Zeitschrift Akademie für Deutsches Recht, 1935, S. 491; Frank, Im Angesicht, S. 178 f.

347 Erich Kühn, »Schafft anständige Kerle!«, Berlin 1938

348 Deutsches Recht, 1935, S. 470

349 Frank, Heroisches und geordnetes Recht, S. 8, Berlin 1938

350 RGBl. I, 1935, S. 839; vgl. u. a. Johe, Justiz, S. 19

351 Deutsches Recht, 1936, S. 389; 1938, S. 136

352 Deutsches Recht, 1938, S. 269; siehe auch Ansprache von Frank »Die Juden in der Rechtswissenschaft«, in: Deutsches Recht, 1936, 393

353 vgl. Weinkauff, Justiz, S. 73 f.

354 Nachwort von Wilhelm Heuber in: Frank, Heroisches u. geordnetes Recht, S. 30

355 Gauweiler, Rechtseinrichtungen, S. 151

356 Frank, Im Angesicht, S. 167

357 Hans Lammers: 1879–1962, 1922 Ministerialrat im RMI, 1932 NSDAP, 1933 als Staatssekretär Leiter Reichskanzlei, 1937 Titel Reichsminister (Klee, Personenlexikon)

358 Goebbels, Tagebücher, Teil I, Band 3/II, 20. 5. 1936; Teil I, Band 4, 11. 3. 1937, 1. 9. 1937; Teil I, Band 5, 10. 4. 1938

359 Deutsches Recht, 1936, S. 121

360 ebenda, S. 123

361 ebenda, S. 125

362 Klee, Personenlexikon

363 ebenda

364 Klee, Personenlexikon; Braunbuch, Kriegs- u. Naziverbrecher, S, 318, 329 f., 353 f.

365 Braunbuch, Kriegs- u. Naziverbrecher, S. 323, 399

366 Deutsches Recht, 1936, S. 128

367 Frank/Himmler/Best/Höhn, Grundfragen der deutschen Polizei. In: Arbeitsberichte der Akademie für Deutsches Recht, S. 21–34, Hamburg 1936

368 Klee, Personenlexikon

369 Schriftenreihe der Akademie für Deutsches Recht, Sonderdruck Nr. 2, Berlin 1935; vgl. auch Freisler, Führertum in der Rechtspflege, Berlin 1935

370 Schriftenreihe der Akademie für Deutsches Recht, Hamburg 1934

371 ebenda, Hamburg 1935

372 Frank/Himmler/Best/Höhn, Grundfragen, S. 14

373 Deutsches Recht, 1936, S. 389–393

374 Goebbels, Tagebücher, Teil I, Band 4, 10. September 1937

375 Deutsches Recht, 1938, S. 354–358

376 Goebbels, Tagebücher, Teil I, Band 6, 9.9.1938

377 BArch, N 1110/26

378 Mitteilungsblatt NSRB, 1938, S. 58

379 Deutsches Recht, 1936, S. 213–217

380 IMT, Band V, S. 420

381 Zeitschrift Akademie für Deutsches Recht, 1939, S. 362 f.

382 IMT, 670-USA; IPN Warschau, 111 IV/Nor

383 Frank, Im Angesicht, S. 170

384 BArch, N 1110/71 (3.3.1936)

385 Mündl. Auskunft Niklas Frank an den Autor

386 Frank, Im Angesicht, S. 250

387 ebenda, S. 361

388 Hamann, Winifred Wagner, S. 358, 370

389 BArch, N 1110/26

390 Frank, Im Angesicht, S. 283

391 Benz u. a., Enzyklopädie, Band II, S. 630 f.; Jäckel u. a., Enzyklopädie, Band II, S. 929ff.

392 Frank, Im Angesicht, S. 289–292

393 Zeitschrift Akademie für Deutsches Recht, 1938, S. 439 f.

394 Niklas Frank, Vater, S. 81

395 Frank, Skizzen, Teil I, S. 1

396 Fest, Hitler, S. 713

397 Kershaw, Hitler II, S. 60

398 Frank, Im Angesicht, S. 220–232

399 BArch, R 8034 III/127, S. 97R, Presseartikel zur Italienreise

400 Frank, Im Angesicht, S. 232

401 BArch, R 8034 III/127, S. 93R

402 Kershaw, Hitler II, S. 60 f.

403 Frank, Im Angesicht, S. 264–273

404 Niklas Frank, Vater, S. 77

405 Frank, Im Angesicht, S. 273–278

406 Goebbels, Tagebücher, Teil I, Band 5, 1.2.1938

407 Frank, Im Angesicht, S. 280, 282

408 ebenda, S. 292–298

409 Zeitschrift Akademie für Deutsches Recht, 1937, S. 693; 1938, S. 478, 598; 1939, S. 219; vgl. Pichinot, Akademie, S. 112–114

410 Frank, Im Angesicht, S. 343

411 Kershaw, Hitler II, S. 290

412 IPN Warschau, NTN 385, S. 10–15

413 Piotrowski, Hans Franks Tagebuch, S. 13

414 Madajczyk, Okkupationspolitik, S. 63

415 Zeitschrift Akademie für Deutsches Recht, 1937, S. 309 f.

416 Ernst Klee, Personenlexikon

417 Hans-Rainer Pichinot, Die Akademie für Deutsches Recht, S. 96 f.

418 Frank, Im Angesicht, S. 400

419 Zeitschrift Akademie für Deutsches Recht, 1937, S. 310; 1938, S. 96

420 Frank, Im Angesicht, S. 401; vgl. Schenk, Hitlers Mann, S. 105

421 Frank, Im Angesicht, S. 360–363; BArch, R 8034III/127, S. 78 RS; Zeitschrift Akademie für Deutsches Recht, 1938, S. 478

422 Reise nach Bulgarien: BArch, R 8034III/127, S. 67RS, 118 ; Frank, Im Angesicht, S. 351; Zeitschrift Akademie für Deutsches Recht, S. 454; Reise nach Dänemark: Zeitschrift Akademie für Deutsches Recht, 1939, S. 454; Frank, Im Angesicht, S. 351

423 PTB, Band II, 10. 2. 1937 (Unterstreichungen im Original)

Zweiter Abschnitt: Generalgouverneur

1 Frank, Im Angesicht, S. 252–254

2 Domarus, Hitlers Reden, S. 1311

3 ebenda

4 Frank, Im Angesicht, S. 343, 395; DTB Vorbemerkungen vor 26./27. 10. 1939

5 Präg/Jacobmeyer, DTB, Vorbemerkungen, S. 45

6 IMT, Band XXXVI, 344-EC

7 Janusz Wrobel, Greiser kontra Frank, in: Tygodnik Piotrowski, 1979, Nr. 39, S. 1, 6; mündl. Mitteilung durch Frau Mgr. Dorota Siepracka, IPN Lodz

8 BArch R 43 II/1332, S. 43R, 44; vgl. Christopher Browning, »Die Entfesselung der Endlösung«, S. 46; Martin Broszat, Nationalsozialistische Polenpolitik 1939–1945, S. 52

9 Du Prel, Generalgouvernement, S. 235, 241, 271. 275, 297, 316, 331

10 RGBl. I, Nr. 210 v. 24. 10. 1939, S. 2077 f.; IPN Warschau, NTN 258, S. 1ff; IMT, Band XXX, 2537-PS

11 IMT, Band XXVI, 864-PS; IPN Warschau, MTW 223/Nor., S. 44, 45

12 Kriegstagebuch Halder, 18. 10. 1939

13 vgl. Browning, Entfesselung, S. 44–48

14 IMT, Band XXXVI, 410-EC

15 Gesetz- u. Verordnungsblatt d. Generalgouverneurs für die besetzten polnischen Gebiete (künftig zitiert: GVBl. GG), Nr. 2/1939, S. 16

16 GVBl. GG, Nr. 1/1939, S. 1; IPN Warschau, NTN 258, S. 5, 5R

17 GVBl. GG, Nr. 1/1939, S. 3–8

18 GVBl. GG, Nr. 2/1939, S. 10

19 DTB 10. 11. 1939
20 IMT, Band XXXVI, 411-EC;
21 Madajczyk, Okkupationspolitik, S. 436
22 ebenda, S. 437
23 DTB, 26. u. 28. 10. 1939
24 DTB, 31. 10. 1939
25 Goebbels, Tagebuch, Teil I, Band 7, 2. 11. 1939
26 DTB, 4. 11. 1939
27 IPN Warschau, NTN 289, S. 1
28 IPN Warschau, NTN 386, S. 1–3
29 Otto Wächter: 1901–1949; ist in Rom unter falschem Namen verstorben –
   Klee, Personenlexikon
30 IPN Warschau, NTN 289, S. 2–3
31 DTB, 6. 11. 1940
32 Goebbels, Tagebücher, Teil I, Band 8, 5. 11. 1940
33 ebenda, 4. 10. 1942
34 Du Prel, Generalgouvernement, S. 365, 370 ; nach Pohl, Judenverfolgung, in
   Ostgalizien 5,3 Mio. Menschen, S. 43
35 DTB, 18. 11. 1941
36 vgl. Klee, Personenlexikon; Präg/Jacobsmeyer; DTB, Kurzbiografien, S. 945ff;
   Musial, Zivilverwaltung, Biograf. Anhang, S. 379ff.
37 Du Prel, Das Generalgouvernement, S. XV
38 Präg/Jacobsmeyer, DTB, Einleitung, S. 7
39 DTB, 9. 7. 1943
40 IPN Warschau, NTN 277, S. 207, Bericht über den Aufbau im GG v. 1. 7. 1940
41 IPN Warschau, NTN 303, S. 157R
42 DTB-Abtl., 19. 1. 1940
43 DTB, 6. 2. 1940, Anlage, Interview
44 DTB, 2. 3. 1940, Sitzung Reichsverteidigungsausschuss; vgl. Lesser, Leben als ob
45 IPN Krakau, Sign. 1520–1527, 1971, II 1972, Das Recht des Generalgouvernements, Textausgabe, Hg. Oberlandesgerichtsrat Dr. Albert Weh
46 Schudnagies, Hans Frank, S. 40
47 IPN Warschau, NTN 302, S. 234
48 GVBl GG 1942, S. 143
49 DTB, 9. 4. 1940
50 IPN Warschau, NTN382, S. 88–97; Zeitschrift für osteuropäisches Recht, Heft 3
   u. 4 v. September/Oktober 1940, Albert Weh, Ein Jahr Generalgouvernement
51 IPN Warschau, NTN 261, S. 7–10
52 IPN Warschau, NTN 224/Nor., S. 86–92; IMT, Band XXVII, 1375-PS
53 IPN Warschau, NTN 252, S. 48–56; IMT, Band XXXVI, 305-EC
54 IPN Warschau, NTN 252, S. 101–106
55 Goebbels, Tagebuch , Band I, Band 8, 5. 11. 1940
56 IPN Warschau, NTN 277, S. 2–219

57 IPN Krakau, II 1506, Krakauer Zeitung v. 26.3.1941; DTB-Reg., 5.9.1941; 26.10.1941

58 IPN Warschau, NTN 288, S. 118 f.; vgl. Musial, Zivilverwaltung, Tabelle S. 87

59 DTB 23.10.1942

60 IPN Warschau, NTN 252, S. 50

61 GVBl. GG 1940, S. 357 f., v. 1.12.1940

62 vgl. Musial, Zivilverwaltung, S. 69ff; Sandkühler, »Endlösung«, S. 35

63 Frank, Technik des Staates, Burgverlag Krakau, 1942

64 vgl. Frank, Das Führerprinzip in der Verwaltung, Burgverlag Krakau, 1944

65 Goebbels, Tagebuch, Teil I, Band 8, 23.11.1940; Teil I, Band 9, 18.3.1941; Teil II, Band 5, 6.8.1942

66 DTB, 20.5.1940

67 DTB, 23.5.1940; 6.10.1940; 8.10.1940; 10.10.1940; 30.7.1941; 22.9.1941; 22.10.1941; 16.8.1942; 7.7.1943

68 DTB, 3.9.1940

69 DTB, 2.11.1940; 15.12.1940; 25.5.1941; 24.7.1941; 4.8.1942; 13.8.1943

70 Robert Ley: 1890–1945; 1925 NSDAP-Gauleiter Rheinland-Süd, 1932 Reichs-organisationsleiter NSDAP; Führer der Deutschen Arbeitsfront (DAF), 1940 Reichskommissar für den sozialen Wohnungsbau; 25.10.1945 Suizid in der Haft in Nürnberg (Klee, Personenlexikon)

71 DTB, 2.11.1940

72 DTB, 28.10.1939

73 DTB, 10.7.1944

74 DTB, 10.7.1940; DTB, 12.7.1940; DTB-Abt., 12.7.1940

75 DTB, 17.3.-24.3.1944

76 IPN Warschau, AGK Sign. 336, Nr. 37 Gliederung der Bände: 1 Tagebuch 1939, 25.10.–15.12.1939; 2 Abteilungsleitersitzungen 1939–1940; 3 Tagebuch 1940/I, 1.1.–31.3.1940; 4 Tagebuch 1940/II, 1.4.–30.6.1940; 5 Tagebuch 1940/III, 1.7.–30.9.1940; 6 Tagebuch 1940/IV, 1.10.–31.12.1940; 7 Tagebuch 1940, Inhaltsverzeichnis; 8 Arbeitssitzungen 1940 Januar – Oktober; 9 Arbeitssitzungen, Ansprachen d. Generalgouverneurs, 1940 Februar – November; 10 Tagebuch 1941/I, 1.1.–15.4.1941; 11 Tagebuch 1941/II, 16.4.–30.6.1941; 12 Tagebuch 1941/III, 1.7.–30.9.1941; 13 Tagebuch 1941/IV, 1.10.–31.12.1941; 14 Tagebuch 1941, Inhaltsverzeichnis; 15 Arbeitssitzungen 1941, Januar – Oktober; 16 Regierungssitzungen 1941, März – Oktober; 17 Regierungssitzungen 1941, Oktober – Dezember; 18 Tagebuch 1942/I, 1.1.–30.4.1942; 19 Tagebuch 1942/II, 1.5.–31.7.1942; 20 Tagebuch 1942/III, 1.8.–31.8.1942; 21 Tagebuch 1942/IV, 1.9.–31.12.1942; 22 Tagebuch 1942, Inhaltsverzeichnis; 23 Arbeitssitzungen 1942; 24 Regierungssitzungen, Hauptabteilungsleitersitzungen 1942; 25 Tagebuch 1943/I, 1.1.–30.4.1943; 26 Tagebuch 1943/II, 1.5.–31.5.1943; 27 Tagebuch 1943/III, 1.6.–30.6.1943; 28 Tagebuch 1943/IV, 1.7.–31.8.1943; 29 Tagebuch 1943/V, 1.9.–31.10.1943; 30 Tagebuch 1943/IV, 1.11. bis 31.12.1943; 31 Tagebuch 1943, Inhaltsverzeichnis; 32 Regierungssitzungen

1943; 33 Arbeitssitzungen 1943; 34 Tagebuch 1944/I, 1. 1.–28. 2. 1944; 35 Tagebuch 1944/II, 1. 3.–31. 3. 1944; 35A Tagebuch 1944/III, 1. 4.–31. 5. 1944; 36 Tagebuch 1944/IV, 1. 6.–31. 7. 1944; 37 Tagebuch 1944/V, 1. 8. 1944–3. 4. 1945; 38 Regierungssitzungen 1944; 39 Tagebuch 1944, Inhaltsverzeichnis

77 Präg/Jacobmeyer, DTB, Einleitung, S. 30–35
78 IPN Warschau, NTN 385, S. 81, Aussage Bühler
79 ebenda, S. 71, 81, 156, Aussage Bühler
80 DTB, 19. 12. 1940
81 BArch, Ost-Dok 13, Nr. 241, Aussage Friedrich Siebert v. 14. 1. 1958
82 Siebert wurde 1948 in Krakau zu 12 Jahren Haft verurteilt und 1956 entlassen.
83 IPN Warschau, SAKr. 1, S. 97 f.
84 ebenda, S. 82 ff. Lebenslauf
85 ebenda, S. 124 f.
86 Klee, Personenlexikon
87 IPN Warschau, SAKr 10, S. 67
88 ebenda, S. 97
89 ebenda, S. 123, 142, 144 f.
90 ebenda, S. 167, 167R
91 ebenda, S. 109
92 Präg/Jacobmeyer, DTB, Anmerkung, S. 284
93 DTB, 30.6.-2. 7. 1941
94 IPN Krakau, schriftl. Information durch Herrn Mgr. Mateusz Szpytma
95 IPN Warschau, NTN 340, S. 256
96 Staatsarchiv Krakau, Sign. AN 26
97 IPN Krakau, schriftl. Information durch Herrn Mateusz Szpytma
98 Niklas Frank, Mutter, S. 274 u. mündl. Mitteilung Niklas Frank an den Autor
99 Das Generalgouvernement, Heft 15/1941, S. 28; mündl. Mitteilung Niklas Frank an den Autor
100 DTB, 16. 4. 1942; 4. 6. 1942; 30. 10. 1942; 6. 7. 1944; 8. 7. 1944
101 Niklas Frank, Vater, S. 120
102 DTB, 19. 3. 1940; 3. 11. 1940; 13. 4. 1942; 3. 6. 1942; 21. 10. 1942; 24. 10. 1942; 9. 2. 1944; Niklas Frank, Vater, S. 120
103 Goebbels Tagebuch, Teil II, Band 5, 21. 8. 1942
104 DTB, 31. 3. 1941
105 BArch, N 1110/36
106 Niklas Frank, Mutter, S. 369
107 ebenda, S. 281
108 BArch, N 1110/66
109 DTB, 18. 12. 1942
110 BArch, N 1110/66; DTB, 3. 7. 1941; Niklas Frank, Mutter, S. 96, 107, 122, 126, 134, 148, 230, 235, 269, 288, 449;
111 Niklas Frank, Vater, S. 116
112 BArch, N 1110/4; siehe auch BArch, N 1110/44, Briefe v. 25. 7. 1944, 4. 11. 1944

Anmerkungen

113 BArch, N 1110/66
114 BArch, R 8034III/127, S. 67R
115 IPN Warschau, NTN302, S. 3–7, 16, 47 f. ; DTB 1.8.1940
116 Rückerl, Strafverfolgung, S. 18
117 BArch, Außenstelle Ludwigsburg, Zentrale Stelle, Einsatzgruppen der Sicherheitspolizei, Heft 1, S. 8ff.; ZSt Heft 2, S. 18; Anklageschrift Dr. Best, S. 594–598
118 BArch, Außenstelle Ludwigsburg, Zentrale Stelle, Einsatzgruppen der Sicherheitspolizei, Heft 1, S. 108, 190; ZSt Heft 2, S. 156
119 ebenda, ZSt Heft 1, S. 107, 109 f.; BArch., ZR 543, Akte 1, S. 12–207
120 ebenda, ZSt Heft 1, S. 122; BArch, R 58/825, S. 1–40
121 BArch, Außenstelle Ludwigsburg, Zentrale Stelle, Einsatzgruppen der Sicherheitspolizei, Heft 1 S. 133; Heft 2, S. 33
122 GVBl. GG, Nr. 2/1939, S. 10
123 Eisenblätter, Grundinien, S. 160
124 Madajczyk, Okkupationspolitik, S. 60f
125 Bruno Müller: 1905–1960; SS-Obersturmbannführer, 1935 Gestapochef in Oldenburg u. 1937 in Wilhelmshaven, Führer des Einsatzkommandos 2 in Polen und kurzfristig KdS in Krakau, danach Führer weiterer Mordkommandos u. Verwendung im RSHA, zuletzt KdS Kiel. 1947 vom brit. Militärgericht zu 20 Jahren verurteilt. 1953 Entlassung. Versicherungskaufmann. Verstorben 1960 in Oldenburg (Klee, Personenlexikon)
126 Bruno Streckenbach: 1902–1977; SS-Gruppenführer u. Generalleutnant d. Polizei, 1933 Gestapochef Hamburg, 1939 Führer der Einsatzgruppe I in Polen, BdS in Krakau, 1940 Chef Amt I RSHA, weiter siehe ANHANG II (Klee, Personenlexikon)
127 Welzer, Täter, S. 261
128 Lesser, Leben als ob, S. 34–49; Madajczyk, Okkupationspolitik, S. 59 f., 70; Eisenblätter, Grundlinien, S. 160, 167; IM, Band XII, S. 30 f., 50 f., 84 f.; IPN Warschau, NTN 385, S. 8; NTN 386, S. 287–289
129 DTB-Pol., 30.5.1940
130 IPN Warschau, NTN 301, S. 124; NTN 304, S. 161
131 DTB-Arb., 25.2.1940; DTB-Arb., 16.5.1944
132 IMT, Band III, S. 649
133 Kurt Hintze: 1901–1944; 1932 MdR, SS- und Polizeiführer in Kowno, ab 21.2.1944 HSSPF Ostland, ab 8.4.1944 SSPF Litauen (Klee, Personenlexikon)
134 BArch, Außenstelle Ludwigsburg, Zentrale Stelle, Einsatzgruppen der Sicherheitspolizei, Heft 2, S. 79, 80, 116, 122
135 ebenda, ZSt Heft 1, S. 171; DTB, 10.7.1940
136 DTB, 10.7.1940
137 Wildt, Generation, S. 481; ZSt Heft 2, S. 183–185
138 IPN Warschau, Organigramm, SAKr 1, S. 139 (siehe ANHANG I); Friedrich-Wilhelm Krüger: 1894–1945; 1929 NSDAP, 1930 SA, 1931 SS, 1932 MdR, 1935

Stab RFSS, Ablösung als HSSPF am 9.11.1943, Fronteinsatz, Suizid 1945 (Klee, Personenlexikon)

139 IPN Warschau, NTN 385, S. 71

140 Hans Frank, Im Angesicht, S. 403

141 DTB, 7.5.1940

142 Madajczyk, Okkupationspolitik, S. 189

143 IPN Warschau, NTN 254, S. 190–192, Beschwerdeschreiben Krüger an Himmler v. 9.6.1940

144 DTB-Pol., 30.5.1940

145 DTB-Anl., 18.11.1941; Verordnung über die Einrichtung des Sonderdienstes v. 6.5.1940

146 Odilo Globocnik: 1904–1945, SSPF Lublin, von Himmler mit »Endlösung« in Polen betraut, Leiter der »Aktion Reinhardt«, ab 13.9.1943 HSSPF »Adriatische Küste«, Suizid 1945 (Klee, Personenlexikon)

147 Hans Frank, Im Angesicht, S,.414

148 IPN Warschau, NTN 312, S. 2 f.; IPN Krakau, II 1972; Erl. Reichskanzler v. 30.1.1940, RGBl. I, S. 399

149 Erlass Ausübung Gnadenrecht v. 8.3.1940, VOBl. GG 1940, S. 99; siehe auch DTB 16.3.1940

150 IPN Warschau, NTN 312, S. 25

151 ebenda, S. 10

152 DTB-Arb., 25.2.1940; DTB-Abt., 8.3.1940; DTB, 16.3.1940; 6.4.1940

153 DTB, 10.2.1944

154 IPN Warschau, NTN 231, S. 8; IMT 646-PS

155 BArch-BDC, SL 47 F, S. 350–357

156 Kriegstagebuch Engel, S. 67 f.

157 BArch, R 52 II/250; vgl. Madajczyk, Okkupationspolitik, S. 64

158 DTB, 18.4.1940; DTB-Anl.,16.5.1940; DTB-Pol., 30.5.1940

159 DTB, 30.5.1940

160 ebenda

161 DTB, 10.7.1940

162 DTB, 12.7.1940

163 DTB-Pol., 30.5.1940

164 BArch, R 70 Polen, Nr. 180

165 Welzer, Täter, S. Fischer, Frankfurt a.M. 2005

166 ebenda, S. 67

167 DTB, 7.7.1943

168 DTB-Sich., 19.10.1943

169 DTB, 31.5.1944

170 DTB, 14.7.1944

171 DTB-Anl., 18.11.1941

172 DTB, 17.7.1940, 14.10.1940; vgl. Kleßmann, Selbstbehauptung, S. 106

173 DTB, 8.7.1944

174 DTB, 14.8.1941

175 DTB, 20.9.1943 u.a.

176 Kleßmann, Selbstbehauptung, S. 105

177 DTB, 1.9.1940

178 Tagebuch Goebbels, Teil I, Band 5, 2.9.1940

179 DTB, 2.8.1940

180 ebenda

181 IPN Warschau, NTN 290, S. 23; DTB, 15.3.1941

182 DTB, 6.2.1944; DTB-Arb., 3.3.1944; DTB-Reg., 19.4.1944

183 IPN Warschau, NTN 251, S. 245

184 DTB-Arb., 3.3.1944

185 DTB, 30.9.1942; 18.2.1943; 6.6.1944

186 DTB, 28.4.1941; DTB-Arb., 2.2.1943; DTB 21.10.1943; 14.7.1944

187 DTB, 8.12.1941; 25.8.1942; 22.11.1942; 12.7.1943; 17.2.1944

188 DTB, 14.7.1942; 27.10.1943

189 DTB, 25.11.1942; Kleßmann, Selbstbehauptung, S. 106f.

190 DTB, 17.9.1942; DTB-Arb., 2.2.1943

191 DTB, 23.7.1943; 19.12.1943;

192 DTB-Abt., 12.4.1940; DTB, 20.4.1940; DTB-Arb., 21.4.1940; DTB,13.1.1941; VOBl. GG v. 19.4.1940, S. 149f.: VO über die Errichtung des Instituts für Deutsche Ostarbeit im GG; vgl. Kleßmann, Selbstbehauptung, S. 61–75; Lesser, Leben als ob, S. 57–60, 75

193 DTB, 4.9.1941; 12.1.1942; 2.2.1943; 20.3.1942

194 DTB, 14.8.1941; 4.9.1941; 22.3.1942

195 DTB, 24.9.1942; 13.7.1943; 13.8.1943; 19.11.1943; 8.7.1944

196 DTB, 9.5.1944

197 DTB, 16.7.1943

198 DTB, 8.5.1941; 9.5.1941; 21.7.1941; 4.9.1941; 24.5.1943; vgl. Lesser, Leben als ob, S. 60–64

199 DTB, 22.3.1941

200 BArch, N 1110/36

201 BArch, N 1110/17

202 BArch, N1110/36

203 DTB, 28.1.1942

204 DTB, 9.2.1944

205 DTB, 15.7.1940

206 DTB, 19.3.1942; 22.1.1943, DTB-Reg., 16.2.1944, DTB-Gouv. u. -Abt., 16.2.1944

207 Tagebuch Goebbels, Teil I, Band 8, 23.11.1940; Teil I, Band 9, 27.2.1941

208 DTB, 13.6.1944; IPN Warschau, NTN 341, S. 209 u.a.

209 IPN Warschau, NTN 289, S. 212f., 237; DTB, 26.10.1940

210 DTB, 10.7.1940; DTB, 12.7.1940; DTB-Abt., 12.7.1940

211 IPN Warschau, NTN 290, S, 56f.

212 BArch, R 8034 III/127

213 Frank, Im Angesicht, S. 386 f.

214 BArch, N 1110/8, Jahreskalender Frank 1941; DTB 25.1.–14. 3. 1941; DTB 15.–18. 3. 1941

215 DTB- Gouv., 11. 9. 1940; DTB, 26. 10. 1943; IPN Warschau, NTN 385, S. 141–144 (Vernehmung Bühler)

216 DTB, 27. 3. 1941; 4.–6. 5. 1941; 13. 5. 1941

217 DTB., 25. 3. 1941; DTB-Reg., 25. 3. 1941

218 DTB, 19. 5. 1941

219 Frank, Im Angesicht, S. 414

220 IMT, 221-L; 1280-NG; Erlass v. 17. Juli; DTB, 18. 7. 1941

221 BArch, N1110/44, Brief v. 25. 7. 1941

222 Eberhardt Schöngarth: 1903–1946; SS-Brigadef. u. Generalmaj. d. Polizei, 1939 IdS in Dresden, ab 30. 1. 1941 BdS Krakau, 1941 Führer Sonderkommando z. b.V. Lemberg, 1943 Waffen-SS, 1944 BdS Niederlande, 1946 Todesurteil u. Hinrichtung (Klee, Personenlexikon)

223 Otto Rasch: 1891–1948; 1931 NSDAP, 1933 SS, 1937 Gestapo-Chef Frankfurt/M., 1939 IdS Königsberg, 1941 Führer Einsatzgruppe C, im Einsatzgruppen-Prozess wegen Krankheit straffrei (Klee, Personenlexikon)

224 BArch Außenstelle Ludwigsburg, 2 AR-Z 81/60; 8 AR-Z 223/73; vgl. außerdem Pohl, Judenverfolgung, und Sandkühler, Endlösung

225 DTB, 1. 8. 1941; GVOBl. GG 1941, S. 441 (Proklamation)

226 Das Generalgouvernement, Heft 12/1941

227 DTB-Reg., 11. 3. 1942

228 DTB, 16. 1. 1942; DTB-Reg., 11. 3. 1942; DTB, 23. 7. 1943; 14. 1. 1944

229 Frank, Im Angesicht, S. 415–417

230 vgl. Pohl, Judenverfolgung, S. 74ff.

231 DTB, Anlage zum 18. 11. 1941

232 GVBl. GG 1939, S. 6, v. 26. 10. 1939

233 GVBl. GG 1939, S. 37, v. 15. 11. 1939

234 GVBl. GG 1940, S. 23, v. 24. 1. 1940

235 GVBl. GG 1939, S. 7, 26. 10. 1939

236 GVBl. GG 1940, S. 288, v. 13. 9. 1940

237 GVBl. GG 1939, S. 34, v. 15. 11. 1939

238 GVBl. GG 1939, v. 23. 11. 1939

239 GVBl. GG 1940, v. 21. 1. 1940

240 GVBl. GG 1939, v. 26. 10. 1939

241 GVBl. GG 1940, S. 359, v. 1. 12. 1940

242 GVBl. GG 1941, S. 101, v. 16. 3. 1941

243 DTB, 15. 1. 1941

244 DTB, 19. 1. 1940.

245 DTB, 12. 9. 1941

246 Kleßmann, Selbstbehauptung, S. 44

247 IPN Warschau, NTN 252, S. 121

248 DTB, 31. 10. 1939

249 IMT, 686-PS; IMT, USA-305; IPN Warschau, MTW, 111/Nor, S. 53–55

250 Du Prel, Generalgouvernement, S. 63 f.

251 vgl. Dieter Schenk, Hitlers Mann, S. 174 ff.

252 zu Einzelheiten vgl. Browning, Entfesselung, S. 65ff.

253 DTB-Arb. u. DTB-Anl., 15. 1. 1941

254 IPN Warschau, NTN 282, S. 53–87

255 ebenda, S. 79

256 ebenda, S. 78

257 IMT, Band XXVII, 1375-PS; IPN Warschau, MTW, 224/Nor., S. 86–93

258 IMT, Band XXXIX, 172-USSR

259 zu Einzelheiten vgl. Ulrich Herbert, Fremdarbeiter, S. 77 ff., 95ff., 214ff.

260 IPN Warschau, NTN 359, S. 9; DTB 10. 1. 1940

261 IPN Warschau, NTN 359, S. 45, 54–62

262 ebenda, S. 67–69

263 IPN Warschau, NTN 357, S. 38

264 IPN Warschau, NTN 359, S. 188

265 DTB, 12. 3. 1940

266 DTB, 30. 5. 1940; 27. 10. 1940, DTB-Reg., 9. 12. 1942

267 IMT, Band XXXIX, 172-USSR

268 DTB, 7. 3. 1940

269 ebenda

270 DTB, 12. 3. 1940; 23. 4. 1940

271 DTB, 9. 5. 1940; DTB-Abt., 10. 5. 1940

272 DTB-Pol., 18. 6. 1942

273 IPN Warschau, MTW, 111/Nor I, S. 59–61; IMT, Band XXVII, 1666-PS; Erlass des Führers v. 21. 3. 1942; Anordnung Göring v. 27. 3. 1942; Fritz Sauckel: 1894–1946; 1927 NSDAP-Gauleiter Thüringen, 1933 Reichsstatthalter Thüringen, 1942 Generalbevollmächtigter für Arbeitseinsatz, 1946 Todesurteil Nürnberg u. Hinrichtung (Klee, Personenlexikon)

274 IPN Warschau, NTN 261, S. 59, 59R, Erlass Frank v. 24. 8. 1942; DTB, 18. 8. 1942

275 IMT, Band XXIX, 2233-PS

276 DTB, 13. 3. 1943

277 Herbert, Fremdarbeiter, S. 217

278 ebenda, S. 89, 219

279 DTB, 31. 10. 1940, Sitzung Wirtschaftsrat GG

280 DTB, 11. 1. 1941

281 DTB-Reg., 26. 10. 1943

282 DTB-Anl. 14. 10. 1941; DTB-Reg.16. 10. 1941; DTB-Anl. zu DTB-Reg. 14.–16. 10. 1941

283 IPN Warschau, NTN 285, S. 202

284 Kleßmann, Selbstbehauptung, S. 198
285 DTB, 10. 1. 1944
286 Henke, Dresdner Bank, Band 4, S. 150
287 ebenda, Band 3: Harald Wixforth, Die Expansion, S. 569, 577
288 DTB-Anl., 18. 11. 1941; DTB, 30. 3. 1944
289 IMT, Band XXIX, 2233-PS
290 DTB-Arb., 14. 12. 1942
291 Aly, Volksstaat, S. 209ff.
292 DTB, 23. 10. 1943
293 DTB-Abt., 12. 9. 1940
294 DTB-Reg., 13. 7. 1942
295 DTB, 14. 4. 1942
296 DTB, 6. u. 7. 6. 1940, Wirtschaftstagung
297 DTB, 9. 4. 1941
298 DTB-Reg., 5. 9. 1941
299 DTB, 12. 9. 1941
300 DTB-Reg., 24. 8. 1942
301 DTB-Anl., 18. 11. 1941
302 IPN Warschau, NTN 268, S. 53, 56–57R, 78–79R
303 DTB-Reg, u. DTB-Anl., 14.-16. 10. 1941
304 Ernst Zörner: 1895–1960; 1933 Oberbürgermeister Dresden, 1939 Stadthaupt-
    mann Krakau, 1940 Distrikt-Gouverneur Lublin, Amtsenthebung 1943 auf Be-
    treiben Himmlers, Fronteinsatz, verwandt mit Goebbels (Klee,
    Personenlexikon)
305 IPN Warschau, NTN 356. S. 219
306 IPN Warschau, NTN 268, S. 123
307 IPN Warschau, NTN 285, S. 19
308 GVBl. GG, 1942, S. 409, v. 11. 7. 1942; IPN Warschau, NTN 292, S. 167R; DTB-
    Reg., 13. 7. 1942
309 IPN Warschau, NTN 261, S. 79
310 IPN Warschau, NTN 285, S. 65–255
311 IMT, Band XXXIV, 4039-PS
312 vgl. u. a. Aly, »Endlösung«; Browning, Weg u. Entfesselung; Hilberg, Vernich-
    tung u. Quellen; Jäckel u. a., Enzyklopädie
313 GVBl. GG 1940, S. 231 f., v. 24. 7. 1940; DTB 4. 5. 1940
314 GVBl GG 1939, S. 7, v. 26. 10. 1939
315 GVBl GG 1939, S. 61, v. 23. 11. 1939
316 GVBl GG 1939, S. 72, v. 28. 11. 1939
317 GVBl GG 1940, S. 249 v. 25. 4. 1940; S. 387 v. 7. 6. 1940
318 GVBl. GG, 1940, S. 45, v. 26. 1. 1940
319 GVBl. GG 1940, S. 288, V. 13. 9. 1940
320 GVBl. GG 1941, S. 211, v. 19. 4. 1941
321 GVBl. GG 1941, S. 781, v. 14. 5. 1941

322 GVBl. GG, 1941, S. 761, v. 14.5.1941

323 GVBl. GG, 1940, S. 258, v. 31.8.1940

324 GVBl. GG, 1939, S. 6, v. 26.10.1939

325 GVBl. GG, 1939, S. 231, v. 11.12.1939; S. 246, v. 12.12.1939

326 GVBl. GG, 1940, S. 8, v. 20.1.1940

327 GVBl. GG, 1940, S. 31, v. 24.1.1940

328 DTB, 31.7.1940

329 IMT, Band XXIX, 1950-PS

330 vgl. Zusammenfassung bei Browning, Entfesselung, S. 166–172

331 Jüdisches Historisches Institut Warschau, Dokumentation, S. 46

332 DTB, 12.7.1940; DTB-Abt., 12.7.1940, vgl. Cesarani, Eichmann, S. 124

333 DTB, 25.7.1940

334 DTB, 22.1.1941

335 IPN Warschau, NTN 332, S. 27–29; vgl. Cesarani, Eichmann, S. 125f.

336 DTB, 17.7.1941

337 DTB, 18.7.1941; Aly, »Endlösung«, S. 276ff.

338 Goebbels-Tagebuch, Teil I, Band 9, 18.3. u. 20.6.1941

339 DTB, 2.6.1944

340 IPN Warschau, NTN 340, S. 101–104 (65 310 Juden Stand 1.6.1940)

341 DTB-Abt., 12.4.1940

342 IPN Warschau, NTN 341, S. 44

343 IPN Warschau, NTN 340, S. 152f.

344 DTB, 2.8.1940

345 IPN Warschau, NTN 340, S. 185

346 ebenda, S. 163

347 ebenda, S. 220–223

348 Jüdisches Historisches Institut Warschau, Dokumentation, S. 118–120

349 Jäckel u.a., Enzyklopädie, Band II, S. 1118f.

350 IPN Warschau, NTN 292, S. 11

351 zu Einzelheiten vgl. u.a. Browning, Entfesselung, S. 199–209

352 DTB, 2.3.1940, Sitzung Reichsverteidigungsausschuss; IMT, Band XXXVIII, 092-R; IPN Warschau, NTN 332, S. 213–229

353 DTB-Pol., 30.5.1940; DTB 6.6. u 7.6.1940; DTB 4.9.1940 Wirtschaftstagung

354 Warschauer Zeitung v. 15.11.1940

355 zu Einzelheiten vgl. Bogdan Musial, Zivilverwaltung, S. 164–170

356 GVBl. GG 1940, Nr. 4 v. 2.3.1940

357 Präg/Jacobsmeyer, DTB, Anm., S. 227

358 Jüdisches Historisches Institut Warschau, Dokumentation, S. 86

359 DTB-Reg., 16.12.1941

360 DTB, 12.9.1940; 15.1.1941

361 Jüdisches Historisches Institut Warschau, Dokumentation, S. 102–104

362 Du Prel, Generalgouvernement, S. 348

363 Jüdisches Historisches Institut Warschau, Dokumentation, S. 106–113

364 DTB, 19.–21. 1. 1941

365 DTB, 22. u. 23. 1. 1941

366 DTB, 3. 4. 1941

367 DTB-Arb., 19. 4. 1941

368 Jüdisches Historisches Institut Warschau, Dokumentation, S. 136 f.

369 ebenda, S. 138–141

370 ebenda, S. 153

371 GVBl. GG 1941, S. 595, v. 15. 10. 1951

372 Jost Walbaum: geb. 1889; SA-Oberführer u. Röntgenologe, 1930 NSDAP/SA, 1939 Abteilungsleiter Krakau, 1943 Dezernent Münster. Nach 1945 homöopathischer Arzt in Hannover-Vinnhorst (Klee, Personenlexikon)

373 IPN Warschau, NTN 377, S. 1, 5, 19–21

374 Amtsblatt für den Distrikt Warschau Nr. 11/12, S. 116, v. 16. 12. 1941; IPN Warschau, NTN 334, S. 311, 313R

375 DTB-Reg., 16. 12. 1941

376 Kershaw, Hitler II, S. 651 f.

377 DTB-Reg., 16. 12. 1941

378 ebenda

379 DTB-Arb., 14. 12. 1942

380 DTB, 6. u. 7. 6. 1940, Wirtschaftstagung

381 GVBl. GG 1939, S. 209 f., v. 21. 12. 1939 u. Anm. Präg/Jacobmeyer; IMT Band XXVIII, 1773-PS GVBl GG 1940, S. 61, v. 6. 2. 1940, 1. Durchführungsvorschrift zu vorg. VO

382 Petropoulos, Kunstraub, S. 133

383 Goebbels, Tagebuch, Teil II, Band 4, 31. 5. 1942

384 IPN Warschau, NTN 297, S. 213–243

385 Kajetan Mühlmann: 1898–1958, Staatssekretär in Österreich (1938), zuvor einer der Organisatoren der Salzburger Festspiele, NSDAP seit 1. 4. 1938 (Klee, Personenlexiokon)

386 Petropoulos, Kunstraub, S. 134

387 Kleßmann, Selbstbehauptung, S. 97–100

388 IPN Warschau, NTN 297, S. 251, 251R; Schreiben Lammers an Frank v. 3. 10. 1942

389 IPN Warschau, NTN 297, S. 199–201

390 Posner, Belastet, S. 47

391 IPN Warschau, NTN 297, S. 188 f.

392 Petropoulos, Kunstraub, S. 283, 344

393 IPN Warschau, NTN 297, S. 167

394 ebenda, S. 237

395 Petropoulos, Kunstraub, S. 285

396 Niklas Frank, Vater, S. 137

397 BArch, N 1110/66

398 BArch 1110/36

399 Niklas Frank, Vater, S. 136 f.
400 DTB, 13.7.1943
401 Petropoulos, Kunstraub, S. 183
402 IPN Warschau, NTN 254, S. 209–213
403 IPN Warschau, NTN 413, S. 52–55
404 Madajczyk, Okkupationspolitik, S. 181
405 DTB, 23.4.1940, DTB-Abt., 10.5.1940
406 IPN Warschau, NTN 413, S. 50 f.
407 ebenda, S. 60
408 ebenda, S. 59
409 Bericht Kommandeur d. SIPO und SD Galizien v. 2.7.1943, zitiert nach Niklas Frank, Mutter, S. 320
410 IPN Warschau, NTN 294, S. 149, Erl. V. 28.5.1943
411 IPN Warschau, NTN 256, S. 1
412 DTB, 31.3.1944
413 Aly, Volksstaat
414 Niklas Frank, Mutter, Klappentext
415 BArch, N 1110/45, Brief v. 2.9.1943
416 IPN Warschau, NTN 343, S. 34, 35, 39–42, Haushaltspläne GG
417 Ueberschär/Vogel, Dienen, S. 243
418 DTB, 17.3.1942
419 DTB, 5.6.1942
420 DTB, 6. u. 7.6.1940
421 BArch, N 1110/66
422 DTB, 18.11.1941, Anhang
423 BArch, R 52II/172, S. 28, 65; Niklas Frank, Mutter, S. 463; Posner, Belastet, S. 48
424 DTB, 26.10.1943
425 BArch, N 1110/36
426 BArch, N 1110/36
427 Eisenblätter, Grundlinien, Zusammenfassung S. 245
428 Niklas Frank, Vater, S. 128
429 BArch BDC, RFSS, Film 125, Bericht Untersuchungsrichter Dr. Reinecke v. 1.12.1941; Niklas Frank, Vater, S. 129–130
430 Höhne, Orden, S. 294; Bericht Untersuchungsrichter Reinecke; Niklas Frank, Vater, S. 134
431 BArch, N 1110/45
432 Posner, Belastet, S. 34
433 Niklas Frank, Mutter
434 C. Bertelsmann, pressdepartment, Februar 2005
435 Bericht Kommandeur d. SIPO und SD Galizien v. 2.7.1943, zitiert nach Niklas Frank, Mutter, S. 322–326
436 Niklas Frank, Vater, S. 117
437 ebenda, S. 118

438 ebenda, S. 117; Niklas Frank, Mutter, S. 274; Posner, Belastet, S. 37

439 Posner, Belastet, S. 37

440 Bericht Untersuchungsrichter Reinecke; Niklas Frank, Vater, S. 127

441 zitiert nach Niklas Frank, Mutter, S. 274

442 IPN Warschau, NTN 413, S. 25

443 BArch, N 1110/66

444 Niklas Frank, Mutter, S. 362

445 Niklas Frank, Vater, S. 169 f.; Niklas Frank, Mutter, S. 362

446 Niklas Frank, Vater, S. 115 f., 151 u. mündl. Mitteilung an den Autor

447 Niklas Frank, Vater, S. 127 f., 131, 139; Niklas Frank, Mutter, S. 289

448 BArch, N 1110/49

449 BArch, N 1110/44 u. 50

450 Du Prel, Generalgouvernement, S. 381

451 DTB-Abt., 19. 12. 1940

452 DTB, 27. 8. 1942

453 DTB-Anl. 29.–31. 8. 1942, Denkschrift Franks u. »Die Entwicklung seit
    1. 9. 1942«

454 Herbert Backe: 1896–1947, 1922 SA, 1926 NSDAP, 1942 Leiter Reichsministeri-
    um Ernährung u. Landwirtschaft, 1944 Reichsminister und Reichsbauernfüh-
    rer, 1947 Suizid in U-Haft (Klee, Personenlexikon)

455 vgl. Eisenblätter, Grundlinien, S. 356–361

456 DTB-Reg., 26. 10. 1943

457 DTB, 8. 4. 1941

458 DTB, 15. 4. 1941, 18. 4. 1941

459 DTB, 30. 4. 1941, DTB, 20. 5. 1941, DTB-Reg., 20. 5. 1941

460 Buchheim, Anatomie, Bd. I, S. 124; Niklas Frank, Vater, S. 172–176

461 BArch, R 43II/1341, S. 8

462 DTB, 20. 9. 1941

463 vgl. Einzelheiten bei Eisenblätter, Grundlinien, S. 235ff.

464 BArch, N 1110/8, Kalender 1. 1. 1942

465 BArch BDC, RFSS, Film 125, Bericht Untersuchungsrichter Dr. Reinecke
    v. 1. 12. 41; Höhne, Orden, S. 294

466 IPN Warschau, NTN 256, S. 3, 15

467 Niklas Frank, Vater, S. 164 f.; mündl. Mitteilung an den Autor

468 BArch, N 1110/44, Brief Brigitte Frank v. 27. 4. 1943, die das Geschenk erwähnt

469 IPN Warschau, NTN 386, S. 285 f. Vernehmung Bühler

470 IPN Warschau, MTW, Sign. 74/Nor, S. 28–30

471 Piotrowski, Tagebuch, S. 26; IMT, 3115-PS

472 ebenda

473 Witte u. a., Dienstkalender, S. 313

474 IPN Warschau, MTW, Sign. 74/Nor, S. 40 f.; NTN 254, S. 197–200

475 Peter Witte u. a., Dienstkalender, S. 434

476 ebenda, S. 447

477 DTB, 5.6.1942

478 BArch, N 1110/2, PTB Hans Frank, Band II

479 BArch N 1110/44, Brief v. 27.4.1943; N 1110/45, Brief v. 2.9.1943

480 Posner, Belastet, S. 37, 44

481 IPN Warschau, NTN 285, S. 66

482 DTB, 7.3.1942

483 DTB, 18.3.1942; DTB-Arb., 18.3.1942

484 IPN Warschau, MTW, 74/Nor., S. 31; NTN 254, S. 197–207

485 IPN Warschau, MTW, 74 Nor, S. 31–33: NTN 254, 197 f.

486 Joseph Wulf, Dr. Hans Frank, Beilage zu Das Parlament v. 2.8.1961, S. 460

487 ebenda

488 Richard Wendler: 1898–1972; 1928 NSDAP/SA. 1939 Stadthauptmann von
Kielce u. Tschenstochau, 1942 Gouverneur Krakau, 1943 Gouverneur Lublin,
Fortsetzung siehe ANHANG II (Klee, Personenlexikon); siehe auch das Kapitel
»Stets Dein getreuer Richard«, in: Katrin Himmler, Brüder, S. 216–232, 316 f.

489 Katrin Himmler, Brüder, S. 224 f., 229

490 IMT, Band XXX, 2537-PS; IMT, Frank-2; RGBl. I, 1942, Nr. 51, v. 15.5.1942,
Erl. Hitler v. 7.5.1942

491 IPN Warschau, MTW, 74/Nor., S. 36–39; NTN 254, S. 197–207

492 DTB, 21.4.1942

493 IMT, Band XXX, 2537-PS; IMT, Frank-2; RGBl. I, 1942, Nr. 51, v. 15.5.1942;
IPN Warschau, NTN 258, S. 4 BArch, R 43II/1341b

494 VOBl. GG 1942, S. 321 f., v. 23.6.1942

495 DTB, 20.4.1942

496 BArch, R 52II/2, Nr. 105221; DTB, 23.5.1942

497 Witte u. a., Dienstkalender, S. 469, 626

498 BArch, N 111/8, Kalender 1942, 5. u. 6.5.

499 Heims, Monologe, S. 140 (16.11.1941); Picker, Tischgespräche, S. 224
(29.3.1942)

500 Domarus, Hitler, Band II, S. 1874 (26.4.1942)

501 Weinkauf, Justiz, S. 147

502 DTB, 9.6.1941, 1.7.1942, 20.7.1942, 21.7.1942; Hans Frank, Im Angesicht,
Anhang, S. 468–474; IMT, Band XL, Frank-15–18; Band XII, S. 170 f.; PTB,
14.5.1942, 2.9.1942

503 Piotrowski, Tagebuch, S. 20–22

504 Witte u. a., Dienstkalender, S. 469 (27.6.1942)

505 Goebbels, Tagebücher, Teil II, Band 5, 31.7.1942

506 BArch, N 1110/8, Kalender 1942, 2.8.; PTB, 2.9.1942

507 Niklas Frank, Vater, S. 196

508 BArch, N 1110/8, Kalender 1942, 2.–15.9.

509 Überschär/Vogel, Dienen, S. 220

510 BArch, N 1110/8, Kalender 1942, 25.8.

511 ebenda

512 DTB, 29.–31.8.1942
513 Fest, Gesicht, S. 296
514 Goebbels, Tagebücher, Teil II, Band 5, 31.7.1942, 13.8.1942
515 ebenda, 20.8.1942
516 DTB, Anl. 1.9.1942
517 DTB, 29.–31.8., 6.10., 7.11.1942
518 Goebbels, Tagebücher, Teil II, Band 6, 2.10.1942
519 ebenda, 4.10.1942
520 Päg/Jacobmeyer, DTB, Einleitung, S. 27
521 Weinkauf, Justiz, S. 161 f.
522 vgl. Einzelheiten bei Eisenblätter, Grundlinien, S. 262–268
523 Goebbels, Tagebücher, Teil II, Band 5, 25.9.1942
524 DTB, 4.8.1942
525 DTB, 28.9., 21.11.1942
526 DTB, 24.11.1942
527 ebenda
528 IMT, Band XL, Frank-8
529 Goebbels, Tagebuch, Teil II, Band 7, 9.3.1943
530 IPN Warschau, NTN 413, S. 21–71; NTN 256, S. 116–196
531 BArch, R 70/180, S. 38ff; IPN Warschau, MTW 226/Nor, S. 21–24; MTW
     11/Nor I, S. 66–79; NTN 257, 1–15; IMT 2220 – PS
532 IPN Warschau, NTN 257, S. 33–35
533 IPN Warschau, NTN 257, S. 36
534 u. a. Domarus neg.
535 BArch, N 1110/8, Kalender 1943, 8. u. 9.5.
536 Goebbels, Tagebuch, Teil II, Band 8, 7.5.1943; 25.6.1943
537 zitiert nach Eisenblätter, Grundlinien, S. 292
538 Goebbels, Tagebücher, Teil II, Band 13, 10.9.1944
539 DTB, 2.3.1940, Sitzung Reichsverteidigungsausschuss
540 DTB-Arb., 14.12.1942
541 DTB-Reg., 11.3.1942
542 DTB-Reg., 13.7.1942
543 ebenda; Dokumentation Jüdisches Historischen Institut Warschau, S. 299
544 DTB-Arb, 15.5.1944
545 ebenda
546 DTB, 19.12.1942
547 DTB, 17.12.1943
548 DTB, 7.2.1944
549 DTB, 14.1.1944
550 DTB, 5.9.1944
551 DTB, 1.2.1944
552 IMT, Band XXVI, 910-PS
553 DTB-Pol., 30.5.1940

554 DTB, 21.11.1942

555 IPN Warschau, NTN 257, S. 39

556 Präg/Jacobmeyer, DTB, Anm., S. 620

557 IPN Warschau, NTN 255, S. 225–235

558 Eisenblätter, Grundlinien, S. 121–123

559 IPN Warschau, NTN 255, S. 226 f.

560 ebenda, S. 229

561 ebenda, S. 232–234

562 IPN Warschau, NTN 257, S. 38–45

563 DTB-Sich., 31.5.1943

564 DTB- Gouv., 24.1.1943

565 DTB-Pol., 25.1.1943

566 Privatarchiv Niklas Frank

567 Niklas Frank, mündl. Mitteilung an den Autor

568 DTB-Arb., 14.12.1942

569 Frank, Im Angesicht, S. 415

570 DTB-Sich., 15.4.1943

571 DTB, 21.11.1942

572 VOBl. GG, 1942, S. 493, v. 28.8.1942

573 DTB-Pol., 25.1.1943

574 siehe Chiari (Hg), Heimatarmee, Schriftenreihe MGFA; Madajczyk, Okkupationspolitik, S. 213–215; Kleßmann, Selbstbehauptung, S. 112–118

575 IPN Warschau, NTN 285, S. 251 f.; DTB-Pol. 25.1.1943

576 DTB-Sich., 15.4.1943; DTB-Abt., 20.4.1943

577 DTB 25.5.1943; 28.5.1943

578 DTB-Arb., 18.6.1943

579 DTB, 20.7.1943

580 DTB, 4.8.1943

581 DTB, 22.9.1943, Kriegswirtschaftsstab u. Verteidigungsausschuss

582 IPN Warschau, NTN 376, S. 33–37

583 DTB-Abt., 20.4.1943

584 Bednarek/Salwinski, Pomerska, S. 66 f.; Chwalba, Dzieje Krakowa, Band 5, S. 289

585 DTB-Abt., 20.4.1943

586 Hosenfeld, Ich versuche jeden zu retten, S. 722

587 Archiv Erzbistum Krakau, Sign. I/5–7, 19–20, 69, 91, 155, 157, 201, 205, 221, 245, 287, 361 Kancelaria 1939–1944

588 IPN Warschau, NTN 301, S. 47–55

589 DTB, 11.2.1944

590 DTB-Pol., 25.1.1943

591 ebenda

592 DTB, 31.1.1943

593 DTB, 5.–17.2.1943; 18.2.1943

594 DTB-Arb., 14. 4. 1943; DTB-Sich., 15. 4. 1943

595 DTB-Sich., 27. 9. 1943

596 Walther Bierkamp: 1901–1945; 1932 NSDAP, 1933 Staatsanwalt, 1937 Chef Kriminalleitstelle Hamburg, 1941 Inspekteur Sipo u. SD Düsseldorf, 1942/43 Führer Einsatzgruppe D, danach BdS Krakau. Suizid 15. 5. 1945 (Klee, Personenlexikon)

597 DTB, 28.9.–15. 10. 1943; BArch, N 1110/8 Kalender 1943

598 GVBl. GG, 1943, S. 589, v. 13. 10. 1943; IPN Warschau, NTN 315, S. 57 f.

599 DTB, 19. 10. 1943

600 ebenda

601 DTB, 19. 10. 1943; 15. 1. 1944; Majer, Fremdvölkische, S. 893

602 Majer, Fremdvölkische, S. 894

603 IMT, Band XXXVI, 956-D

604 nach Majer, Fremdvölkische, S. 895

605 DTB, 15. 1. 1944

606 IPN Warschau, NTN 315, S. 61, 62

607 Welzer, Täter, S. 60

608 vgl. u. a. Aly, »Endlösung«; Browning, Weg u. Entfesselung; Hilberg, Vernichtung u. Quellen; Jäckel u. a., Enzyklopädie

609 IMT, Band XXVI, 710-PS; IPN Warschau, MTW, 111/NorI, S. 56; NTN 332, S. 31

610 IMT, Band XXVI, 709-PS; IPN Warschau, NTN 332, S. 34–37

611 IMT, Band XXX, 2586-NG; IPN Warschau, NTN 332, S. 38–53; siehe auch Katalog der Dauerausstellung der Gedenk- u. Bildungsstätte Haus der Wannsee-Konferenz; siehe auch Christian Gerlach, Die Wannsee-Konferenz; vgl. Cesarani, Adolf Eichmann, S. 161–165

612 ebenda

613 Browning, Entfesselung, S. 589

614 ebenda

615 IPN Warschau, NTN 385, S. 111 f.

616 Musial, Zivilverwaltung, S. 228 f.

617 Jüdisches Historisches Institut Warschau, Dokumentation, S. 271

618 ebenda, S. 277

619 ebenda, S. 438–440

620 ebenda, S. 322; DTB-Pol.,18. 6. 1942

621 DTB-Reg, 26. 10. 1943

622 Jüdisches Historisches Institut Warschau, Dokumentation, S. 397

623 vgl. Schenk, Wurzeln, S. 243ff., Beispiel Tschenstochau

624 Benz, Enzyklopädie, S. 393 f.; 734 f.; 764 f.; 773 f.; Rückerl, Vernichtungslager, S. 132–185; 145–197; 197–242; 328–330

625 Rückerl, Vernichtungslager, S. 128

626 Jüdisches Historisches Institut Warschau, Dokumentation, S. 354

627 Browning, Entfesselung, S. 458 f., 606; vgl. Kershaw, Hitler, Band II, S. 685; Aly, »Endlösung«, S. 387ff.

628 Goebbels, Tagebücher, Teil II, Band 3, 27.3.1942

629 Wixforth, Expansion der Dresdner Bank, Band 3, S. 569–576

630 ebenda, S. 573

631 IMT, Band XXXIV, 4024-PS; Jüdisches Historisches Institut Warschau, Dokumentation, S. 385–429

632 DTB, 9.7.1943

633 DTB, 2.8.1943

634 DTB, 4.3.1944

635 DTB, 31.3.1944, 9.6.1944

636 DTB-Sich., 15.4.1943

637 DTB-Pol., 18.6.1942

638 IPN Krakau, Sign. 1506, Krakauer Zeitung 1940–1945

639 IPN Warschau, NTN 384, S. 315

640 Frank, Im Angesicht, S. 403, 409–411

641 Niklas Frank, Vater, S. 197 u. mündliche Mitteilung an den Autor

642 IPN Warschau, NTN285, S. 178

643 Goebbels, Tagebücher, Teil II, Band 5, 21.8.1942

644 ebenda, S. 206, 253

645 Jüdisches Historisches Institut Warschau, Dokumentation, S. 469, 477, 485 f., 487–490, 496 f.

646 ebenda, S. 467–557; Jürgen Stroop: 1895–1952, 1932 NSDAP, 1939 Selbstschutzführer in Polen, 1943 SSPF Warschau, danach HSSPF Griechenland u. HSSPF Rhein-Westmark, weiter siehe S. 425 ff. Klee, Personenlexikon

647 IPN Warschau, MTW 224/Nor, S. 1–75; Sign. 111 V N/Nor; IMT, 1061-PS; 3841-PS

648 Benz, Enzyklopädie, S. 795 f.

649 vgl. Madajczyk, Okkupationspolitik, S. 378 f.; Kleßmann, Selbstbehauptung; Chiari (Hg), Die polnische Heimatarmee (Schriftenreihe MGFA); Lustiger, Jüdischer Widerstand

650 Jüdisches Historisches Institut Warschau, Dokumentation, S. 558–566

651 Rückerl, Vernichtungslager, S. 194–197

652 Friedrich Katzmann: 1906–1957; 1928 NSDAP/SA, 1939 SSPF Radom, 1941 SSPF Galizien, 1943 HSSPF Danzig-Westpreußen, weiter siehe ANHANG II (Klee, Personenlexikon)

653 IPN Warschau, MTW 111/Nor I, S. 64 f., IMT, Band XXXVII, S. 391–431; L – 018; Dokumentation IPN Warschau, Dokumenten-Serie Band 5 (2001); vgl. außerdem Pohl, Judenverfolgung, u. Sandkühler, Endlösung

654 Sandkühler, »Endlösung«, S. 460 f.; vgl. Pohl, Judenverfolgung, der den Katzmann-Bericht für ungenau hält, aber die Mordbilanz im Ergebnis für richtig beurteilt, S. 264

655 Sandkühler, »Endlösung«, S. 460 f.

656 DTB, 1.8.1942

657 Fest, Gesicht, S. 295

658 zitiert nach Piotrowski, Tagebuch, S. 18–20

659 IPN Warschau, MTW 111/Nor I, S. 27–67; IMT, Band XXVI, 437-PS

660 Frank, Im Angesicht, S. 428

661 DTB-Sich., 4. 5. 1943; DTB-Reg., 22. 7. 1943

662 Erich von dem Bach-Zelewski: 1899–1972; 1930 NSDAP, 1931 SS, 1934 SS-Führer in Ostpreußen, 1938 HSSPF Süd-Ost in Schlesien, 1941 HSSPF Russland-Mitte, Chef der Einsatzgruppe B, Bevollmächtigter des RFSS zur Bandenbekämpfung, 1944 Befehlshaber im Warschauer Aufstand, Fortsetzung siehe ANHANG II (Klee, Personenlexikon)

663 DTB, 2. 8. 1943

664 IPN Warschau, MTW, 111/Nor I, S. 131–133; IMT, Band XL, Frank-8

665 Präg/Jacobmeyer, DTB, Anm., S. 696

666 Katrin Himmler, Brüder, S. 224ff.

667 ebenda, S. 228

668 Ludwig Losacker: 1906–1994; 1931 NSDAP, 1933 SS, 1939 Kreishauptmann Jaslo, 1941 ACh Lublin u. Galizien, 1943 Präsident Hauptabt. Innere Verwaltung Krakau, Okt. 1943 Waffen-SS. Weiter ANHANG II, (Klee, Personenlexikon)

669 DTB, 23. 6. 1943

670 Klee, Personenlexikon, S. 187; Witte u. a., Dienstkalender, S. 683

671 IPN Warschau, NTN 257, S. 75–77

672 Katrin Himmler, Brüder, S. 229

673 BArch, R 43 II/1341a; Kleßmann, Der Generalgouverneur Hans Frank, VfZ., 1971, S. 254

674 DTB, 27. 10. 1943; 8. 11. 1943

675 Wilhelm Koppe: 1896–1975; 1930 NSDAP, 1931 SA, 1932 SS, 1934 SS-Führer Danzig, IdS Dresden, 1938 SD-Hauptamt, 1939 HSSPF Wartheland, 1943 HSSPF Ost in Krakau, weiter siehe ANHANG II (Klee, Personenlexikon)

676 IPN Warschau, SOKr, 704, S. 1–12; DTB, 18. 11. 1943, Himmler-Rede

677 Jakob Sporrenberg: 1902–1951; 1925 NSDAP, 1942 HSSPF Nord-Ost (Königsberg), 1943 SSPF Lublin, 1944 SSPF Oslo, Hinrichtung 8. 9. 1951 Warschau (Klee, Personenlexikon)

678 Jäckel u. a. (Hg), Enzyklopädie, Band I, S. 418 f.; Benz u.a, Enzyklopädie, S. 354; Sandkühler, »Endlösung«, S. 268–271

679 BArch, R 43 II/1341b

680 Präg/Jacobmeyer, DTB, Anm., S. 772

681 DTB, 18. 1. 1944

682 DTB-Reg, 22. 7. 1943

683 15. 9. 1939, 17. 10. 1939, 8. 7. 1940, 28. 7. 1940., 2. 10. 1940, 4. 11. 1940, 17. 3. 1941, 19. 6. 1941, 23. 5. 1942, 9. 5. 1943, 6. 2. 1944; außerdem mit Reichs- u. Gauleitern 13. 5. 1941 (Obersalzberg) u. 12. 12. 1941 (Reichskanzlei)

684 DTB, 18. 6. u. 25. 6. 1943; siehe auch 23. 10. 1943, DTB-Arb., 15. 4. 1944

685 DTB, 7. 2. 1944

686 DTB, 12. 2. 1944; 28. 2. 1944; 1./2. 4. 1944; 18./19. 5. 1944

687 DTB, 26.9.1944
688 Goebbels, Tagebücher, Teil II, Band 15, 5.3.1945
689 Goebbels, Tagebücher, entsprechend Datum im Text
690 IPN Warschau, NTN 265, S. 127–142
691 Niklas Frank, Vater, S. 113, 119, 138, 143, 177, 198, 201, 207
692 Mündl. Mitteilung der Zeitzeugin Maria Wiecorek an den Autor
693 BArch, R 022–056124, Nr. 1
694 BArch, N 1110/44, 45, 47, 50, 63
695 BArch, N 1110/44, Brief v.27.4.1943
696 BArch, N 1110/63
697 Niklas Frank, mündliche Mitteilung an den Autor
698 BArch, N 1110/44, Brief v.27.4.1943
699 BArch, R 52 II/6, S. 76 (Nr. 1053)
700 BArch, R 52 II/6, S. 90 (Nr. 1069)
701 BArch, N 1110/17
702 BArch, N 1110/63
703 BArch, N 1110/50, Brigitte Frank, Brief v. 18.11.1944
704 BArch, N 1110/50, Hans Frank, Briefe v. 5.11.1944, 24.11.1944
705 Niklas Frank, mündliche Mitteilung an den Autor
706 zitiert nach Posner, Belastet, Interview mit Niklas und Norman Frank (1994)
707 BArch, R 52 II/9, Nr. 0082
708 BArch, N 1110/50, Hans Frank, Brief v. 8.1.1945
709 BArch, R 52 II/9, 0023
710 Goldensohn, Interviews, S. 68; Gilbert, Tagebuch, S. 157
711 Niklas Frank, Mutter, S. 355
712 DTB, 6.2.1944
713 ebenda
714 Frank, Im Angesicht, S. 419–423
715 Goebbels, Tagebücher, Teil II, Band 11, 6.2.1944
716 Frank, Im Angesicht, S. 382 f.
717 ebenda, S. 413
718 DTB, 19.5.1944
719 BArch, R 52 II/7–1209
720 Chwalba, Dzieje Krakowa, Band 5, S. 289
721 DTB, 29.1.1944
722 IPN Krakau, schriftl. Mitteilung durch Mgr.Tadeusz Szpytma an den Autor
723 Präg/Jacobmeyer, DTB, Anm., S. 781
724 DTB, 2.2.1944
725 DTB, 6.3.1944
726 DTB, 25.6., 7.7.1944; DTB-Reg., 7.7.1944
727 DTB-Arb., 19.7.1944
728 Chiari (Hg.), Heimatarmee, S. 255ff.
729 DTB-Arb., 14.3.1944

730 DTB-Reg., 19.4.1944

731 DTB, 13.12.1943

732 DTB, 18./19.5.1944

733 Eisenblätter, Grundlinien, S. 373 f.

734 Chwalba, Dzieje Krakowa, Band 5, S. 291 f.; Bednarek/Salwinski, Pomerska, S. 67 f.

735 DTB, 11.7.1944

736 DTB, 20.7.1944

737 IPN Krakau, II 1506, Krakauer Zeitung 22.7.1944

738 DTB-Abt., 26.7.1944

739 ebenda

740 vgl. insbes. Borodziej, Aufstand u. Zusammenfassung von Borodziej in Hei-matarmee, S. 217–253; siehe auch Hosenfeld, Ich versuche jeden zu retten; Szpilman, Überleben

741 ebenda

742 DTB-Reg., 16.2.1944; DTB-Gouv. u. -Abt., 16.2.1944

743 DTB-Sich., 12.5.1944

744 DTB, 18./19.5.1944

745 DTB-Sich., 8.5.1944

746 Kershaw, Hitler II, S. 944

747 DTB, 3. u 4.8.1944

748 Schenk, Hitlers Mann, S. 260

749 DTB, 5.8.1944

750 IMT, Band XL, Frank-8; IPN Warschau, MTW, 111/Nor. I, S. 131–138

751 DTB, 22.9.1944

752 IMT, Band XL, Frank-8; IPN Warschau, MTW, 111/Nor. I, S. 131–138

753 DTB, 4.9.1944

754 DTB, 16.10.1944

755 IMT, Band XXXIX, 128 – USSR; siehe auch Schenk, Beine, S. 284 f.

756 Madajczyk, Okkupationspolitik, S. 562

757 Chiari (Hg), Heimatarmee, S. 252 f.

758 IMT, Band XXX, 2476 – PS; IPN Warschau, MTW, 111/Nor I, S. 115 f.

759 IPN Krakau, II 1506, Krakauer Zeitung, 30.11.1943

760 ebenda, 1.2.1944

761 DTB, 25.3.; DTB 7.7.1944; DTB –Reg., 7.7.1944; IPN Krakau, II 1506, Krakauer Zeitung 9.7.1944

762 Hosenfeld, Ich versuche jeden zu retten, S. 802 f.

763 DTB, 20.7.1944

764 DTB, 25.7.1944

765 IPN Krakau, Sign. 1506, Krakauer Zeitung v. 19.9.1944

766 IPN Warschau, NTN 261, S. 107 f.

767 BArch, R 52 II/6, 1065, 1066

768 Goebbels, Tagebücher, Teil II, Band 15, 20.1.1945

769 Präg/Jacobmeyer, DTB, Anm., S. 832
770 DTB-Arb., 15.5.1944
771 IPN Warschau, NTN 266, S. 151–154R, 174
772 IMT, Band XXXVII, 053 – L
773 DTB, 10.7.1944
774 BArch, N 1110/50
775 ebenda
776 Goldensohn, Interviews, S. 66
777 DTB, 7.2.1944
778 DTB-Arb., 16.5.1944
779 DTB, 10.7.1944
780 DTB, 17.2.1944; DTB,7.7.1944; DTB-Reg. 7.7.1944
781 DTB-Reg., 16.2.1944; DTB-Gouv. u. Abt., 16.2.1944
782 DTB-Arb., 4.7.1944
783 vgl. Kleßmann, Selbstbehauptung, S. 123–132; Lesser, Leben als ob, S. 87
784 vgl. in allen Einzelheiten Lesser, Leben als ob, S. 71–177
785 DTB-Arb., 3.3.1944; IPN Krakau, II 1506, Krakauer Zeitung v. 16.3.1944
786 DTB, 11.5.1944
787 DTB, 5.4.1944
788 DTB, 4.9.1944
789 IPN Warschau, NTN 304, S. 161 f.
790 zu Einzelheiten siehe Eisenblätter, Grundlinien, S. 382–386
791 IMT, Band XXVIII, 1752-PS
792 DTB, 1. und 2.4.1944; 7.12.1944
793 DTB, 9.5.1944; 5. u. 6.7.1944
794 IPN Krakau, II 1506, Krakauer Zeitung, 6.7.1944
795 BArch, R 52 II/7, 1213
796 BArch, R 52 II/3, Nr. 0742
797 Frank, Im Angesicht, S. 425
798 DTB, 6.7.1944
799 BArch, R 52 II/7, Nr. 1211
800 BArch, R 52 II/6, Nr. 1065–1067
801 BArch, R 52 II/10, Nr. 0267, 0268
802 BArch, R 52 II/6, Nr. 1083–1084
803 Prieberg, Handbuch Deutsche Musiker 1933–1945, CD-ROM, 2004; Ders. Musik, S. 213
804 Ders., S. 150, 177, 215–225; siehe auch: Ders. Musik u. Musikpolitik, und: Ders. Musik u. Macht
805 BArch, R 52 II/4, Nr. 0845
806 DTB, 12.7.1944; DTB-Arb., 19.7.19444
807 BArch, R 52 II/10, Nr. 0203
808 DTB, 28.9.1944
809 IPN Krakau, II 1506, Krakauer Zeitung, 17.10.1944

810 DTB, 17. 11. 1944
811 Niklas Frank, Vater, S. 298 u. mündl. Mitteilung an den Autor; Goldensohn, Interviews, S. 69
812 IPN Warschau, NTN 266, S. 230
813 IPN Krakau, II 1506, Krakauer Zeitung, 15. 2. 1944, Rede Frank vor politischen Leitern
814 gem. Eintragungen im Diensttagebuch zum entspr. Datum
815 DTB, 10. 2., 3. 3., 8. 3., 9. 3.; 13. 3., 15. 4., 18. 4., 19. 4., 9. 5., 16. 5., 7. 6., 13. 3., 3. 7., 4. 7., 8. 7., 14. 9., 17. 9., 27. 9., 17. 10., 9. 11., 13. 11. 1944
816 entsprechend Anzeigen in der Krakauer Zeitung
817 DTB, 25. 7. 1944
818 Mündl. Mitteilung Zeitzeugin Maria Wiecorek an den Autor
819 DTB, 19., 26. u. 27. 10. 1944; IPN Krakau, II 1506, Krakauer Zeitung, 27. 11. 1944
820 IPN Krakau, II 1506, Krakauer Zeitung, 15. 11. 1944
821 DTB, 14. 11. 1944
822 BArch, N 1110/50
823 BArch, R 52/II/10, Nr. 0263

Dritter Abschnitt: Hauptkriegsverbrecher

1 IPN Warschau, NTN 380, S. 242 f.
2 BArch, R 52 II/9, Nr. 0071
3 BArch, N 1110/11 Kalender 16. 1. 1945
4 DTB-Reg., 16. 1. 1945
5 Frank, Im Angesicht, S. 426, 429
6 Niklas Frank, Vater, S. 262
7 BArch, N 1110/11 Kalender 17. 1. 1945
8 DTB, 17. 1. 1945
9 Madajczyk, Okkupationspolitik, S. 630–632
10 Chwalba, Dzieje Krakowa, Band 5, S. 434–436
11 BArch, N 1110/50
12 DTB, 21. 1. 1945
13 DTB, 21.–25. 1. 1945; BArch, N 1110/11 Kalender 21.–25. 1. 1945
14 IPN Warschau, SA Kr 1, S. 93, 94, Aussage Boepple; NTN 229, S. 63–67; NTN 298, S. 132 f.
15 IPN Warschau, MTW 229/Nor, S. 63–67; IMT, 3851-PS
16 IMT, Band XL, Frank-9
17 Niklas Frank, Vater, S. 305
18 BArch, N 1110/11 Kalender, 22.–25. 1. 1945, 1. 2. 1945

19 DTB, 21.1.1945
20 BArch, R 52 II/169, Nr. 0183–87
21 DTB, 24.1.–2.2.1945
22 DTB, 30.1.1945
23 BArch., R 52 II/172, Nr. 0123, 0160
24 DTB, 20.2., 21.2., 5.3., 6.3., 7.3., 15.3., 16.3., 25.3., 27.3., 3.4.1945
25 BArch, R 52 II/9, Nr. 0039
26 BArch, R 52 II/10, Nr. 0235
27 BArch, R 52 II/172, Nr. 0245
28 DTB, 16.3.1945; BArch, R 52 II/172, Nr. 0119
29 Mündl. Mitteilung Niklas Frank an den Autor
30 ebenso
31 BArch, R 52 II/9, Nr. 0037
32 BArch, R 52 II/172, Nr. 0120
33 BArch, R 52 II/169, Nr. unleserlich
34 ebenda
35 BArch, R 52 II/9, Nr. 0084
36 BArch, R 52 II/172, Nr. 0159
37 ebenda, Nr. 0121, 0192
38 DTB, 20.2.1945
39 BArch, R 52 II/169, Nr. unleserlich
40 BArch, R 52 II/173, Nr. 0264–66
41 BArch, R 52 II/172, Nr. 0124–26
42 ebenda, Nr. 0161
43 Posner, Belastet, S. 48; Niklas Frank, Mutter, S. 463; Vater, S. 269
44 BArch, R 52 II/172, Nr. 0191
45 BArch, R 52 II/170, Nr. 1241
46 DTB, 8.3.1945
47 BArch, R 52 II/173, Nr. 0346
48 DTB, 18.3.1945
49 DTB, 10.7.1944
50 IPN Warschau, NTN 298, S. 133
51 Goldensohn, Interviews, S. 76; Gilbert, Tagebuch, S. 144
52 zitiert nach Niklas Frank, Mutter, S. 462
53 BArch, R 52II/172, 173, S. 20 f.
54 Niklas Frank, Vater, 269
55 Posner, Belastet, S. 48
56 ebenda
57 Skizzen, Vorwort, S. 6; Lebert, Denn du trägst meinen Namen, S. 116
58 Hans Frank, Im Angesicht, S. 428
59 Mündl. Mitteilung Niklas Frank an den Autor
60 Skizzen, Vorwort, S. 6
61 Goldensohn, Interviews, S. 66

62 Gilbert, Tagebuch, S. 25, 88; Posner, Belastet, S. 48; Niklas Frank, Vater, S. 272 f.; Mutter S. 130, 132, 246;

63 Skizzen, Vorwort, S. 6; zu Mondorf vergl. Hasenclever, Deutschland, S. 131ff.

64 Speer, Erinnerungen, S. 503

65 Hasenclever, Ihr werdet Deutschland nicht wiedererkennen, S. 192–196

66 Skizzen, Vorwort, S. 1

67 ebenda, S. 6

68 ebenda, S. 3

69 Privatarchiv Niklas Frank

70 Ueberschär/Vogel, Dienen, S. 131 f.

71 Lebert, Namen, S. 117

72 ebenda, S. 117–122; Posner, Belastet, S. 48 f.

73 Gilbert, Tagebuch; Goldensohn, Interviews

74 Gilbert, Tagebuch, S. 9

75 Goldensohn, Interviews, S. 17

76 Gilbert, Tagebuch, S. 35 f.

77 Welzer, Täter, S. 7–11

78 Goldensohn, Interviews, S. 76

79 Der Prozess gegen die Hauptkriegsverbrecher vor dem Internationalen Militärgerichtshof 14. November 1945 – 1. Oktober 1946, Amtlicher Text, Deutsche Ausgabe in 42 Bänden mit Sach-Index, Personen-Index, Dokumenten-Index und Errata-Liste

80 IMT, Band II, S. 29–73

81 IMT, Band I, Anhang A, S. 76 f.

82 IMT, Band XII, S. 9

83 IMT, Band II, S. 114

84 Goldensohn, Interviews, S. 68

85 ebenda, S. 76

86 Gilbert, Tagebuch, S. 11

87 Goldensohn, Interviews, S. 83

88 Hans Frank, Im Angesicht, S. 174, 377

89 ebenda, S. 142

90 Gilbert, Tagebuch, S. 27

91 Goldensohn, Interviews, S. 69, 78

92 ebenda, S. 73

93 ebenda, S. 82

94 Gilbert, Tagebuch, S. 197

95 ebenda, S. 404 f.

96 Goldensohn, Interviews, S. 85

97 Gilbert, Tagebuch, S. 74

98 ebenda, S. 75

99 ebenda, S. 152, 155 f., 158

100 IMT, Band VII, S. 515, 518; Band VIII, S. 272 u. a.

101 Piotrowski, Tagebuch, S. 7–10, 273 ff.; IMT, USSR-223
102 Gilbert, Tagebuch, S. 86
103 ebenda
104 ebenda, S. 120
105 ebenda, S. 157
106 IMT, Band V, S. 80–106
107 Frank, Im Angesicht, S. 285
108 ebenda, S. 403 f.
109 IMT, Band VII, S. 515–517; Band XI, S. 123
110 IMT, Band XII, S. 130–173
111 Gilbert, Tagebuch, S. 146
112 ebenda, S. 25
113 ebenda, S. 66
114 ebenda, S. 87 f.
115 ebenda, S. 118 f.
116 ebenda, S. 156
117 Goldensohn, Interviews, S. 72
118 Gilbert, Tagebuch, S. 267
119 ebenda, S. 25 f.
120 ebenda, S. 120
121 ebenda, S. 26
122 ebenda, S. 53
123 ebenda, S. 160 f.
124 ebenda, S. 258
125 ebenda, S. 87
126 ebenda, S. 256
127 ebenda, S. 387
128 ebenda, S. 338 f.
129 ebenda, S. 128
130 IMT, Band XII, S. 8–33
131 ebenda, S. 33–48
132 ebenda, S. 48–52
133 ebenda, S. 19
134 Gilbert, Tagebuch, S. 269, 271
135 ebenda, S. 273
136 ebenda, S. 275
137 ebenda, S. 280
138 ebenda, S. 281
139 Niklas Frank, Mutter, S. 352 f., 356
140 IMT, Band XII, S. 74–128
141 Niklas Frank, Mutter, S. 375
142 Niklas Frank, Mutter, S. 248
143 ebenda, S. 175 ff.

144 ebenda, S. 176
145 BArch, R 52 II/10, Nr. 0200
146 IMT, Band XVIII, S. 144–181
147 IMT, Band V, S. 438ff., 474, 539, 602, 620, 679–685
148 IMT, Band XXII, S. 436–438
149 IMT, Band I., S. 190
150 Gilbert, Tagebuch, S. 425
151 Posner, Belastet, S. 51 f.; Lebert, Namen, S. 123 f.; Niklas Frank, Mutter, S. 363–370;
152 Posner, Belastet, S. 52
153 Posner, Belastet, S. 52; Niklas Frank, Vater, S. 12
154 Smith, Jahrhundertprozess, S. 216, 356
155 Staatsarchiv Nürnberg, Rep. 502 VI F 65, zitiert nach Schudnagies, Hans Frank, S. 152
156 IMT, Band XXII, S. 521–670
157 IMT, Band I, S. 334–337; Band XXII, S. 616–619
158 IMT, Band I, S. 412; Band XXII, S. 671–674
159 Niklas Frank, Mutter, S. 370
160 Gilbert, Tagebuch, S. 427
161 Niklas Frank, Mutter, S. 372–385; Niklas Frank, Vater, S. 275
162 Staatsarchiv Nürnberg, Rep. 501 V Fe 13, zitiert nach Schudnagies, Hans Frank, S. 152
163 DTB, 14. 5. 1944; vgl. auch 14. 4. 1942; 11. 2. 1944; DTB-Arb., 16. 5. 1944; DTB 14. 11. 1944
164 Hans Frank, Im Angesicht des Galgens, S. 322.
165 Albert Speer, Spandauer Tagebücher, S. 22
166 Niklas Frank, Mutter, S. 401; Lebert, Denn du trägst meinen Namen, S. 113 f.
167 IMT, Band XXII, S. 671–674
168 Radlmeier (Hg), Lernprozess; vgl. auch Niklas Frank, Vater, S. 11–16;
169 Maser, Nürnberg, S. 362–365

Epilog

1 Kleßmann, Selbstbehauptung, S. 184 f.
2 Madajczyk, Okkupationspolitik, S. 429, 617
3 Frank, Im Angesicht, S. 173
4 ebenda, S. 96
5 Niklas Frank, Der Vater, Klappentext
6 Lebert, Namen, S. 124 f.; Posner, Belastet, S. 57 f.
7 Niklas Frank, Vater, S. 277

Anmerkungen

8 Posner, Belastet, S. 55

9 ebenda, S. 54

10 ebenda, S. 55, Niklas Frank, Mutter, S. 419ff.

11 Niklas Frank, Vater, S. 282–295

12 Niklas Frank, Mutter, Titelseite Buchanfang

13 Brigitte Frank, 29.12.1895–9.3.1959

14 Niklas Frank, Mutter, S. 127, 176, 386–389

15 Posner, Belastet, S. 54 f.

16 Niklas Frank, Vater, S. 291

17 Ute Janßen in der Hersfelder Zeitung über eine Veranstaltung mit Niklas Frank in Bad Hersfeld am 22.9.2005

18 Niklas Frank, Vater, Vorwort Ralph Giordano

19 FR-online v. 20.5.2005

20 Spiegel-online v. 11.8.2005

21 Niklas Frank in einer Veranstaltung in Bad Hersfeld am 22.9.2005

22 WELT-online v. 5.11.2005

23 ebenda

24 ebenda

Anhang

1 IPN Warschau, Aufstellung der Dienststellen des GG v. 1.6.1940 u. 1.9.1943, NTN 258, S. 205–227 u. 245–255; Du Prel, Generalgouvernement, S. 375–389; Präg/Jacobmeyer, DTB, S. 945–966; Klee, Personenlexikon; IPN Warschau, SS-u. Polizeiorganisation im GG, SOKr 705, S. 64–77

2 Klee, Personenlexikon; Präg/Jacobmeyer, DTB, S. 945–966; Witte u.a., Dienstkalender, S. 665–730; Musial, Zivilverwaltung, S. 379–400; Sandkühler, »Endlösung«, S. 426–458; Pohl, Judenverfolgung, S. 411–423; personenbezogene Archivalien in: IPN Warschau; BArch Berlin, Bestand BDC; BArch –Außenstelle Ludwigsburg (ehem. Zentrale Stelle); Privatarchiv des Autors; mündliche Mitteilungen Niklas Frank an den Autor

Dank

Ich danke an erster Stelle Niklas Frank. Er stellte mir nicht nur die »Lebensskizzen« seines Vaters, zahlreiche Dokumente sowie Fotos zur Verfügung, beantwortete viele Fragen und gab Hinweise, sondern er investierte damit auch sein Vertrauen in mein Buchprojekt über seinen Vater.

Der Schwerpunkt meiner Recherche lag in Polen. Ich erfuhr wie immer intellektuellen Rat, großzügige Förderung und freundschaftliche Betreuung vor allem durch Prof. Dr. Witold Kulesza, dem ich auch das Vorwort verdanke. Ohne die organisatorische Hilfe seiner Mitarbeiterinnen und Mitarbeiter in der Warschauer Hauptkommission, Direktor Antoni Galinski und Frau Mgr. Marta Siwik, wäre ich in mancher Hinsicht hilflos gewesen. Durch die Leiterin des Warschauer IPN-Archivs, Frau Mgr. Michalina Wysocka, und ihren Stab wurde meine Arbeit unermüdlich gefördert. Gleichartige Unterstützung erfuhr ich im IPN Lodz durch Direktor Marek Druzka und Frau Mgr. Dorota Siepracka sowie im IPN Krakau durch Staatsanwalt Robert Parys und Herrn Mgr. Mateusz Szpytma. Ihnen allen danke ich herzlich.

Auf Seiten des Bundesarchivs danke ich besonders den Herren Gregor Pickro (Koblenz) und Torsten Zarwel (Berlin).

Es hat schon Tradition, dass mir Freunde als »Superviser-Team« mit kritischem Rat zur Seite stehen: Dr. Dieter Hoffmann in juristischen Fragen, Kurt Meyer bei Auswahl und Bewertung von Fachliteratur, Dr. Heiner Nuhn und Prof. Dr. Hans See durch Überprüfung des Manuskriptes.

Last but not least hatte ich mit Prof. Dr. Walter Pehle einen Lektor, der als Herausgeber der »Schwarzen Reihe« über die Zeit des Nationalsozialismus zum Urgestein des S. Fischer Verlages zählt und dessen Erfahrung für einen Autor einen Glücksfall bedeutet. Ich danke ihm für die Zusammenarbeit.

Schenklengsfeld, im Februar 2006 Dieter Schenk

Literatur

Aly, Götz: Hitlers Volksstaat. Raub, Rassenkrieg und nationaler Sozialismus, Frankfurt a. M. 2005

Ders.: »Endlösung«. Völkerverschiebung und der Mord an den europäischen Juden, Frankfurt a. M. 2002.

Angermund, Ralph: Deutsche Richterschaft 1919–1945, Frankfurt a. M. 1990

Borodziej, Wlodzimierz: Der Warschauer Aufstand 1944, Frankfurt a. M. 2001

Bracher, Karl Dietrich/Sauer, Wolfgang/Schulz, Gerhard: Die nationalsozialistische Machtergreifung. Studien zur Errichtung des totalitären Herrschaftssystem in Deutschland 1933/34, Köln/Opladen 1962

Braunbuch, Kriegs- und Naziverbrecher in der Bundesrepublik und in Berlin (West). Hg.: (Reprint) Podewin, Norbert, 3. Auflage, Berlin 1968

Broszat, Martin: Nationalsozialistische Polenpolitik 1939–1945, Stuttgart 1961

Browning, Christopher: Die Entfesselung der »Endlösung«. Nationalsozialistische Judenpolitik 1939–1942, München 2003

Ders.: Der Weg zur »Endlösung«. Entscheidungen und Täter, Bonn 1998

Buchheim, Hans: Anatomie des SS-Staates, Band 1, München 1979

Cesarani, David: Adolf Eichmann. Bürokrat und Massenmörder, Berlin 2004

Chwalba, Andrzej: Dzieje Krakowa. Krakow w latach 1939–1945, Band 5, Krakau 2002

Domarus, Max: Hitler. Reden und Proklamationen 1932–1945, Würzburg 1963

Du Prel, Max: Das Generalgouvernement. Im Auftrage und mit einem Vorwort des Generalgouverneurs Reichsminister Dr. Frank, Würzburg 1942

Eisenblätter, Gerhard: Grundlinien der Politik des Reichs gegenüber dem Generalgouvernement 1939–1945, Diss., Königsberg 1969

Enzyklopädie des Holocaust. Die Verfolgung und Ermordung der europäischen Juden. Hg.: Jäckel, Eberhard/Longerich, Peter/Schoeps, Julius H., Band I-IV, München/Zürich 1989

Enzyklopädie des Nationalsozialismus. Hg.: Benz, Wolfgang/Graml, Hermann/Weiß, Hermann, München 1997

Fest, Joachim C.: Hitler. Eine Biografie, Berlin 1973

Ders.: Das Gesicht des Dritten Reichs. Profile einer totalitären Herrschaft, München/Zürich 1963

Frank, Hans: Privattagebuch Band 1 und 2 (Bundesarchiv Koblenz)

Ders.: Lebensskizzen (Privatarchiv Niklas Frank)

Ders.: Im Angesicht des Galgens. Deutung Hitlers und seiner Zeit aufgrund eigener Erlebnisse und Erkenntnisse, München 1953

Ders.: Das Diensttagebuch des deutschen Generalgouverneurs in Polen 1939–1945. Hg.: Präg, Werner/Jacobmeyer, Wolfgang, Stuttgart 1975 (Original Archiv IPN Warschau)

Ders.: Der Schiffsjunge des Kolumbus, Krakau 1944 (Bundesarchiv Koblenz)

Ders.: Das Führerprinzip in der Verwaltung, Krakau 1944

Ders.: Die Technik des Staates, Krakau 1942

Ders.: Heroisches und geordnetes Recht, Berlin 1938

Ders. (Hg): Deutsches Verwaltungsrecht, München 1937

Ders. (Hg): Nationalsozialistisches Handbuch für Recht und Gesetzgebung, München 1935

Ders./Himmler, Heinrich/Best, Werner/Höhn, Reinhard: Grundfragen der deutschen Polizei. Bericht über die konstituierende Sitzung des Ausschusses für Polizeirecht am 11.10.1936. In: Arbeitsberichte der Akademie für Deutsches Recht, Hamburg 1937

Frank, Niklas: Meine deutsche Mutter, München 2005

Ders.: Der Vater. Eine Abrechnung, München 1987

Freisler, Roland: Schutz des Volkes oder des Rechtsbrechers? Fesselung des Verbrechers oder des Richters? In: Schriften der Akademie für Deutsches Recht, Heft 1–2/1935

Ders.: Etwas über Führertum in der Rechtspflege. Soll verantwortungsvolle Richterpersönlichkeit oder Abstimmungszahlenspiel Grundlage des Urteils sein? Schriften der Akademie für Deutsches Recht, Berlin 1935

Friedmann, Tuwiah: Proklamationen des Generalgouverneurs, Haifa 1998

Gauweiler, Otto: Rechtseinrichtungen und Rechtsaufgaben der Bewegung, München 1939

Gedenkstätte Haus der Wannsee-Konferenz (Hg), Katalog Dauerausstellung, Berlin 2001

Geiss, Immanuel/Jacobmeyer, Wolfgang (Hg): Aus dem Diensttagebuch von Hans Frank, Generalgouverneur, Opladen 1980

Gerlach, Christian: Die Wannsee-Konferenz. In: Werkstatt Geschichte, S. 7–44, Hamburg, Heft 18/1997

Gilbert, Gustave M.: Nürnberger Tagebuch. Gespräche der Angeklagten mit dem Gerichtspsychologen, Frankfurt a. M., 1962

Goebbels, Joseph, Die Tagebücher von Joseph Goebbels. Hg.: Elke Fröhlich, München 1993, 1994, 1995, 1996, 1998, 2000, 2004.

Ders.: Tagebücher 1945. Die letzten Aufzeichnungen, Hamburg 1977

Goldensohn, Leon: Die Nürnberger Interviews. Gespräche mit Angeklagten und Zeugen, Düsseldorf/Zürich 2005

Göring, Hermann: Die Rechtssicherheit als Grundlage der Volksgemeinschaft, Hamburg 1935

Gritschneder, Otto: Der Führer hat Sie zum Tode verurteilt. Hitlers »Röhm-Putsch«-Morde vor Gericht, München 1993

Gruchmann, Lothar: Die Überleitung der Justizverwaltung auf das Reich 1933 bis 1935. In: Festschrift 100 Jahre vom Reichsjustizamt zum Bundesministerium der Justiz, Hg. Jochen Vogel, Köln 1977

Hamann, Brigitte: Winifred Wagner oder Hitlers Bayreuth, München/Zürich 2002

Hasenclever, Walter: Ihr werdet Deutschland nicht wiedererkennen, München 1978

Heims, Heinrich: Adolf Hitler-Monologe im Führerhauptquartier 1941–1944. Hg.: Werner Jochmann, Hamburg 1980

Henke, Klaus-Dietmar (Hg): Die Dresdner Bank im Dritten Reich, Band 1–4, München 2006

Herbert, Ulrich: Fremdarbeiter. Politik und Praxis des »Ausländer-Einsatzes« in der Kriegswirtschaft des Dritten Reichs, Bonn 1999

Ders.: Best, Biografische Studien über Radikalismus, Weltanschauung und Vernunft 1903–1989, Bonn 1996

Hilberg, Raul: Die Vernichtung der europäischen Juden, Band 1–3, Frankfurt a. M.1990

Ders.: Die Quellen des Holocaust. Entschlüsseln und Interpretieren, Frankfurt a. M. 2003

Himmler, Katrin: Die Brüder Himmler. Eine deutsche Familiengeschichte, Frankfurt a. M. 2005

Hirschberg, Max: Jude und Demokrat. Erinnerungen eines Münchner Rechtsanwaltes 1883–1939, München 1998. In: Forum Recht, Heft 4/2003, S. 140

Historisches Museum Krakau: Pomorska, Cracow in the years 1939–1956. Hg.: Bednarek, Monika/Salwinski, Jacek, Krakow 2003

Hofer, Walther: Der Nationalsozialismus. Dokumente 1933–1945, Frankfurt a. M. 1957

Höhne, Heinz: Der Orden unter dem Totenkopf. Die Geschichte der SS, Gütersloh 1967

Hosenfeld, Wilm: Ich versuche jeden zu retten. Das Leben eines deutschen Offiziers in Briefen und Tagebüchern. Hg.: Thomas Vogel, Militärgeschichtliches Forschungsamt, München 2004

Housden, Martyn: Hans Frank. Lebensraum and the Holocaust. New York 2003

Institut des Nationalen Gedenkens (IPN) Warschau (Hg): Friedrich Katzmann, Lösung der Judenfrage im Distrikt Galizien, Dokumentationsreihe der Hauptkommission zur Verfolgung von Verbrechen gegen die polnische Nation, Band 5, Warschau 2001

Johe, Werner: Die gleichgeschaltete Justiz, Frankfurt a. M. 1967

Jüdisches Historisches Institut Warschau (Hg): Faschismus-Ghetto-Massenmord – Dokumentation über Ausrottung und Widerstand der Juden in Polen, Frankfurt a.M. 1960

Kershaw, Ian: Hitler, Band 1 und 2, Stuttgart 1998/2000

Klee, Ernst: Das Personenlexikon zum Dritten Reich, Frankfurt a. M. 2003/2005

Literatur

Kleßmann, Christoph: Die Selbstbehauptung einer Nation. Nationalsozialistische Kulturpolitik und polnische Widerstandsbewegung im Generalgouvernement 1939–1945, Düsseldorf 1971

Ders.: Der Generalgouverneur Hans Frank. In: VfZ 1971, S. 245–260

Koenen, Andreas: Der Fall Carl Schmitt. Sein Aufstieg zum »Kronjuristen des Dritten Reichs«, Darmstadt 1995

Kogon, Eugen: Der SS-Staat. Das System der deutschen Konzentrationslager, München 1974

Krausnik, Helmut: Hitlers Einsatzgruppen. Die Truppen des Weltanschauungskrieges 1938–1942, Frankfurt a. M. 1985

Large, David Clay: Hitlers München. Aufstieg und Fall der Hauptstadt der Bewegung, München 1998

Lebert, Norbert u. Stephan: Denn Du trägst meinen Namen. Das schwere Erbe der prominenten Nazi-Kinder, München 2000

Lesser, Gabriele: Leben als ob. Die Untergrunduniversität Krakau im Zweiten Weltkrieg, Freiburg 1988

Lustiger, Arno: Zum Kampf auf Leben und Tod. Das Buch vom Widerstand der Juden, Köln 1994

Madajczyk, Czeslaw: Die Okkupationspolitik Nazideutschlands in Polen 1935–1945, Berlin 1988

Majer, Diemut: »Fremdvölkische« im Dritten Reich, Boppard 1981

Maser, Werner: Der Sturm auf die Republik. Frühgeschichte der NSDAP, Frankfurt a. M./Berlin/Wien 1981

Ders.: Nürnberg. Tribunal der Sieger, Düsseldorf 1977

Militärgeschichtliches Forschungsamt (Hg): Die polnische Heimatarmee. Geschichte und Mythos der Armia Krajowa seit dem Zweiten Weltkrieg, Schriftenreihe Band 57. Hg.: Bernhard Chiari, München 2003

Müller, Ingo: Furchtbare Juristen. Die unbewältigte Vergangenheit unserer Justiz, München 1987

Müller, Wolf-Dieter: Hitlers Ostkrieg und die deutsche Siedlungspolitik, Frankfurt a. M. 1991

Musial, Bogdan: Deutsche Zivilverwaltung und Judenverfolgung im Generalgouvernement – Eine Fallstudie zum Distrikt Lublin 1939–1944, Wiesbaden 1999

Pätzold, Kurt/Weißbecker, Manfred (Hg.): Stufen zum Galgen. Lebenswege vor den Nürnberger Urteilen, Leipzig 1996

Petropoulos, Jonathan: Kunstraub und Sammelwahn. Kunst und Politik im Dritten Reich, Berlin 1999

Picker, Henry: Hitlers Tischgespräche im Führerhauptquartier, Frankfurt a. M./Berlin 1993

Pichinot, Hans-Rainer: Die Akademie für Deutsches Recht. Aufbau und Entwicklung einer öffentlich-rechtlichen Körperschaft des Dritten Reichs, Diss., Kiel 1981

Piotrowski, Stanislaw: Hans Franks Tagebuch, Warschau 1963

Ploetz, Das Dritte Reich, Hg. Martin Broszat/Norbert Frey, Freiburg 1983

Pohl, Dieter: Nationalsozialistische Judenverfolgung in Ostgalizien 1941–1944 – Organisation und Durchführung eines staatlichen Massenverbrechens, München 1996

Ders.: Von der »Judenpolitik« zum Judenmord. Der Distrikt Lublin des Generalgouvernements 1939–1944, Münchner Studien zur neueren und neuesten Geschichte, Band 3, Frankfurt a. M./Berlin/Bern 1993

Posner, Gerald: Belastet. Meine Eltern im Dritten Reich. Gespräche mit den Kindern von Tätern, Berlin 1994

Prieberg, Fred K.: Musik im NS-Staat, Frankfurt a. M. 1982

Ders.: Musik und Macht, Frankfurt a. M., 1991

Radlmeier, Steffen (Hg): Der Nürnberger Lernprozess, Frankfurt a. M. 2001

Rückerl, Adalbert: Die Strafverfolgung von NS-Verbrechen 1945–1978, Karlsruhe 1979

Ders.: NS-Vernichtungslager. Im Spiegel deutscher Strafprozesse, München 1977

Ders.: NS-Prozesse. Nach 25 Jahren Strafverfolgung. Möglichkeiten, Grenzen, Ergebnisse, Karlsruhe 1972

Rüthers, Bernd: Entartetes Recht. Rechtslehren und Kronjuristen im Dritten Reich, München 1989

Sandkühler, Thomas: »Endlösung« in Galizien. Der Judenmord in Ostpolen und die Rettungsinitiativen von Bertold Beitz 1941–1944, Bonn 1996

Schenk, Dieter: Die braunen Wurzeln des BKA, Köln/Frankfurt a. M., 2001/2003

Ders.: Wie ich Hitler Beine machte. Eine Danziger Polin im Widerstand, München 2003

Ders.: Hitlers Mann in Danzig. Gauleiter Forster und die NS-Verbrechen in Danzig-Westpreußen, Bonn 2000

Ders.: Die Post von Danzig. Geschichte eines deutschen Justizmordes, Reinbek 1995

Schmitt, Carl: Über die drei Arten des rechtswissenschaftlichen Denkens, Hamburg 1934

Schudnagies, Christian: Hans Frank. Aufstieg und Fall des NS-Juristen und Generalgouverneurs, Frankfurt a. M./Bern 1989

Speer, Albert: Spandauer Tagebücher, Frankfurt a. M./Berlin/Wien 1975

Smith, Bradley F.: Der Jahrhundertprozess. Die Motive der Richter von Nürnberg. Anatomie einer Urteilsfindung, Frankfurt a. M. 1979

Szarota, Tomasz: Warschau unter dem Hakenkreuz, Paderborn 1985

Szpilman, Wladyslaw: Das wunderbare Überleben. Warschauer Erinnerungen 1939–1945, Düsseldorf/München 1998

Ueberschär, Gerd R./Vogel, Winfried: Dienen und Verdienen. Hitlers Geschenke an seine Eliten, Frankfurt a. M. 1999

Weinkauff, Hermann/Wagner, Albrecht: Die deutsche Justiz und der Nationalsozialismus. Teil I: Die Umgestaltung der Gerichtsverfassung und des Verfahrens- und Richterrechts im nationalsozialistischen Staat, Stuttgart 1968

Welzer, Harald: Täter. Wie aus ganz normalen Menschen Massenmörder werden, Frankfurt a. M. 2005

Literatur

Wildt, Michael: Generation des Unbedingten. Das Führungskorps des Reichssicherheitshauptamtes, Hamburg 2002

Witte, Peter/Wildt, Michael/Voigt, Martina/Pohl, Dieter/Klein, Peter/Gerlach, Christian/Dieckmann, Christoph/Angrick, Andrej (Hg): Der Dienstkalender Heinrich Himmlers 1941/42, Hamburg 1999

Wixforth, Harald: Die Expansion der Dresdner Bank in Europa, Band 3. In: Henke, Klaus-Dietmar (Hg): Die Dresdner Bank im Dritten Reich, Band 1–4, München 2006

Wulf, Joseph: Dr. Hans Frank. Generalgouverneur im besetzten Polen. In: Beilage zu Das Parlament, Aus Politik und Zeitgeschichte, v. 2. 8. 1961

Zentrale Stelle (Hg): Einsatzgruppen in Polen, Band I u. II, Ludwigsburg 1962/1963

Abkürzungen

AA	Auswärtiges Amt
AB-Aktion	Außergewöhnliche Befriedungsaktion
ACh	Amtschef (Zivilverwaltung)
AK	Armia Krajowa (Heimatarmee)
Anm.	Anmerkung
BArch	Bundesarchiv
BDC	Berlin Document Center (im BArch Berlin)
BDM	Bund Deutscher Mädel
BdO	Befehlshaber der Ordnungspolizei
BdS	Befehlshaber der Sicherheitspolizei und des SD
BGH	Bundesgerichtshof
BNSDJ	Bund Nationalsozialistischer Deutscher Juristen
CdZ	Chef der Zivilverwaltung
DAP	Deutsche Arbeiterpartei
DJZ	Deutsche Juristenzeitung
DNVP	Deutschnationale Volkspartei
DRK	Deutsches Rotes Kreuz
DTB	Diensttagebuch (Hans Frank)
Gestapo	Geheime Staatspolizei
GG	Generalgouvernement
GM	Generalmusikdirektor
GVBl	Gesetz- und Verordnungsblatt
HJ	Hitler-Jugend
HSSPF	Höherer SS- und Polizeiführer
IMT	Internationales Militär-Tribunal (Nürnberg)
IPN	Instytut Pamieci Narodowej (Institut des Nationalen Gedenkens)
KL, KZ	Konzentrationslager
KdO	Kommandeur der Ordnungspolizei
KdS	Kommandeur der Sicherheitspolizei und des SD
KPD	Kommunistische Partei Deutschland
LG	Landgericht
LKA	Landeskriminalamt
MdL	Mitglied des Landtags
MdR	Mitglied des Reichstags

Abkürzungen

MGFA	Militärgeschichtliches Forschungsamt (Potsdam)
NJW	Neue Juristische Wochenschrift
NKWD	Narodnyi Komissariat Wnutrennich (Volkskommissariat für Inneres)
NS	Nationalsozialismus
NSDAP	Nationalsozialistische Deutsche Arbeiterpartei
NSKK	Nationalsozialistisches Kraftfahrerkorps
NSRB	Nationalsozialistischer Rechtswahrerbund
NTN	Najwyzszy Trybunal Narodowy (Oberstes Nationalgericht)
Ogruf	Obergruppenführer
OLG	Oberlandesgericht
Orpo	Ordnungspolizei (Schutzpolizei, Gendarmerie)
OTL	Oberstleutnant
Pg	Parteigenosse (der NSDAP)
PP	Polizeipräsident
PTB	Privattagebuch (Hans Frank)
RFSS	Reichsführer SS
RGBl	Reichsgesetzblatt
RMI	Reichsinnenministerium/Reichsinnenminister
RJM	Reichsjustizministerium/Reichsjustizminister
RSHA	Reichssicherheitshauptamt
SA	Sturmabteilung der NSDAP
SD	Sicherheitsdienst der SS
Sipo	Sicherheitspolizei (Gestapo, Kripo, SD)
SS	Schutzstaffel der NSDAP
SSPF	SS- und Polizeiführer
StA	Staatsanwaltschaft
TH	Technische Hochschule
UdSSR	Union der Sozialistischen Sowjetrepubliken
UFA	Universum Film AG
USCHLA	Untersuchungs- und Schlichtungsausschuss der NSDAP
VfG	Vierteljahrshefte für Zeitgeschichte
VGH	Volksgerichtshof
ZSt	Zentrale Stelle der Landesjustizverwaltungen Ludwigsburg

Personenregister

Personenregister

Götz Aly
Im Tunnel
Das kurze Leben der Marion Samuel 1931-1943
Band 16364

Götz Aly zeichnet die Konturen des kurzen Lebens von
Marion Samuel nach, die im Alter von elf Jahren ermordet
wurde. Ihr Schicksal steht für das Schicksal hunderttausender
Kinder, die deshalb nicht leben durften, weil sie Juden waren.

»Es sind Bücher
wie dieses, mit Klassenfotos
und kopierten Aktenauszügen, die Juden und
Nichtjuden in ihrer Spurensuche zusammenführen.
Hier ist nicht mehr die Rede von ›unser Auschwitz‹
und ›euer Auschwitz‹, sondern ein Bemühen um eine
Vergangenheit, die zwar auf die Nachkommen der Opfer
und der Täter anders wirken muss, aber beiden
gemeinsam zu einer Erhellung der alten
Dunkelheit leiten kann. Marion Samuel
wird allen Lesern und Leserinnen
unvergesslich bleiben.«
Ruth Klüger, Die Welt

Fischer Taschenbuch Verlag

Ernst Klee
Das Personenlexikon zum Dritten Reich
Wer war was vor und nach 1945

Band 16048

Das konkurrenzlose Lexikon informiert mit seinen 4300 Artikeln ausführlich über die wichtigsten Personen aus Justiz, Kirchen, Wohlfahrtseinrichtungen, Kultur, Wirtschaft, Publizistik, Wissenschaft, Medizin, Polizei, Wehrmacht sowie über tragende Personen aus NSDAP, SA und SS. Das Personenlexikon informiert außerdem auch – und das ist charakteristisch für Klees Arbeitsweise – über deren Karrieren nach 1945, soweit diese ausfindig zu machen waren.

»Mehr als ein ›Who's who‹ des ›Dritten Reiches‹ –
Ernst Klee ist ein Standardwerk gelungen.«
Die Zeit

»Stichprobenvergleiche mit
anderen Lexika und einschlägigen Monographien
bestätigen nicht nur die Zuverlässigkeit von Klees Werk,
sondern vor allem auch seine unübertroffene
Vollständigkeit.«
Frankfurter Rundschau

Fischer Taschenbuch Verlag

fi 16048 / 1

Raul Hilberg
im S. Fischer und Fischer Taschenbuch Verlag

»Raul Hilberg, Emigrant aus Wien, war einer der ersten, der sich systematisch mit der Geschichte des Holocaust befasste. 1948 wählte er dieses Thema für seine Dissertation aus, nicht ahnend, dass es sein künftiges Leben bestimmen sollte. Auf Grund der von den USA beschlagnahmten deutschen Akten legte er 1961 seine umfassende Darstellung der Genozidpolitik Hitlers und seiner Mittäter vor, mit der er zunächst allein da stand: ›Die Vernichtung der europäischen Juden‹. Sein großes Werk, in dem er den bürokratischen Charakter des Vernichtungsprozesses und die überwiegend passive Rolle der jüdischen Opfer betont, ist bis heute ein unentbehrliches Standardwerk geblieben. Seine folgenden Publikationen haben immer wieder die Forschung fruchtbar beeinflusst.« *Hans Mommsen*

Die Vernichtung der europäische Juden
Aus dem Amerikanischen
von Christian Seeger,
Harry Maor, Walle Bengs
und Wilfried Szepan
Band 24417

Täter, Opfer, Zuschauer
Die Vernichtung der Juden
Aus dem Amerikanischen
von Hans Günter Holl
Band 13216

Die Quellen des Holocaust
Entschlüsseln und Interpretieren
Aus dem Amerikanischen
von Udo Rennert
256 Seiten. Gebunden
S. Fischer

Unerbetene Erinnerung
Der Weg eines
Holocaust-Forschers
Aus dem Amerikanischen
von Hans Günter Holl
175 Seiten. Gebunden
S. Fischer

S. Fischer

fi 666 020 / 1

Jochen Böhler
Auftakt zum Vernichtungskrieg
Die Wehrmacht in Polen 1939

Band 16307

Vor dem Überfall auf Polen im September 1939 waren politisch und militärisch die Weichen bereits gestellt. Mit Beginn des Rasse- und Vernichtungskrieges ermordeten Einheiten der Wehrmacht Tausende von Polen und Juden, Zivilisten und Kriegsgefangene. Der Autor beleuchtet in seiner bahnbrechenden Untersuchung den politischen Hintergrund, das Versagen der Wehrmachtsführung und das Verhalten der »einfachen Soldaten« vor Ort. Der Holocaust hatte bereits 1939 in Polen begonnen.

»Die erste umfassende Darstellung des Polenkrieges aus deutscher Feder überhaupt! (…) Böhlers Werk darf schon jetzt als ein Pionierwerk betrachtet werden.«
DIE ZEIT

»Böhlers Studie legt den wissenschaftlichen Maßstab für die Aufklärung verdrängter und vergessener Verbrechen hoch.«
DIE WELT

Fischer Taschenbuch Verlag